Kleine Geschichte
der böhmischen Länder

W0052827

Kleine Geschichte der böhmischen Länder

Von
Manfred Alexander

Philipp Reclam jun. Stuttgart

Alle Rechte vorbehalten
© 2008 Philipp Reclam jun. GmbH & Co., Stuttgart
Karten: pmv Peter Meyer Verlag, Frankfurt a. M.
Satz und Druck: Reclam, Ditzingen
Buchbinderische Verarbeitung: IBB GmbH, Weinsberg
Printed in Germany 2008
RECLAM ist eine eingetragene Marke
der Philipp Reclam jun. GmbH & Co., Stuttgart
ISBN 978-3-15-010655-6

www.reclam.de

Inhalt

Aussprachehilfe 11

Einleitung 13

Die Anfänge

Epochenüberblick 21

Das Großmährische Reich 21

Das Zeitalter der Přemysliden, vom Beginn bis 1306/1310

Epochenüberblick 30

Die Anfänge der Přemysliden 30

Konsolidierung und Krise der Herrschaft der
Přemysliden 34

Böhmen auf dem Weg zum Königreich 43

Böhmen als Königreich der Přemysliden auf der Höhe
der Macht und sein Niedergang 53

Die Verwaltung des Landes und der Landesausbau;
»bewegende Gruppen« 66

Das Verhältnis Böhmens zum »Reich« 85

Böhmens Ruhm und Fall unter dem Haus der Luxemburger (1310–1437)

Epochenüberblick 90

König Ján, Graf Johann von Luxemburg 91

Karl IV. als böhmischer und deutscher König und römischer Kaiser (1346–1378) 100

Gesellschaft und Wirtschaft zur Zeit Karls IV. 120

Die katholische Kirche und der Frühhumanismus 125

König Wenzel und Sigismund 134

Magister Jan Hus und die Hussiten 142

Die böhmischen Länder als konfessionell gespaltener Ständestaat zwischen den Dynastien (1437–1620)

Epochenüberblick 164

Von den ersten Habsburgern zum »Ketzerkönig« Jiří von Poděbrad 165

Die Entwicklung der böhmischen Länder unter König Jiří 176

Die Jagiellonenkönige 181

Wirtschaft und Gesellschaft unter den Jagiellonen 189

Der Ständestaat Böhmen unter den Habsburgern 192

Politische Struktur, Gesellschaft, Wirtschaft und Kultur 212

Die böhmischen Länder unter der absolutistischen Herrschaft des Hauses Habsburg (1620–1790)

Epochenüberblick 230

Der Untergang der Ständeherrschaft in den
böhmischen Ländern 230

Die böhmischen Länder unter der absolutistischen
Herrschaft 242

Die böhmischen Länder unter dem System des
aufgeklärten Absolutismus 251

Wirtschaft, Gesellschaft und Kultur 269

Zwischen Revolutionen und Restauration (1790–1848)

Epochenüberblick 278

Die Auswirkungen der französischen Revolution und
der Herrschaft Napoleons; die Restauration 279

Der »Vormärz« 295

Die gespaltene Gesellschaft der böhmischen Länder (1848 1918)

Epochenüberblick 315

Von den Revolutionen über Stagnation und
Reformversuche zum Ausgleich mit Ungarn (1867) . . . 316

Die Entwicklung von Wirtschaft und Gesellschaft . . . 337

Die Monarchie im Zeitalter des Nationalismus und der
Massenbewegung 340

Wirtschaft, Gesellschaft und Kultur in einer gespaltenen
Gesellschaft   351

Der Weg zum Untergang der Monarchie
im Ersten Weltkrieg   370

Das Problem der Slowaken   376

Das Ende der Monarchie und die Entstehung der
Tschechoslowakei   379

Die erste Tschechoslowakische Republik von der Gründung bis zum Ende des Zweiten Weltkrieges (1918–1945)

Epochenüberblick   387

Die Entstehung und die Konsolidierung des Staates . .   388

Kultur und Gesellschaft der ČSR   427

Gefährdung und Untergang des Staates   432

Tschechen und Slowaken vor und unter der Herrschaft der KPČ (1945–1989)

Epochenüberblick   473

Von der Befreiung des Landes über den »siegreichen
Februar« zum gehorsamen Satelliten Moskaus   474

Der Weg zum »Prager Frühling«, zur »Normalisierung«
und in die Stagnation des Regimes   502

Die Tschechen in der parlamentarischen Demokratie und in der Marktwirtschaft (1990–2007)

Epochenüberblick 538

Dic Wiederherstellung der Demokratie und der
Marktwirtschaft 539

Anhang

Abkürzungen 587

Literaturhinweise 589

Personenregister 595

Zum Autor 613

Aussprachehilfe

Namen und Wörter werden in der tschechischen Sprache grundsätzlich auf der ersten Silbe betont; Präpositionen verschmelzen mit dem folgenden Wort und ziehen den Akzent auf sich (*Na Příkopě*, »Auf dem Graben«).

Die Vokale sind »kurz« und offen; *a*, *e*, *i*, *o*, *u*, *y*; wenn sie jedoch einen Akut tragen, werden sie »lang« ausgesprochen, auch in unbetonter Silbe: *á*, *é*, *í*, *ó*, *ú* (so nur am Wortanfang, sonst *ů* geschrieben), *ý*. Ein *y* gilt als »hartes *i*«, denn ein *i* »erweicht« den vorangegangenen Konsonanten; *ě* wird *je* gesprochen. Bei Diphthongen wird der erste Bestandteil leicht hervorgehoben (fallende Intonation): *óu*. Das slowakische *ä* ist ein Laut zwischen *a* und *e*.

Die Konsonanten werden in der Regel wie im Deutschen ausgesprochen, *p*, *t*, *k* sind jedoch nicht aspiriert (»behaucht«). Die Schreibweise der Laute weicht gelegentlich von der deutschen ab:

c z oder *tz* wie in *Zentner*: *cena* (›Preis‹)

s *ss* oder *ß*, stimmlos wie in *Straße*: *sen* (›Traum‹)

z *s*, stimmhaft wie in *Rose*: *zora* (›Morgenröte‹)

č *tsch* wie in *Peitsche*: *česky* (›tschechisch‹)

š *sch* wie in *Schere*: *šum* (›Geräusch‹)

ž stimmhaftes *sch* wie in frz. *jour*: *župa* (›Gau‹)

h stimmhafter Laut, auch vor Konsonant oder im Auslaut immer hörbar: *hlas* (›Stimme‹)

ch stimmloser Rachenlaut im An- und im Auslaut wie in *hoch*: *chata* (›Hütte‹), *hoch* (›Junge‹) [folgt im Wörterbuch dem *h*]

ř *rsch*, stimmhafte Verschmelzung von ›gerolltem‹ *r* und *sch*, weicher als in *Hirsch*: *řeka* (›Fluss‹)

Das Zeichen ' »erweicht« den Konsonanten: *ď* wie *dj*,
ť wie *tj*; slowakisch *ľ* wie *lj*.
ň steht für »erweichtes« *n*, wie *nj*.

Anders als im Deutschen sind *l* und *r* silbenbildend und
tragen auch den Akzent: *plno* (›voll‹), *trh* (›Markt‹).

Einleitung

Die Länder der Krone Böhmen und ihrer Nachfolgestaaten liegen im Herzen Europas. Böhmen und Mähren sind alte Kulturlandschaften mit erstaunlich festen natürlichen Grenzen. Böhmen besitzt mit ca. 52 000 km² Fläche die Form einer Raute, die im Westen, im Norden und im Osten durch Waldgebirge begrenzt ist; von Mähren, das nur etwa halb so groß ist, trennt es die niedrige Böhmisch-Mährische Höhe. Die Flussgebiete der Eger, der Beraun, der Sázava, der Moldau und der Elbe durchziehen das Land und entwässern es nach Norden; im Osten verbindet der Oberlauf der Oder das Land mit dem angrenzenden Schlesien. Mähren, ebenfalls in Form einer Raute, wird durch die Thaya und die March zur Donau hin entwässert; nach Osten hin bilden die niedrigen Weißen Karpaten keine Grenzscheide zur Pannonischen Tiefebene und den nördlich gelegenen Gebirgszügen der Karpaten.

Böhmen wird oft seiner natürlichen Grenzen wegen als »Festung« bezeichnet; aber seit jeher haben Menschen diese Grenzen überwunden. Sie siedelten sich in den fruchtbaren Flusstälern an und nutzten die Waldgebirge mit ihren reichen Lagerstätten an Metallen und Mineralien; nur Salz fehlte dort und musste auf alten Handelswegen herbeigeschafft werden. Solche Wege durchkreuzten das Land seit der Jungsteinzeit vom Norden nach Süden (der »Salzpfad«), vom Westen nach Osten (der »Goldene Steig«), und auf ihnen wurde z. B. Bernstein von der Ostsee nach Süden befördert; im Austausch dafür erhielten schon die Kelten Kulturgüter aus dem Mittelmeergebiet. Siedlungen an Flussübergängen haben diese Wege gesichert, wie bis heute im Namen »Prag/Praha« der Begriff für die »Furt« fortlebt. Wo Wege begangen wurden, gab es auch Menschen, die das Land kannten und darüber berichten konnten. Die ersten Nachrichten aus historischer Zeit über das Siedlungsgebiet der keltischen Bojer, die dem Land die lateinische Bezeichnung *Boiohaemum* und die deutsche *Boeheim/Behaim* hinterließen, sind von griechischen und römischen Schriftstellern überliefert.

Das südlich gelegene Mähren führt seinen Namen nach dem Fluss March, in späterer slawischer Variante *Morava*. Um die Zeitenwende siedelten dort die germanischen Stämme der Markomannen und Quaden, die teils gegen die Römer kämpften, teils mit ihnen verbündet waren. Später kamen andere Stämme, lösten sich auf, zogen wieder fort und hinterließen nur Spuren. Am Ende der schwer überschaubaren Völkerwanderung siedelten sich seit der zweiten Hälfte des sechsten Jahrhunderts Slawen an, die wohl aus dem Gebiet nordöstlich der Karpaten stammten; auch sie zogen über die Waldgebirge weiter nach Westen, ehe sich ihre Spuren am mittleren Main und an der Donau vor Regensburg verloren. Ihre Landnahme war unauffällig und wird in den Quellen nicht berichtet; Kontakte mit früheren Bewohnern belegt die Übernahme zahlreicher Orts-, Flur- und Flussnamen. Über die schriftlose Zeit ermittelte die Archäologie einiges zur materiellen Hinterlassenschaft der Menschen, zu ihrer Lebensweise und zur Bestattung ihrer Toten; Hausformen und Begräbnisstätten von Altsiedlern und Neuankömmlingen existierten demnach eine Zeitlang nebeneinander, ehe sie miteinander verschmolzen. Verstreute Nachrichten in alten Texten der Nachbarn geben Hinweise auf verwehte Namen von Stämmen, Flüssen und Siedelstätten oder sogar auf Einzelpersonen; manchmal überliefern Sagen und alte Lieder trügerische Informationen; für die Geschichtsschreibung helfen sie kaum, denn daraus gewonnene angebliche Kenntnisse sind unsicher.

So spricht die Gründungssage der Tschechen vom Stammvater Čech, der seinem Volke vom Berge Říp (»Georgsberg« bei Raudnitz) das neue Land verheißen habe, wie weiland Moses den Israeliten; von ihm leitet sich die tschechische Bezeichnung des Landes Böhmen ab, *Čechy*, Land der Tschechen. Seine seherisch begabte Tochter Libussa/Libuše soll sich mit dem Bauern Přemysl verbunden haben, was zwar Stoff für eine Oper wurde, aber kein historisches Ereignis ist. Vielleicht steckt hierin jedoch ein Wissen um alte Auseinandersetzungen zwischen konkurrierenden Adelsfamilien, die sich ihre Herrschaftslegitimation in mythischer Vorzeit suchten.

Für das Jahr 623/624 taucht plötzlich ein ganzes Reich aus dem Nebel auf, denn Fredegar von Tours berichtet in seiner Chronik, dass ein Händler namens Samo aus Sens im nördlichen Gallien die Slawen geeint und von der Vorherrschaft der Awaren befreit habe. Dies wird jedoch durch andere Quellen nicht bestätigt. Unsicher wie der Name ist die Lage des Reiches. Slawen in Böhmen, Mähren, der Lausitz und der Pannonischen Tiefebene sollen dazu gehört haben. Bemerkenswert ist nur, dass Fernhändler unter Königsschutz eine wichtige Rolle spielten, denn nach der Ermordung einiger Händler hat dieser Quelle zufolge der fränkische Herrscher Dagobert aus Gallien einen Feldzug gegen Samo unternommen und bei »Wogastisburg« 630/631 eine Niederlage erlitten. Irgendwo zwischen dem mittleren Main, dem westlichen Böhmen und Wien wird dieser Ort bis heute vergeblich gesucht. Mit dem Tode des Samo im Jahre 658/659 zerfiel sein Reich und enden die Nachrichten.

Die böhmischen Länder liegen im Herzen Europas, und sie können mit einem Herzen verglichen werden, dessen eine Kammer Böhmens lange Zugehörigkeit zum Heiligen Römischen Reich (nicht nur) deutscher Nation symbolisiert, weil der König von Böhmen zum vornehmsten Kurfürsten des Reiches wurde und dessen Hauptstadt Prag zur Zeit des Kaisers Karl IV. gar als *caput regni* galt. Die andere Kammer verweist auf die alte Selbstständigkeit der böhmischen Länder als Herrschaftsgebiet eigener Art mit selbstbewusstem slawischem Adel, der seinem jeweiligen Land verpflichtet war. Diese Länder kannten kein Lehnsrecht, und nicht nur dies verband sie mit ihren östlichen Nachbarn.

Die Geschichte der böhmischen Länder ist in erster Linie tschechische Landesgeschichte, die durch eine ständige Spannung zwischen dem Zentrum Prag und seiner Peripherie geprägt ist. Neben dem Zentralland Böhmen, das zum Königreich aufsteigen sollte, standen in seiner Blütezeit andere selbstständige Herrschaftsgebilde: die Markgrafschaft Mähren, das Herzogtum Schlesien, die Markgrafschaften Ober- und Niederlausitz, die Grafschaft Glatz und die Reichspfandschaft Eger, alles Gebiete, die durch dynastische Zufälle oder Planungen der Krone Böhmen »inkorporiert« waren. Manche weitere Herrschaftsgebilde traten im Laufe der Zeit hinzu und wurden durch Richterspruch oder Gewalt wieder abgetrennt; in neuerer Zeit kamen zeitweise andere Gebiete dazu, wie die Slowakei oder die Karpatenukraine. Einerseits gehören die Grenzen Böhmens und Mährens zu den ältesten und dauerhaftesten in Mitteleuropa, andererseits wandelten sich die Staaten auf ihrem Territorium so oft wie in kaum einem anderen Teil Europas.

Repräsentiert wurde das Königreich durch seine Herrscher, die eine enge Verbindung von Mittel- und Ostmitteleuropa bezeugen. Dem alten Geschlecht der Herzöge aus dem Hause der Přemysliden, dessen Vertreter 1198 die Rangerhöhung zum König erreicht hatte, folgten andere Geschlechter: die Luxemburger, der König Jiří von Poděbrad aus heimischem Geschlecht, die Jagiellonen aus litauisch-polnischer Tradition, und schließlich durch dynastische Zufälle ab 1526 dauerhaft das Haus Habsburg. Drei Stände waren im Hochmittelalter an der Herrschaft beteiligt: der Herrenstand als Hochadel, die Ritterschaft und die freien königlichen Städte, die gemeinsam den Landtag beschickten. Während das Städtewesen Böhmen in den mitteleuropäischen Kulturkreis einband, kann man den Hochadel dem osteuropäischen Modell zurechnen, weil ihm trotz großem Landbesitz keine Bildung eigener Territorien unterhalb der Landesebene gelungen ist. Auch in den deutschen Namen dieser Herren zeigt sich die Scharnierstellung Böhmens, denn die Familien derer von Rosenberg, Schwarzenberg, Sternberg und andere waren Repräsentanten alten slawischen Adels und sich ihrer stolzen Tradition stets bewusst. Der Kleinadel der Ritterschaft in Böhmen und Mähren sprach tschechisch, die Bewohner der Städte hingegen, insbesondere die vornehmeren Geschlechter, sprachen meist deutsch, die Bauern je nach Wohngebiet deutsch oder ihre slawische Mundart. Aber was besagten schon die Unterschiede in den Sprachen in einer ständisch gegliederten Gesellschaft, in der der Adel meist mehrsprachig war, in der die Bauern wenig galten und die Gebildeten sich des Lateinischen bedienten? Landeskinder waren alle, da ihr Aufenthalt im Lande entweder durch altes Recht, durch die Zustimmung der Standesgenossen oder durch Königsspruch legitimiert war.

Die Geschichte der böhmischen Länder ist zugleich europäische Geschichte, denn in ihr finden sich alle Probleme, die dem Leser aus der »deutschen Geschichte« vertraut sein mögen. Das betrifft etwa die Spannung zwischen Erbansprüchen der Herrscher und dem Wahlrecht des Adels, das Verhältnis des grundbesitzenden Adels zu den Bauern und den entstehenden Städten. In der Frage der religiösen Konflikte gehen die böhmischen Länder sogar Mitteleuropa voraus: Gleich zu Anfang bot sich die Möglichkeit eines eigenen Weges zwischen Rom und Byzanz, später erlitt der Reformator Jan Hus ein Schicksal, das etwa ein Jahrhundert später Martin Luther erspart blieb. Die böhmischen Länder waren mehrfach der Kern von größeren Herrschaftsgebilden, die bei günstigerer Konstellation die Landkarte Mitteleuropas anders hätten prägen können. Unter den Habsburgern stiegen sie in deren Länderverband zur Peripherie ab, blieben aber deren bedeutendste Provinz nach Wirtschafts- und Steuerkraft. So traten sie auch in die Moderne, die durch die Industrialisierung und den Streit zwischen den Sprachgruppen gekennzeichnet war. Für die böhmischen Länder verbinden sich in vielfacher Hinsicht europäische Bedeutung und Provinzialität.

Dieser Doppelcharakter spiegelt sich auch im folgenden Text: Für die handelnden Personen der böhmischen Geschichte werden die Namen durchgängig in jener Form verwendet, wie sie damaliger Gebrauch und die jeweilige heutige Sprachnorm nahelegen; dabei sind Abweichungen von dieser Regel manchmal notwendig, weil etwa Karl IV. als römischer Kaiser einen höheren Rang besaß als der böhmische König »Karel I.«. Dagegen wird ein polnischer Thronbewerber »Władysław« zu einem böhmischen König »Vladislav«. Mit dem Herrschaftsantritt der Habsburger erscheinen deren Namen durchgängig in der deutschen Form. Ortsnamen werden – soweit diese vorhanden sind – in deutscher Bezeichnung wiedergegeben, bei Erstnennung auch in den Varianten, weil diese z. T. jahrhundertelang nebeneinander benutzt wurden. Dies folgt rein pragmatischen Gesichtspunkten für einen deutschen Leser. Die Politisierung der Namensform ist erst ein Ergebnis des Nationalitätenkampfes im 19. und 20. Jahrhundert.

Die Anlage des Buches folgt den Vorgaben der Reihe und dem Beispiel *Kleine Geschichte Polens* des Verfassers. Stärker noch als dort erzwang hier die Fülle des Stoffes eine Konzentration auf das Wesentliche einer Epoche, auch wenn oft wichtige Ereignisse nur knapp geschildert werden konnten oder ein Vergleich mit ähnlichen Erscheinungen bei den westlichen oder östlichen Nachbarn reizvoll gewesen wäre. Eine Besonderheit der Geschichte der böhmischen Länder ist die Polarisierung durch »nationale« Deutungen. In neuerer Zeit scheint sie endlich überwunden; diesem Trend fühlt sich der Verfasser verpflichtet. Er möchte Einblicke in die Geschichte der tschechischen Nachbarn vermitteln, damit den deutschsprachigen Lesern »böhmische Dörfer« nicht mehr so fremd erscheinen mögen.

Die Anfänge

Geschichtsschreibung ist erst dort möglich, wo Ereignisse und Namen in gewisser Regelmäßigkeit berichtet werden, wo also Schriftlichkeit herrscht, sei es durch Fremde von außen oder aus eigener Tradition. Schriftkunde war aber im frühen Mittelalter das Privileg der Geistlichkeit. Nur gut eine Generation nach der Christianisierung der Bayern und der Alpenslawen erreichte der neue Glaube auch die mährischen Slawen.

830–846	Mojmír I., Herzog der Mährer
846–870	Rastislav, Herzog der Mährer
863	Ankunft der »Slawenapostel« in Mähren
869	Tod des Konstantin-Kyrill
871–894	Svatopluk, Herzog der Mährer
885	Tod des Erzbischofs Methodios
894–907	Mojmír II.

Das Großmährische Reich

Sicheres Wissen besitzen wir zuerst über Mähren. Das Land gehörte im 8. Jahrhundert zum Reich der Awaren, die als Reiternomaden ungeklärter Herkunft von der Pannonischen Tiefebene aus, dem heutigen Ungarn, die umliegenden Stämme beherrschten. Als Karl der Große das

Land der Langobarden in Oberitalien von seinem Schwiegervater Desiderius übernommen (773/774) und das Land der Bayern nach Absetzung des letzten Stammesherzogs Tassilo III. 788 dem fränkischen Reich eingegliedert hatte, rückten die Awaren in seinen Blick. In mehreren Feldzügen (791 und 795/796) konnte er sie unterwerfen und die Christianisierung der Gebiete einleiten.

Karl, dessen Name in der Bezeichnung *král* für »König« bei den Westslawen fortlebt, errichtete keine feste Herrschaft in den eroberten Gebieten, aber gewissermaßen eine Vorstufe dazu, indem er die slawischen Stämme zwang, seinen Vorrang anzuerkennen, »Treue« zu schwören, den Durchzug von Heeren zu dulden, Tribute zu zahlen und Geiseln für das Wohlverhalten zu stellen. So wurden junge slawische Adelige zusammen mit Bayern und Franken in Dom- und Klosterschulen erzogen, wuchsen mit diesen in Freundschaften und Bruderbünden auf, erlernten deren Sprachen und Sitten und fanden in diesen Kreisen auch oft ihre Ehefrauen. Bestandteil dieser kulturellen Angleichung war die Annahme des Christentums. Der christliche Glaube war zur Zeit Karls in Mähren nicht mehr unbekannt. Wenn auch ein Einfluss von iro-schottischen Wandermönchen kaum nachweisbar ist, so sind doch – ausgehend von der Exklave Aquileja an der oberen Adria – Einflüsse der byzantinischen Kirche erkennbar. Erfolgreich war dann aber die Mission der fränkischen Reichskirche unter Karl, der mit der Gründung der Erzdiözese Salzburg im Jahre 798 die bisherige Missionsarbeit der Bistümer Passau und Regensburg bündelte. Die Kaiserkrönung zu Weihnachten 800 erhob Karl zum Schutzherrn der Christenheit und verstärkte damit den Missionsauftrag. Dass der christliche Glaube der übrigen Bevölkerung über den Adel vermittelt wurde, zeigt noch heute der tschechische Begriff *kostel* für »Kirche«, der vom lateinischen *castellum* (»Burg«) abgeleitet ist; außerdem verweisen darauf Kirchen und Gräber im Zentrum der ausgegrabenen Adelsburgen.

Die Annahme des christlichen Glaubens mag in vielen Fällen aus persönlicher Überzeugung erfolgt sein, brachte aber auch politische und soziale Vorteile. Nur der Getaufte stand auf gleicher Stufe mit den anderen Christen, durfte an deren Tischgemeinschaft teilnehmen und nicht versklavt werden. Mit der Taufe gab der neue Christ die Rechts- und Kultgemeinschaft seines Stammes auf, beendete die Verbindung zu den Naturgeistern seines Wohngebietes und die Beziehung zu seinen Ahnen; dafür gewann er aber Anteil an einer weltumspannenden Erlösungsreligion, die ihm ein völlig neues Wertesystem vermittelte und auferlegte. Die Taufe zog den Betroffenen in den politischen und kulturellen Umkreis der westlichen Nachbarn und begründete damit die »Europäisierung«.

Dies wirkte sich auf viele Gebiete aus und leitete eine Modernisierung der archaischen Herrschaftsverhältnisse ein. Die Gläubigen wurden im Idealfall von einem Geistlichen betreut, einem Pfarrer, der über den für ihn zuständigen Bischof in die Hierarchie der Reichskirche eingebunden war. Die Vermittlung von Wissen über die Religion durch Erzählungen aus der Bibel und deren Auslegung erfolgte in der Sprache der Zuhörer, während für feierliche Gebete und die Liturgie die lateinische Sprache diente, deren Kenntnis für die Geistlichen – und meist nur für sie – zwingend war. Die Kirche erhob die erste geregelte Steuer, den Kirchenzehnten, und beides, Schriftlichkeit und Steuererhebung, konnte auch für die weltliche Herrschaft verwendet werden. Andererseits verpflichtete die Kirche diese dazu, für die Durchsetzung der Moralgesetze zu sorgen und insbesondere den Abfall vom Glauben und die Rückkehr zu den alten Riten zu bestrafen. War zuvor die Stammesreligion ein in sich geschlossenes System von regionalem Kult, Herkunftslegende und Herrschaft gewesen, so stellte die Taufe die Herrschaft in einen größeren Zusammenhang mit der Pflicht zur gegenseitigen Hilfe der Christen und zum Gehorsam gegenüber einer höheren Instanz, in geistlicher Hinsicht dem Papst und in weltlicher dem Kaiser gegenüber. Diesem Idealzustand widersprach aber oft das Eigeninteresse der lokalen Herrscher, die meist noch in archaischen Verhältnissen lebten. Bei Herrscherwechsel konnte nun aber der Streit um die Macht statt wie bisher durch blutige Auseinandersetzungen durch ein Eingreifen von außen entschieden werden. Die Geistlichen konnten – in moderner Sprache – als Agenten einer fremden und fernen Macht tätig werden. Der Anspruch auf Eigenherrschaft stieß sich dann an den Anweisungen von außen; so finden sich in den Quellen immer wieder einerseits Treuebekundungen nach erfolgreichen Feldzügen des Kaisers, wie andererseits Klagen, dass nach dem Abzug der siegreichen Heere die »Ungläubigen« (*infideles*) abfielen und zu den vorherigen Verhältnissen zurückkehrten. Der politische Einfluss musste in dieser Zeit personaler Herrschaft immer wieder durch die Anwesenheit des Kaisers oder seines Vertreters demonstriert werden; sie forderten das Erscheinen von Abgesandten auf Reichsversammlungen als Zeichen der Unterwerfung – ein Anspruch, der beim Abzug der Truppen langsam verfiel und beim Tode des Kaisers erlosch. Solches Verhalten findet sich in mehreren Übergangsstufen am südöstlichen Rand der fränkischen Herrschaft: Während südlich der Donau die »Ostmark« und Kärnten fest integriert werden konnten und sich unter Arnulf (deutscher König 887–899, römischer Kaiser 896) zu Kernländern fränkischer Herrschaft entwickelten, verblieb Mähren in einem Schwebezustand.

Alle diese Motive finden sich bei dem ersten namentlich bekannten Herrscher Mährens, Mojmír. Noch für die Reichsversammlung in Frankfurt 822 wurde die Anwesenheit von Vertretern verschiedener slawischer Stämme genannt, dann muss eine Zusammenfassung von Herrschaften erfolgt sein, denn der *dux* (»Herzog«) Mojmír (830–846) konnte den Herrn von Neutra/Nitra, Pribina, vertreiben; daraufhin begründete dieser mit seiner bayrischen Ehefrau und mit fränkischer Hilfe am Plattensee eine neue Herrschaft, die der Kirchenprovinz Salzburg unterstand. Den nach mehr Selbstständigkeit strebenden Mojmír, der die Mission der Diözese Passau in seinem Herrschaftsgebiet erlaubt hatte und deshalb bereits als Christ betrachtet wird, griff König Ludwig der Deutsche 846 an, stürzte ihn und »regelte die Verhältnisse, wie es ihm beliebte«, indem er dessen Neffen Rastislav als Herzog einsetzte.

Auch Rastislav entwickelte bald die Vorstellung einer selbstständigen Herrschaft in seinem Territorium, das im Norden nach Böhmen und im Osten weit in die Pannonische Tiefebene hineinreichte. Um 862 richtete Rastislav an den Papst Nikolaus I. (858–867) die Bitte, für seinen Herrschaftsbereich slawische Priester einzusetzen und ein eigenes Bistum zu begründen, um sich der fränkisch-bayrischen Vorherrschaft zu entledigen. Angesichts der Machtverhältnisse hütete sich Nikolaus, dieser Bitte zu entsprechen. Nunmehr wandte sich Rastislav mit einem Brief an den Kaiser Michael III. in Byzanz und bat um einen »Lehrer, der uns in unserer Sprache den wahren christlichen Glauben erklären könnte«, und um einen »Bischof«. Die Erfüllung dieses Wunsches war aber für Byzanz außerordentlich heikel. Denn damals waren die Bulgaren als südöstliche Nachbarn der Mährer und als Rivalen von Byzanz mit dem fränkischen König Ludwig in gutem Einvernehmen und standen vor der Entscheidung, das Christentum in der römischen oder der griechischen Variante anzunehmen. Ferner lag die Ostkirche mit Rom im Streit um die Anerkennung des Patriarchen Photios.

Der Kaiser Michael wählte zwei Brüder aus Saloniki, die – wohl dank ihrer Mutter – die slawische Sprache ihrer Heimatstadt beherrschten und dem Staate bereits gedient hatten: Konstantin mit umfassender weltlicher Bildung und umfangreichen Sprachkenntnissen als Diplomat und Lehrer, sein älterer Bruder Methodios als Gouverneur,

Geistlicher und Abt. Beide hatten bereits eine eigene
Schrift für die slawische Sprache geschaffen, die deren
phonetische Eigenheiten (»Zischlaute«) genau bezeichnen
konnte; für die Schriftzeichen nutzten sie neben den griechischen auch Zeichen aus dem Hebräischen, wie auch
christliche Symbole: Das griechische *alpha* wurde zum
Kreuz, die Kurzform für »Jesus« (*IS*) setzte sich aus der
Verbindung von jeweils einem Kreis und einem Dreieck
zusammen, den Symbolen für die Ewigkeit und die Trini-
tät. Sie hatten bereits einige Texte ins Slawische übersetzt
und in dieser »glagolitischen Schrift« festgehalten (von
glagol ›Wort‹), ehe sie 863 nach Mähren aufbrachen. Zwar
waren sie keine Bischöfe, konnten aber künftige Geistlichen ausbilden und die Sprache ihrer Texte dem mährischen Dialekt angleichen. Weitergehende Aufgaben kann
man daraus erschließen, dass sie die Gebeine des Heiligen
Klement mit sich führten, des dritten Nachfolgers Petri in
Rom, der vor der Küste von Cherson auf der Krim den
Märtyrertod erlitten hatte und angeblich von Konstantin
geborgen worden war; in Rom sollte ihnen später diese
Reliquie die Tore öffnen.

In Mähren waren sie als Lehrer und Übersetzer tätig.
Texte für den liturgischen Gebrauch, Gebete, das Glau-
bensbekenntnis, Teile der Bibel und ein Gesetzbuch sind
aus dieser Arbeit entstanden; sie übernahmen dabei auch
bereits im Lande gebräuchliche Begriffe lateinischer Herkunft. Nach drei Jahren Tätigkeit in Mähren brachen sie
nach Rom auf, um dort die vorbereiteten Texte vorzule-
gen und die Schüler zu Priestern weihen zu lassen. Auf
dem Wege dorthin gab ihnen der Fürst Kocel am Plattensee, der seinem Vater Pribina 860 nachgefolgt war, weitere
Schüler mit. In Venedig trafen sie auf lateinische Priester,
mit denen sie in heftige Diskussionen verwickelt wurden;
es ging dabei um die Sprache der Liturgie im Gottesdienst,
für die in den Ostkirchen traditionsgemäß die Landessprachen verwendet wurden. Dem hielten die Priester der

römischen Kirche den Anspruch entgegen, dass die Messe
nur in den drei »heiligen Sprachen« gefeiert werden dürfe,
nämlich in hebräisch, griechisch und lateinisch, in denen
Christus am Kreuz als »König der Juden« (*INRI*) bezeichnet worden war. Dahinter stand kein theologischer
Konflikt, sondern der Führungsanspruch der fränkischen
Reichskirche, die in der Zeit der Merowinger im Bündnis
mit Rom zur Macht aufgestiegen war und die landes-
sprachliche Tradition der arianischen Christen (Goten,
Burgunder und Langobarden) als Häresie ablehnte. Die
Lehre des Arius, der zufolge Christus nur als »wesensähn-
lich« mit Gott verstanden wurde, statt als »wesensgleich«,
war auf dem Konzil von Nikäa (325) als Irrglaube verurteilt worden.

Bevor die beiden »Slawenapostel« in Rom ankamen,
war dort der Papst Nikolaus am 13. November 867 verstorben, und sie mussten bis zur Inthronisierung von Hadrian II. (867–872) warten, ehe dieser die vorgelegten Bücher und die Messe in slawischer Sprache annahm. Die
Gebeine des heiligen Klement wurden in der Kirche gleichen Namens feierlich beigesetzt. Auch zur Weihe eines
slawischen Bischofs war Hadrian bereit, aber ehe Konstantin diese Würde übernehmen konnte, war er erkrankt,
unter dem Namen Kyrill in ein Kloster eingetreten und
dort am 14. Februar 869 im Alter von nur 42 Jahren verstorben; auch er wurde in der Kirche des Hl. Klement
(heute San Clemente) bestattet. Auf seinen ausdrücklichen
Wunsch wurde nun Methodios nach einem Briefwechsel
des Papstes mit den slawischen Fürsten 869 zum ersten
slawischen Bischof geweiht, aber nicht zum Landesbi-
schof für deren Gebiete, sondern zum Erzbischof mit dem
Sitz in Sirmium, der untergegangenen Hauptstadt des
spätantiken Ost-Illyrien; außerdem wurde er mit dem Pal-
lium als Zeichen seiner besonderen Würde ausgestattet
und zum Legaten für die slawischen Länder ernannt. Dem
Erzbischof Adalwin von Salzburg wurde damit ein Ge-

genspieler mit angeblich kanonisch älterem Recht entge-
gengestellt, dessen Würde ihn auf den Rang von Bonifatius erhob, der in frühkarolingischer Zeit die fränkische
Reichskirche geordnet hatte. Ein sehr weltlicher Machtkampf war damit vorprogrammiert.

Seit dem Jahre 870 finden sich in der Rechtfertigungs-
schrift der Erzdiözese Salzburg, *De conversione Bagoario-
rum et Carantanorum* (»Über die Bekehrung der Bayern
und Kärntner«), Angriffe auf die griechischen Fremden
und besonders auf den »Philosophen« Konstantin, dessen
Bildung in antiker Literatur ihm in Byzanz diesen Ehren-
titel eingetragen hatte, was in lateinischen Kreisen aber
Grund für tiefes Misstrauen war. Da im gleichen Jahr Svatopluk (871–894) mit fränkisch-bayrischer Hilfe seinen
Onkel Rastislav stürzte, wurde Methodios von den Vertretern der fränkischen Reichskirche in Haft genommen,
wegen Amtsanmaßung verurteilt und in ein schwäbisches
Kloster verbannt. Erst nach drei Jahren erwirkte der neue
Papst Johannes VIII. (872–882) die Freilassung des Methodios, die Bestrafung seiner Gegner und seine Rückführung nach Mähren; von seinem Erzsitz in Sirmium war
nun keine Rede mehr. In Mähren hatte sich die Situation
für ihn aber dadurch verschlechtert, dass der weltlich orientierte Herzog Svatopluk ihn nicht gegen die ständigen
Angriffe der lateinischen Geistlichen schützte, die ihn vor
dem Papst der Häresie anklagten. Zwar konnte Methodios
sich rechtfertigen, aber seine Stellung war geschwächt, besonders als er mit Wiching einen lateinischen Bischof in
Neutra akzeptieren musste. Die slawische Liturgie wurde
nun nur noch geduldet, indem nach den lateinischen Worten die slawischen folgen durften. Als Methodios am
6. April 885 starb, war sein Lebenswerk in Mähren gescheitert. Sein Grab ist in den folgenden Jahren des Un-
garnsturms verschollen, seine Schüler waren geflohen oder
wurden inhaftiert, einige auf dem Sklavenmarkt in Venedig ausgelöst; die Vertreter der Reichskirche verboten die

slawische Liturgie und verbrannten die Bücher in der fremden Schrift; deren Tradition überdauerte nur auf dem Balkan und in der Kiewer Rus'.

Der Sieg der fränkischen Reichskirche über die slawischen Versuche einer eigenständigen Entwicklung war vollständig, aber vorerst nur von kurzer Dauer. Der letzte Herzog des »großmährischen Reiches«, wie es der Kaiser Konstantin Porphyrogenetos genannt hat, Mojmír II., unterlag den anstürmenden Ungarn, die 907 das Reich vollständig eroberten, seine Burgen und Kirchen zerstörten. Ein Neubeginn der Christianisierung Mährens wurde erst nach der Niederlage der Ungarn auf dem Lechfeld 955 möglich, als sie sesshaft wurden und erstaunlich schnell in die abendländische Welt integriert werden konnten.

Eine gewisse Kontinuität der slawischen Tradition findet sich jedoch im nördlichen Nachbarland, in Böhmen, das nun aus dem Schatten des Nachbarn hervortrat.

Das Zeitalter der Přemysliden

Vom Beginn bis 1306/1310

Epochenüberblick

Unter dem Herzogshaus der Přemysliden entwickelte sich Böhmen aus archaischen Verhältnissen, über die nur Legenden und Sagen berichten, zu einem Staat auf der Höhe seiner Zeit. Die Nachfolgeregelung und die innere Verrechtlichung, die aus der Christianisierung folgten, beendeten die blutigen Konflikte in der herrschenden Familie. Böhmen wuchs in dieser Zeit aus einer Randlage zum römischen Reich in die Welt des christlichen Abendlandes hinein, wo es zu einem Mitgestalter der Reichspolitik aufstieg. Im großen Interregnum erreichte der böhmische König seine Anerkennung als der vornehmste und reichste weltliche Kurfürst; zugleich bewahrte das Land seine eigene innere Struktur und einen selbstbewussten Adel.

Die Anfänge der Přemysliden

(Unsichere und erschlossene Daten kursiv)

um 867	Bořivoj *tritt die Herrschaft in seinem Fürstentum an*
um 888	Bořivoj *stirbt, seine Frau Ludmila übernimmt die Regentschaft für ihren Sohn Spitihněv*
894–915	Spitihněv *Herzog*
915–921	Vratislav *Herzog*
921	*seine Witwe Drahomira als Regentin lässt Ludmila ermorden*

um 925	Václav *tritt die Herrschaft an, Drahomira wird verbannt*
929	Václav unterwirft sich König Heinrich I.
935	28. September: Václav ermordet; Herrschaftsantritt von Boleslav I.

Die Anfänge des böhmischen Staates liegen im Dunkeln, und dies hat die Historiker immer wieder zu phantasiereichen Deutungen veranlasst. Historische Quellen aus dem Lande gibt es nicht, und von außen wird nur sehr wenig über Personen und Tatsachen berichtet. Dagegen scheinen viele Legenden und Sagen die Ereignisse von innen her zu erzählen.

Die ersten Erwähnungen der Bewohner Böhmens finden sich in den fränkischen Geschichtsquellen. Die Heere Karls des Großen und seiner Nachfolger zogen mehrfach durch das Land, um nach Mähren zu gelangen, und erlitten bei ihrer Rückkehr dort oft schwere Verluste. Die Unterwerfung der Böhmen, die für 806 berichtet wird, war also nicht dauerhaft; auch die Anwesenheit böhmischer Abgesandter auf den Hoftagen von Paderborn (815), Frankfurt (822) und Diedenhofen (831) bezeugen keine feste Abhängigkeit; andererseits wurden 845 auf einem Hoftag in Regensburg vierzehn böhmische *duces* getauft. Für das Jahr 872 wird in den Fuldaer Annalen unter anderen »Herzögen« in Böhmen auch Bořivoj aus dem Hause der Přemysliden genannt. In seiner *Sachsenchronik* erwähnt Widukind von Corvey für 929 die Unterwerfung eines böhmischen »Königs« durch König Heinrich I., und erst darauf folgt für den Nachfolger Herzog Boleslav eine einigermaßen kontinuierliche Berichterstattung.

Aus den wenigen historischen Fakten lassen sich indes einige allgemeine Aussagen ableiten. Böhmen als Teil des großmährischen Reiches war im Innern durch »Stämme« gegliedert, in denen »Fürsten« ihre jeweiligen Besitzungen durch Burgen gesichert hatten. Das Christentum wurde aus Bayern vermittelt, wie das Gesuch der *duces* um die Taufe in Regensburg belegt, und auch die slawische Tradition Mährens belegen die Legenden und religiöse Begriffe. In diesem Kräftefeld stiegen die Přemysliden, die im Zentralgebiet um Prag herum ansässig waren, als bereits christianisierte Sippe zur Führung unter den böhmischen Adeligen auf, und Spitihněv wurde vom mährischen Herzog Svatopluk 895 in dieser Stellung als eine Art Statthalter bestätigt. Nach dem Ende des mährischen Reiches, nach dem Aussterben der Karolinger und der Wahl des sächsischen Herzogs Heinrich zum König der »deutschen« Stämme (919) verschob sich das politische Gewicht; der Einfluss der Sachsen überlagerte nun den der Bayern. Dies äußerte sich darin, dass die neue Kirche auf der Prager Burg dem sächsischen Heiligen Veit gewidmet wurde, jedoch am Gedenktag des Heiligen Emmeram, dem Heiligen aus Regensburg, geweiht wurde. König Heinrich stützte sich im Kampf gegen die Ungarn auf die Loyalität der Böhmen, deren Herzog eine Stellung gewann, die der anderer Herzöge im Reich entsprach.

Erheblich farbiger ist das Bild vom Anfang des böhmischen Staates, das die Heiligenlegenden und *Vitae* vermitteln. Diese berichten aber nicht gesichertes Wissen, sondern beschreiben »Heilige«, deren Lebensziel das Martyrium gewesen sei. Historische Tatsachen werden in diesem Zusammenhang nur erwähnt, soweit sie deren Verehrung dienen. So wird zwar das Datum »Montag, der 28. September« für die Ermordung des Herzogs Václav/ Wenzel genannt, nicht jedoch das Jahr, weil dieser Jahrestag des Heiligen in jedem Jahr gefeiert wurde; dies ließ dann den Historikern die Wahl zwischen den beiden Jahren 929 und 935. Dazu kommt, dass solche Viten typische Elemente von Vorbildern übernahmen, so dass die überlieferten Texte standardisiert und überdies durch Abschriften und spätere Ergänzungen ineinander verschachtelt sind; streng genommen kann aus ihnen weder die Existenz der Personen noch deren Nicht-Existenz »bewiesen« werden.

Unter diesen Bedingungen »erzählen« die Legenden von dramatischen Ereignissen. Einer der böhmischen Fürsten (*duces*) war Bořivoj aus dem Geschlecht der Přemysliden; er war mit der Christin Ludmila aus einem nordböhmischen Adelsgeschlecht vermählt, empfing angeblich (nach 882) die Taufe durch Erzbischof Methodios und wurde für seinen Taufpaten, den mährischen Fürsten Svatopluk, dessen Statthalter in Böhmen. Nach seinem Tod (nach 888) übernahm Svatopluk dort selbst die Herrschaft, während Ludmila ihre unmündigen Kinder erzog. Ihr Sohn Spitihněv trat nach dem Tode von Svatopluk (894) die Herrschaft an, ihm folgte (915) sein Bruder Vratislav, der mit Drahomira aus dem Geschlecht der Heveller-Fürsten (um Brandenburg) vermählt war, die nach dem Tode ihres Mannes (921) die Herrschaft für ihren Sohn Václav übernahm und ihre Schwiegermutter ermorden ließ. Nach Erreichung seiner Mündigkeit wurde Václav Herzog und ließ seine Mutter verbannen. Ein Streit mit seinem jüngeren Bruder Boleslav brachte ihm am 28. September den Tod, den die Legenden als Mord und Märtyrertod darstellten.

Die Berichte über diese blutigen Ereignisse wurden in verschiedenen Texten aufgezeichnet und ausgeschmückt. Ludmila und Václav wurden darin zu Heiligen stilisiert, Václav gar zu einem gebildeten »Mönch« gemacht, der angeblich die lateinische und glagolitische Schrift lesen konnte und von seiner Gefolgschaft ein sittenstrenges Leben verlangte, was seinen Bruder Boleslav zu dem Mord bewegt haben soll. Die Durchsetzung einer geregelten Nachfolge stellte sich in archaischer Frühzeit vielerorts als ein mühsamer Prozess der Stabilisierung von Herrschaft durch Gewalt dar. Bemerkenswert waren die Folgen: Böhmen wurde durch eigene Heilige im Christentum geeint, von Václav als wundertätigem »Landespatron« repräsentiert und über die lateinische Kirche der westlichen Kulturgemeinschaft eingegliedert.

Konsolidierung und Krise der Herrschaft der Přemysliden

935–967/972	Herzog Boleslav I.
967/972–999	Herzog Boleslav II.
999–1002	Herzog Boleslav III., ferner 1003, gest. 1037
1002–1003	Herzog Vladivoj
1003	Herzog Jaromír, ferner 1004–1012, 1033–1034, gest. 1035
1003–1004	Herzog Bolesław »der Tapfere« von Polen
1012–1033	Herzog Udalrich/Oldřich, ferner 1034
1034–1055	Herzog Břetislav I.

Herzog Boleslav konnte die persönliche Herrschaft zu einer frühen Staatlichkeit umgestalten, die vom Gebiet um Prag auch auf Nordböhmen ausgriff. Nach einem Krieg gegen König Heinrich von insgesamt vierzehn Jahren Dauer unterwarf er sich dem König der Deutschen. Zur Konsolidierung seiner Macht in Böhmen ließ er die Burgen konkurrierender Familien schleifen und neue in deren Nachbarschaft errichten, die jeweils mit einer Kirche auf dem Burgareal ausgestattet waren und durch Burgwarde gesichert wurden. Die personale Herrschaft mittels einer Gefolgschaft (*družina*) wurde durch die Beherrschung fester Punkte des Landes abgelöst. Der problemlose Übergang der Herrschaft Boleslavs I. (935–967/972) auf seinen Sohn Boleslav II. (*Pobožný* »der Fromme«, 967/972–999) trug zur Stabilität der Stellung der Přemysliden bei.

Burg und Stadt Prag entwickelten sich in dieser Zeit zu einem bedeutenden Handelsplatz, der zum politischen und religiösen Mittelpunkt des böhmischen Staates wurde. Das beweist auch der Bericht des jüdischen Reisenden Ibrahim ibn Ja'qûb, der für die Jahre um 970 die weitgespannten Handelsbeziehungen und die inneren Verhältnisse beschrieben hat und damit indirekt die Anwesenheit von jüdischen Kaufleuten (besonders für den Sklavenhandel) als Informanten bezeugt. In Prag wurden um 955 eigene Münzen geprägt, dort entstand um 960 auf dem Burgberg das Frauenkloster St. Georg als geistiges Zentrum, dessen Äbtissin Mladá/Maria, Tochter von Boleslav I., vom Papst in Rom geweiht worden war und den Kult der heiligen Ludmila und des heiligen Václav pflegte. Höhepunkt dieser Entwicklung war die Gründung des Bistums Prag im Jahre 973, das zwar der Kirchenprovinz Mainz unterstellt wurde und damit einen minderen Rang als die später errichteten Erzbistümer Gnesen für Polen und Gran für Ungarn besaß, aber in seiner inneren Gestaltung selbstständig blieb. Zum ersten Bischof wurde 975 der Sachse Thietmar/ Dětmar aus dem Kloster Corvey geweiht, dessen enge Beziehung zu Prag bereits durch Überlassung einer Reliquie des heiligen Veit bezeugt worden war.

Mit der Christianisierung und ihrer Machtstellung im Lande war die Sippe der Přemysliden in die Familie der europäischen Fürsten aufgestiegen, was Eheverbindungen mit benachbarten herrschenden Familien einschloss. Böhmen gewann dadurch an Bedeutung; einerseits gab es das Christentum an den polnischen Nachbarn weiter, als Dubrava, die Tochter von Boleslav I., um 965 den polnischen Herzog Mieszko heiratete und ihn zur Taufe bewegte, andererseits stand es in einem besonderen Verhältnis zum König der Deutschen. Mit seiner Huldigung von 929 hatte Václav ein altes Abhängigkeitsverhältnis bekräftigt, das keineswegs unbedingten Gehorsam vorsah, sondern nach beiden Seiten wirkte. So wurde der böhmische Herzog in die inneren Verhältnisse im deutschen Königreich hineingezogen. Dies betraf zum einen den Thronstreit im Hause

der Ottonen, den Otto I. nach langem Konflikt 947 mit
der Bestellung seines jüngeren Bruders Heinrich zum
Herzog der Bayern beilegen konnte. Zum anderen wirkte
sich auch die Eroberungspolitik Ottos gegenüber den Slawen zwischen Elbe und Oder auf das Verhältnis zu den
Böhmen aus, bis Otto 950 den böhmischen Thronfolger
besiegte und damit dessen Vater in das Tributverhältnis
zurückzwang, das dieser dann bis zum Tode treu bewahrte. Böhmen behielt seine innere Unabhängigkeit, blieb
aber in einer indirekten Abhängigkeit von Bayern. Ausdruck der erneuerten Bindung an das Königreich war die
Teilnahme Boleslavs I. an der Schlacht gegen die Ungarn
955 auf dem Lechfeld, wo seine Truppen an dem Sieg bedeutenden Anteil hatten.

Die engen Beziehungen zu Bayern setzten sich auch in
der nächsten Generation unter Boleslav II. und Herzog
Heinrich dem Zänker, dem Sohn des Herzogs Heinrich I.,
fort, der Thronansprüche gegen den jungen Otto II. geltend machte. Auf dem Hoftag zu Ostern 978 konnte dieser Streit mit der Huldigung Boleslavs II. Otto gegenüber
beigelegt werden. Nach dessen frühem Tod 982 und der
Erhebung der Slawen zwischen Elbe und Oder 983 lebte
der Streit um die Krone wieder auf, als sich Heinrich der
Zänker gar zum König ausrufen ließ. Dieser Konflikt
wurde 986 mit der Anerkennung des damals sechsjährigen
Otto III. beendet, der sich auch der böhmische und der
polnische Herzog anschlossen.

In der Person des zweiten Bischofs von Prag, Vojtěch/
Adalbert, verbanden sich innerböhmische Probleme mit
solchen der großen Politik auf der Ebene des Kaiserrei-
ches und der Kirchenreformen. Vojtěch entstammte der
Adelsfamilie der Slavnikiden, die von ihrem Sitz in Libice/
Libitz Ostböhmen beherrschten, also Verwandte und
Konkurrenten der Přemysliden waren. Er war wohl 956
geboren worden, hatte bei seiner Firmung durch den aus
Kiew zurückkehrenden Bischof Adalbert von St. Maximin

in Trier, den späteren Erzbischof von Magdeburg, 961 den
Namen Adalbert erhalten, dann die Domschule in Magdeburg besucht, die ihn mit dem Missionsgedanken vertraut
gemacht hatte. Unter dem Bischof Thietmar diente er in
Prag als Priester, und er sollte diesem auf dem Bischofssitz
nachfolgen. Dieser Fall trat aber schon 982 ein, als Adalbert noch nicht das erforderliche Alter von dreißig Jahren
erreicht hatte. Daher war ein Dispens des Papstes erforderlich, ehe er 983 in Verona zum Bischof geweiht werden
konnte. Adalbert war indes nicht der Mann, den eine Diözese im Aufbau benötigt hätte; Brun von Querfurt berichtet von seinem asketischen Leben und seinem Eintreten für innerkirchliche Reformen, was ihn – neben der
politischen Rivalität zwischen den beiden Familien – mit
seinen Forderungen auf Beachtung der kanonischen Gesetze (Verbot der Vielweiberei) in einen Widerspruch zum
Herzog brachte. Jedenfalls gab er 989 sein Amt in Prag
auf, reiste mit seinem Halbbruder Radim/Gaudentius
nach Rom und trat dort als Mönch in das Kloster St. Bonifatius und Alexius ein, das eine griechisch-lateinische
Tradition befolgte. Normalerweise hätte dies das Ende seines weltlichen Kirchendienstes bedeutet, aber sein Erzbischof Willigis von Mainz und der Herzog zwangen ihn
992 zur Rückkehr nach Prag. Eine Weile scheint er mit Boleslav gut zusammengearbeitet zu haben, denn zu dieser Zeit wurde das Kloster Břevnov gegründet (993) und
mit Mönchen seines Klosters in Rom besetzt. Schon 995
verließ Adalbert Prag jedoch wieder und widmete sich
den Fragen einer Kirchenreform, die ihn auch mit dem
jungen Kaiser Otto III. zusammenbrachte, mit dem ihn
eine tiefe Freundschaft verbunden hat.

Die Abreise des Bischofs ermöglichte es Boleslav II., die
Rivalität mit der Familie der Slavnikiden gewaltsam zu beenden. Am St.-Wenzels-Tag 995 ließ er die Burg Libice erstürmen und die Anwesenden ermorden. Unter diesen
Umständen war an eine Rückkehr Adalberts nach Prag

nicht mehr zu denken. Nach einer Reise durch Ungarn wandte sich Adalbert nach Polen; dort erhielt er den Auftrag zur Mission der Prussen am Unterlauf der Weichsel, durch die er im April 997 den Märtyrertod erlitt. Bald nach der Wallfahrt des jungen Kaisers Otto III. nach Gnesen zu seinem Grab im Jahre 1000 wurde Adalbert heiliggesprochen und gleicherweise im deutschen Königreich, in Polen und Böhmen verehrt.

Die Přemysliden stärkten ihre Macht auch durch die Ausweitung ihres Herrschaftsgebietes. Als Verbündeter des Königs der Deutschen hatte Boleslav eine Zeit lang Gebiete der Elbslawen beherrscht, dann aber wieder abtreten müssen. Im Streit mit dem polnischen Herzog konnte Boleslav Schlesien und Kleinpolen (das Gebiet um Krakau) besetzen, und sogar für seinen Sohn eine Tochter des Kiewer Fürsten Wladimir des Heiligen gewinnen.

Die politische Konsolidierung des Herrschaftsgebietes der Přemysliden begleitete eine kulturelle Verwestlichung. Dies betraf in erster Linie die Kirche, die den lateinischen Ritus im Land verbreitete. Das Bistum Prag wurde – nach dem Zwischenspiel von Adalbert – von sächsischen Kirchenführern geleitet. Der Bischof war zwar formal der Mainzer Kirche untergeordnet, blieb aber vom böhmischen Herzog und dem Hochadel des Landes abhängig; eine politische Bedeutung wie im ottonischen Herrschaftssystem konnte er nie erringen. Der Adel errichtete die Kirchen im Lande, ausgehend von den Kirchen der Burgen und geleitet von deren Erzpriestern; diese wiesen den Gemeinden die Priester zu und zogen für deren Versorgung den Kirchenzehnten ein. Daneben existierten auf den Landgütern auch Eigenkirchen des Adels, die eine gewisse Unabhängigkeit vom Bischof bewahrten. Der äußeren Christianisierung folgte – wie anderswo auch – der langwierige Prozess der Verchristlichung der Gesellschaft. Ausgangsorte der christlichen Kultur waren die Klöster, deren Mönche zunächst von außen geholt wurden und diese zu eigenen Wirtschaftskörpern mit umfangreichem Landbesitz ausgestalteten. In ihnen lebte die schriftliche Kultur, die oft von Personen getragen wurde, die ihre Ausbildung außerhalb Böhmens erhalten hatten.

Auch der Hof des Herzogs und die Handelsplätze waren Einfallstore für auswärtige Einflüsse, und dies galt insbesondere für Prag. Die Erziehung von jungen Adeligen erfolgte meist über bayrische und sächsische Vermittlung; das Streben nach Gleichrangigkeit in der adeligen Gesellschaft führte zu Eheverbindungen über die Sprachgrenzen hinweg, wie zur Integration des böhmischen Hochadels in die Welt des westlichen Nachbarn. Der Begriff *šlechta* für »Adelsgeschlecht« wurde übernommen, wie auch einige hochadelige Familien deutsche Namen zu führen begannen. Dies war angesichts des Entwicklungsvorsprungs im deutschen Königreich und des Wunsches der Anpassung an dieses Vorbild ein Prozess, der – in Böhmen wie anderswo in Ostmitteleuropa – einer Mode entsprang und nicht geplant war. Er wurde durch Heiraten und das Gefolge der jeweils einheiratenden Personen beschleunigt und konnte nach einiger Zeit zur Übernahme der deutschen Sprache bei Hofe führen. Eine solche kulturelle Angleichung darf nicht mit den Kriterien des 19. Jahrhunderts beurteilt werden, denn einer »nationalen« Gesellschaft ging eine »aristokratische« voraus, die Mehrsprachigkeit als Teil ihres Standesbewusstseins pflegte.

In ähnlicher Weise gilt dies für den Handel, der schon in früher Zeit die jeweiligen Landesgrenzen überschritt und die in Hofkreisen begehrten Luxuswaren lieferte. In ihm hatten die Juden ihren festen Platz, denn zur Zeit der Karolinger waren die Begriffe »Juden« und »Händler« (*mercatores*) synonym. Die dauerhafte Ansiedlung von fremden Kaufleuten zu eigenem Recht, das vom Landesherrn bestätigt werden musste, war die Grundlage für die Entstehung der Stadt Prag mit der Selbstverwaltung in zwei Rechtskreisen – der Altstadt und der Kleinseite unterhalb der Burg. Jüdische Niederlassungen befanden sich an mehreren Stellen der Stadt. Die bäuerliche Bevölkerung im Lande verharrte in ihren alten Wirtschafts- und Lebensformen, oft genug auch in vorchristlichen Vorstellungen.

Die positive Entwicklung wurde um die Jahrtausendwende jeweils nach dem Tode eines Herrschers durch tiefgreifende Krisen abgelöst, die zuerst Böhmen, dann auch das deutsche Königreich erfassten und einander gegenseitig beeinflussten. In Böhmen hatte Boleslav II. bei seinem Tode 999 drei herrschaftsfähige Söhne hinterlassen, die das Land angesichts einer fehlenden Erbfolgeregelung für eine Generation in einen Bruderkampf stürzten. Die Zentralgewalt zerfiel in Streitigkeiten innerhalb der Familie, im Streit zwischen Herzog und Bischof, in den Auseinandersetzungen der Adeligen untereinander und schließlich in Konflikten mit fast allen Nachbarn. Um einen der Rivalen auszuschalten, ließ Boleslav III. (999–1003) seinen Bruder Jaromír verstümmeln, und dieser floh zusammen mit seinem Bruder Udalrich/Oldřich und ihrer Mutter Hemma an den Hof des bayrischen Herzogs Heinrich, der 1002 nach einigen Kämpfen als König Heinrich II. den deutschen Thron bestieg. Der Bischof Thiddag aus dem Kloster Corvey, den Boleslav II. noch 998 zum Bischof von Prag eingesetzt hatte, musste wiederholt das Land verlassen. Der Adel im Lande erhob sich gegen den Herzog und berief mit Vladivoj einen Verwandten der Přemysliden aus Polen. Boleslav floh, wurde aber nach Polen ausgeliefert. Noch ehe Vladivoj seine Anerkennung vom deutschen König erhalten hatte, starb er jedoch 1003. Zwar rief der böhmische Adel die beiden Brüder Oldřich und Jaromír zurück, aber Bolesław Chrobry »der Tapfere« von Polen – über seine Mutter Dubrava ein Enkel von Boleslav I. – führte Boleslav III. nach Böhmen zurück, wo dieser seine Gegner blutig verfolgte, bis ihn sein polnischer Namensvetter einkerkern und blenden ließ. Nunmehr übernahm Bolesław selbst die Herrschaft, um Böhmen und Polen in einer Personalunion zu vereinigen.

Dieser Streit war mit der Nachfolgefrage im deutschen Königreich verbunden. Neben Herzog Heinrich von Bayern, Sohn des Zänkers, hatte auch der Markgraf Ekkehard von Meißen, der ebenfalls der Sippe der Ottonen angehörte, seinen Anspruch angemeldet. Beide fanden jeweils die Unterstützung bei Polen oder Böhmen. Nach der Ermordung von Ekkehard entwickelte sich der Streit zwischen Heinrich und Bolesław zu einem langen Krieg, weil dieser die Huldigung für das gerade gewonnene Böhmen verweigerte. König Heinrich konnte jedoch Bolesław aus Böhmen verdrängen und dort den Přemysliden Jaromír als Herzog einsetzen (1004–1012).

In den Kriegen bis zum Frieden von Bautzen (1018) festigte sich die Grundkonstellation in Ostmitteleuropa: Polen blieb ein selbstständiges Reich mit eigener Kirchenverwaltung im Erzbistum Gnesen; Bolesław konnte nach dem Tode Heinrichs gar für sich 1025 die Königskrone erwerben, für die er allerdings keine allgemeine Anerkennung erhielt. Böhmen blieb in seiner inneren Kirchenordnung und der politischen Organisation unabhängig, jedoch sein Bischof formal der Mainzer Erzdiözese unterstellt und sein Herzog dem deutschen König durch das Lehnsverhältnis verbunden.

Dies ermöglichte weitere Eingriffe des deutschen Königs in die Probleme Böhmens, als der Bruderzwist wieder ausbrach; denn Oldřich vertrieb seinen Bruder im Jahre 1012 und huldigte seinerseits Heinrich II. und später König Konrad II. (1024–1039). Seine Macht wuchs, als sein Sohn Břetislav 1029 die Polen aus Mähren vertrieb und das Land selbst zu regieren begann. Böhmen und Mähren waren damit, unter umgekehrten Vorzeichen als zur Zeit des großmährischen Reiches, wieder vereinigt. Nun schien dem Herzog der Zeitpunkt gekommen, die Oberhoheit des deutschen Königs abzuschütteln. Obwohl er ausdrücklich geladen war, erschien er 1033 nicht auf dem Hoftag zu Merseburg. Diese offene Demonstration seiner Selbstständigkeit beantwortete der Kaiser mit militärischer Gewalt. Oldřich wurde abgesetzt und verbannt, Jaromír erneut als Herzog von Böhmen bestätigt. Aber dieser konnte sich im Lande nicht mehr durchsetzen. Nach einer weiteren Zuspitzung des blutigen Streites zwischen den Brüdern wurde schließlich Břetislav als Herzog anerkannt (1034/1040–1055); in Bamberg empfing er Böhmen und Mähren von König Heinrich III. (1039–1056) zu Lehen.

Břetislav, über den sich einige romantische Legenden erhalten haben, erwies sich als ein tatkräftiger Herrscher. Den Tod von Kaiser Konrad und die innere Schwäche des polnischen Nachbarn wegen einer heidnischen Reaktion nutzte er zu einer militärischen Aktion gegen Gnesen aus, wo er die Gebeine des heiligen Adalbert und viele Gefangene entführen ließ. Der militärische Erfolg und der Grabfrevel hatten aber Konsequenzen. König Heinrich III. konnte 1041 den böhmischen Herzog zur Unterwerfung und Erneuerung des Vasalleneides unter härteren Bedingungen zwingen; die Eroberungen in Polen musste er bis auf Schlesien aufgeben und die Gefangenen freilassen. Auch die Herrschaft über Schlesien wurde schon 1050 durch einen militärischen Erfolg des polnischen Herzogs Kazimierz hinfällig. Břetislav erschien in der Folge auf den Hoftagen des Königs und leistete Waffenhilfe; sein Auflehnungsversuch hatte seiner Stellung nicht grundsätzlich geschadet, denn nach seiner Unterwerfung stand er bei Heinrich III. in hohem Ansehen. Einen Misserfolg musste er aber in seiner Kirchenpolitik verbuchen, denn die Überführung der Gebeine Adalberts nach Prag wollte der Papst Benedikt IX. nicht mit einer Erhebung der dortigen Diözese zum Erzbistum belohnen, sondern erlegte dem Herzog eine Kirchenstrafe auf.

Nicht nur mit der Abschaffung der Vielweiberei und der Gottesurteile hat sich Břetislav als Reformer einen Namen gemacht; in der Verwaltung Böhmens und Mährens sorgte er für eine innere Vereinheitlichung; mit der »Prager Mark« schuf er eine neue kleine Münze für den Alltagsgebrauch. Nachhaltig wirkte sein Versuch, die Nachfolge auf dem Thron nach dem Recht des Stärkeren durch das System des Seniorats zu ersetzen. Danach sollte der jeweils Älteste der Herzogssippe die Nachfolge des verstorbenen Vaters übernehmen, diesem dann sein jeweils jüngerer Bruder nachfolgen, ehe nach dem Tode des Letzten dieser Generation der älteste Sohn des vormals Ältesten die Regierung übernommen hätte. Auf diese Weise sollten einerseits Böhmen und Mähren als Einheit im Besitz der Familie bleiben, wie andererseits die Anspruchsberechtigten angemessen versorgt werden. So gerecht dieses System auf den ersten Blick schien, so folgten daraus – wie in der Kiewer Rus und in Polen – schon in der nächsten Generation Onkel-Neffen-Konflikte, sowie eine Zersplitterung des Herrschaftsbereiches. Břetislav hat seinem ältesten Sohn Spitihněv Böhmen und das Gesamtreich als Herzog übertragen, dessen jüngeren Brüdern die mährischen Bereiche Olmütz/Olomouc (Vratislav), Brünn/Brno (Konrad) und Znaim/Znojmo (Otto); die Herzöge der Teilbereiche waren nur dem »Senior« verantwortlich, der als Lehnsträger des deutschen Königs das konsolidierte Gesamtreich vertrat.

Böhmen auf dem Weg zum Königreich

1055–1061	Herzog Spitihněv II.
1061–1092	Herzog Vratislav II., ab 1085 König
1092	Herzog Konrad I. von Brünn
1092–1100	Herzog Břetislav II.
1100–1107	Herzog Bořivoj II., ferner 1117–1120

44   *Das Zeitalter der Přemysliden*

1107–1109	Herzog Svatopluk
1109–1117	Herzog Vladislav I., ferner 1120–1125
1125–1140	Herzog Soběslav I.
1140–1172	Herzog Vladislav II., ab 1158 König
1172–1173	Herzog Friedrich/Bedřich, ferner 1178–1189
1173–1178	Herzog Soběslav II.
1189–1191	Herzog Konrad Otto
1191–1192	Herzog Václav II.
1192–1193	Herzog Přemysl I. Otakar
1193–1197	Herzog Heinrich/Jindřich-Břetislav, Bischof von Prag 1182–1197
1197–1230	erneut Herzog Přemysl I. Otakar, ab 1198/1205 König

Die Einführung des Seniorats verhinderte zwar nicht weiteren Bruderzwist, bewahrte das Land aber vor dessen blutiger Zuspitzung. Auf Břetislav folgte dessen ältester Sohn Spitihněv II. (1055–1061), über den nur wenig bekannt ist. Zu seiner Zeit soll, so berichtet der Chronist Cosmas von Prag, eine erste Vertreibung von Deutschen aus Prag stattgefunden haben. So undifferenziert kann dies aber nicht gelten, denn noch war Böhmen nicht das Ziel einer Einwanderung. Zugleich wird berichtet, der Herzog habe die Mönche der slawischen Orientierung in der Liturgie aus Sázava vertrieben und dort die lateinische Tradition durchgesetzt. Im Konflikt um die Herrschaftssicherung hat Spitihněv auch versucht, die mährischen Teilfürstentümer von seinen Brüdern zurückzugewinnen.

Spitihněv war erst ein Jahr an der Regierung, als der deutsche König und Kaiser Heinrich III. starb und seinen unmündigen Sohn Heinrich IV. (1056–1106) als Nachfolger hinterließ. Wieder ist zu beobachten, dass sich der Herzog der Böhmen – wie andere Hochadelige im Königreich – unter diesen Bedingungen einer schwachen Herrschaft nicht um das Reich kümmerte. Sein Bruder und Nachfolger Vratislav II. (1061–1092) ordnete die Verhältnisse in Mähren, wo er zuvor regiert hatte, in seinem Sinne und erneuerte dort ohne Rücksprache mit Papst und Kaiser das Bistum Olmütz (1063), das zuvor von Prag aus verwaltet worden war. Nach Beilegung der daraus folgenden Streitigkeiten mit dem Prager Bischof und dem Papst hatte die Regelung seit 1092 Bestand. Der Tod des Prager Bischofs Severus/Šebíř, des ersten Tschechen nach Adalbert/Vojtěch, verursachte einen Streit in der Herzogssippe, in dessen Folge der jüngere Bruder Jaromír seinen Anspruch auf das Bistum durchsetzte; 1068 wurde er unter dem Namen Gebhard vom Erzbischof von Mainz geweiht (gest. 1089) und erhielt von König Heinrich die Insignien der weltlichen Macht; in Rivalität zu seinem Bruder stieg er in der Folge zu höchsten Ehren im römischen Reich auf. Vratislav war während dieser Auseinandersetzungen in engere Beziehung zum jungen Heinrich IV. getreten und blieb in den folgenden Jahren dessen treuer Parteigänger, auch als er vom Papst Gregor VII. gebannt wurde. Der König unterstützte wiederum Vratislav, als dieser Ansprüche des polnischen Herzogs Bolesław II. »des Kühnen« abzuwehren hatte. An fast allen Schlachten Heinrichs waren die Böhmen mit ihren gefürchteten Truppen oder mit Geldzahlungen beteiligt.

Als Lohn für diese treuen Dienste erhielt der Herzog 1075 weitere Lehen im Reich übertragen, die er jedoch nicht behaupten konnte. Die größte Ehre erfuhr er im Jahre 1085, als der Kaiser den Herzog unter allgemeiner Zustimmung der Großen des Reiches zum König von Böhmen und Polen erhob und ihm mit eigener Hand die Krone aufsetzte. Die formale Krönung erfolgte 1086 in Prag. Der Königstitel war nur an seine Person gebunden und bedeutete eine Rangerhöhung im Kreis der Fürsten des Reiches. Die zweite Besonderheit dieses Aktes war die Formel *rex quam Boemicus tam Polonus*, die den Anspruch Vratislavs auf die Herrschaft in Polen belegt. Dass damit eine Belehnung mit ganz Polen beabsichtigt gewesen sein mochte, wird man wohl bezweifeln dürfen. Der böhmische Adel hat diese Königserhebung eines böhmischen Herzogs als nicht unproblematisch angesehen, weil er darin sein Recht auf die Wahl eines Herzogs bedroht glaubte.

Als sich die Hoffnungen des böhmischen Königs auf eine Erweiterung seiner Herrschaft um Meißen nicht erfüllten, erkaltete allmählich sein Eifer für den Kaiser. Vratislav war nicht nur der erste König in Böhmen, sondern er hat zugleich durch seine Einflussnahme in die inneren Verhältnisse des römischen Reiches bewiesen, dass aus den stammesfremden böhmischen Herzögen im Laufe eines Jahrhunderts mächtige Fürsten geworden waren, die das Reich ebenso mittrugen wie die deutschen. Diese äußeren Erfolge bewahrten Vratislav aber nicht vor der Erfahrung innerer Streitigkeiten im eigenen Land. Sein Sohn Břetislav flüchtete in deren Verlauf nach Ungarn, und sein Hauptgegner, Konrad von Brünn, wurde nach Vratislavs Tod im Jahre 1092 zum Herzog von Böhmen gewählt, verstarb aber schon nach neun Monaten im Amt.

Gegen die Regel des Seniorats, der zufolge Oldřich von Brünn die Herrschaft beanspruchen konnte, wurde nun Břetislav II. zurückgerufen und vom Adel des Landes (1092–1100) zum Herzog erhoben. Seine Regierungszeit ist durch zahlreiche Maßnahmen gegen die heidnischen Bräuche im Volke gekennzeichnet, woraus zu ersehen ist, dass mehrere Generationen christlicher Herrscher nicht ausreichten, die Verchristlichung im Lande durchzusetzen. Břetislav war in zahlreiche Kämpfe mit den Polen verwickelt; der dortige Herzog Władysław musste den Tribut an Böhmen weiterzahlen. Die enge Beziehung zum deutschen Hochadel festigte der Herzog durch seine Ehe mit Liutgard, Tochter des mächtigen Grafen von Bogen. Seinen jüngeren Bruder Bořivoj verheiratete er gar mit der Babenbergerin Helbirg, der Tochter des Herzogs der Ostmark Leopold II. Kaiser Heinrich IV. genehmigte im glei-

chen Jahr 1099 die Anwartschaft Bořivojs auf die Nachfolge. Zwar hatte Břetislav damit die Thronfolge gesichert,
aber sein eigenes Leben verlor er im Jahre darauf durch
einen Mordanschlag.

Bořivoj II. (1100–1107) blieb nicht unangefochten,
denn sein Vetter Oldřich von Brünn, der nach dem Senio-
rat bessere Rechte besaß, trat ihm entgegen, und als Bořivoj
diesen besiegt hatte, erhob dessen Bruder Svatopluk
von Olmütz Ansprüche auf den Herzogsstuhl. Mit Hilfe
von Polen und Ungarn sowie mit Unterstützung des Kaisers Heinrich V. konnte Svatopluk die Bestätigung als
Herzog erhalten. Als Vasall Heinrichs V. zog Svatopluk
(1107–1109) dann gegen seine ehemaligen Bundesgenossen zu Felde, fiel aber auf einem Feldzug gegen Polen ein
Jahr später einem Mordanschlag zum Opfer. Nach seinem Tode kam es zu einem Streit zwischen vier Prätendenten auf die Herzogswürde. Auf einem Landtag gelang
es dem Bischof Hermann von Prag mit viel Mühe, diesen
Zwist im Přemyslidenhaus unblutig zu schlichten (1117).
Herzog Vladislav, den der Adel unterstützt hatte, dankte
zugunsten seines älteren Bruders Bořivoj ab, übernahm
aber nach dessen Tod von 1120 bis 1125 erneut die Regierung. Auch ihr jüngerer Bruder Soběslav kam schließlich
noch zum Zuge, als Vladislav starb. Er sollte dann bis
1140 regieren, nachdem er die Ansprüche des vierten Prätendenten Otto, Sohn des Svatopluk, hatte abwehren
müssen

Soběslav I. stand in den folgenden Jahren stets treu auf
Seiten des Königs Lothar von Supplinburg (1125–1137),
der in einen langen Streit mit dem schwäbischen Haus der
Staufer verstrickt war. Der Herzog konnte sein Mitspracherecht auf die Besetzung des Thrones in Polen behaupten. Im Lande festigte er seine Herrschaft durch die Anlage von Burgen an den Durchgangsstraßen und in Prag.
Als Soběslav versuchte, durch Fürsprache des deutschen
Königs Konrad III., des ersten Staufers auf dem deutschen

Thron (1138–1152), seinem Sohn mit gleichem Namen die Herrschaft in Böhmen zu vererben, stieß er auf den Widerstand des Adels, der nach seinem Tode 1140 nach den Regeln des Seniorats seinen Neffen Vladislav II. (1140–1172) wählte.

Einen gefügigen Herzog hatte der Adel mit Vladislav nicht erhalten. Schon nach kurzer Zeit kam es zwischen dem neuen Herzog und einer organisierten Adelsopposition zum Kampf. Nach dem Eingreifen eines Reichsheeres, das die Gebiete der Gegner verwüstete, vermittelte ein Legat des Papstes mit Namen Guido 1143 vorübergehend eine Verständigung. Ein erneuter Aufstand unter Leitung des Olmützer Bischofs Heinrich Zdík (1126–1150) brachte diesem ein großes Immunitätsprivileg: Die kirchlichen Güter und die Menschen darauf wurden der Gewalt des Adels entzogen, von Steuern und Abgaben befreit und allein dem Bischof unterstellt. Diese Eingliederung der Kirche in die weltliche Machtausübung nach dem Beispiel des Reiches ist auch in der Förderung der Orden gegen den Lokaladel zu sehen. Die Orden der Zisterzienser und der Prämonstratenser konnten zahlreiche Klöster begründen, die zum Teil mit deutschen Mönchen besetzt wurden und in abgelegenen Teilen des Herrschaftsgebietes umfangreiche Schenkungen erhielten. Vladislav setzte damit die Politik der frühen Přemysliden fort, durch eine Ausweitung des Herzogsgebietes den Adel in die Zange zu nehmen und damit zu zähmen.

Die enge Bindung Böhmens an das Reich kam in dieser Zeit darin zum Ausdruck, dass böhmische Ritterheere an mehreren Kriegszügen unter Kaiser Konrad III. teilnahmen. Dies galt auch für den Kaiser Friedrich I. Barbarossa (1152–1190), der den Böhmen auf dem Reichstag von Regensburg 1158 aus Anerkennung seiner Dienste zum König erhob, wozu er seine eigene Krone benutzte. Die Bindung an das Reich war indes dadurch widersprüchlich, dass der Bischof von Prag, Daniel I. (1148–1167), zu einem der führenden Berater des Kaisers aufstieg und eine Stellung wie andere Reichsbischöfe erreichte; er wurde dadurch zu einem Konkurrenten des Herzogs in der Landesgewalt. Vladislav war in der Folge eng mit der Italienpolitik Friedrichs verbunden, dem er auf eigene Kosten ein großes Heer stellte. Dieses begann indes gleich hinter der böhmischen Grenze mit Kriegshandlungen und Raubzügen und wurde schnell nach Italien weitergeschickt, wo es an der Eroberung Mailands erfolgreich teilnahm (1158). Ausdruck dieser militärischen Erfolge war, dass die Mailänder Vladislav als Vermittler im Konflikt mit dem Kaiser anriefen, der dafür den Böhmen in Mailand bei der Siegesfeier erneut zum König krönte. Aus dieser Zeit stammt die Übernahme des Löwen als Wappentier Böhmens, der dort einen schwarzen Adler ablöste.

Wie sehr solche Prestigefragen aber auf persönlichen Beziehungen beruhte, zeigte sich, als Vladislav, der sich inzwischen von Kaiser Friedrich Barbarossa entfremdet hatte, 1172 ohne Zustimmung des Adels und des Kaisers abdankte und seinen Sohn Bedřich/Friedrich als Nachfolger einsetzte (1172–1173). Der Kaiser nutzte diese Gelegenheit sofort zur Wiederherstellung seiner Autorität und seines Lehnsrechtes: Er erzwang die Freilassung des seinerzeit umgangenen Soběslav aus der Haft, lud Vladislav und dessen Sohn vor sein Hofgericht, setzte beide ab und erkannte Soběslav II. als neuen Herzog an (1173–1178), ohne dass nun der Adel einer solchen Erhebung zugestimmt hatte. Soběslav unterstützte weiterhin die Italienpolitik des Kaisers Friedrich, hatte jedoch kein Kriegsglück, da ihm ein Teil der Böhmen den Gehorsam verweigerte. Nach seiner Niederlage von Legnano (1176) ließ ihn der Kaiser fallen und förderte den zuvor abgesetzten Bedřich. Als sich auch die mährischen Adeligen gegen Soběslav wandten, verließen ihn seine Gefolgsleute endgültig. Soběslav hatte offenbar die Unterstützung des niederen Adels und der Bauern gesucht, denn er wird von einem

Chronisten *princeps rusticorum* genannt. Dass er auch die Städte zu Bundesgenossen gewinnen wollte, zeigt seine Privilegierung fremder Kaufleute, darunter ausdrücklich der deutschen, die sich in Prag niedergelassen hatten (1174/78).

Herzog Bedřich/Friedrich hatte nun mit Hilfe des Kaisers im zweiten Anlauf die Herzogswürde erworben (1178–1189), aber seine ganze Regierungszeit brachte er mit Kämpfen um deren Anerkennung zu. Schon vier Jahre nach dem Herrschaftsantritt sah er sich einer erneuten Adelsempörung gegenüber, die den Fürsten von Znaim, Konrad Otto, zum Herzog erhoben hatte. Wieder griff Kaiser Barbarossa ein und lud die beiden Kontrahenten vor den Reichstag nach Regensburg. Dort musste der böhmische Adel den Herzog Bedřich anerkennen, während der Prätendent Konrad zum Markgrafen der neueingerichteten Markgrafschaft Mähren erhoben wurde. Dies machte die Vereinigung von Böhmen und Mähren rückgängig und schuf mit der reichsunmittelbaren Stellung von Mähren einen neuen Zustand, obgleich die Herrschaft dort innerhalb der Familie der Přemysliden verblieb.

Trotz dieser salomonischen Lösung, die vor allem die Reichsinteressen im Blick behalten hatte, erkannte der böhmische Adel den Herzog Bedřich nicht an. Mit Hilfe ausländischer Unterstützung konnte er sich indes im Lande halten, und er hoffte, die Zustimmung des Adels durch umfangreiche Schenkungen an Land und Privilegien zu erwerben. Er versuchte auch, Mähren für sich zurückzugewinnen, indem er auf einer Begegnung der beiden Fürsten 1186 den Markgrafen Konrad Otto unter Umgehung von dessen Reichsunmittelbarkeit dazu bewegte, ihn als Oberherrn anzuerkennen. Dies war aber ohne die Zustimmung des Kaisers nicht möglich; dieser hatte aber an der Wiederherstellung des vormaligen Zustandes gar kein Interesse. Im Gegenzug bestätigte der Kaiser 1187 dem Bischof von Prag, dem Přemysliden Heinrich Břetislav, den Rang eines Reichsfürsten mit unmittelbarer Unterstellung unter den Kaiser, so dass der Kirchenbesitz des Prager Bischofs dem Anspruch nach aus der Oberaufsicht des Herzogs genommen war.

Nach dem Tode des wenig erfolgreichen Herzogs Bedřich regierte sein Rivale Herzog Konrad Otto nur kurze Zeit (1189–1191) über die nun wiedervereinigten Fürstentümer Böhmen und Mähren. In seine Zeit fallen die sogenannten Konradinischen Statuten, eine erste Sammlung des böhmischen Gewohnheitsrechtes, in dem der Adel eine schriftliche Bestätigung seines Verfügungsrechtes über seine Eigengüter erhielt. Der Herzog starb bald danach bei der Belagerung von Neapel, wohin er dem Kaiser Heinrich VI. (1190–1197) gefolgt war. Seine Herrschaft war zu kurz gewesen, um den Adel zu disziplinieren. Nach seinem Tode kämpften nun vier Přemysliden während der nächsten sechs Jahre um die Macht. Es ist verständlich, dass unter solchen Umständen die Macht des Adels weiter anwuchs, während der Einfluss des Herzogs entsprechend zurückging.

Der böhmische Adel hatte sich zunächst 1191 für Vladislav Heinrich, Sohn des Herzogs Bedřich, entschieden, nachdem er den älteren der beiden Brüder, Přemysl Otakar, gleich nach seinem versuchten Herrschaftsantritt gestürzt hatte. Der Kaiser sanktionierte diese Entscheidung mit der Belehnung des neuen Herzogs. Die beiden Brüder einigten sich untereinander, dass der ältere Böhmen und der jüngere die Markgrafschaft Mähren übernehmen solle. Diesem Vorbild folgten später auch andere Prätendenten. Für einige Zeit (1193–1197) konnte der Prager Bischof Heinrich zusätzlich die Herzogswürde erringen und darin die Bestätigung des Kaisers Heinrich VI. erreichen. Im Innern schuf dieser Ausgleich der Prätendenten die Voraussetzung zur Beruhigung und förderte den Zusammenhalt von Böhmen und Mähren. Dies bildete die

Voraussetzung für einen weiteren Machtanstieg Böhmens, denn im Reich war die Situation nach dem Tode von Heinrich VI. ungeklärt. Philipp von Schwaben (1198–1208) und der Welfe Otto IV. von Braunschweig (1198/1208–1215) standen einander als Rivalen gegenüber und kämpften um die Anerkennung ihrer Thronansprüche. In diesem Streit ergriffen nicht nur die deutschen Fürsten Partei, sondern auch Ungarn und Polen, besonders aber der Papst. In den fünfzehn Jahren des Kampfes, bis sich mit Friedrich II., dem Sohn Heinrichs VI. (1211/1215–1250), ein neuer unbestrittener König im Reich durchsetzte, wechselte Přemysl Otakar I., der nach einem kurzen Zwischenspiel seines Bruders Vladislav Heinrich 1198 erneut die Herzogswürde erlangt hatte, – wie auch andere Reichsfürsten – insgesamt fünf Mal die Partei und ließ sich mal von der einen, mal von der anderen Seite für seine Unterstützung belohnen: 1198 erreichte er in Mainz von Philipp von Schwaben die Königskrönung, die Erblichkeit der Königswürde und das uneingeschränkte Recht der Einsetzung von Bischöfen in seinem Land. Damit war der Anspruch von Friedrich I. Barbarossa, den Prager Bischof als Reichsfürsten zu vereinnahmen, gescheitert. Als der Papst sich dann gegen den Staufer Philipp erklärte, wandte sich auch Přemysl Otakar dem Welfen Otto IV. zu und erhielt dafür erneut alle seine Privilegien bestätigt. Das Gleiche gelang ihm, als er schließlich den jungen König Friedrich II. unterstützte und dieser im Jahre 1212 in der Goldenen Sizilischen Bulle die Rechte des böhmischen Königs erweiterte und festschrieb. Der Kaiser hatte damit die Unabhängigkeit Böhmens und Mährens als selbstständiges Herrschaftsgebilde anerkannt.

Böhmen als Königreich der Přemysliden
auf der Höhe der Macht und sein Niedergang

1198/1205–1230	König Přemysl Otakar I.
1228/30–1253	König Václav I.
1248/53–12?8	König Přemysl Otakar II.
1283–1305	König Václav II.
1305–1306	König Václav III.
1307–1310	König Heinrich, Herzog von Kärnten

Nach mehreren Anläufen waren den Herrschern von Böhmen die Regelung der Nachfolge und die dauerhafte Rangerhöhung gelungen. Die sizilische Goldene Bulle vom 26. September 1212 schrieb das Verfahren fest: Der böhmische Adel musste nach dem Tode des alten den neuen Herrscher wählen, wobei der Vorrang der Sippe der Přemysliden unangetastet blieb; der neue Herrscher sollte aus den Händen des Kaisers die Insignien der königlichen Macht und die Rechte (Regalien) erhalten; als Gegenleistung blieben ihm die Begleitung zur Kaiserkrönung nach Rom (ersatzweise die Zahlung einer Ablösesumme) und der Besuch von Reichstagen in der Nähe seines Königreiches; andere bisherige Pflichten galten als erloschen. Dafür wurde das Königreich in seinem bisherigen Umfang und der König in seinen Rechten über die Kirche (Einsetzung von Bischöfen) und über Mähren bestätigt. Die Änderung der Rechtsstellung von einem auf Zeit erhöhten König, der den Titel *rex Boemorum* (»König der Böhmen«) getragen hatte, war in der neuen Bezeichnung *regnum Bohemiae* (»Königreich Böhmen«) ablesbar. Für Böhmen war damit die territoriale Einheit als ein eigener Rechtskörper anerkannt.

Diese Festigung der Macht nach außen hatte auch Konsequenzen nach innen. Nunmehr hatte sich die Primogenitur gegen die unsichere Regelung des Seniorates durchgesetzt, denn schon 1216 erkannte der böhmische Adel die Rechte des ältesten Sohnes Václav auf die Nachfolge seines Vater an. In den Streit zwischen Kaiser und Papst griff Přemysl Otakar I. dort ein, wo er sich Vorteile erhoffte. Allerdings wurde er selbst in seiner Machtstellung durch einen Streit mit der Kirche geschwächt, der 1221 mit der Erneuerung der alten Privilegien des Bistums Prag, der Klöster und der kirchlichen Einrichtungen beigelegt werden konnte; die darin enthaltene Befreiung von Abgaben an den König bedeutete eine empfindliche Minderung von dessen Einkünften. Das Ansehen des neuen Königshauses spiegelte sich in den Eheverbindungen der Kinder des Königs wider, die das Haus weiter in das Geflecht adeliger Familienbeziehungen nach Westen und nach Osten einbanden. Allerdings scheiterte das ehrgeizige Projekt, die jüngste Tochter Agnes mit dem Kaisersohn Heinrich oder mit dem gleichnamigen englischen König zu vermählen; daraufhin gründete Agnes aus ihrer hohen Mitgift ein Kloster in Prag, wo sie später als Äbtissin wirkte; 1874 wurde sie selig- und 1989 schließlich heiliggesprochen. Der Thronfolger Václav konnte vor seiner Krönung zum »jüngeren König« 1228 Kunigunde, die Tochter des verstorbenen Königs Philipp von Schwaben und der byzantinischen Prinzessin Irene, mithin eine Cousine des Kaisers Friedrich II., zur Frau gewinnen.

König Václav I. trat nach dem Tode des Vaters 1230 die Herrschaft an und erhielt von Kaiser Friedrich II. alle Rechte bestätigt. Seit langem hatten die Přemysliden eine Machterweiterung nach Süden auf Kosten Österreichs im Sinn gehabt, und als der Babenberger Friedrich der Streitbare sich gegen den Kaiser Friedrich II. erklärte, stellte sich Václav an die Seite des Kaisers, um die Reichsacht gegen Österreich zu vollstrecken. Der erhoffte Territorialgewinn blieb jedoch aus, und ein Streit darüber zog sich jahrelang hin. Daraus folgte eine Schaukelpolitik der Lokalherren im Schatten des Konfliktes zwischen Papst und

Kaiser mit ständig wechselnden Fronten. Der Einfall der Mongolen, die 1241 von polnischen und deutschen Rittern bei Liegnitz aufgehalten werden konnten, in Mähren aber große Sachschäden und Bevölkerungsverluste verursacht hatten, unterbrach den Streit der Landesherren nur für kurze Zeit. Auch im Innern Böhmens brach wieder ein Streit zwischen Anhängern des Papstes und jenen des staufischen Kaisers aus, wobei an der Adelsopposition auch sein zum Thronfolger aufgerückter Sohn Přemysl Otakar Anteil hatte. Dieser erreichte am Jahresende 1247, dass der Adel des Landes den erst Vierzehnjährigen als Mitregenten und »jüngeren König« anerkannte.

Das gewünschte Erbe der Babenberger erreichte König Václav erst, als 1250 Kaiser Friedrich II. und der Herzog Hermann von Österreich verstarben. Gegen Ansprüche aus Bayern konnte sich Václav auf einen Teil des österreichischen Adels stützen und dessen Huldigung entgegennehmen. Im Auftrag seines Vaters ging Přemysl Otakar nach Wien und heiratete dort mit päpstlichem Dispens die doppelt so alte Schwester Friedrichs des Streitbaren, Margarete, um seine Ansprüche zu untermauern. Eine solche Machtausweitung des böhmischen Herrscherhauses rief aber eine starke Opposition hervor, die auch der Papst unterstützte. Schließlich wurde 1254 durch Vermittlung des Papstes Innozenz IV. ein Kompromiss erreicht, den Václav aber nicht mehr erlebte: Im Frieden von Ofen (Budapest) wurde das Erbe der Babenberger aufgeteilt: Přemysl Otakar II. (1253–12/8) erhielt den größeren Teil Österreichs, der Ungarnkönig Béla die Steiermark. Gewonnen hatte auch der Papst, denn Přemysl Otakar hatte neben einer allgemeinen Unterstützung der Kurie auch einen Kreuzzug gegen die Prussen versprochen, in dessen Verlauf 1255 die zu seinen Ehren benannte Stadt Königsberg gegründet wurde; weitergehende Pläne zu einer eigenen Herrschaft an der Ostsee scheiterten aber 1267/68. Nachdem der Papst Urban IV. die Ehe mit der ungeliebten

Margarete geschieden hatte, konnte der böhmische König die Auseinandersetzung mit Ungarn nach einigen siegreichen Schlachten durch seine Heirat mit Kunigunde/Kunhuta (1261), Enkelin von Béla IV., beenden und die Steiermark erwerben.

Přemysl Ottokar II. war nun als Herr von Böhmen, Mähren, Schlesien, Österreich und Steiermark zum mächtigsten Fürsten des römischen Reiches geworden. In Absprache mit dem Papst opponierte er in den Jahren des Interregnums nach dem Ende der Stauferdynastie (Tod König Konrads IV. 1254) gegen jeden Kandidaten für den deutschen Königsthron, der nicht von ihm gefördert wurde, und ließ sich von den machtlosen Königen seine Privilegien bestätigen, ohne dafür jedoch die Zustimmung der übrigen Reichsfürsten zu erhalten. 1265/66 ernannte ihn gar König Richard (von Cornwall) zum »Vikar Germaniens rechts des Rheines«, also zu einer Art Reichsverweser, der den Reichsbesitz gegen Privatansprüche des Adels wahren sollte. Er benützte hingegen seine Machtstellung, um für sich aus dem Staufererbe Anrechte auf Passau, Eger und selbst Regensburg geltend zu machen. Diesen Ausgriff auf bayrisches Gebiet beantwortete Herzog Heinrich von Niederbayern mit einem Krieg, der 1267 unter päpstlicher Vermittlung beendet wurde. Weitere Kriege führte Přemysl mit Ungarn, um sein Territorium nach Südösterreich auszuweiten. Als König Stephan V. von Ungarn 1272 starb und nur einen zehnjährigen Sohn hinterließ, griff Přemysl wieder ein, obwohl der Papst nachdrücklich für die Rechte des jungen Ladislaus eingetreten war. Die dadurch verursachte Verstimmung des Papstes wirkte sich unmittelbar auf die Königswahl von 1273 aus, bei der Přemysl wegen der Opposition der deutschen Fürsten selbst keine Chancen besaß und sich bei der Wahl von Rudolf von Habsburg auch um sein Mitspracherecht gebracht sah.

Mit dem neuen deutschen König Rudolf von Habsburg

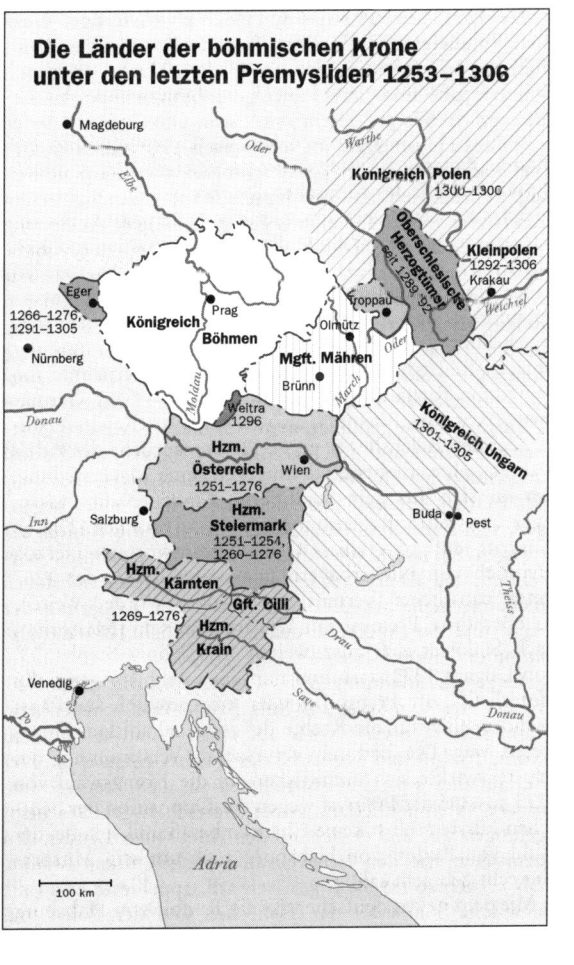

Die Länder der böhmischen Krone
unter den letzten Přemysliden 1253–1306

Magdeburg

Oder

Warthe

Elbe

Königreich Polen
1300–1306

**Oberschlesische
Herzogtümer**
seit 1289–92

Eger

1266–1276,
1291–1305

Nürnberg

**Königreich
Böhmen**

Prag

Troppau

Olmütz

Kleinpolen
1292–1306
Krakau

Oder

Weichsel

Mgft. Mähren

Brünn

Moldau

March

Donau

Weltra
1296

**Hzm.
Österreich**
1251–1276

Wien

Königreich Ungarn
1301–1305

Inn

Salzburg

**Hzm.
Steiermark**
1251–1254,
1260–1276

Buda

Pest

**Hzm.
Kärnten**

1269–1276

Gft. Cilli

**Hzm.
Krain**

Drau

Theiß

Venedig

Save

Donau

Po

Adria

100 km

(1273–1291) hatte Přemysl nun einen gleichwertigen Gegner. Voraussetzung für einen Sieg im kommenden Konflikt war die Stärkung der königlichen Macht, die durch Landvergabe und unrechtmäßige Inbesitznahme der Lehen inzwischen arg geschrumpft war. Die eigenen Ländereien des Habsburgers im schwäbisch-alemannischen Gebiet waren eine zu geringe Machtbasis, aber der neue König konnte sich auf die Unterstützung des deutschen Adels verlassen, wenn er sich gegen die illegale Aneignung von Lehen wandte. Dies betraf in erster Linie den böhmischen König, der sich solcher erledigter Lehen bis zur Adria hin bemächtigt und damit den Zorn der anderen Reichsfürsten erregt hatte. Ihr Spruch auf dem Reichstag in Speyer von 1274, dass alles seit 1245 entfremdete Reichsgut – das Jahr der Bannung von Friedrich II. – notfalls mit Gewalt zurückzuholen sei, war eindeutig gegen Přemysl Otakar gemünzt, denn auf die Besitzungen geistlicher Fürsten und des Herzogs von Bayern, die Rudolf unterstützt hatten, sollte diese Vorschrift nicht angewendet werden. Přemysl hatte den politischen Fehler begangen, sich seine Besitzungen nicht vom König Rudolf bestätigen zu lassen, wie dies der Brauch eigentlich vorschrieb, und als er trotz Ladung zu mehreren Reichstagen nicht erschien, bot dies den Anlass zur Erklärung der Acht und der Aberacht, denen schließlich 1276 die Exkommunikation folgte.

Gegen die Mahnungen des Papstes und die seines Ratgebers, des Olmützer Bischofs Bruno von Schauenberg, hatte sich Přemysl Otakar auf einen Konflikt mit dem König Rudolf und dem Adel des Reiches eingelassen. Der Verlauf dieses Streites enthüllte rasch, dass Přemysl eine innere Vereinheitlichung seines Herrschaftsgebietes nicht gelungen war und er sich auf den Adel seiner Länder, den deutschen wie den tschechischen, nicht stützen konnte. Als er sich so im Stich gelassen sah, appellierte er an die slawische Solidarität der Tschechen und der Polen und verschob damit die Ebene der Auseinandersetzung von einem feudalen Konflikt zu einer ethnischen Auseinandersetzung. König Rudolf blieb dagegen in den alten Kategorien des Konsenses der Reichsfürsten und errang auch 1276 in einem schnellen Feldzug einen militärischen Erfolg. Im Wiener Frieden mußte Přemysl Otakar auf alle Erwerbungen außerhalb Böhmens und Mährens verzichten. Mit diesem Ergebnis wollte er sich jedoch nicht abfinden und schmiedete eine neue Koalition gegen Rudolf, der seinerseits auf starke Kräfte im böhmischen Hochadel zurückgreifen konnte. Unter diesen Umständen kam es zu einem neuen Krieg, der 1278 mit der großen Schlacht auf dem Marchfeld bei Dürnkrut endete. Přemysl wurde vollständig geschlagen und von einem österreichischen Adeligen aus persönlichen Gründen getötet.

Přemysl Otakar II. hatte – wie vor ihm schon Herzog Heinrich der Löwe von Bayern und Sachsen – versucht, von der angestammten Macht seines Erbes ausgehend, einen großen zusammenhängenden Territorialstaat aufzubauen, der in Konkurrenz zum bestehenden Königsstaat hätte treten können. Der wegen seines persönlichen Mutes der »eiserne« oder wegen seines Reichtums auch »goldene« König von Böhmen genannte Přemysl hatte Österreich und die Steiermark, das Egerland, Kärnten und Krain, sowie die Windische Mark nördlich von Istrien erobert und fast das Mittelmeer an der Adriaküste erreicht. Seine Pläne gingen zeitweise dahin, auch nach Norden bis zur Ostseeküste auszugreifen. Přemysl Otakar hatte sein Erbe nach außen gewaltig erweitert, und er hatte sich auch im Inneren seines Herrschaftsbereiches um eine Modernisierung bemüht. So wurde er zum Förderer des Städtewesens, der gezielten bäuerlichen Siedlung, der Rodungsaktivitäten von Zisterziensern und deutschen Bauern und Bürgern. Er vermehrte dadurch nicht nur seine eigenen Einkünfte, sondern gewann auch in den befestigten und wehrhaften Städten eine Stütze gegen den Landesadel, der solche Machtausweitung mit einem Verlust der eigenen Bedeutung bezahlte.

In der Verwaltung des Landes hatte sich Přemysl Otakar anregen lassen, dem Beispiel des normannisch-staufischen Reiches Friedrichs II. in Süditalien und Sizilien zu folgen. Ansätze zu einer solchen modernen, auf einer Beamtenschaft beruhenden Landesverwaltung – in Abkehr von der personenbezogenen Verwaltung durch den Adel – waren auch in Böhmen sichtbar und wurden am deutlichsten in dem Plan, nach dem Muster Neapel eine Universität zur Ausbildung von Juristen zu gründen. Auch in der Heiratspolitik, die auf überkommene Moralvorstellungen wenig Rücksicht nahm, war Přemysl Otakar durchaus ein moderner Herrscher.

Dieser Zug zum Renaissancefürsten zeigte sich auch an seinem Hof. Prag war unter seiner Herrschaft zu einem Kulturzentrum geworden, das in starkem Maße deutsch geprägt war; auf den Burgen des Landes wurde das Ideal des Rittertums gepflegt wie kaum irgendwo sonst. Auch der Griff nach der deutschen Königskrone lag zeitweise im Bereich des Möglichen; als Sohn einer Stauferin und in enger Verwandtschaft mit zahlreichen deutschen Fürstenhäusern waren seine Ansprüche genealogisch besser untermauert als die der landfremden Könige. Dass er dennoch dieses Lebensziel verfehlt hat, lag an der Unterschätzung der alten Mächte. Der böhmische Adel besaß zu viel Eigenrechte und Standesbewusstsein, um sich auf die Ebene eines Dienstadels herabdrücken zu lassen. Die Kirche unterstützte das alte System des Lehnswesens, weil sie mit dem modernen Staat Friedrichs II. in Süditalien schlechte Erfahrungen gemacht hatte und von einem säkularisierten Beamtenstaat eine empfindliche Minderung ihrer eigenen Rechte erwartete. Schließlich konnte sich die kluge Politik Rudolfs von Habsburg auf die Zustimmung all jener stützen, die die bisherigen Rechte bewahren wollten; dieser Opposition war Přemysl Otakar II. unterlegen.

Vor einer neuen Blüte stand jedoch erst einmal der tiefe Fall der böhmischen Länder. Der Landesadel und der deutsche König bestimmten zunächst den weiteren Verlauf der Dinge. Der Thronerbe Václav II. war erst sieben Jahre alt, und seine Mutter, Kunigunde, Tochter des Fürsten von Halyč-Černigov, wollte sich auf den König Rudolf stützen. Dieser hatte aber an einem Eingreifen in Böhmen wenig Interesse, weil er mit der Besetzung Mährens und dessen Erhebung zum Reichsland seinen Einfluss genügend gestärkt glaubte. So war der böhmische Adel unter sich und nutzte die königlose Zeit, um sich in den Besitz von Kron- und Kirchengütern zu setzen. Solch illegaler Machterwerb galt nicht als ehrenrührig, solange eine Zentralmacht fehlte, und wenn sie wieder entstehen sollte, dann musste sie sich erst im Kampfe durchsetzen und den Adel zur Herausgabe der Güter zwingen, deren Einnahmen inzwischen verbraucht waren. Ganz ohne Landesherrn ging es aber auch nicht, und da Rudolf von Habsburg zögerte, warf sich mit Markgraf Otto V. von Brandenburg ein Neffe von Přemysl Otakar zum Prätendenten auf, der mit Rudolf zu einer friedlichen Übereinkunft gelangte. Zur Bekräftigung der Familienbeziehungen wurde der junge Václav formal mit der Tochter Rudolfs, Guta, vermählt, Václavs Schwester Agnes mit Rudolfs Sohn gleichen Namens.

Diese Regelung an der Spitze war eine Bestätigung der verworrenen Machtverhältnisse. Otto von Brandenburg konnte sich als Regent nur auf seine Truppen stützen, nicht aber auf die Zustimmung des Landesadels. Dieser setzte seine Politik der eigenen Interessen fort, während Otto seine Kriegsleute im Lande herumziehen und plündern ließ. In Böhmen herrschte Anarchie, dazu traten Hungersnöte und Epidemien. In solcher Situation scharte sich adeliger Widerstand um Bischof Tobias von Prag, der auf einem Landtag die Freilassung von Václav und Kunigunde forderte, die Otto eingekerkert hatte. Otto sah sich schließlich der mächtigen Adelssippe der Witigonen gegenüber, deren Haupt Záviš von Falkenstein inzwischen heimlich Kunigunde geheiratet hatte. So gab er den jungen Königssohn Václav gegen eine Lösesumme endlich frei.

Mit nur zwölf Jahren trat Václav II. (1283–1305) die Herrschaft an, wobei jedoch sein Stiefvater Záviš den entscheidenden Einfluss in Prag ausübte. Dieser versuchte der gegnerischen Partei standzuhalten, die diesmal den König Rudolf mit dem Prager Bischof Tobias verband; seine Stellung wurde aber unhaltbar, als Kunigunde starb. Nun versuchte er, durch die Heirat einer ungarischen Prinzessin seine eigene Position zu stärken, konnte sich aber gegen den Widerstand des übrigen Adels im Bunde mit Rudolf von Habsburg nicht halten. Seine Weigerung, Königsgut herauszugeben, führte zu einem Prozess wegen Hochverrats; Záviš wurde gefangen genommen und schließlich getötet. Ein Teil der Güter der Witigonen wurde daraufhin eingezogen und der neugegründeten Zisterzienserabtei Königssaal/Zbraslav übergeben.

Nach dem Sturz des mächtigen Witigonen trat Václav die eigene Herrschaft an. Er schätzte die Machtverhältnisse richtig ein, und weil er dem Adel die übrigen entfremdeten Güter beließ, kam es zu keinen weiteren Auseinandersetzungen. Václav versuchte den Konflikt mit dem Adel durch eine langfristige Umstrukturierung der Verwaltung zu entschärfen. So wollte er das Landrecht reformieren und durch dessen Aufzeichnung sichern. Hier setzte er die Politik seines Vaters fort, indem er Rechtsgelehrte aus Italien ins Land rief und auch den Plan der Gründung einer eigenen Universität wieder aufnahm. Dem widersetzte sich der Adel aber entschieden, weil er mit Recht vermutete, dass die Einschaltung von Juristen und die Kodifizierung des Rechtes im ersten Schritt zu einer Beschneidung von Willkür und im zweiten zu einer Machtminderung des Adels führen mussten. Bei solchen Bemühungen, ein Machtgleichgewicht und schließlich ein

Übergewicht des Königs über den Adel zu erreichen, suchte sich Václav neue Verbündete. Nur in Teilbereichen war die Heranziehung von Juristen erfolgreich, etwa in der Kodifizierung der Bergrechte. Die böhmischen Städte mit ihrem überwiegend deutschen Patriziat, die zu dieser Zeit bereits einen beachtlichen Stand an wirtschaftlichem Wohlstand und innerer Rechtssicherheit erreicht hatten, boten sich als Partner an, indem sie dem König zum einen als Geldgeber dienten, zum andern auf eine politische Mitbestimmung drängten. Durch die Förderung der Bergbaustädte und die Einführung einer Münzreform kam Václav ihnen entgegen.

Bildeten die Städte ein Element der Zukunft, dem Václav doch nicht ganz zu trauen schien, so blieb die Kirche ein traditioneller Pfeiler königlicher Macht. In Böhmen war der König Obereigentümer des Kirchengutes, auf dessen Vermehrung er bedacht war und dessen wirtschaftliche und finanzielle Möglichkeiten er im Sinne seiner eigenen Interessen nutzte. Eine weitere Stärkung fand Václav darin, landfremde Adelige und Priester, d. h. vornehmlich aus deutschen Landen, an den Hof zu berufen. Solche Fremde besaßen keine eigene Macht und waren ganz auf den König angewiesen, so dass sie ihm in den Ämtern ergeben Dienst leisteten. Für die dadurch zurückgedrängten böhmischen Magnaten blieben sie solange Eindringlinge, bis sie sich nach dem Erwerb von eigenen Gütern und durch die Verschwägerung mit dem einheimischen Adel in die Adelsfront einreihten. Immerhin stieg durch solche Maßnahmen einerseits wieder die Bedeutung des Königtums im Innern und wirkte andererseits auf das Ansehen des Königreiches nach außen. Dies zeigte sich darin, dass der König von Böhmen auf die Wahl des Nachfolgers des deutschen Königs Rudolf 1291, Adolf von Nassau, als Kurfürst entscheidenden Einfluss nahm.

Eine solche Politik forderte neben Klugheit vor allem Geld, und so häufte Václav bei allen Erfolgen zugleich einen ungeheuren Schuldenberg auf. Kriege gehörten zu den Hauptposten der Staatsausgaben, und da die alte Aus-richtung nach Österreich durch die Herrschaft der Habs-burger versperrt war, brachten zahlreiche Züge Václavs nach Polen 1292 die Eroberung Schlesiens und weiterer Teile Südpolens. In seinem Verhältnis zum deutschen Kö-nig wechselte Václav nach dem Tode von König Adolf die Front und verständigte sich mit Albrecht von Habsburg, der von 1298 bis 1308 regieren sollte.

Nach dem Tode seiner Frau Guta vermählte sich Václav im Jahre 1300 mit der polnischen Prinzessin Richsa/Elisa-beth und stärkte damit die Voraussetzung, nach dem Tode von deren Vater Přemysl die Krone in Polen zu bean-spruchen. Er wurde auch, obgleich gegen Widerstand, in Gnesen gewählt. Besonders Schlesien geriet nun immer stärker unter den Einfluss Böhmens. Doch auch nach Un-garn griff Václav aus, als der dortige König Andreas III., der letzte aus dem Geschlecht der Arpaden, im Jahre 1301 starb. Ein Teil des ungarischen Adels trug Václav die Krone an, ein anderer Teil stimmte für den jungen An-jou-Prinzen Karl Robert von Neapel, der vom Papst Bo-nifaz VIII. unterstützt wurde. Der böhmische König setz-te sich zunächst durch, und sein Sohn Václav III. nahm nach seiner Wahl und seiner Krönung in Stuhlweißenburg den Namen Ladislaus V. an. Damit hatten die Přemysliden wieder eine ungeheure Machtfülle erreicht, die von der Ostsee bis an die Adria reichte und mit den florierenden Erzbergwerken auch über einen großen Reichtum verfüg-te; aber wieder erwies es sich, dass diese Machtausweitung das Land überanstrengt hatte.

Mit Unterstützung des Papstes Bonifaz VIII. konnte sich Karl Robert in Ungarn langsam durchsetzen. Der Papst sprach dem Böhmenkönig 1303 sogar das Recht auf die Krone Polens ab, und überdies forderte der deutsche König Albrecht die Herausgabe von Neuerwerbungen sowie die Abtretung der Rechte über die Bergwerke in

Böhmen. Dies wäre nicht nur eine empfindliche Prestige-
minderung gewesen, sondern hätte – in der Frage der Sil-
berminen – den Reichtum des Böhmen direkt getroffen.
So weigerte sich Václav, und Albrecht verhängte die
Reichsacht über das Land. Dann verbündete er sich mit
dem Ungarnkönig und fiel mit dessen Truppen, besonders
mit den gefürchteten kumanischen Reitern, in das Land
ein. Mähren wurde durch Plünderungen völlig verwüstet,
aber Václav konnte Böhmen durch ein allgemeines Landesaufgebot, gestützt auf den Adel und die Städte, verteidigen. Zwar hatte Václav damit seine Rechte und sein
Kernland verteidigt, aber er war bereits sterbenskrank.
Um seinem Sohn einen ruhigen Übergang zu ermöglichen, schloss er Frieden.

Václav III. (1305–1306) trat nun als Sechzehnjähriger
die Herrschaft an; er verzichtete zwar auf die ungarische
Krone, wollte aber Polen behaupten. Dazu löste er seine
Verlobung mit einer ungarischen Prinzessin und heiratete
Viola von Teschen; dennoch musste er mitansehen, dass
Władysław Łokietek eine starke Opposition gegen seine
Ansprüche sammelte und große Teile Polens hinter sich
brachte. Auf dem Kriegszug gegen ihn wurde der junge
König aber in Olmütz aus privaten Gründen ermordet,
womit die Hauptlinie der Přemysliden im Mannesstamm
erloschen war. Von seinen Schwestern heiratete Anna 1306
den Herzog Heinrich von Kärnten, der dann von 1307 bis
1310 König in Böhmen wurde; eine andere Schwester Elisabeth wurde 1310 mit dem Grafen Johann von Luxemburg vermählt, dem Sohn des Kaisers Heinrich VII., der
1310 König in Böhmen werden sollte; zwei weitere
Schwestern heirateten piastische Herzöge in Schlesien.
Einer illegitimen Verbindung von Přemysl Otokar II. entstammten die Herzöge von Troppau, Jägerndorf und Ratibor, wo ihre Nachkommen bis 1465 bzw. 1521 regieren
sollten.

Die Verwaltung des Landes und der Landesausbau; »bewegende Gruppen«

Die wichtigste politische Kraft im Lande war der Herzog und später der König; in seinem Namen übten Personen über verschiedene Ämter die Herrschaft praktisch aus. Das bedeutendste Amt war die Kanzlei (*cancellaria*), deren Leitung seit 1225 der Propst von Vyšehrad innehatte. Die Kanzlei war aus dem ursprünglichen Amt des Kanzlers hervorgegangen, der bei wachsender Schriftlichkeit seinen Stab an Mitarbeitern hatte vergrößern müssen. Zu Anfang hatte der Kanzler für den Herrscher, der ja selten selbst lesen und schreiben konnte, die Schriftsachen betreut und die Urkunden angefertigt; seit dem 13. Jahrhundert gab er diese Funktionen an gelernte Juristen (*magistri*, Protonotare) ab. Der *cancellarius* wurde zu einem reinen Titel. Die Besoldung der Kanzleibeamten erfolgte durch die Übertragung von Kirchenbenefizien, von deren Einnahmen sie lebten; außerdem erhielten sie noch Ausfertigungsgebühren. Erst unter den Luxemburgern kam die Herausbildung der Kanzlei zum Abschluss und diente dann als Vorbild für andere Höfe.

Neben dem Kanzler war der Oberkämmerer (*summus camerarius*) seit der Mitte des 12. Jahrhunderts der wichtigste Beamte. Er verwaltete das Hofgut und war auch für das Gericht zuständig, ihm flossen daher die Bußzahlungen zu. Im Landgericht vertrat der Oberkämmerer den König, jedoch verringerte sich mit dem Schwinden der Königsmacht nach Přemysl Otakar II. auch sein Einfluss. Das Gericht über den Adel lag in den Händen des Hofrichters; als dieses Gericht in die Kompetenz des Landgerichtes überging, wurde er zum obersten Richter in Lehnsfragen. Das Landgericht verdankt seine Entstehung vermutlich der Initiative des Adels, der seine Streitigkeiten untereinander ohne Eingreifen des Königs schlichten wollte. Königliche Beauftragte, wie der Kämmerer und später die Burggrafen, führten den Vorsitz im Landgericht. Das Landgericht regelte die Blutgerichtsbarkeit und Eigentumsstreitigkeiten. In diesen Fragen erreichten die Städte durch Übernahme des Gerichtswesens in die eigene Kompetenz die Befreiung von der adeligen Rechtsprechung.

Die allmähliche Entstehung einer öffentlichen Verwaltung machte die Einrichtung von besonderen Ämtern zur Registratur notwendig. So entstanden die Landtafeln (*tabulae terrae, desky zemské*), in die Prozesse, Rechtsgeschäfte und Schuldverschreibungen eingetragen wurden. Eine Sonderstellung nahm seit dem 12. Jahrhundert der Unterkämmerer als der persönliche Finanzbeamte des Königs ein. Er sammelte die städtischen Steuern ein und wahrte zugleich die königlichen Interessen in den Städten.

Auf dem Lande ging die Rechtsprechung allmählich von den Burggrafen älterer Art an Provinzrichter über, die dann in den Landgerichten aufgingen. Die Schwächung der herzoglich-königlichen Macht gegenüber dem Adel kam darin zum Ausdruck, dass der Adel unter Konrad Otto die volle Vererbbarkeit der Lehen erreichte. Große Gebiete des Landes wurden damit aus der Aufsicht des Königs genommen und zu Privateigentum des Hochadels. Bereits seit dem 10. Jahrhundert erwähnen die Quellen Versammlungen des hohen Adels und der hohen Geistlichkeit – *colloquia*. Auf diesen Versammlungen, die vom Fürsten einberufen wurden, entschieden die Anwesenden über Vorlagen und Wünsche des Fürsten. Da es in diesen Gremien keine Abstimmungen gab, war das Erscheinen eines Berechtigten bereits ein Hinweis auf die Billigung des herzoglichen Verlangens. Nach dem Tode von Přemysl Otakar II. nahmen auch Vertreter der Städte an den Versammlungen teil, die man dann als Landtage bezeichnen kann, die allmählich ein Mitspracherecht an den politischen Entscheidungen beanspruchten. Waren am Landtag der Adel in seiner Gesamtheit und die Städte beteiligt, so hatte der Hohe Adel über den königlichen Rat (*concilium regis*) eine direkte Mitsprache; in ihn berief der Landesherr Personen seines Vertrauens.

Die Burggrafen der älteren Zeit waren infolge der Erblichkeit ihrer Lehen von Beamten zu eigenberechtigten Herren geworden; auf den verbliebenen königlichen Gütern wurden nun Burgbezirksverwalter oder jüngere Burggrafen eingesetzt, die die alten Funktionen im Namen des Königs ausübten. Sie standen aber in größerer Abhängigkeit zum König und hatten ihre Amtssitze oft in den Städten. Ihre Amtsbezirke waren Kreise, in denen verschiedene Rechtsebenen miteinander konkurrierten: Neben dem königlichen Besitz gab es Güter von Adeligen, ferner Städte und geistliche Territorien, die jeweils eine besondere Rechtsstellung besaßen. Die Pflicht, hier Ordnung zu halten, wurde durch die militärischen Aufgaben der Amtsträger ergänzt. Die Friedenswahrung unter dem Adel oblag zwei seiner Vertreter (*iusticiarii, correctores, popravcy*), die Friedensbrüche oder schwere Vergehen zu ahnden hatten. Hier lag ein Ansatzpunkt dafür, dass die gewählten Adelsvertreter eine weitere Einschränkung der Rechte des Landesherrn anstreben konnten.

Diese Organisation der Verwaltung findet sich bis auf kleine Unterschiede auch in Mähren. Zwar hatte sich hier ein weitgehend selbstständiges Fürstentum entwickelt, aber der Zusammenhalt blieb durch die Herrscherfamilie gewahrt. In der Zeit der Personalunion zwischen Böhmen und Mähren gab es auch bei den Ämtern oft Übereinstimmungen und sogar Personengleichheit. So war der Kanzler in Mähren seit 1207 stets der Bischof von Olmütz, der oft auch mit der gleichen Funktion in Prag beauftragt war. Die Verwaltung des Landes hatte im Namen des Herrschers ein Landeshauptmann inne.

Am Ende der Přemyslidenzeit waren die Verfassungs- und Rechtsverhältnisse der böhmischen Länder denen in den deutschen Ländern sehr verwandt, nur fehlten das Lehnswesen in seiner nach unten abgestuften Form und ebenfalls ein selbstständiger Stand von Ministerialen. Der böhmische König war zwar ein mächtiger Herr, aber die Hochadeligen konnten ihm schwer zu schaffen machen, wenn er gegen deren Willen Neuerungen anstrebte; zum anderen waren Zeiten der königlichen Schwäche geeignet, die Macht des Adels bedeutend zu vergrößern.

Von besonderer Bedeutung war die Privilegienhoheit des böhmischen Königs, d. h. das Recht, gewissen Gruppen, die außerhalb des Landesrechtes standen, eine rechtliche Sonderstellung zu verleihen. So beruhte die rechtliche und wirtschaftliche Stellung der Städte in Böhmen auf solchen Privilegien; die Judenprivilegien Přemysl Otakars II. von 1254 für Böhmen und 1268 für Mähren wurden Vorbilder für Ungarn und Polen. In ihnen erhielten die Juden königlichen Schutz und das Recht zum Geldhandel zugesichert; für diese »Privilegien« mussten sie hohe Geldsummen zahlen, wie auch für jede Bestätigung durch einen neuen König. Auch die Kirche wurde 1222 durch das Privileg der Immunität, also der eigenen Verwaltung und Gerichtsbarkeit, weiter gefördert. Diese rechtliche Differenzierung war ein Kennzeichen mittelalterlichen Denkens, das auch jenen zugute kam, die – wie die Städte – bereits die moderne Zeit ankündigten.

Modernes Leben lässt sich auch im Bereich der Kultur feststellen, die besonders von der Kirche getragen wurde. Auch in Böhmen galt das Recht der Eigenkirche, das dem Besitzer des Landes, auf dem eine Kirche gebaut worden war, das Besetzungsrecht für die Pfarrstellen bis hin zum Bischof, bzw. das Vorschlagsrecht dazu, einräumte. Dies bedeutete einen starken Einfluss der weltlichen Herren, die die Kirche für ihre Herrschaftsausübung zu nutzen trachteten. Seit dem 12. Jahrhundert hatte indes die Kirche eine eigene Verwaltung eingerichtet, in der vom Bischof eingesetzte Archediakone den Klerus in den Pfarrbezirken beaufsichtigten, Streitigkeiten regelten und sich um die Einhaltung der Vorschriften bemühten. Der nächste Schritt in der Entwicklung der unteren Kirchenorganisationen war seit dem Anfang des 14. Jahrhunderts die Bildung eines Netzes von Pfarrsprengeln. Diese neuen Pfarrbezirke waren kleiner als die alten um die Burgen herum entstandenen Pfarreien und bildeten die Voraussetzung für eine intensivere seelsorgerische Betreuung der Gläubigen. In der zweiten Hälfte des 13. Jahrhunderts entstanden Dekanate als eine weitere Verwaltungsebene, die die Pfarreien eines Bezirkes organisierten. Über den Pfarrern stand nun ein Dekan/Dechant, mehrere von ihnen waren in einem Archediakonat zusammengefasst, und über diesen stand der Bischof als Leiter der Kirchenprovinz. Die Kirche hatte mit dieser hierarchischen Struktur das Muster einer Verwaltung erstellt, das vom personengebundenen Lehnssystem abstach und als Vorbild der modernen staatlichen Organisation diente.

Die Wahl der Bischöfe oblag im Mittelalter formal dem Domkapitel, also den Geistlichen der Domkirche; allerdings vollzogen sie ihre Wahl unter den vom Herrscher vorgeschlagenen Kandidaten oder bestätigten einen einzelnen. Bis zu Bischof Severus/Šebíř (1030–1067) waren die Kandidaten mit Ausnahme Adalberts deutsche Geistliche gewesen; danach folgten fast durchgehend Bischöfe aus der eigenen Kirche. Zu Anfang des 14. Jahrhunderts zog der Papst für Olmütz und – nach der Einrichtung der Erzdiözese (1344) – auch für Prag das Recht der Ernennung an sich. Dies entsprang dem Finanzbedürfnis der Päpste, die während ihrer »babylonischen Gefangenschaft« in Avignon und später in der Zeit der Kirchenspaltung die Einsetzung von Bischöfen von der Zahlung einer Jahreseinnahme einer Diözese abhängig machten und während der manchmal absichtlich verlängerten Vakanzen die gesamten Einnahmen des Bistums beanspruchten.

Die Hauptquelle des Reichtums der Kirche war ihr Landbesitz, sei es als Gesamtorganisation, sei es als Besitz der Klöster. Um die Mitte des 14. Jahrhunderts gehörte etwa ein Drittel des gesamten Grundbesitzes in Europa der katholischen Kirche; Böhmen und Mähren lagen noch über diesem Durchschnitt. Für die Mitte des 13. Jahrhunderts wird der Grundbesitz der Kirche in den böhmischen Ländern auf rund tausend Dörfer und sechshundert Meierhöfe geschätzt.

In dieser Zahl verbergen sich aber nicht nur Schenkungen an die Kirche, sondern auch Erfolge der Rodung und Urbarmachung von Land durch die Klöster. Im 12. Jahrhundert hatte die Zahl der Klostergründungen rasch zugenommen. Klöster boten im Mittelalter zum einen eine Möglichkeit, Personen ohne Heirats- und Berufschancen zu versorgen, zum anderen wirkten sie als Verbreiter fortschrittlicher Denk- und Wirtschaftsformen. So gab es neben den Klöstern oder Stiften für die nicht erbberechtigten jüngeren Kinder aus dem Adel auch genügend Klöster für Kinder aus bäuerlichen oder bürgerlichen Familien. Zu einer Zeit, da die Gründung einer Familie an die Bedingung gebunden war, diese auch ernähren zu können, war Ehelosigkeit in weiten Bereichen der Gesellschaft ein erzwungener Notstand. Der Weg ins Kloster war daher oft angenehmer als ein Verbleiben in der Familie, wo die Betroffenen die Demütigung durch die älteren Geschwister hätten erdulden müssen. Außerdem war auch in den Klöstern ein angenehmes Leben möglich, stand doch deren moralisches Niveau keineswegs überall in Übereinstimmung mit den strengen Gelübden.

Die Vielzahl der Orden bot unterschiedliche Orientierungsfelder. Die Orden für Adelige, wie die Deutschherren, die Johanniter, die Kreuzherren, sorgten für die standesgemäße Versorgung von Männern und Frauen. Die Benediktiner waren ein eher kontemplativer Orden mit starker Orientierung auf die Buchkultur. Der Zisterzien-

serorden mit dem Auftrag der Urbarmachung von Wüste-
neien und Wäldern erfreute sich der besonderen Förderung der Přemysliden, denen die Äbte oft als Ratgeber zur
Seite standen. Die Prämonstratenser hatten in der Erziehung von Kindern eine besondere Aufgabe gefunden; in
ihren Schulen wurden junge Adelige erzogen, die den Gedanken der Reform von Kirche und Gesellschaft aus der
Theorie in die Praxis überführen sollten.

Die oft sehr reichen Orden, die sich untereinander heftig um Besitzungen streiten konnten, standen in Opposit-
on zum Weltklerus, weil sich die Pfarrer in kleinen Gemeinden – ohne einträgliche reiche Pfründe – nur mühsam
am Leben erhalten konnten. In der religiösen Armutsbe-
wegung und in den Ansprüchen der Laien auf mehr
Selbstständigkeit in Glaubensdingen entstanden der Welt-
kirche und den Orden bald gefährliche Widersacher. War
hier ein Punkt, an dem die Gläubigen aus der Kirche aus-
brechen und in Sekten eigener Organisation ihren Ausdruck suchten – die Waldenser waren bereits im 13. Jahrhundert in Böhmen vertreten –, so konnte doch ein Teil
dieser Protestbewegung innerkirchlich aufgefangen werden. Im Franziskanerorden wurde das Armutsideal des
Urchristentums ernst genommen, wobei sich dieser Bettelorden durch Predigt, Studium und Seelsorge besonders
um die breiten Volksschichten kümmerte. Allerdings entfremdete sich der Franziskanerorden im Verlauf des 13.
Jahrhunderts immer mehr dieser Basis: Zum einen wurde
er durch Schenkungen ebenfalls zu einer reichen Institution, die das Armutsideal auf der unteren Ebene mit
Prachtentfaltung auf der oberen Ebene selbst in Zweifel
zog – da er keine Kirchen mit Türmen bauen durfte, baute
er die Kirchenschiffe selbst so hoch wie Türme –, zum anderen bestand die Führungsschicht des Ordens meist aus
Deutschen, was den inneren Zusammenhang nicht förderte.

Auch die Dominikaner oder der »Predigerorden« folgten dem Armutsgebot. Seine Mitglieder kamen zuerst aus

Polen nach Böhmen, fanden aber bald Anschluss an die deutsche Mystik. So hat der deutsche Meister Eckhart als Generalvikar von Böhmen eine eigene Provinz mit 21 Niederlassungen eingerichtet. Albertus Magnus war zweimal in Böhmen, einmal als Visitator und ein zweites Mal als Kreuzzugsprediger.

Können Prämonstratenser und Zisterzienser als feudale Orden bezeichnet werden, so rekrutierten sich die Bettelorden vor allem aus bürgerlichen Kreisen. Sie bekämpften in den Städten die aufkommenden Armutshäresien oder kanalisierten diese Bewegung in kirchentreue Bahnen. In ihren Klöstern und in ihren Kirchen an den Stadtmauern ließen sich wohlhabende Bürger bestatten, die für ein Grab in der Kirche viel Geld bezahlen konnten und wollten. Dies führte zu Spannungen zwischen den Orden und den Pfarrern, die sich um die Einkünfte aus den Bestattungen und den Kirchenhandlungen (Spolien) gebracht sahen, da die Orden exemt, d. h. dem Abgabenzwang an den Bischof und dessen Aufsicht entzogen waren. Streit bis hin zu Prügeleien in den Kirchen waren manchmal Ausdruck dieses Konfliktes.

Die Laienkultur machte zu dieser Zeit ebenfalls große Fortschritte. Das Schulwesen wurde erweitert und bezog neben dem Adel und der angehenden Geistlichkeit auch schon das Bürgertum der Städte ein. Latein war die Sprache der Bildung, aber neben den lateinisch abgefassten Schriften verbreitete sich bereits das Deutsche als Schriftsprache. In der Verwendung der deutschen Sprache unterschieden sich die Přemysliden kaum von den Höfen in den angrenzenden deutschen Territorien. Neben den zahlreichen Hofbeamten und den oft weitgereisten und gebildeten hohen Geistlichen sind die Frauen der Přemyslidenfürsten deutscher Herkunft mit ihren zahlreichen Begleitern Hauptträger der Vermittlung deutscher Kultur und Sprache gewesen. Deutsche Fachleute, wie Händler, Handwerker, Geistliche und Gelehrte, waren in Prag so zu Hause wie anderenorts in Deutschland, und sie verliehen der Stadt ein besonderes Gewicht im Reich. Als »bewegende Gruppen«, wie sie Peter Moraw genannt hat, haben sie sich selbst bewegt und an der neuen Wirkungsstätte Bewegungen in Gang gesetzt. So sind auch zahlreiche Minnesänger am Hofe des Königs Václav I. nachzuweisen, und er selbst hat sich in deutscher Sprache als Dichter betätigt.

Dieses Beispiel des Königshofes machte auch an den Höfen des Adels Schule und wurde durch die Eheverbindungen mit deutschen Familien gefördert. Ritterliche Sitten, Gebräuche und Spiele westlicher Herkunft wurden so auch in Böhmen heimisch. Den neuen Herrensitzen auf Berghöhen gaben ihre Besitzer vielfach deutsche Namen, wie etwa Lichtenberg, Schwanberg, Riesenburg, Wartenburg, Sternberg, Rosenberg, Schwarzenberg u. a. m., so dass alte tschechische Geschlechter mit deutschen Namen oder in einer später tschechisierten Form auftauchen. Eine natürliche Folge dieser Entwicklung war die fortschreitende Verbreitung der deutschen Sprache in der führenden Schicht der böhmischen Länder. Dass auch in der materiellen Kultur große Fortschritte gemacht werden konnten, dass Städtebau, Kirchenbauten und die Kunst überhaupt einen bemerkenswerten Aufschwung nahmen, sei am Rande vermerkt.

Böhmen erweist sich so am Ende der Přemyslidenherrschaft als kulturell und politisch weitgehend in den Verband des römischen Reiches einbezogen, was auch durch den politischen Anspruch des böhmischen Königs auf Gebietserweiterungen im deutschsprachigen Teil Mitteleuropas unterstützt wurde. Die Zeitgenossen sahen darin keine nationale Entfremdung, da böhmische Eigenart in den Lebensäußerungen erhalten blieb. Es war ein langsamer Prozess des Kulturausgleichs als Konsequenz der einige Jahrhunderte zuvor begonnenen Einflussnahme der fränkischen Kirche auf das benachbarte Gebiet.

Die Einbettung der böhmischen Länder in die größeren europäischen Bedingungen zeigt sich auch im Bereich der Wirtschaft. Beginnend mit dem 11./12. Jahrhundert war in der Technik ein gewaltiger Fortschritt in verschiedenen Bereichen zu verzeichnen. Dies betraf zum einen die Verwendung von Kräften, die menschliche Arbeit ersetzen konnten – Wind, Wasser, Tiere –, zum anderen eine Verbesserung des Handwerkzeuges. Der Wind wurde über Windmühlen zur Ent- wie zur Bewässerung genutzt, was die Trockenlegung feuchten Landes wie den Betrieb von Pumpen in den Bergwerken ermöglichte. Die Wasserkraft konnte zum Antrieb von Getreidemühlen, Hammerwerken und anderen Maschinen verwendet werden, wodurch die Waren verbilligt und ein größeres Angebot ermöglicht wurden. Eine wichtige Erfindung war die Verwendung von neuem Geschirr, das es erlaubte, mehr Tiere als bisher vor Pflug und Wagen zu spannen und damit eine größere Beförderungsleistung zu erzielen. An die Stelle des primitiven Hakenpfluges und des Eisenpfluges trat der Scharpflug mit tiefgehenden Messern und einer Wendevorrichtung, der mit seinem Rädervorspann auch auf schwierigem Gelände verwendbar war. Hieraus ergab sich die Möglichkeit der Beackerung von Hanglagen und schweren Böden. Zudem wurde die alte Fruchtfolge von Feldbau und Brache durch die Dreifeldernutzung abgelöst, was eine weitere Ertragssteigerung mit sich brachte.

Diese Neuerungen, etwa auch die Verbreitung neuer Feldfrüchte, die aus dem Mittelmeergebiet über Flandern in den mittleren und östlichen Teil Europas wanderten, mögen heute nur geringfügig erscheinen, in ihrer Zusammenfassung aber erlaubten sie einen gewaltigen Fortschritt aus der reinen Subsistenzwirtschaft, d. h. der Selbstversorgung bäuerlicher Familien, zur Herstellung von überschüssigen Produkten. Erst dies schuf die Voraussetzung für eine Bevölkerungsvermehrung, die einer größeren Differenzierung in der Wirtschaft und der Gesellschaft vorausging. In Deutschland verdoppelte sich dadurch vom 11. bis zum 13. Jahrhundert die Bevölkerung von geschätzten fünfeinhalb Millionen auf elf bis zwölf Millionen Menschen. Rodungserweiterung, Landesausbau und Differenzierung des Feldanbaus gingen mit sozialen Umschichtungen und der Auswanderung in neue Gebiete einher.

Im Altsiedelland verstärkten sich dadurch die Siedlungskonzentration und der Zuzug in die Städte. In der Zeit der Subsistenzwirtschaft hatte jeder Gutshof mit seinen Hintersassen alles hergestellt, was zur Versorgung nötig war. Wenn aber genügend Lebensmittel über den eigenen Bedarf hinaus produziert und auf dem Markt verkauft werden konnten, war der Einkauf von Waren bei Handwerkern in einer Stadt günstiger als deren eigene Herstellung. Spezialisierung bedingte eine bessere Qualität der Produkte – etwa in der Verarbeitung der Wolle, der Pelze oder des Leders –; es entstand eine Ware-Geld-Beziehung über den Markt: Die Bauern der Grundherren verkauften überschüssige Feldfrüchte, erhielten dafür Geld und kauften dann die benötigten Güter. Davon profitierten die Marktflecken und Städte, die als Umschlagplätze auch zu Orten der handwerklichen Warenherstellung wurden. In alter Zeit waren vor den Burgen der Grundherren Siedlungen von Kaufleuten und Handwerkern entstanden, nun wurden diese *suburbia* durch den Zuzug neuer Bevölkerung und die Vermehrung der Handwerker immer bedeutender, so dass sie sich von der Burg emanzipierten; sie wurden durch den Bau von Stadtmauern selbst befestigt und entwickelten eine eigene Verwaltung. Zwar hatten die Städte und Märkte Abgaben an die Grundherren oder an den König zu zahlen, aber sie erwarben nach und nach das Recht, diese Abgaben selbst einzutreiben und die Umlage zu bestimmen. Ein ganzes System der Selbstverwaltung im Finanz- und Rechtswesen entstand allmählich, das in schriftlichen Bestimmungen festgehalten wurde. Die größere Bevölkerungszahl der Städte ermöglichte eine innere Differenzierung, in der auch fremde Elemente, wie z. B. die Juden, ihre Heimat fanden.

Die Stadt förderte ein neues Lebensgefühl, das auf Erwerbssinn gegründet war und Rechtssicherheit für den Handel und das Handwerk voraussetzte. Hier herrschte ein rationales Denken, hier brach sich Innovationsstreben Bahn und stellte damit immer stärker das Alte in Frage – das auf Privilegien und persönlichen Beziehungen beruhende System der mittelalterlichen Ordnung. Die Städte boten sich den abhängigen Bauern der adeligen Grundherren (»Läuflinge«) als Zufluchtsorte an, weil der Aufenthalt in der Stadt nach »Jahr und Tag« ihre persönliche Freiheit zur Folge hatte. Zugleich wurden die Städte zu Partnern des Landesherrn im Streit mit den adeligen Grundherren um Macht und Einfluss. Das Warenangebot der Städte förderte den Bedarf auf dem Lande und insbesondere an verfeinerten Luxusgütern beim Adel. Die Grundherren verschafften sich das Geld, indem sie den Bauern selbst die Last auferlegten, die produzierten Waren in Geld umzutauschen. Statt Naturalabgaben oder Fronleistungen auf dem Herrenhof wurden die Abgaben auf dem Lande auf Pachtzahlung umgestellt. Dies zwang die Bauern zur Orientierung auf die Marktbedürfnisse und begünstigte die Entstehung einer Händlerschicht, die die Vermittlung der Waren vom Land in die Stadt und umgekehrt übernahm und die sich zwischen Fernhandel und lokalen Tausch schob. Die Durchdringung des Handels mit Geld- und Kreditgeschäften schuf eine Erwerbsnische für die jüdischen Mitbewohner, denen das Zinsverbot für die Christen die Entwicklung einer eigenständigen, allerdings prekären und Anfeindungen unterliegenden Existenz ermöglichte. Pacht- und Zinsverträge der Grundherren mit den Bauern bildeten eine neue Form der landwirtschaftlichen Abgabenstruktur, die bis ins 18. Jahrhundert vorherrschte.

Unter diesen wirtschaftlichen Bedingungen vollzog sich in ganz Mitteleuropa seit dem 11. Jahrhundert ein intensiver Landesausbau, der überzählige oder wagemutige Bevölkerung in bisher wenig oder gar nicht genutzte Gebiete abfließen ließ. Rodung und Neulandgewinnung waren aber nicht die Leistung Einzelner, sondern sie erforderten gemeinschaftliches Vorgehen. Genossenschaften von Neusiedlern erlangten von den Grundherren für die Zeit ihrer Anfangstätigkeit eine Verbesserung ihrer wirtschaftlichen, sozialen und rechtlichen Lage, die örtlich verschiedenen Regeln folgte und auch nach Ablauf vorher festgesetzten Fristen in unterschiedlichem Maße weitergalt. Diese Neusiedler waren aber nicht völlig von grundherrlicher Einflussnahme befreit, und sie wirkten auch durch ihr Beispiel auf die bereits Ansässigen. Da mit dem Zuzug neuer Menschen und der Freisetzung neuer Energien auf bisher ungenutzten Territorien zugleich ein Machtzuwachs des Landes- und der Grundherren verbunden war, förderten diese den inneren Landesausbau nach Kräften. Entlang der großen Handelsstraßen wurden so seit dem 12. Jahrhundert neue Siedlungsgebiete erschlossen, die in einigen Teilen Ostmitteleuropas in solchem Maß anwuchsen, dass Dörfer deutscher Neusiedler die Dörfer der alteingesessenen Slawen an Zahl und Reichtum übertrafen. Allerdings unterscheidet sich diese bäuerliche Siedlung in Böhmen und Mähren von jener in der *Germania slavica* südlich der Ostseeküste und in Schlesien dadurch, dass sie etwas später als dort anzusetzen ist, wo sie schon in der ersten Hälfte des 12. Jahrhunderts fühlbar war; außerdem wurde sie vorwiegend von den Bewohnern der jeweils an Böhmen grenzenden Gebiete getragen, die ihre Dialekte über die Landesgrenzen vorschoben, so dass in den Neusiedelgebieten der böhmischen Länder keine gemeinsame deutsche Mundart entstand. Neben der nahezu geschlossenen bäuerlichen Besiedlung an den Grenzen ist besonders für Mähren die

Inselsiedlung deutscher Bauern in kleinen Landschaften typisch geworden.

Im 13. Jahrhundert finden sich in Böhmen und Mähren zahlreiche Städte, die entweder neue Rechte erhielten oder oftmals alte bestätigt bekamen. Eger/Cheb, Leitmeritz/Litoměřice, Königgrätz / Hradec Králové, Saaz/Žatec, Brüx/Most, Pilsen/Plzeň, Kauřim/Kouřim, Troppau/Opava u. a. können hier als Beispiele genannt werden. Eine Besonderheit in Böhmen waren die Bergstädte, die für den Abbau von Erzen besondere Bedeutung gewannen. Sächsische Bergleute halfen seit 1200 bei der Erschließung des Silbers in Mies/Stříbro; Iglau/Jihlava wuchs ein halbes Jahrhundert später an Bedeutung. Um 1275 wurde dann Kuttenberg/Kutná hora, wo die reichsten Vorkommen gefunden wurden, vom Silberrausch erfasst.

Höhepunkt der Gründungen und des Städtewesens war die Herrschaftszeit von Přemysl Otakar II., besonders die Jahre 1250–1270. Der König förderte die bestehenden älteren Wirtschaftszentren und verlegte einige Städte an günstigere Plätze, wo z. B. bessere Verteidigungsmöglichkeiten gegeben waren. Bewohner, die sich zur Übersiedlung entschlossen, nahmen ihre älteren Rechte mit. Die Städteprivilegien bestanden in der Garantie von Rechten nach innen und außen. Wenn der König auch seinen Anspruch auf die Rechtsprechung aufrechterhielt, so trat er sie doch an die königlichen Städte zur praktischen Handhabung ab. Daneben waren die bürgerlichen Freiheiten garantiert, die die Verfügung über den Besitz, das Erbrecht, den Schutz des Hauses u. a. vorsahen. Die Städte konnten auch ein Judenprivileg besitzen, das die Ansiedlung von Juden in eigenen Straßen (Ghetto) vorsah. Straßenzwang und Strafrecht bildeten die Voraussetzung für die Zolleinnahmen und das Vorkaufsrecht. Den Städten wurden in ihrer Umgebung Felder, Wälder und Weiden zugesprochen. Fast alle Städte standen in direkter Beziehung zum König, und in nur wenigen Fällen waren die

Städte von einem Adeligen abhängig, wie etwa Deutsch-
brod / Německý Brod / Havlíčkův Brod, was einen großen Unterschied zur Entwicklung in Polen ausmacht. In
den königlichen Städten sorgten Beamte für die Wahrung
der Interessen ihres Herrn. Der Schulthess oder Stadtrich-
ter beaufsichtigte das Gerichtswesen und trat in jenen
Fällen auf, wo die Privilegien der Städte aufhörten. Diese
königlichen Rechte bewahrte der böhmische König das
ganze 13. Jahrhundert hindurch.

Träger der Autonomie war der Rat der Stadt, der seit
der Mitte des 13. Jahrhunderts in den Quellen erscheint.
Er wurde alljährlich durch Wahlen in der Gemeinde bestimmt, wobei nur Bürger mit Vermögen an Grund und
Boden an den Wahlen aktiv und passiv teilnehmen durften
(*cives majores, potentiores*). Die Rechte der Städte waren
in übergreifende Rechtssysteme integriert: Im nördlichen
Teil Böhmens und Mährens galt das Magdeburger Recht,
südlich davon Nürnberger oder Wiener Recht mit einigen
lokalen Varianten. Solche Sonderformen waren insbesondere durch den Bergbau bedingt. Die bedeutendste Berg-
stadt im 13. Jahrhundert war Iglau, an einer alten Han-
delsstraße im Bereich der mährisch-böhmischen Höhe gelegen. Mit Beginn des Silberabbaus um 1234 entwickelte
sich der kleine Ort rasch zu einer ansehnlichen Stadt, die
eine Generation später mit ausgeformtem Stadtrecht und
ausgebildeter Stadtverwaltung nach Prag zur zweiten
Stadt des Königreiches Böhmen aufstieg. Die besondere
Geschicklichkeit der Iglauer Bergleute wird dadurch belegt, dass sie als Konstrukteure von Maschinen, insbesondere zur Eroberung von Städten, sehr begehrt waren. Aus
Iglau stammt die älteste mitteleuropäische Bergrechtskodifikation, die in das Stadtrecht eingebettet war. Iglau
wurde so zum Vorort für eine Reihe von Bergstädten, deren Streitigkeiten durch den Spruch des Oberhofes, d. h.
durch den Rat der Stadt Iglau, zu schlichten waren. Am
Anfang des 14. Jahrhunderts wurde Iglau erst durch Frei-

berg/Příbor und am Ende des Jahrhunderts auch durch Kuttenberg überholt. Hier war der Konkurrenzneid dafür maßgebend, dass der Rat von Iglau die Übertragung seines Rechtes auf Kuttenberg ablehnte. Daraufhin verlieh König Václav II. um 1300 der Stadt Kuttenberg ein eigenes Bergrecht, das *ius regale montanorum*, das auf den Iglauer Erfahrungen aufbaute. Es erreichte zwar nicht mehr die Bedeutung des Iglauer Rechtes, fand aber über die Bergbaurechte der Slowakei seinen Weg auf den Balkan (Novo Brdo), nach Spanien und in dessen amerikanische Kolonien (Bolivien).

Neben einer hochentwickelten Technik erforderte das Bergwesen die Organisation einer großen Zahl von Hilfskräften, Bergknappen und Handwerkern, die das Arbeitsgerät herstellten und die übrigen Bedürfnisse der Bergleute zu befriedigen hatten. Der Bergbau wurde auf diese Weise eines der größten mittelalterlichen Unternehmungen, das eine neue Arbeits- und Wirtschaftsorganisation voraussetzte. Die verschiedenen Unternehmen oder Gruben bildeten die Berggemeinde oder das Gewerke, das in seiner Struktur der Stadtgemeinde glich und in dem die Eigentümer entsprechend ihren Anteilen (Kuxe) vertreten waren. Im Gewerke bestanden eigene Ämter wie Bergmeister, Steiger, Aufseher und andere. Die eigentlichen Knappen arbeiteten für einen Anteil am geförderten Erz (oft die Hälfte). Dies zwang den Bergmann, das Erz zu seinem eigenen Lebensunterhalt an Erzkäufer abzuliefern, die ebenfalls genossenschaftlich organisiert waren und in Krisenzeiten die Bergleute auszubeuten trachteten. Die Abhängigkeit der Bergleute von den kapitalkräftigen Unternehmern und den Erzaufkäufern bot vielerlei Anlass zum Streit, der entweder durch das komplizierte Bergrecht oder durch Ausgleichsversuche des Königs geschlichtet werden musste. Die königliche Bergverwaltung und die Berggerichtsbarkeit erwuchsen aus dem Bergregal (*Regalien* sind königliche Hoheitsrechte), weil alles Gut unter der Erde dem

König zustand. Innerhalb der Bergverwaltung wirkten Bergmeister zunächst als königliche Vögte, wurden dann aber zu Organen der Unternehmer. An ihre Stelle traten oft Pächter der Münze oder der Bergwerke, die dem Kämmerer des Königs unterstanden.

In engem Zusammenhang mit dem Bergrecht stand das Münzregal, das die geförderten Erze in den Wirtschaftskreislauf einbrachte. Auch hier ist ein langsamer Prozess festzustellen, der unter Přemysl Otakar II. mit der Prägung von guten Silbermünzen, d. h. solchen mit hohem Silbergehalt und festem Gewicht, »von echtem Schrot und Korn«, begann. Die Münzprägung wurde vom König an Münzer und deren Genossenschaften verpachtet (*magistri monetae*), die den Münzhandel in Händen hielten. Unsicherheit im Lande und nachlassende königliche Aufsicht führten zu Münzverschlechterungen durch Beimengung minderwertiger Metalle. Erst die Münzreform Václavs II., die 1300 zusammen mit der Bergrechtskodifikation erfolgte, brachte einen bedeutenden Fortschritt. Auch hier wirkten, wie bei anderen Reformen, Spezialisten aus Italien mit. Der Prager Groschen (*grossus Pragensis*) wurde zu einer der mittelalterlichen europäischen Leitwährungen, wobei aus einem Pfund Silber (um 240 Gramm) 64 Groschen geprägt wurden, die weit über Böhmen hinaus verwendet wurden.

Die überwiegende Mehrzahl der Bevölkerung dieser Zeit stellten die Bauern. Die Städte benötigten zu ihrer Versorgung ein leistungsfähiges Hinterland, mit dem sie in einen Handelsaustausch ohne lange Verkehrswege treten konnten. Der innere Landesausbau Böhmens wurde seit der zweiten Hälfte des 12. Jahrhunderts zunehmend durch die Einwanderung deutscher Bauern von jenseits der Landesgrenzen ergänzt. Bei Klostergründungen rief der Gründer oft nicht nur die Mönche, sondern auch Bauern aus dem Umkreis des Mutterklosters. Wohlhabende Unternehmer, sogenannte Lokatoren bürgerlicher oder adeliger Abkunft, warben für ihre Auftraggeber Menschen in den dichter besiedelten Gebieten Deutschlands an, um gegen das Versprechen von Land, Steuerfreiheit und Bewahrung des eigenen Rechtes Siedler zu gewinnen. Solche Auftraggeber waren in allen Schichten zu finden; denn Land ohne Menschen zu seiner Nutzung war praktisch wertlos. Ansiedlung auf dem Lande und Niederlassung in den Städten war immer von der Zustimmung der Grundherren abhängig; vor Erlangung des Bürgerrechtes in den Städten waren Besitz nachzuweisen und ein Loyalitätseid zu leisten.

Neben diesem Ansetzen von Siedlern in neuen Gebieten, woraus nicht zwangsläufig zusammenhängende Siedelflächen entstanden, ist noch die konstante Einwanderung über die natürlichen Landestore, die Flüsse aufwärts und über niedrige Bergrücken hinweg zu erwähnen. In einem Zeitraum von wenig mehr als einem Jahrhundert breiteten sich so deutsche Siedler über einen sehr großen Raum aus. Am frühesten wurde bereits im 12. Jahrhundert das an Niederösterreich grenzenden Südmähren zu großen Teilen deutschsprachig, und von dort wanderten die Siedler bayrischer Mundart weiter nach Nordosten, um über einige Sprachinseln schließlich Schlesien zu erreichen. Ebenfalls im 12. Jahrhundert zogen bayrische und oberfränkische Bauern über den Böhmerwald nach Osten. Im 13. Jahrhundert erfolgte eine vom Landesherrn geplante Besiedlung Schlesiens; zur gleichen Zeit bewegten sich Bauern und Bergleute aus Sachsen nach Süden, aber auch aus Niederschlesien nach Böhmen oder Mähren. Bis 1250 sind auf diese Weise viele Städte und Dörfer sowohl im böhmisch-mährischen Grenzgebiet wie im mährisch-ungarischen entstanden. Deutsche Siedler kamen auch nach Ungarn, wo sie aus den Städten (Pressburg u. a.) ins Landesinnere weiterzogen. Der Mongoleneinfall von 1241 bewirkte größere Verluste der Landbevölkerung und erhöhte die Sogwirkung für die Einwanderung.

Die Einzelheiten dieser Siedlungsbewegung, die in nationaler Deutung oft falsch als »Ostkolonisation« bezeichnet worden ist, sind schwer zu erfassen. Zusammenfassend sei aber auf einige Punkte hingewiesen: Der Landesausbau war eine planmäßig betriebene Verbesserung der landwirtschaftlichen Nutzung und Hebung der Steuerkraft; irgendwelche nationalen Gedanken, wie sie besonders im 19. Jahrhundert damit verbunden wurden, spielten für die Menschen des Mittelalters keine Rolle. Die deutschen Siedler boten sich nicht wegen besserer Charaktereigenschaften an, sondern sie waren die am nächsten wohnenden landsuchenden Bauern, die mit Versprechungen ins Land gerufen wurden und mit ihren moderneren Anbaumethoden und Geräten, mit ihrem Vieh und ihren handwerklichen Fähigkeiten auch den Alteingesessenen eine Verbesserung der Produktivität ermöglichten. Parallel zu der Ansiedlung deutscher Bauern verlief auch die Ausweitung von Siedlungen tschechischer Bauern aus dem Altsiedelland in die Grenzräume. Die deutschen Siedler brachten ihr Recht (*ius teutonicum*) mit sich, und bald profitierten auch die einheimischen Bauern und Stadtbewohner von diesem besseren Recht. Das führte dazu, dass in vielen Fällen zwar die Anwendung deutschen Rechtes nachzuweisen ist, ohne dass daraus auf die Anwesenheit von Deutschen selbst geschlossen werden kann. Schließlich ist zu erwähnen, dass keine nationale »Sendung«, etwa durch einen angeblichen »deutschen Drang nach Osten« im »Blut« deutscher Bauern vorliegen kann, denn die Neuansiedler wurden oft in Streulage zwischen tschechischen Siedlungsgebieten angesetzt, wo sie sich im Laufe der Zeit manchmal mit der Altbevölkerung vermischten, so dass ihre Spuren kaum mehr auszumachen sind. Nur wo die deutschsprachigen Bauern in kompakter Siedlung lebten und wo auch Städte einen kulturellen Mittelpunkt darstellten, bewahrten sie den eigenen Charakter. Im Übrigen war neben der Assimilierung von Deutschen ins Tschechische auch der umgekehrte Vorgang festzustellen, wo nämlich an den alten Verkehrswegen die tschechischen Bauern den deutschen Siedlern an Zahl unterlegen waren, ging manchmal der tschechische Charakter allmählich verloren, oder besser gesagt, entwickelte sich eine sprachübergreifende böhmische Gemeinsamkeit.

Als Ergebnis lässt sich kein »Volkstumskampf« feststellen, der in Böhmen über Jahrhunderte hinweg geherrscht hätte, sondern die Entstehung eines ethnischen Dualismus, dessen Kennzeichen ein enges Miteinander und eine stete Beeinflussung in beide Richtungen war. Selbstverständlich traten dabei auch Spannungen und Konkurrenzdenken auf, die – z. B. in der Chronik des Dalimil – mehr Aufmerksamkeit erregt haben als das friedliche Nebeneinander. Allerdings gilt, dass die enge Verbindung von deutschen Einwanderern und dem Städtewesen, sowie die kulturelle Orientierung des Königs und des hohen Adels auf den deutschen Sprachraum diesem deutschen Element über Jahrhunderte eine beträchtliche Machtstellung beschert haben.

Das Verhältnis Böhmens zum »Reich«

Die Charakterisierung des Verhältnisses der böhmischen Länder zum römischen Reich und zum deutschen Königreich ist ein Problem, das sowohl historiographische Begrifflichkeit wie nationales Denken betrifft. Grundsätzlich muss man feststellen, dass keine einfachen Antworten möglich sind, dass sich die Verhältnisse im Laufe der Zeit änderten und daher eher ein Prozess als ein Zustand zu beschreiben ist. Dabei sind jeweils die verschiedenen Betrachtungsebenen zu beachten: das Verhältnis des böhmischen Herrschers zum römischen Kaiser, zum König der Deutschen; das Verhältnis des hohen Adels zum Landesherrn und den Standesgenossen außerhalb Böhmens.

Die einfachste Deutung erlaubt die archaische Zeit; es ist unstrittig, dass die karolingischen Könige Tribut und Durchzugsrecht forderten und – meist – erhielten. In dieser Frage war die militärische Überlegenheit Grund für die Anerkennung des überlegenen Ranges. Mit der Erhebung Karls zum Kaiser des römischen Reiches stieg er zum Protektor der Christenheit auf, dem auch die neu christianisierten Gebiete ihren Tribut zollen mussten. Das bis dahin feststellbare Eingreifen in innere Wirren bei Thronstreitigkeiten setzte sich mit anderer Begründung fort. Zugleich ist aber auch umgekehrt ein Eingreifen in die Thronprobleme des Kaiserreiches festzustellen, was beweist, dass die Abhängigkeit keine Einbahnstraße war und auch der Kaiser nicht nur in Notzeiten die Rechte und Ansprüche der anderen Landesherrscher zu berücksichtigen hatte. Ausdruck dieser wechselseitigen Abhängigkeit war die Lehnsnahme des böhmischen Landesherrn, die wohl nur ein formaler Akt der Anerkennung der Rangüberlegenheit war, denn danach hatte er einen Anspruch auf Bestätigung seiner Rechte in seinem Territorium. Verweigerung der Heeresfolge wurde als »Ungehorsam« gesühnt, wenn dazu die Macht reichte, bis hin zur militärischen Unterwerfung; danach folgte aber gewöhnlich die Wiedereinsetzung in die alten Rechte. Symbolische Akte waren im Mittelalter Bestandteil der Politik und deren Durchsetzung. Dies zeigte sich z. B. im Interesse an der Rangerhöhung zum König, die nur der Kaiser aussprechen, die aber von den Großen des Reiches mitgetragen werden musste. Heinrich der Löwe als »Großherzog« von Bayern und Sachsen hat dies im Verhältnis zu Friedrich I. Barbarossa eben nicht erreicht, und er gelangte daher nicht auf dieselbe Stufe; andererseits aber stand Böhmen hinter der faktischen Selbstständigkeit etwa von Burgund, später den Niederlanden oder der Eidgenossenschaft zurück. Überhaupt muss man feststellen, dass im frühen und hohen Mittelalter der Einzelfall und das

Besondere die Normalität war, nicht die Vereinheitlichung der Rechte und Gleichmacherei; es galt das Prinzip der abgestuften Rechte, die sich außerdem danach wandeln konnten, wie die jeweiligen Inhaber sich durchzusetzen imstande waren. Festzuhalten ist, dass Böhmen nie Reichsland war, dort keine Reichstage abgehalten wurden, Reichsrecht nicht galt ohne Zustimmung der Landstände, der Kaiser nie durch Reichsministeriale in die Innenpolitik eingriff oder Lehen unterhalb der Ebene des Landesherrn vergab.

In der Zeit der Stauferkaiser war Böhmen offenbar auf dem Wege, als Reichsland vereinnahmt zu werden. Sein Bischof Daniel stieg zum engen Berater von Friedrich I. Barbarossa auf, der Kaiser und sein Sohn Heinrich VI. setzten Herzöge ein und ab oder erhoben den Herzog zum König; Mähren wurde gar zur Markgrafschaft mit direkter Abhängigkeit vom Reich. Friedrich behandelte den Prager Bischof als Reichsfürsten, der in erster Linie ihm verantwortlich war, was eine stete Spannung zum böhmischen König Vladislav bewirkte. Unter dem Herzog-Bischof Heinrich fanden sich kurzfristig gar beide Funktionen unter dem Dach des Kaiserreiches in einer Hand. Dennoch war dieses Verhältnis rechtlich nicht eindeutig, eher von persönlichen Interessen und später von Misstrauen geprägt statt durch Institutionalisierung abgesichert, so dass die weitgehende Annäherung eine Episode blieb, als die Verhältnisse im Kaiserreich zu einer Schwächung der Zentralgewalt führten. Mit der Territorialisierung des römischen Reiches unter Friedrich II. erreichten die Landesherren eine selbstständige Stellung, die Böhmen schon vorher besessen hatte und auch danach bewahrte.

Schwieriger ist die Beschreibung des Verhältnisses zum deutschen König, dem *rex Teutonicorum*, der ja im Normalfall mit dem römischen Kaiser personengleich war, aber nach anderen Rechten amtierte. Hier setzte sich die alte Tradition der deutschen Stämme fort, wie auch ein

König aus sächsischem Haus nach fränkischem Recht lebte. Böhmen gehörte aber eindeutig nicht zum Stammesge-
bilde des *regnum*, besaß ein eigenes Stammesrecht, stieg
aber später mit der Erhebung seines Herzogs zum König
auf die gleiche Rangstufe mit dem *regnum teutonicum*,
wenn auch ihm nachgeordnet. Durch Erwerb von Territorien des *regnum* konnte aber der böhmische König Přemysl Otakar II. den Anspruch erheben, die Krone des
deutschen Königreiches seiner eigenen hinzuzufügen; dies
war aber nicht aus seinem böhmischen Titel begründet,
sondern als Reichsfürst für die neuen Gebiete, der damit
die Macht seines eigenen Territoriums stärkte. Dass dies
Widerstand im *regnum* hervorrief und zur Wahl Rudolfs
von Habsburg führte, stützt die These von der Andersartigkeit der böhmischen Verhältnisse im Vergleich mit dem
deutschen Königreich. In den böhmischen Ländern gab es
kein ausgebildetes Lehnssystem (mit einer Pyramide von
Rechten und Pflichten von Lehnsherrn und Lehnsmann
im böhmischen Adel) und keinen Zugriff des deutschen
Königs, der etwa seine Parteigänger dort mit eigenem
Land hätte belohnen können; die Regelung der inneren
Besitzverhältnisse lag in den Händen des böhmischen
Adels und des Landesherrn.

　　Auch in der Kirchenorganisation unterschied sich Böhmen von anderen Territorien des römischen Reiches. Zwar
unterstand der Bischof von Prag dem Mainzer Erzbischof
und musste von ihm eingesetzt werden, aber er war politisch seinem Landesherrn verantwortlich, der ihn vorgeschlagen hatte und ihn meist als seinen Kaplan behandelte.
Der tatsächlichen Stellung nach amtierte der Bischof von
Prag eher wie ein Erzbischof in eigener Kirchenprovinz,
musste aber doch die Erhebung des Bistums Olmütz als
Konkurrenz hinnehmen. Vorstellungen der Eigenkirchen
im Besitz des Landesherrn und des Hochadels haben diese
Sonderstellung der Kirche in den böhmischen Ländern
noch verstärkt.

Eine weitere Besonderheit Böhmens begründet der Landesausbau. Überall in West- und Mitteleuropa wurde im Hochmittelalter durch Rodung und Neulandgewinnung die Ackerfläche vermehrt, aber nur in Ostmitteleuropa ist damit die massive Anwerbung von Siedlern und Handwerkern zum Zwecke der Modernisierung und Ertragssteigerung verbunden, von Menschen aber, die aus völlig anderen Rechtsverhältnissen und ethnischen Verbänden kamen. Dies hat zu regional unterschiedlichen Ergebnissen geführt: Östlich der Elbe und in Schlesien setzte sich mittelfristig die deutsche Sprache als regionaler eigener Dialekt oder gar eigene Sprache (Niederdeutsch) durch und verdrängte das Slawische; in den böhmischen Ländern entstand ein sprachlicher Dualismus von alteingesessenen Slawen und Neusiedlern. Dies mochte dem Adel und dem Herrscher gleichgültig sein, in den Städten auch normalerweise nicht stören, hat aber auf dem Lande eine Konkurrenzsituation geschaffen, die sich schon früh in fremdenfeindlichen Aktionen oder entsprechenden Bemerkungen in den Quellen niedergeschlagen hat.

Die komplizierte Stellung der böhmischen Länder zum Reich lässt sich am ehesten in dem erwähnten Bild der zwei Kammern eines Herzens fassen: Mit einer Kammer gehörte es zum Westen, war dort über Lehnsabhängigkeit, Kultur und Kirche fest integriert; die andere Kammer aber verband es mit den Nachbarn Polen und Ungarn, die noch weniger als Böhmen in den Bannkreis des römischen Kaiserreiches oder deutschen Königreiches einbezogen waren. Wie jedes Herz blieb es ein eigenes und selbstständiges Organ.

Böhmens Ruhm und Fall unter dem Haus der Luxemburger

(1310–1437)

Epochenüberblick

Unter dem Haus der Luxemburger gewannen die böhmischen Länder Weltgeltung; zur Zeit Kaiser Karls IV. besaß das römische Reich mit Prag eine Hauptstadt nördlich der Alpen, die sich als *caput mundi* verstand. Sein Sohn Wenzel verspielte jedoch rasch dieses Kapital: Unter ihm fiel Böhmen vom Zentrum kirchlicher Reformdiskussionen zum Land des Aufruhrs und der Ketzerei herab, unter seinem Bruder und Nachfolger Sigismund gar zum Paria unter den Territorien des Reiches. In den böhmischen Ländern bündelten sich in dieser Zeit die zukunftweisenden Ideen und die aktuellen Probleme, wie die Umgestaltung religiös begründeter Herrschaft zu einer säkularen und rationalen, ferner Kirchenkritik und Kirchenreform, schließlich das Aufbegehren des Individuums gegen die Zwänge mittelalterlichen Lebens. Nie zuvor und nie wieder danach stand Prag so im Zentrum europäischer Aufmerksamkeit und der geistigen Entwicklung. In dieser Zeit formte sich das politische Bewusstsein der ständischen Repräsentanten der böhmischen Länder, die aus den Erfahrungen der Religionskriege zur Toleranz zwischen den Konfessionen gelangten.

König Ján, Graf Johann von Luxemburg

1306	König Heinrich, Herzog von Kärnten, ferner
1307	König Rudolf von Habsburg
1310–1346	König Johann/Ján, Graf von Luxemburg

So mächtig und glanzvoll die Stellung der böhmischen Länder unter dem Hause der Luxemburger werden sollte, so bescheiden und verwirrend waren die Anfänge. Nach Erlöschen der Přemysliden im Mannesstamm konnten Elisabeth von Polen, die Gemahlin von Václav II., und ihre beiden Töchter ihre Erbansprüche an potentielle Ehemänner weitergeben. Zunächst kam Anna, die älteste Tochter Václavs II., zum Zuge, deren Ehemann Herzog Heinrich von Kärnten Ende August 1306 zum König von Böhmen gewählt wurde. Gegen diese Ansprüche wollte der deutsche König Albrecht von Habsburg das verfallene Lehen einziehen und seinem Sohn Rudolf übertragen. Um dies durchzusetzen, rückte er im Herbst 1306 mit einem Heer in Böhmen ein und konnte den dortigen Adel dazu gewinnen, seinen 25-jährigen Sohn zum König zu wählen. Zur Unterstützung seiner Politik heiratete Rudolf die verwitwete Elisabeth, die ihm auch die Erberwartung auf Polen eintrug. König Albrecht belehnte im Januar 1307 Rudolf und gleich dazu noch drei jüngere Söhne mit der Krone Böhmen und überging damit das Wahlrecht des böhmischen Adels. Ehe sich dagegen Widerstand organisieren konnte, verstarb aber Rudolf. Im Juli 1307 wählte der Adel nun erneut Heinrich von Kärnten zum König. Ehe Albrecht aber seine früheren Verfügungen durchsetzen konnte, starb auch er. Nun war Herzog Heinrich von Kärnten alleiniger König von Böhmen, aber sein eigener Besitz in Kärnten lag zu weit entfernt und bot zu wenig Mittel, um sich gegen den selbstbewussten Adel in Böhmen behaupten zu können.

Nach dem habsburgischen Zwischenspiel trat das Haus Luxemburg auf den Plan, denn unerwartet war nach dem Tode König Albrechts 1308 der Graf von Luxemburg als Heinrich VII. zum deutschen König gewählt worden. Da der Kärntner Heinrich bei der Königswahl keinen Gebrauch von seinem Kurrecht gemacht hatte, konnte seine Abwesenheit als ein Misstrauensvotum gegen Heinrich ausgelegt werden. Diese Formfrage nutzte die innerböhmische Opposition gegen König/Herzog Heinrich, indem in deren Auftrag zwei als Diplomaten erfahrene Mönche die junge Přemyslidin Elisabeth für eine Ehe mit dem Sohn Heinrichs gewannen. Nach ihrer Flucht aus Böhmen wurde die achtzehnjährige Elisabeth 1310 mit dem erst vierzehnjährigen Johann in Speyer vermählt.

Zu diesem Zeitpunkt hatten Abgesandte des böhmischen Adels bereits die Wahl Johanns zum König von Böhmen vorgeschlagen, und gegen eine Bestätigung der Privilegien des böhmischen Adels wurde Johann, noch vor der Trauungszeremonie, zum König gewählt und mit der Krone Böhmens belehnt. Johann war der älteste Sohn Heinrichs VII. und bereits zum Nachfolger in Luxemburg bestimmt worden; außerdem spielte der jüngere Bruder Heinrichs, Balduin, als Erzbischof von Trier eine wichtige Rolle im Hintergrund. Dass Heinrich nicht nur eine Sicherung seiner Hausmacht im Sinne hatte, sondern auch – gestützt auf ein enges Bündnis mit Frankreich – weiter ausgreifende Pläne verfolgte, beweist der Titel eines »Königs von Polen«, den Johann seit 1310 führte. Als Heinrich VII. in die Reichspolitik der Staufer einsteigen wollte und deswegen mit seinem Heer nach Italien zog, wo ihn unter anderen auch Dante Alighieri begeistert begrüßte – da ereilte auch ihn 1313 ein früher Tod.

Johann, der von dem erfahrenen Mainzer Erzbischof Peter von Aspelt beraten wurde, rückte damit unvermittelt ins Zentrum des Geschehens. Er trat zunächst selbst als Kandidat für den deutschen Königsthron auf und hatte dafür mächtige Fürsprecher; außerdem hatte ihm sein Vater vor dem Italienzug das Reichsvikariat, also die Stellvertretung, übertragen. Ihm trat der Sohn des Königs Albrecht, Friedrich von Habsburg, entgegen, der zugleich als Rivale in Böhmen zu fürchten war. Vor dem Dilemma einer Doppelwahl, die den Konflikt zwischen den Häusern Habsburg und Luxemburg zur Todfeindschaft gesteigert hätte, schreckten die Kurfürsten indes zurück und wählten mit dem Wittelsbacher Ludwig dem Bayern einen Kompromisskandidaten. Johann stimmte zu, ließ sich seinen Verzicht aber durch Versprechungen auf territorialen Gewinn honorieren. Ludwig hat als König zwar nur wenige seiner Zusagen gehalten, aber das politische Zweckbündnis der Luxemburger und der Wittelsbacher gegen die Habsburger hatte zunächst Bestand.

Auch als König von Böhmen hatte Johann bereits genügend Probleme. Nach der Wahl und nach seiner Hochzeit mit Elisabeth war er in Böhmen gut aufgenommen worden, und seine Krönung im Januar 1311 durch Erzbischof Peter von Aspelt hatte die Zustimmung des böhmischen Hochadels gefunden. Widerstand erhob sich jedoch bald, als Johann neben seinem Hauptberater viele weitere deutsche Ratgeber ins Land mitbrachte. Diese Landfremden zogen die Abneigung des böhmischen Adels auf sich, wofür sich in der zeitgenössischen Chronik des Dalimil Beweise in Fülle finden lassen. Der Streit wurde durch einen Konflikt zwischen König und Hochadel noch verstärkt. Elisabeth stand in der přemyslidischen Tradition eines starken Königtums, und sie sah sich von einigen geistlichen Würdenträgern und den Städten darin unterstützt. Ihr Versuch eines Staatsstreiches gegen Johann, den sie gemeinsam mit einigen Adeligen und Bürgern der Stadt Prag plante, misslang indes. Die Prager mussten kapitulieren, und Johann brach nach seinem Sieg alle Zusagen einer friedlichen Regelung, indem er die sechs führenden Patrizier aus der Stadt verbannte. Dadurch verlor die Stadt, und darin besonders das deutschsprachige Patriziat, für fast ein Jahrhundert ihr politisches Mitspracherecht. Dieser Konflikt zwischen Königtum und Ständen, d. h. hier dem Hochadel in Böhmen, sollte die folgenden Jahrhunderte fortdauern.

Die ersten Erfahrungen Johanns und des Erzbischofs Peter von Aspelt in Böhmen waren also nicht sehr positiv, obwohl dieser für die Rückgewinnung Mährens aus der Verpfändung an die Habsburger hohe Anerkennung erhalten hatte. Nach der Wahl von König Ludwig blieb Johann für einige Zeit im Westen, nachdem er die wichtigsten Landesämter in die Hände böhmischer Herren gelegt hatte. Als er aber den böhmischen Oberstlandmarschall Heinrich von Leipa wegen seiner Unterstützung der Königin verhaften ließ, folgte daraus ein Bürgerkrieg, dem Johann militärisch nicht gewachsen war; ohne eine Entscheidungsschlacht abzuwarten, ließ er durch seine geistlichen Mentoren eine Vermittlung mit dem Adel in die Wege leiten. Peter von Aspelt wurde Generalkapitän der böhmischen Krone, um für den König Böhmen zu verwalten; allerdings verzweifelte er 1317 an seiner Aufgabe und verließ das Land für immer. Nun versuchte die Königin Elisabeth ihre Anhängerschaft zu mobilisieren, ehe Johann mit seiner rheinischen Anhängerschar wieder zurückkehrte. Gegen die Drohung des Hochadels mit einem ständigen Kleinkrieg musste das Königspaar aber kapitulieren und die Vermittlung des Wittelsbachers annehmen.

Johann zog aus dieser Situation die Konsequenz, auf die Wiedereinrichtung eines zentralistischen und monarchischen Regimentes zu verzichten. Indem er dem Hochadel im Lande freie Bahn ließ und ihm auch die Interessen der Städte opferte, entfremdete er sich politisch und auch menschlich von seiner Frau, auch wenn den beiden nach dieser Trennung noch drei Kinder geboren wurden. Ehe und Kinder waren nur noch Mittel zum Zweck, und dies wird deutlich in der Tatsache, dass Johann 1319 die Kinder von ihrer Mutter trennte, sie Klöstern zur Erziehung übergab und später nach politischem Kalkül als Objekte seiner Heiratspolitik einsetzte. Sein ältester Sohn musste gar seine Anhänglichkeit an die Mutter mit zwei Jahren Dunkelhaft bezahlen.

Johanns Interesse an Böhmen beschränkte sich im Weiteren auf die Sicherung der Kroneinkünfte; er mied hinfort Böhmen und verdiente sich daher im Tschechischen den Beinamen *král cizenec* (»König Fremdling«). Wie wenig Johann an Böhmen gelegen war, geht aus einer Bemerkung des Chronisten Beneš von Weitmühl hervor, der zufolge Johann das Land Böhmen an die Wittelsbacher habe abtreten wollen, wenn er dafür die Kurpfalz erhalten hätte, die zu seinen Luxemburger Besitzungen besser gepasst hätte. Johann betrieb eine Politik des politischen Kalküls und der persönlichen Interessen, die auf seinen eigenen Ruhm, auf die Stärkung seiner Hausmacht durch Erweiterung der Besitzungen der Familie und auf die Sicherung oder gar Erhöhung des Rangs seiner Person oder seiner Familie gerichtet waren. Wo dies möglich und sinnvoll schien, schloss es auch die Interessen Böhmens ein. Johann scheint das Ziel nie aufgegeben zu haben, doch noch deutscher König zu werden, zumindest aber seinem Sohn zu diesem Rang zu verhelfen.

Da die Herrscher dieser Zeit öffentliche Personen waren und der »Staat« als abstrakte Größe noch nicht von ihnen zu lösen war, galt die moderne Vorstellung einer Trennung von Politik und den Interessen einer Familie noch nicht. Die Geschichte von Johanns Herrschaft ist daher durch eine chronologische Darstellung der Fakten in ihrem Geflecht von unterschiedlichen Motiven kaum übersichtlich darzustellen, kann aber grob in mehrere Problemfelder gegliedert werden, die sich letztlich alle in seiner Person zusammenfügten.

Schwer fassbar ist die Person Johanns. Geschickt und geradezu amoralisch hat er im Problemfeld zwischen Kai-

ser und Papst in Avignon laviert, als Ludwig der Bayer
1328 gegen Einspruch des Papstes zum Kaiser gekrönt
worden und deshalb der Exkommunikation verfallen war.
Im Anschluss an Versuche, die Herrschaft in Kärnten und
Tirol zu erwerben, hat Johann nach 1330 in Oberitalien
die Politik eines Renaissancefürsten betrieben, der aus den
verfeindeten Stadtrepubliken ein eigenes Königtum schaffen wollte, was dem späteren Staatsphilosophen Machiavelli Anschauungsmaterial geliefert hat. Sein ältester Sohn
Karl hat als sein Statthalter dort nach 1331 diese Art der
Politik kennengelernt.

Besser in das Denken der Zeit passten seine Bemühungen, die Hausmacht seiner Familie zu sichern und zu
stärken. Die drei Häuser der Luxemburger, Habsburger
und Wittelsbacher waren in ihren Interessen und in ihrem
Streit um die Vorherrschaft im römischen Reich eng miteinander verklammert und versuchten, in wechselnden
Bündnissen einander jeweils den Vorrang streitig zu machen. Johann hat rücksichtslos seine Kinder und seine
Schwestern eingesetzt, um durch Erbansprüche Koalitionen zu festigen, neue Territorien zu erwerben oder zumindest Optionen darauf zu begründen. So betrieb er die
Eheverbindung seines Sohnes Johann-Heinrich mit Margarete Maultasch, der Erbin von Tirol. Johann behielt
sich hierbei das Recht vor, die Gebiete der »hässlichen
Herzogin« für seinen Sohn zu verwalten und damit den
Alpenübergang des Brenner als Basis für eine aktive Politik in Italien zu sichern. Als sich Habsburger und Wittelsbacher für den Erbfall auf eine Teilung Kärntens und
Tirols geeinigt hatten, scheiterten seine Pläne. Schließlich
verjagten die Landstände in Tirol 1341 den damals fast
zwanzigjährigen Johann-Heinrich, und drei Monate später übernahm Kaiser Ludwig der Bayer das Land, löste
die Ehe und setzte seinen eigenen Sohn in Ehe und Landesherrschaft ein.

Zum Gewinn der Krone Polens, um deren Erwerb sich

Władysław Łokietek lange vergeblich beim Papst bemüht hatte, stützte sich Johann auf ein Bündnis mit Karl-Robert von Anjou, dem König von Ungarn, dem er die Heirat mit seiner jüngeren Schwester Beatrix vermittelte. Mit deren Tod 1319 und der Krönung von Władysław Łokietek ein Jahr darauf entfiel Johanns Anspruch auf den polnischen Königsthron. Die Ehe des ungarischen Königs mit der Tochter des polnischen Königs kehrte die Fronten in Ostmitteleuropa um. Allerdings konnte Johann 1326 durch ein Verlöbnis seiner kleinen Tochter Anna mit dem ungarischen Thronprinzen Ludwig die Option auf die Zukunft offenhalten.

Nachdem Johann seine ältere Schwester Maria mit dem französischen König Karl IV. vermählt hatte (1322), vermittelte er 1332 dessen Nachfolger Johann II. seine Tochter Guta/Bonne, die zur Ahnfrau des Hauses Valois wurde und zur Verbesserung der Beziehungen zum Papst in Avignon beitrug. Im Streit um Brandenburg, wo die Askanier ausgestorben waren, erlangte Johann für seine Unterstützung Ludwigs des Bayern zur Einsetzung des gleichnamigen Kaisersohnes die westliche Lausitz aus dessen Erbe (1319). Im Jahre 1328/29 beteiligte sich Johann gar an einem Kreuzzug des Deutschen Ordens gegen die noch heidnischen Litauer. Militärisch war der Kriegszug zwar erfolglos, aber politisch festigte er den Anspruch Johanns: Als König von Böhmen und Polen bestätigte er dem Deutschen Orden den Besitz von Pomerellen und Danzig und nötigte Herzog Wenzel von Masowien zur Anerkennung der Lehnshoheit; damit erwarb Johann für ein Vierteljahrhundert ein Pfand im Rücken des polnischen Königs.

Alle diese politischen Bemühungen des ruhelosen Königs hatten zwar mit dem ihm anvertrauten Land Böhmen nur wenig zu tun, aber einige brachten dem Land auch dauerhaft Vorteile. Im Konflikt des Wittelsbachers Ludwig mit den Habsburgern hatte ihn Johann in der Schlacht

von Mühldorf (1322) mit Truppen unterstützt und dafür
das lange versprochene Reichsland Eger als Pfandschaft
erhalten. Einen weiteren Erfolg erreichte er mit dem Gewinn Schlesiens. Über Ehebündnisse seines Lehnsmannes,
des Fürsten von Troppau, hatte er weitere Ansprüche gegenüber Polen gesammelt. 1327 nahm er die Lehnshuldi-
gung einiger schlesischer Fürsten entgegen. Nach einem
Feldzug des polnischen Königs im Auftrage des Papstes
gegen den Wittelsbacher in Brandenburg nutzte Johann
von Böhmen diese Gelegenheit zu einem Feldzug gegen
Krakau, der zwar mit einer Niederlage endete, ihm aber
die Huldigung weiterer Fürsten Schlesiens eintrug (1329–
1331), so dass nur noch das Fürstentum Schweidnitz zu
Polen hielt. Die Erfolge Johanns verankerten die Herrschaft des böhmischen Königs in Schlesien für vierhundert
Jahre. Mit dem Gewinn Schlesiens und der Lausitz wurde
Johann zum Begründer der Großmacht der böhmischen
Länder, was seinem Sohn Karl beim Ausbau seiner Macht
entscheidend helfen sollte. Da diese Gebiete außerhalb der
Interessen des deutschen Adels lagen, nahm er diese Erwerbungen des böhmischen Königs hin.

Die Erbfolgefrage in Kärnten brachte Johann schließlich die Unterstützung des ungarischen Königs gegen die
Habsburger ein. Im Jahre 1335 einigten sich in Trenčín in
der Westslowakei die Könige von Böhmen, Polen und
Ungarn darauf, dass Johann endgültig seine Ansprüche
auf Polen aufgab, andererseits dessen König Kazimierz
auf Schlesien verzichtete. Wenn auch beide auf dem Gebiet des jeweils anderen noch Territorien behaupteten, so
bedeutete dies doch für Johann eine Vereinfachung seiner
vielfältigen Interessen. 1337 nahm er die Stadt Breslau in
Besitz, deren deutsches Patriziat er durch besondere Privilegien für sich gewann. Allerdings wehrte sich der polnische Klerus mit dem Bischof an der Spitze gegen dieses
Abkommen; das Interdikt, das der Bischof von Breslau
gegen die Stadt verhängte, und die Exkommunikation von

König Johann wurden vom Papst in Avignon wegen der engen Verbindungen Johanns zur Kurie und zum französischen König aber stillschweigend aufgehoben.

Johanns Interesse galt höheren Dingen, nämlich dem Kampf um die deutsche Königswürde, die er wenigstens seinem Sohn verschaffen wollte. Ein Bündnis mit den Habsburgern gegen die Wittelsbacher, das für die nächsten Jahre die deutsche Politik bestimmte, sollte für seinen Sohn Karl der Ausgangspunkt für seine Bemühungen um die deutsche Krone werden. Der Streit um Tirol läutete den Endkampf um die deutsche Königswürde ein, denn Ludwig hatte damit seine Möglichkeiten überdehnt. Die Luxemburger Familie, mit dem seit 1340 erblindeten Johann, dem Trierer Erzbischof Balduin und dem Regenten der böhmischen Länder Karl gewann die Mehrheit der deutschen Kurfürsten für eine neue Königswahl, die auch vom Papst nachdrücklich unterstützt wurde. Am 11. Juli 1346 wählten die drei geistlichen Kurfürsten und Johann selbst den jungen Karl zum deutschen König. Zwar war damit die Sache noch nicht entschieden, und Karl musste sich mit einer Krönung in Bonn statt im traditionellen Aachen zufrieden geben, aber der Tod Ludwigs des Bayern am 11. Oktober 1347 beendete den Streit. Zuvor schon, 1346 in der Schlacht von Crécy zwischen Franzosen und Engländern, war der blinde Johann gefallen, und so konnte nun Karl unangefochten sein Erbe antreten. Johann hatte zwar keine Politik für Böhmen betrieben, aber gestützt auf die Macht in Böhmen und die Verbindung von Luxemburg und Frankreich, hatte er im Stile eines Renaissancefürsten europäische Politik gemacht, die bei aller Unübersichtlichkeit im Einzelnen letztlich mit großer Energie dazu geführt hatte, seinem begabten Sohn Karl das Feld für noch größere Erfolge zu bereiten. Böhmen war das vornehmste Kurfürstentum des Reiches geworden, und als solches stellte es eine sichere Basis für Karls Politik dar.

Karl IV. als böhmischer und deutscher König und römischer Kaiser (1346–1378)

1346–1378 König Karl / Karel I., als deutscher König und römischer Kaiser Karl IV.
1356   »Goldene Bulle« als »Reichsverfassung«

Als König Johanns ältester Sohn Karl an die Regierung kam, hatte er bereits eine lange Lehrzeit in europäischer Politik hinter sich. 1316 geboren, war er im Alter von drei Jahren von seiner Mutter getrennt und in einem Kloster erzogen worden. Ab seinem siebten Jahr lebte er am Hof des französischen Königs in Paris, wo er seinen Taufnamen Václav/Wenzel bei der Firmung in Karl umwandelte, um seine Verbundenheit mit seinem Firmpaten Karl IV. von Frankreich zu unterstreichen. Dort wurde er auch in Kinderehe mit Blanca von Valois verheiratet, und die Erziehung in Frankreich bestimmte sein ganzes Leben, nicht nur in seinem Verhältnis zur Kirche, das ihm den Beinamen »Pfaffenkönig« eintragen sollte, sondern auch in der Freundschaft mit seinem Lehrer Petrus Rogerii, der als Clemens VI. Papst wurde (1342–1352). Seine Vorstellung von Herrschaft und äußerer Prachtentfaltung ist durch den Aufenthalt in Frankreich geprägt worden.

Seine ersten politischen Sporen hatte sich Karl in Italien verdient, wo er an den kriegerischen Ereignissen beteiligt gewesen war, in das politische Geflecht der italienischen Stadtstaaten Einblick gewonnen und gegen die Verlockungen im Feldlager eine feste moralische Lebenshaltung entwickelt hatte. Nach dem Scheitern des ersten italienischen Abenteuers ernannte ihn sein Vater im Herbst 1333 zum Landeshauptmann von Böhmen, degradierte ihn aber nach zwei Jahren zum Markgrafen von Mähren. In das Jahr 1338 fiel die erste selbstständige Handlung Karls, als er seine dreijährige Tochter mit dem Kronprinzen von Ungarn verlobte. In den komplizierten Winkelzügen seines Vaters gegen den Kaiser Ludwig spielte Karl ebenfalls eine Rolle; trotz des gespannten persönlichen Verhältnisses zwischen Vater und Sohn arbeiteten beide im Sinne der Politik für ihr Haus einträchtig zusammen. Im August 1340 wurde Karl auf Betreiben seines Vaters von den böhmischen Ständen zum Nachfolger gewählt; die faktische Machtübergabe in Böhmen geschah 1342, als sein Vater bereits zwei Jahre blind war.

In der Frage seiner Wahl zum deutschen König betrieb Karl eine umsichtige Politik gegen die Wittelsbacher, die ihm bei aller prinzipiellen Gegnerschaft gegen den gebannten König Ludwig genügend Raum für Verhandlungen über umfangreiche Aktionen zum Tausch von Ländern ließ. Blieben diese auch nur auf dem Papier, weil die Karten nach dem Tod Ludwigs anders verteilt wurden, so hatte Karl schon zuvor durch Bündnisse mit den Polen und den Ungarn den Rücken freibekommen, während Frankreich und der Papst in Avignon als seine Fürsprecher auftraten. Diese mächtige Koalition ermöglichte nach Absetzung Ludwigs im Jahre 1346 Karls Wahl zum deutschen König. Nach dem Tode seiner Frau Blanca 1348 gewann Karl durch eine Ehe mit der Wittelsbacherin Anna aus der pfälzischen Linie auch die gegnerische Familie für sich. Umfangreiche Besitzungen Annas in der Oberpfalz schufen eine bessere Verbindung Böhmens mit den westlichen Territorien des Hauses Luxemburg; wenn er auch in diesem »Neuböhmen« kein zusammenhängendes Gebiet erwarb, so konnte er doch von Böhmen nach Luxemburg über Reichsstädte und eigenes Territorium reisen, ohne auch nur einmal auf fremdem Boden übernachten zu müssen. Am 17. Juni 1349, fast genau zwei Jahre nach seiner ersten Wahl, wurde diese in Frankfurt noch einmal einstimmig bestätigt, und fünf Wochen später wurde er am rechten Ort, nämlich nun in Aachen, noch einmal gekrönt. Die böhmische Krone trug er bereits seit September 1347.

Der Anfang der Regierungzeit Karls IV. fiel mit der großen Pestwelle zusammen, die seit der Jahreswende 1347/48 von Südfrankreich nach Mitteleuropa übergriff. Dieser Krankheit, die aus Mittelasien durch Ratten eingeschleppt worden war und durch Flöhe übertragen wurde, war keine Medizin gewachsen; ihr fielen in Deutschland in den folgenden drei Jahren viele Menschen zum Opfer, besonders in den engen Städten mit ihren katastrophalen sanitären und hygienischen Verhältnissen. Die Angst vor der Krankheit entlud sich in Verfolgungen der Juden, denen die Menschen die Schuld für die Pest gaben. Dass dabei auch handfeste materielle Interessen mitsprachen, ist daraus zu ersehen, dass zahlreiche Morde an Juden bereits stattfanden, ehe die Pestwelle die Städte erreicht hatte; Karl selbst hat z. B. Nürnberg bereits vor jeder Verfolgung zugestanden, das von den Juden zu gewinnende Vermögen und ihre Häuser zu verteilen. Die angeblich religiös motivierte Verfolgung der »Gottesmörder« war oft eine »Entschuldungsaktion« oder eine Ausschaltung unliebsamer Konkurrenten. In seinem Stammland Luxemburg hat Karl Pogrome verhindert, nicht dagegen in den Reichsstädten; in die böhmischen Länder ist die erste Pestwelle nicht gelangt.

Nach diesen Katastrophen griff Karl aber energisch ein, um den Landfrieden zu sichern. Dazu setzte er an die Stelle von ständischen, besonders städtischen oder regionalen Selbsthilfeorganisationen regionale Einungen, die den drohenden Konflikt zwischen den aufstrebenden Städten und den verarmenden Adeligen aufhalten sollten. Neben der inneren Konsolidierung des Reiches stand die Festigung seiner Hausmacht im Zentrum seiner Politik. Seine zweite Frau Anna war 1353 gestorben, bald nach dem Tode ihres Sohnes Wenzel. Noch 1353 heiratete er die erst vierzehnjährige Anna von Schweidnitz, die ihm

zum einen das noch fehlende Herzogtum in Schlesien einbrachte und ihm darüber hinaus als Nichte des Ungarnkö-
nigs auch ein Bündnis mit den Ungarn eintrug. Die zur
Kaiserkrönung notwendige Reise nach Rom vollzog Karl
im Winterhalbjahr 1354/55 mit nur dreihundert Rittern in
solcher Eile, dass er noch am Tage der Krönung wieder
aus Rom abreiste. Dies war ein deutliches Signal dafür,
dass er sich in Italien mit dem Erworbenen zufrieden gab,
aber allen Spekulationen über eine imperiale Politik gegenüber den vielfältigen Herrschaften dort entgegentrat.

Karl verstand Politik als die Kunst des Möglichen, und
das bedeutet, dass er dort eine Übereinkunft suchte, wo
eine Veränderung über seine Kräfte ging. Sein Regierungsprogramm lässt sich in drei Begriffen zusammenfassen:
Stabilisierung, Intensivierung und Erwerbspolitik. Stabilisierung erstrebte er in seiner Reichspolitik, indem er die
Friedensbewegung förderte. Aus dieser Idee heraus ließ er
1356 in der Goldenen Bulle die geltenden Reichsrechte für
die Königswahl festschreiben und dadurch für die Zukunft
sichern. Diese »Reichsverfassung« blieb – bei manchen
Veränderungen in Einzelheiten – bis zum Ende des »Heiligen römischen Reiches deutscher Nation« 1806 in Kraft.
Danach galt für das deutsche Königreich das Prinzip der
Wahl, ohne dass jedoch die Möglichkeit einer dynastischen
Erbfolge ausgeschaltet war; dies zeigt sich daran, dass in
der Folge die Luxemburger und dann die Habsburger fast
ununterbrochen die Herrscher im Reich stellten. Die
Schwäche dieser auf die Restauration bestehender Machtverhältnisse gerichteten Politik bestand aber darin, dass
neue aufstrebende Kräfte nicht gefördert wurden. Dies galt
insbesondere für die Städte, die trotz ökonomischen Aufstiegs nicht an der politischen Mitsprache beteiligt wurden.
Ebensowenig wurde die Reichsfreiheit des niederen Adels
berücksichtigt, und die Verfassungsurkunde war insofern
unvollständig, als die Rechtsprechung, das Finanzwesen
und das Heerwesen in ihr ausgespart blieben.

In seiner Politik gegenüber Frankreich versuchte Karl das Reichsgebiet gegen dessen Ansprüche zu verteidigen. In Bezug auf Burgund und das Arelat musste Karl nach Anfangserfolgen schließlich 1377/78 vor der Macht des französischen Staates kapitulieren und den Dauphin, den französischen Thronfolger, als Reichsvikar einsetzen, was das untere Rhonetal vom Reich löste. In Italien verfolgte Karl ebenfalls eine zurückhaltende Politik; denn auf seinem zweiten Italienzug 1368/69 bestätigte er die bestehenden Verhältnisse, statt sie mit Gewalt zu ändern. So konnte sich auch der Papst Urban, der sich im Vertrauen auf kaiserliche Unterstützung 1367 in Rom niedergelassen hatte, dort nicht halten und kehrte bald nach der Abreise des Kaisers wieder nach Avignon zurück. Das daraufhin entstehende Schisma der katholischen Kirche, als neben dem Papst in Avignon auch noch ein weiterer in Rom gewählt wurde, hat Karl in seinem letzten Lebensjahr 1378 nicht mehr abwehren können.

Besonders erfolgreich war Karl in seiner Heiratspolitik. Die zweite Ehe hatte ihm das »Neuböhmen« genannte Gebiet in der Oberpfalz eingetragen; die dritte Gemahlin Anna brachte ihm das oberschlesische Herzogtum Schweidnitz, und als sie 1362 mit erst 23 Jahren starb, heiratete er im folgenden Jahr in vierter Ehe Elisabeth von Pommern, die zu diesem Zeitpunkt sechzehn Jahre alt war. Ihre Mitgift sollte Pommern werden, und als Enkelin des polnischen Königs konnte sie Karl bei günstiger Konstellation dessen Krone eintragen. Dazu zeigte er auch bei der Vermählung seiner Kinder großes Geschick: Einer seiner Schwiegersöhne war Ludwig von Ungarn, ein anderer Rudolf von Habsburg. Sein Sohn Wenzel (geboren 1361) wurde im Alter von neun Jahren mit der Tochter Albrechts von Holland verheiratet, um aus dem Wittelsbachischen Besitz die Mark Brandenburg zu erwerben. Mit dem Hause Habsburg schloss er 1364 einen Erbvertrag, der bei Aussterben des einen Hauses das gesamte Erbe dem Vertragspartner eintragen sollte; Karl konnte ja nicht ahnen, dass sich die Luxemburger den Habsburgern als biologisch unterlegen erweisen würden. Seinen Sohn Sigismund (geboren 1368) – den späteren Kaiser – verlobte er bereits im Alter von vier Jahren mit der Tochter des ungarischen Königs Ludwig, der gerade auch Polen mitregierte, und in dieser Verbindung mit der Urenkelin eines Piastenkönigs hoffte er dem Erwerb der Krone Polens für sein Haus nahegekommen zu sein. Das Fernziel seiner Heiratspolitik war offenbar ein germanisch-romanisch-slawisches Großreich. Dass sich alles in Karls Sinn entwickelte, spricht ja nicht von vornherein gegen den Plan. So erbte Sigismund später nicht Polen, sondern Ungarn und verschob damit das Schwergewicht der Luxemburger Dynastie nach Südosten. Jedenfalls hat Karl die Heiratspolitik der Habsburger, die ein Jahrhundert später Triumphe feiern konnte, vorweggenommen. Darin lag aber nicht nur eine auf die Interessen des Herrscherhauses allein gerichtete Politik, denn eine Erweiterung der Territorialmacht des Königs war die Voraussetzung für eine effektive Reichspolitik, die sich zugleich gegen und im Einvernehmen mit den Territorialfürsten vollziehen konnte.

Bei all den weitgreifenden Plänen Karls war er doch zualllererst König von Böhmen. Dort hatte er ein weit festeres Fundament für seine Herrschaft, als dies die deutsche Krone bieten konnte. Bei all deren Glanz war Karl in deutschen Landen oft ein solch armer Mann, dass Metzger und Wirte mit der Pfändung drohten, ehe er ihre Städte wieder verlassen konnte. Unter solchen Umständen war es verständlich, dass er sich um eine Stärkung seiner Macht in den böhmischen Ländern bemühte.

Dazu zählten aus dem Erbe der Přemysliden zunächst einmal das Königreich Böhmen und die Markgrafschaft Mähren, dann insgesamt dreizehn schlesische Herzogtümer, von denen er Schweidnitz als letztes erworben hatte;

darüber hinaus waren die Marken Bautzen und Görlitz als
Oberlausitz und die Niederlausitz in seinem Besitz, ferner
die Kurmark Brandenburg, die Herrschaft Pirna in Sachsen, die Reichspfandschaft Eger, dazu schließlich die Besitzungen in der Oberpfalz. Die Rechtsbindung aller dieser Gebiete an den Herrscher war unterschiedlich: In den
luxemburgischen Landen regierte Karl kraft Erbrecht; in
Böhmen und Mähren war Karl vom Hochadel zum Herrscher gewählt worden; als König von Böhmen war er dem
deutschen König als Lehnsmann unterstellt. In Schlesien
standen die meist piastischen Herzöge in Lehnsabhängigkeit zum böhmischen König, ohne dadurch ihr Recht auf
ihr eigenes Land zu verlieren. Außerhalb einer solchen
Lehnsbindung waren einige kirchliche Territorien, während aber der Bischof von Breslau für andere Herrschaften ein Lehnsmann Karls war. Stadt und Herzogtum Breslau, wie andere kleinere Gebiete, unterstanden dem König
von Böhmen, ohne dem Königreich eingegliedert zu sein.
Nur an die Person des Herrschers war die Mark Brandenburg gebunden; hier kann man von einer Personalunion
sprechen, da sie ein deutsches Kurfürstentum war und
blieb. Eger schließlich war Reichspfand, das jederzeit vom
Reich hätte zurückerworben werden können, wenn der
Herrscher die dazu nötigen Mittel hätte aufbringen können oder wollen. Um die Übersicht abzuschließen, sei erwähnt, dass der König Karl in der Herrschaft Pirna ein
Lehnsmann des Bischofs von Meißen war.

Ein solch heterogenes Gebilde mit der für das Mittelalter typischen Vernetzung unterschiedlicher Rechte musste
eine starke Herrscherpersönlichkeit zur inneren Vereinheitlichung reizen. Dies war aber ein schwieriges Unterfangen, da die Inhaber von Rechten eifersüchtig darüber
wachten und sie ohne entsprechende Kompensationen
nicht aufzugeben bereit waren. Um dies dennoch zu erreichen, wählte Karl ein modernes und ein traditionelles
Vorgehen: Der moderne Weg war die Vereinheitlichung

seiner Herrschaften in einem Rechtsverband, und der traditionelle mittelalterliche Weg bestand in der symbolischen Überhöhung. Im Winterhalbjahr 1347/48 hatte sich Karl monatelang zurückgezogen, um mit seiner Autorität als deutscher König die Dinge in seinem Sinne zu ordnen. Das Ergebnis war ein Gesetzeswerk, das in einer Urkundenreihe am 7. April 1348 in Prag erlassen wurde. Karl hatte Vertreter der Stände aus allen seinen Landen zu einem Generallandtag in Prag versammelt, er hatte also – in moderner Terminologie – eine Art Nationalversammlung einberufen, um die Rechtsgrundlage eines zukünftigen Staatsaufbaus beraten zu lassen.

Karl hatte der Versammlung gut ein Dutzend Urkunden vorgelegt, in denen er als deutscher König und Lehnsherr die Rechte in Böhmen bestätigte. Dies betraf zunächst die alten Privilegien des böhmischen Königs, wie das Recht auf das Amt des Mundschenks nach der alten Tafelordnung aus fränkischer Zeit, also seine Anerkennung als vornehmster weltlicher Reichsfürst; ferner legte Karl die Primogenitur in der böhmischen Dynastie fest, womit er dem Wahlrecht des böhmischen Adels den Anspruch des jeweiligen Erben entgegenstellte. Karl bestätigte alle Belehnungen seit Přemysl Otakar II. und die Inkorporation der schlesischen Herzogtümer sowie die lehnsrechtliche Abhängigkeit Mährens von Böhmen. Diese Aufzählung alter Rechte legt den Schluss nahe, Karl habe nichts anderes getan als jeder andere König bei seiner Thronbesteigung, nämlich eine Bestätigung alter Rechte vorzunehmen. Bei näherem Hinsehen erweist sich sein Vorgehen aber als zukunftweisend; in seiner Eigenschaft als deutscher König konnte Karl mehr tun, als dem böhmischen König in seiner Abhängigkeit vom Hochadel zu tun möglich gewesen wäre, nämlich bestehende Rechtstitel schriftlich zu fassen, damit nachprüfbar zu gestalten und auch neue Verhältnisse zu begründen. Er band Schlesien ausdrücklich und unmittelbar an das böhmische Königtum; dies betraf auch die Markgrafschaft Mähren, deren Verhältnis zum Reich als ein im Prinzip selbstständiges Territorium rechtlich ungeklärt geblieben war. Die Bedeutung dieser Rechtsakte erhellt aus der Tatsache, dass Karl sie 1349 und 1351 ausdrücklich wiederholte und auch nach der Kaiserkrönung 1355 noch einmal bekräftigte.

Karl fasste diese Rechtsordnung aber nicht in den Kategorien der Lehnsabhängigkeit, sondern er benutzte den Ausdruck »inkorporieren«, der den Zusammenschluss in einem einheitlichen Rechtskörper ausdrücken sollte, und er erklärte die Nebenländer zu »Lehen der Könige und der Krone des Reiches Böhmen«. Darin lag etwas Neues auch wenn die Formel etwas Altes zu wiederholen schien. In Böhmen, ebenso wie in Polen und Ungarn, hatte es zwar eine Gefolgschafts- und Treuebindung des Adels an den jeweiligen Herrscher gegeben, aber es war nie zu einer ausgeprägten wechselseitigen Abhängigkeit gekommen, die in West- und Mitteleuropa das Lehnswesen ausmachte. Karl führte nun aber keineswegs das Lehnssystem in Böhmen ein – das hätte der machtbewusste Hochadel nicht zugelassen –, aber er band den Hoch- und den Niederadel an die *corona Boemiae*, also nicht an die jeweilige Person des Königs, sondern an einen symbolischen, überpersönlichen Bezug, wodurch die Krone zu einem sinnlich fassbaren Symbol für den ganzen Herrschaftsverband werden sollte. Den Ansatz dazu bot der Kult um die neue Krone, die er 1344 hatte anfertigen lassen, um die Reliquienbüste des Landesheiligen Václav/Wenzel im Prager Veitsdom zu zieren. Damit begründete er eine Verehrung, wie sie bis dahin weder in Böhmen noch in Deutschland üblich gewesen war. Die Krone musste fortan auf der Reliquienbüste des Heiligen ruhen; nur zur Krönung oder zu festlichen Anlässen durfte sie der König vom Heiligen Wenzel entleihen; dadurch wurde die Krone selbst zur Reliquie, verstärkt noch durch den Einschluss eines Dornes, der angeblich aus der Krone Christi stammte. Es mag die Überzeugungskraft dieser Idee Karls demonstrieren, dass sich die Krone noch heute im Prager Veitsdom befindet, wohin Karl sie hatte bringen lassen; andere alte europäische Kronen werden zumeist in Museen aufbewahrt. Auch in der neuen Krönungsordnung, die Karl im Sommer 1347 für die böhmischen Könige festlegte, ist diese Vermischung von moderner Staatsideologie und mittelalterlicher religiöser Vorstellung erkennbar. Zugleich fugte er das vermutlich älteste tschechische Kirchenlied, die Wenzelshymne, in den Ablauf der Krönungszeremonie ein, um die Verbindung von Territorium, Amt und Tradition zu verewigen.

Mit Karls Krönung am 2. September 1347 erhielt zum ersten Mal ein böhmischer König das Herrschaftszeichen aus der Hand eines Erzbischofs von Prag. Nach vielen vergeblichen Versuchen hatte Karl 1343/44 die Loslösung Prags von der Kirchenprovinz Mainz und die Erhöhung zum Erzbistum erreichen können. Damit war der faktischen Selbstständigkeit auch die formale gefolgt, die das Königreich Böhmen auch kirchenpolitisch zusammenband.

Konnte Karl auf dicsem Wege die Einheit der böhmischen Länder augenfällig machen, so war dies in der Frage der Sprache nicht möglich. Auf dem Lande sprach etwa ein Sechstel der Bevölkerung deutsch als Folge des intensiven Landesausbaus unter den letzten Přemysliden. In den Städten, insbesondere bei den ratsfähigen Familien, war das Verhältnis wohl umgekehrt. Wenn also bei der Krönung in Prag das alte Lied *Hospodyne pomiluj nyi* gesungen wurde, so erkannte sich darin zwar die Umgebung von Prag wieder, während für die meisten Bewohner der Prager Altstadt dies in einer Fremdsprache erklang. Karl wusste um das Problem, das sich zu dieser Zeit allmählich als eine Rivalität zeigte, die sich insbesondere in der Entgegensetzung von tschechischem Adel und deutschem Bürgertum in Ämtern und Lebensauffassung konkretisierte und seinen literarischen Niederschlag in der Reimchronik des Dalimil gefunden hat. Aber auch im Bereich der Bildung und der Klöster war die Sprache ein Problem geworden. Der Prager Bischof Johann von Draschitz / Jan z Dražic hatte 1334 ein Augustinerchorherrenstift in Prag gegründet, das bald als Pflegestätte der – lateinischen – Wissenschaft besondere Bedeutung gewinnen sollte. Dieses Stift sollte aber nur Tschechen aufnehmen, d. h. eines der beiden Elternteile des Novizen musste unzweifelhaft tschechisch sprechen. Vorausgegangen war eine Verordnung der Zisterzienser, nur deutschsprachige Novizen aufzunehmen. Obgleich der Erzbischof von Prag beide Verordnungen schon 1349 für unzulässig erklärt hatte, so warfen sie doch ein bezeichnendes Licht auf die beginnende sprachliche Rivalität in den böhmischen Ländern.

Karl hat den aufkommenden Sprachenstreit, wo er konnte, zu mildern gesucht, indem er selbst Mehrsprachigkeit praktizierte und propagierte. Er rühmte sich, »durch Gottes Gnade« fünf Sprachen zu beherrschen: deutsch, lateinisch, französisch, italienisch und tschechisch; für den Herrscher und die Untertanen sah er in der Mehrsprachigkeit eine notwendige Voraussetzung zur Kommunikation. Karl hat auch mehrfach seinen tschechischen Untertanen geschmeichelt, wenn er von der »süßen slawischen Sprache« und dem »gar liebenswürdigen tschechischen Idiom« redete.

Neben der »Krone Böhmen« hat Karl die Stadt Prag zu einem vergleichbaren Symbol erhoben. Bekanntlich hatte das »Heilige Römische Reich deutscher Nation« keine Hauptstadt: Aachen war die Krönungsstadt mit besonderem Rang, Frankfurt galt als Stadt der Königswahl, lange Zeit hindurch tagte der Reichstag in Regensburg, aber »Hauptstädte« gab es nur in den landesfürstlichen Territorien. Nun konnte Karl IV. Prag nicht zur Hauptstadt des Reiches erklären, aber als Wohnsitz des mächtigen Königs von Böhmen, des Kaisers und deutschen Königs, und als Zentrum der Reichsverwaltung erhielt Prag einen Rang wie keine zweite Stadt im Reich. Gemäß der traditionellen mittelalterlichen Herrschaftsausübung zog der Kaiser im Lande umher und mit ihm die Kanzlei und der Stab der Berater; aber Karl hat Prag durch seine lange Anwesenheit und durch besondere Maßnahmen über andere Städte hinausgehoben. In der Stadt Prag, in der Landes- und Kirchenherrschaft, Verwaltung und Kultur, Handel und Gelehrsamkeit angesiedelt waren, fand Karl ein Zentrum vor, das an Paris erinnerte; hier setzte Karl auch mit seiner Erneuerung an, nicht nur mit dem Aufbau der verfallenen Burg auf dem Hradschin, sondern mit der Planung der Stadt.

Karls Werk ist insbesondere die Prager Neustadt. Die alte Stadt war im Moldauknie entstanden, ergänzt durch die Ansiedlung unterhalb der Burg auf der anderen Seite der Moldau, der Kleinseite (*Malá strana*). Beide Teile hatten verschiedenes Stadtrecht, je eine eigene Verwaltung und eigene Befestigungen. Karl ließ 1348 die Siedlungen der Umgebung durch eine großzügige Befestigungsanlage zusammenfassen, indem er vom Vyšehrad an der Moldau eine nach Nordosten reichende Stadtmauer zu bauen befahl. Damit erweiterte er das befestigte städtische Areal auf fast das Dreifache; Prag wurde dadurch zur flächengrößten Stadt nördlich der Alpen, die nur Konstantinopel und Rom in Europa nachstand. Allerdings ist die Bezeichnung »Stadt« insofern problematisch, als die Agglomeration aus vier Rechtsgemeinden bestand (Altstadt, Neustadt, Kleinseite und Burgstadt), zuzüglich der sich selbst verwaltenden Judenstadt.

Freilich war das neue Gebiet zunächst noch weitgehend unbebaut, und Karl sorgte durch besondere Verfügungen für eine Besiedlung. Juden und Christen wurden zur Ansiedlung in Prag eingeladen, und wer ein steinernes Haus erbaute, sollte auf zwölf Jahre steuerfrei bleiben. In der

Neustadt waren Plätze und Pfarrkirchen vorgesehen, wobei um die drei Märkte – den Rossmarkt, den Viehmarkt und den Getreidemarkt – Straßen mit geradem Verlauf geplant wurden. Die enge Verzahnung von Altstadt und Neustadt suchte Karl durch das Schlüssel- und Wachrecht der Altstädter zu garantieren, und diese Arbeitsteilung zwischen einer deutschregierten Handels- und einer vorwiegend tschechischen Handwerkerstadt sollte die zu erwartende Rivalität mildern. Eine Besonderheit Prags war die großzügige Anlage von Plätzen. Der Karlsplatz war mit 80 000 m² der größte Platz aller europäischen Städte, um mehr als ein Drittel größer als der Petersplatz in Rom (ca. 57 000 m²). Noch der Rossmarkt, der heutige Wenzelsplatz, übertraf mit 42 000 m² die meisten anderen berühmten Plätze, und an dritter Stelle stand der Gallimarkt mit fast 30 000 m² (der Markusplatz in Venedig maß 10 000 m²). Zukunftweisende Großzügigkeit und ein Hang zur Monumentalität sind Karl in dieser Hinsicht bescheinigt worden.

Mit Karls Namen ist noch eine andere Einrichtung verbunden, die zu seinem Ruhm und zum Ansehen der Stadt Prag beitragen sollte, nämlich die Gründung der Universität im Jahre 1348. Nun hat Karl insgesamt zehn Universitäten gegründet, aber neun waren bereits Hochschulen im italienischen und französischen Sprachgebiet, ehe sie durch kaiserliches Patent weitere Rechte erhielten; Prag hingegen war die erste Universität im römischen Reich nördlich der Alpen. Nach dieser Initialzündung folgten binnen weniger Jahrzehnte weitere Gründungen in den Hauptstädten von Territorialstaaten – über Krakau, Wien bis Heidelberg – oder in Reichsstädten wie Köln. Die Urkunde zur Gründung der Universität war vom selben Tage datiert wie jene zur Begründung der Prager Neustadt; sie wies zwar auf die Vorbilder Bologna und Paris hin, aber manche Formulierungen glichen jener zur Gründung der Universität Neapel im Jahre 1224 durch Friedrich II. War dort aber das Jurastudium besonders betont worden, um den Stauferstaat mit den notwendigen Beamten zu versorgen, so legte Karl nach traditioneller Weise das Hauptgewicht auf die theologische Fakultät. Dazu hatte er bereits 1346 die Erlaubnis des Papstes erhalten, und er konnte bei deren Aufbau an verschiedene geistliche Bildungsstätten in Klöstern Prags anknüpfen. Aus dem *studium generale* der Augustiner-Chorherren, der Dominikaner und der Franziskaner entstand die Philosophische Fakultät, die die erste Stufe der universitären Ausbildung vermittelte. Daran schlossen sich die anderen Fakultäten und als höchste Form der Bildung das Studium der Theologie an, das ebenfalls von den Geistlichen der Klosterschulen getragen wurde. Diese enge Verzahnung von Universität und Kirche wird auch in der Versorgung des Lehrkörpers sichtbar. Das Mittelalter kannte keine Gehälter, sondern nur die Versorgung durch Zuweisung einer Pfründe, die dem Inhaber wegen geistlicher Betätigung Anteil an den Kircheneinnahmen gewährte. So waren die Universitätslehrer entweder zugleich als Geistliche an Pfarrkirchen tätig oder wohnten in Kollegien zusammen, die ihrerseits von Klöstern oder Pfarreien unterhalten wurden. Das Allerheiligenkolleg, 1342 gestiftet, und wenige Jahre später das Collegium Carolinum waren Wohn- und Lehrgemeinschaften von Professoren, Famuli und Studenten, ohne dass diese klosterähnlichen Einrichtungen den strengen Klosterregeln unterlagen.

Das Studium begann zunächst mit den sieben freien Künsten, den *artes liberales*, mit dem Trivium (Grammatik, Rhetorik, Dialektik, daher der Ausdruck »trivial«) und dem Quadrivium (Mathematik, Geometrie, Astronomie und Musik); dies war die Artistenfakultät und lebt heute im »M.A.«, dem *magister artium*, fort. Danach konnte der Student die Medizinische Fakultät besuchen, die Ärzte und Apotheker ausbildete. Der Zwang zum Experiment und zur genauen Beobachtung der Natur brach-

te die Lehrer dieser Fakultät – in der Mehrheit ebenfalls
Geistliche – in Konflikte mit der Theologie, was zu einer
Trennung der Naturwissenschaften von der Theologie
und den Geisteswissenschaften führen sollte. Eine Sonderstellung nahm die Juristische Fakultät ein, die sich am
Vorbild Bolognas als der herausragenden Ausbildungsstät-
te für Juristen im Abendland orientierte; dort wählten die
Lehrenden und die Studenten gemeinsam den Dekan, so
dass durchaus auch Studenten dieses Amt bekleiden konnten. Dazu muss jedoch bemerkt werden, dass diese Studenten bereits die Artistenfakultät absolviert, z. T. auch
Examina in der Theologischen Fakultät abgelegt hatten.
Diesem Modell Bologna stand jenes der Sorbonne entgegen, das sich als *universitas* der Lehrenden verstand, in der
die Studierenden an der Leitung nicht beteiligt waren.

Studenten und Lehrende gliederten sich in vier *nationes*,
die nach mittelalterlicher Vorstellung der Herkunft gemäß
grob nach Himmelsrichtungen eingeteilt waren. So zählten zu der kleinen *natio bohemica* tschechisch- und
deutschsprachige Landeskinder, sowie jene aus Mähren
und aus Ungarn. Die westliche *natio* umfasste die Bayern,
die Österreicher und die Rheinländer, die nördliche die
Sachsen, Engländer und die Skandinavier, die östliche Polen und Schlesier, jeweils unabhängig von der Sprache. Die
Sprache war ohnehin kein Problem, da die Lehre und die
normale Kommunikation in Latein erfolgten. Die Her-
kunftsbezeichnung überdeckte jedoch die Tatsache, dass
die meisten Lehrer und Studenten deutscher Sprache waren. Erst in der zweiten Generation sollte sich das tschechische Element in den Vordergrund schieben. Mit dieser
Universitätsgründung schuf Karl einen Platz für die Ideen
des Frühhumanismus, der sich zu dieser Zeit herausbilde-
te. Die Studentenzahlen waren für die Zeit beachtlich; um
1380 zählte die Universität etwa tausend Hörer in drei Fakultäten, in denen fünfzig Magistri als Professoren und
rund zweihundert Dozenten unterrichteten.

In seiner Autobiographie hat sich Karl selbst ein für einen mittelalterlichen Herrscher höchst ungewöhnliches Denkmal gesetzt. Die älteste überlieferte Handschrift stammt zwar aus der Zeit seines Sohnes Wenzel, aber Karl hat unzweifelhaft mit eigener Hand die Erlebnisse seiner Jugend, seine Reflexionen über Gott und die Welt und seine Visionen bis zum Jahre 1340 protokolliert, was dann von anderer Hand bis zum Jahre 1346 fortgesetzt worden ist. In diesem Text, der mit Bibelexegese, tagebuchartigen Eintragungen und Gedanken über die Politik keineswegs ein literarisches Meisterwerk geworden ist, hat er einen Teil seiner Persönlichkeit offengelegt. Er wollte für seine Söhne sein Leben als Kronprinz in belehrender Absicht aufzeichnen, gewissermaßen als Testament – oder als Fürstenspiegel; aber zum Zeitpunkt der Abfassung des Textes hatte er noch gar keine Söhne. Man kann nur vermuten, dass Karl für seinen Hof in Prag ein Dokument zur Grundlage seiner eigenen Verehrung schaffen wollte, wie er dies durch seine umfangreiche Sammlung von Reliquien, durch die Überhöhung der Wenzelskrone und auch durch die Vielzahl von Burggründungen mit seinem Namen dokumentierte, gekrönt durch das »geistliche Lustschloss« Karlstein, das als ein militärisch nutzloses Bauwerk in einem abgelegenen Waldtal an die sagenhafte Gralsburg erinnert. In diese Festung, deren Grundstein ebenfalls 1348 gelegt wurde, zog sich Karl immer wieder auf geraume Zeit zurück, um in Ruhe zu meditieren und in der mit Edelsteinen verzierten Heiligkreuz-Kapelle stundenlang zu beten.

Diese Mischung von modernem Denken und mittelalterlicher Tradition ist auch in Karls Herrschaftsausübung zu finden. Diese war im Mittelalter an die Person des Königs gebunden, dem nur ein verhältnismäßig kleiner Kreis von Beratern und Notaren zur Seite stand. Ein König musste viel reisen, um an Ort und Stelle Streitigkeiten zu schlichten oder Anweisungen zu erteilen. Karl hat diese direkte Herrschaft durch die Ernennung von Stellvertretern mit der Bezeichnung »Reichsvikare« erweitert. Acht Jahre lang regierte sein Onkel Erzbischof Balduin von Trier die westlichen Reichsteile; in Italien amtierten unter anderen die Visconti als Reichsvikare; in Deutschland waren nach Balduins Tod mehrere Personen aus seiner Verwandtschaft mit entsprechenden Ämtern betraut, ferner auch die Bürgermeister von Lübeck, denen er 1374 die Sorge für die Sicherheit der Handelswege übertrug. Karl hatte versucht, seine Herrschaftsausübung effektiver zu gestalten und sie zugleich an sich zu binden, um die Möglichkeiten von Rivalitäten oder gar Aufruhr zu verringern.

Karl organisierte ferner das königliche Gerichtswesen neu. Er ernannte und besoldete den Vorsitzenden des Reichshofgerichtes, setzte ihn gegebenenfalls auch wieder ab. Dieses Gericht war zum einen für die Streitigkeiten des hohen Adels zuständig, zum anderen für alles das, was sonst in den Zuständigkeitsbereich des Königs selbst gefallen oder an ihn als Appellationsinstanz herangetragen worden wäre. Allerdings wurde dieses Verfahren durch die Goldene Bulle von 1356 dahingehend eingeschränkt, dass es die Kurfürsten ausschloss. Das Königsgericht war eine der wesentlichen Aufgaben des spätmittelalterlichen Herrschers; im Übergang des Gerichtsverfahrens auf juristisch geschulte Richter, die im Namen des Königs amteten, kündigte sich schon die moderne Schriftlichkeit an, die zusammen mit der Übernahme des römischen Rechtes das überkommene Rechtssystem nachhaltig verändern sollte.

Eine weitere Neuerung zeigte sich auch in der Kanzlei, die unter Karl eine herausragende Bedeutung gewann. Seit Beginn der Reichspolitik lag die schriftliche Herrschaftspraxis in den Händen von Geistlichen, die für ihre oft analphabetischen Herren die Erlasse in die angemessene Sprache und die vorgeschriebene äußere Form zu bringen hatten. Der Einsatz von ausgebildeten Juristen als Notare hatte unter Friedrich II. in Sizilien zu einem bemerkenswerten Aufschwung der Verwaltung geführt. Dieses verband Karl mit seinen Erfahrungen aus Frankreich, von wo er die Organisation seiner eigenen Kanzlei übernahm. So entstand eine Behörde mit einem Kanzler an der Spitze, der zu den engsten Vertrauten des Herrschers zählte, dem Korrektoren und Administratoren zuarbeiteten. Daraus entwickelte sich die moderne Form der Aktenbearbeitung: Einen Auftrag des Kaisers übertrug der Notar mit Hilfe von Formelbüchern in das gehörige Konzept; der Korrektor sorgte dann für die Reinschrift, und ein Registrator hielt den gesamten Geschäftsgang fest. Da man im Mittelalter keine Zweitschriften kannte und oft Urkunden ohne eine Registrierung ergangen waren, andererseits aber eine Urkunde als solche bereits Beweiskraft hatte, waren zu allen Zeiten Fälschungen aufgetaucht. Durch die Schaffung eines Archivs und durch die Registratur aller eingehenden und ausgehenden Schriftstücke versuchte Karl eine Übersicht zu erreichen, die die Verwendung von gefälschten Urkunden unmöglich machen sollte. Damit war ein enormer Aufwand verbunden. Karls Kanzlei hat 7500 Stücke registriert, aber in Wirklichkeit wird sie wohl weit mehr Urkunden ausgestellt haben. Es gab ja noch keine Trennung zwischen Reichsangelegenheiten und Dingen der kaiserlichen Hofhaltung bzw. seinen Privatbriefen. So finden sich auch die Sorgen »kleiner Leute« berücksichtigt, neben Stiftungsbriefen für Universitäten, für Klöster oder städtische Märkte.

In der Auswahl der Personen für die oberen und mittleren Ränge der Verwaltung bewies Karl eine große Kontinuität. Familien aus Nürnberg, Prag oder Brünn stellten immer wieder die Notare, aber auch Ausländer wurden in diesen Kreis aufgenommen. Unmerklich wuchs auch hier aus dem Herkömmlichen etwas Neues: Karl ernannte bewährte Ratgeber zu Tischgenossen (*commensales*) oder zu ständigen Ratgebern (*consiliares*), ohne dass damit besondere Auflagen verbunden waren. Von 182 bekannten »Räten« stammten drei Fünftel aus den luxemburgischen Besitzungen, während der böhmische Anteil nur gering war. Mehr als die Hälfte der Personen gehörten nicht mehr dem geistlichen Stand an, und auch die Zahl der Hochadeligen war relativ klein. Besonders nahe standen Karl Geistliche mit einer juristischen Ausbildung; dazu gehörte z. B. der berühmte Kanzler Johann von Neumarkt. Die geringe Zahl von böhmischen Hochadeligen ließ deren Standesinteressen zurücktreten und erlaubte in Grenzen eine ›objektivere‹ Herrschaftspraxis. Die Aufnahme in den Dienst blieb häufig mit der Ernennung zu hohen geistlichen Würden verbunden, wobei Karl schon 1347 einen Dispens von der Residenzpflicht der Geistlichen erreicht hatte: Sie konnten am Hof ihre Einkünfte aus den Pfründen genießen und die Arbeit am Ort durch Stellvertreter verrichten lassen. Die Anwesenheit von hervorragenden Männern ihrer Zeit zeichnete die Zentrale Prag aus, was Karl noch dadurch unterstrich, dass er ihnen in Prag Häuser schenkte und die Adeligen im Lande zum Hausbau bewegte.

Auch im Finanzwesen zeigte sich der Übergang vom Mittelalter zur Moderne. Karl war ständig in Geldnot, weil der Sold für seine Truppen und der Kauf neuer Ländereien seine Mittel überstieg. Finanzpolitik wurde deshalb neben der Auseinandersetzung mit dem Hochadel um die Steigerung der Königsmacht zu einem Kernproblem seiner Innenpolitik.

Die Einkünfte der böhmischen Königskasse kamen aus zwei Quellen, von denen die eine immer, die andere nur nach einem besonderen Bewilligungsverfahren floss. Eine sichere Einnahme waren die kontinuierlichen Abgaben aus dem Krongut; dies betraf den königlichen Grundbesitz in den Städten, die Ländereien der Kirche und der Klöster. Städte und Geistlichkeit hatten die Finanzen in eigener Hand, und sie waren bestrebt, ihre Lasten zu mildern oder durch Sonderzahlungen Privilegien zu erhalten, die sie vor plötzlichen und unkontrollierbaren Abgaben schützten. Zu den ständigen Einnahmen zählten auch die Zölle, die Mautgebühren, die Abgaben aus dem Bußgericht (das »Ungeld«), die Steuern auf Salz und Wein, und ganz besonders die Erträge aus den Bergwerken. Die böhmische Silberproduktion betrug in dieser Zeit rund ein Drittel der gesamten Förderung in Europa, und aus der königlichen Münze floss dem König stets ein Achtel des Ertrages zu. Außerdem standen die Juden als »königliche Kammerknechte« unter dem Schutz des Königs und mussten diesen durch hohe Summen erkaufen, wobei sie auch dann nicht vor Überraschungen zusätzlicher Abgaben sicher waren. Die Einnahmen aus dem Wohnrecht der Juden waren so beträchtlich, dass der König nur in Ausnahmefällen den Magnaten seines Reiches die Ansiedlung von Juden und damit eine Teilhabe an den Einkünften gewährte.

Zu den Sondersteuern gehörte die *berna* (von tschech. *brati* ›nehmen‹), deren Erhebung der Hochadel zustimmen musste. 1331 ließ sich der Adel auf dem Landtag in Taus/Domažlice versichern, dass solche Zusatzsteuern nur in besonderen Fällen erhoben werden konnten, etwa wenn ein Prinz gekrönt oder eine Prinzessin verheiratet werden sollte. Karl hat aber auch zu anderen Anlässen diese Quelle zum Sprudeln gebracht, etwa wenn er über den normalen Steuersatz hinaus Zusatzabgaben forderte.

Schließlich konnte der König seiner Finanznot auch kurzfristig dadurch begegnen, dass er Einnahmequellen – etwa der Städte oder der Münze – für kurze oder für längere Zeit verpfändete. Besonders die Städte wehrten sich durch prompte Zahlungen und gar durch Überzahlungen gegen solche Überraschungen, die im Normalfall weit teurer waren. Trotz all solcher Maßnahmen geriet Karl immer wieder in Schulden, was den zuständigen Unterkämmerer zu ständig neuen Überlegungen veranlasste, wie an

weiteres Geld zu kommen sei. 1336 wurde etwa die Salz-
und die Weinsteuer erhöht, was im Lande zu Unruhen
führte; man suchte in Prager Synagogen nach verborgenen
Schätzen und schaute selbst im Grab des Heiligen Adalbert nach, ob dieser über die Fürbitten hinaus noch Mate-
rielles zu bieten hatte. Münzverschlechterung war ebenfalls ein Mittel, akute Geldnot durch eine schleichende Inflation zu mildern.

Gesellschaft und Wirtschaft zur Zeit Karls IV.

In den Städten schwelte zu dieser Zeit ein Streit zwischen
dem jeweiligen Stadtrat mit seinem Anspruch auf Selbst-
regierung und den Stadtherren, meist vertreten durch einen
Richter. Die deutschrechtlichen Siedlungen gingen dabei
voran, sich aus der Bevormundung zu lösen; dieser Prozess der Verselbstständigung der Städte wurde erst in der
Hussitenzeit abgeschlossen.

Die Regierung der Prager Altstadt lag in den Händen
von zwölf Schöffen, die jährlich vor dazu berechtigten
Familien gewählt wurden. Sie mussten vom König bestätigt werden und wechselten einander jeden Monat im
Amte des Bürgermeisters ab. Für die schriftliche Amtsführung war der Stadtschreiber zuständig, und bald begann man mit dem Bau eigener Rathäuser für die wachsende Verwaltung und die Repräsentation. Die Prager
Altstadt erhielt im Jahre 1338 die erforderliche Genehmigung, und bald folgten andere Städte. Die Gegenstände
der Amtsführung wurden in Stadtbüchern festgehalten,
nämlich die Steuereinnahmen und die Belege über den
Grundbesitz (Kataster); die Regelung von Streitigkeiten
fand in Gerichtsbüchern oder Zunftbüchern ihren Niederschlag.

Böhmen war in zwei große Rechtskreise geteilt: Die
nördliche Hälfte folgte dem Magdeburger, die südliche

dem Nürnberger Recht. 1387 bestimmte König Wenzel Prag zum Oberhof aller Städte Nürnberger Rechtes. Die nördlichen Städte Böhmens orientierten sich über ihren Vorhof Leitmeritz bis ins 17. Jahrhundert an ihrem Oberhof Magdeburg. Iglau, Brünn und Olmütz wurden zu Oberhöfen eigener Rechtstradition, wobei Olmütz in enger Verbindung zu Breslau blieb.

In den Städten stammte die zunächst nur geringe Zahl ratsfähiger Familien von Fernkaufleuten oder Lokationsunternehmern ab, die Siedler ins Land geführt hatten. Solche Patrizier konnten zu Reichtum gelangen und adelige Lebensformen übernehmen, schließlich sogar in Hofamter des Königs gelangen. Innerhalb der Städte suchten sie das Stadtregiment unter sich zu halten, stießen darin trotz Unterstützung des Königs im Laufe des Jahrhunderts auf zunehmende Ansprüche der Zünfte, die wegen ökonomischer wie sprachlicher Gegensätze – die Handwerker waren oft Tschechen – zu einem Kampf um die Rathäuser führten. Spätestens in der Hussitenzeit wurde dieser Prozess gegen das deutschsprachige Patriziat entschieden, worauf sich dann die nichtzünftigen Schichten gegen die neue Oberschicht wandten. Die Stadt unter dem Regiment des Rates war rechtlich den adeligen Grundherren gleichgestellt; wie es einerseits zu Adelsbünden kam, so entstanden andererseits auch Städtebünde, die manchmal von den Königen gefördert wurden. In Zeiten der Thronvakanz oder unter einem schwachen Herrscher traten Prag und Kuttenberg als wichtige politische Faktoren auf. Unter König Johann waren die Städte in den folgenden Jahrzehnten auf den Landtagen nicht mehr vertreten und deshalb an politischer Bedeutung zurückgefallen.

Auch im ökonomischen Bereich genossen die Städte das Wohlwollen der Herrscher. Entsprechende Privilegien förderten Handelsstraßen und den Wohlstand. Dieser äußerte sich auch in der regen Bautätigkeit dieses Jahrhunderts sowie in der Festlegung des Umfangs der Städte in der Weise, dass sie bis zum Beginn der Industrialisierung relativ gut mit ihren Bauflächen zurechtkamen. Die Einigung des Patriziats mit den Zünften erweiterte die Teilnahme an der Macht auf einen größeren Kreis der Stadtbürger, der aber nach unten abgeschlossen blieb. Die Zünfte waren ein Element der sozialen Kontrolle, denn sie sicherten einerseits die Rechte und das Einkommen der Mitglieder nach außen, wie andererseits gegen jeden Ausbruch aus dem System oder sozialen Aufstieg nach innen rigoros ab. Im Laufe der Zeit wurden sie mit ihrer strengen Preispolitik und ihren Vorschriften (Zunftzwang und Zulassungsbeschränkung, Feiertags- und Nachfolgeregelung) zu einem Hemmnis für die wirtschaftliche Weiterentwicklung.

Die unteren städtischen Gesellschaftsschichten, also alle abhängigen Arbeitnehmer, machten weit über fünfzig Prozent der Bevölkerung aus und sind weniger gut zu erfassen. Dazu zählten Gesellen, denen die Zunft zwar den Aufstieg zum Meister unmöglich machte, ihnen aber einen relativ gesicherten Unterhalt bot; dazu gehörten neben Dienstpersonal jeder Art auch die Tagelöhner und die Armen. Besonders Letztere waren für Teuerung und Hungersnot anfällig, so dass sie bei Störungen jeder Art in eine Existenzkrise geraten und damit zu einem revolutionären Element werden konnten.

Gleiches galt für die abhängigen Bauern. Der Landesausbau hatte auch in den Altsiedelgebieten den Bauern bessere Arbeitsbedingungen gewährt. Dies betraf etwa das Recht, Grundlasten wie Pachtzins und Fronarbeit durch eine Geldzahlung abzugelten und eventuelle Restbeträge in jährlichen Zinsleistungen und Tilgungen abzutragen. Die Bauern konnten so in den Besitz eines freien Hofes kommen; allerdings wurde angesichts des mittelalterlichen Zinsverfahrens daraus auch manchmal eine untragbare Dauerlast. Im Einzelnen ist dies schwer nachzuweisen, aber bis ins 16. Jahrhundert hinein sind Freikäufe belegt.

nsgesamt ist für die zweite Hälfte des 14. Jahrhunderts
eine Verknappung von Arbeitskräften auf dem Lande festzustellen. Es liegt nahe, dafür die Bevölkerungsverluste
durch die verschiedenen Pestwellen verantwortlich zu machen, aber auch die Attraktion des Stadtlebens wird dazu
beigetragen haben. War nämlich zu Beginn des Jahrhunderts noch eine Förderung der Mobilität der Bauern festzustellen, so wird in der zweiten Hälfte die umgekehrte Tendenz spürbar. Adelige und Klöster bekamen nun
Schwierigkeiten, ihren Boden ausreichend bestellen zu lassen, und dies schlug sich in Maßnahmen und Rechtsvorschriften nieder, die die Bauern stärker an die Scholle
banden.

In der ersten Hälfte des 14. Jahrhunderts kam es zu
einem merklichen Anstieg des Wohlstandes und der Einkünfte. Langsam wuchsen die ländlichen Siedlungen zu
Dörfern heran, die sich selbst verwalteten. Was in den Ro-
dungsdörfern zu deutschem Recht schon bei der Gründung eingeführt worden war, setzte sich im Altsiedelland
– wenn auch in unterschiedlicher Intensität – fort. Der
vom Grundherrn bestellte Richter geriet unter den Einfluss der Dorfschöffen, die untereinander eine Genossen-
schaft verband; das Recht wurde in Zusammenarbeit mit
der nächsten Stadt gefunden. Manchmal gab es Versammlungen von Bauern, die über gemeinsame Angelegenheiten
befanden und ihre Vertreter bestimmten. Auch dieser Prozess ist nicht einheitlich verlaufen und konnte regional
zugunsten einer Abhängigkeit vom Grundherrn rückgängig gemacht werden; insgesamt kann die Lage der Bauern
keineswegs als besonders schlecht bezeichnet werden,
schloss aber wirtschaftliche Not bei den »unterbäuerli-
chen Schichten« nicht aus.

Die Belastungen der abhängigen Bauern blieben unterschiedlich in Form und Ausmaß. Zum einen war ein
Pachtzins an den Grundherrn zu entrichten; dazu trat jeweils die vom Landtag bewilligte Sondersteuer; an die

Kirche musste ein geringer Bischofszehnt und ein merkli
cher Pfarrzehnt abgeführt werden, der durch Sonderlaste
erhöht werden konnte; im Kriegsfall hatten die Bauer
eine Hilfssteuer aufzubringen; im Falle des Aussterben
einer Bauernfamilie konnte der Grundherr und Gläubige
trotz Freikauf das Bauerngehöft zu seinen Gunsten ein
ziehen.

Die Hinweise auf Zinszahlungen, die an die Stelle alte
Naturalabgaben getreten waren, beweisen das Eindringe
der Geldwirtschaft in die Dörfer; dem ging der Übergang
in die Marktwirtschaft parallel, die für die Bauern da
Aufgeben ihrer Selbstversorgung bedeutete. Bauern un
Stadtbewohner profitierten gleichermaßen davon, we
daraus eine Erweiterung und Differenzierung der angebo
tenen Waren folgten. Die Ortsnamenforschung hat erwie
sen, dass der Anteil der deutschsprachigen bäuerliche
Bevölkerung in geschlossener Siedlung zu dieser Zeit noc
sehr gering war und erst durch eine zweite Einwande
rungswelle im 16. und 17. Jahrhundert nennenswert ver
stärkt worden ist.

Die Zahl der Juden war bis zur Mitte des 14. Jahrhundert
angewachsen; sie fanden sich in vielen Städten an den
Handelswegen, wo sie neben dem Fernhandel auch in
örtlichen Handel, sowie als Handwerker für Luxuswaren
(Goldschmiede) oder als Ärzte und Apotheker tätig wa
ren. Aus religiösen Gründen besaßen sie Betriebe zu
Selbstversorgung (Metzger, Bäcker), die zu Konkurrente
christlicher Handwerker werden konnten. Nur ein gerin
ger Teil der Juden war im Geldgeschäft tätig und konnt
dort wohlhabend werden. Geld war aber nötig, um di
»Privilegien« immer wieder zu erneuern, d. h. die Siche
rung ihrer Rechte zum Aufenthalt und zur Gewerbetätig
keit, die sich der König und die Städte stets gut bezahle
ließen. Die Redensart, »des Juden Gold ist wie Stroh«
kennzeichnet diesen prekären Zustand. Die Gemeinder

erwalteten sich selbst und bezahlten ihre »Angestellten«,
vie den Rabbi als Religionsgelehrten und Streitschlichter,
owie andere Funktionsträger. Nach der Verfolgungswelle
m römischen Reich hatten viele Juden in Böhmen Auf-
ahme gefunden. Prag entwickelte sich zu einem Zentrum
er jüdischen Kultur, das über die Landesgrenze aus-
trahlte.

Die katholische Kirche und der Frühhumanismus

m ganzen 14. Jahrhundert war die Kirche in den böhmichen Ländern ein Faktor der Stabilität. An ihrer Spitze
tanden gebildete und starke Persönlichkeiten; nach Jo-
ann von Draschitz (Jan z Dražic, 1301–1343) als Bischof
on Prag erreichte Ernst von Pardubitz (Arnošt z Pardu-
ic, 1343–1364) 1344 die Rangerhöhung zum Erzbischof;
hm folgten Johann Očko von Wlaschim (Jan Očko z Vla-
imě, 1364–1378) und schließlich Johann von Jenstein (Jan
z Jenštejna, 1378–1396).

Johann von Draschitz entstammte einer Adelsfamilie,
ie dem přemyslidischen Königshaus eng verbunden ge-
vesen war, und er suchte seine Bischofsgewalt im Sinne
ieser Tradition gegen fremde Einflüsse zu stärken. Dies
etraf zum einen die Bettelorden, die dem Papst direkt
nterstellt waren und den Pfarrern in seelsorgerischer und
inanzieller Hinsicht Konkurrenz machten, zum anderen
en Einfluss des Papstes, der wegen des Auftretens wal-
ensischer Lehren in Böhmen einen Inquisitor entsandte.
ohanns Eigenständigkeit trug ihm vor dem päpstlichen
Hof in Avignon einen Prozess wegen Ketzerei ein, der ihn
ort von 1318 bis 1329 festhielt. Als er auf Fürsprache des
Königs Johann endlich freigekommen war, brachte er
icht nur die Einsicht in die Übermacht des Papstes mit
ach Böhmen, sondern auch die Absicht, gegen die Bettel-
rden die Augustinerchorherren zu fördern, die er durch

eine Klostergründung eng an den Bischof und an die Seel
sorge binden wollte.

Die Mischung von kirchlicher Reformpolitik und geis
tiger Aufgeschlossenheit des Frühhumanismus wurde be
seinem Nachfolger Ernst von Pardubitz noch deutliche
der als erster Prager Erzbischof die Früchte seines Vor
gängers ernten konnte. Ernst hatte in Padua und Bologn
studiert, war mit Petrarca bekannt und zeit seines Le
bens eng mit König Karl verbunden. Der Erzbischo
bemühte sich um eine Straffung der Diözesanverwal
tung, indem er das bischöfliche Recht der Besetzung de
Pfarrstellen betonte. Ernst konnte durchsetzen, dass de
Hochadel auf seine Besetzungsrechte verzichtete. Durc
Visitationen und strenge Kontrollen versuchte er zudem
im Klerus die Reformbewegung zu stärken, weil die Kir
che gegen eine breite Opposition der Gläubigen und ge
gen häretische Strömungen (Waldenser) bereits in der De
fensive stand.

Ernst verwaltete seine Kirchenprovinz mit Hilfe eine
wohlorganisierten Kanzlei, denn die Kirche war reic
und ihr Besitz betrug rund ein Drittel des Bodens i
Böhmen. Über ein gestaffeltes Pfründensystem wurde
davon der Klerus und zahlreiche Personen mit niedere
Weihen unterhalten. In Prag, wo es besonders viele Kir
chen gab, sollen damals 1200 Geistliche gelebt haben, da
von zweihundert allein im Umkreis des Domes. Gege
Ende des Jahrhunderts wurden jährlich etwa siebenhun
dert Personen geweiht, wobei zu berücksichtigen ist, das
jeder Geistliche im Laufe seiner Karriere mehrere Weihe
empfing. Zwar war mit jeder Weihe eine Pfründe, d. h
Einnahmequelle, verbunden, doch reichten deren oft nu
geringe Erträge erst durch die Vereinigung mehrere
Pfründen auf einen Inhaber zu einem auskömmlichen Le
ben. Während auf der einen Seite der Adel über die aus
gedehnten Besitzungen der Kirche klagte, zehrten auf de
anderen Seite sowohl die päpstliche Verwaltung in Avi

non an den Einnahmen der Landeskirchen als auch die Universität zu Prag.

Voraussetzung für die Stellung der Kirche war die enge Zusammenarbeit der Bischöfe von Prag mit dem Herrscher, die seine Vertrauten waren. Wie in Prag verfügte Karl IV. auch über die beiden anderen Bischofssitze im Lande, auf die er nacheinander seine Kanzler berief. 1365 wurde der Erzbischof und Jugendfreund Karls, Očko, sogar zum päpstlichen Legaten erhöht, der in den Bistümern Meißen, Breslau und Regensburg Visitationen vornehmen durfte. Dies zeigte die Tendenz von Karls Politik, die politische und kirchliche Macht in seinem Herrschaftsbereich zu vereinheitlichen. Allerdings musste Karl seinen Einfluss auf die Kirche mit dem Papst teilen, der seit 1326 das Besetzungsrecht für die Bistümer beanspruchte, aber im Wesentlichen nur an den Einnahmen während der Vakanzen und an den Besetzungsgeldern interessiert war.

Nach Johann Očko von Vlašim übernahm 1378 Johann von Jenstein, der aus einem geadelten Prager Patriziergeschlecht zum Kanzler Wenzels aufgestiegen war, den Erzstuhl. Bald aber geriet er wegen seiner mystischen Neigungen in einen Gegensatz zu Wenzel. Nach Schwierigkeiten mit dessen unsteter Politik zog er sich schließlich nach Rom zurück, wo er 1400 in einem Kloster starb. Sein Neffe und Nachfolger Wolfram von Škvorec (Olbram ze Škvorce, 1396–1402) und dessen Nachfolger Zbinko von Hasenburg (Zbyněk Zajíc z Hazmburka, 1403–1411) waren der Reformbewegung nicht gewachsen und mussten mitansehen, wie sie zur Opposition gegen die Kirche anschwoll.

Der Reichtum der Orden bot Grund für Kritik; andererseits machten die Bettelorden die Menschen auf den Widerspruch zwischen dem Anspruch auf die Nachfolge Christi und der Wirklichkeit aufmerksam. In dieser Hinsicht gingen die Augustinerchorherren den anderen Orden voran, indem sie mit ihrer Orientierung auf das Buchstu-

dium, mit religiöser Innerlichkeit und tätiger Nächstenlie
be zum eigentlich repräsentativen Orden dieser Zeit wur
den. Allerdings erzielten sie keine Massenwirkung, son
dern blieben auf einen kleinen Kreis von Hochadelige
und Gebildeten beschränkt, erreichten mit Predigten un
in der Organisation von Spitälern jedoch auch einen grö
ßeren Kreis von Menschen. Von geringerer Zahl, abe
ebenfalls bedeutend waren die Augustinereremiten, di
dem Ideal der gelehrten Askese folgten. Die Bibliothe
dieses Ordens war ein besonderer Schatz. Mit strengste
Askese und humanistischer Betätigung, aber ohne Bemü
hung um eine Volksseelsorge, gehörten schließlich auc
die Kartäuser zu den Neugründungen. Die Kartause Ma
riengarten in Prag trat wegen ihrer Bibliothek, ihrer Ruh
und wegen des gelehrten Umgangs in eine besonders eng
Beziehung zur Universität. Zahlreiche Professoren wur
den dort Mitglieder, und viele andere zogen sich zum Stu
dium und Nachdenken »in die Kartause zurück«.

Von den alten Orden versuchten vornehmlich die Prä
monstratenser und die Zisterzienser eine neue Orientie
rung auf die geistlichen Bedürfnisse der Menschen. So ent
stand in der Zisterzienserabtei Königssaal/Zbraslav di
Reformschrift *Malogranatum*; im Prämonstratenser Stif
Tepl/Teplá ging man an eine Übersetzung der Bibel in di
Volkssprache. Andere Orden widmeten sich der Seelsorge
wie etwa die Kreuzherren, denen Karl in Prag drei Pfar
reien übertrug. Zahlenmäßig erreichte die neue Ordensbe
wegung zwar nicht den Umfang der Bettelorden des Jahr
hunderts zuvor, andererseits beschränkte sich ihre Aus
wirkung nicht auf die dünne Oberschicht in den Städte
und im Adel, sondern erfasste die Zeitströmungen, bün
delte sie wie in einem Brennglas und wirkte damit wei
über die Klostermauern hinaus. Waren die Bettelorde
und die Zisterzienser mit ihrem Landesausbau in besonde
rem Maße von Deutschen getragen worden, so gewan
jetzt zunehmend das tschechische Element an Bedeutung

Zugleich wuchs aber in den böhmischen Ländern besonders in den unteren Volksschichten eine Ordensfeindlich-
keit. Die Städter nahmen Anstoß an den Stiftungen für
die Orden, weil deren Besitz »der toten Hand« von der
Steuerpflicht befreit war, sie andererseits aber den darauf
entfallenden Steuersatz mittragen mussten.

Für diese Zeit hat Eduard Winter den Begriff »Frühhumanismus« geprägt, der sich zum einen von der mittelalterlichen Welt der Scholastik, zum anderen von der Renaissance und dem Humanismus des 16. Jahrhunderts ab-
hob. Der Frühhumanismus bezog die damals bekannten
antiken Autoren in das Weltbild ein, wandte sich der
Volkssprache zu und brachte in den Formeln der Scholastik neue Gedanken zum Ausdruck. Die Wendung zum
Buch und zur Wissenschaft ist dabei deutlicher zu erfassen
als die wachsende Selbstständigkeit des Denkens, das Vordringen naturwissenschaftlicher Fragestellungen und die
Bedeutung des Individuums, weil diese neuen Erscheinungen vom Wust an Gelehrsamkeit und den Schriften der
Kirchenväter überdeckt blieben. Das Klima geistigen Lebens änderte sich, und dies ermöglichte Gedanken und
Ausdrucksformen, die in Literatur, in theologischen Traktaten und in naturwissenschaftlichen Schriften neue Töne
anschlugen. Zu spüren ist solches Denken besonders gut
in den volkssprachlichen Dichtungen, etwa im *Ackermann*
oder in seinem tschechischen Pendant *Tkadleček* (»We-
berlein«). In dieser Literatur schloss sich langsam die bis
dahin schroffe Kluft zwischen Theologen und Laien. Der
Ausdruck solcher individuellen Frömmigkeit ist in der
devotio moderna zu finden, einer Mischung von Bildung,
Individualismus und demütig tätiger Frömmigkeit, die
eine zeitgemäße Nachfolge Christi anstrebte, wie Thomas
von Kempen dies genannt hat.

Dieses geistige Klima zeigte sich in der Forderung, die
Heilige Schrift und die Ideale des Christentums ernst zu
nehmen, und hieraus wuchs für Theologen wie für Laien

bald eine heftige Kritik am Erscheinungsbild der katholi
schen Kirche. Zum einen gab der Papst in Avignon mi
dem Zentralismus und mit seinen exzessiven Geldforde
rungen Anlass zu Kritik, zum anderen betraf diese auch
einzelne Geistliche, die dem Keuschheitsgebot zum Trotz
in offenem Konkubinat lebten oder entgegen dem Ar
mutsgebot ihren Reichtum zur Schau trugen. Während
das Volk erst dumpf murrte, führten die Theologen der
Prager Universität heftige Diskussionen darüber, ob ein i
Todsünde lebender Priester gültige Sakramente spenden
könne. Zwar sprach der Papst gegen solche kritische Fra
gen ein Machtwort und verurteilte die moralisierenden ra
dikalen Antworten, aber die Diskussion selbst wurde da
durch nicht beendet. In einfacher Fassung mit großer Wir
kung fand sie bald ihren Weg in die Volksmassen. Auch
der Ablass – Geldzahlungen zur Verminderung der zeitli
chen Sündenstrafen im Fegefeuer – als Symptom für der
Geldbedarf der Kurie, der durch die Kirchenspaltung sei
1378 noch verstärkt worden war, trug zur Aushöhlung
der kirchlichen Autorität bei. Die Exkommunikation, die
eigentlich der Ausschaltung von Häretikern hatte diener
sollen, wurde von der Kirche zunehmend zur Aufrechter
haltung ihrer weltlichen Macht und zur Vermehrung des
finanziellen Gewinns genutzt. Während dieser Ausschluss
von den Gnadenmitteln der Kirche zum einen die religiö
se Not der Gläubigen in einem ohnehin schon sensibel
reagierenden Jahrhundert erhöhte, forderte er andererseits
die Kritiker heraus, die dem äußeren Erscheinungsbild das
Ideal einer wahren Kirche entgegenstellten.

Die Forderung nach einer gründlichen Reform der Kir
che, nach einem Konzil zur Behebung des Schismas, nach
Abschaffung des Handels mit geistlichen Dienstleistun
gen, des Pfründen- und Ämterkaufs, wurde zunächst in
den Reihen der Gelehrten, in lateinischen Disputationen
und Traktaten vorgebracht, die weit über Böhmen hinaus
Widerhall fanden. Andere suchten den Wagen der Theolo-

sie vom Zug der Wissenschaft abzukoppeln und mit der Trennung von Glauben und Wissen, von Theologie und exakten Naturwissenschaften einen neuen Weg zu gehen. Noch ehe die radikalen Gedanken des englischen Theologen John Wycliff ihren Weg nach Prag gefunden hatten, war im geistigen Klima der Prager Universität bereits der Boden für die fruchtbare Wirkung von dessen Reformideen und kritischen Ansichten bereitet worden.

Solche neuen Gedanken blieben nicht auf die lateinischsprachige Welt der Gelehrten beschränkt. Die *devotio moderna* forderte die Übereinstimmung von Denken und Handeln, und das Mittel der Verkundung solcher Thesen wurde die Predigt in der Volkssprache. Die Bewegung, die ursprünglich aus den Niederlanden kam, konzentrierte sich zunächst auf Prag und entsprach damit den Bedürfnissen einer mittelalterlichen Großstadt, in der die sozialen Gegensätze zwischen Reichen und Armen besonders sichtbar waren, wo aber auch die Missstände des Dirnenwesens und dessen Beziehung zum Klerus offenlagen. Dies bot wortgewaltigen Predigern einen idealen Boden, den Volksmassen die Diskrepanz zwischen den christlichen Idealen von Armut und Keuschheit und dem wirklichen Leben zahlreicher Kleriker vor Augen zu führen. Konrad von Waldhausen war der erste jener großen Prediger, die mit ihren Worten die Massen ergriffen. In lateinischer und deutscher Sprache wetterte Konrad gegen die Verlogenheit und die Heuchelei in den Bettelorden, was ihm einen Prozess vor dem Papst eintrug, vor dessen Folgen ihn aber der Kaiser und dann sein früher Tod bewahrten.

In seinem Sinn trat auch der tschechische Domherr Johann Milič aus Kremsier/Kroměříž in Mähren auf, der eine vielversprechende Karriere aufgab, um als armer Bußprediger eine Mischung von Kirchenkritik und Endzeitvorstellungen unter das Volk zu bringen. Er predigte aber nicht nur in bedeutenden Kirchen in deutsch und tschechisch, sondern schuf zugleich ein praktisches Beispiel einer erneuerten Frömmigkeit. Aus Stiftungen und Geschenken des Kaisers erwarb er Häuser im Prager Dirnenviertel und gründete dort 1372 eine eigene Pfarrkirche zur Heiligen Maria Magdalena. Unter seiner Leitung entstand hier eine Lebens- und Wohngemeinschaft für bekehrte Dirnen und andere Menschen der Unterschicht zugleich eine Schule, aus der nach seinem Tode noch andere bedeutende Prediger hervorgingen. Dieses »Neue Jerusalem« erregte viel Anstoß in Prag, was seinem Begründer bald den Verlust der Pfarrstelle und einen Prozeß wegen Ketzerei eintrug. Eine Reise nach Avignon zur Rechtfertigung wurde nötig, wo er vor der Verurteilung starb. Zwar verfiel nun die Gründung, aber sein Schüler Matthias von Janov bewahrte den Schwung seiner Predigten und verschärfte den Ton, indem er die Lehre vom Antichrist aus der Offenbarung des Johannes in seine Zeit übertrug. Alle, die die betrüblichen Praktiken der Kirche jener Tage verteidigten oder auch nur duldeten, erschienen ihm als Vertreter des Antichrist, den er mal im Kaiser, mal im Papst selbst verkörpert sah. Diese endzeitlichen Vorstellungen, die aus der italienischen Quelle des Joachim von Fiore und aus dem Gedankengut der Waldenser gespeist wurden, trugen auch ihm Haft und Prozeß und schließlich die Verbannung ein. Die Prager Patrizier Kříž und Hans von Mülheim stifteten in seinem Geist eine neue Kirche, genannt nach den »unschuldigen Kindern von Bethlehem«, die trotz ihrer enormen Aufnahmekapazität von dreitausend Personen als »Bethlehemkapelle« bekannt geworden ist, weil ihr der Rechtsstatus einer Pfarrkirche verweigert wurde. Um den Bau, der 1394 fertiggestellt wurde, siedelten sich die Anhänger der Reformbewegung an, eine Stiftung bestellte einen hauptamtlichen Prediger in tschechischer Sprache, und so wuchs hier eine Reformgemeinde unter der Duldung des Erzbischofs und des Königs heran – die Königin Sophie gehörte selbst zum

Zuhörerkreis. Hier lag die Keimzelle der revolutionären Ereignisse um Jan Hus, der 1402 zum Prediger an der Kapelle bestellt wurde.

Wenn auch diese Bestrebungen in der Hauptstadt Prag am besten überliefert sind, so gab es sie doch auch auf dem Lande, die zum einen durch Wanderprediger, zum anderen durch waldensische Gedanken hervorgerufen wurden. In dieser sich allmählich politisierenden Bewegung floss am Ende des Jahrhunderts alles zusammen, was an religiöser Ekstase der Geißler und Flagellanten, an Endzeit-Visionen von Bußpredigern wegen der Pestwellen und an Reformaufrufen gegen die weltlichen Praktiken der katholischen Kirche die Massen beunruhigt hat.

Karl IV., der diesem Jahrhundert mit seinen widersprüchlichen Tendenzen den Stempel aufgedrückt hat, starb 1378 im Alter von 62 Jahren. Er teilte sein Erbe wie einen fürstlichen Hausbesitz: Der siebzehnjährige Wenzel war bereits König von Böhmen und König der Deutschen; sein zehnjähriger Halbbruder Sigismund, Sohn aus Karls vierter Ehe und über seine Mutter Anna mit dem letzten Piastenkönig verwandt, war Kurfürst von Brandenburg und mit der Tochter des ungarischen Königs Ludwig aus dem Hause Anjou verlobt, der damals auch Polen regierte. Sein jüngerer Bruder Johann wurde nur mit dem neugeschaffenen Herzogtum Görlitz versorgt.

Karl und seine drei Söhne bildeten die Hauptlinie des Hauses Luxemburg. In den Stammlanden regierte seit 1354 Karls Halbbruder Wenzel, und nach dessen kinderlosem Tode 1383 fiel der Besitz an Wenzel aus der Hauptlinie zurück, den deutschen König und erwählten Kaiser. Johann Heinrich, ein jüngerer Bruder Karls, war 1346 mit der Markgrafschaft Mähren belehnt worden; seine drei Söhne führten die mährische Linie des Hauses fort. Während der älteste, Sobĕslav, Geistlicher wurde, erbten des-

sen Brüder Jobst und Prokop 1375 die Markgrafschaf
Mähren und spielten in den nächsten Jahrzehnten noch
eine Rolle in der Politik, indem sie mit Sigismund um di
Würde des deutschen Königs stritten.

König Wenzel und Sigismund

1378–1419	König Václav IV., als Wenzel I. deutscher Köni bis 1400 und ungekrönter Kaiser
1415–1418	Konzil von Konstanz
1419–1437	König Sigismund I., König von Ungarn seit 1386 römischer Kaiser seit 1433
1433	Basler Kompaktaten

Wenzel trat im Jahre 1378 die Herrschaft ohne Schwierigkeiten an. Er war 1361 geboren worden und hatte bereits
im dritten Lebensjahr die böhmische Krone erhalten
dann im sechzehnten die deutsche Krone. Der Berater-
apparat seines Vaters stand ihm weiter zur Verfügung
Aber bald stürzte eine Fülle von Problemen auf Wenze
ein. Das größte war das Schisma, weil nach dem Tode des
Papstes Gregor XI. in Rom Urban VI., dann wenig später
in Avignon Clemens VII. zum Papst gewählt worden waren und jeder der beiden die allgemeine Anerkennung forderte. In der Reichspolitik dauerte der alte Konflikt zwischen Zentralgewalt und Landesherrschaften an, in den
sich die Reichsstädte und die untergehende Reichsritter-
schaft einschalteten. Dazu traten noch Streitigkeiten der
Brüder untereinander und ferner mit den Verwandten in
Luxemburg und Mähren. Aus dieser Konstellation wird
deutlich, dass Wenzel eine ungewöhnlich schwere Aufgabe zu lösen hatte.

In der Papstfrage stellte sich Wenzel auf die Seite des
Römers Urban, und er suchte den Kontakt zu den ande-

en Kurfürsten, um in Deutschland eine einheitliche Linie
herzustellen. Währenddessen erkannten Frankreich und
der Herzog Wenzel von Luxemburg den Papst in Avignon
an. Urban in Rom versuchte Wenzel an sich zu binden
und lud ihn mehrfach zur Fahrt nach Rom und zur Kai-
erkrönung ein; er ernannte den Prager Erzbischof Očko
von Vlaším zum Kardinal in Rom und erhob dafür Wenzels Kanzler Jenstein zum Erzbischof von Prag; schließlich knüpfte er ein Bündnis zwischen Wenzel und dem
Königshaus in England, das durch die Heirat von Wenzels
Schwester Anna mit Richard II. von England besiegelt
wurde – über diese Verbindung sollten bald die Schriften
des Kirchenkritikers Wycliff nach Böhmen finden. Wenzel
verzichtete jedoch auf die Romfahrt, weil er dafür kein
Geld auftreiben konnte. Damit begab er sich aber einer
moralischen Stützung seiner Herrschaft im Reich, die
ohne seine Krönung zum Kaiser nicht genügend abgesichert war. Er berief sich allein auf das Wahlrecht der Kurfürsten, was diesen später erlauben sollte, ihn seines Amtes zu entheben.

Im deutschen Königreich war die Zentralmacht des Königs unter Karl weiter geschwächt worden. Die Reichsfürsten, allen voran die übrigen Kurfürsten, behaupteten
ihre Macht in den Territorien, die nur von den Städten
und den Städtebünden noch ernsthaft in Frage gestellt
werden konnte. Dieselbe Stellung strebten auch die hochadeligen Herren in Böhmen an, wo sich der König nur auf
die Krongüter und die Städte stützen konnte. Statt von
seiner Hausmacht Böhmen her kräftige Reichspolitik betreiben zu können, wirkte die Schwäche der Reichsmacht
auf Böhmen zurück. Dies war in erster Linie durch die
Persönlichkeit des Königs bedingt. Ob Wenzel wirklich
den wenig schmeichelhaften Beinamen »der Faule« verdient hat, sei dahingestellt, immerhin war er dem Alkohol
verfallen; er erscheint aber als ein Mann ohne ein klares
Konzept, ohne Initiative und ohne Stetigkeit, so dass er

von Ratgebern abhängig war und oft zwischen Nichtstu
und Brutalität in Einzelfragen schwankte.

Die Phase des Niedergangs begann im Jahre 1384, a
nach dem Rücktritt des Kanzlers Johann von Jenstei
neue Männer in den Kronrat und in die Kanzlei einrück
ten. Dadurch trat das hochadelige Element zugunsten de
Vertreter des Kleinadels und der Städte zurück, ohne das
Letztere Wenzel eine nachhaltige Unterstützung biete
konnten. In dieser Situation verschärfte der Streit im Hau
se Luxemburg den Konflikt. Karl IV. hatte seinem Soh
Sigismund das Königreich Polen als Erbe übertragen wol
len, das dieser dann in Personalunion mit dem Königreic
Ungarn verbunden hätte. Als König Karl Robert von Un
garn 1385 starb, hinterließ er zwei Töchter, Maria unc
Hedwig/Jadwiga, denen er jeweils eines der beiden König
reiche vererben wollte. Gegen den Anspruch eines ande
ren Anwärters aus dem Hause Anjou bemühte sich nur
Sigismund zwischen 1385 und 1387 um Maria und die un
garische Krone. Darin standen ihm seine Verwandten i
Böhmen und in Mähren mit großen finanziellen und mili
tärischen Unterstützungsaktionen zur Seite, ließen sich
dies aber durch Pfänder und weitgehende Versprechunge
entgelten. Mit dieser Hilfe konnte Sigismund zwar Un
garn gewinnen, fand sich dort aber einer harten Opposi
ion von Anjou-Anhängern gegenüber. Unter diesen Um
ständen wuchs der Einfluss der beiden mährischen Vet
tern. Jobst bekam 1383 zu dem verpfändeten Brandenbur
auch die Erblande Luxemburg zur Verwaltung übertrage
und dazu die Reichsvogtei über das Elsass. Hieraus ent
wickelte er weitergehende Pläne, die sogar auf die deut
sche Königswürde zielten.

Die Rivalitäten unter den Luxemburgern wurden u. a
durch die Kinderlosigkeit der meisten Familienmitglie
der genährt, die Spekulationen auf mögliche Erbschafter
wachhielt; nur Johann von Görlitz (1390) und Sigismund
dieser erst 1409, hatten Töchter. Außerdem wirkte die je-

weilige Parteinahme in der Frage des päpstlichen Schismas
n den Familienstreit hinein. Während Wenzel und sein
Erzbischof für Rom eintraten, setzte die mährische und
luxemburgische Linie auf Avignon. Als dann auch Wenzel
Sympathien für den Papst in Avignon erkennen ließ,
spornte dies seine Gegner umso mehr an, so dass der
schließlich aufgestellte Gegenkönig sich in Rom als unerschütterlicher Freund empfehlen konnte.

Auch in Böhmen war der Ruf Wenzels starken Schwan-
kungen unterworfen. Um 1382 hatte Wenzel die Prager
Judenstadt mit einem Privilegium versehen, was ihm Vorwürfe eingetragen hatte; sieben Jahre später verwüstete
der Prager Mob das Ghetto und ermordete alle Einwohner – weil angeblich ein jüdischer Junge einen Stein auf
eine Monstranz geworfen hatte; Wenzel musste dies ohn-
mächtig mitansehen und konnte erst langsam wieder Juden zurückgewinnen. Zur gleichen Zeit lag Wenzel mit
der Kirche im Streit um Besitzgrenzen. Er wollte in West-
böhmen ein neues Bistum errichten, das er mit einem
Günstling besetzen wollte und zu dessen Ausstattung er
die Güter des reichen Klosters Kladrau/Kladruby zu nutzen plante. Als dessen Abt 1394 starb, ließ der erzbischöf-
liche Generalvikar rasch einen neuen Abt wählen, um diese Pläne des Königs zu durchkreuzen. Wenzel geriet dadurch außer sich vor Wut, ließ die beteiligten Berater in
seiner Gegenwart foltern und den verantwortlichen Dr.
Johann von Nepomuk in der Moldau ertränken. Für den
Ruf Wenzels war dies verhängnisvoll, denn die Legenden
um Nepomuk ließen diesen bald zum Heiligen werden,
der auf kaum einer Brücke von Böhmen fehlen durfte.
Der Papst in Rom, an den sich der Erzbischof von Prag in
dieser Angelegenheit gewandt hatte, bewahrte aber Wenzel vor einem peinlichen Prozess, um ihn nicht in die
Arme des Gegenspielers in Avignon zu treiben, und
schlug daher das Verfahren nieder.

Unterdessen verschärften sich die Spannungen zwischen Jobst und Prokop, die durch das Bündnis des einen mit dem Habsburger Albrecht und des anderen mit Sigismund von Ungarn in größere Dimensionen hinein wuchsen. Beide suchten Anhänger unter den Herren in Böhmen und verschärften dort die Probleme. Während Albrecht von Habsburg die Krone Böhmens anstrebte, suchten die böhmischen Magnaten ihren Einfluss weiter zu stärken. Vertreter des böhmischen Hochadels nahmen Wenzel im Mai 1394 gefangen und brachten ihn nach Prag. Nach einigem Zögern kam Wenzel dem Wunsch der Aufständischen nach und ernannte den mährischen Markgrafen Jobst zum Reichsverweser; in Böhmen besetzte der Hochadel nun nach eigenem Gutdünken die Stellen in Kronrat und in den Hof- und Landesämtern. Dann aber wendete sich das Blatt. Das militärische Eingreifen seines Bruders Johann von Görlitz bewahrte Wenzel zwar nicht vor einer Verschleppung nach Österreich, aber vor den möglichen Folgen eines Sieges der Magnaten, die einer Koalition von verschiedenen Herren und Territorien gegenüber schließlich nachgeben mussten. Nach weiterem Streit mit wechselnden Kombinationen konnte Sigismund von Ungarn einen Frieden herbeiführen, der die Niederlage Wenzels besiegelte: Dieser verzichtete auf seine Rechte der Ernennung von Personen zu den höchsten Landes- und Hofämtern, zur Berufung in den Kronrat und zum Münzmeister. Als Johann von Görlitz zu dieser Zeit starb, war Sigismund aus diesem Streit als der große Gewinner hervorgegangen. Wenzel machte ihn zum Reichsvikar und Stellvertreter, der – wenigstens nominell – über die Länder des römischen Reiches und über Ungarn gebot. Allerdings bedeutete dies keine wirkliche Macht, wie ihm bald die Niederlage von Nikopolis gegen die Türken im Herbst 1396 bewies.

Das Chaos, das Wenzel in seinen eigenen Landen und im Reich geschaffen oder zumindest nicht verhindert hatte, brachte nun die deutschen Fürsten in Bewegung. Ruprecht II. von der Pfalz, seit 1394 Reichsvikar in Franken, sammelte Vertraute und brachte die vier rheinischen Kurfürsten hinter sich. Während Wenzel bei den Städten vergeblich um Anhänger warb, forderte die Gegenseite die Einsetzung eines Regenten und eine aktive Landfriedenspolitik des Königs. Verschiedene Rückschläge, darunter die Ermordung von vier königlichen Günstlingen, trieben Wenzel endlich dazu, zum Dezember 1397 einen Reichstag nach Nürnberg einzuberufen, wo er zum ersten Mal seit zehn Jahren wieder mit den deutschen Fürsten zusammentraf. Nach dem Tode Ruprechts II. von der Pfalz verfolgte dessen Nachfolger und Sohn gleichen Namens eine noch aktivere Politik gegenüber Wenzel. Auf einem weiteren Reichstag in Frankfurt musste Wenzel elf Beschwerdepunkte anhören, in denen ihm Untätigkeit vorgeworfen, außenpolitische Versäumnisse und die Ermordung des Johann Nepomuk vorgehalten wurden. Wieder wurde ein ständiger Regent für das Reich gefordert und von Wenzel abgelehnt. Neue Auseinandersetzungen in Böhmen beschleunigten den Machtschwund Wenzels. Schließlich wurde er am 20. August 1400 als »unnützer, untätiger und unwürdiger Lenker des heiligen Römischen Reiches« für abgesetzt erklärt, und die Kurfürsten wählten am folgenden Tage Ruprecht zum König. Seine Anerkennung im Reich erhielt dieser allerdings erst, als Wenzel keine militärischen Gegenmaßnahmen einleitete; die Kurie erkannte den neuen König nach einer gewissen Schamfrist im Jahre 1403 an.

Wenzel hielt aber seinen Anspruch auf den Königstitel aufrecht. Seine Verwandten stellten für seine Unterstützung solch hohe Forderungen, dass er auf deren Hilfe verzichtete. Eine gewisse Erleichterung bedeutete ihm, dass Sigismund angesichts seiner Schwierigkeiten in Ungarn auf seine Forderungen in Böhmen verzichtete. Nach einer Haft in Wien, aus der er im November 1403 entkommen konnte, wusste Wenzel den Hochadel in Böhmen für sich zu gewinnen, indem er ihm in der Innenpolitik weitgehend freie Hand ließ. Er übertrug dem Hochadel die Wahrung des Landfriedens, indem dieser nun in den Kreisen die Richter bestimmte. Damit verloren die städtischen Richter ihre bisherige Funktion. Die Macht des Königs blieb auf die Krongüter beschränkt, während er in sonstigen Fragen nur gemeinsam mit dem Hochadel handeln konnte. Überdies musste Wenzel noch weitere Güter und Pachten aufgeben, um mit dem mächtigen Magnatengeschlecht der Rosenberger Frieden zu schließen. Unter schweren Opfern für das Gut und das Prestige des Königs konnte so endlich 1405 ein innenpolitischer Frieden erreicht werden. Nachdem Wenzel nun zu Hause den Rücken wieder etwas frei hatte, wandte er sich sogar wieder der Reichspolitik zu. So ergriff er 1408 die Initiative zu einem Konzil, um das Schisma durch eine übergeordnete Instanz lösen zu lassen. Auf den römischen Papst brauchte er dabei keine Rücksicht mehr zu nehmen, weil dieser sich auf die Seite des Gegenkönigs Ruprecht geschlagen hatte; in Frankreich warb Wenzel dafür, den Papst in Avignon ebenfalls fallenzulassen.

In dieser Situation kam es in Böhmen zu einem neuerlichen Streit. Die Prager Universität widersetzte sich mit der Mehrheit ihrer deutschen Vertreter einer Wendung gegen den römischen Papst, und Wenzel, der bei der böhmischen *natio* mit ihrer deutlichen Neigung für Wycliff mehr Verständnis fand, stellte mit dem Dekret von Kuttenberg 1408 die bisherigen Machtverhältnisse einfach um. Hatte bisher jede *natio* eine Stimme gehabt, waren also die Böhmen mit eins zu drei stets in der Minderheit gewesen, so erteilte Wenzel nun den böhmischen Landeskindern drei Stimmen gegenüber einer Stimme für die übrigen *nationes*. Diese Bevorzugung der Böhmen und darin des gewachsenen Gewichtes der tschechischen Sprache, schließlich die Neigung der tschechischen Lehrkräfte für das Reformdenken des Kirchenkritikers Wycliff verschärften nun den Konflikt. Nach mehreren Monaten erfolglosen Verhandelns zogen die drei nichtböhmischen Universitätsnationen, Magister und Studenten, aus Prag ab und gründeten in ihrer Mehrheit eine neue Universität in Leipzig. Die Böhmen deutscher und tschechischer Sprache blieben zurück, so dass die Universität Prag zu einer böhmischen Landesuniversität geworden war. Nur die Juristen hatten sich aus dem Streit herausgehalten, so dass sich dort der nichtböhmische Anteil am Lehrkörper und an den Studenten bis 1419 nur allmählich verringerte.

Die Bevorzugung der böhmischen Seite wurde zugleich als eine Förderung des »Wycliffismus« in Prag angesehen, der zum nächsten großen Problem Wenzels heranwuchs. Wenzel selbst hatte dafür jedoch wenig Verständnis; stattdessen förderte er das Konzil von Pisa, aus dem Alexander V. als dritter amtierender Papst neben jenen in Rom und Avignon hervorgehen sollte. Als Wenzel an der Gicht erkrankte und mehrere Monate völlig ausfiel, glitt ihm die Prager Entwicklung völlig aus den Händen. Zwar fanden die Kirchenreformbewegung der Universität und die Reformdiskussion um Jan Hus auch ein Echo am Hofe – selbst die Königin kam zu den Predigten in die Bethlehemkapelle –, aber Wenzel selbst griff erst 1413 entscheidend ein. Er wollte den Theologenstreit schlichten, um den Vorwurf der Häresie von seiner Hauptstadt zu nehmen, fand aber weder bei den romtreuen Theologen noch bei Hus auf der Gegenseite Unterstützung, und so wies er schließlich beide Konfliktparteien aus der Stadt.

Inzwischen war aber die Frage des deutschen Königtums wieder aktuell geworden, weil Ruprecht von der Pfalz 1410 gestorben war; und nun passierte das Kuriose, dass drei Luxemburger gleichzeitig deutsche Könige waren: am 20. September 1410 wurde Sigismund, elf Tage später sein Vetter Jobst von Mähren von den Kurfürsten gewählt, und Wenzel war ja auch noch da. Diese Rivalität innerhalb einer Familie ist in der deutschen Geschichte beispiellos, und sie bezeugt einerseits die Bedeutung der Familie der Luxemburger, wie sie andererseits deren innere Schwäche enthüllt.

Schon dreieinhalb Monate nach seiner Wahl starb Jobst. Sigismund einigte sich nun mit Wenzel, überließ ihm die Reichsinsignien und die Hälfte der Reichseinkünfte, ferner versprach er ihm die Kaiserkrönung; dafür warf Wenzel die böhmische Stimme im Kurfürstenkolleg zugunsten von Sigismund in die Waagschale. Neun Jahre sollte nun das Verhältnis der beiden Brüder ganz erträglich sein, obgleich Sigismund keine Anstalten machte, die versprochene Romfahrt zu organisieren. Stattdessen suchte er durch die Einberufung eines Konzils nach Konstanz das Schisma zu beenden. Auf diesem Konzil erfolgte dann die Verurteilung von Jan Hus und der Laienkelchbewegung, die inzwischen ganz Böhmen erfasst hatte. Wenzel blieb derweil wieder untätig, hätte aber auch mit seinen geringen Machtmitteln kaum etwas ausrichten können. 1419 beugte er sich schließlich einem Ultimatum des Papstes Martin V., die römischen Katholiken wieder in die Pfarreien zurückzuführen, aus denen sie die Anhänger der Kelchkommunion verjagt hatten. Dies scheiterte jedoch an einem Aufruhr in Prag, in dessen Verlauf die katholischen Ratsherren getötet wurden. Unmittelbar nach Bestätigung der danach neu gewählten Ratsherren starb König Wenzel an einem Schlaganfall, im Bewusstsein, dass seine Herrschaft dem Lande kein Glück und ihm keinen Erfolg gebracht hatte.

Magister Jan Hus und die Hussiten

Nicht König Wenzel, sondern der Prager Magister Jan Hus hat diese Zeit geprägt; aber nur von seinem Ende auf dem Konstanzer Konzil her gesehen kann er als führende Person seiner Zeit bezeichnet werden. Jan Hus war um

1372/73 in Hussinetz in Südböhmen geboren, und von dieser Stadt leitet sich sein Beiname (*husa* ›Gans‹) ab. Er stammte aus einer armen Familie und wählte das Studium in Prag als Weg zu einem besseren Leben als Priester. 1396 erreichte er den Grad eines *Magister artium*, 1400 wurde er zum Priester geweiht und begann das langjährige Theologiestudium, in dem er 1408 die Zwischenstufe eines *baccalaureus formatus* erreichte, das er aber nie mit der Doktorwürde abschloss. Hus war im Verständnis seiner Zeit ein gebildeter Mann, der die üblichen lateinischen Texte gut kannte und in seinen Traktaten zu nutzen wusste. Besonders die Predigt in der Volkssprache wurde zu seinem Lebensinhalt und zur Selbstverwirklichung. Seine erste Auszeichnung als Prediger erreichte er 1402 mit der Berufung an die Bethlehemskapelle, in der er ein Jahrzehnt lang tätig sein sollte. Hier stand er im Strom der Zeit, indem er als kompromissloser Mahner die Übelstände der Kirche anprangerte und dabei auch die Schriften von John Wycliff benutzte.

Wycliff gilt in diesem Zusammenhang als der eigentliche revolutionäre Denker, dessen Lehre vom »Realismus« sich gegen den herrschenden »Nominalismus« richtete und der zum anderen die Lehre von der Prädestination vertrat.

Die Theologen gingen nach Platons »Höhlengleichnis«, in dem die Menschen die Schatten für die Wirklichkeit halten, von der Vorstellung aus, dass die Universalien, d. h. die Begriffe von den Dingen, bei Gott »wirklicher« seien als die Dinge in unserer Erfahrungswelt. Dies hatte zwei wichtige Auswirkungen: Da die wahre Idee von der Kirche Christi nur bei Gott zu finden sei, könne die sichtbare Gestalt der Kirche mit all ihren Fehlern nicht als die wahre Kirche angesehen werden. Auch ein unwürdiger Priester sei nur ein Hinweis auf die Stellung und Bedeutung der Kirche als Idee Gottes: er spende also gültige Sakramente.

Die Spannung zwischen dem real erkennbaren Ding und seiner Idee bei Gott wird in der Eucharistie noch deutlicher: Christus hat verkündigt, dass Brot und Wein beim Abendmahl als sein Leib und Blut zu gelten haben. Für den Nominalisten änderten Brot und Wein in der »Wandlung« ihre Substanz: In diesem Moment verlieren sie das Wesen von Brot und Wein und gewinnen Anteil an der Idee vom Leib und Blut Christi. Was die Sinne wahrnehmen, sei nur noch »Akzidenz«, also eine Erscheinungsform, die nicht das Wesentliche betreffe; es habe eine »Transsubstantiation« stattgefunden. Es ist deutlich, dass bei dieser Lehre leicht ein Widerspruch zwischen Glauben und sinnlicher Erfahrung auftreten kann, denn die »Wandlung« kann nur durch den Glauben erfahren werden. Da der Glaube jedoch höher als die Erfahrung bewertet wurde, erzwingt diese Lehre das Aushalten des Widerspruchs zwischen sinnlicher Wahrnehmung und Glaubenswahrheit, der zugunsten des Glaubens gelöst werden muss.

Gegen diese Lehre der Universalien (*universalia ante rem*) hat schon Wilhelm von Ockham zwischen Glaubenswahrheiten und Erfahrungswahrheiten getrennt. Wycliff hat dies verschärft, indem er die sinnlich erfahrbaren Dinge als wirklich bezeichnete und den Einklang von Wesen und Erscheinung der Dinge betonte. Daraus folgte für ihn, dass die Kirche ihren Anspruch als Heilsvermittlerin darin rechtfertigen müsse, dass sie ihrem eigenen Anspruch gerecht werde. Konkret bedeutete dies, dass sie Armut und Keuschheit ernst zu nehmen habe. Der Gläubige könne also durch einen unwürdigen Priester keine Rettung erlangen, weil dieser eben kein Priester mehr sei.

In der Frage der Eucharistie kam Wycliff zu der Auffassung, dass auch in der Wandlung Brot und Wein ihr Wesen bewahrten und nur als Erinnerung an die Worte Christi einen symbolischen Wert gewönnen. Er vertrat also die Lehre von »Remanenz«, der Beibehaltung der Substanz. Die Einheit von Wesen und Erscheinung zog seiner Meinung nach aber auch die Forderung an das Individuum nach sich, das Erkannte ernst zu nehmen und zum Leitgedanken seines Handelns zu machen. Daraus folgte, dass das Individuum für sein Tun selbst verantwortlich sei und sich nicht auf die Kirche und die guten Taten der Heiligen verlassen könne. Dieser hohe Anspruch an die Moral des Einzelnen ist als Hauptgrund dafür anzusehen, warum Hus auf dem Konzil von Konstanz einen Widerruf verweigern musste. Gesamtgeschichtlich begann mit dieser Vorstellung vom Eigenwert der Dinge das wissenschaftliche Denken, das erkannte Wahrheiten auch gegen die Lehren der Theologie behauptet.

Wycliffs Theorie der Prädestination verschärfte noch diesen Konflikt. Die mittelalterliche Theologie unterschied drei Erscheinungen der Kirche: Auf Erden finde sich die *ecclesia militans*, die kämpferische Kirche; die Verstorbenen befänden sich auf Zeit zum Abbüßen ihrer irdischen Sünden im Fegefeuer, und sie gehören zur *ecclesia dormiens*, der schlafenden Kirche; am Tage des Jüngsten Gerichtes werden beide Formen der Kirche in der *ecclesia triumphans*, also in der triumphierenden Kirche, zusammenfließen, in der schon die Engel und die Heiligen vertreten seien. Wycliff hat nun behauptet, dass in der existierenden Kirche Würdige und Unwürdige zu finden seien, Gott aber schon vorher bestimmt habe, wer wahrhaft zur Kirche gehöre und beim Jüngsten Gericht dann zur *ecclesia triumphans* komme. Solche seien prädestiniert zum Heil, und sie könnten ihre Vorausbestimmung dadurch erfahren, dass sie im Glauben und Handeln würdig und gemäß ihrer moralischen Überzeugung lebten. Gewissheit darüber könnten sie jedoch niemals vor ihrem Tode erhalten. Ihnen stünden die *praescitii* entgegen, die »Vorbewussten«, die Gott beim Jüngsten Gericht in die ewige Verdammnis stürzen werde; nur Gott allein wisse, wer – auch wenn er ein hohes Amt habe – zu diesen Verdammten gehöre. Auch ihnen obliege das Streben nach moralischer Handlung, aber das Versagen in diesem Streben sei schon ein Hinweis auf die Hoffnungslosigkeit ihres Tuns. Das Revolutionäre ist hier die Feststellung, dass auch hervorragende Mitglieder der Kirche, ja der Papst selbst, zu den Verdammten gehören können, dass ihnen also der Einzelne nur insoweit gehorchen dürfe, als die eigene moralische Überzeugung dies geraten erscheinen lasse. Gegenüber dem allgemeinen Heilsversprechen der mittelalterlichen Kirche, die schließlich auch den Ablass als mechanisches Instrument der Heilsvermittlung einführte, wurde damit das Gewissen des Individuums zur letzten Instanz gemacht. Auch von diesem Gedanken her musste Hus den Tod wählen: Der Märtyrertod konnte ihm zwar keine letzte Gewissheit seiner Erwählung geben, aber ein Abschwören gegen sein Gewissen hätte nach dieser Vorstellung mit Sicherheit die Verdammnis bedeutet.

Die Lehren Wycliffs waren 1382 auf einer Synode in London zusammengefasst und als ketzerisch verurteilt worden; Prager Universitätsmagister fügten 1403 weitere Thesen hinzu. Seine Lehren fanden in Böhmen großen Widerhall, und der Streit um ihre Geltung dauerte mehr als ein Jahrzehnt. Für die weitere Entwicklung wurde bedeutsam, dass sich ihr insbesondere die tschechischen Universitätslehrer zuwandten, während die deutschen Magister mehrheitlich bei den Lehren der Kirche verblieben. Dadurch vermengte sich der theologisch-philosophische Streit mit dem Nationalitätenkonflikt und spielte auch 1408 in den Streit um die Universitätsreform hinein; die Gleichsetzung von Tschechen und »Wycliffisten« belud die böhmische Nation mit dem Vorwurf des Ketzertums. Als der Streit durch die Verhängung des Interdiktes, also des Verbotes aller kirchlichen Handlungen, zugespitzt wurde, waren davon alle Gläubigen betroffen. Hier entstand dann eine breite Solidarisierung gegen die römi-

sche Kirche, die sich durch Elemente von frühem Nationalismus und sozialen Forderungen radikalisierte und zu
einer Massenbewegung anwuchs.

Hus blieb bei diesem Streit lange im Hintergrund und
war auch keineswegs ein bedingungsloser Anhänger
Wycliffs. Nach einem akademischen Redeturnier im Jahre
1409 (*Quodlibet*) forderte der Erzbischof von Prag von allen Universitätsangehörigen die Auslieferung der Handschriften des englischen Häretikers, um sie zu verbrennen.
Proteste fruchteten nichts und trugen nur Prozesse vor
der Kurie ein. Erst in dieser Situation rückte Hus, nunmehr Rektor der Universität, ins Zentrum des Geschehens, als er sich gegen die Bücherverbrennung und die
summarische Verdammung Wycliffs wandte. Hus wurde
nach Rom vorgeladen; als er dort nicht erschien, belegte
ihn im Oktober 1412 eine Synode mit dem Bann; sein
Aufenthaltsort verfiel nach drei Tagen dem Interdikt. Hus
zog auf das Land und verbarg sich in Burgen von befreun-
deten Adeligen, wo er die Schrift *De ecclesia* (»Über die
Kirche«) verfasste. Vergeblich versuchte König Wenzel
eine Vermittlung zwischen den Fronten. Der Streit mit
dem darüber erzürnten König verschärfte sich noch, als
Hus im Sommer 1412 öffentlich gegen den Ablasshandel
auftrat. Damit war er in das Zentrum des Streites gerückt.
Appelle befreundeter böhmischer Adeliger an Sigismund
führten dann zur Einladung von Hus nach Konstanz, damit er sich dort vor dem Konzil persönlich rechtfertige.

In Prag waren inzwischen Unruhen ausgebrochen,
nachdem drei junge Leute in einer Kirche gegen den Ablass laut protestiert hatten und dafür hingerichtet worden
waren. Ihre öffentliche Verteidigung als Märtyrer durch
Hus und seine Schriften, die er während der Verbannung
verfasste, fanden Widerhall in der Bevölkerung, weil er
sich der Volkssprache bediente. So ließ Hus, als er im
Herbst 1414 zum Konzil nach Konstanz aufbrach, eine
breite Anhängerschaft zurück. Dennoch kann er zu die-

sem Zeitpunkt nicht als Volksheld oder gar als die führende Person der Prager *magistri* angesehen werden. Auch
während seines Aufenthaltes in Konstanz ging die Bewegung weiter, radikalisierte sich und führte zur Forderung
des Laienkelches, der zum Symbol des Hussitismus geworden ist.

Kaiser Sigismund hatte Hus einen Geleitbrief als Garantie der ungefährdeten Rückkehr zugesichert, der ihm
aber erst ausgehändigt wurde, als er am 14. November
1414 nach ungehinderter Reise in Konstanz eingetroffen
war. Er wurde dort von den Konzilsteilnehmern aber
nicht als Verhandlungspartner akzeptiert, der seine Thesen
hätte verteidigen dürfen, sondern seine Vorahnung, dass
die »Gans« in Konstanz »gerupft und gebraten« werde,
sollte bald in Erfüllung gehen. Drei Wochen nach seiner
Ankunft ließ ihn das Kardinalskollegium festsetzen und
bis zu seiner Hinrichtung in harter Haft halten. Ihm wurden Zitate aus seinen Schriften vorgelegt, die willkürlich
zusammengestellt, gefälscht oder aus dem Zusammenhang
gerissen waren, wie er hervorhob. Hus stand bereits unter
der Anklage der Ketzerei und konnte sich nach Kirchen-
recht davon nur durch eine völlige Unterwerfung reini-
gen, ohne dass er aber dadurch eine Gewähr dafür erhalten hätte, aus dem ganzen Verfahren lebend herauszukom-
men. So war Hus in eine ausweglose Situation geraten, die
mit seiner Vernichtung – seiner moralischen bei Widerruf
oder seiner physischen bei Verweigerung des Widerrufes –
enden musste. Der Forderung, alle Vorwürfe summarisch
abzuschwören, stellte Hus entgegen, dass er nicht abschwören könne, was er nie gesagt habe noch jetzt be-
haupte (*»non tenuo nec tenui«*). Durch die harte Haft geschwächt und in seiner Gesundheit gebrochen, fand Hus
dennoch die Kraft, seinen Standpunkt bis zum Schluss zu
verteidigen. Da das Konzil und alle gelehrten Kardinäle zu
einer Diskussion nicht bereit waren, verwies er auf die
Autorität der Bibel und appellierte schließlich an Chris-

tus. Für diese Forderungen und damit für seine eigene und die moralische Integrität seiner Anhänger ist Hus in den Tod gegangen *non convictus et non confessus* (»weder geständig noch überführt«), wie seine Anhänger immer wieder betont haben. Hus wurde am 6. Juli 1415 verurteilt, degradiert und verbrannt; seine Asche streute man in den Rhein, um keine Reliquienreste zu hinterlassen.

Jan Hus hat keine eigene Lehre entwickelt, denn er war kein systematischer Denker; manche seiner Aussagen, die weitreichende Konsequenzen zeitigten, gehören in das Umfeld der Zeit. Er hat durch seinen Tod der ganzen Bewegung den Namen gegeben, auch wenn deren Forderungen bald über seine eigenen hinausreichten. Während seiner Haft wurde in Prag der Laienkelch, also das Abendmahl in beiderlei Gestalt (*sub utraque specie*), eingeführt. Hus hat sich im Kerker dazu bekannt und damit die Verbindung zu dem Symbol einer sozialen und religiösen Revolution hergestellt. Das Konzil verurteilte in Dekreten vom 6. Juli 1415 und vom 28. Februar 1418 diesen Lehrkomplex und begründete damit die Frontstellung zur ganzen Entwicklung in Böhmen. Weniger bekannt ist, dass ein Jahr nach Hus sein Gesinnungsfreund Hieronymus von Prag nach schwerer Kerkerhaft ebenfalls verurteilt und trotz Widerrufs verbrannt wurde. Der Streit um die Frage, ob im Namen der katholischen Kirche damals ein Justizmord verübt wurde, ist bis heute nicht entschieden.

Die Einführung des Laienkelches in Böhmen bedeutete den Bruch mit der katholischen Kirche; das Bekenntnis zum Kelch war ein öffentliches Handeln, das die Gläubigen in einer Gemeinschaft zusammenfasste. Aus der Lehre Wycliffs waren damit zwei Punkte Allgemeingut geworden: das Prinzip der Schrift, denn alle Aussagen mussten auf die Bibel gestützt werden, und das Gleichheitsprinzip, nämlich die Teilnahme der Laien an der Kommunion in beiderlei Gestalt.

Die neue Bewegung setzte sich in Prag mit großer Geschwindigkeit durch, denn bereits Ende 1415 waren die meisten Prager Kirchen utraquistisch. Unter Berufung auf die Verurteilung des geistlichen Güterbesitzes betrieb der tschechische Hochadel eine Säkularisierung von Kirchengut, an dem sich utraquistische und katholische Adelige gleichermaßen beteiligten. Den Adel einte auch die Empörung über den Bruch des Versprechens eines sicheren Geleites und schließlich der Vorwurf der Ketzerei gegen die ganze »böhmische Zunge«. Nach der Hinrichtung von Jan Hus sandten 452 Herren und Ritter im September 1415 einen geharnischten Beschwerdebrief an das Konzil, in dem sie die Schuldlosigkeit ihres »liebsten Nächsten guten Angedenkens« Hus und des inhaftierten Hieronymus beteuerten. Diesen Brief unterstützte fast der gesamte Adel Böhmens und Mährens; gleichzeitig schloss er eine Übereinkunft auf sechs Jahre, in der drei Vertreter mit der Beobachtung der Religionsfrage betraut, die freie Predigt im ganzen Lande gefordert, ein Bündnis gegen jeden Bannspruch der Kurie vereinbart und schließlich die Universität Prag als letzte Instanz in der Entscheidung über Religionsfragen bestimmt wurden.

Die Universität galt zwar als anerkannte Autorität in Fragen der Reform, aber die Reformer hatten dort noch keineswegs gesiegt und waren auch untereinander uneinig. So war die Entscheidung der Universität für die Einführung der allgemeinen Kelchkommunion vom 10. März 1417 ein Kompromiss; zugleich behauptete sich die Universität jedoch als höchste Instanz der reformierten Kirche in Böhmen. Aus diesen Diskussionen entstanden die vier Prager Artikel, in denen der Laienkelch für alle, die ihn begehrten, die freie Predigt und die Armut der Priester nach dem Gebot der frühen Kirche, sowie die Verfolgung von Sündern und die Beseitigung der anstößigen Praktiken der Kirche gefordert wurden.

Inzwischen hatte die Laienkelchbewegung auch die kö-

niglichen Städte in Böhmen ergriffen, in besonderem
Maße die dichter besiedelten Gebiete in Süd- und Mittel-
böhmen. In Prag wurde nun auch die Messe in der Landessprache gelesen, d. h. in Tschechisch; damit öffnete sich
eine Kluft zum deutschen Bevölkerungsteil in Prag, der
erst später mit der Forderung einer deutschsprachigen
Messe nachzog. Radikale Prediger heizten in Prag und auf
dem Lande die Stimmung weiter an, die auf eine politische
Umwälzung drängte. Als König Wenzel nach langem Zögern im Frühjahr 1419 die utraquistischen Priester aus den
königlichen Städten ausweisen ließ und die katholischen
zurückrief, organisierten die Reformer sogenannte Berg-
wallfahrten (*pouty na hory*). Diese Massenveranstaltungen
unter freiem Himmel verwandelten sich von friedlichen
Treffen in solche mit chiliastischer Tendenz, indem einige
Prediger wegen der angeblich unmittelbar bevorstehenden
Wiederkehr Christi von den Gläubigen einen radikalen
Bruch mit ihrer Vergangenheit forderten.

Teilnehmer einer Wallfahrt hatten am 22. Juli 1419 zum
ersten Male den biblischen Namen »Tabor« für einen Berg
benutzt, dessen Name schließlich an dem Ort Hradiště in
der Nähe von Sezimovo Ústí hängenblieb. Ein anderer
Entwicklungsstrang führte in Prag zur Radikalisierung:
Am 30. Juli 1419 zog Jan Želivský nach einer Predigt mit
seinen Anhängern zum Rathaus der Neustadt, wo Utraquisten auf Befehl des Königs gefangen gehalten wurden.
Die Aufrührer gerieten mit den katholischen Schöffen in
Streit und warfen sie aus dem Fenster in die Spieße der
unten Stehenden. Mit diesem ersten »Prager Fenstersturz«
begann ein allgemeiner Aufstand. Als der König am 16.
August starb, wurden in den folgenden Tagen die katholi-
schen Kirchen gestürmt und geplündert. Die Katholiken,
darunter viele deutschsprachige Bürger, wurden aus der
Stadt vertrieben, ihre Güter auf Befehl des utraquistischen
Rates beschlagnahmt.

Das revolutionäre Prag und die Volksbewegung um Tábor fanden nun auf der Basis der Prager vier Artikel zusammen. Ein Vermittlungsversuch der Königinwitwe Sophie, eine allgemeine Landfriedenseinung zu erreichen, scheiterte. In diesem Moment trat ein königlicher Gefolgsmann aus niederem Adel hervor, der bald als gefürchteter Feldherr der Aufständischen einen großen Ruf erwerben sollte: Jan Žižka z Trocnova (um 1360–1424).

Žižka hatte als Söldner Kriegserfahrungen gesammelt, in den Unruhen im Herbst 1419 tat er sich bei Kämpfen in Prag hervor, jedoch zog er sich nach einem Waffenstillstand nach Pilsen und Tábor zurück, um dort den Widerstand auf dem Lande zu organisieren. Inzwischen hatte Sigismund seine Ansprüche auf Böhmen geltend gemacht. Verhandlungen mit den Vertretern des Landes, unter welchen Bedingungen sie zu seiner Anerkennung bereit seien, scheiterten jedoch an der Frage der Kelchkommunion. Sigismund zog mit seinen Truppen nach Breslau, das zu einem Gegenpol gegen die Revolutionäre in Böhmen geworden war, wo er zu einem Kreuzzug gegen die böhmischen »Ketzer« rüstete. Am 1. März 1420 erließ Papst Martin V. die Kreuzzugsbulle gegen Böhmen. Sigismund zog im Mai 1420 nach Prag, erreichte aber nur die Sicherung der beiden Festungen auf dem Vyšehrad und auf dem Hradschin, während die Stadt Prag unter Mithilfe der Taboriten ihre Selbstständigkeit wahren konnte. Sigismund verzichtete unter diesen Umständen auf einen Waffengang und ließ sich am 28. April 1420 im Veitsdom zum böhmischen König krönen; damit hatte er die Brücken zu den Aufständischen und zu großen Teilen des böhmischen Adels abgebrochen.

Der militärische Konflikt zwischen den beiden Seiten war unvermeidlich geworden, aber die Gegner des Königs waren keine geschlossene Gruppe. Am weitesten radikalisierte sich um die Jahreswende 1419/20 die Gemeinde in Tábor, wo für den 14. Februar 1420 das Weltende und der Beginn der Herrschaft Christi prophezeit worden war.

Diese Endzeiterwartung bewirkte besonders in den ärmeren Bevölkerungsschichten einen gewaltigen Zulauf nach Tábor und zu anderen ähnlichen Gemeinden. Nur wer rechtzeitig alles Hab und Gut aufgebe, wer sich auch unter Zurücklassung aller familiären Bindungen ganz der Wiederkunft Christi stelle, so hieß es, werde an dem neuen Reich Gottes auf Erden teilhaben.

Da der Tag des Schreckens wie jeder andere verging, stellte sich das Problem für die chiliastischen Priester neu. Einige fanden den Ausweg, die Ankunft Christi als geschehen zu erklären und daraus zu folgern, dass nun die Gläubigen selbst mit Feuer und Schwert das Ende der alten Welt betreiben müssten, damit Christus aus seiner Verborgenheit heraustreten könne. Ein Überfall auf die benachbarte Stadt war der Anfang einer Kette von Plünderungen, die in einer Mischung von Bekehrungskreuzzug, heiligem Krieg und Beutezug verliefen. In Tábor bildete sich aus religiösem Fanatismus eine rigorose Priesterherrschaft heraus, die eine Gütergemeinschaft aller forderte und die religiösen Bräuche radikal veränderte. Gemäßigte Kräfte sorgten jedoch bald für eine innere Ordnung, indem sie die Stadt mit einer Mauer umgaben und ein neues ökonomisches Leben begründeten, so dass Tábor nach wenigen Jahren eine fast normale Stadt wurde. Im Frühjahr 1420 formte Žižka aus seinen Anhängern ein Heer aus Religionsstreitern und disziplinierten Soldaten, das in den folgenden Jahren zum Schrecken Europas werden sollte. Der militärische Faktor unterstützte die weltliche Seite der Organisation Tábors in der Absicht, Ordnung und Mäßigung einkehren zu lassen. Im September 1420 wurde der Priester Nikolaus von Pilgram / Mikuláš z Pelhřimova zum Bischof gewählt, der für die Glaubensartikel eintrat, eine neue revolutionäre Kirche etablierte und sich immer deutlicher vom Chiliasmus des Anfangs abwandte. Im Frühjahr 1421 wurden von diesen Kräften der Mitte die Radikalen, die unter dem Namen der Pi-

karden eine freigeistige Sekte gebildet hatten, aus der Stadt
gedrängt und von Žižkas Truppen systematisch vernichtet.

Dieser inneren Stabilisierung und Reinigung Tábors
ging der Aufstieg zu einer militärischen Macht im Lande
parallel. Im Sommer 1420 hatten die Truppen Tábors den
Pragern im Konflikt mit König Sigismund beigestanden.
Als sie die Stadt nicht in ihrem Sinne radikalisieren konnten, verließen die Taboriten Prag wieder, nachdem sie zuvor durch die Zerstörung von Klöstern und die Schän-
dung der Königsgräber ihren Namen bei den Pragern
gründlich diskreditiert hatten.

Žižka war nach ersten militärischen Erfolgen mit seiner
neuen Taktik zum militärischen Führer der Taboriten auf-
gerückt. Er hatte die Werkzeuge der Bauern in gefährliche
Waffen umformen lassen, indem Sensen zu Spießen umge-
schmiedet, Dreschflegel mit Nägeln versehen und die Wagen der Bauern, die rasch in bewegliche Burgen zusammengestellt werden konnten, mit Kanonen bestückt wurden. Unter seiner Führung wurden die Taboriten zu einer
fanatischen und erbarmungslosen Truppe, die in ihrer Sie-
gesgewissheit für die Söldnerheere einen unüberwindli-
chen Gegner darstellte. Trotz seiner Erblindung erkämpfte
Žižka in den folgenden Monaten die militärische Hege-
monie in Böhmen. Allerdings gelang ihm allen militärischen Erfolgen zum Trotz keine politische Stabilisierung
unter seiner Führung.

Žižka kehrte daher zum monarchischen Prinzip zurück
und arrangierte sich im Mai 1422 mit Zygmunt Korybut
von Litauen. Bereits im Mai 1420 hatten einige böhmische
Adelige dem polnischen König Władysław Jagiełło die
Krone Böhmens angetragen; nach dessen Ablehnung war
sein Vetter Witold gefragt worden, der seinen Neffen Zygmunt Korybut als Abgesandten vorausschickte. Der Litauer fand jedoch nur geringe Unterstützung im Lande
und musste 1423 wieder abziehen, nachdem in einem
Treffen in Käsmark/Kežmarok in der Zips Kaiser Sigis-

...und, der polnische König Władysław, der litauische Großfürst Witold und Friedrich Markgraf von Brandenburg zu einer Übereinkunft gelangt waren. Der Form nach blieb Kaiser Sigismund weiterhin König von Böhmen, besaß aber nur in Teilen des Königreiches, z. B. in Schlesien, wirkliche Macht.

Im Frühjahr 1423 brach Žižka aus unbekannten Gründen mit Tábor, das immer noch nach theokratischen Gesichtspunkten geführt wurde, und setzte sich in Nordböhmen fest. Die revolutionäre Kraft zu einer totalen Umkehr der Gesellschaftsordnung war jedoch inzwischen erlahmt, und auch Žižka zog aus dem Fortleben des Ständeprinzips die Konsequenz, indem er eine Heeresordnung nach der Ständedifferenzierung erließ, wonach die Aufgaben im Heer nach dem gesellschaftlichen Rang aufgeteilt wurden. Ehe er aber weitere Schritte zur Konsolidierung seines Einflusses unternehmen konnte, starb er 1424 bei dem Versuch einer Eroberung Mährens. Žižka war in den wenigen Jahren seines öffentlichen Auftretens zum Symbol der militärischen Unüberwindbarkeit der Hussiten geworden.

Inzwischen hatte sich das revolutionäre Tábor weiter verbürgerlicht und seinen Einfluss in einem Städtebund gefestigt, der nach herkömmlichem Muster das Land beherrschte und aus den Bauern Abgaben herauspresste. Auch hierin scheiterte die soziale Utopie, die wieder zur ständisch gegliederten Gesellschaft zurückgekehrt war. Prag hatte von vornherein auf dieses Prinzip gesetzt, indem es seine Ziele nur auf eine Reform der Kirche und nicht auf einen Bruch mit der umgebenden Welt ausgerichtet hatte.

Die Prager hatten zunächst im Sommer 1420 mit Hilfe der Taboriten Sigismund besiegt, und im November desselben Jahres fügten sie weitgehend mit eigenen Kräften dem König eine empfindliche Niederlage zu. Als Haupt eines Städtebundes beherrschte Prag im Frühjahr 1421

weite Teile des mittleren und westlichen Böhmens. Diese
militärisch-politische Erfolg wurde dadurch gekrönt, das
sich der Prager Erzbischof Konrad von Vechta am 21
April 1421 den Prager Artikeln anschloss und als geistli
ches Oberhaupt der Utraquisten auftrat. Die Hauptstad
forderte nun den Vorrang in der politischen Führung vo
dem Hochadel, gestützt auf einen tschechischen Nationa
lismus.

Auf dem Landtag in Tschaslau/Čáslav im Juni 142
scheiterten indes die Prager Hegemonieansprüche. Di
tatsächliche Regierungsgewalt im Lande wurde einem ge
mischten Direktorium von zwanzig Männern übergeben
das aus den Vertretern der verschiedenen Stände des Lan
des und nur aus vier der Stadt Prag bestand. Zudem wur
de die Stellung Prags durch einen Umschwung im Innern
weiter geschwächt. Der Versuch von Jan Želivský, ein
persönliche Diktatur einzurichten, hatte zu seiner Hin
richtung am 9. März 1422 geführt. Darauf erlebte di
Stadt eine neue Welle der Gewalt und der Plünderung, de
nicht nur das Judenviertel, sondern auch die Besitzunger
der neuen Stadtvertreter zum Opfer fielen. Zygmunt Ko
rybut konnte aber die radikalen Kräfte zurückdrängen
und im Mai 1422 die Prager Neustadt für sich gewinnen
Da Witold im Frühjahr 1423 die Krone Böhmens ablehn
te, kehrte Korybut im Juni 1424 eigenmächtig nach Böh
men zurück, um den böhmischen Thron für sich selbst zu
erobern. Nach dem Tode Žižkas fiel ihm praktisch di
Führung der Utraquisten im Lande zu. Um auch die Zu
stimmung des katholisch gebliebenen Landesteiles und
die internationale Anerkennung zu erreichen, suchte er
heimlich Verbindungen zum Papst Martin. Dies wurde
aber bekannt, Korybut verhaftet und bald darauf nach
Hause geschickt. Sein Versuch, aus den revolutionärer
Wirren ein neues Reich aufzubauen, war damit Episode
geblieben.

Statt des monarchischen Prinzips setzte sich in Böhmer

zunächst einmal das Prinzip des Condottiere durch: Im Sommer 1426 hatte der Priester Prokop im Taboritenheer die militärische Leitung übernommen. Unter seiner Führung wuchs die innerböhmische Auseinandersetzung endgültig zu einer europäischen heran. Um nämlich die Anerkennung der böhmischen Verhältnisse durch die Nachbarn zu erreichen, von inneren Schwierigkeiten abzulenken und den Krieg vom eigenen Lande fernzuhalten, eroberten und besetzten nun die hussitischen Heere in den Jahren 1426 bis 1433 Schlesien, erzwangen Tributzahlungen von den deutschen Nachbarn und zogen gar zur Unterstützung Polens gegen den Deutschen Orden bis an die Ostsee. Trotz militärischer Erfolge, die den Namen der Hussiten zum Schrecken der Nachbarn werden ließen, misslang die innere Vereinheitlichung des Landes.

Das katholische Element hatte sich im Lande mit großer Zähigkeit behauptet, im Landfriedensbund von Pilsen sogar in unmittelbarer Nachbarschaft zum südböhmischen Taboritentum. Zum Führer der katholischen und zugleich königstreuen Partei stieg nun Ulrich von Rosenberg auf. Zwar konnte er sein Ziel, ein eigenes unabhängiges Fürstentum aufzubauen, nicht erreichen, aber durch den Gewinn des Münzrechts, sonst ein königliches Recht, und die Übertragung von Kirchengut, das ihm König Sigismund als Dank für seine Unterstützung überließ, wurde er zum mächtigsten Magnaten im Lande. Neben ihm gewannen auch andere Herren an Einfluss, die zwar die Königsmacht nicht beseitigen konnten, sie aber für die nächsten zweihundert Jahre empfindlich schwächten.

In den Nebenländern der böhmischen Krone war die Entwicklung in der Hussitenzeit uneinheitlich. Zentral- und Südböhmen bildeten das Zentrum der hussitischen Bewegung; nach Nordböhmen war sie nur mit Gewalt vorgedrungen; das Egerland blieb davon weitgehend unberührt;

Schlesien galt als ein sicherer Ort des katholischen König
In Mähren war der Hussitismus nur an wenigen Stelle
erfolgreich; bedeutsam war dort jedoch, dass eine Reih
von hochadeligen Familien die Kelchkommunion über
nommen hatte, während die vornehmlich deutschen Städ
te katholisch und königstreu geblieben waren. Dabe
spielte auch eine Rolle, dass der Habsburger Albrecht d
Land 1422 zu Lehen empfangen und es von der innerböh
mischen Entwicklung abgekoppelt hatte.

Die Regierung Böhmens lag während der siebzehnjähri
gen Kriegsperiode faktisch in den Händen der Stände, de
ren Vertreter sich auf rund zwanzig Landtagen trafen un
aus ihrer Mitte ein Direktorium wählten. Auf dem über
konfessionellen Landtag von Tschaslau 1421 waren die
zwanzig Direktoren gewesen; später reduzierte sich ihr
Zahl auf zwölf, was zahlenmäßig den böhmischen Kreise
entsprach. Bemerkenswert an dieser Lösung ist nicht nu
das Prinzip der adeligen Ständeherrschaft, sondern auc
die Beteiligung von Städten und sogar Dörfern an der po
litischen Leitung des Landes.

Wie bei einem Bürgerkrieg mit stark ideologischer Po
larisierung üblich, waren die Grausamkeiten auf beide
Seiten beträchtlich gewesen. Beim Ausbruch der Revoluti
on hatte die Initiative des Terrors bei den konservative
Mächten gelegen, die die Verbrennung, Ertränkung un
den Massensturz von Hunderten von Menschen in di
verlassenen Schächte der Bergwerke von Kuttenberg z
verantworten hatten. Im Gegenzug ermordeten dan
Hussiten während der Revolution viele Priester un
begingen bei der Eroberung von katholischen Städte
furchtbare Gräuel. Die Einbeziehung der katholischen
meist von deutscher Oberschicht geführten Städte in di
Städtebünde der Hussiten ging regelmäßig mit Massen
morden und Plünderungen einher, wobei oft das Verspre
chen des freien Geleites gebrochen wurde. Manche kir
chentreuen Katholiken, aber auch viele Juden wählten de

Märtyrertod, statt sich den Hussiten anzuschließen. Umgekehrt begannen die Kreuzheere, die vornehmlich aus beutegierigen Söldnern bestanden, schon vor dem Erreichen der hussitischen Gebiete mit ihren Plünderungen und erschlugen manchmal alle Menschen, die nicht deutsch sprachen. Insgesamt waren die Gräuel auf beiden Seiten fürchterlich und diskreditierten die Sache der Hussiten europaweit. Die gegen sie gerichtete Propaganda hat zudem die Tatsache unterdrückt, dass das Hussitentum keine rein tschechische Bewegung gewesen ist. Es gab zwar unter den deutschsprachigen Böhmen keine solch machtvolle Bewegung, und sie waren auch untereinander gespalten, aber den deutschsprachigen Magistern an der Universität Prag entsprachen auch deutsche Priester und zahlreiche kleinere Hussitengemeinden, die nach Deutschland hineinwirkten.

Aus der erbitterten konfessionellen Auseinandersetzung fand man schließlich den Ausweg der religiösen Toleranz. Bereits 1424 erlaubte ein Kompromiss für die Zeit des Waffenstillstandes den Predigern beider Konfessionen ein uneingeschränktes Wirken, und auf dieser Basis mündete die Toleranzpolitik des Hussitismus später in die »Basler Kompaktaten« (*compactata religionis*, Religionsverträge), die zum Grundgesetz des Landes wurden. Darin unterschied sich das hussitische Böhmen von der späteren deutschen Reformation.

Auch im militärischen Bereich strebte die Entwicklung einer Befriedung entgegen. Zwar musste Sigismund den Laienkelch ablehnen, wenn er sich nicht in Widerspruch zum Papst setzen wollte, aber die Niederlagen von fünf großen Kreuzzugsheeren (1420, 1421, 1422, 1427 und 1431) zeigten deutlich, dass durch Gewalt Böhmen nicht unter Kontrolle zu bringen war. Sigismund hat nach der militärischen Katastrophe von 1422 darauf verzichtet, selbst ein Heer nach Böhmen zu führen. Die Leitung der jeweiligen Reichsaufgebote hatte er dem Nürnberger

Burggrafen Friedrich von Hohenzollern übertragen, de
1415 und 1417 mit der Mark Brandenburg belehnt wo
den war und damit dort die Herrschaft der Hohenzoller
begründete.

Die Bedingungen für eine politische Einigung wurde
durch die Entscheidungen des Basler Konzils gelegt (Basle
Kompaktaten). Nach vorbereitenden Verhandlungen i
Eger im Mai 1432 traf im Januar 1433 eine hussitische De
legation unter der Leitung des Heerführers Prokop de
Große und des Barons Wilhelm Kostka von Postupice i
Basel mit ihrer Begleitung ein, unter der sich die geistl
chen Führer der Hussiten befanden. Auf dem Konzil e
reichten die gemäßigten Hussiten indes nur in der Ane
kennung des Laienkelches einen Erfolg, was den Taborite
und anderen radikal Gesinnten als zu wenig galt. Bal
brach daher unter den Hussiten ein Konflikt aus, der in de
Schlacht von Lipany 1434 zugunsten Prags und der Baron
entschieden wurde. Nun erst waren die Radikalen berei
das Minimalprogramm des Laienkelches zu akzeptiere
und auf ihre weitergehenden Forderungen einer Kirchen
und Gesellschaftsreform zu verzichten. Einen beachtliche
materiellen Erfolg erreichte nur der Adel, denn das enteig
nete Kirchengut verblieb in seinem Besitz. Der Wunsc
der Hussiten, auf einem Landtag mit der Wahl von Jan Ro
kycana zum Erzbischof eine eigene Kirchenorganisatio
im Rahmen der katholischen Kirche zu begründen, sche
terte am Widerstand des Papstes, der die Einigung von Ba
sel und den »Konziliarismus« strikt ablehnte. Seit der
Übertritt des Erzbischofs Konrad von Vechta zur Laien
kelchbewegung wurde die Erzdiözese Prag nur durch da
Domkapitel verwaltet. Auf der Seite der Hussiten fungier
te Jan Rokycana als designierter Erzbischof ohne Weihe
nach seinem Tode übernahm ein Konsistorium von Magi
stern der Prager Universität die Aufgaben der Kirchenlei
tung. Die Kirche in Böhmen blieb damit bis zum Sieg de
Gegenreformation im Jahre 1620 gespalten, zwar äußerlic

urch die Toleranzvereinbarung beruhigt, aber im Innern
urch ständige Reibereien geprägt.

Nach der Einigung im Religiösen war die Vorausset-
ung für die Wiederherstellung normaler politischer Ver-
ältnisse gegeben. 1434 hatte ein Landtag unter Zustimmung der geschlagenen Radikalen eine Wahlkapitulation
ür den König Sigismund ausgearbeitet. Nachdem dieser
un, gestützt auf das Votum des Basler Konzils, den Lai-
nkelch und die administrative Selbstständigkeit der hus-
itischen Kirche anerkannt hatte, zog er am 23. August
436 endlich in Prag ein. Er suchte die Städte für sich zu
ewinnen und gewährte auch Tábor die Rechte einer kö-
iglichen Stadt, aber für die Konsolidierung seiner Herr-
chaft verblieb ihm keine Zeit mehr. Nach fünfzehn Mo-
aten verließ er als todkranker Mann seine Vaterstadt
rag, als sich in seinem Rücken bereits neuer Widerstand
egte. Der letzte König aus dem Geschlecht der Luxem-
urger starb am 9. Dezember 1437 auf der Reise nach
Jngarn.

Die Hussitenbewegung hatte in der Einigung mit König
igismund ihren Höhepunkt überschritten. Indes war damit der Einfluss dieser ereignisreichen Jahre auf die Ge-
chichte Böhmens und Mitteleuropas noch nicht er-
chöpft. In Böhmen sollte sich der Widerstandsgeist der
Stände noch in einem längerfristigen Prozess äußern und
nach einer Phase der Loyalität gegenüber dem Herrscherhaus schließlich einen eigenen König hervorbringen. Aber
auch in den an Böhmen grenzenden Gebieten Deutschlands blieb der hussitische Einfluss noch einige Zeit bemerkbar. Dies betraf zum einen die Mission einzelner Prediger, die dann irgendwann den Tod durch Verbrennung
erlitten; zum anderen erstreckte sich der Einfluss des Hus-
sitentums in drei Richtungen: in eine kulturelle, eine religiöse und in eine soziale.

Im kulturellen Bereich hatte die tschechische Sprache in

theologischen Diskussionen und Predigten, in Lieder
und in der Pamphletliteratur gegen die lateinischen un
deutschen Vorbilder an Bedeutung gewonnen; die Bibe
wurde in die Volkssprache übersetzt; zahlreiche Traktat
und historische Texte (Chroniken) wurden in Hand
schriften verbreitet, die Orthographie vereinheitlicht un
breite Teile der Bevölkerung in eine Lesetradition einge
bunden, so dass auswärtige Beobachter oft über den Bil
dungsstand auch einfacher Leute erstaunt waren. Auch
ohne den Buchdruck, der zur Zeit Luthers die Volksbil
dung explodieren ließ, hat der religiöse Impuls der tsche
chischen Sprache und Literatur einen ersten Höhepunk
beschert.

Die religiöse Komponente ist insbesondere dort spür
bar geworden, wo Waldenser oder waldensisches Gedan
kengut verbreitet waren. Hier sind offenbar Schriften de
Hussiten immer aufbewahrt und mit Interesse gelesen
worden. Auffällig ist, dass große Bereiche des agrarischen
Norddeutschland von diesen Einflüssen frei geblieben
sind. Dazu trat die soziale Auswirkung, die oft nur in
einem Klimawechsel im sozialen und rechtlichen Denker
fassbar wird, etwa in der Betonung von ständischen Rech
ten, von Organisationen des Mittelstandes und der Unter
schichten in den Städten, in deren Kampf um die Mitbe
stimmung im Stadtrat. Dazu gehören auch Veränderungen in der Stellung der Frauen in der Gesellschaft, die in
den Gemeinden und in der Ehe mehr Rechte als früher
errangen.

Die Beurteilung dieser Fernwirkungen des Hussitismus
ist deshalb so schwierig, weil die direkten Einflüsse von
den mittelbaren schwer zu trennen sind und zudem die
Nähe zum hussitischen Denken oft zur Diffamierung unbequemer Kritiker benutzt wurde. Zweifellos hat das hussitische Beispiel in Böhmen die sozialen Unruhen in der
höher entwickelten Gebieten Deutschlands und der Niederlande verstärkt, aber ebenso sicher ist, dass hussitische

Prediger in manchen Fällen in bestehende Konflikte eingestiegen sind, um für ihren Glauben zu werben. Die Fernwirkungen waren nicht nur in den böhmischen Ländern, sondern auch anderswo sichtbar, und sie reichen in manchen Fragen bis in die Gegenwart.

Die böhmischen Länder als konfessionell gespaltener Ständestaat zwischen den Dynastien

(1437–1620)

Epochenüberblick

Im Ständestaat war die Macht zwischen dem Herrsche und den anderen politischen Kräften aus eigenem Rech geteilt. Über die Festsetzung der Steuern, die Bestellun von Vertretern für die Verwaltung und das Gerichtswese nahmen die Stände an der Herrschaft teil und besaße eigene Institutionen. Die konfessionelle Spaltung kompli zierte das Machtgeflecht, denn die beschlossene Toleran galt nur eingeschränkt und verdeckte einen andauernde Kampf um die Vorherrschaft. Die Stände beharrten au ihrem Recht zur »Wahl« des Herrschers, auch wenn ei starker König einen geeigneten Nachfolger problemlo durchsetzen konnte und die Wahl damit zur Formalität wurde; war kein geeigneter Kandidat vorhanden, herrsch te das freie Spiel der Kräfte. Ein Aufsteiger aus dem Ade in die »Familie der Könige« musste aber mit seiner Aner kennung auf erhebliche Probleme stoßen.

Unter den schwachen Königen aus dem Geschlecht de Jagiellonen konnten die Stände ihren Einfluss ausbauen die Habsburger sorgten nach 1526 im Schatten der Refor mation im Reich für eine Wende, indem sie die Stände all mählich zurückdrängten, bis diese unter den Bedingunger der Gegenreformation in den entscheidenden Konflikt mi dem erstarkten Königtum gerieten.

Von den ersten Habsburgern zum »Ketzerkönig« Jiří von Poděbrad

1437–1439   König Albrecht von Habsburg
1439/1453–1457   König Ladislaus Posthumus / Vladislav Pohrobek
1452   Jiří von Poděbrad *Gubernator Bohemiae*
1458–1471   König Jiří von Poděbrad
1462   Aufhebung der Basler Kompaktaten durch Papst Pius II.

Sigismund hatte nur eine Tochter hinterlassen, Elisabeth, die seit 1422 mit dem Habsburger Herzog Albrecht V. von Österreich und Markgraf von Mähren vermählt war; ihn hatte er als seinen Nachfolger im Reich, in Ungarn und in Böhmen vorgeschlagen. Während Albrecht in Ungarn und im Reich die Herrschaft fast problemlos antreten konnte, machten die Stände in Böhmen Schwierigkeiten, weil er gegen die Hussiten gekämpft hatte. Erst als er die Basler Kompaktaten zu halten geschworen hatte, trat eine Gruppe von katholischen Adeligen und gemäßigten Utraquisten für ihn ein. Eine Minderheit dagegen wollte einen Jagiellonen zum König, der jedoch nach kurzem Kampf aufgab, als Albrecht am 29. Juni 1438 in Prag gekrönt worden war. Dennoch dauerte der Bürgerkrieg im Lande noch an, als die Nachricht in Prag eintraf, dass König Albrecht am 27. Oktober 1439 bei Gran verstorben war.

Zum Zeitpunkt seines Todes war er noch ohne männlichen Nachkommen, aber seine Frau Elisabeth war schwanger und gebar im Februar 1440 mit Ladislaus, genannt Posthumus, einen Thronfolger (Vladislav Pohrobek). Während er bald nach der Geburt mit der Stefanskrone zum König von Ungarn gekrönt werden konnte, hatte er in Böhmen mehr Schwierigkeiten. In Prag hatte der Landtag am 20. Juni 1440 einstimmig Herzog Al-

brecht III. von Bayern zum König gewählt; er war in Prag
aufgewachsen und sprach fließend tschechisch, lehnte aber
die angebotene Krone ab. Während die Nebenländer –
Mähren, Schlesien und die Lausitzen – dem jungen Ladislaus huldigten, verhinderte eine Adelsgruppe in Böhmen
die Entscheidung. Damit begann eine Vakanz des böhmischen Königtums, die dreizehn Jahre dauern sollte. Da zur
gleichen Zeit der Habsburger Friedrich, Herzog in Tirol
und den Vorlanden, als Friedrich III. zum deutschen König gewählt worden war, der die Vormundschaft über den
jungen Ladislaus – und damit für diese Zeit die Herrschaft
über Österreich und Ungarn – beanspruchte, vermengte
sich das Problem der Krone Böhmen mit den Streitigkeiten innerhalb des Hauses Habsburg, das damals in drei Li-
nien geteilt war.

Die Regierung in Böhmen lag während der königlosen
Zeit in den Händen der Stände, ihrer Institutionen und
der von diesen bestellten Persönlichkeiten. Zwischen den
beiden anerkannten Konfessionen – den Katholiken und
den Utraquisten – herrschte ein prekäres Gleichgewicht:
die Utraquisten hofften, dass sich Rom mit der böhmischen Variante des Katholizismus abfinden könnte, die
sich als reformierter Teil der Gesamtkirche verstand; für
den Papst waren aber sowohl die Entscheidung des Konzils überhaupt als auch die Duldung des Laienkelchs und
der Kommunion für Kinder unannehmbar. Er forderte
den unbedingten Gehorsam der Gläubigen und lehnte die
Weihe des gewählten Erzbischofs sowie neuer utraquisti-
scher Priester strikt ab. Mit der Formulierung, dass die
Basler Regelung nur für jene gelten sollte, »die daran gewöhnt waren«, konnte Rom nach rechtlichem Standpunkt
ein Aussterben der »Häretiker« erwarten; in der Zwischenzeit musste man eben mit ihnen leben und versuchen, die bisherigen Zugeständnisse Stück für Stück zu-
rückzunehmen.

Die dauernden Kriege und inneren Unruhen hatten im Lande das Bedürfnis nach Frieden verstärkt; diese Bewegung kam aus den Regionen und verband sich mit der Auseinandersetzung zwischen den Vertretern des Hochadels, des niederen Adels und der Städte. Der konfessionelle Gegensatz zwischen Katholiken und Utraquisten wurde einerseits durch das gemeinsame Interesse an den säkularisierten Kirchengütern, wie andererseits durch die Tätigkeit von Persönlichkeiten mit gemäßigter Ausrichtung überbrückt. Selbst Ulrich von Rosenberg als Führungsperson der Katholiken verband seine Treue zum alten Glauben mit der Wahrung seiner materiellen Interessen. Als höchsten Amtsträger des Staates hatte König Sigismund 1436 den gemäßigten Utraquisten Menhart (Meinhard) von Hradec als Oberstburggrafen von Prag eingesetzt; als dritte Persönlichkeit trat Hyněk Ptáček von Pirkstein auf, der eng mit dem gewählten Erzbischof zusammenarbeitete. Die eigentliche politische Macht im Lande sollte aber in der nächsten Generation aus der regionalen Landfriedensbewegung hervorgehen. In Ostböhmen hatten sich im März 1440 vier Bezirke zusammengeschlossen und Pirkstein zum Hauptmann gewählt; eine fünfte Region, Boleslav/Bunzlau, schloss sich an, und hier begann der Aufstieg des jungen Jiří Kunštát z Poděbrad (Georg von Poděbrad).

Jiří (geb. 1420) entstammte einer ostböhmisch-mährischen Familie des niederen Adels, die die Burg Poděbrady auf dem Weg von Prag nach Königgrätz besaß und mit den Familie Sternberg und Rosenberg verschwägert war. Er hatte keine gute Bildung genossen und sprach auch nur schlecht deutsch und lateinisch. In seiner Heimat war der junge Jiří zum Kreishauptmann gewählt worden, wurde dann ein enger Mitarbeiter von Pirkstein und trat 1444 mit erst 24 Jahren als dessen Nachfolger an die Öffentlichkeit, als er im Landtag die Wahl eines Königs und die Bestätigung der Kompaktaten durch den Papst sowie die

Anerkennung des gewählten Erzbischofs forderte. Fü
den jungen Ladislaus, der in Wien vom deutschen Köni
und gewählten Kaiser Friedrich III. festgehalten wurde
sollte ein Landesverweser eingesetzt werden, der nach un
garischem Vorbild den Titel »Gubernator« führen sollte
Die Streitigkeiten spitzten sich 1448 zu, als der päpstlich
Legat Juan Carvajal in Prag erneut die ablehnende Hal
tung des Papstes vertreten hatte und bei seiner übereilte
Abreise die Originaldokumente der Basler Kompaktate
im Gepäck hatte, die man ihm erst wieder abnehme
musste. Jiří nutzte die erregte Stimmung in der mehrheit
lich utraquistischen Stadt Prag und drang am 3. Septembe
1448 mit Truppen in die Stadt ein. Die katholischen Bür
germeister der drei Prager Stadtgemeinden flohen, gefolg
von den Domherren und einigen Vertretern der Stadtelite
Der Oberstburggraf Menhart von Hradec wurde gefange
genommen. Damit hatte Jiří den ersten Schritt zur Mach
getan.

In der Folge wurde er allmählich als Führer der Utra
quisten anerkannt und konnte nach einer Niederlage de
katholischen Herren auch deren Teilnahme an eine
Landtag in Prag erreichen, der die Überstellung de
jungen Ladislaus nach Böhmen forderte. Unter Vermitt
lung des päpstlichen Legaten Äneas Sylvius Piccolomini
des späteren Papstes Pius II. (1458–1464), erkannte Fried
rich III. Jiří als *Gubernator Bohemiae* bis zur Volljährig
keit von Ladislaus an. Am 23. April 1452 bestellte de
Landtag Jiří für die Zeit von zwei Jahren zum Regente
Böhmens. Währenddessen gelang den Rosenbergern di
Auslieferung des jungen Ladislaus durch die Stände
Österreichs. Verhandlungen mit seinen Vertretern führte
dazu, dass Ladislaus in einem Triumphzug nach Prag ge
langte und dort am 28. Oktober 1453 zum König gekrön
wurde, ohne die Kompaktaten beschworen zu haben. Jiř
behielt seine Regentschaft für weitere sechs Jahre und
wurde in der Folge zum väterlichen Freund des junge

Monarchen, den er in die tschechische Sprache und die böhmischen Traditionen einführte.

Im Auftrag des Königs und nicht ganz uneigennützig konnte Jiří in der Folgezeit die Nebenländer der Krone wieder stärker an Prag binden, was für Mähren schon deshalb kein Problem darstellte, als Ladislaus dort bereits nach dem Erbrecht als Markgraf anerkannt war. Die konkurrierende Familie der Rosenberger gewann Jiří, indem er den Sohn des Ulrich, Heinrich, 1454 zum *capitaneus ducatus* für Schlesien ernannte. Neben anderen Magnatenfamilien, denen er ähnliche Ämter anvertraute, ließ sich Jiří für seine Familie die Grafschaft Glatz und zwei weitere Territorien übertragen (Münsterberg und Frankenstein). Der junge König drängte nun darauf, selbst stärkeren Einfluss auf die Politik in seinen Ländern zu nehmen, und ehe er nach Wien abreisen sollte, führte ihn Jiří durch die Nebenländer. 1455 erhielt der König zunächst in Görlitz die Huldigung der Lausitzen, stieß dann aber im Dezember in der Stadt Breslau, die ihre Huldigung zunächst aufgeschoben hatte, auf eine den Utraquisten feindlich gesinnte Bevölkerung, die zwei Jahre zuvor durch Johannes von Capistrano gegen die Juden und die »Häretiker« aufgehetzt worden war. Eine Strafsumme wegen der vorigen Verweigerung der Huldigung machte Jiří und die Tschechen dort nicht beliebter.

Der junge König wollte nun in seine Heimatstadt Wien reisen, um auch in Österreich und in Ungarn in die Politik einzugreifen. Der Einfluss des böhmischen Regenten musste dadurch schwinden, weil Ladislaus dort wieder unter seine früheren Berater und die Händel der ungarischen Politik geriet. Für Ungarn war das Problem einer Abwehr der Osmanen dringend, die zwei Jahre zuvor Konstantinopel erobert hatten (1453), und Ladislaus wollte versuchen, dazu auch die widerstrebenden Böhmen zu gewinnen. Als der ungarische Gubernator János Hunyadi bei der Verteidigung der Stadt Belgrad starb und der

österreichische Berater des Königs Graf Cilli ermorde
wurde, brach eine Zeit der Unsicherheit an, in der Ladis
laus auch persönlich in den Streit hineingezogen wurd
Unter diesen Bedingungen konnte Jiří die Zustimmun
des Königs erhalten, dessen geplante Hochzeit mit Mag
dalena, Tochter des französischen Königs Karl VII., i
Prag ausrichten zu lassen. Ehe es aber dazu kam, starb La
dislaus dort am 23. November 1457 an der Beulenpest, ir
Alter von fast achtzehn Jahren. Gerüchte über einen Gift
mord machten sofort die Runde.

Mehrere Kandidaten standen zur Nachfolge bereit, den
Ladislaus hatte zwei Schwestern, die Ansprüche nach der
Erbrecht erheben konnten: Die ältere Anna war mit Her
zog Wilhelm von Sachsen vermählt, die jüngere Elisabet
seit kurzem mit dem polnischen König Kazimierz IV.
außerdem bewarb sich der französische König für seine
Sohn Charles um die böhmische Krone. Angesichts de
utraquistisch gesinnten Mehrheit im Land und im Landta
konnte sich aber Jiří von Poděbrad durchsetzen, und e
wurde am 2. März 1458 im Prager Rathaus von der böh
mischen Ständeversammlung einstimmig gewählt; in
April wählte ihn der Landtag von Mähren zum Markgra
fen. Die Wahl allein ohne feierliche Krönung mit den lan
desüblichen Insignien und ohne Salbung durch einen Ver
treter der Kirche, die den sakralen Charakter des König
tums begründete, wäre aber eine unsichere Sache geweser
und hätte nicht die für einen Adeligen, der über den Ran
seiner Familie hinaus aufgestiegen war, notwendige Legiti
mation gebracht. Zur kirchlichen Weihe benötigte er di
Unterstützung der katholischen Kirche. Da aber sei
Freund und gewählter Erzbischof Jan Rokycana von Rom
nicht bestätigt war und kein anderer katholischer Bischo
aus dem Lande zur Verfügung stand, suchte Jiří die Hilf
des neuen ungarischen Königs János Hunyadi und Roms
die ihm zwei Bischöfe aus Ungarn schickten. Dafür muss

e Jiří aber einen Eid leisten, der nicht nur dem Papst die Treue versprach, sondern für die Zukunft auch die Rückführung der Utraquisten in den Schoß und die Riten der katholischen Kirche in Aussicht stellte. War die erste Bedingung noch vertretbar, weil die Utraquisten auf dem Basler Konzil keine Abspaltung von Rom gefordert hatten, so konnte die zweite Bedingung als Verrat an den Utraquisten ausgelegt werden. Der Eid, der streng geheim gehalten wurde, war eine Zeitbombe in der Hand des Papstes. Da Jiří glaubte, sich mit der Berufung auf den Konzilsbeschluss im Rahmen der Kirche gehalten zu haben, hoffte er, mit Geschick und Taktik im Laufe der Zeit eine Lösung zu finden.

Jiří von Poděbrad war nun König von Böhmen, der erste aus böhmischem Geschlecht seit dem Aussterben der Přemysliden im Mannesstamm, und er war der letzte Böhme auf dem Thron bis zum Ende des Königreiches 1918. Im Lande war seine Stellung nicht unbestritten, aber durch geschicktes Taktieren, im Ausspielen unterschiedlicher Interessen und durch eine Eheverbindung mit dem Hause Sachsen setzte er sich schließlich nach innen und außen durch. Auf Reichsebene erhielt er die Anerkennung als Kurfürst, und formal korrekt erfolgte 1459 die Belehnung durch den Kaiser Friedrich III., dem er dafür Hilfe im Streit um Ungarn zusicherte. Jiří war damit in seiner Herrschaft legitimiert, was für einen Aufsteiger in die Familie der Könige eine bemerkenswerte Leistung darstellte; selbst für die Würde eines deutschen Königs, der den lethargischen Kaiser Friedrich im Reich unterstützen sollte, interessierte sich Jiří.

Solchen Plänen standen aber nicht nur einflussreiche katholische Gegner in den böhmischen Ländern entgegen, sondern auch Papst Pius II. Noch 1459 hatte der Papst, der Böhmen von seinem früheren Aufenthalt her gut kannte, zwischen den Bewohnern der Stadt Breslau und dem dort als Häretiker abgelehnten König vermittelt und

eine Frist von drei Jahren bis zur Huldigung erreicht. Ji
versuchte seit 1461 in Gesprächen mit dem Vatikan di
offizielle Bestätigung der Kompaktaten zu erreichen, ob
wohl der Papst ein Jahr zuvor mit der Bulle *Execrabili*
jede Berufung auf ein Konzil mit schweren Strafen beleg
hatte. Er stellte sich sogar gegen die gerade begründet
»Brüdergemeine«, die er als Häretiker verfolgen ließ, ur
seine gute Absicht zu dokumentieren, und er unterstützte
wenn auch nur zögerlich, die päpstlichen Pläne eine
Kriegszuges gegen die Türken. Alle diese Schritte nützte:
nichts, denn als er 1462 den Papst in einer Gesandtschaf
darum bat, dieser möge nach 25 Jahren endlich die Basle
Kompaktaten billigen, erlitt er eine demütigende Abfuhr
Der Papst ging sogar einen Schritt weiter, indem er am 31
März 1462 die Kompaktaten kündigte. Damit war ein of
fener Machtkampf entbrannt: Die Katholiken im Land
konnten den Schritt des Königs als Gehorsamsverweige
rung auslegen und gar seine Absetzung fordern, die Utra
quisten aber mussten den offenbar gewordenen Eid al
Verrat von Anfang an auslegen. Die Legitimation des Kö
nigs, eben noch anscheinend fest abgesichert, war ins Rut
schen gekommen.

Jiří gab sich indes nicht geschlagen. Im Innern seine
Herrschaftsbereiches sorgte er für eine tolerante Grund
haltung und veranstaltete eine gemeinsame Synode vor
Utraquisten und Katholiken, um den Religionsfrieden zu
festigen. Darüber hinaus machte er auch außerhalb seine:
Länder von sich reden, als er für das Projekt eines Fürs
tenbundes zur Abwehr der Türken warb. Die Fürster
sollten sich auf eine europäische Friedensordnung ver
pflichten, Auseinandersetzungen untereinander vermeider
und gemeinsam eine Aktion gegen das Vordringen de:
Osmanischen Reiches planen. Der Kaiser Friedrich spielte
in diesen Überlegungen keine große Rolle, wohl aber de
polnische König Kazimierz IV., den Jiří als potentieller
Rivalen in einem Kampf um die Krone Böhmens ausschal

en wollte. Trotz eindringlicher Appelle an verschiedene Höfe wurde aus diesen Plänen nicht mehr als eine Fußnote in der Geschichte des Völkerrechts.

Jiří suchte danach die Annäherung an den Kaiser Friedrich, der ihm vertraglich zusicherte, ihn im Falle des eigenen vorzeitigen Todes zum Vormund seines Sohnes Maximilian zu machen. Im Gegenzug appellierte Kaiser Friedrich an den Papst, von Maßnahmen gegen den böhmischen König zunächst abzusehen. Auch in der Reichspolitik war jiří aktiv, als er vorschlug, das Kurfürstenkolleg zu regelmäßigen Treffen einzuladen und zu einem ständigen Beratergremium des Kaisers zu erheben; dies hätte dem Böhmen einen größeren Einfluss gesichert. Wegen der Rivalitäten unter den Fürsten des Reiches wurde auch aus diesem Projekt nichts. Dagegen verschärfte sich der Konflikt mit der Kurie, als Pius II. den König im Juni 1464 nach Rom zitierte; aber auch diese Gefahr ging vorüber, als Pius einen Monat später starb.

In den böhmischen Ländern selbst war die Stimmung für Jiří nicht ungünstig. Obwohl etwa die Hälfte der Bewohner des Königreiches katholisch war und in der Stadt Breslau einen starken Rückhalt besaß, scheiterte der Versuch des Papstes, durch eine Unterstellung des Bistums direkt unter Rom Zwietracht unter den Katholiken zu säen. Ein Generallandtag in Brünn vom Jahre 1463 erklärte die Zustimmung zur Herrschaft Jiřís, wenn auch unter den Katholiken keine Begeisterung herrschte. Kreise des Hochadels schürten dann doch den Konflikt: Der Oberstburggraf Zdeněk von Šternberg organisierte 1465 eine Opposition des hohen Adels, eifrig unterstützt von Vertretern der Kurie; man warf dem König vor, dass der hohe Adel an der Politik des Landes zu wenig beteiligt sei, man beklagte einige Aktionen des gewählten Erzbischofs Rokycana und eine stetige Münzverschlechterung. Aus der Unruhe entstand im November 1465 ein Zusammenschluss von sechzehn Baronen in der Liga von Grünberg /

Zelená Hora. Offener Widerstand regte sich bei den Bürgern von Pilsen 1466 und verbreitete sich nun allmählich im Lande.

Nicht von den eigenen Untertanen ging indes die Hauptgefahr für das Königtum des Poděbrad aus, sondern von seinem Kollegen auf dem ungarischen Thron, Matthias Hunyadi, genannt Corvinus. Dieser traf nun Anstalten, die päpstliche Politik gegen Jiří umzusetzen und die Krone Böhmens selbst zu übernehmen. Frankreich und Polen hielten jedoch zum böhmischen König, während im Lande selbst der Kaiser Friedrich – nach einem Streit mit Jiří – die katholischen Magnaten zu unterstützen versprach. Dies legalisierte den Widerstand der adeligen Kreise und löste den Endkampf aus.

Der Papst belegte Jiří am 23. Dezember 1466 mit dem Kirchenbann; damit sollte er sein Königtum verlieren, indem seine Untertanen von der Treuepflicht entbunden wurden. Als ein Vermittlungsversuch des Adels wenige Wochen später scheiterte, kam es zum Konflikt. Dabei zeigte sich jedoch, dass ein beträchtlicher Teil des katholischen Adels auf Seiten Jiřís verblieb, ein weiterer Teil sich neutral verhielt. Auf der Ebene der Fürsten erhielt Jiří in Brandenburg, Sachsen und Polen Hilfe, die zum Teil durch Heiratsbeziehungen begründet war. Die Bischöfe von Breslau und Olmütz, der Letztere ausdrücklich unter dem Druck der Kurie, die seine Einkünfte zu beschlagnahmen drohte, wandten sich gegen den König, ebenso Mähren und die Stadt Pilsen, während das übrige Land sich für Jiří erklärte. Eine Berufung auf die Pflicht zur Toleranz ging angesichts der starren Haltung des Papstes ins Leere, und obwohl es Jiří in der folgenden Zeit gelang, eine Reihe von Burgen seiner Gegner zu erobern, erreichte er keinen entscheidenden Durchbruch. Allerdings fand sich auf internationaler Ebene zunächst niemand, der das Königreich Böhmen erobern und dann regieren wollte.

Dies änderte sich, als der König selbst aktiv wurde und

mit einem großen Heer gegen den Kaiser und Wien zu Felde zog. Nunmehr konnte der ungarische König mit dem Anspruch auftreten, dem Kaiser zu helfen und den katholischen Glauben in Böhmen wiederherzustellen. Im Frühjahr 1468 eroberte Matthias Corvinus Mähren, ohne dass Jiří ihn zu einer offenen Feldschlacht hatte zwingen können; auch in Schlesien konnte er sich weitgehend durchsetzen. Eine Propagandafehde mit Pamphleten von beiden Seiten begleitete den Konflikt, in dem auch wichtige katholische Adelige weiterhin zu Jiří hielten. Im Winter konnte Jiří einen Waffenstillstand und eine Vereinbarung mit Matthias erreichen, die aber keinen Erfolg brachte. Auf der Friedenskonferenz von Olmütz im April 1468 wurde das Doppelspiel deutlich, als Matthias offen Verbündete dafür suchte, ihn selbst zum König von Böhmen zu wählen. Nun nahm Jiří den Kampf wieder auf und konnte bis zum Ende des Jahres Matthias weitgehend aus Mähren verdrängen. Die Position des Böhmen wurde dadurch gestärkt, dass der Landtag die Kosten für ein stehendes Heer bewilligte. Militärische Erfolge Jiřís in Schlesien, wo die Front gegen ihn abbröckelte, sowie in Nordungarn zeigten seinem Gegner, dass die Absetzung Jiřís kein leichter Akt war. Allgemeine Kriegsmüdigkeit, die Weigerung des Kaisers, sich in den Konflikt einzuschalten, und sogar Signale des Papstes, den Konflikt friedlich beizulegen, sowie Bestrebungen des Adels, eine Aussöhnung herbeizuführen, stärkten die Position des Poděbrad. Da aber beendete eine höhere Macht den Konflikt: Nach längerer Krankheit verstarb Jiří am 23. März 1471. Als Nachfolger hatte er keinen seiner drei Söhne vorgesehen, weil er von der Undurchführbarkeit einer solchen Erbfolge überzeugt war; stattdessen schlug er den polnischen Prinzen Władysław als Nachfolger vor.

Die Entwicklung der böhmischen Länder
unter König Jiří

Jiří von Poděbrad war zwar mit seiner Absicht, Böhmen zu befrieden und mit Rom auszusöhnen, gescheitert; aber er hatte seine Herrschaft in Böhmen behauptet, wenn er auch einige Nebenländer ganz (Schlesien) oder zeitweise (Mähren) verloren hatte. Auch auf der Bühne des Reiches hatte er sich gut behauptet, so dass sogar der Plan diskutiert worden war, ihn dort zum König zu wählen. In Böhmen hatte der Gedanke der Toleranz für eine Generation die konfessionellen Gräben überbrückt, was angesichts des blutigen Bürgerkrieges während der Hussitenkriege als größte Leistung angesehen werden kann. Zwar war die Herrschaft des Jiří von Poděbrad einerseits ein Ergebnis ständischer Macht, die den König gewählt und unterstützt hatte, andererseits hatte er auch gegenüber den Magnaten eine energische Führung gezeigt.

Was das Land Böhmen von anderen unterschied, war zuerst die Tatsache, dass es eine Konkurrenz zur katholischen Kirche gab. Die Katholiken selbst hatten eine feste Bastion in einigen verbliebenen Klöstern und im Bistum Olmütz behauptet, sowie in den deutschsprachigen Städten, ebenso in der tschechischen Stadt Pilsen. Das Domkapitel in Prag unter dem Domdechanten amtierte als die zentrale Kirchenleitung (»oberes Konsistorium«). Die Vertreter der katholischen Kirche schwankten zwischen einer intransigenten Haltung, wie der Papst sie forderte, und der im Lande eingeübten Toleranz. So gab es zwar eine breit gefächerte Pamphletliteratur, aber Hassexzesse waren eine seltene Ausnahme. Als der Franziskanermönch Johannes von Capistrano zwischen 1451 und 1454 eine Rekatholisierung Böhmens versucht hatte, hatte er mit seinen scharfen Angriffen selbst unter Katholiken wenig Beifall gefunden.

Neben den Katholiken sind die Utraquisten zu nennen, die ihrem Selbstverständnis nach aber gar nicht außerhalb der katholischen Kirche standen. Ihr geistlicher Führer, Jan Rokycana, war zwar 1435 auf einem Landtag zum Erzbischof gewählt worden, hatte aber keine Weihe erhalten und konnte daher auch selbst keine Weihen vornehmen. Die Folge war ein Priestermangel, der auch durch gelegentliche Besuche von auswärtigen Bischöfen in Böhmen oder Reisen von Priesteranwärtern nach Italien, wo arme Bischöfe durchaus zu geistlichen Handlungen gegen Entgelt bereit waren, nicht behoben werden konnte. Ihrem Selbstverständnis nach unterschieden sich die Utraquisten von den romtreuen Katholiken in drei Fragen der religiösen Praxis, die sie selbst nicht als unüberwindliche Gräben ansahen: in der Kommunion in beiderlei Gestalt (Kelchkommunion), in der Kinderkommunion und in der Liturgie in der Volkssprache, schließlich in der Verehrung von Jan Hus. Diese Abweichung von der römischen Lehre war für Rom unannehmbar. Alle Hoffnung, dass der Papst doch nachgeben und damit eine Rückkehr in die alte Kirche möglich werde, blieb vergeblich. Die Leitung der Utraquisten lag nach dem Tode von Jan Rokycana bei den Magistern der Universität, die aus ihren Reihen Sprecher stellten und ihr Zentrum in der Theinkirche besaßen (»unteres Konsistorium«). Eine umfangreiche Literatur und zahlreiche Synoden sorgten für eine Weiterentwicklung der Lehre, in der eine gewisse Wiederannäherung an die katholische Kirche festzustellen war.

Radikaler waren die Taboriten, die 1420 mit Nikolaus von Pelhřimov einen eigenen Bischof gewählt hatten. Sie hielten am strengsten an der Schriftorientierung fest, erkannten nur die spirituelle Gegenwart Christi in der Eucharistie an und lehnten die Lehre vom Fegefeuer und die Liturgie in lateinischer Sprache ab. Auch hier war eine umfangreiche Pamphletliteratur zu finden, bis Jiří im Jahre 1452 die Stadt Tábor eroberte und den Bischof Niko-

laus gefangen setzte, der dann in der Haft starb. Reste de
Taboriten fanden sich auch danach noch im Lande, abe
ihre Kraft war gebrochen.

Als vierte Konfession war die Brüderunität entstanden
Begründet wurde diese »Gemeine« um 1457 durch de
»Bruder Gregor« (Řehoř), einen Verwandten von Roky
cana, der sich auf die Schriften von Petr Chelčický (un
1390–1460), mit richtigem Namen wohl Peter von Záhor
ka, stützte. Unter dem Einfluss der Waldenser vollzoger
seine Anhänger eine radikale Abkehr von der Kirche unc
schufen eine eigene religiöse Gemeinschaft. Diese berie
sich ausschließlich auf die Bibel, lehnte die Vermischung
von Glauben und Geld strikt ab und verneinte kompro
misslos jede weltliche Organisation. In der Beschränkung
des persönlichen Besitzes und in der Gleichheit aller so
wie durch die Pflicht zur Landwirtschaft und zur Handar
beit setzten sie Traditionen der Taboriten fort. Da die Ge
meine abseits der Welt im Walde Zuflucht suchte und zu
nächst auf eine Außenwirkung verzichtete, überstand sie
unter dem Schutz adeliger Gönner verschiedene Verfol
gungen. Die Brüder förderten die Bildung der Gläubiger
und nutzten intensiv das neue Medium des gedruckten
Buches. Um 1467/68 wählten die Brüder durch das Los
drei Priester aus ihren Reihen und auch einen Bischof, der
seine Bestätigung bei den Waldensern erhielt. Dies rief Re
aktionen der Behörden hervor, denen sich einige Gruppen
durch ihre Flucht nach Mähren entzogen.

Am stärksten hatte die Universität Prag unter den Aus
einandersetzungen gelitten. Nur die Artistenfakultät ar
beitete noch einigermaßen, während die Medizin und die
Theologie fast brach lagen. Da die Kirche ihren Besitz
verloren hatte, aus dem einmal der Lehrkörper versorgt
worden war, mussten sich die Lehrkräfte andere Einkünf
te suchen. Die Universität blieb ein Diskussionsforum der
gemäßigten Utraquisten; in den Jahren zwischen 1443 und
1448 erfuhr sie eine zaghafte Wiederbelebung, die aber mit

ler Eroberung Prags durch Jiří von Poděbrad endete. Damit war ein erneuter Auszug von deutschsprachigen Studenten verbunden, und als nach 1461 Katholiken und Brüder vom Studium ausgeschlossen wurden, verarmte die Universität zusätzlich. Die Hohe Schule war Provinz geworden, von der internationalen Diskussion des Humanismus im Wesentlichen abgeschnitten.

König Jiří hatte seinen Wunsch, die Schrecken der Hussitenkriege vergessen zu machen und das Land zu neuer Blüte zu führen, nicht verwirklichen können; alle Länder einer Herrschaft waren von den neuen kriegerischen Ereignissen betroffen worden, wenn auch in unterschiedlichem Ausmaß. In Mähren gab es sechs Städte: Brünn, Olmütz, Iglau, Znaim, Neuhaus / Jindřichův Hradec und Ungarisch-Hradisch, die bis auf die Letztere von einem deutschsprachigen Bürgertum beherrscht waren. Dies war und blieb katholisch und königstreu. Keine Stadt in Mähren konnte einen Vorrang beanspruchen, wie dies für Prag in Böhmen galt; allerdings ragte die Bischofsstadt Olmütz über die anderen hervor, daneben war Brünn mit der Festung Spielberg ein weiteres Subzentrum. Im Lande galt ein geregeltes Nebeneinander von Hoch- und Niederadel, und auch die Geistlichkeit bewahrte einen beträchtlichen Einfluss, so dass Mähren ein Faktor der Ruhe und Stabilität geblieben war.

Die Fürsten Schlesiens, die in einem Fürstentag ein eigenes Gremium der Selbstverwaltung besaßen, hatten zwischen Königstreue und Anhänglichkeit der alten Kirche gegenüber geschwankt, wobei sich Breslau zu einem deutschen und katholischen Gegenpol des unruhigen Böhmen entwickelt hatte.

In Böhmen selbst waren die Städte zunächst Gewinner im Streit der Stände. Schon in der Mitte des 14. Jahrhunderts hatten die Prager Patrizier das Recht erworben, Landgüter zu kaufen und zu bewirtschaften; dies führte bei nicht wenigen Familien zu einer Verschmelzung mit dem niederen Adel. Die Patrizier hatten aber in den Hussitenunruhen viel an Bedeutung verloren. Die verschiedenen Vertreibungen infolge der revolutionären Ereignisse aber auch die Flucht aus religiösen Gründen hatten beträchtliche Besitzverschiebungen mit sich gebracht. Verschiedentlich hatten abziehende Familien ihr Eigentum zwangsweise verkaufen müssen, und diese Verhältnisse wurden durch ein Privileg von Sigismund, das solche Enteignungen legalisierte, dauerhaft. In Prag allein sollen 1420 etwa 1200 deutschsprachige Familien ihren Besitz verloren haben; aus Kuttenberg war 1422 die gesamte besitzende deutschsprachige Oberschicht geflohen. Der Besitz wurde meist von den übrigen Stadtbewohnern übernommen und nicht unter Fremden aufgeteilt.

Abgesehen von diesen Besitzverschiebungen hatten die Städte an innerer Autonomie gewonnen. In der königlosen Zeit war der Einfluss der königlichen Beamten geschmälert worden, und sie waren unter die Dominanz der Bürgermeister geraten. Rechtsprechung und Steuerwesen oblagen den Städten selbst, sofern sie nicht von Magnaten übernommen worden waren. In der unruhigen Zeit war die Landfriedenswahrung an einen Städtebund übergegangen, und in den böhmischen Gerichtskreisen waren Hauptleute gewählt worden, aus deren Kreis Jiří von Poděbrad als Regent die Zentralmacht erneuert und das oberste Landgericht wieder in seine Funktion eingesetzt hatte, wodurch er die Stellung der Magnaten wieder gefestigt hatte. Ein gemischtes Gremium hatte die Besitzverschiebungen während der Unruhezeit zu überprüfen, und ein anderes sollte die Landtafeln kontrollieren und ergänzen, in denen in Prag die Besitzverhältnisse dokumentiert und damit legitimiert wurden. Das Gewicht der Städte war vor allem durch ihr militärisches Engagement gewachsen, und dieses war zum großen Teil durch die Wirtschaftskraft bedingt. Zwei Generalsteuern (1453 und

458) hatten die Macht des Königs gestärkt, und bald arbeitete auch die Münze von Kuttenberg auf demselben Niveau wie vor den Hussitenstürmen. Dagegen dauerte es bis 1469, bis der König durch eine Münzreform die schleichende Geldentwertung aufhalten und mit einer neuen Münze das Vertrauen wiederherstellen konnte.

Viele Magnaten hatten sich durch die Übernahme kirchlichen Besitzes bereichert, und ihre vorherigen Schulden galten durch die Flucht und Vertreibung der Stadtbürger als getilgt. Auch die Städte selbst, allen voran Tábor, hatte Landbesitz erworben. Verlierer war die Geistlichkeit, und hier besonders die utraquistische, die allein von den Abgaben der Gläubigen leben musste. Insgesamt herrschte im Land um die Mitte des 15. Jahrhunderts ein relativer Wohlstand. Grund hierfür waren Handel und Handwerk, die auch während der Unruhezeit nie ganz erloschen waren, jedoch ihren zuvor auf Prag konzentrierten Monopolcharakter verloren hatten. Der früher von deutschsprachigen Patriziern beherrschte Fernhandel konnte durch die neuen Schichten nicht so schnell ersetzt werden, so dass Venezianer und Nürnberger die Führung übernommen hatten.

Den Bauern hatten mehrere Landtagsbeschlüsse verboten, sich unerlaubt von den Landgütern zu entfernen. Dies war nach moderner Überzeugung die Folge eines Mangels an Arbeitskräften und damit ein Indiz einer relativen Wertsteigerung der Bauern auf dem Lande. Um die Mitte des 15. Jahrhunderts bezeugen Landkäufe der Bauern deren relativen Wohlstand.

Die Jagiellonenkönige

Unter den schwachen jagiellonischen Königen wuchs die Macht des Adels, dessen führende Schicht, der Herrenstand, das Land Böhmen als sein Eigentum und den König

nur als eine repräsentative Figur betrachtete. Der Ritter
stand befand sich zwar in Konkurrenz zu den Herren, un
terstützte diese aber in der Politik gegen die Städte, dene
nur eine geringe Beteiligung an der Macht zugebillig
wurde, und in der Durchsetzung adeliger Interessen ge
genüber den Bauern. Die Stände betrachteten die freie Kö
nigswahl, die Gesetzgebung auf den Landtagen und di
Wahrung des Religionsfriedens als ihre vornehmste
Rechte. In der nationalen tschechischen Geschichtsbe
trachtung gilt ihre Herrschaft als »goldene Zeit«.

1471–1516	König Vladislav II., ab 1490 auch König von Ungar
1485	Religionsfrieden von Kuttenberg
1515	Erbschaftsvertrag mit dem Hause Habsburg
1516–1526	König Ludvík, zugleich König von Ungarn

Jiří von Poděbrad hatte 1469 Władysław, den Urenkel des
Königs Sigismund, Enkel des Königs Albrecht und Sohn
des polnischen Königs Kazimierz IV., auf einem Landtag
zum böhmischen König wählen lassen; in seiner Person
verband er also die Traditionen der Luxemburger, der
Habsburger und der Jagiellonen. So schien bei Jiřís Tode
1471 alles geregelt, denn das dynastische Prinzip war mit
dem der Wahl vortrefflich verbunden. Aber so einfach war
die Sache denn doch nicht. Zuerst meldete der Schwiegersohn Jiřís, der Herzog Albrecht von Sachsen, seine Ansprüche an und besetzte im April 1471 die Stadt Prag.
Aber auch Matthias Corvinus von Ungarn beanspruchte
den Thron Böhmens, und er führte nicht nur seit 1469 bereits den Titel eines Königs von Böhmen, sondern verfügte auch bereits über Teile der Nebenländer. Am 28. Mai
1471 ließ er sich in Iglau von einem römischen Legaten in
Anwesenheit zahlreicher böhmischer Magnaten ein weiteres Mal krönen. Tags zuvor hatte ein böhmischer Landtag

n Kuttenberg die Wahl von Władysław bestätigt. Dieser
:onnte den Sachsen zum Verzicht bewegen und wurde am
!2. Juli in Prag als Vladislav II. zum König von Böhmen
;ekrönt. Nun gab es zwei Könige, die um ihre Ansprüche
:ämpfen mussten.

Diese Kämpfe fanden dann auch bald in Böhmen, Mäh-
en und Schlesien statt, dehnten sich aber auch auf Öster-
eich, Ungarn und Polen aus, weil Vladislavs jüngerer
3ruder Jan Olbracht Ansprüche auf Ungarn erhob und
Kaiser Friedrich III. die Jagiellonen unterstützte. Auch
ler Papst griff in den Streit ein, indem er Matthias aner-
:annte und Vladislav unter Kirchenbann stellte. Nach lan-
;em Streit wurde 1477 ein Friedensvertrag geschlossen, in
lem Friedrich die Jagiellonen fallen ließ und Matthias als
Kurfürsten des Reiches bestätigte. Dies war die Vorstufe
:u einem Kompromiss, der ein Jahr später dazu führte,
lass Matthias und Vladislav beide zugleich den Titel eines
Königs von Böhmen führten, aber dort allein Vladislav
herrschte, während Matthias die Nebenländer behauptete.
Für die Zukunft war vereinbart, dass bei Vladislavs Tod
Matthias Böhmen erben sollte, beim Tode von Matthias
dagegen Vladislav die Nebenländer gegen Geldzahlungen
an Ungarn auslösen konnte. Auf einem Fürstentag in Olmütz am 21. Juli 1479 wurde dieser Friede gefeiert und
damit ein achtjähriger Konflikt beigelegt.

Der lange Krieg hatte Böhmen erneut verwüstet. Als
Folge brachen nun innere Unruhen aus, die einerseits an
der konfessionellen Bruchlinie und andererseits zwischen
Adel und Städten entstanden. Der streng katholische Vladislav hatte zwar die Kompaktaten beschworen, förderte
aber nach Kräften die katholische Seite; Kirchen wurden
den Katholiken übertragen und Klöster wieder aufgebaut.
Auf der anderen Seite war die Sache der Utraquisten
durch den Tod von Jan Rokycana 1471 geschwächt worden; sein Nachfolger Magister Václav Kuranda versuchte
vergeblich, beim König Verständnis für die Notwendig-

keit zu finden, das Land durch die eingeübte Toleranz ru hig zu halten. Daran waren insbesondere die katholischer Magnaten nicht besonders interessiert, die angesichts eine schwachen Königs ihre Positionen in der Verwaltung de Landes ausbauen wollten. Als Vladislav 1483 wegen de Pest in die Stadt Kuttenberg auswich, kam es in Prag zu einer blutigen Erhebung der Utraquisten gegen die Katho liken, in deren Gefolge Deutsche und Juden in Prag gründlich ausgeplündert wurden. Da der König den Auf stand nicht niederwerfen konnte, einigte man sich in März 1485 auf dem Landtag in Kuttenberg auf einen Reli gionsfrieden, der zunächst auf 31 Jahre ausgelegt war. Ka tholiken und Utraquisten sollten das jeweils andere Be kenntnis achten und die Besitzstände wahren; der König versprach, sich beim Papst für die Bestätigung der Basle Kompaktate einzusetzen. Obwohl dieser letzte Punkt an gesichts der Haltung der Kurie pure Illusion blieb, wurde der Religionsfriede 1512 »auf ewig« verlängert und damit für Böhmen die religiöse Auseinandersetzung zwischen Katholiken und Utraquisten zunächst beigelegt. Auch der Papst stimmte der Einigung stillschweigend zu, indem er im Juni 1487 Vladislav neben Matthias als König von Böh men anerkannte.

Die beiden Könige Matthias und Vladislav kamen nun eine Weile ganz gut miteinander aus. 1486 einigten sich beide in Iglau sogar darauf, die Pläne der Habsburger zu stören, weil Friedrich III. im Februar des Jahres seinen Sohn Maximilian zum römischen König hatte wählen las sen, ohne einen der beiden als Kurfürsten zum Wahlakt eingeladen zu haben. Bald entstanden jedoch weitere Konflikte, weil Matthias mit harter Hand in die politi schen Verhältnisse der Nebenländer Böhmens eingriff und deutlich machte, diese in Zukunft stärker und dauerhaft an Ungarn zu binden; außerdem wollte er für seinen ille gitimen Sohn Johann die Nachfolge in Böhmen sichern.

che aus Kriegsvorbereitungen jedoch ein neuer Krieg entstehen konnte, starb Matthias am 6. April 1490 in Wien. Nun begann ein Streit um die ungarische Krone, weil sich Johann in Ungarn nicht durchsetzen konnte. König Maximilian, der ebenfalls Ansprüche erhob, rückte mit Truppen in Ungarn ein, fand aber keine Zustimmung zu seiner Wahl. Aus Polen meldete sich Jan Olbracht, der dann aber seinem Bruder Vladislav den Vortritt lassen musste, der am 15. Juli 1490 zum König von Ungarn gewählt wurde. Er ließ sich auf Dauer in Buda nieder und besuchte Prag nur noch selten (1497, 1502 und 1508/09). Die Dynastie der Jagiellonen, aus litauischer Wurzel stammend und mit einem Zweig nach Moskau ausgreifend, hatte nun im Herzen Europas für eine Generation die Kronen von Polen, Böhmen und Ungarn auf sich vereint. Am 7. November 1491 wurde in Pressburg ein Friede mit den Habsburgern geschlossen, der nicht nur die bisherigen Personalentscheidungen anerkannte, sondern auch mit einer Klausel weit in die Zukunft griff: Bei Aussterben der Jagiellonen im Mannesstamm sollten die Habsburger deren Nachfolge in Böhmen und Ungarn antreten. Diese Regelung wurde 1515 in einem Erbvertrag weiter konkretisiert und in einem symbolischen Ehevertrag zwischen beiden Häusern besiegelt.

Die Abwesenheit des Königs nutzten die böhmischen Magnaten, um ihre Macht im Lande weiter zu stärken, und dies betraf das zweite innere Konfliktfeld in Böhmen neben der Religion, nämlich den Streit zwischen Adel und den Städten. Unter dem »milden« Regiment des Königs Vladislav, der sich den Zunamen *rex bene* (*král dobře*) verdient hatte, stellte der Hochadel die engsten Berater des Königs, besetzte die Landesämter und weitete deren Befugnisse aus, etwa in der selbstherrlichen Eintragung von Vorschriften und Rechtstiteln in die Landtafeln. Durch dieses Vorgehen wurden die Städte in ihrem Einfluss immer weiter zurückgedrängt. 1481 hatten sie sich mit den

Rittern gegen die Herren verbündet, als diese den Rittern
die Teilnahme am Gerichtswesen und den Städten die Be
teiligung an den Landtagen versagen wollten. Der König
hatte jedoch einen Vergleich erzielt, der auf dem Landtag
von 1485 festgeschrieben worden war. Das »Landrecht«
also das oberste Gericht, sollte nun aus den vier höchsten
Landesbeamten (dem Oberstburggrafen, Oberstlandkäm
merer, Oberstlandrichter und Oberstlandschreiber) be
setzt werden; insgesamt zwölf Herren und acht Ritter bil
deten ein Gremium, dessen Beschlüsse in die Landtafel
eingetragen werden sollten. Die Städte durften danach au
den Landtagen bei Fragen, die ihre Interessen betrafen
eine »dritte Stimme« abgeben. Dem König verblieb nu
das Recht, drei weitere wichtige, aber nicht zentrale Äm
ter, darunter das des Münzmeisters, nach eigenem Gut
dünken zu besetzen. Dieser Kompromiss beendete den
Streit jedoch nicht, da die Herren sich über die Bestim
mungen zu Lasten der Städte hinwegsetzten und die Städ
te ihrerseits in ihrem Bereich die Rechte des Adels nich
beachteten. In dieser innenpolitisch kritischen Situatio
zog sich der König in sein neues Königreich Ungarn zu
rück und überließ die Entwicklung in Böhmen dem Lau
der Dinge.

Die Streitigkeiten und die zahlreichen Übergriffe konn
ten erst beseitigt werden, als Vladislav nach siebenjährige
Abwesenheit zu Pfingsten 1497 auf einen Landtag einlud
Gegen den geschlossen auftretenden Adel musste der Kö
nig darauf verzichten, durch Aussterben heimgefallen
Güter einzuziehen, und versprechen, Güter in fremde
Hand an Einheimische zu vergeben. Außerdem musste e
die Kandidaten, die ihm der Adel für die Landesämte
nennen würde, akzeptieren. Nur das Recht zur Bestellung
des Münzmeisters verblieb dem König. Ferner setzte de
Adel – bei allem Misstrauen gegen eine Verschriftlichung
der geltenden Gesetze – eine Kommission ein, die die
Landesordnung aufschreiben sollte. Ein Entwurf, der in

emlich ungeordneter Form die Rechte aufzählte, wurde
ladislav im Herbst 1499 in Pressburg vorgelegt und dann
unter Beteiligung der Städte in den für sie relevanten
unkten – am 11. März 1500 als Landesordnung Böh-
ens von den beiden adeligen Ständen angenommen.
öhmen hatte damit die erste schriftlich fixierte »Verfas-
ung« Europas, die im Wesentlichen bis 1627 gelten sollte.
)em König war nur eine repräsentative Rolle verblieben.

Die Städte widersetzten sich dieser Entwicklung, weil
ie ihre Interessen nicht berücksichtigt sahen. 32 Städte
:hlossen sich zusammen und erreichten eine gewisse Un-
erstützung durch den König, so dass 1502 die Mitwir-
ung der Städte an der Königswahl und bei der Verkün-
ung des allgemeinen Aufgebotes sowie der Bewilligung
on Steuern festgelegt wurde. Wirtschaftliche Einschrän-
ungen, die die Städte bisher hatten hinnehmen müssen,
onnten indes nicht rückgängig gemacht werden. Der
.onflikt drohte schließlich zu einem Bürgerkrieg zu eska-
eren, ehe der König auf dem Landtag von 1508 einen
.ompromiss erreichte. Die beiden gegeneinander gerich-
eten Bünde sollten aufgelöst und gegenseitig die jeweilige
Gerichtshoheit anerkannt werden. Eine rechtliche Gleich-
tellung der Städte konnte der König angesichts seiner ge-
ingen Machtmittel indes nicht durchsetzen. So schürten
eide Seiten den Streit weiter; als der Adel den Städten das
Recht absprach, über straffällig gewordene Adelige die
Todesstrafe zu vollstrecken, zogen die Städte aus dem
Landtag aus und suchten auswärtige Hilfe. Unter interna-
ionaler Vermittlung konnte erst nach dem Tode Vladi-
lavs auf dem Landtag von 1517 ein Kompromiss gefun-
len werden, so dass für den Adel künftighin die Bestim-
nungen der Landesordnung, für die Städter hingegen das
eweilige Stadtrecht anzuwenden war. Böhmen war demnach ein konstitutioneller Ständestaat, in dem zwei Stände
eweils eigene Rechte besaßen, die im Landtag miteinan-
ler in Einklang zu bringen waren.

Als Vladislav am 13. März 1516 starb, war sein Sohn Ludwig erst neun Jahre alt. Es wurde daher für ihn eine Vormundschaftsregierung gebildet, die aus dem Oberstburggrafen Zdeněk Lev Rožmitál (Rosenthal), dem Herzog Karl von Münsterberg und Břetislav von Schwihau und Riesenberg (Švihovský z Risenberku) bestand; die beiden ersten gehörten zum Hause Poděbrad. Wenn ihre Zusammenarbeit auch nicht immer gut war, so konnten die drei doch in einer Reihe von anstehenden Fragen eine Lösung finden. Außerdem wurden infolge einer Dürre drohende Bauernunruhen vermieden und die Schulden durch eine Sondersteuer gedeckt. Die königlose Zeit ermunterte jedoch einzelne Adelige zu Besitzerwerbungen auf Kosten des Königsgutes. Ferner drangen aus dem Reich lutherisch-reformatorische Lehren nach Böhmen und gefährdeten den mühsam ausgehandelten religiösen Frieden. König Ludwig war in der Obhut von Beratern und verspürte auch angesichts einer Pestwelle 1520 wenig Lust, nach Böhmen zu kommen.

Nach dem Tode des Kaisers Maximilian war 1519 in Spanien und im römischen Reich Karl V. als König und Kaiser an die Macht gekommen. In Verträgen von 1521 und 1522 übertrug er seinem jüngeren Bruder Ferdinand die Regierung der habsburgischen Stammlande, die Statthalterschaft im Reich und die Anwartschaft auf Ungarn und Böhmen. Die 1515 beschlossene Heiratsverbindung Ferdinands mit Anna, der Schwester Ludwigs, sowie Ludwigs mit Maria, der Schwester Ferdinands, banden die Familien der Habsburger und der Jagiellonen noch stärker aneinander. Mit Ferdinands Unterstützung reiste Ludwig nach Böhmen und versuchte – gegen den Widerstand einiger Berater – auf dem Landtag von 1523 in seinem Sinn Ordnung in die dortigen Angelegenheiten zu bringen: Er entließ alle Träger von Landesämtern und setzte neue ein, verkündete eine Reform der Gesetze und die Tilgung aller ungerechten Eintragungen aus den Landtafeln, um so entemdetes Königsgut wieder zurückzugewinnen. Karl von Münsterberg bestellte er zum »Hauptmann und Gubernator«, der einerseits die Rechte der Stände wahren, andererseits die Vladislavsche Landesordnung reformieren sollte. Nach der Abreise des Königs nach Ungarn versandeten diese Reformansätze jedoch. Bereits im März 1524 wurde in Prag das von Ludwig eingesetzte Stadtregiment wieder beseitigt, Unruhen brachen im Lande aus, und es war bald klar, dass die Stände der Bitte des Königs, Truppen für seinen Kampf gegen die Türken bereitzustellen, nur sehr widerwillig nachkamen. Als sich diese im August 1526 endlich dem vereinbarten Zielort näherten, hatte der junge König am 29. August 1526 bereits die Schlacht von Mohács verloren und war auf der Flucht umgekommen.

Wirtschaft und Gesellschaft unter den Jagiellonen

Die Folgen der Ständeherrschaft, die die Interessen des Hochadels ins Zentrum stellte und nicht von königlicher Macht eingeschränkt war, betrafen Wirtschaft und Gesellschaft des ganzen Landes; so setzten sich die Tendenzen fort, die bereits unter der Herrschaft des Poděbrad festzustellen waren. Die Adeligen behaupteten ihre Vorrechte in Brau- und Schankwesen auf ihren Gütern, und die Städte hatten innerhalb ihrer Mauern damit zu kämpfen, dass Verfolgungen und Ausweisungen von Händlern und Handwerkern die materielle Kultur und das Niveau der Produkte negativ beeinflussten. Der Kampf gegen die Türken ließ den Markt im Südosten wegbrechen, während aus dem Westen bessere Produkte kamen. Die Förderung adeliger Interessen in der Agrarwirtschaft bedingte eine Verschlechterung der rechtlichen Lage der Bauern, die angesichts der fehlenden Arbeitskräfte an die Scholle gebunden waren. Damit gingen aber auch Verbesserungen in der Verwaltung der Güter und die Erweiterung der Produk-

tion einher, wie bis heute die damals entstehende Teich
wirtschaft in Südböhmen bezeugt. Ein weiterer Grund d
ökonomischen Niedergangs war die Verschlechterung d
Geldes. Als auf dem Gut Joachimsthal des Grafen Schli
Silber in größerem Ausmaß als im langsam versiegende
Kuttenberg gefunden und 1516 dort sächsische Berglu
angesiedelt wurden, schlossen die Landesverweser m
dem Grafen einen Vertrag, der dem Staat einen Anteil a
Schlagschatz sicherte. Diese Einnahmen aus der Prägur
von Böhmischen Groschen und Rheinischen Münzen, d
später den Namen »Taler« erhielten, standen aber in eine
ungünstigen Umfeld, da der Goldzufluss aus den neu en
deckten Territorien Spaniens in Amerika den Silberpre
drückte. Dennoch ist der »Taler« dann als »Dollar« z
Weltgeltung gelangt.

Verschlechtert hatten sich auch die Rechte der Juden i
Lande. Da ihre Stellung als »königliche Kammerknechte
an die Macht des Königs gebunden war, waren sie in kö
nigloser Zeit in den Besitz der Städte geraten und do
dem Konkurrenzdruck und der kommunalen Willkü
preisgegeben. Verschiedentlich haben dann Vertreibunge
von jüdischen Gläubigern die Schulden der Bürger un
Adeligen »getilgt«, und als Ausweg blieb den Juden nu
der Schutz auf den Besitzungen des Adels, in dessen Au
trag sie die Beziehungen zwischen Land und Stadt über
nahmen.

Trotz verschiedener Verfolgungsmaßnahmen gegen d
Brüderunität, die von den Toleranzvereinbarungen ausge
nommen war, erhöhte sich im Laufe der Zeit die Zahl ih
rer Anhänger im Lande, und erreichte um 1525 etw
150 000. Wie beim Vordringen der Lehre von Martin Lu
ther war der Buchdruck dafür verantwortlich, dass sich ir
Vergleich zur Zeit von Jan Hus mehr Menschen und leich
ter mit neuen religiösen Vorstellungen vertraut mache
konnten. Für die Aufnahme der Ideen Luthers in Böhme
wirkte es sich positiv aus, dass er von seinem Gegenspiele

ck als »böhmischer Ketzer« bezeichnet worden war. Allerdings ging die Lehre Luthers weit über das hinaus, was e Utraquisten seit den Basler Kompaktaten vertraten. uther suchte bei seinem Ansatz der Reformation einen gnädigen Gott«, den er nur durch den Glauben (*sola fide*) nd nicht aus eigenem Verdienst erfahren zu können aubte. Die theologischen Differenzen zwischen den Katoliken und den »Alt-Utraquisten« auf der einen und en Lehren Luthers auf der anderen Seite waren beträchtch; dagegen sahen die »Neu-Utraquisten« in ihnen eine estätigung. Luther gewann im Lande rasch Anhänger, nd zwar nicht nur bei den deutschsprachigen Bewohnern a den Grenz- und in den Bergbaugebieten. Daneben fanen auch reformatorische Ideen von Splittergruppen und ektierern ihren Weg nach Böhmen, darunter auch jene es Sozialrevolutionärs und Wiedertäufers Thomas Münter, der 1521 aus Prag ausgewiesen wurde. Diese Einbinung Böhmens in die religiösen Dispute im römischen eich störte die im Lande errungene Toleranz; der Streit arüber erreichte aber nicht die Schärfe der dortigen Ausnandersetzungen.

Auch in der Aufnahme humanistischer Ideen und einer inwendung zur Antike zeigte sich das Königreich auf er Höhe der Zeit, und daran war in besonderem Maße er gebildete Adel beteiligt, der seine Studien an den Universitäten in Italien betrieb. Humanistische und juristische chriften fanden ihren Weg in böhmische Bibliotheken; ie Übersetzung von lateinischen Texten förderte die tschenische Sprache, die sich selbstbewusst neben der deutchen im Lande behauptete. Die Höhe der materiellen ultur lässt sich eindrucksvoll in der Architektur belegen, eren Erzeugnisse im Stil der Spätgotik in Schlössern, in irchen (Barbarakirche in Kuttenberg) und besonders im ladislav-Saal der Prager Burg (Baumeister Benedikt Ried on Piesting, 1450–1534) überdauert haben.

Der Ständestaat Böhmen unter den Habsburgern

Die Herrschaft der Habsburger brachte eine allmählich
Stärkung der Königsmacht. Sie folgte dem Modell des sic
herausbildenden modernen Staates mit einer starken Zen
tralgewalt, mit festen Steuereinnahmen, einem stehende
Heer und Beamten zur Verwaltung. In langem Streit m
den Ständen beschnitten die Könige aus dem Hause Hab
burg den Ständen allmählich deren Rechte der Selbs
verwaltung, brachten systematisch Katholiken in die fül
renden Stellen im Lande und reihten letztlich das stol:
Königreich Böhmen als Provinz unter anderen in ih
Ländermasse ein.

1526–1564	Ferdinand I. König von Böhmen, deutscher Köni römischer Kaiser (ab 1556)
1564–1576	Maximilian II., König von Böhmen, deutscher Kön und römischer Kaiser
1576–1611/12	Rudolf II., König von Böhmen, deutscher Kön und römischer Kaiser
1609	»Majestätsbrief« Rudolfs II.
1611–1618	Matthias, König von Böhmen, deutscher König, se 1612 römischer Kaiser
1618–1637	Ferdinand II. König von Böhmen, am 19. Augu 1619 abgesetzt, deutscher König und römischer Kais
1618	23. Mai: Prager »Fenstersturz«
1619	26. August: Wahl Friedrichs V. von der Pfalz zum Kö nig von Böhmen

Schon die Wahl des neuen Königs gab einen Vorgeschmac
auf die kommenden Auseinandersetzungen. Dem Erbprin
zip folgend stand Anna, die Schwester des verstorbene
Königs Ludwig und designierte Thronerbin von Ungarn
mit ihrem Mann Erzherzog Ferdinand zur Thronfolge an
denn die verschiedenen Erbverträge zwischen den Jagiello

en und dem Haus Habsburg sowie die Heiratsverbindun-
en ließen hier keinen Interpretationsspielraum. Nach
iner symbolischen Eheschließung von 1515 waren beide
521 in Salzburg getraut worden. Die Nebenländer der
Krone Böhmen erkannten die Ansprüche Ferdinands auch
asch an. Dagegen bestand der Adel Böhmens unter Führung des Oberstburggrafen von Prag, Zdeněk Lev Rožmitál als obersten Landesbeamten, auf seinem Recht der
Auswahl unter den zahlreichen Kandidaten auf den Kö-
igsthron. Nach langen Beratungen, in denen die Türken-
efahr, die Abwehr reformatorischer Einflüsse aus dem
Reich, die Schulden der jagiellonischen Könige und die
Einheit der böhmischen Länder insgesamt zu berücksich-
igen waren, wählte der böhmische Landtag schließlich am
4. Oktober 1526 Ferdinand I. (1526–1564) zum neuen
König. Daraus ergab sich das nächste Problem: Als näm-
ich im Dezember eine große böhmische Delegation in
Wien eine Wahlkapitulation vorlegte, in der Ferdinand vor
einer Krönung die bestehenden Rechte des Adels anerkennen sollte, verweigerte Ferdinand die Unterzeichnung,
um nicht als König von Gnaden der Stände zu gelten.
Nach langen Verhandlungen legte er seinerseits drei Majes-
tätsbriefe vor, in denen er – nun gewissermaßen als huld-
reicher Akt – die böhmischen Forderungen erfüllte: die
Erhaltung der Unversehrtheit der Länder der böhmischen
Krone samt Nebenländern, das Wahlrecht der Stände Böhmens und die Achtung der bisherigen Rechte. Am kompli-
ziertesten erwies sich die freie Religionsausübung. Als
Sohn des spanischen Königs Philipp des Schönen und seiner Ehefrau Johanna, der »Wahnsinnigen«, war Ferdinand
(geb. 1503) im streng katholischen Spanien aufgewachsen
und hatte für die komplizierten religiösen Verhältnisse in
Böhmen zunächst wenig Verständnis. Zudem stand er im
Schatten seines älteren Bruders, der als Karl V. römischer
König und Kaiser und zu diesem Zeitpunkt bereits tief in
die Frage der Reformation Luthers und deren Konsequen-

Die Länder der böhmischen Krone im 16. Jahrhundert

Schlesische Erbfürstentümer (1571) und Grafschaft Glatz

Schlesische Mediatgebiete (Mediatfürstentümer, freie Standes- u. Minderherrschaften)

Lehen der böhmischen Krone in brandenburgischem und sächsischem Besitz

Königreich Böhmen
Markgrafschaft Mähren
Markgrafschaft Nieder- und Oberlausitz

greich Polen

Gr. Wartenberg

Schlesien

Oppeln

Beuthen

Oder

Ratibor   Pleß
Troppau Loslau
Teschen

Weichsel

Krakau

OLMÜTZ

Mähren

Königreich
Ungarn

ESSBURG

Böhmische Krone

Böhmische Kronländer

Schlesische Fürstentümer

Fsm.   Fürstentum
Sth.   Freie Standesherrschaft
Mh.   Minderherrschaft
Mkgft   Markgrafschaft
Gft.   Grafschaft

◻   HAUPTSTADT
■   Hauptstädte in Schlesien
●   Stadt
✝   Römisch-kath. Bischofssitz
✚   Römisch-kath. Erzbischofssitz

zen für das Reich verwickelt war. Dies engte seinen Spie[l]
raum ein, so dass Ferdinand jede Festlegung in der Religi[]
onsfrage vermied und nur nach seiner Krönung am 24. Fe[]
bruar 1527 in Prag mündliche Zusagen gewährte. Dafü[r]
erhielt er die Zustimmung, seinen Sohn – den es noch ga[]
nicht gab – schon zu seinen Lebzeiten krönen zu lasse[n]
Ferner versprach er die Rückzahlung der hohen Schulde[n]
der Jagiellonen und erklärte in vagen Worten, sich in Ro[m]
für die Anerkennung der Kompaktaten und die Ernen[]
nung eines Erzbischofs in Prag einzusetzen.

Ferdinand trug eine schwere Bürde; nach einem Aus[]
gleich mit seinem Bruder Karl 1521 herrschte er in de[n]
österreichischen Erbländern, wurde König von Ungar[n]
und Böhmen, war ferner Statthalter des Kaisers in de[n]
deutschen Ländern, für die er 1531 auch zum König ge[]
krönt wurde. Er musste sich mit der wachsenden Kraf[t]
der Reformation auseinandersetzen, weil der Kaiser lang[e]
dem Reich fernblieb. Er stand zwischen den Reichsinter[]
essen, die ihn zu Kompromissen mit den protestantische[n]
Ständen (die Bezeichnung »Protestanten« seit 1529 in de[r]
katholischen Propaganda) zwangen, und den Interesse[n]
des Hauses Habsburg, die den Konflikt zwischen Spa[]
nien und den Niederlanden einerseits und Frankreich an[]
dererseits begründeten. Er musste den Krieg gegen di[e]
protestantischen Fürsten des Bundes von Schmalkalde[n]
(1546/47), zugleich im Reichsauftrag den Krieg gegen di[e]
Türken führen, ohne für einen der beiden die benötigte[n]
finanziellen Mittel zu erhalten. Schließlich war er es, un[d]
kaum der Kaiser Karl V., der im Augsburger Religions[]
frieden von 1555 die konfessionellen Streitigkeiten zu[]
gunsten eines gelebten Ausgleichs zwischen den Reichs[]
fürsten und Reichsstädten zumindest oberflächlich beile[]
gen konnte. Das Königreich Böhmen spielte in all diese[n]
Konflikten nur eine nachrangige Rolle.

Im Innern Böhmens musste sich Ferdinand zunächst a[n]
die Herrschaftsstrukturen halten, die sich herausgebilde[t]

atten, denn er benötigte vor allem Geld für die Türkenab-
wehr. Für die Erhebung der Steuern, die Verwaltung der
Finanzen und die Rückzahlung der Schulden schuf er eine
»böhmische Kammer« als Institution des Landesherrn, die
er mit ihm loyalen Beamten besetzte. In seinem anderen
Kronland Ungarn setzte er sich zunächst gegen János Zápolya durch, den der ungarische Kleinadel 1526 zum König gewählt hatte, zum anderen wehrte er mit Mühe die
Türken ab, die 1529 bis Wien vorgedrungen waren. Dagegen eroberten die Osmanen im folgenden Jahr die Stadt
Ofen und den größten Teil Ungarns, ehe Ferdinand nach
verlustreichen Kämpfen schließlich 1547 einen Waffenstillstand erreichte, für den er dem Sultan ein jährliches »Eh-
rengeschenk« in Höhe von 30 000 Dukaten (Goldmünzen)
zahlen musste. Etwa zwei Drittel der Kosten der Kriegsführung hatten dabei die Länder der Krone Böhmen zu
tragen, und dies bedeutete einen andauernden Streit mit
den Ständen um die Steuern sowie einen steten Silber-
abfluss, der im Lande zu Geldmangel führte. Daraus erwuchs auf der Seite des Adels ein immer größeres Unbehagen, wie auf der Seite des Königs das Bestreben,
die Mitspracherechte des Adels wegen der übergeordneten
Reichsinteressen einzuschränken. Im Jahre 1530 kam es
darüber zum Konflikt, als Ferdinand den mächtigen
Oberstburggrafen Rožmitál und andere Vertreter der Stände ihrer Ämter enthob und Personen seines Vertrauens einsetzte. Weitere Maßnahmen zur Stärkung der königlichen
Macht folgten: So erinnerte er daran, dass die Einberufung
der Landtage Königsrecht war und diese sich zunächst um
die königlichen Anliegen zu kümmern hatten, ehe sie ständische Angelegenheiten beraten sollten. Außerdem verbot
er die Abhaltung von Kreisversammlungen des Adels, auf
denen bisher Delegierte für die Landtage gewählt und deren Abstimmungsverhalten festgelegt worden war.

Eine Reform der Ämter folgte, indem Ferdinand nicht
nur ihm vertraute Katholiken einsetzte, sondern auch mit

der Bestellung des Obersthofmeisters als Landeshauptmann eine Verwaltungsspitze einrichtete, die ihn in seiner Abwesenheit vertrat und für die oberste Gerichtsbarkeit zuständig war. Mit der Berufung von Nichtadeligen und Ausländern, die ganz von ihm abhängig waren, schuf sich Ferdinand eine kleine und verlässliche Beamtenschaft, die den Einflüsterungen der Standesherren widerstehen konnte. Die Kreishauptleute unterstellte er der Zentrale. Schritt für Schritt wurden hier adelige Rechte zurückgeschraubt und königliches Recht gestärkt. Der Erfolg gab ihm recht, denn dadurch entmachtete er nicht nur die ältere Generation der ständischen Vertretung, sondern erreichte auf den Landtagen auch die Billigung der Steuern. Die Schulden der Jagiellonen wurden abgetragen, eine Biersteuer und eine Gebäudesteuer ergänzten die alten Vermögenssteuern. Außerdem flossen aus Erbgängen, aus dem Bergwerks- und Münzregal, aus Krongütern und aus der Salzsteuer erhebliche Beträge in die königliche Kasse. Dies erst war die Voraussetzung für eine Umgestaltung des Heerwesens, in dem das schwerfällige Landesaufgebot durch rasch disponible Söldner abgelöst wurde. Ein verheerender Feuersturm in der Prager Burg, der 1541 einen großen Teil der alten Landtafeln mit dem Eintragung der Ständerechte vernichtete, kam Ferdinand unerwartet zu Hilfe, denn in den folgenden Jahren gerieten jene in erhebliche Beweisnot, die gegen die Forderungen der Krone alte Rechte geltend machten. Dem Drängen der Ständevertreter nach Zugeständnissen setzte Ferdinand eine Taktik der Verzögerung entgegen, und er erreichte auch, dass entgegen den Versprechungen im Umfeld seiner Krönung anerkannt wurde, dass er nach dem Erbrecht Annas den böhmischen Thron bestiegen hatte.

Zwei Probleme verquickten sich in den folgenden Jahrzehnten, nämlich die Religionsfrage, die sich durch die Erfolge der Reformation Luthers verschärft hatte, und die ändische Opposition gegen die monarchischen Tendenen. Nach dem Waffenstillstand mit dem Sultan des Osmaischen Reiches traten die inneren Probleme Böhmens ieder in den Vordergrund. Sie verbanden sich dabei mit enen im römischen Reich, wo 1531 die Lutheraner in chmalkalden einen Bund zur Verteidigung ihrer Position eschlossen hatten. Zu dessen Bekämpfung berief Ferdiand 1546 einen Landtag ein, der die Aufstellung eines Ieeres beschloss, obwohl die Mehrheit im Landtag mit en deutschen Protestanten sympathisierte; allerdings ückten die Truppen so langsam und so spät ein, dass Ferinand den Feldzug abbrechen musste. Nach einem milen Strafgericht gegen die Säumigen forderte Ferdinand – hne den Landtag ein weiteres Mal zu befragen – ein neues Ieer, was nun aber zum offenen Widerstand der Stände ührte. Mitte März 1547 trat ein Landtag in Prag zusamnen, auf dem die Stände dem König ihre Forderungen orlegten, in denen sich politische mit religiösen Problenen mischten. Neben einer Annäherung der verschiedeen reformatorischen Bekenntnisse forderten sie die Unbhängigkeit ständischer Rechtsprechung und die Konrolle des Adels über die Besetzung der Landesämter, ußerdem betonten sie das Prinzip der Wahl für die Monarchie. Trotz entsprechender Zusagen kam nur ein kleies Heer zusammen, das an der Niederlage des Schmalkalener Bundes am 24. April 1547 bei Mühlberg nicht beteiigt war. Stattdessen tagte in Prag ein weiterer Landtag, auf lem als zentrale Frage diskutiert wurde, dass das Landeseer nur zur Verteidigung eingesetzt werden durfe. Der sieg über die Protestanten im Reich hatte indes den König estärkt, der nun auf die böhmischen Rebellen keine Rücksicht mehr nehmen musste.

Mit der Forderung, ihm als König noch einmal zu huligen, konnte er die Rebellion zurückdrängen, denn diesem Begehren konnte sich niemand widersetzen, ohne seine Ämter und seine Besitzungen zu verlieren; offener

Widerstand gegen den König hatte eine andere Dimensio
als hinhaltende ständische Interessenvertretung. Ferdinan
konnte so den Adel wieder auf seine Seite ziehen und d
Stadt Prag zur Kapitulation zwingen. In einem Prozess e
hielten jene Städte, die sich gegen den König gestellt ha
ten, schwere politische und wirtschaftliche Strafen aufe
legt: Sie verloren ihre Privilegien und Freiheiten, hatte
wieder königliche Richter und Stadthauptleute zu akzep
tieren, mussten alle Waffen abliefern und auf ihre Landgü
ter und Zollrechte verzichten; dafür war eine »ewige Bie
steuer« zu entrichten, die bald ein Drittel aller Staatsein
nahmen einbrachte. Ein Prozess gegen die rebellische
Adeligen endete für 35 Herren und Ritter mit der Konfis
kation ihrer Güter und mit Hausarrest; zehn Persone
wurden zum Tode verurteilt, davon aber nur vier hinge
richtet, weil die Übrigen rechtzeitig hatten fliehen kön
nen. Obgleich die Städte noch im selben Jahr einen Te
der alten Rechte zurückerhielten, waren sie doch entschei
dend geschwächt. Aus der führenden Stellung, die sie sic
in der Hussitenzeit erkämpft hatten, waren sie fast ins po
litische Abseits gerutscht. Nun war wieder der Adel de
einzige Gegenspieler des gestärkten Königs, der auch i
die ständische Selbstorganisation eingriff. Ferdinand hatt
durch die Steuern und die Güterkonfiskationen seine
Schuldenberg – wenn auch nur vorübergehend – kräfti
vermindert. Der König hatte sich für dieses Mal gegen di
Stände durchgesetzt; nur bei der Steuerfestsetzung und fü
die Einberufung des Landesaufgebotes musste er noch di
Zustimmung des Landtages einholen. Von den Sonder
rechten, die Böhmen zu Beginn der Herrschaft der Habs
burger besessen hatte, war nur wenig geblieben; Böhme
war zu einem »normalen« Land der Gesamtmonarchie ge
worden, in dem der König uneingeschränkte Rechte be
saß. Allerdings bewahrte der Adel das Wissen um sein
vormalige Stellung.

Dies traf auch auf die Religionsstreitigkeiten zu. Neber

en Katholiken, die in Böhmen in diesen Jahrzehnten nur
och etwa zehn Prozent der Bevölkerung ausmachten,
aren die Utraquisten – gemäßigte und radikale – und die
utheraner zu nennen, schließlich auch die Brüderunität.
etztere traf eine neue Verfolgung, die viele Brüder nach
er Verhaftung ihres Bischofs Jan Augusta zur Flucht
der zur Rückkehr zum Katholizismus bewog. Auch ge-
en die Juden richtete sich seine Politik, obgleich Ferdi-
and ihre geplante vollständige Vertreibung wegen des
iderstandes des Adels nicht durchsetzen konnte. Sie lie-
en sich – unter Mitnahme ihrer Habe – vor allem in
ähren nieder, und nach einer anhaltenden Verzögerungs-
ktik des Adels musste ihnen 1567 der neue König Maxi-
ilian II. das Wohnrecht in den Ländern der böhmischen
rone ausdrücklich bestätigen.

Das Konzil von Trient, das 1547 eröffnet wurde und bis
563 tagte, wandte das Augenmerk auf die Erneuerung
er katholischen Kirche und das Problem der Gegenrefor-
ation. Die Protestanten waren der Versammlung fernge-
lieben, und die Mehrheit der spanischen und italieni-
chen Geistlichen standen einer möglichen Anerkennung
er Utraquisten verständnislos gegenüber. Ferdinand
usste also zur Lösung der Probleme Böhmens auf die
ilfe der katholischen Kirche verzichten und konnte nur
it kleinen Maßnahmen versuchen, auf die Utraquisten
nd ihre Organisationen Einfluss zu gewinnen.

Im Reich hatte der Streit zwischen den Konfessionen zu
iner allgemeinen Erschöpfung geführt, so dass 1555 unter
aßgeblicher Beteiligung Ferdinands auf dem Reichstag
n Augsburg ein allgemeiner Religionsfrieden verkündet
nd damit die Reformation Luthers anerkannt wurde.
aiser Karl V. konnte sich damit nicht abfinden; er dankte
556 ab und zog sich nach Spanien zurück, wo er 1558
tarb. Die Behauptung der Lehre Luthers in den Territo-
ien des Reiches, wo nun nach dem Grundsatz *cuius regio,
ius religio* die Religionsfreiheit unter den Reichsfürsten

galt, die Untertanen dagegen der Religion ihrer Herren z
folgen hatten, wirkte auch auf die Konfessionen in Böl
men zurück, wo die katholische Kirche in ihrer Positio
weiter geschwächt wurde. Von einst 1300 Kirchen ware
nur noch dreihundert katholisch geblieben. Die Ausbi
dung, die Moral und die materielle Existenz der Geist
lichen waren beklagenswert und riefen nach Reform. Hic
griff Ferdinand mit zwei Maßnahmen ein, deren eine di
Anfertigung eines Katechismus durch Peter Canisiu
(*Summa doctrinae christianae*, auf deutsch 1556 erschie
nen) und die andere die Berufung des 1540 gegründete
Ordens der Jesuiten war. 1565 erhielten zwölf Patres i
Prag das alte Clemenskloster der Dominikaner geschenk
das die Grundlage des noch heute bestehenden Clementi
num bildete, dann zu einer Universität angehoben un
zum Gegenpol des utraquistischen Collegium Carolinur
wurde. Bald waren die Jesuiten als gute Pädagogen ange
sehen, und auch Adelige anderer Bekenntnisse schickte
ihre Kinder in deren Schulen, wodurch mittelfristig di
Rekatholisierung des Adels vorbereitet wurde. Eine Stär
kung der alten Kirche bedeutete zum anderen die Wieder
besetzung des Erzstuhles in Prag, den 1561 der Wiene
Bischof und Großmeister des Kreuzherrenordens Anto
Brus von Müglitz bestieg. Obgleich dabei wieder eine aus
drückliche Bestätigung der Basler Kompaktaten vermie
den worden war, duldete der katholische Klerus mit Billi
gung des Erzbischofs die Kommunion in beiderlei Gestal
und die Liturgie in der Landessprache.

König Ferdinand hat die Erfolge seiner vorsichtigen Po
litik nicht mehr erlebt, da er bereits 1564 in Wien starb
Die Nachfolge seines ältesten Sohnes Maximilian II. (a
böhmischer König Maximilian I.) bereitete keine Proble
me, da er schon 1547 zum König von Böhmen gewähl
und 1562 gekrönt worden war. Gestützt wurde die Stel
lung des »rätselhaften Kaisers«, der seine Neigung zu re

rmatorischen Ideen verbergen musste, auch durch die atsache, dass sein jüngerer Bruder Erzherzog Ferdinand eit 1547 das Amt eines Statthalters des Königs in Böhmen negehabt hatte und darin energisch für die katholische ache eingetreten war. Als er 1567 in sein Erbfürstentum irol zog, versuchte der böhmische Adel, das Rad zurück-udrehen, und beanspruchte mehr Rechte an der Regie-ung. Anlass dazu bot der hohe Geldbedarf der Krone für en Türkenkrieg und die Thronkandidatur der Habsbur-er in Polen, wobei die Stände jeweils für die Bewilligung on Steuern vom König Entgegenkommen verlangten; uch die Zustimmung zur Krönung des Thronfolgers Ru-olf ermöglichte weiteren Druck auf den König.

Auf der anderen Seite bot die konsequente Ablehnung ller protestantischen Glaubensrichtungen durch das Konzil von Trient Anlass dafür, die lokalen Sonderrechte er Utraquisten in Böhmen zu bekämpfen. Die Stände erzichteten 1567 darauf, in der Vorlage der Landesgeset-e zur Bestätigung durch den König die Basler Kompak-aten zu erwähnen, um den Ausgleich mit der katholi-chen Kirche zu erleichtern. Stattdessen forderten sie die Übertragung der im Reich 1555 im Augsburger Religions-rieden erreichten Zugeständnisse auch auf Böhmen, ohne arin zunächst einen Erfolg zu erzielen. Maximilian setzte ie Politik seines Vaters fort, die Landesämter mit Katho-iken seines Vertrauens zu besetzen. Die vorsichtige Re-atholisierung betraf auch das Bildungswesen in den tädten, aus denen die meist lutherisch gesinnten deutsch-prachigen Lehrer vertrieben und durch Jesuiten ersetzt vurden. König Maximilian verweigerte die Anerkennung es Augsburger Bekenntnisses und der Brüderunität für Böhmen. Stattdessen versuchte er, die Kluft zwischen den emäßigten Alt-Utraquisten, die den Katholiken nahe-tanden, und der radikalen Richtung der Neu-Utraquis-en, die zum Luthertum tendierten, zu vertiefen und deren Selbstorganisation durch Einsetzung von Administratoren

zu untergraben. Die Krönung des Thronfolgers bot 157
den Ständen die Möglichkeit, alle religiösen Forderunge
zusammenzufassen und diese dem König als *confessio b*
hemica zu präsentieren. In 25 Artikeln fassten die Nich
Katholiken darin die Vorstellungen der neuen lutherische
Glaubensrichtung und der Brüderunität, die inzwische
zu einer Kirche mit eigener Hierarchie aufgestiegen wa
zusammen. Ein weiterer Entwurf forderte die Organisat
on der Utraquisten durch Wahl ihrer Vertrauenspersone
auf einem Landtag ohne Einmischung des Königs. Max
milian wehrte sich vehement gegen diese Forderun;
musste aber schließlich nachgeben und sein Einverständ
nis erklären, allerdings nur mündlich. Die Neu-Utraquis
ten konnten damit eine selbstständige Organisation bilde
und eine größere Rechtssicherheit erreichen. Maximilia
Versuche, diese Zugeständnisse wieder zurückzunehme
blieben erfolglos, da er schon am 12. Oktober 1576 star

Sein Sohn Rudolf II. (1576–1611) konnte die Nachfolg
problemlos antreten, da er bereits 1575 zum böhmische
und deutschen König gekrönt worden war. Seine entsche
denden Jugendjahre hatte er in Spanien verbracht, emp
fand aber sowohl gegen die Reformation wie die Gegenre
formation eine tiefe Abneigung. Er war hochgebilde
mehrsprachig, am Wissen seiner Zeit und an allen Merk
würdigkeiten sehr interessiert und offen für Gespräch
mit Wissenschaftlern und Künstlern aller Richtungen. E
hatte aber ein schweres persönliches Handicap: Von seine
Urgroßmutter Johanna der »Wahnsinnigen« hatte er ei
Gemütsleiden geerbt, das ihn sprunghaft, melancholisc
und – wie seine Gegner behaupteten – für das Herrscher
amt eigentlich ungeeignet machte. Seit 1583 lebte er au
der Prager Burg, wo er auch die Verwaltung des Reiche
ansiedelte und damit Prag für eine Generation zum politi
schen und kulturellen Zentrum des Reiches machte. Da
Pendel schlug in seiner Regierungszeit wieder zurück z

iner Bedeutungssteigerung der Stände, und die im Lande geübte Toleranz schwächte die Tendenz zur Rekatholisierung. Dafür entbrannte nun innerhalb des Hochadels ein erbitterter Kampf darüber, wer sich beim König oder in essen »Kammerdienerregiment« durchsetzen könnte. Als ich der Obersthofmeister Georg Popel von Lobkowitz beim König unbeliebt gemacht und dafür mit dem Verlust einer Güter und mit Kerkerhaft bezahlen musste, war die katholische Partei im Lande für einige Zeit ausgeschaltet.

Die Katholiken besaßen aber seit 1599 im päpstlichen Nuntius Spinelli und im neu ernannten Oberstkanzler Zdeněk von Lobkowitz energische Personen, die von dem Konvertiten Vilém (Wilhelm) Slavata und von Jaroslav Bořita z Martinic (von Martinitz) unterstützt wurden. Mit Gesinnungsgenossen aus dem mährischen Hochadel gelang es den Katholiken, den verhassten und einflussreichen Führer der Brüderunität, Karl von Žerotín, auszuschalten. Da auch die Nichtkatholiken sich formierten, spitzte sich der Konflikt zu, als wegen der drohenden Türkenkriege der Landtag zur Bewilligung von außerordentlichen Steuern einberufen und daran die Frage der Religionsfreiheit geknüpft wurde. In diese Situation spielte nun auch der Bruderzwist im Herrscherhaus hinein: Der jüngere Bruder des Kaisers Rudolf, Matthias, wollte auf die absehbare Thronnachfolge nicht länger warten und den ehelosen Bruder zum Rücktritt bewegen. Er nutzte daher einen diplomatischen Erfolg gegen ungarische Rebellen und einen Waffenstillstand mit den Türken dahingehend aus, die unzufriedenen Vertreter der Stände auf eine Seite zu bringen. Ungarische, österreichische und mährische Herren schlossen sich ihm an, und im Mai 1608 stand Matthias mit einem Heer vor Prag. Entgegen seiner Erwartung blieben die schlesischen und böhmischen Stände Rudolf jedoch treu, legten diesem aber für die Gewährung einer Unterstützung ihre Forderungen vor, die Rudolf notgedrungen annehmen musste. Diese betrafen z. B.

die Frage, dass bei politischen Vorwürfen keine Konfiskationen der Güter mehr durchgeführt werden dürften. I
der Frage der Religionsfreiheit zögerte Rudolf seine Ent
scheidung wieder hinaus. Auf Grund dieser Übereinkun
konnte Rudolf nun mit seinem Bruder Matthias zu eine
Einigung kommen. Im Vertrag von Libeň (Lieben be
Prag) vom 25. Juni 1608 vereinbarten beide, dass Matthia
die Regierung in Ungarn, Mähren und in den österreichi
schen Ländern übernehmen, Rudolf die anderen Lände
und die Kaiserkrone behalten sollte, bis nach seinem Tod
der Bruder die Nachfolge antreten würde.

Die Religionsfrage war bei dieser Regelung nicht be
rührt worden, und so kam es im Frühjahr 1609 zu eine
Machtprobe zwischen den Befürwortern der Religions
freiheit und den in dieser Sache unbeugsamen Katholiker
Intrigen von beiden Seiten waren die Folge, und schließ
lich musste Rudolf nachgeben und unterzeichnete am
9. Juli 1609 einen Majestätsbrief. Dieser sah vor, dass all
drei Stände – also auch die Städte – sich frei und ohn
Beschränkungen zur Böhmischen Konfession bekenne
konnten. Damit war die Religionsfreiheit für Böhmen er
reicht und ein Rekurs auf die Basler Kompaktaten nich
mehr notwendig. Die innere Gliederung und die Bestel
lung von Pfarrern war den Religionsgruppen überlassen
auf Königsgut durften Kirchen gebaut werden. In konfes
sionell gemischten Orten waren Behinderungen der Min
derheiten oder gar ein Druck zum Konfessionswechse
verboten. Die Geistlichen der Utraquisten sollten unge
hindert im Collegium Carolinum ausgebildet werden, da
neben dem jesuitischen Clementinum nun ein eigenes Le
ben führen konnte. Schiedsrichter (*defensores*) sollter
über Streitfälle entscheiden. Böhmen war damit in de
Frage der religiösen Freiheit seiner Bewohner und mit de
Sicherung von deren Rechten den meisten Ländern voraus, in denen nur die Landesherren die Religionsfreihei
besaßen.

In den Nebenländern war die Situation vergleichbar. In Schlesien hatte die Reformation Luthers rasch gesiegt; die territoriale Zersplitterung einerseits und die tolerante Haltung der Breslauer Bischöfe andererseits brachten es mit sich, dass Schlesien ebenfalls einen Majestätsbrief erhielt, der die Rechte der Protestanten nach dem Augsburger Bekenntnis festschrieb. Auch in Mähren hatte Matthias Zugeständnisse machen und den Ständen die Religionsfreiheit gewähren müssen. Damit war jeweils der Landtag Quelle allen Rechtes, der die Gesetze gab und über den Gerichten stand. In seinem Auftrag bildeten »Defensoren« eine vom König unabhängige Regierung. Die Stände hatten – wieder einmal – ihre Interessen zu Lasten der königlichen Macht durchsetzen können.

Erneut verquickten sich die böhmischen Angelegenheiten mit denen im Reich. Die größten Gegenspieler der katholischen Habsburger waren dort der pfälzische Kurfürst Friedrich V. und Herzog Christian von Anhalt, die im Mai 1608 mit Unterstützung Frankreichs die »Union« als einen Bund evangelischer Fürsten ins Leben riefen. Dieser Organisation trat im Juli 1609 die »Liga« entgegen, ein katholischer Fürstenbund unter der Leitung des Herzogs Maximilian von Bayern. Die Liga griff dann direkt in die Verhältnisse in den Habsburger Ländern ein und verhandelte mit deren Vertretern. In dieser Situation wollte der Bischof von Passau und Neffe des Kaisers Rudolf II., Erzherzog Leopold, seinem Onkel auf dessen Wunsch hin zur Hilfe kommen und dafür die Unterstützung für eine eigene Thronkandidatur in Böhmen und im Reich erlangen. Mit einem Heer rückte er im Frühjahr 1611 überraschend über Österreich bis nach Prag vor, wo er die Kleinseite und den Hradschin eroberte. Gegen diesen Schlag aus heiterem Himmel wehrten sich die böhmischen Stände heftig. Aus den Nebenländern kamen rasch Truppen, die die Passauer zum Abzug zwangen. Die Stände konnten nun König Rudolf dazu drängen, einen Generallandtag einzu-

berufen und seine Abdankung zu erklären. Er behielt
zwar seinen Titel als Kaiser, musste aber seinem Bruder
Matthias, der die Gegenwehr der Stände unterstützt hatte,
weichen, und starb im folgenden Jahr am 20. Januar.

Am 22. Mai 1611 wurde Matthias zum König von Böhmen gekrönt (1611–1619); widerwillig bestätigte er den
Majestätsbrief und die Religionseinigung, vermied aber
eine Festlegung in politischen Fragen. Die Stände forderten von ihm, dass Böhmen und die Nebenländer wieder
stärker zusammenzuführen seien, um gewissermaßen unterhalb der Ebene des Herrschers einen gemeinsamen Fürstenbund zu schaffen. Obwohl er seinen Erfolg den Ständen verdankte, war Matthias kein Freund ständischer
Freiheiten. Sobald er seiner Macht sicher war, versuchte er
die Entwicklung der letzten Jahre wieder zurückzudrehen. Er besetzte die Landesämter erneut mit Katholiken.
Auch der Oberstkanzler Zdeněk Popel von Lobkowitz
half ihm dabei tatkräftig und sorgte dafür, dass die Beamtenschaft im Lande immer mehr Kompetenzen erhielt und
damit die ständische Selbstverwaltung unterlief. Matthias
verzichtete lieber auf neue Steuern, als die Landtage einzuberufen, die ihn mit neuen Forderungen konfrontiert
hätten. Der Plan eines Generallandtags aller Habsburgischen Länder zur Abwehr der Türkengefahr scheiterte
deshalb; stattdessen handelte Matthias mit dem türkischen
Sultan einen Waffenstillstand aus.

Die Stände in Böhmen waren gegenüber dieser hinhaltenden Politik zunächst ratlos. Sie verpassten auch die
Chance, auf die Bitte des Königs, seinen Neffen Erzherzog
Ferdinand von der Steiermark zum Nachfolger wählen zu
lassen, angemessen zu reagieren. Ferdinand war ein Zögling der Jesuiten und als eifernder Katholik bekannt; dennoch stimmten die Stände ohne politische Vorsichtsmaßnahmen der Kandidatur und der Krönung Ferdinands II.
(29. Juni 1617) zu.

Während die Stände im Innern die Stärkung der Königsmacht nicht verhindern konnten, suchten einige ihrer radikaleren Vertreter die Beziehungen zu Stellen im Reich, darunter besonders in der Pfalz, wo sich in Heidelberg ein Zentrum böhmischer Protestanten und der Brüderunität gebildet hatte. Hier wurden auch die Gegensätze zwischen Lutheranern, Calvinisten und Brüdern, sowie den Utraquisten böhmischer Herkunft, diskutiert und gemildert. In Böhmen verlor Matthias in der Zwischenzeit ein Gutteil der öffentlichen Zustimmung, als er seine Hofhaltung nach Wien verlegte. Der Hof hatte manchem ehrgeizigen Adeligen Möglichkeiten zur Betätigung geboten, die nun fehlten. In den Städten nahm der Unmut über die Eingriffe der Beamten des Königs zu, die den Selbstverwaltungsorganen die katholischen Elemente vorzogen. Dazu traten eine Wirtschaftskrise und eine Verschlechterung der Münze. Damit waren die Voraussetzungen für die folgende große Erhebung vorhanden, die sich eher als eine adelige Rebellion denn als ein Aufstand des Volkes wie in hussitischer Zeit erweisen sollte.

Der Anfang dessen, was für Böhmen die große Wende und für Mitteleuropa den dreißigjährigen Krieg bringen sollte, war fast banal. Auf ehemaligem Kirchenbesitz sollten zwei protestantische Kirchen geschlossen werden. Galt Kirchengut als Besitz der königlichen Kammer – was die katholische Kirche bestritt –, dann verstieß die Kirchenschließung gegen den Majestätsbrief von 1609, und so formulierte man dies auch auf einer Ständeversammlung im März 1618. König Matthias antwortete mit einem »Schweren Brief« vom 21. März und wies die Beschwerde zurück; außerdem verbot er die selbstständige Abhaltung solcher Versammlungen ohne königliche Einladung. Dennoch kam es im Mai zu einer weiteren Versammlung, und in einer gereizten Stimmung gewannen die Radikalen die Oberhand. Unter ihrem Einfluss beschloss die Mehrheit,

jene königlichen Räte zu bestrafen, die man für die protes
tantenfeindliche Politik verantwortlich machte. Am 23
Mai 1618 zog eine Delegation auf die Prager Burg, dran
in die Böhmische Kanzlei ein und stürzte nach einem
Wortgefecht zwei Statthalter des Königs, Wilhelm Slavat
(Vilém Slavata z Chlumu a Košumberka) und Jaroslav
Martinitz (Jaroslav Bořita z Martinic) sowie den Landta
felschreiber Philipp Fabricius aus dem Fenster. Wegen de
Abfalls und der Büsche unterhalb des Fensters kamen di
drei fast unverletzt davon.

Bei dieser Demonstration ihrer Macht blieben die Ver
treter der Stände indes nicht stehen. Eine weitere Ver
sammlung setzte die Statthalter ab und bestimmte ein Di
rektorium von dreißig Männern aus allen Ständen zur Lei
tung des Landes. Die Jesuiten wurden ausgewiesen und
Güter der Königstreuen konfisziert; selbst die Absetzung
des Königs wurde erwogen. Nun schickte König Matthias
Truppen nach Böhmen, die aber anfangs wenig Erfolg hat
ten und dadurch die Rebellion weiter anheizten. Auf der
anderen Seite verstärkte die Entfernung von versöhnungs
bereiten Politikern aus der Umgebung des Königs den
Konflikt weiter. In dieser Situation starb König Matthias
am 20. März 1619.

Ferdinand II. war als Nachfolger bereits gewählt und ge
krönt, aber die Durchsetzung seiner Ansprüche wurde
zum Problem. Die Vertreter der Stände der böhmischen
Länder, allen voran die Mährer, suchten und fanden inter
nationale Unterstützung, und die internen Beratungen
mündeten im August 1619 in einen Generallandtag in
Prag, der jedoch nur von den Böhmen den Regeln ent
sprechend beschickt worden war. Hier wurde eine schick
salsschwere Entscheidung getroffen: Die Vertreter der
Stände erarbeiteten einen Konföderationsvertrag, der die
Kronländer »auf ewige Zeiten« in bewaffneter Einheit
verbinden und in dem Wahlkönigreich mit föderativem

Charakter das Übergewicht des evangelischen Elementes in den höchsten Ämtern festlegen sollte. Dieser Entscheidung setzten die Delegierten buchstäblich noch die Krone auf, indem sie Ferdinand für abgesetzt erklärten (19. August 1619) und – unter Berufung auf ihr Wahlrecht – am 26. August den Kurfürsten Friedrich von der Pfalz zum neuen König wählten. Auf den ersten Blick war dies keine abwegige Entscheidung. Der »Palatinus« war ein engagierter Calvinist, mit Elizabeth, der Tochter des englischen Königs Jakob I., verheiratet, und trotz seines jugendlichen Alters (geb. 1596) Führer der protestantischen »Union« mit weitverzweigten europäischen familiären Beziehungen. Die Pfalz umfasste damals nicht nur die Gebiete am Rhein mit der Residenzstadt Heidelberg, deren Universität besonders die Protestanten anzog, sondern auch die Oberpfalz mit der Stadt Amberg, die mit dem angrenzenden Böhmen vielfältige Beziehungen unterhielt. Außerdem stand der Fürst Bethlen Gabor von Siebenbürgen mit seinen Truppen bei Pressburg und bedrohte den Habsburger Ferdinand von der ungarischen Seite. Schließlich war noch die Rivalität innerhalb des Geschlechtes der Wittelsbacher zu nennen, denn Herzog Maximilian von Bayern, Führer der »Liga« der katholischen Fürsten im Reich, erstrebte für sein Haus die Kurwürde seiner pfälzischen Verwandten.

Die Wahl hatte keinen Unwürdigen getroffen, aber bald sollte sich zeigen, dass alle Hoffnungen auf ausländische Unterstützung seiner Ansprüche trogen. Aus England kam keine wesentliche Hilfe, weil sich König Jakob gerade mit Spanien geeinigt hatte; in Frankreich hatte man während der Regentschaft für den minderjährigen Ludwig XIII. die Ständeherrschaft fürchten gelernt und lehnte deshalb jede Unterstützung ab; die Niederlande waren durch den Krieg gegen Spanien erschöpft, und der Siebenbürger bekam Probleme mit seinen eigenen Anhängern. Demgegenüber konnte Ferdinand mit dem reichen

Spanien rechnen, bekam Truppen aus Polen versproche
und Hilfe von Reichsterritorien.

Der junge gewählte König Friedrich fand in Böhme
zunächst begeisterte Aufnahme, die aber in Befremde
und teils in Ablehnung umschlug, als zur Krönung ir
Veitsdom auf der Prager Burg die Altarbilder verhäng
und die Heiligenfiguren abgeräumt wurden; der Calvinis
schien auf die Hilfe der alten Heiligen des Landes verzich
ten zu wollen. Am Tage der Wahl Ferdinands zum römi
schen Kaiser (28. August 1619) traf in Frankfurt di
Nachricht von seiner Absetzung als König von Böhme
und der Wahl seines Rivalen ein. Da Ferdinand auf seinen
älteren Recht bestand, wurde der Kampf der beiden un
vermeidlich.

Politische Struktur, Gesellschaft, Wirtschaft und Kultur

Die Stände der böhmischen Länder waren auf dem Höhe
punkt ihrer Macht, als sie ihr Recht auf eine freie Königs
wahl ausübten. Führend hierbei waren die Vertreter des
Königreiches Böhmen, die allein dieses Recht für sich ir
Anspruch nahmen; sie repräsentierten das Königreich und
mittelbar auch die übrigen Länder der Krone. Auf diesem
Territorium von rund 122 000 km² lebten um 1600 schät
zungsweise vier Millionen Einwohner, was eine durch
schnittliche Bevölkerungsdichte von 35 Personen auf den
Quadratkilometer ergibt; England und Wales zusammen
zählten damals ebenso viele Bewohner, übertroffen von
Spanien mit rund 6,7 Millionen. Nur Sachsen und das
Rheinland waren im römischen Reich ähnlich dicht besie
delt. Die Bevölkerung jedes der böhmischen Länder be
stand aus einer kleinen Schicht von Adeligen und Stadtbe
wohnern, sowie der überwiegenden Zahl von Bauern nach
Stand und Lebensunterhalt.

Der erste Stand der »Herren« (*barones regni*) im König-reich Böhmen, dessen Bevölkerung um 1600 auf 1,5 Millionen geschätzt wird, zählte 1615 nur 197 Personen, die zehn bis zwölf Familien zugerechnet wurden; den zweiten Stand stellten 977 »Ritter« (*milites, zemané*), die sich etwa 25 bis 30 Familien zuordnen lassen; den dritten Stand machten die königlichen Städte aus, an deren Spitze die vier Prager Städte (Altstadt, Neustadt, Kleinseite und die untertänige Burgstadt Hradšany) standen. Nur etwa zehn Prozent der Bevölkerung waren katholisch geblieben, etwa achtzig Prozent zählten zu den Utraquisten der beiden Richtungen, der Rest verteilte sich auf Lutheraner, Calvinisten und die »Brüder«. Der Herrscher von Böhmen trug die Krone, aber die Länder der Krone Böhmen waren selbstständige Herrschaftsgebiete mit je eigenen Strukturen, mit Landtagen ihrer Stände und einem tief verwurzelten Landespatriotismus; nur in der Person des Herrschers mit dem jeweils auf das Land bezogenen Titel (»König«, »Markgraf«, »Herzog«), durch die böhmische Kanzlei als oberstes Verwaltungsorgan und in gelegentlichen Generallandtagen ohne verfassungsrechtliche Bedeutung waren sie politisch miteinander verbunden. In königloser Zeit amtete der Oberstburggraf in Prag als oberster Landesbeamter Böhmens als *Interrex*. Eine monarchische Union von Ständestaaten hat man dieses Gebilde genannt oder ein »Haupt« (Böhmen) mit seinen »Gliedern«. Daneben gab es persönliche Beziehungen zwischen den historischen Territorien, sei es durch den verstreuten Landbesitz der Herren, in Eheverbindungen der politisch führenden Familien untereinander oder den ökonomischen Beziehungen der reichen Stadtbürger.

In jedem der Länder gab es neben dem Landtag als höchster Vertretung Landesämter, die von Adeligen besetzt, und in wachsender Zahl königliche Beamte, die nur dem Herrscher verpflichtet waren. Die persönliche Teilnahme an den Landtagen stand allen Adeligen offen, wur-

de aber meist nur von den Herren wahrgenommen, die
sich die damit verbundenen Kosten leisten konnten. Der
Kleinadel und die Städte entsandten meist Delegierte. Das
Verfahren zur Einberufung der Landtage war noch unge
regelt, so dass neben dem König auch die gewählten
Amtsträger dazu einladen konnten. Die Verhandlungen
auf den Landtagen waren oft chaotisch; meist diskutierte
jeder Stand als besondere Kurie für sich, und von den
Herren wurden die Beschlüsse den anderen Kurien wei
tergereicht, die dazu Stellung beziehen durften. Das Prin
zip der allgemeinen Übereinkunft, d. h. die Einstimmig
keit der Entscheidungen, galt als ungeschriebenes Gesetz
adeliger Versammlungen. Gegenstand der Beratungen auf
den Landtagen waren die Beziehungen zum Landesherrn,
die Religionsfrage, Probleme des Landfriedens und der
Sicherheit sowie insbesondere die Steuerbewilligung. Es
bestand ein Spannungsverhältnis zwischen der eifersüchtig
gehegten Individualität der Länder und ihren gemeinsa
men Interessen.

Entsprechend der mittelalterlichen Vorstellung bewahrte grundsätzlich jede Region ihre alten Rechte, auch wenn
sie – etwa über Erbschaft, Verpfändung oder Eroberung –
mit einem anderen Territorium zusammengeführt worden
war. So besaß das Gebiet von Eger (*Chebsko*) als Reichspfandschaft eine besondere Stellung innerhalb des Königreiches Böhmen. Nachdem es bereits geraume Zeit zwischen der rechtlichen Zugehörigkeit zum römischen Reich
und den Ansprüchen des jeweiligen Königs von Böhmen
gependelt hatte, war es 1322 vom Kaiser Ludwig dem
Bayern an König Johann von Böhmen übertragen worden.
Damit hatte ein Prozess eingesetzt, der auf eine vollständige Eingliederung in Böhmen zielte, während die Vertreter
des Egerlandes in ihrem Landtag stets auf den Eigenrech-
ten bestanden. Das Egerland hat diese Sonderstellung demonstriert, als es trotz Drängens der böhmischen Stände
dem Generallandtag von 1619 fernblieb und dem neuen

König Friedrich von der Pfalz in einer eigenen Zeremonie
huldigte.

Ein weiterer Sonderfall war die Grafschaft Glatz. Ur-
prünglich war dieses Gebiet ein Bestandteil des Herzog-
tums Schlesien, bis es 1454 König Jiří gekauft und 1459
dem Königreich Böhmen als lehnsabhängige Grafschaft
einverleibt hatte. Auch Glatz besaß einen eigenen Landtag
und eigene Landesinstitutionen. Der Wahl des »Winterkönigs« Friedrich hatte die Grafschaft zugestimmt und ihm
gehuldigt.

In der Markgrafschaft Mähren, die König Jiří 1464 »untrennbar« mit Böhmen verbunden hatte, lebten um 1600
rund 0,8 Millionen Menschen. Neunzig »Herren« aus
zehn bis zwölf Geschlechtern und 189 Ritter aus fünfundzwanzig bis dreißig Familien repräsentierten das Land.
Über die Wirren der Hussitenzeit hatte sich die katholische Geistlichkeit zwar als eigener Stand behauptet, bildete jedoch keine eigene Kurie im Landtag; der Bischof von
Olmütz stimmte zumeist mit den Herren, die niederen
Geistlichen mit den Abgesandten der Städte. Als Vertreter
des Markgrafen in der Person des Königs von Böhmen
amtierte ein Landeshauptmann. In religiöser Hinsicht war
Mähren freier als Böhmen; es galt als »Ketzerland«, das
aber loyal zur Krone stand. Neben den anerkannten Konfessionen der Katholiken und der Utraquisten hatte die
Brüdergemeine die Unterstützung der Stände und damit
eine – rechtlich nicht abgesicherte – Gleichberechtigung
erlangt; dasselbe galt für die Lutheraner und die wenigen
Calvinisten. Allerdings waren alle diese Gruppierungen
untereinander zerstritten, so dass sie der schleichenden
Rekatholisierung durch den Bischof von Olmütz wenig
entgegensetzen konnten.

Das Herzogtum Schlesien mit geschätzten 1,4 Millionen
Einwohnern hatte Karl IV. 1348 der Krone Böhmen »inkorporiert« (was er als Kaiser 1355 bestätigt hatte); wegen
der inneren Vielfalt konnte die Bezeichnung »Schlesien«

jedoch nur eine historische, kaum eine politische sein. Al
Ergebnis von vielen Erbteilungen unter den Nachkomme
des polnischen Herrschergeschlechts der Piasten, weite
durch Heiraten, Erbschaften und Kauf existierten dor
viele Fürstentümer oder Standesherrschaften nebeneinan
der. Zusammen mit dem Bischof von Breslau, der eben
falls ein Landesherr war, beschickten die Herren eine
Fürstentag, der sich aus drei Kurien zusammensetzte: Zu
ersten gehörten die Fürsten und privilegierten Standesher
ren, zur zweiten die Amtsträger der Erbfürstentümer, di
der König unmittelbar beherrschte, sowie die Stadt Bres
lau, zur dritten schließlich die königlichen Städte in de
Erbfürstentümern. Gemeinsam unterstanden diese Terri
torien dem Herzog, der zugleich König von Böhmen war
Er konnte die Fürstentümer nach Erlöschen der herr
schenden Familien einziehen, selbst verwalten oder als Le
hen neu vergeben. König Ferdinand I. hat diese Politi
konsequent verfolgt und in die Erbverträge der herrschen
den Familien untereinander eingegriffen, um seine Autori
tät als Landesherr zu behaupten. Diese wurde aber durch
das rasche Vordringen des Luthertums im Lande in Frage
gestellt. In der Religionsfrage war Ferdinand in Schlesien
eher als in Böhmen zu Kompromissen gegenüber den
Ständen bereit, da er den Steuerertrag des reichen Landes
brauchte; seine Nachfolger unterstützten stärker die Ge
genreformation. Gerade Rudolf II. tat sich in dieser Hin
sicht hervor, förderte damit aber das Zusammengehen der
schlesischen mit den böhmischen Ständen, die 1609 unter
einander ein Verteidigungsbündnis schlossen. Gemäß den
Bestimmungen des »Majestätsbriefes« für Schlesien sollte
die Religionsausübung frei und sollten die Konfessionen
gleichberechtigt sein; das Oberamt im Lande als Vertre
tung des Königs war einem einheimischen evangelischen
Fürsten zu übertragen. Im Streit der beiden königlichen
Brüder unterstützten die Schlesier Matthias, der ihnen
noch weitergehende Rechte zugestand. Andererseits ver

härften sich die religiösen Spannungen, weil die katholische Seite durch energische Personen gestärkt, wohingegen die evangelische durch eine Spaltung zwischen Luthenern und Calvinisten, für die der »Majestätsbrief« nicht galt, geschwächt wurde. Unter diesen Umständen hatten sich die schlesischen Stände der böhmischen Rebellion angeschlossen, und ihre Vertreter hatten – allerdings ohne ausdrückliche Vollmacht dazu – den Pfälzer Friedrich zum König von Böhmen gewählt.

Die beiden Lausitzen gehörten seit dem Generallandtag von 1356 »untrennbar« zur böhmischen Krone. Im 13. Jahrhundert hatte dort der deutschsprachige Adel im Herrenstand die Oberhand gewonnen; der alte slawische Ritterstand übernahm allmählich die deutsche Sprache; deutsche Bürger stellten die Mehrheit in den Städten, und auch auf dem Land waren die sorbischen Bauern durch Zuzug deutscher Bauern in die Minderzahl geraten. Diese Bewegung war durch die Reformation beschleunigt worden, weil die Sorben kaum Geistliche ihrer Sprache hatten. Die beiden Gebiete besaßen je eigene Vertretungskörperschaften, die im Landtag der Oberlausitz zwei Kurien umfassen (Adel und Städte), in der Niederlausitz dagegen vier. Der Markgraf als Landesherr in der Person des Königs von Böhmen ernannte die Landeshauptleute als oberste Amtsträger aus dem landständischen Adel; für die Stände führten gewählte Landesälteste das Regiment. Mit der katholischen böhmischen Herrschaft konkurrierte der Einfluss der angrenzenden protestantischen Kurfürstentümer Sachsen und Brandenburg. Dies zeigte sich bei der böhmischen Rebellion von 1618, als der sächsische Kurfürst Johann Georg, obwohl selbst evangelisch, sich einer Unterstützung des calvinistischen Pfälzers verweigerte.

Als verbindende Klammer zwischen all diesen Territorien wuchs allmählich die Schicht von Beamten, die auf Universitäten in den Rechtswissenschaften ausgebildet waren und oft von außerhalb kamen. Sie waren allein dem

König verpflichtet und wurden von ihm besoldet. Beson ders ihre Verwendung im Steuerwesen brachte sie in Kon kurrenz zu den gewählten Ständevertretern, deren Lan desbewusstsein sie nicht teilten. Mit ihrer Schulung i römischem Recht wirkten sie im Sinne einer fortschreiten den Vereinheitlichung der Länder.

Die Herrschaft der Stände darf nicht mit dem moderne Verständnis von »Demokratie« gleichgesetzt werden; si bedeutete vielmehr die rücksichtslose Wahrnehmung de jeweils eigenen politischen und ökonomischen Interesse Die »Herren« opponierten gegen den Einfluss der Ritte und versuchten, die Rechte der Städte zu beschneiden; all Adeligen gemeinsam und die Städter beherrschten di Bauern. Die Stände bildeten eine Oligarchie, unter der di Bewohner des Landes meist mehr litten als unter eine Königsherrschaft, die dem Anspruch nach die Interesse der Bewohner zum Zwecke des Allgemeinwohls ausbalan cierte. Das ökonomische Interesse des Adels bestimmt die Gesetzgebung: Der Adel zahlte für seine Besitzunge keine Steuern, bürdete diese aber den Städtern und de Bauern auf. Seine wirtschaftliche Grundlage war di Landwirtschaft, über die er sich die Kontrolle vorbehie und den Städten das Recht bestritt, außerhalb der Stadt territorien Land zu erwerben oder Landwirtschaft zu be treiben.

Die Besitzverhältnisse des Adels entsprachen seiner po litischen Macht: In Böhmen gehörten dem Adel zu diese Zeit drei Viertel des Bodens; zusammen mit dem Acker land ihrer Untertanen behaupteten allein die »Herren den Besitz von über fünfzig Prozent der Fläche. In Mäh ren lag dieser Prozentsatz sogar noch höher. Der Hoch adel hatte am meisten von der Säkularisierung des Kir chenbesitzes infolge der Hussitenbewegung profitiert und anschließend auch viel Königsland an sich gebracht. Aller dings waren daraus kaum zusammenhängende Ländereien

tstanden, so dass sich der Streubesitz nicht zu Landes-
errschaften wie im römischen Reich zusammenfassen
eß. Nachteilig für eine eigenständige Machtstellung war
ach die hohe Fluktuation innerhalb des Herrenstandes.
iele Herrenfamilien, darunter auch die mächtigen Rosen-
erger, starben im 16. Jahrhundert im Mannesstamm aus;
on 69 Familien aus dem böhmischen Herrenstand von
557 waren 1615 nur noch 32 vorhanden. Die Ritterschaft
atte in dieser Zeit etwa ein Drittel ihrer Mitglieder einge-
üßt. Die Besitzungen erloschener Familien wurden unter
erwandten aufgeteilt oder vom König eingezogen, der sie
n andere Familien weitergab. So rückten in dieser Zeit
eue Geschlechter, wie Czernin, Kinský und Kaunitz, in
en Herrenstand nach, dazu traten auch zahlreiche Fami-
en von außerhalb, von denen viele deutsche Namen tru-
en (Thun, Hohenlohe) und ihre Familienbeziehungen
ber die Landesgrenzen hinweg aufrechterhielten. Auf-
eiger und landfremde Familien benötigten nach ihrer Be-
afung durch den König den »Inkolat«, d. h. die Zustim-
nung der Standesgenossen zu ihrer Aufnahme in den
andesadel. Die Regeln dazu hatten die Landtage um
ie Jahrhundertwende verschärft; sie schlossen etwa die
enntnisse der tschechischen Sprache ein, in der die
andtage verhandelten, oder forderten zumindest für die
ächste Generation das Erlernen der Landessprache. Al-
rdings passten sich die neuen »Herren« rasch den Lan-
essitten an und stellten bei der Rebellion von 1618 einen
icht unbeträchtlichen Anteil an der Opposition gegen
önig Ferdinand. Auch die Ritterschaft hatte 1554 das
echt der Einflussnahme auf die Adelserhebung von Bür-
erlichen erwirkt und musste deren Aufnahme in ihren
tand zustimmen.

Die wirtschaftliche Lage des Adels war oft unsicher.
um einen dauerte der Rechtsstreit mit der katholischen
irche an, die auf die Rückgabe der verlorenen Besitzun-
en drängte, zum anderen reichten die Erträge der Land-

wirtschaft allein kaum zur Versorgung aus. Der Adel ve
suchte mit allen Mitteln, die in den Hussitenkriegen fr
gewordenen Bauern in die Untertänigkeit zurückzufü
ren und sie in seine Wirtschaft einzugliedern. Mensche
die nicht selbst »Herren« waren, sollten nach seiner Au
fassung einem Herrn gehören. Der Adel benötigte Me
schen für die Eigenbewirtschaftung seiner Güter ur
stand darin in Konkurrenz zu den Städten, die ebenfa
auf den Zuzug von außen angewiesen waren, denen
aber die Aufnahme von Läuflingen verbot. Die Pflichte
der Bauern zur Arbeit auf Herrenland wurden ausgedeh
(*Robot* als Frondienst), die Selbstverwaltung auf de
Dorf (»Gassen- und Gemarkungsrechte«) wurden gemi
dert und von Verwaltern übernommen. Der Adel w
daran interessiert, die landwirtschaftlichen Erträge zu ve
bessern. Die entstandene Teichwirtschaft in Südböhme
erzeugte Fische, die – wie andere Erträge der Landwir
schaft oder daraus produzierte Waren – über Verwalt
verkauft wurden, wodurch der Adel in Konkurrenz z
den Städten geriet. Er intensivierte die Waldwirtschaft, d
das Holz zum Bau von Schlössern und Stadthäusern, ab
auch für den Bergbau und zur Verhüttung der Erz
(Holzkohle) lieferte. Die Schafzucht wurde verbesser
und Hirten walachischer Herkunft kamen ins Land. D
Besiedlung der gebirgigen Randgebiete des Landes un
die Aufsiedlung von Ödland führten zur vermehrten Ein
wanderung von deutschsprachigen Siedlern, die neben de
ertragsarmen Agrarwirtschaft auf einen Nebenerwerb an
gewiesen waren. Auf diese Weise verschob sich langsa
die Sprachgrenze auf dem Land in einigen Gebieten z
Lasten des Tschechischen. Die Herstellung von Wolltu
chen und Leinwand, aber auch von Glas und andere
Produkten vergrößerte die Erträge der adeligen Grundbe
sitzer. Bürgerliche Händler organisierten das »Verlagssy
stem«, indem sie als die Kapitalgeber Rohstoffe aufkau
ten, sie den Bauern und Handwerkern zur Verfügun

ellten und anschließend deren Produkte der Weiterver-
beitung abnahmen und vermarkteten.

Ein Musterbeispiel der auf Monopolen beruhenden feu-
len Wirtschaft war der Streit um die Braurechte. Bier
ar ein Grundnahrungsmittel jener Zeit, und jeder Bürger
ad Bauer besaß ursprünglich das Recht zum Brauen.
urch Verbesserung des Brauwesens hatten die königli-
en Städte in den umliegenden Dorfern einen einträgli-
en Markt gefunden. In einem langwierigen Streit konnte
r Adel auf seinen Gütern den Import verbieten und
ber den Brauzwang dort sein Bier absetzen sowie über
as Monopol zur Herstellung von Branntwein Gewinne
zielen. Auch mit der Gründung von untertänigen Städ-
n auf seinem Landbesitz machte er den freien Städten
onkurrenz, weil dort die strengen Zunftregeln nicht gal-
n. Die Biersteuer erbrachte ein Drittel des Steuerertrages
ad gehörte damit zu den bedeutendsten Einnahmen des
dels und des Königs, der am Gewinn beteiligt war. Der
önig allein blieb aber für das Geldwesen und die Münze
erantwortlich. Der Rückgang der Produktion von Silber
den Bergwerken des Landes und die Einfuhr von Edel-
etallen aus den amerikanischen Kolonien verschlechter-
n aber langsam den Ertrag.

Auf seinen Schlössern führte der vermögende Adel ein
lanzvolles Leben, und mit der Umsiedlung des Herr-
herhofes nach Prag profitierte auch diese Stadt vom Bau
deliger Paläste. Der Adel war an Bildung interessiert,
chickte seine Söhne auf die guten Schulen der Jesuiten und
uf italienische Universitäten oder nach Krakau. Durch
eisen und Familienbeziehungen war er in die europäische
Iochkultur dieser Zeit eingebunden; viele adelige Familien
rweiterten ihren Horizont durch Heiraten mit Frauen aus
Deutschland, aus Italien oder Spanien. Die dadurch er-
eichte Weltoffenheit unterstützte die Toleranz im religiö-
en Streit, erleichterte den Wechsel zwischen den Konfes-
onen und stärkte die landständische Solidarität.

Angesichts der Macht des Adels befanden sich die Städ in den böhmischen Ländern im 16. Jahrhundert in ein Phase der Krise und der Stagnation. Es gab zwei unte schiedliche Rechtsstellungen: Die »königliche Stadt« u terstand dem Landesherrn und regierte sich dem A spruch nach selbst, musste aber seit 1547 die Kontro durch königliche Beamte erdulden; Städte auf dem Besi eines »Herrn« unterlagen dessen Leitung. Eingespan zwischen der dominierenden Stellung des Adels und d Untertänigkeit der Bauern, verhielten sich die Städ selbst wie Adelige: Sie besaßen Land außerhalb der Stad grenzen, verfügten dort über abhängige Bauern, profitie ten von ihren Monopolen und zogen aus den Dörfe Menschen an, die sie für ihre Wirtschaft benötigten. N die vier Prager Städte, die sich jeweils selbst regierte zählten mit zusammen über 60 000 Einwohnern zur eur päischen Oberklasse; die meisten Städte waren Kleinstäd mit weniger als zweitausend Bewohnern; nur wenige, w etwa Kuttenberg mit ca. 4500 Bürgern und 2400 Bewoh nern des abhängigen Landes, ragten darüber hinaus. Etv zehn Prozent des Bodens in Böhmen gehörte den Städte

Die Bewohner der Städte gliederten sich in mehre Schichten. Das alte Patriziat oft deutscher Sprache war der Hussitenzeit meist vertrieben worden oder geflüchte ein neues tschechischer Sprache war an dessen Stelle getr ten und erst auf dem Wege zu überregionaler Vernetzun Unter der Gruppe der Handel treibenden Patrizier sta den die Handwerker, die in Zünften zusammengeschlo sen waren; diese reglementierten das Leben und d Produktion ihrer Mitglieder, sorgten für deren bescheid nen Wohlstand und verhinderten zugleich einen Ab sturz in die Armut oder den Aufstieg zu Reichtum. In de Zünften war der stärkste Zuzug von Landfremden zu vei zeichnen, die mit neuen Arbeitsmethoden für Fortschri sorgten. Sie konkurrierten mit dem Adel, der auf seine Gütern Waren oft billiger herstellen lassen konnte. Ein

:sonderheit stellten die Bergstädte dar, in denen auswär-
:e Handelshäuser als Kapitalgeber für die Modernisie-
:ng und Erweiterung der Produktion sorgten. Die Reli-
:onsfrage hatte zu Beginn des 16. Jahrhunderts zu wach-
:nden Streitigkeiten zwischen dem Patriziat und den
:ünften geführt; im weiteren Verlauf der Zeit näherten
:ch die reichen Stadtbürger dem Ritterstand, strebten
:heverbindungen mit ihm und die Nobilitierung an, was
:s alte Solidaritätsgeflecht empfindlich störte. Wirtschaft-
:he Konkurrenz führte auch zu Vorschriften über die
:rwendung der tschechischen Sprache, deren Bedeutung
:egen der Zuwanderung Landfremder bedroht war. Die
:nterschicht der Städte bestand aus Tagelöhnern, die sich
:t aus Läuflingen aus den Dörfern rekrutierten. Mit der
:eit entstand eine neue bürgerliche Schicht von Juristen,
:eilkundigen und Spezialisten, darunter viele Landfrem-
:, zu denen auch die Juden zählten.

Die Städte trugen einen bedeutenden Anteil an den
:euern, die für die Söldner und die Beamten aufgebracht
:erden mussten. Insbesondere die dauernden Kriege ge-
:n die Osmanen verzehrten viel Geld und sorgten für
:euerung und eine Verminderung des Münzumlaufs. Auf
:en Landtagen, die über diese Belastungen entschieden,
:onnten sich die Vertreter der Städte gegen die adelige
:bermacht nicht behaupten. Auch der Besitz der katho-
:schen Kirche wuchs wieder, wie sich an der Neuein-
:chtung von Pfarreien und dem langsamen Aufbau der
:löster zeigte. In Böhmen konnte sich der Klerus, im Un-
:rschied zu Mähren, aber nicht am politischen Leben be-
:iligen.

Die größte Masse der Bevölkerung stellten die Bauern,
:ie etwa ein Drittel des Ackerlandes für ihre Eigenwirt-
:haft zur Verfügung hatten. Die Schicht der Bauern war
: sich stark gegliedert. Nur etwa 0,4 % waren Freibauern,
:ie keinem Herrn unterstanden; die Übrigen unterlagen
:em Gericht und der Verwaltung durch den Adel oder

durch die Städte. Reiche Bauern beschäftigten Hilfspers
nal (»Instleute«); die große Masse zählte zu den mittler
Bauern, die im Allgemeinen ein gutes Auskommen hatt
nur eine kleinere Gruppe bildeten die Kleinbauern u
die Gärtner, die auf geringer Fläche ihr Auskommen nic
erreichten und auf Nebentätigkeiten oder Arbeit auf d
Adelshöfen angewiesen waren. Diese Gruppe stellte au
die meisten Menschen für die Wiederbesiedlung von Wü
tungen oder die Ansiedlung in Industriedörfern, wo s
sich neben der Landwirtschaft mit Kleingewerbe befas
ten. In den Altsiedelgebieten war für überzählige Männ
der letzte Ausweg aus der Verarmung oft der Militä
dienst, der zu dieser Zeit viel Personal benötigte.

In die alte Selbstverwaltung der Dörfer hatte der Ac
massiv eingegriffen; an die Stelle von gewählten Richter
Schöffen, Badern und anderen hatte er seine Beauftragt
eingesetzt. Die Bauern reagierten auf solche Neuerung
und die Einführung von Hofdiensten oft mit lokalen U
ruhen.

In diesem Sozialgefüge hatten auch die Juden einen fest
Platz gefunden, obwohl der Niedergang der Königsmac
ihnen den Schutzherrn genommen hatte. In zwei Leben
bereichen fanden sie neue Aufgabengebiete und Schut:
räume: in den Städten und auf den Gütern der Adelige
In den Städten führten sie zum einen das traditionel
Geldgeschäft fort, das angesichts des steigenden Bedar
an Bargeld und Krediten notwendig war. Die Städte e
kannten die Bedeutung dieser Tätigkeit, die durch Ki
chengesetz den Christen verboten war, griffen dann durc
Verordnungen regulierend ein. Die Höhe der Zinsen wu
de reglementiert, um 1500 auf etwa fünfundzwanzig Pr
zent gesenkt; im späteren Verlauf des Jahrhunder
schwankten sie zwischen zehn und zwanzig Prozent. D
die Städte und auch die Grundherren am Ertrag der Kr
dite beteiligt waren, schrumpfte der den Juden vorbehalt

e Gewinn, was aber durch eine höhere Rechtssicherheit sgeglichen wurde. Da der überregionale Warenhandel er Juden angesichts der christlichen Konkurrenz im ückgang begriffen war, blieb ihnen oft nur der Klein- nd Kramhandel. Daneben waren ihre Handwerke wich- g geworden: Goldschmiede und besonders Schwertfeger nd hier zu nennen. Ein spezifisch jüdisches Gewerbe urde der Geldwechsel, weil die Juden wegen ihrer inter ationalen Verbindungen über die Münzprägungen und ber die schwankenden Metallgehalt der Münzen Infor- ationen besaßen, was Geldstücke gleichen Gewichts, ussehens und Klangs unterscheidbar machte. Die echtsstellung der Stadtjuden näherte sich derjenigen der brigen städtischen Bevölkerung an; ihre Grundstücksge- chäfte und Kredite wurden in Matrikeln erfasst und da- it geschützt; sie trugen Pflichten in der Stadtgemeinde, ahlten Steuern und Sondersteuern, sie konnten so mit en christlichen Bewohnern »heben und leben«, ohne je- och dem Status eines minderen Rechtes entkommen zu önnen. Ihre Bedeutung für die Kommunen wurde urchaus anerkannt, was dazu führte, dass insbesondere ie Städte in Mähren sich allen Versuchen der Obrigkeit viodersetzten, die Juden ganz oder teilweise aus dem Lan- e zu drängen.

Noch größer war die Bedeutung der Juden auf den Be- itzungen des Adels. Mit der Verwaltung der Güter und em Vertrieb der Produkte übernahmen sie wichtige Bereiche adeliger Wirtschaft. Der Zwischenhandel mit Agrarerzeugnissen wie Wolle und Häute verschaffte ihnen ielfach eine Monopolstellung, die sich z. B. im Viehhan- el auch über die Landesgrenzen hinaus erstreckte. Dem Adel war es auch recht, wenn sich die Spannungen zwi- schen Grundherren und Bauern auf die dazwischen täti- zen Vermittler richteten. Insgesamt war die Form der Zu- sammenarbeit so effektiv, dass sich auch der Adel allen Versuchen widersetzte, das Engagement der Juden einzuschränken oder sie gar aus dem Lande zu vertreiben; entsprechende Überlegungen und Erlasse der Obrigkeit in Wien um 1550 wurden ignoriert oder deren Ausführung so lange verschleppt, bis sie vergessen waren. Als Besonderheit für Mähren muss angeführt werden, dass dort auch eine kleine Gruppe von Juden in der Landwirtschaft und im Weinbau selbstständig tätig war.

Prag besaß im Geflecht der jüdischen Interessen eine Sonderstellung. Man rechnet um 1600 mit etwa neuntausend jüdischen Bewohnern im Ghetto der Altstadt, wo elf Synagogen ein Zentrum ihrer Kultur bildeten. Prag beherbergte zu dieser Zeit die größte jüdische Gemeinde Europas und galt als »Hauptstadt der Juden« mit einem bedeutenden Buchdruck. Die Prager Judenältesten bildeten das Hochgericht der Juden Böhmens. Wenn auch der Friedhof dort seine zentrale Funktion für das Land verloren hatte, so blieb doch die Bedeutung der Schulen für die religiöse Bildung. Charakteristisch dafür ist die Person des Rabbi Löw, eigentlich Rabbi Liwa ben Bezalel (um 1520–1609), um dessen Gelehrsamkeit sich zahlreiche Legenden ranken (die Golem-Sage) und der eine weit über Böhmen hinausreichende Wirkung entfaltete. Neben Prag konnte nur die Stadt Eger eine größere Bedeutung für die Juden erringen, blieb aber hinter den Reichsstädten zurück.

Die europäische Bedeutung der böhmischen Länder war mit der Verlagerung des Hofes von König Rudolf II. nach Prag augenfällig geworden. Neben dem Ausbau des Königspalastes auf dem Hradschin zog auch der Bau von Adelshäusern Architekten aus ganz Europa an, die den Baustil von der böhmischen Gotik zur Renaissance weiterentwickelten. Rudolf versammelte Künstler aller Sparten an seinem Hof und zahlte ihnen z. T. hohe Gehälter. Maler wie Arcimboldo, der schon unter Maximilian in Prag tätig gewesen war, mehrten den Ruf des kunstsinnigen Königs, der in seinen umfangreichen Sammlungen

rachtvolle Kunstwerke, kostbare Reliquien und Kuriosi-
ten vereinte. Gelehrte wie die Astronomen Tycho Brahe
nd Johannes Kepler, aber auch der jüdische Gelehrte
abbi Löw fanden im Kaiser einen interessierten Ge-
prächspartner und freigebigen Förderer. Die Anfänge der
Wissenschaft mischten sich indes noch mit Aberglauben,
o dass die Erzählungen über Goldmacher und Astrolo-
en die Berichte über ernsthafte Forschung und die Erfol-
e der Kunsthandwerke im Umkreis des Hofes übertref-
en. Prag war zur Zeit Rudolfs eine kosmopolitische Stadt
it starker deutscher Prägung, in der Delegationen frem-
er Mächte, darunter des Osmanischen Reiches und Per-
iens, gelegentlich für Aufsehen sorgten. Die Gewinnung
on Spezialisten aus ganz Europa, die Ansiedlung und die
inheirat von Landfremden – von Deutschen, Italienern,
paniern – ließen den Einfluss des tschechischen Elemen-
es zurücktreten, was den Landesadel zu Beginn des 17.
ahrhunderts zu Gesetzen zum Schutz der Landessprache
nregte.

   Die allgemeine Kultur des 16. Jahrhunderts zeigte hin-
egen eine Blüte des tschechischen Elementes. Dies lässt
ich besonders in der Literatur aufweisen. Der Buchdruck
chuf die Voraussetzung zur Verbreitung von Büchern,
treitschriften, Kalendern und Flugblättern im ganzen
and. Mit dem Namen Georg Melantrich von Aretin
gest. 1581) ist der Aufschwung des Verlagswesens ver-
unden. Breite Volksschichten hatten die Lesefähigkeit er-
orben, und besonders in den Brüdergemeinen gehörte
ie Lektüre der Bibel und anderer religiöser Schriften zum
Alltag. Die Übersetzung der Bibel in eine kraftvolle
Volkssprache »Kralitzer Bibel«, 1579–1588) eröffnete brei-
en Schichten eine gepflegte Form der Schriftlichkeit; die
rsten Grammatiken wiesen den Weg zur korrekten tschehischen Sprache, die sich neben der lateinischen und der
eutschen behaupten konnte. Religiöse Traktate und be-
onders Lieder, als Volkslieder oder im Chorsatz, waren

verbreitet. Bürgerliche Autoren behandelten Themen d
Alltags mit lehrhaften oder satirischen Schriften und übe
setzten Volks- und Ritterbücher. Die Kultur der Stadtbe
völkerung war mehrsprachig und auf europäischem N
veau, was den Austausch mit der Vorbildern aus Italie
(Übersetzung von Teilen des *Decamerone* von Boccaccio
Frankreich und Spanien ermöglichte. Lehrhafte Schrifte
über Reisen in ferne Länder, aber auch über Theme
praktischer Art, wie Anleitungen zum Acker- und Obs
bau, zur Fischzucht, über den Bergbau (Johann Agricola
über Astronomie und Heilkunde, über Fragen der Rechts
kultur und Landestradition, fanden große Verbreitung
Das Interesse an der Geschichte erwachte, indem Werk
von Zeitgenossen (die *Böhmische Geschichte* des Änea
Sylvius Piccolomini), sowie Chroniken für und wider da
Hussitentum aufgelegt wurden. Die Anfänge einer politi
schen Literatur sind zu verzeichnen, die das überkomme
ne Weltbild im Sinne der adeligen Ständeherrschaft entwe
der unterstützte oder kritisierte. All dies war noch meh
von Enthusiasmus als von strenger Methodik geleite
zeigt aber den Aufbruch in die moderne Zeit, die mehr a
sachlichen und säkularen Themen als an religiöser Proble
matik Gefallen fand.

Im Bereich der materiellen Kultur fällt die Architektu
auf, die sowohl in den Bauten für den Herrscher (da
Lustschloss »Belvedere« auf der Prager Burg für die Köni
gin Anna, 1536–1560; und das Schloss »Stern« in de
Nähe des »Weißen Berges«) und für den Adel (Schloss de
Rosenberger in Krumau und das Lobkowitz-Palais au
der Prager Burg) als auch in den Bauten für das Bürger
tum (Stadthäuser in Prag, Pilsen, Brünn, Teltsch/Telč und
anderswo) bleibende Werke hinterlassen hat. Bildhauer
aus ganz Europa schufen Brunnen und Denkmäler für
Adelsgärten und Marktplätze. In der Malerei erlebte da
Fresco und die Außenmalerei der Sgrafitti einen Höhe
punkt, während die Tafelbilder mit ihren Themen der an

ken Mythologie oder der christlichen Lehre eher an den
Höfen gesammelt wurden. Die Musik wurde besonders
am Königshof und an Adelshöfen gepflegt, wo Hofkom-
ponisten und Organisten ihr Publikum fanden; aber auch
die Brüder und die Lutheraner pflegten eine eigene Musikkultur mit zunehmend komplexerer Polyphonie.

Der Aufschwung des Bildungswesens entstammte im
Wesentlichen zwei Quellen: zum einen der Brüderunität,
die unter dem Brüderbischof Jan Blahoslav (1523–1571)
eine eigene Volkskultur begründet hatte, zum anderen
dem aufblühenden Schulwesen, oft unter der Leitung der
Jesuiten. In den Städten waren Lateinschulen entstanden,
die in den Unterklassen die allgemeine »triviale« Bildung
für den praktischen Gebrauch verbreiteten, in den Ober-
klassen den Söhnen der Patrizier und der Adeligen die nötigen Voraussetzungen boten, ihre Studien an Universitäten aufzunehmen.

Der böhmische Ständestaat war auf der Höhe der Zeit,
was seine führende Schicht des Adels mit ihren weitgespannten Beziehungen betrifft; aber dieser Gesellschafts-
teil umfasste mit vielleicht tausend politisch wirksamen
Personen nur einen kleinen Teil der Landesbevölkerung;
die Entwicklung der Städte stagnierte und blieb hinter der
im römischen Reich zurück, wie dies auch für Polen zu
dieser Zeit zutrifft; die Bauern, die etwa achtzig Prozent
der Bevölkerung ausmachten, begründeten die materielle
Basis des Ständestaates und zahlten die Zeche.

Die böhmischen Länder unter der absolutistische‹ Herrschaft des Hauses Habsburg

(1620–1790)

Die Auswirkungen der Schlacht »am Weißen Berge« a‹ 8. November 1620 waren noch nach Jahrhunderten spürba‹ ja sie sind der tschechischen Bevölkerung Böhmens bis heu‹ bewusst. Sie veränderten die äußere und die innere Landka‹ te der böhmischen Länder dauerhaft und schufen d‹ Grundlage für das absolutistische System des Hauses Hab‹ burg, das sie als »Erbländer« betrachtete. Die Ständeher‹ schaft war der Königsmacht unterlegen, die nun die Grund‹ lagen für den modernen Staat schuf: Zentralisierung der Ver‹ waltung, Vereinheitlichung des Rechts, Merkantilismus a‹ staatliche Wirtschaftspolitik. Dennoch war der Adel nich‹ machtlos, wie sich am Ende dieses Zeitraums zeigte, we‹ sich der Herrscher auf diesen Stand stützen musste.

Der Untergang der Ständeherrschaft in den böhmischen Ländern

1618–1637	Ferdinand II., König von Böhmen, deutscher Köni‹ und römischer Kaiser
1620	8. November: Schlacht am »Weißen Berg« bei Prag
1627	10. Mai: »Verneuerte Landesordnung« für Böhmen
1637–1657	Ferdinand III., König von Böhmen, deutscher Köni‹ und römischer Kaiser
1648	Friede von Münster und Osnabrück

ie blutige Schlacht am 8. November 1620 dauerte nur
vei Stunden, und ehe der böhmische König Friedrich
ach einem Dinner mit englischen Gesandten zu seinen
ruppen reiten konnte, kamen ihm diese am Tor der Pra-
er Burg in wilder Flucht entgegen. Der König selbst floh
aller Hast und fand nirgendwo mehr dauerhafte Auf-
ahme, bis ihm die Niederlande Exil gewährten; als »Win-
rkönig« blieb er im Gedächtnis seiner Untertanen.

Die Niederlage der Stände des Königreiches Böhmen
ar vollständig; Feigheit, mangelnde Vorbereitung und
oordination, schließlich Eitelkeit der Ständevertreter
annte ihr Feldherr Christian von Anhalt als deren Grün-
e. Böhmen ergab sich ohne weiteren Widerstand dem
aiser und huldigte ihm als rechtmäßigem König; Mähren
olgte, und auch die Stände Schlesiens, bei denen Friedrich
uf seiner Flucht vergeblich Hilfe erwartet hatte, unter-
varfen sich auf Gnade und Ungnade. Ferdinand erwies
ch aber nicht als gnädig, sondern strafte das Land und
ie Stände mit grausamen Maßnahmen. Die Stärkung der
öniglichen Macht und die Wiederherstellung der Glau-
enseinheit der böhmischen Länder waren seine Ziele, die
r nun rücksichtslos umsetzte.

Im Februar 1621 ließ Ferdinand alle Personen verhaf-
en, die sich an der Rebellion in herausragender Weise be-
eiligt hatten. Ein Adelsgericht verurteilte in willkürlichen
erfahren siebenundzwanzig von ihnen zum Tode, die am
1. Juni 1621 hingerichtet wurden: drei Personen aus dem
Herrenstand, sieben vom Ritterstand und siebzehn Bür-
er, darunter deutschsprachige und tschechischsprachige
3öhmen, Protestanten wie Katholiken; Gedenksteine vor
lem Altstädter Rathaus in Prag verweisen heute auf diese
Opfer der untergegangenen Ständeherrschaft. Die Prozes-
e in Mähren mussten wegen des Vordringens der Truppen
3ethlens zunächst aufgeschoben werden, ehe dann im Juli
622 dort zwanzig Todesurteile folgten, die später gemil-
ert wurden. Diese Strafen waren aber nur die Spitze des

Eisberges, denn Ferdinand forderte Geldzahlungen ur
Güterkonfiskationen. Auch jene, denen nur ein Teil ihr
Besitzes genommen werden sollte, verloren ihn zumei
vollständig, denn ihre Güter wurden entweder entschäc
gungslos enteignet oder weit unter Wert verkauft, so da
der Erlös kaum die Forderungen des Königs deckte. M
vermutet, dass etwa die Hälfte des Landbesitzes in Böl
men und Mähren damals enteignet wurde und die ehem
ligen Besitzer in die Armut oder ins Exil getrieben wu
den. Nutznießer dieser Besitzumschichtung waren d
loyalen Helfer des Kaisers: katholischer Adel aus de
Land oder Fremde, die katholische Kirche und ihre Ve
treter. Andere, wie der Herzog von Friedland, Albrec
von Wallenstein, kauften mit schlechtem Geld ganze Lat
fundien zusammen. Riesige Mengen an Geld wurde dam
dem Lande entzogen, die Wirtschaft nachhaltig durch d
»lange Münze«, also mit geringem Silbergehalt, gesch
digt.

Die Rekatholisierung geschah mit gleicher Rücksicht
losigkeit. Utraquistische Geistliche wurden seit Dezembe
1621 vertrieben, die Lutheraner etwas später. Im Mär
1624 erklärte ein königliches Patent die katholische Relig
on in Böhmen zur einzig erlaubten, im Juni folgte die
auch für Mähren; zwar galt dies zunächst nur für Bürge
und Bauern, bald aber auch für den Adel. Die Jesuiten er
hielten das Recht der Zensur für den Buchdruck, di
Schulaufsicht und die Leitung der Universität. In mehre
ren Wellen folgten den Flüchtlingen aus den böhmische
Ländern die Ausgewiesenen, die allein aus Böhmen au
150 000 Menschen geschätzt wurden. Der wirtschaftlich
und geistige Aderlass war beträchtlich, denn viele Hand
werker, Lehrer, Geistliche und Gelehrte verließen da
Land, um in den Nachbarländern eine neue Heimat zu su
chen, wo sie ihre Kenntnisse und Fertigkeiten einbrach
ten. Herausragendes Beispiel ist der Pädagoge und Bischo
der Brüdergemeine Jan Amoš Komenský (1592–1670), de

ganz Europa unter der lateinischen Namensversion Comenius hohes Ansehen genoss und nach einer langen Wanderung durch mehrere Länder schließlich verarmt in Amsterdam starb.

Den Prozess der Umgestaltung der böhmischen Länder schloss die »Verneuerte Landesordnung« ab, die am 10. Mai 1627 für Böhmen und ein Jahr später für Mähren verkündet wurde.

Böhmen wurde zum Erbkönigreich der Habsburger im Mannesstamm erklärt. Wenig blieb übrig von der ständischen Selbstverwaltung aus eigenem Recht, denn die alten Rechte wurden kassiert und nur vom König aus eigener Machtvollkommenheit soweit erneuert, wie es seinem Wunsche entsprach. Ihm allein stand nun die Gesetzgebung und das oberste Gericht zu. Er ernannte die Träger der Landesämter aus dem Kreis der ihm treuen Familien; nur er konnte den »Inkolat« aussprechen, also die Anerkennung als landsässiger Adel; dies führte zu einem erheblichen Zustrom von landfremdem Adel und zur Zurückdrängung der alten slawischen Oberschicht. Die formale Gleichberechtigung der deutschen mit der tschechischen Sprache begünstigte de facto die deutsche als Sprache des Hofes und immer mehr auch der Landesverwaltung, selbst im Landtag. Die Vertreter der katholischen Kirche wurden als erster Stand in Böhmen eingesetzt; ihnen folgte der Titularadel (Herzöge, Fürsten, Grafen) nach Reichsbrauch, erst danach kamen die alten böhmischen Herrengeschlechter. Die Städte verloren ihre vormalige Stellung und verfugten auf dem Landtag zusammen nur noch über eine Stimme. Dem Landtag verblieb das Recht auf Steuerfestsetzung; dafür musste der Adel zeitlich unbegrenzten Kriegsdienst auch jenseits der Landesgrenzen leisten oder das Geld für Söldner aufbringen. Der katholische Glaube wurde für alle Bewohner vorgeschrieben, und selbst treue und erprobte Gefolgsleute des Königs, die nicht zur katholischen Religion zurückkehren wollten,

mussten das Land verlassen. Mit Ausnahme von Schlesie
wo eine Sonderregelung galt, verlor das Land ein Viert
der alten Adelsfamilien und ein Fünftel der wohlhabend
Bürger.

So war das Königreich Böhmen ein anderes Land gewo
den. Der vormals reiche Ständestaat mit selbstbewusste
Adel war zu einer verarmten Provinz des Habsburger Re
ches abgestiegen. Prag, das unter Rudolf und Matthias (b
1617) eine pulsierende, kosmopolitische und kulturell a
ziehende Residenzstadt des Königs und Kaisers gewese
war, verkümmerte zur Provinzhauptstadt. Tschechisch
Historiker haben zu Recht diese Umwälzung der polit
schen und sozialen Verhältnisse als Zäsur bewertet, die ei
»dunkle Zeit« (*temno*) unter Habsburger Herrschaft einle
tete; zu Unrecht wurde dies dann aber oft den »Deutschen
angelastet, denn der Kaiser hatte nicht national-ethnisch
Ziele umgesetzt, sondern die Prinzipien des absolutist
schen Staates, der ein schlankes Regiment ohne Gegeng
wichte und eine einheitliche Konfession forderte. Deutsch
sprachige Böhmen waren unter den Opfern sowohl d
Exekutionen wie der Vertreibungen zahlreich vertreten.

Auch die »Nebenländer« waren von den Folgen betro
fen. Die Pfandschaft Eger wurde zwar in den Strudel d
habsburgischen Gegenmaßnahmen und der Rekatholisie
rung gerissen, aber durch ein Generalpardon von 1623 ge
schont. In der Folge konnte das Egerland jedoch seine Po
sition immer weniger behaupten; trotz Rechtsverwahrun
gen erlangte es keine Lösung von den Steuerforderunge
und der Rechtsangleichung in Böhmen; stattdessen musst
es sich mit einer verbalen Bestätigung seiner Sonderste
lung zufriedengeben, die in Wirklichkeit keine Geltun
mehr besaß. Der König von Böhmen, zugleich als Kaise
Pfandherr Egers, hatte kein Interesse an einer Änderun
der Situation, so dass die Sonderstellung nur noch i
Äußerlichkeiten zum Tragen kam.

Auch die Grafschaft Glatz wurde in die habsburgische

egenmaßnahmen einbezogen. Nach 1725 glichen Verdnungen das Recht an und dünnten die alten Privilegien us, ehe das Gebiet 1740 an Brandenburg-Preußen verloen ging.

Schlesien, das im Februar 1620 Friedrich gehuldigt hate, blieb von dem drakonischen Strafgericht Ferdinands II. unächst weitgehend verschont; für die Zahlung einer uße von 300 000 Gulden bestätigte er am 28. Februar 621 widerwillig nach sächsischer Vermittlung die alten echte im »Dresdener Akkord«. Dennoch gingen auch ier die Maßnahmen der Gegenreformation im Lande reiter, besonders getragen von den Jesuiten. Der König riff dort ein, wo sich nach Flucht oder Enteignung der ormaligen Besitzer die Möglichkeit der Vergabe von Güern oder Ämtern an katholische Herren bot, darunter beorzugt Mitglieder seiner Familie. Den Feldzug des evanelischen Heerführers von Mansfeld nach Schlesien beantvortete der König mit der Entsendung eigener Truppen, ie seinen Plänen Nachdruck verliehen und die Bürger in en Städten seiner Erbfürstentümer zum katholischen ʒlauben zurückführten. Das Oberamt des Landes wurde u einer Behörde; evangelische Gutsbesitzer verloren ihr ʒigentum und wurden durch landfremde Adelige ersetzt. Ver sich nicht unterwarf, musste das Land verlassen. Mit iniger Verspätung hatte schließlich auch in Schlesien die Macht des Königs gesiegt, und nur zwei Fürstentümer im ʒesitz der letzten Piasten und der Familie Poděbrad bevahrten ihre Religionsfreiheit.

Der Kurfürst von Sachsen hatte sich für seine Vermittung zwischen den Lausitzen und Ferdinand 1620 die Lauitzen als Pfand ausbedungen; mit dem Frieden von Prag 635, den der Sachse nach einer Besetzung der Stadt 1631 rzwungen hatte, fielen die Provinzen als erbliche Lehen an ʒachsen. Die Oberlausitz war damit nach 326 Jahren, die Niederlausitz nach 262 Jahren Zugehörigkeit zur böhmichen Krone aus deren Herrschaftsverband ausgeschieden.

Mit der »Verneuerten Landesordnung« hatte sich Ferd nand II. in Böhmen gegen die Stände durchgesetzt, ab das Land war nicht befriedet. Längst hatte sich zu dies Zeit der Krieg auf Europa ausgeweitet; Böhmen war dar nur noch ein Objekt, das wie andere Territorien Belastu gen durch Steuern, Rekrutierungen, Kriegshandlunge Plünderung und Mord zu tragen hatte. Auch war Ferd nand keineswegs sicher, dass die Ergebnisse seiner Polit in Böhmen endgültig sein würden. Die Emigranten a Böhmen waren über Europa verstreut und dienten frem den Herren, denen ihr Schicksal vor Augen führte, w. eine ungezügelte Herrschaft des Kaisers im Reich bede ten könnte. Die Rückkehr nach Böhmen und die Rest tution in ihren früheren Besitz blieben ihre Ziele, alle voran jene des gestürzten Friedrich von der Pfalz im ni derländischen Exil. Einer Restitution widersetzten si dagegen aus verständlichen Gründen die Gewinner d neuen Verhältnisse, und diesen war die Frage der Religio längst zweitrangig geworden. Der evangelische Kurfür von Sachsen hatte den böhmischen Protestanten nicht g holfen und dafür vom Kaiser die Belehnung mit den Lau sitzen erhalten; Herzog Maximilian I. von Bayern hat dem Kaiser beigestanden, als Dank bekam er die Kurwü de der Pfalz und die Territorien der Oberpfalz übertrage dazu erhielt er Nutzungsrechte am Rhein.

Konnte der Kaiser auch auf Reichsebene durchsetze was er in Böhmen erreicht hatte, nämlich die absolut Macht des Herrschers über die Partikulargewalten d Stände? Die Macht der Territorialherren im Reich wa größer, als die der Herren in Böhmen gewesen war, un die Macht des Kaisers hing von ihrer Unterstützung ab Während im Südosten das Osmanische Reich bis in di ungarische Tiefebene reichte und eine stete Bedrohun darstellte, griffen im Reich ausländische Kräfte in de Konflikt ein. Den Dänen, deren König als Reichsfürst sei nen Glaubensgenossen zu Hilfe gekommen war, folgte

ach ihrer Niederlage und dem Frieden von Lübeck 1629
ie Schweden, deren König Gustav Adolf am anderen
fer der Ostsee Ansehen und Einfluss suchte. Sein Ge-
enspieler wurde der böhmische Adelige Albrecht Wallen-
ein (Waldstein, Valdštejn), der als Kleinadeliger zu unge-
euerem Reichtum gekommen war und den der Kaiser als
Ierzog von Friedland und Herrn über zahllose Besitzun-
en 1625 in den Hochadel erhoben hatte, der dort zwar
efürchtet, jedoch keineswegs anerkannt war. Wallenstein
atte dem Kaiser angeboten, aus eigenen Mitteln ein Heer
ufzustellen und für ihn einzusetzen. Er schuf ein Riesen-
eer, das ungeheure Kosten verursachte, sich jedoch aus
em Land selbst ernähren sollte. Wallenstein war erfolg-
eich, als er die Dänen schlug, die Herzöge von Mecklen-
urg aus ihrem Land jagte und dort selbst zum Herzog
rhoben wurde, weil der Kaiser ihm die Kriegskosten
icht erstatten konnte. Ferdinand musste ihn jedoch 1630
ntlassen, als er von den Ständen des Reiches die Zustim-
ung zur Wahl seines Sohnes zum Kaiser erreichen woll-
e. Der Erfolg auf der einen Seite schwächte Ferdinand auf
er anderen, denn ohne Wallensteins Heer war seine
Macht schnell zerronnen.

Rasch hatte Gustav Adolf Verbündete unter den evanelischen Ständen gesammelt, die sich bisher neutral ver-
alten hatten; Sachsen und Brandenburg schlossen sich
hm an, und in der Schlacht bei Breitenfeld schlug er das
aiserliche Heer unter dem Feldherrn Tilly vernichtend
1631). Die Sachsen drangen nach Böhmen ein, eroberten
rag und weckten bei den exilierten böhmischen Adeligen
Ioffnungen auf Rückkehr; sie konnten aber Wallenstein
icht für solche Pläne gewinnen, hatte dieser ja selbst
m meisten von den Besitzumschichtungen profitiert. So
ahm er eine neuerliche Berufung durch Ferdinand an
nd stellte wiederum ein großes Heer auf. Er verdrängte
ie Sachsen aus Prag, schlug die Schweden bei Nürnberg
nd bei Lützen, wo Gustav Adolf 1632 den Tod fand.

Nur wenige Wochen später starb auch der »Winterkönig«
Friedrich, der vergeblich die Hilfe des Schweden erbeten
hatte, an der Pest. Damit eröffnete sich ein weites Feld de
Spekulationen, denn die zahlreichen Gegner Wallenstein
am Wiener Hof nährten den Verdacht, dass nun Wallen
stein selbst Anspruch auf die Krone Böhmens erheben
wolle. In der Tat hatte Wallenstein mit seinen Kriegsgeg
nern verhandelt, und in Wien war man darüber informier
Ob er tatsächlich auf die andere Seite wechseln wollte, is
durch Aktenbelege nie bewiesen worden. Aber der Ver
dacht genügte seinen Gegnern am Wiener Hof, die durc
Versprechungen zahlreiche Offiziere gewonnen hatte
und 1634 Wallenstein und seine engsten Mitarbeiter i
Eger, angeblich auf der Flucht zu den Schweden, ermor
den ließen.

Erneut wurde nun in Böhmen ein Strafgericht eröffne
es richtete sich gegen jene Adelige, die den Sachsen wäh
rend ihres Aufenthaltes in Prag irgendwie geholfen hatter
und beraubte sie ihrer Güter. Das riesige Vermögen Wal
lensteins und seiner Anhänger wurde nun unter seine
Gegnern und den abtrünnigen Offizieren aufgeteilt. Böh
men erhielt auf diese Weise wieder einen Zufluss an aus
ländischem Adel, wie die Familien der Piccolomini, Butle
und Colloredo. Ein Erfolg der kaiserlichen Truppen übe
die Schweden bei Nördlingen (1634), der mit spanische
Verstärkung errungen worden war, weckte Hoffnunger
auf einen Frieden, für den der Kaiser im Frieden zu Pra
(1635) nun endgültig auf die Lausitzen verzichtete. Fü
Böhmen änderte sich nichts an den bestehenden Verhält
nissen.

Kaiser Ferdinand konnte noch vor seinem Tode seinen
Sohn die Nachfolge im Reich sichern, so dass dieser al
Ferdinand III. (1637–1657) den Thron bestieg. Zwa
stand er zunächst ganz im Schatten seines Vaters, wa
aber von völlig verschiedenem Charakter. Er hatte ein

ehr gute Bildung erworben, war trotz seines geringen
Alters (geb. 1608) in politischen und diplomatischen Fragen erfahren und vielsprachig, dichtete in italienischer
Sprache und schuf Kompositionen zu geistlichen und
weltlichen Texten. Obwohl er den Frieden wollte, war er
zunächst auch militärisch erfolgreich, fand sich aber dann
einer neuen Koalition von Frankreich und Schweden gegenüber. Schwedische Truppen drangen in Böhmen ein,
nach wechselvollen Kämpfen auch in Mähren, und verwüsteten das Land. Von Osten rückte der Fürst Sieben-
bürgens heran, Georg I. Rákóczi, der Nachfolger von
Bethlen und Schwiegersohn des »Winterkönigs«, so dass
dem neuen Kaiser eine Niederlage drohte. Aber diesmal
rettete Ferdinand der Egoismus des neuen Adels der böhmischen Länder, der die Hoffnungen der Emigranten auf
Wiederherstellung der alten Ordnung und der ständischen Freiheiten zunichte machte. Außerdem vermochte
Ferdinand durch einen Friedensschluss mit Rákóczi den
Osten zu entlasten und die Grenze zu sichern, so dass er
nun Böhmen von den schwedischen Truppen befreien
konnte. Währenddessen schleppten sich die Friedensverhandlungen, die 1640 in Hamburg eröffnet worden waren, dahin, bis sie 1648 in Münster und Osnabrück zum
Abschluss kamen.

Das Ergebnis war nur ein Teilerfolg für den Kaiser: In
seinen unmittelbaren Besitzungen, also auch in den böhmischen Ländern, blieben die Veränderungen seit 1620 in
Geltung und fanden internationale Anerkennung. Der
Versuch, auch im Reich ein absolutes Regiment zu errichten, war dagegen gründlich gescheitert. Dort herrschten
die Landesherren souverän in ihren Territorien, die das
Reich wie einen Flickenteppich bedeckten, einem »Mons-
ter ähnlich«, wie der Rechtsgelehrte Samuel Pufendorf geschrieben hat. Die religiöse Toleranz galt nicht für die
Menschen allgemein, sondern nur für die Landesherren,
die das Recht besaßen, in ihren Territorien die Religion zu

diktieren oder zu tolerieren (*cuius regio, eius religio*). De
Kaiser war nur noch nominell das Oberhaupt des röm
schen Reiches, de facto war er Herr lediglich in seine
Erbländern, wie andere Fürsten auch. Für den Friede
musste er auf Reichsrechte verzichten: Schweden behaup
tete im Norden einige Territorien (Vorpommern, Herzog
tum Bremen); Frankreich erhielt Gebietsrechte im Elsas
die es im Laufe der folgenden Jahrzehnte zu dessen voll
ständigem Gewinn nutzen sollte; die Niederlande und di
Schweiz lösten sich endgültig vom Reich. Der letzte Ak
der böhmischen Tragödie von 1620 schloss damit, dass de
Sohn des »Winterkönigs« die Rheinpfalz zurückerhiel
und mit einer neuen, der achten, Kurwürde belehnt wur
de. Eine letzte Last hatte Böhmen noch zu tragen, als di
Schweden im Juli 1648 Prag eroberten, sich dort festsetz
ten und erst Ende September 1649 mit ungeheurer Beut
an Kulturgütern wieder abzogen.

Die Auswirkungen des »dreißigjährigen Krieges«, al
dessen Beginn der böhmische Aufstand von 1618 angese
hen wird, waren in des Wortes Sinne verheerend. Auf we
niger als zweieinhalb Millionen war die Einwohnerzahl
der böhmischen Länder gefallen, verursacht durch Ver
treibungen, Kriegshandlungen und Seuchen; allein die Pes
hatte das Land sechsmal heimgesucht. Viele Dörfer lager
wüst, fast die Hälfte der Höfe war verwaist (etwa 80 000)
In den Städten stand ein Drittel oder mehr der Häuser lee
und war dem Verfall preisgegeben. Besonders hatten di
Gebiete mit tschechischsprachiger Bevölkerung gelitten
denn deren Wohngebiete waren die fruchtbaren Gegende
Innerböhmens und Mährens. Deutschsprachige Neusied
ler kamen ins Land und machten um 1700 in den böhmi
schen Ländern zwei Fünftel der Gesamtbevölkerung aus

Gravierend waren die Besitzumschichtungen im Adel
Zwei Drittel bis drei Viertel des Bodens in Böhmen hatte
den Besitzer gewechselt. Gegenüber dem Stand von 161
war die Zahl der Familien im Herrenstand auf 297 ange

vachsen, wobei 169 »alten« Familien nun 128 »neue« ge-
enüberstanden. In Mähren war das Verhältnis von 39 »al-
en« Familien zu 27 »neuen« ähnlich. Die Zahl der »Rit-
er« in Böhmen war auf 573 Familien geschrumpft, von
enen 116 neu in den Stand erhoben worden waren. Viele
lte Familien waren verarmt und hatten in anderen Beru-
en oder bei den Soldaten ihr Auskommen suchen müssen.
Manche der neuen Besitzer aus dem Offiziersstand verkauften ihre Güter zwar wieder, dennoch lebten 1654
zwei Fünftel der Bauern auf Besitz des »neuen« Adels.
Die »Herren« besaßen in Böhmen sechzig Prozent des
Ackerbodens, die Kirche zwölf, die Ritter nur noch zehn
Prozent. Günstlinge des Kaisers hatten riesige Latifundien
erworben; fünf Familien besaßen ein Drittel des Bodens in
Adelshand, darunter am meisten die Liechtensteiner, de-
en Besitz sich auf achtzehn Prozent des Bodens in Mäh-
en erstreckte. Für die Bauern bedeuteten diese Besitzver-
größerungen eine höhere Belastung, denn an die Stelle der
rüheren patriarchalischen Beziehungen, in denen sich die
Grundherren für ›ihre‹ Bauern verantwortlich gefühlt hat-
en, trat nun nicht selten ein anonymes Verhältnis, weil die
n Wien residierenden Grundherren in den Bauern oft nur
nützliche Untertanen sahen und sie ausbeuteten. Das alte
ständische Selbstbewusstsein des slawischen Landesadels
war gebrochen; der neue Adel orientierte sich am Hof des
Kaisers, war kosmopolitisch und vielsprachig, aber nur in
seltenen Fällen des Tschechischen mächtig. Zwar wuchs
im Adel wieder ein neues Landesbewusstsein, das auf die
Einhaltung der spezifischen Rechte der böhmischen Länder gegenüber der Krone pochte, zwar vermischte sich allmählich alter und neuer Adel durch Heiraten und Erbschaften, aber das vormals stolze Prag stand im Schatten
Wiens und dämmerte dahin.

Die böhmischen Länder unter der
absolutistischen Herrschaft

1657–1705	Leopold I., König von Böhmen, deutscher König, römischer Kaiser ab 1658
1705–1711	Joseph I., König von Böhmen, deutscher König und römischer Kaiser
1711–1740	Karl VI., König von Böhmen, deutscher König und römischer Kaiser
1713	»Pragmatische Sanktion«

Als Kaiser Ferdinand III. 1657 mit nur 49 Jahren überraschend starb, rückte sein Sohn Leopold nach. Dieser war ursprünglich für den geistlichen Beruf bestimmt gewesen, dann aber 1654 für seinen verstorbenen Bruder Ferdinand zum Nachfolger eingesetzt worden. Die Königswürde hatte der persönlich bescheidene, polyglotte und kunstbeflissene, aber äußerlich unansehnliche Kandidat 1657 ohne Mühe übernehmen können, dagegen gab es Probleme mit der Wahl zum Kaiser, die er dann durch die lange Regierungszeit von 47 Jahren aufwog. Bis 1679 beauftragte er Vertreter des Hochadels mit der Leitung des Reiches, ehe er selbst das Regiment übernahm. Unter seiner Herrschaft stieg Österreich zur Großmacht auf, dessen Interessen in Spanien den Streit mit Frankreich beförderte, während das römische Reich an Ludwig XIV. das Elsass verlor und in den Niederlanden große Einbußen hinnehmen musste; im Südosten konnte der König jedoch Ungarn gegen die Türken verteidigen und die Macht der dortigen Stände zurückdrängen. Höhepunkte dieser Auseinandersetzung waren die Unterdrückung einer Magnatenverschwörung, deren Angehörige 1671 hingerichtet wurden, dann unter Beteiligung des polnischen Königs Jan Sobieski die Verteidigung Wiens gegen ein großes osmanisches Heer 1683. Dieser Sieg leitete die Rückeroberung von Ungarn unter

rinz Eugen von Savoyen ein, die im Frieden von Karlo-
vitz 1699 einen vorläufigen Abschluss fand. Der Kaiser
onnte seine Rolle im römischen Reich wieder stärken,
vo seit 1663 der Reichstag in Regensburg permanent tag-
e. Die Interessen der Erbländer traten dagegen in den
Hintergrund. Mit seinem Namen verbindet sich aber die
Gründung der Universität Breslau, deren barocke »Aula
Leopoldina« seinen Namen trägt.

Sein Sohn Joseph I. aus dritter Ehe (geb. 1678), der be-
eits 1687 zum ungarischen und 1690 zum deutschen König gekrönt worden war, hatte ebenfalls eine gute Ausbil-
lung erhalten, teilte mit ihm die Leidenschaft für die Jagd
und die Musik, war aber wesentlich mehr weltlichen Freu-
len zugetan. An seinem »jungen Hof« sammelte er Ratgeber um sich, die auf Reformen drängten, aber auch die In-
eressen des Hauses in Spanien betonten, wo mit dem
Tode des Königs Carlos II. 1700 der ältere Zweig der
Habsburger ausgestorben war. Die Ansprüche seines Bru-
lers Karl aus den Habsburgischen Hausverträgen standen
hier dem Testament des Verstorbenen entgegen, der den
Enkel Ludwigs XIV., Philipp von Anjou, als Nachfolger
eingesetzt hatte. Die Kriege um Spanien und Ungarn, bald
auch die Einbeziehung Österreichs in den Nordischen
Krieg zwischen Russland und Polen auf der einen und
Schweden auf der anderen Seite (1700–1725) überlagerten
andere Probleme und beförderten auch die Modernisierung der Verwaltung und der Finanzen. Im römischen
Reich betrieb der Kaiser eine energische Politik, die die
Institutionen (Reichskammergericht) und seine Position
stärkten; die konsequente Verfolgung dynastischer Pläne
in Italien führte auch zu einem Konflikt mit dem Papst.
Unter Joseph erreichte das Haus Habsburg den Höhe-
punkt seiner Machtpolitik, und so wurde der plötzliche
Tod des klugen und energischen, aber auch sprunghaften
Herrschers 1711 als eine Zäsur empfunden.

Sein Bruder, der nach vielen Kämpfen in Spanien Phil-

ipp unterlegen war, kehrte nun nach Wien zurück und
übernahm als Karl VI. den Thron (1711–1740, als König
von Böhmen Karel II.). Er war von Jesuiten erzogen worden, war ernst, bedächtig und zeremoniell, im traditionell
habsburgischen Sinn katholisch, aber auch an Musik und
Jagd interessiert. Nach seiner Wahl zum Kaiser musste er
auf seine Ansprüche in Spanien verzichten und dem Frieden von Utrecht (1713) beitreten, der ihm gegen die Abtretung anderer Gebiete an Frankreich die südlichen Niederlande, aber auch große ehemals spanische Gebiete in
Italien eintrug. In der Folge löste der Einfluss der italienischen Kultur und Sprache am Wiener Hof das spanische
Vorbild ab. Im Krieg gegen die Türken erreichte Prinz
Eugen den vorteilhaften Frieden von Passarowitz (1718),
der Nordserbien und Belgrad an Österreich brachte. Nach
dem Tausch Sardiniens gegen Sizilien erreichte das Habsburger Reich nun seine größte Ausdehnung in Mitteleuropa.

Zum innenpolitischen Hauptproblem seiner Regierungszeit wurde die Nachfolgefrage, denn der Sohn seines
Bruders war früh verstorben, und von seinen eigenen Kindern überlebten nur zwei Töchter. Mit seinem Tode würde daher die Familie Habsburg im Mannesstamm erlöschen; bei der Wahl eines Kaisers aus einem anderen Haus
drohte jedoch der Verlust der Erbländer durch deren Einzug und Neuvergabe. Kaiser Karl versuchte dieser Gefahr
durch zwei Maßnahmen zu entgehen: zum einen durch
eine behutsame Politik der Traditionswahrung in den Erbländern, die dem dortigen Adel die Loyalität erleichtern
sollte, zum anderen in einer geduldigen Werbung für die
weibliche Nachfolge in seiner Familie. Diese sollte die
»Pragmatische Sanktion« von 1713 garantieren, für deren
Anerkennung durch den Adel der Erbländer, aber besonders bei den anderen Territorialherren im römischen
Reich und außerhalb er fortwährend warb. Gegen Ende
seiner Regierungszeit machten ihm zwei Probleme noch

chwer zu schaffen: zum einen waren nach einem erfolglo-
en Krieg gegen die Türken im Frieden von Belgrad 1739
ie südungarischen Gebiete wieder verloren gegangen,
um anderen hatte die Einschaltung Österreichs in den
olnischen Erbfolgekrieg den Herzog Franz Stefan von
othringen, den Bräutigam der Thronfolgerin Maria The-
esia, um sein Erbland gebracht, das an den unterlegenen
olnischen König und Schwiegervater des französischen
Königs, Stanisław Leszczyński, fiel; Franz Stefan wurde
ls Großherzog von Toscana abgefunden. Als der Kaiser
740 bei einem Jagdunfall starb, hinterließ er viele unge-
lärte Probleme.

n Böhmen waren die Stände durch das Königtum zwar
esiegt worden, jedoch nicht verschwunden; unter Re-
pektierung der erweiterten Rechte der Krone formierten
ie sich neu. Zwar traten weiterhin Landtage zusammen
nd beharrten auf ihrem Recht der Steuerfestsetzung, jedoch konnte der König sie in schwierigen Zeiten umgehen, und auf die indirekten Steuern besaßen sie ohnehin
keinen Einfluss. Die früher lebhaften Auseinandersetzungen zwischen den Ständen zerfaserten nun in reglementierten Kommissionssitzungen ohne politische Bedeutung.
Obwohl die enge Bindung der führenden Familien an die
Person und den Hof des Königs das Bekenntnis zum
Habsburger Gesamtreich stärkten, scheiterten mehrere
Anläufe, die »Verneuerte Landesordnung« von 1627 zu
mildern. Einige böhmische Herren, wie Wenzel Eusebius
Fürst von Lobkowitz als Hofkriegsratspräsident und erster Minister des Kaisers Leopold I. (1669–1674), später
Franz Ulrich Graf Kinský in der gleichen Position
(1683–1699), stiegen in die höchsten Reichsämter auf oder
waren als Diplomaten tätig. Seit 1624 befand sich die Böhmische Hofkanzlei in Wien; der Oberstkanzler war für die
Verwaltung und die höchste Rechtsprechung in Böhmen
verantwortlich. In Prag amtierte der Oberstburggraf als

Statthalter des Königs und leitete das Landgericht; i
Mähren wirkte das königliche Tribunal als Landgericht i
der Verantwortung des vom König eingesetzten Landes
hauptmannes. Die vormals ständischen Gerichtsinstitutio
nen, die einmal von gewählten Vertretern der Stände a
Ehrenämter geführt worden waren, blieben landesherrli
cher Entscheidung durch besoldete Beamte vorbehalter
Nur noch auf fünf Jahre berief der König die Inhaber de
übrigen Landesämter: den Obersthofmeister, den Oberst
marschall, den Oberstkämmerer. Der König tat aber gu
daran, bei der Besetzung der Ämter auf die Interessen un
das Prestigedenken der Herren Rücksicht zu nehmen. Au
unterer Ebene blieb die Kreisverfassung in Geltung mi
der Bestellung von besoldeten Kreishauptleuten, die fü
die Polizeiaufsicht und die öffentliche Ordnung zuständi
waren und von je einem Vertreter aus dem Herrenstan
und dem Ritterstand besetzt waren.

Am deutlichsten war der Übergang in den absolutisti
schen Staat im Bereich des Heerwesens und im Steuer
system sichtbar.

Die Stände mussten einen Teil der Rekruten stellen un
für deren Versorgung aufkommen; die Leitung des stehen
den Heeres von über 100 000 Mann verblieb dagegen beim
Kaiser. Die ständigen Kriege im Südosten, wo der Kamp
gegen das Osmanische Reich immer wieder Kriegszüge
nach Ungarn und Siebenbürgen erforderte, sowie die Aus
einandersetzung mit Frankreich im Westen, ließen di
Zahl der Soldaten und die Kosten für deren Ausrüstung
immens steigen. Die Steuerlast trugen die Untertanen
nicht der Adel. Um einen Überblick über die Leistungsfä
higkeit des verwüsteten Landes zu erhalten, ließ Kaiser
Ferdinand III. 1654/55 für Böhmen eine »Steuerrolle«
(*berní rula*) erstellen, für Mähren 1664 ein entsprechendes
Kataster. Besteuert wurden die Bauern nach der Hofgrö
ße; in einer weiteren Revision wurde eine Besteuerung des
Ertrags und des Viehbestandes festgelegt. Erst am Ende

es Jahrhunderts mussten auch die Gutsherren ein »Extraordinarium« beisteuern. Am schwersten waren die Lasten ür die Stadtbewohner, die neben den traditionellen Steuern für Ansiedlung und Gewerbe auch indirekte Abgaben auf Bier, Fleisch, Getreide, Tabak u. a.) sowie besondere Militärzuschüsse zu leisten hatten. Gegen Ende des Jahrhunderts wurde eine Kopf- und Erwerbssteuer eingeführt, eine frühe Form der Vermögenssteuer. So stiegen die Steuern von der Regierungszeit Leopolds I. bis Karl VI. für Böhmen von zwei Millionen Gulden auf fast acht Millionen. Dennoch reichten die Mittel nicht und wurden durch gelegentliche »Türkensteuern« und Naturalleistungen aufgestockt.

Der hohe Finanzbedarf einerseits und die Zerstörungen in den Ländern andererseits machten staatliche Eingriffe in die Wirtschaft notwendig. Der wirtschaftliche Schwung der Grundherren war in den Kriegsjahren zum Erliegen gekommen; der Abfluss ungeheurer Geldsummen hatte die Investitionen gestoppt; die Verluste an Arbeitskräften machten neue Maßnahmen zu deren Ausbeutung nötig. Für die Bauern bedeutete dies eine Erhöhung der Fron, der Arbeit auf Herrenland, was sie 1680 und danach mehrfach zu Aufständen trieb. Der Staat griff ein und setzte 1680 die »Robot« der Bauern auf drei Tage in der Woche fest, in Zeiten hohen Arbeitsanfalls (Aussaat, Ernte) konnte die Belastung, dann aber gegen Entlohnung, weiter steigen. Für einige Bauern bedeutete dies eine Entlastung, für andere aber, die entsprechend den landschaftlichen Besonderheiten niedrigere Lasten zu tragen gehabt hatten, eine Verschärfung; auch hierin zeigte sich der neue Zug der Verwaltung, unabhängig von den Traditionen einheitliche Richtlinien für alle Länder Habsburgs zu schaffen.

Der neuen Zeit entsprach auch der Merkantilismus, der staatliche Eingriffe teils zum Schutz der heimischen Wirtschaft vornahm (Einfuhrzölle), teils die Wirtschaftskraft durch die Einrichtung von Manufakturen direkt förderte.

Dies betraf vor allem adelige Grundherren, die über di
Bauern als Arbeitskräfte verfügten, denen ihrerseits an de
Mithilfe von Frauen und Kindern als Zubrot für die land
wirtschaftliche Tätigkeit gelegen war. Traditionelle Heim
arbeit, wie Spinnen und Weben, wurde in die größere
Wirtschaftszusammenhänge einer Textilindustrie einge
bunden. Daneben entstanden neue industrielle Unterneh
mungen, wie die Glasindustrie im Riesengebirge, dere
Produkte in ganz Europa begehrt waren. Dahinter bliebe
die Städte mit ihren Zunftordnungen zurück, da sie be
sonders unter dem Kapitalmangel litten. Sie wurden einer
seits durch die Manufakturen in den Dörfern und ande
rerseits von kapitalkräftigen Fernhändlern bedrängt. Böh
mische Leinwand als wichtigstes Exportgut wurde so
schließlich durch englische Firmen in Europa vertrieber
Durch diese Maßnahmen profitierte der Staat nur indi
rekt, direkt aber etwa durch das Salzmonopol, das di
traditionelle Einfuhr von norddeutschem Salz auf österrei
chische Produkte umstellte.

Auch solches Vorgehen lag im Zug der Zeit, dem zufol
ge der Staat die Aufsicht über die Gewerbe und die Selbst
verwaltung der Städte verstärkte. Die autonome Finanz
verwaltung der Städte war verloren gegangen; landesfürst
liche Stadthauptleute wahrten die königlichen Rechte und
griffen in die Wirtschaftsordnung ein. Dagegen wehrter
sich die Städte, die die alten Zunftordnungen gegen Neue
rungen verteidigten, bis sie durch eine staatliche Neuord
nung der Zunftgeneralartikel von 1739 auf eine gesamt
staatlich einheitliche Linie gebracht werden konnten. Die
neue Zeit des Absolutismus zeigte sich auch darin, dass
die wachsende Schicht der Beamten die Interessen de
Staates und des Herrschers gegen Partikularinteressen
durchsetzte und dadurch maßgeblich zur Vereinheitli
chung der Habsburger Territorien beitrug. Nicht mehr
der Adel stellte die dienende Schicht, sondern ihn ersetz
ten juristisch geschulte Beamte, die aus dem Bürgertum

amen und zu Trägern der Staatsidee und des Gemein-
ohls wurden. Sie setzten gegen die landesübliche Regeln
ie allgemeinen Vorschriften durch und verließen sich da-
ei eher auf die Vernunft als auf Traditionen. Die Aufklä-
ung kündigte sich bereits an. Dagegen hatte sich der
Hochadel, sofern er nicht in den Dienst des Staates getre-
en war, aus der Öffentlichkeit zurückgezogen. Seine Mit-
lieder lebten auf den Gütern, bauten sich auf dem Lande,
) sie dazu die Mittel hatten, ihre Schlösser und in den
esidenzstädten ihre Paläste im barocken Stil.

Langsam entstand aus dem Länderkonglomerat ein ge-
einsames Österreich, das sich vom alten römischen
eich abwandte. Bei aller Belastung der Bevölkerung an-
esichts der niedrigen Agrarpreise für die Bauern und der
ohen Abgaben für die Städter war das Leben wohl nicht
nerträglich, denn die Bevölkerung verdoppelte sich bis
um Ende des 17. Jahrhunderts. Es spricht manches dafür,
ass die »dunkle Zeit« der Geschichte Böhmens nur aus
päterer Betrachtung so dunkel erschien.

Der inneren Vereinheitlichung des Staates diente auch
ie katholische Kirche, deren Sieg mit hohen Opfern er-
auft worden war. Aber vollständig war dieser Sieg kei-
eswegs, denn an den Rändern Böhmens und Mährens
nd ganz besonders in Schlesien hielten sich Reste von
Protestanten; zudem verfügte die Kirche nicht über genü-
end Geistliche, die in den Volkssprachen die Rekatholi-
ierung hätten flächendeckend vorantreiben können. Auch
ie Rückgabe des enteigneten Kirchengutes verlief unge-
lant, da weder der König noch der Adel ihre Gewinne
bgeben wollten und stattdessen auf Ausgleichszahlungen
etzten. 1630 hatte die Kirche das Recht erhalten, auf ewi-
e Zeit am verkauften Salz einen Anteil des Gewinns ein-
ustreichen; sie erhielt damit die Mittel zum inneren Auf-
au. Unter energischen Erzbischöfen in Prag übernahm
ie Kirche politische und kulturelle Aufgaben, darunter
uch die Pflege der muttersprachlichen Dichtung, des

geistlichen Liedgutes und des Schauspiels. Träger diese
Maßnahmen waren insbesondere die geistlichen Orde
zu denen sich – neben den Jesuiten – auch eine Reihe ne
er Orden gesellten, darunter die Piaristen aus Spanien.

Die böhmischen Länder waren in das Habsburg
Reich integriert worden und teilten dessen Schicksal, d.
besonders die Lasten der dauernden Kriege. Seit de
Westfälischen Frieden 1648 hatte sich der Charakter d
Habsburger Länder gewandelt. Ihr Zusammenhalt m
dem römischen Reich bestand eigentlich nur noch nom
nell, in Form eines Autoritätsvorsprungs des Kaisers vc
den Reichsfürsten, dem aber kaum mehr politische Mach
entsprach. War das Haus Habsburg noch um 1600 meł
spanisch als deutsch geprägt – Rudolf II. hatte seine Erzie
hung in Spanien erhalten –, so verschoben sich seine Inter
essen allmählich nach Südosteuropa. In diesem Zeitalte
der Kriege gab es einen Dauerkonflikt mit dem Osman
schen Reich, das seit der Schlacht von Mohács (1526) de
größten Teil Ungarns beherrschte und (seit 1566) di
Oberhoheit über das Fürstentum Siebenbürgen ausübte
Im Westen und Norden Ungarns herrschte das Hau
Habsburg, das in alle Konflikte zwischen diesen Teile
und den angrenzenden Nachbarn, darunter insbesonder
Polen, verwickelt wurde. Im Inneren stand der Kaiser ir
Konflikt mit den selbstbewussten ungarischen Stände
und den Protestanten, die aus Siebenbürgen gar ein Lan
der garantierten Religionsfreiheit – allerdings ohne die or
thodoxe walachische Mehrheit der Bevölkerung zu be
rücksichtigen – gemacht hatten. Nach dem Frieden vo
Karlowitz (1699) traf auch Ungarn die ganze Wucht de
Gegenreformation. Während der Krieg gegen die Osma
nen mit wechselndem Kriegsglück fortgesetzt wurde
konnte Kaiser Karl VI. nach der Niederschlagung weitere
Aufstände im Frieden von Szathmár 1711 einen Ausgleic
mit den Ständen Ungarns finden; 1723 stimmte die ungari
sche Ständeversammlung der pragmatischen Sanktion zu

enngleich dadurch die Macht der Stände in Ungarn ein-
schränkt worden war und die Rekatholisierung große
ortschritte machte, war dem Land doch das Schicksal
öhmens erspart geblieben. Es bewahrte seine eigenen
istitutionen und das Recht, beim Aussterben des Hauses
absburg einen König zu wählen. Der Machtzuwachs im
idosten hatte das Schwergewicht der Habsburger Inter-
sen verlagert und Böhmen marginalisiert.

Die böhmischen Länder unter dem System des aufgeklärten Absolutismus

40/43–1780 Maria Theresia, Königin von Böhmen

41–1745 Karl VII., Kurfürst von Bayern, König von Böhmen, römischer Kaiser (seit 1742)

45–1765 Franz I. Stephan, römischer Kaiser

65–1790 Joseph II., römischer Kaiser, 1780 König von Böhmen

ls Kaiser Karl VI. am 20. Oktober 1740 unerwartet
arb, mochte er glauben, sein Haus gut bestellt zu haben.
ier Jahre vor der Geburt der »Erbtochter« Maria There-
ia hatte er 1713 in der »Pragmatischen Sanktion« die Un-
eilbarkeit der Erblande und – bei Ausbleiben eines männ-
chen Erben – die Nachfolge in weiblicher Linie festge-
gt und dann allmählich durchgesetzt, zunächst in den
rblanden, dann im römischen Reich und schließlich auch
uf internationaler Ebene. Maria Theresia hatte eine ›nor-
ale‹ Erziehung in den Sprachen und im allgemeinen Wis-
en der Zeit erhalten, war aber an Regierungsgeschäften
ie beteiligt worden. Mit neunzehn Jahren heiratete sie
736 Franz Stefan von Lothringen, der im gleichen Jahr
ein Land gegen das Großherzogtum Toscana eintauschen
usste, dessen Regierung er ein Jahr später übernahm.

Dem geliebten »Franzl« gebar sie sechzehn Kinder. Ihr Politik von Pragmatismus und Realismus folgte keine vorherigen Plan, sondern war in ihrem Glauben an ih herausragende Stellung und in ihrer Verantwortung v Gott und den Menschen verankert. Nach ihrem Her schaftsantritt in den Erblanden blieb eine Unsicherh darin, dass die Würde des Kaisers nicht einfach auf ihr Ehemann übertragbar war; der zukünftige Kaiser muss ja von den Kurfürsten des Reiches gewählt werden; ur hier begannen die Probleme.

Auch wenn die Habsburger die »Erblande« als untei bar und als Eigentum ihres Hauses betrachteten, so war die Länder der böhmischen Krone doch rechtlich Reich lehen; außerdem ließ sich der böhmische Hochadel in se nem Recht auf die Wahl eines Königs nicht ohne weiter übergehen. Ansprüche auf den Thron wurden nun – en gegen vorherigen anderen Versprechen – geltend gemach Obgleich Karl VI. seine Tochter als Erbin eingesetzt hatt konnten noch zwei Töchter seines Bruders und Vorgär gers Joseph I. auftreten: die ältere Maria Josepha, die se 1719 mit dem Kurprinzen Friedrich August II. von Sach sen vermählt war, der 1733 seinen Vater beerbt hatte un auch zum König von Polen gewählt worden war; fern die jüngere Maria Amalia, die 1722 den Kurprinzen Ka Albrecht von Bayern geheiratet hatte. Die Stimmen beid Ehemänner, die nun als Kurfürsten in ihren Territorie amtierten, wurden für die Kaiserwahl benötigt, ebenso d Kurstimme Böhmens, die Maria Theresia vertreten sollt Nimmt man dazu noch den Kurfürsten von Brandenbur und König in Preußen, den jungen Friedrich II., der ar 31. Mai 1740 auf den Thron gekommen war, so sind di Hauptakteure für das folgende Drama des »Österreich schen Erbfolgekrieges« benannt.

Die Auseinandersetzungen eröffnete Friedrich II. m einem Paukenschlag, als seine Truppen am 16. Dezembe 1740 die Grenze Schlesiens überschritten und gegen di

hwache österreichische Gegenwehr rasch ganz Schle-
n, die Grafschaft Glatz und Teile Nordost- und Ost-
hmens besetzten. Friedrich hatte sich nicht einmal be-
üht, seinen Vorstoß mit unklaren Erbansprüchen auf
ige schlesische Fürstentümer zu begründen; eine solche
rgumentation wurde erst später nachgeliefert. Stattdes-
n hatte er in Wien das Angebot unterbreitet, für eine
btretung Schlesiens Maria Theresia als Königin von Un-
rn anzuerkennen und deren Ehemann Franz Stefan bei
r Kaiserwahl zu unterstützen. Als die Ablehnung aus
ien eintraf, standen seine Truppen bereits in Schle-
n. Damit hatte ein Kampf zwischen zwei Herrschern
gonnen, die für jeweils zwei Machtblocke und zwei ent-
gengesetzte Herrschaftsprinzipien standen: Maria The-
sia für die moralische und rechtliche Seite der Poli-
, Friedrich für die machtpolitische, amoralische Politik
s »Staatsinteresses«, die auf eine Vergrößerung und den
Ruhm« seines Staates gerichtet war. Dieser Konflikt ver-
sachte die Schlesischen Kriege und mittelbar den Sie-
njährigen Krieg; er bestimmte das Leben beider und das
chicksal ihrer Untertanen.
Maria Theresia löste die Probleme auf unterschiedliche
eise und nacheinander. Sie konnte nach einem dramati-
hen Appell an die ungarischen Stände die Krönung zur
önigin von Ungarn erreichen (25. Juni 1741), musste
er für diese Unterstützung und die Waffenhilfe den Un-
rn eine weitgehende Autonomie zusagen; das Neben-
nander von Ungarn und Österreich nahm hier seinen
nfang, das 1867 im »Ausgleich« seine rechtliche Absi-
erung finden sollte. Die Krone Böhmens konnte Maria
heresia nicht kampflos erringen, denn ein bayrisch-fran-
ösisches Heer war im Sommer 1741 in Oberösterreich
ngefallen und hatte nach einer Einigung mit Sachsen im
ovember Prag besetzt. Dort wurde Karl Albrecht am 7.
ezember zum König ausgerufen, aber nicht gekrönt, da
ie Wenzelskrone nach Wien geschafft worden war. In

den folgenden Wochen huldigte eine knappe Mehrheit d
böhmischen Stände dem neuen König.

Auch die Kaiserwahl wurde mit Hilfe Frankreichs f
den bayrischen Kurfürsten entschieden, der am 24. Janu
1742 gewählt und drei Wochen später von seinem Brud
dem Erzbischof von Köln, als Karl VII. zum römisch
Kaiser gekrönt wurde. Inzwischen hatte ein Waffenst
stand mit Friedrich II. den österreichischen Truppen d
Rücken frei gemacht, die nun gegen Bayern vorrückt
und zwei Tage nach der Kaiserwahl München besetzte
Nach weiteren Kriegszügen Friedrichs in Mähren wur
unter englischer Vermittlung am 28. Juli 1742 der Fried
von Berlin geschlossen, in dem Maria Theresia auf d
größten Teil Schlesiens (außer Teschen, Teile von Tropp
und Jägerndorf) und auf Glatz verzichtete; Habsburg ve
blieb nur etwa ein Siebtel der alten Provinz; Brandenbur
Preußen schied damit aus dem Krieg aus. Dieser ging j
doch an anderer Stelle weiter, weil Maria Theresia Baye
als Kompensation für den Verlust Schlesiens beanspruc
te, während ihre Truppen Böhmen von den Franzosen z
rückeroberten. Im April 1743 konnte Maria Theresia
Prag einziehen, wo sie am 12. Mai zur Königin gekrö
wurde und die Huldigung der Stände entgegennahm. D
Streit um Bayern, ferner Bündnisabsprachen Österreic
mit Sachsen und Polen sowie mit Russland lockten Frie
rich II. wieder in den Krieg, und am 18. September 174
besetzte er Prag und Teile Böhmens. Kaiser Karl konn
mit französischer Hilfe wieder in München einziehe
aber die österreichischen Truppen zwangen ihn bald zu
Abzug aus Böhmen und besetzten dann große Teile Bay
erns. In dieser Situation verstarb am 20. Januar 1745 d
unglückliche, land- und machtlose Kaiser im Alter von 4
Jahren. Mit seinem Sohn, dem Kurfürsten Maximilian II
Joseph, schloss Maria Theresia einen Frieden, in dem Bay
ern auf Böhmen verzichtete und seine Kurstimme fü
Franz Stefan abzugeben versprach (Frieden von Salzbur

Mai 1745). Der letzte Akt dieses dynastischen Dramas
ır die Beilegung des Konfliktes mit Brandenburg-Preu-
n. Nach mehreren Siegen Friedrichs II. über die öster-
ichischen Truppen und der Eroberung von Dresden
nnte dort am 25. Dezember 1745 Frieden geschlossen
erden, in dem Maria Theresia erneut auf Schlesien ver-
:htete und so die Unterstützung Brandenburgs für
anz Stefan eı wirkte. Dieser war am 13. September 1745
m römischen Kaiser gewählt worden.

Der blutige Streit der Herrscher um Land und Erbe hat
:ht nur die Landkarte Mitteleuropas, sondern auch das
rständnis von Politik und Macht nachhaltig beeinflusst.

der deutschen Diskussion steht das Vorgehen Fried-
:hs II. im Vordergrund, der durch die erpresserische An-
gnung Schlesiens sein Territorium um fast ein Drittel
rgrößerte; Schlesien war ein reiches Land, das zwanzig
ozent zu den Einnahmen Wiens beigesteuert hatte.
ohstoffe aus dem Osten waren dort gegen Fertigwaren
s dem Westen getauscht worden; die leistungsfähige
xtilindustrie lieferte bis nach Skandinavien und ins Os-
anische Reich. Der Überfall war nicht rechtlich moti-
ert, denn Brandenburg hatte der »Pragmatischen Sankti-
ı« zugestimmt; dafür nachträglich »Kompensationen«
ı verlangen war gegen jedes Recht. Friedrich hat die Si-
ation des schwachen und unvorbereiteten Hauses Habs-
ırg ausgenutzt und einen rücksichtslosen Krieg geführt,
:r eine neue Dimension der Zerstörungskraft erreichte.
it Feldherrnkunst, Durchhaltevermögen und viel Glück
:wann er sein gefälı liches Spiel und schuf die Vorausset-
ıng zum Aufstieg Brandenburg-Preußens zur zweiten
lacht im römisch-deutschen Reich, begründete damit
ıch die Rivalität mit Österreich. Im Siebenjährigen Krieg
756–1763) konnte er erneut mit viel Glück seine Beute
:haupten und in den Teilungen Polens seinen Gewinn
och steigern, so dass er dann von einem König in Preu-
en zum König von Preußen aufstieg und gar den Beina-

men »der Große« erhielt. Macht war ihm vor Recht g
gangen; aber seine »raison d'état« war in Wirklichkeit e
»raison du potentat«.

Maria Theresia hatte ihre Erblande behauptet, mit At
nahme Schlesiens, an dessen Rückgewinnung sie weit
glaubte. Niemand hätte ihr zu Beginn der Auseinanders
zung ihre Härte und Klugheit zugetraut. Als Königin v
Ungarn war sie unbestritten, dagegen musste sie die and
ren Länder, darunter die Krone Böhmen, erst blutig e
kämpfen; dem Haus Habsburg-Lothringen konnte sie c
Machtbasis bewahren. Ihr Lebensziel war erreicht, als i
Gemahl Franz Stefan zum Kaiser gekrönt wurde; er sta
ihr in der Staatskunst weit nach und war auch als Feldhe
nur Mittelmaß. Als herausragende Persönlichkeit hat s
die Bewunderung ihrer Untertanen verdient.

Verlierer des Streits waren die Länder der Krone Bö
men, aber im Vergleich zu dem, was angesichts der Te
lungspläne seiner Nachbarn hätte geschehen können, w
das Ergebnis zu ertragen, denn die territoriale Einheit w
gewahrt worden. Der Krieg hatte Böhmen und Mähre
mit Zerstörung, Konfiskationen, Mord und Rekrutieru
von Soldaten hart getroffen. Prag war mehrfach beset
und wieder entsetzt worden; es war das Symbol ein
Landes, das allmählich seine Individualität erkann
Selbst Friedrich II. hielt in seinen Erinnerungen fe
»Meine Erfahrung hat mir gezeigt, dass Böhmen leicht e
obert, aber schwer zu behaupten ist. Wer Böhmen unte
werfen will, wird sich allemal täuschen, so oft er d
Krieg dorthin trägt«; und an anderer Stelle: »Man wäh
nicht, dass sich das Volk dort jemals gewinnen lasse«. D
Verlust von Schlesien wog schwer, aber eher für Wien a
für Prag. Das wohlhabende und bevölkerungsreich
Schlesien hatte nie so ganz in das böhmische Königreic
gepasst; seine Fürsten hatten in Konkurrenz mit den bö
mischen »Herren« gestanden, denen sie sich im Ra
überlegen fühlten; die Bevölkerung war überwiege

utschsprachig, mit Ausnahme Oberschlesiens, das einen
arken Anteil an slawischer Bevölkerung besaß und Ver-
ndungen zu Mähren unterhielt. Obwohl erst am Ende
eses 18. Jahrhunderts die Frage der Sprache eine politi-
he Dimension erhielt, bedeutete der Verlust des größten
ils Schlesiens, dass die tschechischsprachige Bevölke-
ng in den böhmischen Ländern zahlenmäßig das Über-
wicht erlangte. Gewisse Streitigkeiten mit dem Nach-
arn dauerten indes an, denn noch im 20. Jahrhundert
llten alte Ansprüche auf die Grafschaft Glatz und das
ürstentum Teschen wieder aufleben. Der Rest Schlesiens,
r im Verband der böhmischen Krone verblieb, wurde
arginalisiert.

er Thronwechsel hatte die Habsburger Erblande in eine
efe Krise gestürzt und ihre Schwachstellen aufgedeckt;
musste der Rückgewinnung der Macht durch Maria
heresia eine Sicherung der Machtstellung der Krone fol-
en. Zunächst waren die Auswirkungen der kurzen Herr-
chaft des Wittelsbachers Karl Albrecht zu beseitigen.
  Der Bayer hatte überraschend schnell die Huldigung
er meisten böhmischen Herren erhalten, die mit den
teuerbelastungen unter Karl VI. unzufrieden gewesen
aren. Angesichts der Dreiteilung der böhmischen Län-
er in der Kriegszeit – neben den französisch-bayrischen
ruppen Karls standen die brandenburgisch-preußischen
erbände unter Friedrich II. und die österreichisch-unga-
schen Truppen im Lande –, waren sie aber vom Regen in
ie Traufe gekommen. Alle Besatzer forderten Geld, Na-
uralleistungen für die Versorgung der Soldaten und neue
ekruten. An eine geordnete Verwaltung des Landes war
nter diesen Umständen nicht zu denken. Karl Albrecht
atte eine böhmische Hofkanzlei eingerichtet und eine
Hofdeputation benannt, deren Mitglieder jeweils zur
Hälfte aus dem Herrenstand und aus der Ritterschaft
tammten und das Land in Abwesenheit des Königs ver-

walten sollten. Dann war er zur Kaiserwahl nach Fran
furt gereist, nachdem er dem Land eine außerordentlic
Steuerlast von sechs Millionen Gulden auferlegt hat
Alle Besatzungsmächte waren rücksichtslos vorgegange
um ihre jeweiligen Forderungen durchzusetzen, so da
Bauernaufstände losbrachen. Im Sommer 1742 war d
bayrische Herrschaft im Land weitgehend erschüttert.

Nachdem Maria Theresia am 12. Mai 1743 endlich z
Königin gekrönt worden war, machte sie die Anordnu
gen zur Landesverwaltung rückgängig und richtete d
böhmisch-österreichische Hofkanzlei wieder in Wien e
Das »Strafgericht« bezog sich aber nur auf diese Maßnal
men, während die meisten »Herren«, die sich als unzuve
lässig erwiesen hatten, ihre Karrieren fast ungehinde
fortsetzen konnten. Allerdings hatte Maria Theresia d
Unzulänglichkeiten der ständischen Herrschaft erkann
die auch am Verlust Schlesiens mitschuldig gewesen w
ren. Die Notwendigkeit, die Verhältnisse im verbliebene
Teil Schlesiens neu zu ordnen, wurde zur Grundlage fi
Reformmaßnahmen im Gesamtreich. Dies bedeutete, da
der Staat gestärkt, die Verwaltung zentralisiert und regio
nale Besonderheiten beseitigt werden sollten, also d
Macht der Stände beschnitten werden musste. Aber er
nach einem erneuten Einbruch brandenburgisch-preuß
scher Truppen nach Böhmen und Mähren konnte 1746 d
Umbau beginnen.

Weil in Schlesien infolge der Teilung des Landes die a
ten Strukturen gründlich gestört und überkommene B
sitzgrenzen und Institutionen aufgelöst waren, konnte
hier Erfahrungen für die Reorganisation des ganzen Sta
tes gesammelt werden. Unter Vorsitz des schlesische
Grafen Friedrich von Haugwitz war bereits 1743 eine kö
nigliche Landesregierung (»Landesgubernium«) in Trop
pau eingerichtet worden, der die fürstlichen Ämter un
Regierungen sowie die Minderstandschaften in politi
schen, fiskalischen und juristischen Fragen unterstel

urden, allerdings noch nach abgestuften Rechten des je-
eiligen Standesherrn. Für die Steuereintreibung setzte
e Königin Beamte ein. Der Fürstentag als Landesvertre-
ng wurde nach Troppau verlegt.

Auf der Ebene des Gesamtstaates waren ebenfalls Neu-
gelungen notwendig. Das gesamte Finanzwesen wur-
e dem Leiter der Ministerialbancodeputation unterstellt
741), eine neugeschaffene Staatskanzlei übernahm die
eitung der Außenpolitik (1742), eine Hofkanzlei war für
e Innenpolitik zuständig, der Hofkriegsrat wurde 1745
eu geordnet und 1746 ein eigenes Direktorium zur För-
erung von Handel und Verkehr eingerichtet. Behutsam
nternahm die Königin die Aufgabe, den Staat nach den
rundsätzen der Rationalität zu modernisieren, den Adel
n der Leitung zu beteiligen, aber die Macht der Stände
us eigenem Recht zurückzudrängen. Dies war besonders
n Finanzwesen erforderlich, denn den Bedürfnissen des
taates zur Finanzierung eines großen Heeres von 108 000
Mann stand in den Ländern das Recht der Stände auf
teuerbewilligung und Steuereintreibung entgegen. Da in
en Landtagen aber die Herren persönlich ihre privaten
nteressen zu äußern pflegten, musste hier viel Widerstand
berwunden werden, um den Adel an regelmäßigen Steu-
rleistungen zu beteiligen. Unter lebhaften Missfallens-
ußerungen stimmten der böhmische und der mährische
andtag schließlich 1748 einer gleichbleibenden Steuerlast
on fast fünfzehn Millionen Gulden auf zehn Jahre zu
»Dezennalrezess«). Eine Reform bedingte die nächste,
enn die Frage der Steuergleichheit erforderte eine Über-
icht über die Besteuerungseinheiten, die nach Ländern
nterschiedlich waren. Bisher hatten die Stände selbst die
Höfe der Bauern (»Rustikalland«) als Besteuerungsgrund-
age erfasst und die Steuern nach eigenen Interessen darauf
erteilt; nunmehr sollten die »Ansässigkeiten« in einem
taatlichen Steuerkataster aufgelistet und die Steuern nach
odenbesitz und Ertrag festgelegt werden. Aus steuerli-

chen Gründen durften auch die 1745 ausgewiesenen Jud
nach Prag und nach Böhmen zurückkehren.

Auch in der Landesverwaltung sollte der Dualism
zwischen königlicher Leitung und ständischer Selbstve
waltung beseitigt werden. Hier ging es besonders um d
Trennung der Verwaltung vom Justizwesen, obgleich ma
von den Ideen der Gewaltenteilung nach Montesquieu
Wien noch nichts wusste. Unter Leitung einer »Geheime
Hofkommission« in Wien wurde 1748 für jedes Land ei
»Deputation« eingerichtet, die die Steuern eintreiben un
für die Versorgung der Armee zuständig sein sollte. D
praktische Durchführung machte die Weisungsbefugn
gegenüber den Kreisämtern auf mittlerer Verwaltungseb
ne erforderlich; die Kreishauptleute waren aber aus de
örtlichen Adel gewählt und vertraten vorrangig ihre stä
dischen Interessen, obwohl sie als königliche Landes
offiziere besoldet waren. Sie gerieten also in eine Zwitte
stellung, denn sie waren neben der Königin auch der Stat
halterei in Prag verantwortlich, die aus Vertretern d
Stände zusammengesetzt war; das System scheiterte dah
nach kurzer Zeit. Ein neuer Versuch der Trennung vo
Justiz und Verwaltung wurde 1749 gemacht, indem ein
»Oberste Justizstelle« als Appellationsinstanz für Streitfä
le sowie ein Direktorium für öffentliche und fiskalisch
Angelegenheiten eingerichtet wurden. Graf Haugwitz, au
dessen Vorschlägen viele der Reformen beruhten, übei
nahm den Vorsitz als »böhmischer oberster und österrei
chischer erster Kanzler«, kurz »Oberstkanzler« genann
Die Zusammenführung österreichischer und böhmische
Institutionen war damit an der Spitze abgeschlossen, un
da Ungarn – wie auch die Lombardei und die südliche
Niederlande – die eigenen Institutionen behielt, war de
spätere Dualismus der Reichshälften vorgezeichnet. De
Statthalterei für Böhmen und einer entsprechenden Insti
tution für Mähren als Vertretung der Stände blieb die Ver
antwortung für das Justizwesen. Trotz aller Bemühungen

en Einfluss der Stände zurückzudrängen, konnten sie
cht ausgeschaltet werden; sie blieben Träger der Ökono-
ie und stellten auch den Personenkreis, aus dem die
aatliche Verwaltung schöpfte, ehe die Heranbildung von
eamten hier die königliche Macht verstärkte.

Dies hatte sich auch in der Armee als notwendig her-
ısgestellt. Um aus Anführern von Landsknechten gut
ısgebildete Offiziere zu machen, die wie in der branden-
urgisch-preußischen Armee aus Korpsgeist und Ehrge-
ıhl zusammenhielten, gründete die Königin 1752 eine
Iilitärakademie in Wiener Neustadt. Da der Staat bei den
ekrutierungen keinen direkten Zugriff auf die Leibeige-
en der adeligen Gutsbesitzer hatte, erließ die Königin
753 einen Erlass zur Abhaltung jährlicher Volkszählun-
en; wegen des Siebenjährigen Krieges konnte dies erst ab
762 regelmäßig erfolgen. Gerade in diesem Bereich er-
ies sich der Widerstand der Stände als hartnäckig, denn
e widersetzten sich allen Versuchen der Krone, Rechts-
leichheit im Staate herzustellen, indem sie auf ihre alten
rivilegien pochten. Alle Reformen blieben daher Stück-
erk.

Mehr Erfolg hatte der Staat mit der Münzreform von
750. An Stelle der umlaufenden Münzen in den Ländern,
ie im Namen und im Feingewicht an Silber unterschied-
ch waren, so dass die Umrechnung erhebliche Rechen-
ünste erforderte, wurde mit dem Taler eine einheitliche
Iünze für alle Erbländer geschaffen, die bald auch einige
erritorien des Reiches übernahmen. Aus einer Köl-
er Mark feinen Silbers (233,856 Gramm) waren danach
ehn Taler oder zwanzig Silbergulden zu schlagen. Als
Maria-Theresien-Taler« erlangte diese »Konventionsmün-
e« Weltruf und wird mit dem Prägedatum 1780 noch
eute in Wien hergestellt. Auch Maße und Gewichte wa-
en in den Erbländern, ja sogar in deren Regionen unter-
chiedlich, denn ein Hohlmaß für Getreide konnte gestri-
hen, gedrückt oder gehäuft angewendet werden. 1764

verfügte die Herrscherin, dass die Wiener Maße und G
wichte allgemeine Geltung erlangen sollten. All dies w
ren kleine Reformschritte, die freilich das Hauptproble
die Steuerfrage, nicht lösten. Die Stände widersetzten si
lange erfolgreich einer Generalvisitation, die ein neues K
taster unter Einschluss des adeligen Landbesitzes erstell
sollte. Erst 1756 stimmten sie schließlich der Besteuerun
von Erträgen des Gutsbesitzes (»Dominikalbesitz«) z
Gleichzeitig ließ der Siebenjährige Krieg aber den Finan
bedarf des Staates wieder enorm steigen. Bei Jahreseinna
men von etwa 57 Millionen Gulden stieg die Staatsschu
von 118 auf 271 Millionen Gulden, so dass der Staat a
den Rand des Bankrotts geriet und nur die erhebliche
Mittel aus dem Nachlass des Kaisers Franz Stefan Hil
brachten.

Alle Reformen wurden tastend vorgenommen un
folgten keinem vorher festgelegten Plan, und so wurde fü
fast jede neue Aufgabe in Wien eine neue Behörde mit e
nem Vertreter am Hofe gebildet. Dieses System de
Staatsrates Haugwitz verursachte zunehmend Reibun
und Kompetenzüberschneidungen, so dass sein Einflus
sank, während Graf (später Fürst) Kaunitz-Rietberg a
Bedeutung gewann. Auf dessen Empfehlung hin wurd
1760 ein Staatsrat zur Unterstützung der Herrscherin ein
gerichtet, dem verschiedene Ressortminister angehörter
darunter Kaunitz für die äußeren Angelegenheiten, Haug
witz für die inneren, der Feldmarschall Daun für da
Kriegswesen. Diese erneute Zentralisierung wurde von
böhmischen Adel erbittert bekämpft; er musste abe
schließlich hinnehmen, dass das Direktorium für öffentli
che und fiskalische Angelegenheiten in Prag aufgelöst un
seine Aufgaben einer 1762 neugeschaffenen »Böhmische
und Österreichischen Hofkanzlei« in Wien übertrage
wurden. Für die Finanzen wurden drei Zentralstellen ein
gerichtet: Die Hofkammer verwaltete die Steuereinkünfte
die Generalkasse leistete die Zahlungen und verwaltet

e Schulden, die Hofrechenkammer, zuerst für die Auf-
cht zuständig, wurde nach zehn Jahren der Hofkammer
nterstellt. Die Verwaltung in den böhmischen Ländern
bernahmen nach 1763 Landesregierungen (»Guberni-
m«); für Böhmen war dann der ranghöchste Oberst-
ndesoffizier, der Oberstburggraf und Vorsitzende des
andtages Graf Kolowrat-Krakovský zuständig. Die
tände hatten zwar an Macht zugunsten der Zentralstellen
Wien eingebüßt, sie bewahrten aber ihren Anspruch
uf die Leitung der Länder und ihren Einfluss auf die un-
rtänigen Bauern.

s ist kein Zufall, dass für Maria Theresia nur der Titel
Königin« (von Ungarn und Böhmen) benutzt wurde,
enn ungekrönte »Kaiserin« war sie nur als Gemahlin des
aisers Franz I. Dieser hat sich in die Politik der Erblande
enig eingemischt, sich vorrangig um wirtschaftliche und
nanzielle Probleme seines umfangreichen Besitzes ge-
ümmert und dabei großen Reichtum erworben. Seine
tellung in der Reichspolitik gab ihm ohnehin nur einen
utoritätsvorsprung, aber wenig Macht. Als er am 18. Juli
765 unerwartet starb, war Maria Theresia untröstlich und
rug bis zu ihrem Tode nur noch schwarze Kleidung. Be-
eits im März 1764 war ihr Sohn als Joseph II. zum römi-
chen Kaiser gewählt worden; nach dem Tode seines Va-
ers trat er ohne Probleme dessen Nachfolge an und wur-
e Mitregent in den Erblanden. Obwohl er eng mit seiner
Mutter an weiteren Reformen arbeitete, so dass der jewei-
ige Anteil bis zu deren Tod kaum auszumachen ist, bindet
ich doch gerade an ihn der Begriff »Josephinismus« als
ie Kombination von Zentralismus, Vorrang des Staates,
taats- und Pflichttreue, Vernunft, Naturrecht, Merkanti-
ismus und Physiokratismus, die zusammen den Kern des
aufgeklärten Absolutismus« ausmachen. In der Phase der
Alleinherrschaft nach 1780 verschärfte er das Tempo der
Reformen, scheiterte jedoch in vielen Fragen an der Be-

harrlichkeit der Gegenkräfte, insbesondere an den Ständen in den Erblanden.

Joseph war auf die Aufgabe als Herrscher durch seine Erziehung gut vorbereitet und hatte durch Reisen sowohl seine Länder wie das Ausland, u. a. Frankreich und Rußland, kennengelernt, wo er die modernen Ideen eines Staates der »guten Policey«, d. h. der Staatseingriffe zum Wohl aller Untertanen, aufgegriffen hatte. In Zusammenarbeit und manchmal im Streit – mit dem Kanzler Kaunitz stieg er in die Politik seiner Mutter ein. Um die Vertreter der Stände an der Verwaltung weiter zurückzudrängen, wollte er das Beamtentum verstärken, das Ausbildung und Kenntnisse an die Stelle der Tradition von Privilegierten setzte und damit die Standesgrenzen sprengte. Schon 176... war an der Universität Wien ein Lehrstuhl für Kameral... und Verwaltungswissenschaften eingerichtet und mit dem Freiherrn Joseph Sonnenfels besetzt worden. Hier wurden Beamte ausgebildet, die der Staat für die Verwaltung benötigte. Die Idee des Naturrechts der Gleichheit aller Untertanen forderte auch eine Angleichung ihrer rechtlichen Stellung in der Gesellschaft. Nach langen Vorarbeiten und gegen den Widerstand des böhmischen Hochadels entstand aber nur eine Sammlung der bestehenden Gesetze und der *Codex Theresianus* von 1766, der lediglich einen Entwurf eines Bürgerlichen Gesetzbuches darstellte. Wenig später wurde ein Strafgesetzbuch vorgelegt (»Halsgerichtsordnung«, *constitutio criminalis*), das ebenfalls noch Rücksicht auf die Traditionen nahm. Zur Erleichterung der Rekrutengewinnung (»Konskription«) führte er eine Gemeindereform ein, die bestehende Siedlungen administrativ zusammenlegte. Dies wurde zum Kern einer allgemeinen Wehrpflicht, von der man sich aber loskaufen konnte oder aus besonderen Gründen (Adel, Geistlichkeit, Besitz) befreit war. Der Versuch, die Lasten und Abgabepflichten der Bauern zu erfassen, scheiterte am Widerstand der Stände. Von den Ideen der Aufklärung beein...

usst waren die Aufhebung des Jesuitenordens (1773), die
eformen der Universität, die Einführung der Schul-
licht von Kindern zwischen sechs und zwölf Jahren
.774) und die Reform der höheren Schulen (»Lateinschu-
n«).

Kurzzeitig forderte die Außenpolitik wieder die Auf-
nerksamkeit der Herrscher, als auf Drängen Friedrichs II.
ie erste Teilung Polens ausgehandelt wurde (1772) und
)sterreich sich die Gebiete des angeblich historischen
Königreiches Galizien und Lodomerien« aneignete. Als
n Streit um die Erbnachfolge in Bayern die Gefahr sicht-
ar wurde, dass sich Österreich als Kompensation für den
'erlust Schlesiens dort vergrößern könnte, erklärte Fried-
ich II. (1778) den Krieg und rückte in Nordböhmen ein.
's kam jedoch zu keiner Schlacht, und Friedrich zog sich
us diesem sogenannten »Kartoffelkrieg« ruhmlos in seine
'erritorien zurück, wonach der Frieden von Teschen 1778
ie alte Grenze bestätigte.

Als Maria Theresia am 29. November 1780 starb, folgte
hr Joseph auch als rechtmäßiger König von Böhmen,
ehnte aber eine Krönung ab. Diesem Affront gegen das
.andesbewusstsein schlossen sich weitere Schritte an, die
uf die Ausschaltung der Stände in Böhmen zielten. Man
at darin eine fast revolutionäre Absicht sehen wollen, die
;ar eine Demokratisierung aus naturrechtlicher Überzeu-
;ung zum Ziele gehabt habe. In Wirklichkeit ging es dem
Herrscher um eine Gleichbehandlung der Untertanen, die
lurchzusetzen er als seine Pflicht ansah; sein Wahlspruch,
»Alles für das Volk, nichts durch das Volk« klang nicht
lemokratisch. Die Macht der Stände in den böhmischen
.ändern – und nicht nur dort – beruhte auf der Untertänigkeit der Bauern. Der Adel hatte seinen Grundbesitz
usgeweitet und ließ seine Güter vielfach durch Verwalter
iewirtschaften, was die Distanz zwischen den Bauern und
lem Grundherrn vergrößerte. Manufakturen auf Herren-
and und gewerbliche Aktivitäten der unbezahlten Leibei-

genen erhöhten den Ertrag der Landbesitzer, während d
Bauern verarmten. Nach Bauernunruhen hatte Maria Th«
resia schon 1771 ein »Robotpatent« erlassen (*robota* fi
›Fronarbeit‹), mit dem die bäuerlichen Lasten und Abg:
ben »reguliert« und »vermindert« werden sollten; nac
weiteren Unruhen folgte 1774 ein Erlass, der die besteher
den Lasten erfassen sollte, was aber vom Adel boykottie:
wurde. Weitere Erlasse beseitigten die außerordentliche
und regulierten die normalen Lasten, so dass die ärmste
Bauern nur noch dreizehn Tage im Jahr zur »Handrobot
verpflichtet waren. Dies beschleunigte die Intensivierun
der Manufakturen, wenn die Grundherren über entspre
chendes Kapital zu deren Einrichtung verfügten, ode
trieb andere in Schulden. Aufgelassene Besitzungen de
Jesuiten oder Meierhöfe von Grundherren wurden unte
Bauern verteilt, was der wachsenden Bevölkerung Rech
nung trug. Nach weiteren vergeblichen Versuchen, gemein
sam mit dem Adel diese Frage zu lösen, erließ Joseph I
am 1. November 1781 ein »Patent« (Gesetz), mit dem di
Aufhebung der erblichen Leibuntertänigkeit und eine »ge
mäßigte« Untertänigkeit verfügt wurde, wodurch de
Bauern der Ortswechsel, die freie Berufswahl und die fre:
Heirat erlaubt wurden. Darüber hinaus eröffnete dies de
nichterbenden Söhnen von Bauern neue Erwerbsmöglich
keiten und Aufstiegschancen; damit wurde die Vorausset
zung für eine Öffnung und Weiterentwicklung der Gesell
schaft und die Entstehung einer Mittelschicht im Staat ge
schaffen.

Ebenso einschneidend war das Toleranzpatent vor
1781. Auch hier konnte Joseph an gewisse Tendenzen un
ter Maria Theresia anknüpfen, die bei aller Kirchentreu«
aufklärerische Züge hatte erkennen lassen. Bereits di
Aufhebung des Jesuitenordens, die Duldung von Frei
maurern und der rationalen Auffassung des Katholizismu
im »Jansenismus«, sowie das »Vertrauenspatent« vor
1777, in dem Nichtkatholiken private Andachten erlaub

orden waren, können als entsprechende Maßnahmen angesehen werden. Gegen den Einspruch seiner Berater veröffentlichte Joseph am 13. Oktober 1781 ein Toleranzpatent, das den Nichtkatholiken unter bestimmten Auflagen die Freiheit des Gottesdienstes und eine eigene Organisation gewährte. Die katholische Konfession sollte zwar den Vorrang behalten, aber nicht mehr allein herrschen. Ein weiteres Patent verkündete die Aufhebung von Orden und Klöstern, sofern sie sich nicht mit der Krankenpflege, mit Schulunterricht oder mit wissenschaftlichen Tätigkeiten befassten. Im Gesamtstaat waren davon vierhundert Klöster betroffen, in Böhmen 61 Männerklöster mit 960 Mönchen und dreizehn Frauenklöster mit 380 Nonnen; in Mähren wurden 33 Klöster mit 837 Mönchen und sieben mit 236 Nonnen aufgehoben. Ihr Vermögen und der Veräußerlös flossen einem Religionsfonds zu und wurden für die Errichtung neuer Pfarreien, für die Ausstattung neuer Diözesen in Brünn und Budweis und für die Erziehung verwendet. Die direkten Beziehungen der Geistlichen zum Vatikan wurden weitgehend unterbunden; dem Staat fiel die Aufsicht über deren Ausbildung zu, und sie sollten – nunmehr mit staatlicher Besoldung (»Kongrua«) – für eine staatstreue Gesinnung der Gläubigen sorgen. Da gleichzeitig die Zahl der kirchlichen Feiertage vermindert, Prozessionen und Wallfahrten verboten und Eingriffe in die Gottesdienstordnung vorgenommen, die zahlreichen Kirchweihfeste zu einer »Kaiserkirmes« zusammengefasst wurden, schließlich gar die Särge durch Leichentücher ersetzt werden sollten, riefen diese Maßnahmen die äußerste Erbitterung der Bevölkerung hervor.

Auch andere Maßnahmen, die logisch und gut gemeint waren, wurden durch die Radikalität und die unbesonnene Vorgehensweise des Herrschers diskreditiert. 1782 hob Joseph das selbstständige Obergericht in ständischer Hand und weitere Gerichte unterer Instanzen auf und machte auf allen Ebenen die Anstellung ausgebildeter Juristen verbindlich. Auch die Stadtverwaltungen waren von den Reformen betroffen. Die vier Prager Städte (Altstadt, Neustadt, Kleinseite und Hradschin) wurden zusammengelegt und erhielten 1784 einen gemeinsamen Magistrat, auch hier schrieb der Kaiser den Einsatz von Fachjuristen vor. Die Wahlfreiheit der Gemeinden wurde dahingehend eingeschränkt, dass sie nur unter den von Regierungsstellen benannten Kandidaten eine Auswahl treffen durften. Die Vielsprachigkeit seines Herrschaftsbereiches berücksichtigte der Herrscher zwar durch zweisprachige Verlautbarungen in den Ländern und die Erziehung der Bewohner in den Volkssprachen, aber seine Absicht war offensichtlich, die deutsche Sprache als Amtssprache der ganzen Monarchie durchzusetzen. Diesem Zweck diente auch die Verfügung, die Kenntnis des Deutschen zur Voraussetzung für den Erwerb jeder höheren Bildung zu machen. Den Juden wurde vorgeschrieben, ihre Geschäftsbücher in deutscher Sprache und mit lateinischen Lettern zu führen. Was das Fass zum Überlaufen brachte, war erneut die Steuerfrage. Ein Kataster auf der Basis der Gemeinden sollte die Besitzungen von Bauern und Grundherren erfassen und diese einheitlich zur Steuer heranziehen. Dem Staat sollte vom Ertrag ein erheblicher Teil zufallen, den Abgaben an die Grundherren waren die Ablösesumme des aufzuhebenden Robot anzurechnen. Diese Regelung hätte die Bauern um fünfundzwanzig Prozent der Abgaben entlastet, den Ertrag der Grundherren aber in weit stärkerem Maße vermindert. Aus Protest dagegen trat der Oberstburggraf Chotek, bisher einer der treuesten Anhänger des Königs, von seinen Ämtern zurück. Während der Adel in Böhmen vor Empörung schäumte und der Landtag eine energische Beschwerde beschloss, trieb die Stimmung einem Aufstand der Stände entgegen, die eigentlich entmachtet schienen, als der ungekrönte König am 20. Januar 1790 starb.

nter der Herrschaft der beiden letzten Könige der böh-
ischen Länder hatte sich deren Gesellschaft sehr verän-
ert; sie stand an der Schwelle zur Moderne. Motor der
eränderungen war die Regierung des Gesamtstaates, der
e ständischen Kräfte in den einzelnen Ländern entweder
lgten oder der sie sich teilweise widersetzten, um am
nde doch von ihr zu profitieren. Die Macht des Adels
eruhte weiter auf der Grundherrschaft; denn die Bauern
ussten für die Nutzung des Herrenlandes Abgaben leis-
n und Arbeiten erbringen. Dazu zog der Grundherr die
euern ein, verfügte über die niedere Gerichtsbarkeit und
onnte in das Alltagsleben der Bauern eingreifen (Heirats-
laubnis, Abzug, Freikauf). Dieses traditionelle Muster
ar durch die Maßnahmen der Herrscher zwar einge-
hränkt, aber nicht abgeschafft worden. Immerhin erhiel-
n die nachgeborenen, nicht erbberechtigten Söhne von
auern das Recht, den Hof zu verlassen, Gewerbe aufzu-
ehmen und in die Städte zu ziehen. Dies entsprach der
orstellung der Regierung, denn die Bevölkerungsver-
ehrung machte weitere Erwerbsmöglichkeiten not-
endig.

Die Kriegsverluste waren inzwischen ausgeglichen: Um
740 dürften die böhmischen Länder, einschließlich Schle-
ens, eine Bevölkerung von etwa 4,8 Millionen Menschen
ehabt haben, wobei der tschechischsprachige Teil in der
inderheit war; nach den Volkszählungen, die seit 1754
it einiger Regelmäßigkeit abgehalten wurden, betrug die
evölkerung 1770 ohne den größten Teil Schlesiens fast
,3 Millionen Menschen, nunmehr mit einer tschechischen
ehrheit. Allerdings war die Bevölkerungsvermehrung in
en nördlichen und nordöstlichen Gebieten höher als in
en böhmischen und mährischen Kerngebieten. Hier tat
ch allmählich eine Kluft zwischen der deutsch- und der
schechischsprachigen Bevölkerung auf, denn in den we-

nig fruchtbaren gebirgigen Gebieten im Norden musst
die deutschsprachigen Bauern in Gewerben ein Zubr
verdienen. Neben der Heimarbeit mit Spinnen und Web
begründeten wohlhabende Adelige Manufakturen, in d
nen die Bauern in Fabriken ohne oder mit geringem Lo
arbeiteten. Das Verlagssystem sorgte für die Vermarktur
der Produkte. Der Staat förderte die Wirtschaftstätigke
durch Maßnahmen zur Qualitätsverbesserung und Bese
tigung von Hemmnissen, z. B. durch die Einrichtung vc
Handelskammern zur Überwachung der Manufaktur
und in der Beschneidung der Macht der Zünfte in de
Städten. Neben die Bauern und Handwerker als Arbeit
kräfte traten allmählich freie Lohnarbeiter als eine ne
soziale Erscheinung. So waren in der Textilerzeugur
Böhmens um 1775 etwa 177 000 freie Arbeitskräfte b
schäftigt. Daneben blühte die Herstellung und Bearbe
tung von Glaswaren, die Böhmen auf dem internationale
Markt absetzte. Der traditionelle Reichtum Böhmens, d
Bergbau von Silber und Kupfer, war mittlerweile e
schöpft; an seine Stelle traten die Eisenindustrie und d
Kohleabbau, als 1770 deren reiche Vorkommen in Mäl
risch Ostrau / Moravská Ostrava entdeckt wurden. Un
fangreiche Lager von Schwefelkies wurden zur Grundla;
einer Chemieindustrie.

Der Staat unterstützte die wirtschaftliche Entwicklur
auch durch den Ausbau der Straßen; 1760 war z. B. d
Pflasterstraße von Wien nach Prag fertiggestellt worde
Nachdem bereits vor 1740 die Binnenzölle und die Mau
gebühren abgeschafft worden waren, schuf der Staat A
ßenzölle, um die heimische Wirtschaft gegen die Kor
kurrenz aus dem verlorenen Schlesien zu schützen; and
rerseits machte die Zollordnung von 1775 das gesamte
Erblande zu einem einheitlichen Wirtschaftsgebiet. Durc
die neue Mobilität unter der Landbevölkerung konnte
auch bürgerliche Unternehmer freie Arbeitskräfte gewir
nen und beschäftigen; deren Tätigkeit ließ, zusammen m

r Vermehrung der Bevölkerung, die Nachfrage nach
onsumgütern, sowie die Preise für landwirtschaftliche
rodukte (Getreide, Vieh, Wolle, Flachs, Hanf, Hopfen)
eigen, was dann auch deren Produktion erhöhte. Verbes-
rungen im Düngen, in der Fruchtfolge, in der Stallfütte-
ng, mit der Einführung schwerer Pflüge und Eggen in
er Bodenbearbeitung, in der Bereitstellung von besserem
aatgut – all das waren die technische Voraussetzung eines
roduktivitätszuwachses. Dem entsprachen auch Maß-
ahmen zur Verbesserung der Bildung von Grundherren
nd Bauern durch die Gründung von Fachgesellschaften,
urch die Herausgabe von Fachliteratur und durch das
ordringen von Kenntnissen in die bäuerliche Bevölke-
ung, die mittels Kalender und Broschüren erreicht wur-
e. Aus Spanien wurde das Merinoschaf eingeführt und
it der heimischen Rasse gekreuzt; die Kartoffel als neue
rucht wurde in den Mittelgebirgen als *brambor* (die
»Brandenburgische«) heimisch. Die böhmischen Länder
aren auf dem Wege zu einer modernen Industrieland-
chaft, die sich mit dem Westen Europas messen konnte.

as Zeitalter der Vernunft brachte dem jüdischen Bevöl-
erungsteil in den böhmischen Ländern zunächst viele
orteile, dann aber auch schwere Probleme. Die Zahl der
den war durch eine natürliche Bevölkerungsvermehrung
estiegen, aber auch durch die Aufnahme von Flüchtlingen
us Polen, die den Gräueln der Kosakenheere in den Krie-
en der »Sintflut« (nach 1648) entkommen waren. Dies er-
öhte einerseits die ökonomische Bedeutung der Juden,
ewirkte andererseits eine Reaktion der christlichen Kon-
urrenten, die die jüdische Gewerbetätigkeit einschränken
der deren Betreiber gar ausweisen lassen wollten. Dieses
chwanken zwischen Wertschätzung und Verfolgung of-
enbart auch die Gesetzgebung. Die Probleme waren be-
onders in Prag sichtbar, wo die Juden in der Altstadt
war in einem eng begrenzten Ghetto mit eigener Verwal-

tung lebten, so dass die Judenstadt als fünftes »Stadtvie tel« geführt wurde, wo aber auch die mittelalterliche Ba weise eine Schicksalsgemeinschaft aller Stadtbewohner b deutete, die gleichermaßen unter verheerenden Bränd (so 1689), Überschwemmungen und Seuchen zu leid hatten. Infolge solcher Katastrophen liegt das heutige N veau der Prager Altstadt um mehr als drei Meter über d ursprünglichen Höhe.

Im Jahre 1702 zählte man in der Altstadt 11 517 Jud bei einer Gesamtbevölkerung von knapp 40 000 Me schen, wobei diese Zahlen wohl nicht alle Bewohner fasst haben. Der Wohnort bedingte die Erwerbstätigke In Prag bedeutete dies Handel und Kleinhandel, Betät gung im Transportwesen, Gewerbetätigkeit in Konku renz zu den christlichen Zünften und oftmals große A mut; auf dem Lande, wo ein Drittel der Juden Böhme lebten, fanden sich viele Juden in Tätigkeiten, die Kap tal voraussetzten und eine Scharnierstellung zwische Grundbesitzern und der übrigen Bevölkerung darstellte wie im Hausierhandel, der die Bevölkerung mit einfach ten Dingen des täglichen Gebrauchs versorgte.

Auf Seiten der Mehrheitsbevölkerung standen den Ju den mehrere Interessengruppen gegenüber. Der Hof nah eine zwiespältige Position ein, da er einerseits die Steue erträge benötigte, andererseits am ehesten religiösen od ideologischen Einflüssen folgte. Die verschiedenen Plän zur »Abschaffung« der Juden, also deren Vertreibun; kulminierten 1744 unter Maria Theresia in der Räumur des Prager Ghettos mitten im Winter. Proteste von alle Seiten, darunter auch von den eigentlich judenfeindliche Zünften, führten 1748 zu ihrer Rückführung nach Pra; zunächst für eine Übergangszeit von zehn Jahren, dan aber ohne zeitliche Beschränkung.

Die Beamten sahen das »Problem« vorrangig von seine ökonomischen Bedeutung, andererseits wollten sie di Kontrolle über diesen Bevölkerungsteil verstärken. Kenn

ichnend dafür sind die »Familiantengesetze« von 1726
d ihre Ausführung. Sie sollten die Zahl der Juden dau-
haft beschränken, indem nur dem jeweils ältesten Sohn
ner Familie die Heirat und das Wohnrecht gestattet wa-
n. Für Böhmen waren 8541, für Mähren 5106 »Famili-
stellen« vorgesehen. Die Auswirkungen griffen tief in
e jüdische Gesellschaft ein, denn jene meist armen Ju-
n, die durch diese Bestimmungen ausgegrenzt wurden,
nnten nur in »Bodenhochzeiten« vor den Rabbinern
ne Ehe schließen; ihre Kinder galten als unehelich und
urden in dieser sehr traditionalistisch geprägten Gesell-
haft zusätzlich diskriminiert. Ferner berechtigte nur
ausbesitz zu Handel und Gewerbe, was zur Folge hatte,
ass die Häuser im Ghetto unter vielen eingetragenen Be-
tzern aufgeteilt wurden und das Phänomen der »Stiegen-
sitzer« entstand. Der Abstieg des Ghettos zu Elend und
albwelt nahm hier seinen Anfang. Die Erwerbstätigkeit
er Juden war durch viele Vorschriften eingeschränkt, die
twoder die Zünfte gegen die nichtzünftischen »Pfu-
her« gefordert hatten oder durch die Stadtverwaltung
rfügt worden waren, die die Regeln für den »Tandel-
arkt« und im Verkehrswesen festlegte.

Anders war die Lage auf dem Lande, wo zwischen den
deligen Landbesitzern und den Juden eine »Vernunftehe«
us gegenseitiger Abhängigkeit geschlossen worden war.
as »Verlagssystem« legte den Grundstein für eine florie-
nde Leder-, Textil- und Kleinwarenproduktion, die ins-
esondere in der Versorgung der Armee zu großem
ichtum führen konnte.

Auch innerhalb der jüdischen Bevölkerung Böhmens
uchsen in dieser Zeit die Spannungen an, denn die Juden-
ltesten des Prager Ghettos mussten die Steuerverteilung
ir die Landjuden organisieren, ehe diese ab 1659 ihre An-
elegenheiten ohne Prager Vorgaben regeln konnte.

Einen Höhepunkt staatlicher Judenpolitik stellten die
idengesetze Josephs II. dar, die mit dem Toleranzpatent

für die böhmischen Länder von 1781/82 ihren Anfa
nahmen. Mit ihnen wurde zunächst eine Reihe von diff
mierenden persönlichen Rechtsbeschränkungen aufgeh
ben. Das Gesetz folgte der Diskussion der Zeit, die c
»Nützlichkeit« und die »bürgerliche Verbesserung« d
Juden im Auge hatte, d. h. sie nach dem Naturrecht d
übrigen Bevölkerung gleichstellen sollte. Diesen Vorsto
lungen lag der Vorwurf zugrunde, die Juden seien geist
und moralisch verdorben, verachteten den Ackerbau ur
neigten zum Handel, betrieben ihn mit Wucher und B
trug; schließlich, sie verfolgten die Christen mit Hass. G
gen solche Vorurteile und gegen beträchtlichen Wide
stand erließ Joseph II. am 19. Oktober 1781 das Gese
für die Juden Böhmens, und später auch für Mähren ur
Schlesien. Darin wurden alle Vorschriften der äußere
Unterscheidung aufgehoben, d. h. das Tragen von Bärte
und des gelben Judenstreifens, das Meiden der Straße
während der christlichen Gottesdienste. Zusätzliche A
gaben, wie die Leibmaut, doppelte Gerichtsgebühren, Pa
sierscheinzwang und »Nachtzettelabgaben« sollten erl
schen. Bisher verbotene Berufe wurden den Juden geöf
net, ihre Lehre bei christlichen Meistern erlaubt, oh
dass jedoch die bisherige Familienzahl überschritten we
den durfte. Die Vorschrift, alle Geschäftsbücher in deu
scher Sprache und mit lateinischen Lettern zu führen, b
deutete für die Juden, dass sie sich gegebenenfalls christl
cher Hilfskräfte bedienen mussten, wenn sie selber d
Voraussetzungen nicht erfüllten.

Weitere Gesetze folgten, die den Juden die Einrichtun
von »Normalschulen« in deutscher Sprache auf eiger
Kosten auferlegte. Die Verquickung von Rechten un
Pflichten in Josephs Denken sieht man daran, dass er 178
die Heiratserlaubnis an die Vorlage einer Bescheinigun
über den Schulbesuch band. 1787 befahl ein Gesetz d
Annahme von deutschen Vor- und Familiennamen, wa
zwar die Namen des Alten Testaments einschloss, aber b

ministrativer Willkür gegen arme Juden die Vergabe von »Ekelnamen« ermöglichte. Schließlich sollten Juden auch im Militärdienst eingezogen werden, was die Betroffenen weniger als rechtliche Gleichstellung denn als einen Versuch der Zwangsassimilierung empfanden.

Das Zeitalter der Vernunft bot den Juden große Chancen, den Sprung aus dem traditionalen religiösen Bildungsghetto in die moderne Zeit zu vollziehen, brachte aber auch die Gefahr mit sich, mit eben dieser Tradition ganz zu brechen. Trotz großer Erleichterungen im Einzelnen bedeuteten die Judengesetze keinen Umbruch in den Lebensumständen der Juden, vor allem nicht für die armen; denn viele Sonderregelungen blieben bestehen, wie die hohe Steuerlast, die den Juden eine dreifach höhere Steuer als den Christen auferlegte.

Eine Besonderheit der Gesellschaft der böhmischen Länder war die Sprachenfrage, die sich regional und sozial äußerte. Der Hof in Wien und der Adel waren mehrsprachig; am Hof dominierte nun die französische Sprache. Die Städte waren – zumindest in ihrer Oberschicht und im Handwerkertum – meist deutschsprachig; aber die deutsche Sprache wurde nicht nur von Friedrich II. von Preußen gemieden und dem Französischen als Literatursprache und dem Lateinischen als Bildungssprache nachgeordnet. Der Prozess zur Herausbildung einer allgemein anerkannten und verbindlichen deutschen Bildungssprache hatte aber bereits begonnen. Über der Tätigkeit der Sprachreiniger der Aufklärung, der Erweiterung des Wortschatzes und der Verfeinerung der Syntax, der Entwicklung der Literatur vom steifen Barockdeutsch zur Klassik von Goethe und Schiller verging mehr als eine Generation. Die Anregungen aus Leipzig, wo Gottsched und Gellert an der Entwicklung des Deutschen wirkten, wurden auch in Böhmen aufgenommen. So erregte der Professor für schöne Wissenschaften und Moral Karl

Heinrich Seibt, der als erster Laie an der jesuitisch geprä⟨g⟩-
ten Prager Universität lehrte, mit seinen Vorlesungen
deutscher Sprache großes Aufsehen, so dass man in Pr⟨ag⟩
begann, »seibtisch« zu reden. Seibt war Pädagoge und e⟨r⟩
hielt 1774 die Oberaufsicht über die Lateinschulen, die⟨ er⟩
reformierte und neben der lateinischen auf die deutsch⟨e⟩
Sprache umstellte. Hier sollten die zukünftigen Beamt⟨en⟩
und das gebildete Bürgertum im Geiste der Aufklärun⟨g⟩
und des Patriotismus für den Gesamtstaat erzogen we⟨r⟩-
den. Die Regelung der Sprachenfrage folgte rational⟨en⟩
Gesichtspunkten des Staatsinteresses, denn Joseph II. ha⟨t⟩-
te die deutsche Sprache als Sprache der Administratio⟨n⟩
und Kommunikation in seinem vielsprachigen Reich vo⟨r⟩-
gesehen; von Vorstellungen eines Sprachnationalismus w⟨ar⟩
er weit entfernt.

Die Bauern und die niederen Volksschichten sprache⟨n⟩
deutsch oder tschechisch. Deren Sprachgebiete waren ⟨in⟩
Böhmen regional zwischen dem fruchtbaren Innern Böh⟨-⟩
mens und den gebirgigen Rändern ziemlich scharf abg⟨e⟩-
grenzt, in Mähren jedoch stärker durchmischt. Währen⟨d⟩
die deutschsprachigen Bauern aber zumindest der Mög⟨-⟩
lichkeit nach an der deutschen Administration Anteil neh⟨-⟩
men konnten, musste der tschechische Bevölkerungste⟨il⟩
diese Sprache erst im täglichen Umgang oder auf d⟨er⟩
Schule lernen, um zu höherer Bildung oder zu soziale⟨m⟩
Aufstieg zu gelangen; nur drei Gymnasien in Böhme⟨n⟩
wurden eine Zeitlang tschechisch geführt. Dem lag kein⟨e⟩
Absicht einer sprachlichen Unterdrückung oder gar ein⟨e⟩
»Germanisierung« zugrunde: Die Volkssprachen wurde⟨n⟩
durchaus geachtet, in der Kirche und in der »Normalschu⟨-⟩
le« gepflegt; Maria Theresia hatte dem Adel empfohle⟨n,⟩
seine Kinder »das Böhmische« erlernen zu lassen, abe⟨r⟩
auch verlangt, dass im tschechischen Sprachgebiet eben⟨-⟩
falls deutsch zu unterrichten sei. In tschechischer Sprach⟨e⟩
erschienen die Bibel, Katechismen, Rechen-, Sprach- un⟨d⟩
Lesebücher. Jesuiten machten sich durch Theaterstück⟨e⟩

igiösen Inhalts um die Pflege des Tschechischen ver-
ent; Gelehrte verfassten Grammatiken und Wörterbü-
er; 1775 wurde in Wien ein Lehrstuhl für die tschechi-
he Sprache und Literatur eingerichtet, dem 1791 auch ei-
r an der Prager Universität folgte, wo bereits seit 1777
chechische Vorlesungen für Geburtshilfe und Theologie
laubt waren. Auch die Juden, die bis dahin mehrheitlich
re westjiddische Sprache verwendet hatten, wurden aus
tionaler Überlegung zur Benutzung der deutschen Spra-
e angehalten, die sie in der Folgezeit mehrheitlich als
mgangssprache annahmen. Alle diese Maßnahmen ent-
ammten der aufgeklärten Denkungsart, die dem Staat die
ohlfahrt seiner Untertanen ans Herz legte. Dennoch
aren bereits vereinzelte Stimmen zu vernehmen, die eine
evorzugung der deutschen Sprache als Zwang ablehnten,
e an einer Reinigung und Verbesserung des Tschechi-
hen arbeiteten und die Tradition der ständischen Selbst-
rwaltung in tschechischer Sprache hochhielten. Erst
ätere Deutung hat diese Zeit des aufgeklärten Absolutis-
us und der Modernisierung als »dunkle Zeit« (*temno*)
er tschechischen Kultur verunglimpft.

Zwischen Revolutionen und Restauration

(1790–1848)

Epochenüberblick

Die Französische Revolution von 1789 beendete das A[...]
cien Régime; die politische Verfassung der Staaten e[...]
schien nicht mehr als gottgegeben, sondern von Mensch[...]
gemacht und gestaltbar, wie dies die Kolonisten in d[...]
Vereinigten Staaten von Amerika bewiesen. Die französ[...]
schen »Bürger« übernahmen als »dritter Stand« die Polit[...]
in ihrem Land, verteidigten sie als Soldaten und übe[...]
schwemmten Europa mit ihren Ideen von »Freihe[...]
Gleichheit und Brüderlichkeit«. Als Napoleon sich zu[...]
»Kaiser« erhoben und diese Ideale korrumpiert hatte, w[...]
ren es die Bürger der unterworfenen Völker, die gemei[...]
sam mit dem Adel den Freiheitskampf gegen den Usurp[...]
tor bestritten. Darauf gründete ihr Anspruch auf die M[...]
gestaltung der Politik, was aber nur in wenigen Staate[...]
durch die Einführung einer Verfassung erreicht, in de[...]
meisten dagegen durch den Sieg der alten Kräfte in d[...]
»Heiligen Allianz« und der »Restauration« mit allen Mi[...]
teln verhindert wurde. Dennoch blieb der »Liberalismu[...]
die Leitidee der Zeit, die in der Politik den Verfassung[...]
staat anstrebte, in der Wirtschaft die freie Gewerbetäti[...]
keit forderte. Im Kampf gegen Napoleon war die »N[...]
tion« entdeckt worden, die die Sprecher einer Sprache i[...]
einem »Nationalstaat« zusammenfassen und gegen and[...]
re abschließen sollte. Die Entwicklung und der Einsat[...]
von Maschinen bereitete die Industriegesellschaft vor, d[...]
einerseits Leistung forderte, aber auch Konkurrenz sta[...]

lidarität und damit große soziale Unterschiede zur Fol-
hatte. Die Kluft zwischen dem Anspruch auf Selbstbe-
immung der Bürger und Repressionen durch Herrscher
nd Adel in den dynastischen Staaten führten zu einer
eihe von Unruhen und kleineren Revolutionen, die
chließlich in die europaweite Erhebung des Jahres 1848
ündeten.

790–1792	Leopold II., König von Böhmen, deutscher König und römischer Kaiser
792–1806	Franz II., deutscher König und römischer Kaiser, als König von Böhmen bis 1835
804–1835	als Franz I. Kaiser von Österreich
814/1815	Wiener Kongress
835–1848	Ferdinand I. der »Gütige«, König von Böhmen und Kaiser von Österreich

Die Auswirkungen der Französischen Revolution und der Herrschaft Napoleons; die Restauration

oseph II. hat seinem Zeitalter zwar seinen Namen aufge-
rückt, ist aber am Ende mit seiner Politik gescheitert.
ein Nachfolger Leopold II. (1790–1792) besaß ebenfalls
iele Fähigkeiten, indes verblieb ihm nicht genügend Zeit,
iese zu beweisen. Peter Leopold war der jüngere Bruder
osephs (1747 geboren) und seit 1765 Großherzog von
Toscana, die er zu einem Musterland der europäischen
Aufklärung umgestaltet hatte. Leopold war auf die Nach-
olge seines kränkelnden Bruders gut vorbereitet, kannte
ie Probleme der österreichischen Länder und empfand
ine tiefe Abneigung gegen den »despotischen Bruder«
nd dessen absolutistische Politik. Seine ersten Maßnahmen galten dem außenpolitischen Scherbenhaufen, den Jo-

seph hinterlassen hatte. In der Konvention von Reicher
bach (27. Juli 1790) stimmte er einem Interessenausgleic
mit Preußen zu und vermied dadurch einen Krieg. De
Kampf der Habsburger gegen die Osmanen beendete 179
der Frieden von Sistowa; die Unruhen in Ungarn und i
den Niederlanden brachen daraufhin zusammen. Die Krö
nung zum Kaiser (9. Oktober 1790) festigte seine Positic
im Reich, die Krönung zum König von Ungarn (15. No
vember 1790) und von Böhmen (6. September 1791) jer
in den Erblanden. Die ständische Opposition in den böh
mischen Ländern besänftigte er gleich nach seinem Herr
schaftsantritt mit der Rücknahme des Steuergesetzes vo
1789 und der Erneuerung des Robotpatents von 1775 z
Lasten der Bauern. Die Zuneigung im Lande gewann e
mit der Beachtung der traditionellen Zeremonien bei de
Krönung und der erneuten Übertragung von Mitsprache
rechten der Stände an der Landesverwaltung. Eine Unru
he unter den Bauern wegen des Abbaus der neu erworbe
nen Rechte konnte er damit abwenden, dass er die Aufhe
bung der Leibeigenschaft bestätigte und die Steuern a
1792 nach der günstigeren Schätzung des josephinische
Katasters festsetzen ließ. Allgemeine Zustimmung im Lan
de fand auch seine Rücknahme der Verordnung, die de
deutschen Sprache eine Vorrangstelle eingeräumt hatte
nunmehr galten die »landesüblichen Sprachen« wieder a
gleichberechtigt in der inneren und äußeren Amtsführung
Auch der katholischen Kirche kam er entgegen, indem e
einige Klöster wieder zuließ und die staatliche Kontroll
der Priesterausbildung in den Generalseminaren aufhob
Andere hoffnungsvolle Ansätze, etwa zur Reform de
Schulwesens, blieben jedoch unvollendet, da der Kaise
unerwartet am 1. März 1792 starb. Die Kräfte des Fort
schritts verloren damit ihren wichtigsten Fürsprecher.

Franz II. folgte seinem Vater ohne Probleme auf der
Thron (1792–1835) und wurde binnen fünf Monaten zun
Kaiser und zum König von Böhmen und Ungarn gekrönt

uch Franz war auf sein Amt gut vorbereitet und diszipliniert, aber nicht mit überragenden Geistesgaben gesegnet und an Veränderungen nicht interessiert. Die böhmischen Länder traten während seiner Regierungszeit in den Hintergrund, trugen aber schwer an den Lasten der fortwährenden Kriege.

Den Ausbruch der Französischen Revolution im Jahre 789 hatte Kaiser Leopold nicht ohne Sympathien verfolgt, glaubte er doch zunächst darin eine Unterstützung einer Reformideen zu finden. Als sich die Verhältnisse aber radikalisierten und mit der Bedrohung des französischen Königspaares auch die Sorge um seine Schwester Marie Antoinette wuchs, hatte Leopold zum Krieg gerüstet und kurz vor seinem Tode ein Verteidigungsbündnis mit Preußen geschlossen. Sein Sohn hatte die Folgen zu tragen, als die französische Nationalversammlung am 20. April 1792 Österreich und Preußen den Krieg erklärte. Die nun folgenden militärischen Auseinandersetzungen, die sich mit Unterbrechungen bis 1815 hinziehen sollten, machten Österreich auf dem Kontinent zum Hauptgegner des revolutionären Frankreich. In drei Kriegen mit wechselnden Koalitionen der Staaten Europas trug Wien die Hauptlast; im ersten Koalitionskrieg (1792–1795) verlor es die Niederlande und große Teile seiner Besitzungen in Italien; im zweiten (1799–1802) musste es die reiche Lombardei gegen das arme Venetien tauschen; im dritten schließlich (1805/06) wurde Wien selbst besetzt und Mähren zum Kriegsschauplatz französischer und russischer Truppen. Große Gebietsabtretungen in Italien, Tirol und Vorarlberg erzwang Napoleon nach seinem Sieg in der Dreikaiserschlacht bei Austerlitz/Slavkov östlich von Brünn (2. Dezember 1805). Der Selbstkrönung Napoleons zum Kaiser kam Franz mit der Annahme des Titels eines Kaisers von Österreich (1804) zuvor und legte schließlich am 6. August 1806 die römische Kaiserkrone nieder. Das alte Reich war damit an sein Ende gelangt; die staatsrechtlichen Be-

ziehungen der böhmischen Länder zu den angrenzende
deutschen Staaten waren damit gekappt; Böhmen blie
nur als Teil des Habsburger Länderkomplexes indirel
mit ihnen verbunden. Die Kurwürde des einstmals vo
nehmsten Kurfürstentums des Heiligen römischen Re
ches (nicht nur) deutscher Nation war damit erloschen.

Franz I. verfolgte die Interessen seines Reiches, die ih
bei der dritten Teilung Polens 1795 weitere Gebiete eir
gebracht hatten. In einer Phase der Neutralität Wiens, a
Napoleon Preußen bei Jena und Auerstedt vernichten
geschlagen hatte, kursierten auch Gerüchte über eine Ne
ordnung Mitteleuropas durch einen Zusammenschlus
von Böhmen, Schlesien und Polen unter der Herrscha
des Königs von Sachsen. Ein erneuter Krieg von 1809, i
dem Napoleon bei Aspern die erste Schlacht verloren
dann aber in Wagram gesiegt hatte, brachte im Friede
von Schönbrunn eine Annäherung zwischen Wien un
Paris, die 1810 mit der Ehe zwischen Napoleon und Mari
Louise, der Tochter des Kaisers, besiegelt wurde. Öster
reichische Truppen waren auch an der »Grande Armée
gegen Moskau 1812 beteiligt. In der Zeit der Befreiungs
kriege hielt sich Österreich zunächst neutral und versuch
te eine Vermittlung zwischen Napoleon und Russland
dann aber schloss sich Kaiser Franz der russisch-preußi
schen Allianz an. Nach wechselvollen Kämpfen siegte die
se am 16. bis 18. Oktober 1813 in der Völkerschlacht be
Leipzig unter Führung des Fürsten Karl von Schwarzen
berg über das Heer Napoleons. Am 31. März 1814 zoge
die Verbündeten in Paris ein; Napoleon wurde abgesetz
und auf die Insel Elba verbannt; Ludwig XVIII. bestie
den französischen Thron. Im Friedensvertrag vom 30. Ma
wurde ein europäischer Kongress in Wien angekündigt
der Europa nach dem großen Völkerringen neu ordner
sollte.

Auf dem Wiener Kongress von 1814/15 »tanzte« und
amüsierte sich nur ein Teil der in großer Zahl anwesender

Aristokraten; hinter den Kulissen schufen die Vertreter der Großmächte, darunter auch das besiegte Frankreich, die Bedingungen für die Restauration des alten Europas. Das Gleichgewicht der »Pentarchie«, der fünf Großmächte Russland, Österreich, Großbritannien, Preußen und Frankreich, war das Ziel der Verhandlungen. Größere Gebietsveränderungen, etwa eine Wiederherstellung der polnischen Adelsrepublik, waren damit ausgeschlossen. Gemeinsam wollten die Herrscher revolutionären Ereignissen entgegentreten, wie dies auch nötig wurde, als Napoleon nach seiner Flucht von Elba sein Reich erneuern wollte und in der Schlacht bei Waterloo / Belle Alliance am 18. Juni 1815 endgültig geschlagen und auf die Insel St. Helena im Südatlantik verbannt wurde. Unter unerwünschten Neuerungen verstanden die Fürsten auch die Bestrebungen für einen Verfassungs- und Rechtsstaat und enttäuschten damit die Bevölkerung zutiefst, die für die Befreiung ihrer Länder von der französischen Herrschaft große Opfer gebracht hatte. Das alte Reich wurde durch einen »Deutschen Bund« ersetzt, der 35 souveräne deutsche dynastische Staaten – wie Preußen, Sachsen, Bayern, Hessen, Baden u. a. – sowie vier freie Städte nur locker zusammenfasste und vom Kaiser von Österreich repräsentiert wurde. Die Bundesversammlung in Frankfurt war die einzige gemeinsame Institution. Eine »Heilige Allianz« der konservativen Monarchen sollte den Frieden in Europa sichern. Mehrere Kongresse in den folgenden Jahren dienten diesem Ziel, und die Allianz konnte auch im Wesentlichen für die folgenden Jahrzehnte einen großen europäischen Krieg verhindern. Allerdings bot dieses starre Raster einer an den dynastischen Staaten und Monarchen orientierten Politik keinen Raum für neue Ideen: der Volkssouveränität und des Nationalstaates.

Böhmen war durch die kriegerischen Ereignisse zunächst nur indirekt betroffen worden. In Prag hatten sich zu Be-

ginn der Kriege die Gegner Napoleons versammelt und
nach der Niederlage Preußens durch viele preußische Of
fiziere Verstärkung erhalten; darunter befand sich auch
seit Sommer 1808 eine Zeit lang der Freiherr vom Stein
Prag wurde zum Zentrum der antifranzösischen Propa
ganda, insbesondere im deutschsprachigen Bevölkerungs
teil; Freikorps wurden aufgestellt, die von Böhmen aus ge
gen die französische Armee operieren sollten. Der böhmi
sche Landtag bewilligte im Oktober 1808 einstimmig eine
Million Gulden zur Aufstellung einer Landwehr; Böhmen
beider Sprachen spendeten für den bevorstehenden Frei
heitskampf, den Österreich aber 1809 in der ersten Phase
verlor. Die Freikorps wurden nun aufgelöst, oder ihre
Mitglieder entkamen nach Norddeutschland. Die Wende
in der Politik Wiens hatte Graf Clemens von Metternich-
Winneberg eingeleitet, der 1806 zum österreichischen Ge
sandten in Paris und 1809 in Wien zum Staatsminister er
nannt worden war und auch für die Außenpolitik die Ver
antwortung trug. Durch seine emotionslose Politik der
Neutralität gewann Österreich eine Erholungspause, be
zahlte diese aber mit der Heirat der ältesten Tochter des
Kaisers mit Napoleon, dem sie am 11. März 1811 den er
sehnten Erben gebar, Napoleon Franz Joseph Karl, der
den Titel eines Königs von Rom erhielt. Nach der Nieder
lage Napoleons in Moskau sammelte Metternich in Böh
men ein neues großes Heer, das zunächst eine bewaffnete
Neutralität sichern sollte; zugleich schlug er die Einberu
fung eines Friedenskongresses nach Prag zum 12. Juli
1813 vor. Als Napoleon die österreichischen Bedingungen
nicht akzeptierte, stellte sich Kaiser Franz an die Seite
Preußens und Russlands und trug mit seinen Truppen
maßgeblich zum Sieg über Napoleon bei.

Mit dem Ende des alten Reiches war die staatsrechtliche
Stellung des Königreiches Böhmen grundlegend verändert
worden. Als Kurfürstentum hatte es einen höheren Rang
als das Erzherzogtum Österreich besessen; seine Vertreter

atten im Reich dessen Interessen wahrgenommen. Dies
lt nominell auch noch nach der Erhebung von Franz
im Kaiser von Österreich 1804, aber nicht mehr nach
r Niederlegung der römischen Kaiserwürde 1806. Nun-
ehr stand das Königreich unter dem Kaiser im gleichen
ang wie die anderen Länder, was der tatsächlichen
achtverteilung zwischen Wien, Prag und Brünn ent-
rach. Kaiser Franz förderte weiter die Zentralisierung
es Reiches auf Kosten der Stände. Bedingt durch den
rieg waren die Änderungen in der Verwaltung des Rei-
es zunächst unsystematisch und sprunghaft. Der Staats-
t beim Kaiser als oberstes Beratungsorgan wurde 1796
eu eingerichtet, 1801 wieder aufgehoben und 1808 erneu-
t. Justiz, Finanzen und innere Verwaltung wurden mal
etrennten Ministerien unterstellt, dann wieder in einer
entralbehörde zusammengefasst. Aus diesem Chaos stieg
n Mann zu höchsten Würden auf, der bis 1848 die Ge-
hicke Österreichs bestimmte und dem Zeitalter seinen
amen aufprägte, Graf, später Fürst, Metternich.
Eine eigenständige Geschichte Böhmens ist zu dieser
eit kaum auszumachen. Wien gab die Richtlinien für alle
änder vor, und die Stände in den böhmischen Ländern
atten zu folgen. Das Interesse an Politik schien erlo-
hen, die Landtage kümmerten vor sich hin; der Adel
erweilte im Privatleben, pflegte seine Interessen in Kunst
nd Wissenschaft, verwaltete seine Güter oder ging auf
ie Jagd. Die bestgeführte Behörde wurde die »Polizeihof-
elle« in Wien, die 1793 zu einem eigenen Ministerium er-
oben worden war und mit Hilfe von Agenten Einwoh-
er und Ausländer überwachte. Die Zensur verhinderte
as Erscheinen von freien Zeitungen, denn nur amtliche
aren zugelassen; die Polizei kontrollierte die Buchhand-
ungen, um das Eindringen gefährlicher Gedanken zu ver-
indern. Auch das Schulwesen wurde in die staatliche
ontrolle zurückgeführt und hatte fachlich gebildete, aber
ehorsame Untertanen hervorzubringen. Katholischen

Geistlichen übertrug der Staat die Aufsicht über die Sch
len und erhöhte die Zahl der Geistlichen in der Lehrtäti
keit in allen Schulgattungen. 1808 erreichte die Zentra
sierung ihren Höhepunkt mit der Einrichtung einer Stud
enhofkommission, die dem Kaiser direkt unterstellt w
Nur im Bereich der Zivilgesetzgebung erwies sich d
Zentralisierung als förderlich, als am 1. Januar 1812 d
neue »Allgemeine Bürgerliche Gesetzbuch« für alle öste
reichischen Länder in Kraft trat.

Tiefgreifende Veränderungen erfuhren die Wirtschaft ur
die Gesellschaft der böhmischen Länder, die durch de
langen Krieg direkt wie indirekt betroffen waren. Die he
hen Kosten für die Kriegsführung konnten durch d
überkommene Steuersystem nicht gedeckt werden. D
auch die erhofften Subsidienzahlungen aus England au
blieben, griff der Staat zu einem Mittel, das schon Mar
Theresia 1762 angewandt hatte, der Herausgabe von P
piergeld (»Bankozettel«). Dies erhöhte zwar den Geldun
lauf, führte aber wegen mangelnder Deckung durch Silb
zu einer Inflation und zu einer hohen Staatsverschuldun
Mehrfach musste der Wert des Papiergeldes angepas
werden, bis es 1811 zum Staatsbankrott kam, weil de
Wert des Papiergeldes auf ein Fünftel des Nominalwert
gesunken war. An die Stelle der »Bankozettel« trate
»Einlösungsscheine«, die nach neuerlicher Abwertur
1813 durch »Antizipationsscheine« ersetzt wurden. Ware
schon durch die steigende Inflation alle jene in Not gera
ten, die ihr Einkommen in Papiergeld erhielten, so verlo
ren durch den Staatsbankrott Tausende Familien ihr Ve
mögen oder ihre Erwerbsgrundlage.

Vorübergehend positiv wirkten sich andere Maßnahme
des Staates auf die Wirtschaft aus. Im Sinne des Merkant
lismus hatte der Staat bereits unter Joseph II. durch ein
Privilegierung von Betrieben in Adelshand und durc
Einfuhrverbote in den Handel eingegriffen; die von Na

leon 1807 erzwungene Teilnahme an der Kontinental-
erre für englische Waren verteuerte zwar die Einfuhr
n Rohstoffen (wie Baumwolle), schützte aber den Ab-
tzmarkt der heimischen Industrie. Nach 1809 setzte des-
lb ein Wirtschaftsaufschwung ein, der jedoch nach Auf-
ebung der Einfuhrsperre 1815 zusammenbrach und bis
320 eine tiefe Depression zur Folge hatte.

Zwei weitere Faktoren beförderten die wirtschaftliche
ntwicklung: die Entstehung einer Arbeiterschaft und die
eginnende industrielle Revolution. Unter den Bedingun-
en der Leibeigenschaft hatte nur der grundbesitzende
del genügend Arbeitskräfte für Manufakturen zur Ver-
igung gehabt; die Aufhebung der Leibeigenschaft eröff-
ete landlosen Bauern die Möglichkeit, sich anderswo ein
uskommen zu suchen. Bürgerliche Unternehmer und
elbst Juden (nach dem Toleranzedikt) traten in Konkur-
enz zum Adel und wurden zu Trägern des technischen
ortschritts. Der Adel blieb aber im Bergbau und in der
Metallverarbeitung führend; im Bereich der Weiterverar-
eitung landwirtschaftlicher Produkte, wie etwa in der
uckerindustrie, besaß er faktisch ein Monopol. Die indu-
rielle Revolution begann 1797 mit dem Einsatz von
pinnmaschinen, die durch Wasserkraft betrieben wurden;
ach den Napoleonischen Kriegen setzte sich rasch die
Dampfmaschine durch, die im Bereich der Textilindustrie
ausende von Heimarbeitern freisetzte und ins Elend
türzte. Nur der Bedarf an Soldaten und die sinkende Ge-
urtenrate der Bevölkerung in Kriegszeiten verhinderten
rößere Unruhen. Die Glasindustrie geriet nach 1810 in
ine Krise, als die Erfindung des billigen Pressglases das
raditionelle Handwerk schädigte, das darauf mit einer
erfeinerten Produktion, mit Glasschliff und farbigen
Gläsern antwortete. Bedeutsam für die weitere Entwick-
ung der böhmischen Gesellschaft wurde der Umstand,
lass die Industrieentwicklung vor allem in den deutschbe-
iedelten Gebieten stattfand. Dort entstand langsam eine

Konsumgüterindustrie, die Papier, Holzprodukte wie Möbel, ferner Musikinstrumente oder Spielzeug vornehmlich in Kleinbetrieben herstellte.

Auch die Landwirtschaft veränderte sich allmählich. Eine verbesserte Dreifelderwirtschaft, gar schon ein wissenschaftlich gestützter Fruchtwechsel, erhöhten die Erträge. Der Getreideanbau blieb führend, Kartoffeln und Rüben wurden verstärkt produziert. Als hinderlich für die Entwicklung erwiesen sich jedoch die herrschenden Besitzverhältnisse. Viele adelige Grundherren bewirtschafteten ihre Güter noch mit robotpflichtigen Bauern, denen wegen dieser Dienste zur Aussaat und Ernte die Zeit für ihre eigenen Betriebe fehlte. In der Viehwirtschaft, insbesondere in der Schafzucht, und im Forstwesen setzte sich allmählich die Beschäftigung von Lohnarbeitern durch. Obwohl seit Ende des 18. Jahrhunderts zahlreiche Veröffentlichungen und Gesellschaften für Verbesserungen in der Landwirtschaft warben, übernahmen die konservativen Bauern nur allmählich neue Ideen; die Sense sollte erst in der Mitte des 19. Jahrhunderts in der Getreideernte die Sichel ablösen. Andererseits konnten viele abhängige Bauern auf den von geschulten Verwaltern geführten Höfen in adeligem Besitz neue Methoden und Geräte kennenlernen und auch bald in den eigenen Betrieben einsetzen. Die ökonomische Lage der Bauern besserte sich infolgedessen, aber dadurch erhöhte sich auch die Spannung zwischen ihren wachsenden Ansprüchen und der Robotpflicht.

Die böhmischen Länder waren überwiegend ländlich geprägt; von vielen kleinen Landstädten, deren Bevölkerung kaum zehntausend Einwohner erreichte, hob sich nur die Stadt Prag ab. Um die nicht erbberechtigte Bevölkerung auf dem Lande zu halten, wurden Kleinbauernhöfe geschaffen, in denen die sogenannten »Ziegenbauern« eine ärmliche Existenz fanden. Die Heimarbeit in der Zulieferung von Manufakturen brachte ein Zubrot und bewahrte die Landbevölkerung vor der Proletarisierung.

rst das Fortschreiten der Mechanisierung und die Wirt-
haftskrise nach 1815 sollten hier die Lebensbedingungen
achhaltig verändern.

Die Gesamtbevölkerung der böhmischen Länder betrug
n 1790 knapp viereinhalb Millionen Menschen, im
urchschnitt 55 Einwohner pro Quadratkilometer. Die
ärker gewerblich tätigen, meist deutschsprachigen Be-
ohner im Norden und Nordwesten Böhmens machten
avon etwa 1,2 Millionen aus; dort betrug die durch-
hnittliche Bevölkerungsdichte 82 Einwohner je km², die
ch in einigen Industrieregionen, wie Reichenberg/Libe-
ec, bis auf 137 pro km² erhöhte. Die Landeshauptstadt
rag besaß 1790 fast 78 000 Einwohner, wobei die Stadt-
renze die erst später eingemeindeten Vororte nicht einbe-
og. Prag war das administrative, kulturelle und kirchliche
entrum Böhmens. In dieser Hinsicht entsprach ihm in
lähren die Stadt Olmütz, die an Bevölkerung und Bedeu-
ung noch Brünn übertraf, das 1641 zur Landeshauptstadt
rhoben worden war. Nachdem zwischen 1765 und 1790
ie Bevölkerung der böhmischen Länder um etwa 45 %
ewachsen war, betrug der Zuwachs bis 1815 kriegsbe-
ingt nur 7,5 % auf nun fast 4,8 Millionen Einwohner, um
ann in den folgenden 25 Jahren um 30 % kräftig zu stei-
en. Die Kriegsjahre und die Depression nach 1815 ver-
härften die sozialen Unterschiede; während durch die
nflation und den Staatsbankrott viele Familien aus dem
ürgertum in Not gerieten, konnten wenige andere im
rieg und durch Spekulationen große Gewinne machen.
Die soziale Ungleichheit vergrößerte sich, wobei die Zahl
er Besitzlosen stark anstieg. Dies war wieder besonders
in Phänomen der deutschbesiedelten Gebiete, in denen
er Mittelstand geschrumpft war und sich ein ökonomisch
edingtes Krisenbewusstsein entwickelte, während in den
andwirtschaftlich orientierten tschechischsprachigen Geieten viele Bauern und Handwerker allmählich zu einem
igenen starken Mittelstand aufstiegen. Aus dieser Grund-

situation gingen zwei entgegengesetzte politische Vorste
lungen hervor: bei den Deutschböhmen entwickelte si
aus den Erfahrungen der Befreiungskriege ein Landesb
wusstsein, der Bohemismus, der über die sprachliche
Unterschiede hinausblickte, dagegen entdeckte der tsch
chischsprachige Bevölkerungsteil seine nationale Eigena
In einer Mischung von aufklärerischem Gedankengut ur
politischer Romantik formte sich hier allmählich e
tschechisches Nationalbewusstsein.

Wegbereiter dieser Entwicklung war Johann Gottfri
Herder mit seinem Buch *Ideen zur Philosophie der G
schichte der Menschheit* von 1791 und anderen Schrifte
Er hatte den Begriff »Volk« in den Mittelpunkt sein
Denkens gestellt und verstand »Volk« als die Gesamthe
der Sprecher einer Sprache. War der Begriff »Volkssouv
ränität« noch ein politischer Gedanke gewesen, der – w
in Amerika – die Bevölkerung eines bestimmten Territor
ums unabhängig von ihrer sprachlichen Unterscheidun
und Herkunft einte, so fasste Herder die Sprache als e
unveräußerliches Merkmal auf, in dem sich die Identit
eines »Volkes« von der eines anderen unterschied. »Volks
lied« und »Volksmärchen« waren für ihn die untersche
denden Kriterien gegenüber einem anderen Volk, und i
»Volk« fasste er alles zusammen, was dessen Besonderhe
als »Gedanke Gottes« ausmachte. Das »deutsche Volk
oft auch in der bis heute geltenden Begriffsvermengung a
»deutsche Nation« bezeichnet, sollte sich ihm zufolge ge
gen das »französische Volk« erheben, seine geistige Ein
heit zurückgewinnen und schließlich über die dynast
schen Grenzen der Kleinstaaten hinweg seine politisch
Einheit erringen. Der scheinbar objektive Charakter de
Muttersprache verband sich hier mit dem politischen Zie
der nationalen Einheit, letztlich, wenn auch noch kaur
bewusst, mit der Forderung nach einem Nationalstaat. Is
dieser Gedanke noch als ein politisches Konzept zu deu
ten, so waren die Folgen für die Einzelnen beträchtlich

enn die Sprache als Voraussetzung einer »Volksseele«
lt, so unterschied sich *eine* »Volksseele« von der ande-
n, dann konnte niemand zwei Seelen besitzen, musste
so als Zweisprachiger die Frage nach einer »Mutterspra-
e« unbeantwortet lassen; dann erschien ein Sprachwech-
l als Verrat an der Volksseele, dann musste um jede Seele
rungen werden. Was Herder mit Blick auf die Französi-
he Revolution als Aufforderung zur nationalen Eini-
ng der Deutschen formuliert hatte, gewann in der
rachlichen Gemengelage Ostmittel- und Osteuropas
ne besondere Sprengkraft.

Dazu trat ein weiterer Gedanke, den Herder in dem
apitel »Slawische Völker« vorgetragen hat. Wohl selten
aben zwei Seiten in einem umfangreichen philosophi-
hen Werk eine solche Wirkung gehabt wie das berühmte
Slawenkapitel«, in dem die Germanen als kriegerisch, die
awen hingegen als friedliche Ackerbauern charakterisiert
urden. Das Entscheidende daran war, dass die Auseinan-
ersetzung mit dem Phänomen der Sprache nun nicht nur
ne politische und moralische Dimension erhielt, sondern
ich auch eine eschatologische, weil Herder den »unverbrauch-
n slawischen Völkern« eine große Zukunft voraussagte.
etztlich entstand aus dem alten Nebeneinander der Spra-
hen ein Kampf der Sprachen gegeneinander.

Spätere Deutungen der Zeit seit 1620 haben die Gefahr
nes Aussterbens der tschechischen Sprache beschworen.
Davon kann jedoch keine Rede sein, denn um 1790 be-
iente sich die Hälfte der rund viereinhalb Millionen Be-
ohner der böhmischen Länder ausschließlich des Tschehischen, das auch keineswegs nur eine ungepflegte »Bau-
rnsprache« war. In einer breiten Erbauungsliteratur, in
eistlichem und amtlichem Schrifttum, durch Grammati-
en und eine Rechtschreiberegelung befand sich die Spra-
he in einem Entwicklungsstadium, das durchaus mit dem
er deutschen Sprache vergleichbar war, da beide vom ba-
ocken Sprachstil und von fremden Einflüssen gereinigt

werden sollten. Charakteristisch für die böhmische Situ
tion war dabei, dass auch deutschsprachige Gelehrte f
eine Verbesserung des Tschechischen eingetreten sind, w
der erste Professor für tschechische Sprache und Literat
an der Prager Universität (seit 1792) Franz Martin Pelz
(1734–1801). Parallel dazu wuchs das Interesse an der G
schichte Böhmens, das seinen Ausdruck in der Überse
zung von älteren Werken aus dem Lateinischen, dur
Quellensammlungen und Editionen fand.

Als »Erwecker« der tschechischen Sprache haben b
sonders zwei Männer Verdienste erworben: Josef D
brovský und Josef Jungmann. Dobrovský (1753–182
war in deutschsprachiger Umgebung aufgewachsen ur
erst mit zehn Jahren in ein tschechisches Gymnasiu
übergewechselt. Nach einem Studium der Philosophi
Theologie und Orientalistik widmete er sich dann der Sl
wistik und dem Studium der Geschichte der tschechisch
Sprache. Neben seiner Tätigkeit als Lehrer im Hause d
Grafen Nostitz veröffentlichte er bereits 1792 eine G
schichte der böhmischen Sprache und Literatur. Sein
Haupttätigkeit bestand im Sammeln und Deuten alt
Texte; dazu kamen weitere Arbeiten zur Grammatik un
zur Etymologie. Als Schöpfer der modernen tschech
schen Schriftsprache gilt Jungmann (1773–1847), d
durch Übersetzungen (darunter Herders »Slawenkapitel
und eigene Dichtungen sowie durch die Bereicherung un
Reinigung des Wortschatzes, mit der er einer »Verdeu
schung« des Tschechischen entgegentrat, berühmt wurd

Die »Sprachenfrage« hatte sich in den böhmischen Län
dern zu dieser Zeit bereits mit politischen Vorstellunge
verbunden. Zum einen wurde die Pflege des Tschech
schen zum Ausdruck der Sehnsucht nach der alten Selbst
ständigkeit und der großen Zeit der böhmischen Ge
schichte. Zur Krönung von Leopold II. 1791 mussten di
Ansprachen, die diese Forderungen enthielten, jedoch ers
aus dem Deutschen, das den Vertretern der Stände geläufi

r war, ins Tschechische übersetzt werden. Zum anderen
ar durch die Entdeckung der Ähnlichkeit der »Slawi-
n« untereinander und die Anwesenheit russischer Trup-
n im Lande das Interesse auf allslawische Gemeinsam-
iten, ja auf eine Russophilie gelenkt worden, die bis zu
opischen Gedanken von einer allslawischen Gemein-
rache gedieh, für die die Einzelsprachen nur Dialekte
wesen seien. Im Besonderen entwickelte sich jedoch bei
n wenigen tschechisch orientierten Intellektuellen die
orstellung, der Übermacht der deutschen Sprache in Bil-
ing und Verwaltung trotzen zu müssen. Der »Kampf um
e Sprache« diente so der Schaffung einer nationalen Elite
it einem eigenen nationalen Bewusstsein, das sich von
en »Anderen«, den Deutschsprachigen im Lande wie den
eutschen überhaupt, abzugrenzen begann. Das Zentrum
eser Bestrebungen war zunächst Prag, wo durch Buch-
röffentlichungen, Zeitungen und das Theater eine brei-
re Öffentlichkeit erreicht wurde. Die Schulreform und
e Verbesserung des Unterrichts in der Volkssprache eb-
eten den Weg dieser Gedanken durch Almanache und
alender in die Landstädte und Dörfer.

Eine andere Richtung nahm die Entwicklung bei den
eutschböhmen, denn bei ihnen schwankte die Orientie-
ing zwischen einem Landespatriotismus und einem
eichspatriotismus. Der »Bohemismus« als Idee einer
rachübergreifenden kulturellen und historischen Einheit
es Landes wurde am deutlichsten von dem Prager Religi-
nswissenschaftler und Philosophen Bernhard Bolzano
781–1848) formuliert, der in diesem Sinne forderte, dass
der Böhme die jeweils andere Landessprache beherr-
hen solle. Dieser damals utopischen Forderung stand die
atsache entgegen, dass die Sprachgrenze auf dem Lande
och relativ fest war, die Siedlungsgebiete noch weit-
ehend sprachlich homogen waren und deshalb den
eutschböhmen die Notwendigkeit der Kenntnis der
chechischen Sprache nur in einem Grenzsaum und in

Sprachinseln einleuchtete. Die Deutschböhmen konnt
auch kein eigenes »Stammesbewusstsein« als Integratior
ideologie entwickeln, da ihr Siedlungsraum entlang c
Staatsgrenze im Norden kein eigenes Zentrum besaß, u
terschiedliche Dialekte kannte und sich in viele klei
»Heimaten« gliederte. Alle Wege von den Grenzgebiet
führten nach Prag, aber im Bewusstsein der Deutschbö
men endeten sie erst in Wien, im Zentrum des Habsburg
Reiches. Zu den Nachbarn in den evangelischen Staat
Sachsen und Preußen gab es kaum engere Beziehunge
und die Gedanken einer nationalen deutschen Erhebu
gegen Napoleon hatte in Deutschböhmen kaum Widerh
gefunden. Stattdessen betonte man das Zusammenlebe
der beiden »Stämme« in Böhmen mit einer gemeinsam
Geschichte, Sagenwelt, Küche und Kultur.

Mit den gesellschaftlichen Änderungen seit Ende d
18. Jahrhunderts hatte sich auch die Trägerschicht d
Kultur erweitert; an die Stelle der Adels- und Hofkult
nach den französischen Vorbildern von Barock und Rok
ko war das französische Empire getreten, das sich au
den bürgerlichen Schichten anbot. Neben wenigen Ne
bauten von Schlössern sind bereits Bürgerhäuser in diese
Stil entstanden. Insbesondere der Ausbau der Bäderstädt
wie Karlsbad und Marienbad, zog neben den traditione
len adeligen Gästen zunehmend bürgerliche Unternehme
Gelehrte und Künstler aus Böhmen und den Nachbarlä
dern an. Die materielle Volkskultur wurde dagegen lang
sam durch nationale Züge geprägt, denn deren barock
Überformung legte man als alte Tradition aus, wie etw
die Trachten der bäuerlichen Bevölkerung. Maler, w
Schinkel und Caspar David Friedrich, entdeckten d
Schönheit der böhmischen Landschaften. Für die Musi
öffnete das von Anton Graf Nostitz-Rieneck in der Al
stadt Prags erbaute Theater im klassizistischen Stil, spät
»Ständetheater« genannt, eine neue Heimstatt für Theate
stücke in deutscher und tschechischer Sprache, wie in

sondere für Opern, unter denen die Werke Mozarts als
sondere Höhepunkte gefeiert wurden. Um 1800 öffne-
n sich auch die bürgerlichen Schichten der Musik und
rderten den biedermeierlichen Stil in der »Bädermu-
k«, die oft von reisenden Solisten vorgetragen wurde. In
rgerlichen Kreisen entstanden private Vereinigungen,
e 1811 zur Errichtung eines Konservatoriums führten.
a Sinne des Bohemismus blieb die Musikkultur, die ja
e Sprachengrenze übersteigt, lange binational; so hat
r tschechischstämmige Václav Jan Tomašek (1774–1850)
utsche wie tschechische Texte vertont und Komponis-
n wie Franz Schubert und Robert Schumann beein-
sst.

Der »Vormärz«

eitalter der Restauration« und »Ära Metternich« sind
ezeichnungen für den Zeitraum zwischen dem Wiener
ongress 1815 und der Julirevolution in Frankreich 1830;
r Begriff »Vormärz« im engeren Sinne wird für die an-
hließende Zeit bis zum Ausbruch der Revolution im
ärz 1848 verwendet. In der ersten Phase war der Ein-
ass des Fürsten Metternich vorherrschend; er hatte den
orsitz in den Beratungen des Wiener Kongresses geführt,
e Streitigkeiten zwischen den Verbündeten geschlichtet
ad einen Ausgleich zwischen ihnen und dem besiegten
rankreich gefunden; er hatte damit die Grundlagen für
as Gleichgewicht der Mächte geschaffen, das 1818 auch
rankreich in die Heilige Allianz führte. Obwohl Metter-
ch sich einer Wiederherstellung des alten Reiches wider-
tzt hatte, garantierte er die Vormachtstellung Öster-
ichs im Deutschen Bund. Die Reichspolitik wurde in
ien bestimmt und hatte den äußeren Frieden und den
ampf gegen innere Veränderungen, insbesondere gegen
ögliche Umstürze zum Ziel. Die Karlsbader Beschlüsse

der Heiligen Allianz von 1819 dämmten für fünf Jahre ⌐
geistige Bewegung und führten auch an den Universitä⌐
die Zensur ein. Die Wiener Schlussakte von 1820 ha⌐
festgelegt, dass in den Staaten des Bundes die Rechte ⌐
Fürsten nicht durch Verfassungsregeln eingeengt werd⌐
durften.

Der Wandel ließ sich aber weder im europäischen no⌐
im innerstaatlichen Rahmen durch Fürstenspruch aufh⌐
ten. Nationale Bewegungen sorgten in Portugal, Spani⌐
und Italien für Unruhe. Die griechische Freiheitsbew⌐
gung gegen die osmanische Herrschaft seit 1821 wur⌐
selbst vom Zaren, der sonst Veränderungen ablehnte, z⌐
gunsten der orthodoxen Glaubensgenossen unterstüt⌐
und brachte 1829 im Frieden von Adrianopel die Una⌐
hängigkeit Griechenlands, was zu einer Entfremdung zw⌐
schen Russland und Österreich beitrug. Die liberalen G⌐
danken und die Ansprüche des aufsteigenden Bürgertur⌐
auf Beteiligung an der Macht durch Einführung von Ve⌐
fassungen gipfelten 1830 in der Julirevolution in Fran⌐
reich, die zur Thronbesteigung des »Bürgerkönigs« Loui⌐
Philippe, Herzog von Orléans, führten. Die katholisch⌐
Südprovinzen der Vereinigten Niederlande erklärten si⌐
zum selbstständigen Staat Belgien. Im November 18.⌐
folgte ein Aufstand im russisch beherrschten Königrei⌐
Polen, dessen Niederwerfung in eine Politik der Russi⌐
zierung des Landes einmündete. Im Deutschen Bund en⌐
hüllte 1832 das Hambacher Fest der Studenten die wacl⌐
sende Kraft liberaler Ideen, was ein Jahr später der Bu⌐
destag zum Anlass nahm, die Zensurbestimmungen z⌐
verschärfen und politisch verdächtige Personen zu verfo⌐
gen. Angesichts solcher Störungen des Gleichgewichts g⌐
lang Metternich 1833 in Königgrätz eine erneute Abstin⌐
mung der Politik zwischen Österreich, Preußen ur⌐
Russland in der polnischen und osmanischen Frage.

In Wien war die Politik durch die Spannung zwische⌐
dem nur mäßig begabten Kaiser Franz I., der ein zentrali⌐

ches Regiment bevorzugte, und seinem Hauptberater
etternich gekennzeichnet, der eine föderale Ordnung
r historischen Regionen befürwortete. Dieser Konflikt
vischen Reichsinteresse und den Interessen der ständisch
rfassten Länder wurde auch durch zahlreiche Reform-
rsuche nicht gelöst. 1814 war der Staatsrat umgebildet
orden und leitete die Verwaltung aller Länder des Habs-
urger Reiches. Ihm unterstanden vier Sektionen (Justiz,
neres, Finanzen und Kriegswesen) unter Leitung je
nes Staatsministers. Alle Entscheidungen mussten vom
aatsrat begutachtet und dem Kaiser vorgelegt werden,
as infolge von dessen Arbeitsüberlastung zu Verzöge-
ngen oder Nichterledigung führte. Die Berufung des
rager Oberstburggrafen Franz Anton Graf Kolowrat-
iebsteinský zum Staats- und Konferenzminister im Ok-
ober 1826 verminderte Metternichs Macht deutlich, so
ass ihm hinfort lediglich die Außenpolitik als Betäti-
ingsfeld blieb. Nur die Polizei und die Zensurbehörde
lieben von 1817 bis 1848 als eigene Hofstelle unter der
eitung von Joseph Graf Sedlnitzky von Veränderungen
erschont. Kurz vor seinem Tode im März 1835 legte der
.aiser auf Anraten Metternichs sein politisches Testament
ieder, in dem er seinen Nachfolger verpflichtete, an den
estehenden Einrichtungen des Reiches keine Änderun-
en vorzunehmen und seinen Beratern zu folgen. Der
eue Kaiser Ferdinand I. (1835–1848) akzeptierte im De-
ember 1836 die Staatskonferenz als neue oberste Staats-
ehörde, die an seiner Stelle die Regierungsgeschäfte füh-
en sollte. Ihr gehörten neben dem Erzherzog Franz Karl
lem jüngeren Bruder des Kaisers Ferdinand) auch Met-
ernich und Kolowrat als ständige Mitglieder an; den Vor-
itz übernahm Erzherzog Ludwig (der Bruder des Kaisers
ranz). Die Rivalität zwischen Kolowrat, der den ent-
cheidenden Einfluss auf die Innenpolitik ausübte, und
Metternich, der die Außenpolitik leitete, wurde damit zu
inem Dauerproblem des Reiches.

Kaiser Ferdinand war zur Führung der Reichsgeschä
nur bedingt geeignet, denn als Epileptiker war er auf stä
dige Pflege angewiesen. Er griff daher kaum in die Poli
ein, obwohl er durchaus begabt war und über gute Kenn
nisse der Probleme seines Reiches verfügte; andererse
hat er sich aber jedem Versuch widersetzt, ihn aus d
Erbfolge auszuschalten. Seiner Wohltätigkeit und sein
Interesses für die Untertanen wegen ist er als Ferdina
»der Gütige« in die Geschichtsbücher eingegangen. F
Böhmen war es von besonderer Bedeutung, dass Fer
nand am 7. September 1836 in Prag nach den alten Zer
monien gekrönt wurde; er war der letzte gekrönte Kön
Böhmens.

Die böhmischen Länder als eine dynastische Untere
heit des Kaiserreiches gab es de jure nicht, denn die Er
lande standen nebeneinander als eine Föderation v
Ständestaaten. Jedes der Länder bewahrte seine eigen
Institutionen, wenn auch nur noch formal, denn die Lan
tage hatten an Bedeutung verloren und wurden kau
noch besucht. Der Landespatriotismus der Stände ko
kurrierte mit dem Interesse des Gesamtstaates, der öste
reichischen Staatsidee. Sie wurde von der Armee und d
Bürokratie vertreten, deren Beamte seit 1815 ihre Bindu
an den Kaiser durch eine einheitliche Uniform bezeugte
Der Volksmund spottete gar über die vier Armeen d
Kaisers: das stehende Heer der Soldaten, das sitzende d
Bürokraten, das kniende der Geistlichen und das schle
chende der Denunzianten. In der Bevölkerung war beso
ders das Großbürgertum gesamtstaatlich orientiert, sow
ein Teil des höheren Adels, sofern er in mehreren Länder
über Grundbesitz verfügte. Eher an die Länder als an de
Gesamtstaat fühlten sich die Bauern und die Kleinbürge
gebunden, und insbesondere der niedere Adel, der auf d
Erhaltung der Landesprivilegien Wert legte. Dies zeigt
sich etwa am Festhalten an alten Landesämtern und de
Ehrenämtern, in denen der Rang einzelner Familien in

eflecht adeliger Interessen zum Ausdruck kam. Die
erste Behörde in Böhmen war das Landesgubernium
nter der Präsidentschaft des Oberstburggrafen, der einer
ommission von Gubernialräten vorsaß. Mähren und
hlesien, die seit 1782 unter einem Landeshauptmann
ne gemeinsame Verwaltung besaßen, betonten ihre Un-
hängigkeit von Böhmen und waren stärker am Gesamt-
aat interessiert.

Wien hatte inzwischen einen starken Beamtenapparat
fgebaut, der auf Kreisebene in die Lokaladministration
ängte, die nach wie vor die Domäne des landbesitzen-
en Adels blieb. Die Kluft zwischen den ständischen In-
ressen und den Kompetenzen der beamteten Juristen
rtiefte sich dadurch und weckte Zweifel am Sinn der
berlebten Ordnung der Grundherrschaft. Mit der wirt-
haftlichen Erholung der Länder nach 1820 verstärkte
ch die ständische Idee wieder, ohne dass die Stände je-
och reale Macht gewannen. Wien hielt die Angelegenhei-
n gewissermaßen in der Schwebe: Der seit 1714 für Böh-
en existierende Landesausschuss als ständisches Organ
ir die Steuerfestsetzung und Steuerabführung, den Jo-
eph II. abgeschafft hatte, war zwar nach seinem Tode
ieder eingerichtet worden, wurde aber praktisch durch
ie Ernennung der Mitglieder auf Lebenszeit zu einer kai-
erlichen Behörde; das alte Recht zur Steuerbewilligung
ar zu einer reinen Formsache verblasst. Die gegenläufige
ewegung errang 1836 mit der Krönung des Kaisers zum
önig von Böhmen einen sichtbaren Erfolg, in deren Ge-
olge auch die Landtage zu neuem Leben erwachten. 1836
rschien der erste Band der *Geschichte von Böhmen*, in
em František Palacký im Auftrag der Stände die glanz-
olle Zeit böhmischer Ständeherrschaft dargestellt hatte,
as über das wachsende Geschichtsbewusstsein das Inter-
sse am aktiven politischen Geschehen belebte. Außerdem
rang die Idee einer Vertretung von Bürgern und Bauern
n Europa weiter vor, und diese parlamentarisch-demo-

kratische Gefahr für die alte Ordnung glaubte der Adel
den ständischen Organen auffangen zu können. Das Bü
gertum war in den Ständen jedoch kaum vertreten. A
königlichen Städte zusammen hatten im böhmisch
Landtag bis 1845 nur eine Stimme; erst dann erhielten d
Vertreter Prags eigenes Stimmrecht. Im gleichen Jahr fo
mierte sich adeliger Widerstand gegen den Landesher
über die Frage, ob der König höchste Landesämter m
landfremden Adeligen besetzen dürfe. Eine Kommissio
des Landtages legte 1847 einen Abschlussbericht v
(»Deduktion über das Wesen der ständischen Verfassu
und ihrer Privilegien und über die bestehenden Garanti
derselben«), die die Auffassung des Monarchen bestri
früher verliehene Privilegien einfach aufheben zu könne
Obwohl Wien auf diese Schrift nicht reagierte, wurde s
doch in der Ausformung des »Böhmischen Staatsrechte
wirksam, das in der nächsten Generation seine Spren
kraft entfaltete. Im folgenden Jahr sollte indes die ständ
sche Opposition von einer viel mächtigeren Bewegung a
gelöst werden.

Der Vormärz war eine Zeit beschleunigter Entwicklur
der Gesellschaft und zunehmender Krisen. Von 4,8 Milli
nen Bewohnern im Jahre 1815 war die Bevölkerung d
böhmischen Länder bis zum Jahre 1848 auf 6,6 Million
angewachsen, obwohl in dieser Zeit zwei Choleraepid
mien (1831/32 und 1836/37) viele Opfer gefordert ha
ten. Der Staat setzte in weiten Bereichen der Wirtscha
den Rechtsrahmen für deren Entwicklung. Die enorme
Schulden der Kriege lasteten auf dem Lande, die wege
Kapitalmangels nur schwer abzutragen waren und de
Staat daran hinderten, fördernd in die Wirtschaft einzu
greifen. Schutzzölle sollten sie vor der Konkurrenz ab
schirmen, hatten aber Gegenmaßnahmen der Nachbar
zur Folge. Außerdem gingen die Nachbarn den entgeger
gesetzten Weg, indem Preußen – nach der Beseitigung de

nerstaatlichen Zölle von 1818 – über Zwischenlösungen
hließlich 1833/34 einen allgemeinen deutschen Zollver-
n aller deutschen Staaten begründete, von dem Öster-
ich ausgeschlossen blieb. Dieses musste sich nun in Süd-
teuropa neue Absatzmärkte suchen, was die Entfrem-
ung von den deutschen Staaten verstärkte.

In den Staatsfinanzen hatte der hohe Umlauf an Papier-
ld und dessen unzureichende Deckung durch Silber
311 zum Bankrott geführt. Die Gründung einer Natio-
albank 1816 sollte helfen, diese Disproportion durch
nen Währungsschnitt abzubauen, was jedoch nur teilwei-
 gelang, weil die Umstellung eines Teils des Papiergeldes
uf Staatsobligationen erfolglos blieb. Erst die Erholung
er Wirtschaft ab 1820 brachte hier eine Entlastung, so
ass bis 1830 der größte Teil des Papiergeldes wieder De-
kung besaß; der volle Ausgleich gelang erst 1858. Der
Widerspruch zwischen hohen Staatsausgaben und gerin-
en Einnahmen erforderte eine Reform des Steuerwesens.
Da aber das Großkapital dringend für die Modernisierung
er Wirtschaft gebraucht wurde, durfte es nicht durch
ohe Steuern abgeschreckt werden; die Hauptlast trugen
arum die mittleren und unteren Einkommen. Direkte
teuern kamen vor allem aus dem Grundbesitz, und zu
essen exakter Erfassung wurde 1817 ein Grundsteuerpa-
ent erlassen, dem zufolge das ganze Land neu vermessen
erden und jedes Grundstück in den Katastralgemeinden
ine eigene Kennziffer erhalten sollte, um die Bodenquali-
ät und den Ertrag zu erfassen. Dieses Mammutunterneh-
nen konnte aber erst 1853 in Böhmen zum Abschluss ge-
racht werden. Als Zwischenlösung griff der Staat deshalb
uf das Josephinische Kataster als Provisorium zurück, in
em nun aber die Reinerträge des Bodens und nicht mehr
vie bisher nur Schätzungen zu Grunde gelegt wurden.
Die letzten Reste einer unterschiedlichen Besteuerung von
Dominikalland (Gutsherrenland) und Rustikalland (Bau-
rnland) wurden durch diese Reformen abgeschafft.

Auch die Erhöhung anderer direkter Steuern auf G
bäuden, Erbschaften, Vermögen und anderem schuf kei
wirkliche Entlastung, deshalb trugen die unteren Schic
ten mit indirekten Steuern weiterhin maßgeblich zu de
Staatseinnahmen bei. Zusammen mit den Einnahmen a
den Staatsmonopolen machten sie am Ende der vierz
ger Jahre zwei Drittel des Steueraufkommens aus. Ve
brauchsabgaben für Lebensmittel (1829), eine Steuererh
hung für Branntwein (1835) und eine Stempel- und Ta
steuer (1840) schürten den Unmut der Bevölkerung. Vo
den Staatsmonopolen brachte das Salz das höchste Au
kommen, gefolgt von den steigenden Einnahmen aus de
Tabakmonopol. Andere Einnahmen, etwa aus der Lotter
und der Pulverherstellung, blieben dahinter weit zurüc
Stattliche Gewinne erzielte der Staat dagegen aus de
Erzbergbau (Silber, Kupfer, Eisen), aus dem zunehmende
Postverkehr, der seit 1813 in staatlicher Hand lag, und a
den Zöllen.

Der Aufschwung kam von den Unternehmern, die d
technischen Innovationen dieser Zeit erfolgreich umset
ten und so die Industrialisierung der böhmischen Länd
einleiteten. Allerdings waren damit hohe soziale Bela
tungen verbunden. Der Zwang zur Kapitalbildung un
zu billiger Produktion ging auf Kosten der Löhne, di
kaum das Existenzminimum der wachsenden Arbeite
schaft überstiegen. Deren Migration in die Industrieort
verschlechterte dort die Wohnsituation ins kaum Erträgl
che. Böhmen machte die typische Entwicklung zur Früh
industrialisierung durch, die einer kleinen Schicht wohlha
bender Unternehmer in der Großindustrie eine wachsend
Zahl von Arbeitern entgegenstellte, welche sich allmählic
als ein Proletariat mit gemeinsamen Interessen erkannter
Der Staat förderte die Industrialisierung durch die Grün
dung gewerblicher Schulen, Industrieausstellungen un
den Ausbau des Verkehrsnetzes der Straßen und Wasser
wege. 1825 begann der Bau einer Pferdeeisenbahn vo

udweis nach Linz, dem bald andere Strecken folgten.
er Durchbruch gelang mit der Einführung der Dampflo-
omotiven; 1837 übernahm ein Wiener Konsortium von
ankiers den Bau einer Eisenbahnlinie zwischen Wien
nd Oderberg, die nach zehn Jahren Bauzeit den Betrieb
ufnehmen konnte. Unter staatlicher Leitung begann 1841
er Bau einer Linie Wien – Prag – Dresden; ein Teilstück
wischen Prag und Olmütz konnte 1845 abgeschlossen
erden.

Die Modernisierung der alten patriarchalischen Gesell-
chaft schritt langsam, aber unaufhaltsam vorwärts. Das
llgemeine Bürgerliche Gesetzbuch hatte 1812 die
leichheit aller Staatsbürger festgelegt; dieser Gedanke
etzte sich allmählich durch und löste die bisherige her-
usragende Stellung des Hausvaters zugunsten der Klein-
amilie ab. Die Einordnung der Menschen in die Gemein-
en lockerte sich; dies ermöglichte private Initiative zum
ozialen Aufstieg, machte aber den Einzelnen auch gleich-
eitig schutzlos. Mutige Handwerker und Kaufleute konn-
en zu Unternehmern aufsteigen und die Industrialisie-
ung fördern; dies war besonders in den deutschbesiedel-
en Gebieten der Fall, wo freigesetzte Heimarbeiter neue
rbeitsmöglichkeiten suchen mussten, während die tschehisch besiedelten und landwirtschaftlich genutzten Ge-
iete Innerböhmens dahinter zunächst zurückblieben. Der
ortschritt konnte jedoch die dominante Stellung des
dels noch nicht erschüttern, die sich im Gegenteil in der
Herausbildung einer Agrarindustrie und von Großunter-
ehmungen zunächst noch verstärkte. Der Adel behaupte-
e bis 1848 seine ökonomische Vormacht und seine politi-
che Stellung und konnte das Bürgertum von der politi-
chen Macht fernhalten.

Als Motor der gesellschaftlichen Veränderungen erwies
ich die Wirtschaft. Traditionell stark war die Textilindus-
rie, deren Schwergewicht in den deutschbesiedelten Geieten im Norden und Nordosten Böhmens lag. Die Ver-

arbeitung von Wolle, Baumwolle und Flachs beschäftig
viele Tausende von hochspezialisierten Heimarbeitern, d
den handwerklichen Produktionsprozess vom Spinne
Weben, Appretieren und Färben beherrschten. Schrittwe
se drang jedoch seit Anfang des 19. Jahrhunderts die M
chanisierung und der Einsatz von Dampfmaschinen vc
so dass die Heimarbeit von der Industrie abgelöst wurd
Konnten durch die Kriege und den Aufschwung nach 18
diese nun überflüssigen Arbeitskräfte durch andere Indu
triezweige noch aufgefangen werden, so wuchsen seit de
dreißiger Jahren Armut und Not sprunghaft an. Aktione
wie Maschinenstürmen und Unruhen häuften sich in de
letzten Jahren des Vormärz, und es bedurfte manchm
des Einsatzes von Militär, um sie niederzuwerfen.

Als Ausweg aus der sozialen Not blieb nur die Verstäc
terung und der Aufbau der Industrie. Deren Grundlag
wurde der Abbau von Steinkohle und Erzen in den tsche
chischen Gebieten von Pilsen, Kladno und Buštěhra
während in den deutschbesiedelten Gebieten zwische
Falkenau/Sokolov und Teplitz/Teplice Braunkohle gefö
dert wurde. Den gewaltigen Sprung in der Steinkohlefö
derung verdeutlicht die Tatsache, dass im Vormärz d
Produktion von anderthalb Millionen auf sechs Millione
Zentner stieg und an dessen Ende fünfzig Prozent de
Förderungsmenge der Monarchie ausmachte. Die Eisen
verarbeitung blieb bis zur Jahrhundertmitte hinter diese
Entwicklung zurück, da die technische Innovation de
Hüttenwesens von der überwiegend mittelständischen In
dustrie noch nicht aufgenommen worden war. Dennoc
entstand ein leistungsfähiges Maschinenbauwesen in Rei
chenberg, Brünn und besonders in Prag. Der Anstieg de
Bevölkerung dieser Städte war die Voraussetzung dafü
und zugleich die Folge: hatte Brünn um 1791 knapp
20 000 Einwohner besessen, so wuchs desen Einwohner
zahl bis 1848 auf fast 50 000 an; in Prag lebten 1850 bereit
120 000 Bewohner, von denen fast fünfzig Prozent Zu

anderer waren. Der Industrieraum zwischen Kladno und Prag bildete sich bereits vor Ende des Vormärz, und danach folgte bald das Gebiet um Ostrau. In den deutschbesiedelten Gebieten herrschte dagegen eine breit gestreute Konsumgüterindustrie vor. Musikinstrumente, Schmuckwaren, Glas, Porzellan und Steingut, Spielzeuge und andere Holzprodukte wurden vor allem in Handwerksbetrieben hergestellt und in ganz Europa abgesetzt. Eine besondere Bedeutung gewann die Weiterverarbeitung von Produkten aus der Agrarwirtschaft. Papier, Lederwaren, Speiseöl und Zucker wurden allmählich in Großbetrieben, oft im Besitz adeliger Unternehmer, erzeugt.

Die Differenzierung der Gesellschaft der böhmischen Länder nahm im Vormärz zu; zu den Gewinnern der Entwicklung zählte jener Teil des Bürgertums, der zu Wohlstand gelangt war, ebenso die Industriearbeiter in festem Lohn, die der Robot entkommen waren; Verlierer waren Unternehmer ohne ausreichendes Kapital zur Mechanisierung der Produktion, ferner Handwerker und Heimarbeiter, denen der Einsatz von Maschinen den Broterwerb nahm. Allmählich entstand die typisch böhmische Form des Industriedorfes, in dem Arbeiter mit geringem Lohn ein kleines Stück Land bewirtschafteten und so der Verelendung entgehen konnten. In den deutschbesiedelten Gebieten war die Not am größten, aber hier wurde auch am ehesten ein Ausweg in Selbsthilfegruppen und Genossenschaften gesucht. In den tschechischsprachigen agrarischen Gebieten führten steigende Preise für Agrarprodukte zur Entstehung einer Schicht relativ wohlhabender Bauern und Kleinbürger, die sich allmählich ihrer zahlenmäßigen Bedeutung im Lande bewusst wurden. Dagegen lastete die Robot weiter auf der Landbevölkerung; viele Tagelöhner und Kleinbauern suchten daher in der Industrie Zuflucht, was zur Entvölkerung wenig fruchtbarer Gebiete in Südböhmen und zur Entstehung eines Proletariats beitrug. Der Staat hatte nur wenig Möglichkeiten,

durch Regeln in diesen Prozess einzugreifen, denn die I
teressen der frühkapitalistisch orientierten Unternehm
verhinderten z. B. das Verbot von Kinderarbeit. Das Kl
senbewusstsein wuchs, Unruhen häuften sich, die Spa
tung der Gesellschaft in Erfolgreiche und Verlierer vertie
te sich; sie wurde zum vorherrschenden Merkmal der G
sellschaft der böhmischen Länder am Ende des Vormär

Die Unterschiede zwischen dem deutsch- und dem tsch
chischsprachigen Teil der Gesellschaft vergrößerten sich
dieser Zeit durch das Vordringen der nationalen Idee b
den Tschechen. Mit einem Hofdekret vom 23. Augu
1816 war der tschechischen Sprache in der Verwaltur
und in den Schulen ein größerer Raum geboten worde
denn bei der Besetzung von Stellen sollten die Sprach
kenntnisse der Bewerber berücksichtigt werden. Währen
die Deutschböhmen durch die Zensur behindert wurde
sich grenzübergreifend an der Verbindung von liberale
und nationalen Ideen in der deutschen Entwicklung z
beteiligen, konnte der tschechische Teil der Intelligenz at
den wirtschaftlichen Erfolgen der agrarischen Bevölke
rung Vorteile ziehen. Im ländlichen Raum entstanden La
entheater und Lesevereine; in Prag erschienen die Zei
schriften *Čechoslav* (»Der Tschechoslawe«) und *Dobro
slav* (»Der gute Slawe«) und zielten auf eine Vertiefun
des Nationalbewusstseins bei den Tschechen. 1818 wurd
in Prag von Caspar Graf Sternberg und Oberstburggra
Franz Anton Graf Kolowrat das Königlich Böhmisch
Landesmuseum gegründet, das den Zusammenhalt de
zweisprachigen Landes fördern sollte. In der Folge ent
wickelte es sich jedoch zu einer Keimzelle der wachsen
den tschechischen Nationalbewegung, besonders als sei
1827 von der Museumsgesellschaft eine in tschechische
Sprache verfasste *Zeitschrift des Vaterländischen Museum*
herausgegeben wurde. Mit Artikeln zu Fragen der Wis
senschaft und Literatur diente sie zugleich der weitere

usformung der tschechischen Sprache, wie deren Vereitung in der gebildeten Öffentlichkeit. Der Gedanke
ner eigenständigen Tradition der böhmischen Länder,
e nicht mit dem Reichsinteresse Wiens identisch war,
anderte allmählich aus den Kreisen des Adels mit seinen
ändischen Interessen in das sich herausbildende tschenische Kleinbürger- und Bürgertum.

Diese Entwicklung verband sich zunehmend mit einer
endenz gegen die deutsche Sprache, die ja die Sprache
es Reiches war. Auswüchse und Übertreibungen blieben
icht aus. 1816 veröffentlichte der spätere Bibliothekar
es Landesmuseums, Václav Hanka, ein von ihm vorgebch entdecktes Lied in alttschechischer Sprache, dann
317 die »Handschrift von Königinhof«, schließlich 1818
ie sogenannte »Grünberger Handschrift«. Mit ihren aneblich bis ins 9. Jahrhundert zurückreichenden sagenhafen Texten sollte die Gleichrangigkeit einer frühen tschehischen Literatur mit der althochdeutschen »bewiesen«
erden. Obwohl bereits Dobrovský sie als Fälschungen
rkannte und vor ihnen warnte, wurde ihre stark antideuthe Tendenz zum Bestandteil des Geschichtsbildes des
ufstrebenden tschechischen Bürgertums. Aus der Emanipation der tschechischen Intelligenz vom übermächtigen
eutschen Vorbild erwuchs eine tschechisch-nationale
Grundstimmung, die in der Folge zur Spaltung der Geellschaft führen sollte.

Der Anspruch des tschechischen Bevölkerungsteils auf
Gleichrangigkeit, ja auf Vorrang vor dem deutschsprachien Teil konnte sich auf eine semantische Besonderheit
er tschechischen Sprache stützen. Während im Deutchen zwischen »böhmisch« für das Land und »tschehisch« für das Ethnikum unterschieden wird, kennt das
schechische für beide nur das Wort *český*. Ein *český král*
st also sowohl ein böhmischer König für alle Landesbevohner als auch ein »tschechischer König« nur für einen
eil derselben. »Böhmen« heißt *Čechy*, also »Tschechen-

land«, was die anderen Landesbewohner als Fremde e
scheinen lässt. Der alte Vorrang des Königreiches vor de
Nebenländern wird damit auch in der Sprache sichtb.
denn ein Mährer (*moravan*) spricht zwar tschechisch, i
aber kein Tscheche (*čech*). Ein entsprechendes eigen
Landesbewusstsein in Mähren und Schlesien hat sich b
in die Gegenwart erhalten. Die in Prag zentrierte tschech
sche Nationalbewegung konnte also ein antideutsches El
ment mit dem Anspruch auf Führung durch die »böhm
schen Tschechen« verbinden. Die deutschsprachigen Lar
desbewohner wurden dann zu »unseren Deutschen« (*na*
němci) oder den »böhmischen Deutschen« (*čeští němc*
was im Englischen manchmal widersinnig als »Czec
Germans« erscheint.

Der griechische Freiheitskampf und der polnische Au
stand von 1830 gaben der tschechischen Nationalbewe
gung Auftrieb und erweiterten den Kreis der Patrioten be
trächtlich. 1831 wurde die *Matice česká* gegründet, die a
Kulturverein die Förderung von Wissenschaft und Litera
tur zum Ziel hatte und die tschechische Terminologie in a
len Wissensbereichen auf europäisches Niveau brachte (d
semantische Beziehung zu *matka* ›Mutter‹ ist im Deu
schen nicht wiederzugeben). Eine aufblühende tsche
chische Literatur im romantisch-nationalen Stil mit his
torischer und antideutscher Thematik erreichte imme
größere Teile der tschechischen Öffentlichkeit. Das Ge
schichtsbild wurde maßgeblich von František Palacký ge
prägt; aus seiner deutsch verfassten *Geschichte von Böh*
men wurde in der tschechischen Version eine »Geschicht
des tschechischen Volkes«, die auch die Fälschungen Han
kas und deren antideutsche Stimmung einbezog und ir
Sinne Herders den Kampf der friedliebenden Slawen gege
die kämpferischen Deutschen beschrieb. Jüngere Autorer
wie Karel Hynek Mácha und Josef Kajetán Tyl, unterstütz
ten diese Tendenz; von Letzterem stammt auch der Tex
der späteren Nationalhymne *Kde je domov můj?* (»Wo is

neine Heimat?«), der 1834 zum ersten Mal öffentlich in einem Lustspiel als Lied vorgetragen wurde. Theateraufführungen, Konzerte, Bälle und Massenausflüge verstärkten das ›Wir-Gefühl‹ des tschechischen Bevölkerungsteiles. Noch war das Gemeinsame lebendig, besonders bei den Bauern und der sich allmählich heranbildenden Arbeiterschaft; auch viele Deutschböhmen unterstützten die tschechische Bewegung, sei es als Rückbesinnung auf die slawische Tradition Böhmens, sei es in der Hilfe für polnische Flüchtlinge nach 1830.

Gerade der Aufstand der Polen löste zwei Bewegungen aus, die für die weitere Entwicklung der tschechischen Nationalbewegung wichtig werden sollten: Zum einen spaltete sich die tschechische Intelligenz in eine Gruppe von Konservativen, die zusammen mit dem Adel die Landesinteressen verteidigen wollten, und einen Kreis von Radikal-Demokraten, die einen national-revolutionären Kampf befürworteten, der damals die Jugend in verschiedenen Ländern Europas begeisterte und den Adel ausgrenzte. Zum anderen trat der Austroslawismus an die Stelle der durch das russische Vorgehen gegen die Polen beschädigten allslawischen Idee; dieser sollte den ethnischen Verhältnissen in der Monarchie Rechnung tragen. 40,7 % Slawen standen dort je 21 % Deutschen und Rumänen und nur 16,7 % Magyaren und anderen gegenüber. Die Vertreter dieser Idee gingen von der romantischen Vorstellung aus, dass die Ähnlichkeit der Sprachen auch gemeinsame politische Interessen begründete und dass aus einer Einigung der Slawen ein slawisch geführtes Gesamtreich der Habsburger erwachsen könne. Übersehen wurde, dass ein solches Denken ja gerade die sprachverwandten Russen nicht einschloss und die Slawen der Monarchie überdies in acht unterschiedliche nationale Einheiten zerfielen, von denen keine einzige die Zahl der Deutschen oder Magyaren erreichte. Übersehen wurde aber auch, dass solche Vorstellungen bei Deutschen und Magyaren

Befürchtungen wecken mussten, die in der zeitgenöss-
schen Polemik gegen einen »Panslawismus« kulminierter
Die antideutsche Tendenz der slawischen Bewegung tru
dazu bei, in den letzten Jahren des Vormärz auf Seiten de
deutschsprachigen Bevölkerung eine Abwehrhaltung ge
gen die Slawen entstehen zu lassen.

Die nationalbewusste tschechische Intelligenz war ge
wachsen, aber umfasste in ihrem aktiven Teil in der *Matı*
ce česká um 1848 nur etwa 3500 Personen. Lehrer, Geist
liche, Journalisten – darunter der herausragende Karc
Havlíček-Borovský –, Schriftsteller und einige Adelige
wie Graf Josef M. Thun, bildeten den harten Kern der
tschechischen Aktivisten. Gegen die Dominanz der deut
schen Sprache in den Schulen forderten sie bereits 1832 i
einer Denkschrift an die Regierung die Einführung de
Tschechischen als alleiniger Unterrichtssprache in Grund
und Hauptschulen und ihre Verstärkung in den Gymna
sien. Der Ablehnung dieser Forderungen folgte eine reg
Kampagne in der Presse, die die Politisierung der tsche
chischen Öffentlichkeit vorantrieb. In der zeitgenössi
schen Karikatur wurde Havlíček als »Moses« der Tsche
chen dargestellt, dessen zehn Gebote auf zwei Tafeln j
nur aus einem Satz bestanden: *jenom česky mluv* (»sprıc
nur tschechisch«). Die nationaltschechische Bewegun
fand auch in die konservativen Kreise der Industrie Ein
gang. Auf Inititative des Priesters Jan Arnold entstanc
1844 in Prag ein Bürgerkasino (*měšťanská beseda*) al
Ort für die nationalpolitische Agitation, das bald in der
Landstädten Nachahmung fand. Das aufstrebende tsche
chische Bürgertum traf in privaten Salons Vertreter de
Intelligenz und des Adels, und dort verband sich di
Idee der Einheit der böhmischen Länder (»Böhmische
Staatsrecht«) mit dem Anspruch der Tschechen auf »ih
ren« Staat. Gegen die Deutschböhmen mit ihren
Schwanken zwischen der Loyalität zum ständisch-feuda
len Gesamtstaat und dem »Bohemismus« (*bémové*) for

ierte sich allmählich eine gemäßigt-ständische und eine
adikal-demokratische Opposition auf tschechischer Seite
echomány).

ie Habsburger Monarchie war nicht erst seit Joseph II.
atholisch und papsttreu, ohne vatikanhörig zu sein; die
atholische Kirche war Staatskirche und dem Kaiser ver-
flichtet; die Geistlichen hatten dem Staat zu dienen und
ür die Moral der Untertanen zu sorgen. Wien hatte von
Napoleon die Bestimmung übernommen, dass die Bischö-
e nur mit Erlaubnis der Regierung nach Rom reisen durf-
en. Der Kaiser ernannte die Bischöfe, und erst 1826 wil-
gte er ein, dass in Salzburg und Olmütz das Domkapitel
en Bischof wählen durfte. Eine katholische Restauration,
ie eng mit der staatlichen zusammenging, bemühte sich
m eine Verinnerlichung der stark utilitaristisch gefärbten
Glaubensausrichtung. Wegen Widerstandes des Kaisers
am es jedoch zu keinem Konkordat mit dem Vatikan;
ur eine Vereinbarung über konfessionell gemischte Ehen
onnte getroffen werden.

ie Juden standen im Vormärz weiterhin unter Sonder-
echt und den Beschränkungen der »Familiantengesetze«.
m »Systemalpatent« von 1797 waren die »Rechte« und
ie Belastungen der Juden aufgelistet worden: ihre Zahl
lieb beschränkt, Aufenthalt und Berufswahl waren regle-
nentiert, bestimmter Besitz (»christliche Realitäten«) war
erboten, eine Grundbildung vorgeschrieben. Der Staat
rat ihnen als Gesamtstaat, als Landesregierung in Böh-
nen und Mähren/Schlesien und als Kommunalbehörde
egenüber; auf allen Ebenen konnten die Beamten durch
Verzögerung und Verweigerung tätig werden, was nur
urch ihre Bestechlichkeit gemildert wurde. Zur Ehe-
chließung mussten die Juden z. B. Zeugnisse über Kennt-
isse der deutschen Sprache und der jüdischen Morallehre
rbringen, eine Heiratssteuer zahlen (»Himmelaufstel-

lungsbewilligung«), einen Vermögensnachweis und ein
Bescheinigung über den Broterwerb (»Nahrungsweg«
vorlegen.

Trotz aller Belastungen war die Zahl der Juden gestie
gen: Betrug sie 1785 in Böhmen 42 129, so stieg sie b
1846 um 67 % auf 70 578 Personen an; in Mähren/Schle
sien im gleichen Zeitraum von 26 665 auf 40 410 Personen
also um 51 %; dies entsprach dem Landestrend, denn da
Zahlenverhältnis zur übrigen Bevölkerung blieb mit 1,
bzw. 1,8 % konstant. Der Ertrag der Judensteuern bracht
in Böhmen 1846 mit 216 000 Gulden nur 1,1 % der staat
lichen Einnahmen, in Mähren/Schlesien mit 55 000 gar nu
0,5 %.

In Böhmen lebten die meisten Juden in der Stadt Prag
der auch die Landjuden juristisch inkorporiert blieber
Die Masse der jüdischen Bevölkerung Prags war arm
wohnte im Ghetto der Josephstadt/Josefov in der Altstad
oder in den Vororten, existierte mühsam vom Kleinhande
auf dem »Tandelmarkt«, vom Straßenverkauf oder vor
Beförderungswesen; nur wenigen gelang der Aufstieg a
Großkaufleute, Industrielle, Makler (»Sensale«) oder Ban
kiers, die – getauft oder ungetauft – bis zur Nobilitierun
gelangen konnten. Im übrigen Böhmen und besonders i
Mähren, wo es etwa vierzig selbstständige jüdische Ge
meinden gab, lebten viele Juden als Hausierer (»Dorfge
her«). In ihrer Rolle als vermittelnde Händler zwische
Dorf und Stadt, als Verwalter zwischen Bauern un
Grundherren nahmen sie eine prekäre Zwischenstellun
ein, die ihnen Misstrauen von beiden Seiten eintrug. Wa
in den Städten der Sprung zu einem Krämerladen oder zı
einem Handwerk gelungen, dann wurden sie zu Konkur
renten der meist tschechischen Kleinbürger. Während di
Schulbildung die Neigung der Juden zur deutschsprachi
gen Kultur bedingte und viele die deutsche Sprache über
nahmen, verwies sie ihre wirtschaftliche Tätigkeit auf di
tschechischsprachige Landbevölkerung, deren Ablehnun

ich durch die Annahme der tschechischen Umgangsspra-
ie nicht gemildert wurde. Konnten Juden zu einem ge-
issen Wohlstand oder gar zu Reichtum gelangen, etwa
it der Gründung von Fabriken zur Weiterverarbeitung
andwirtschaftlicher Rohprodukte, dann strebte die nächs-
 Generation nach universitärer Ausbildung als Ärzte,
nwälte, Gelehrte, Künstler oder krönte den Aufstieg als
ankiers. Staatsstellen blieben ihnen in der Regel verehrt. Erst das Jahr 1848 brachte eine Erleichterung von
l den Belastungen und Sonderbesteuerungen, aber erst
867 erreichten sie die rechtliche Gleichstellung mit der
aristlichen Mehrheitsbevölkerung. Obwohl sich ein Teil
er jüdischen Intellektuellen bereit zeigte, sich der tsche-
aischen Nationalbewegung anzuschließen, wurden sie
arch Arbeiterunruhen mit antisemitischer Tendenz (1844)
nd besonders durch harte Worte von Havlíček 1846 zu-
ıckgewiesen; er verlangte schlicht die Taufe und damit
en Abschied vom Judentum als Voraussetzung für ihre
esellschaftliche Anerkennung.

'och überwölbte die Idee des »Bohemismus« die ausein-
aderdriftenden Teile der Gesellschaft, besonders im
ichtsprachlichen Bereich der Kultur. In der Baukunst do-
ıinierte auch nach der Niederwerfung Napoleons das
assizistische Empire, das als »österreichischer Reichs-
il« in Schlossbauten des hohen Adels seinen Ausdruck
und, aber auch von den reichen Bürgern nachgeahmt
urde. Die mittelalterlichen Festungsanlagen wichen in
rag neuen Prachtstraßen, die z. B. den alten »Graben«
berdeckten und die Verbindung in die Vororte erleichter-
n. Die Hinwendung zum Mittelalter ließen die Form-
elt der Romanik und Gotik für den Kirchenbau wieder
ufleben, während für Repräsentativbauten wie Schulen
nd Rathäuser die Renaissance als Vorbild diente. Für In-
ustriebauten setzte sich der reine Zweckbau durch,
üchtern und manchmal hässlich, wie viele Bahnhöfe. An

den Barock erinnerten die Häuser der Kleinbürger in d
Landstädten, deren funktionslose Scheingiebel dort no
heute das biedermeierliche Haus bestimmen. Die viel
Varianten des Baustils spiegelten die sich differenzieren
Gesellschaft wider.

Die Bildhauer schufen allegorische Figuren und Denkm
ler nach dem Geschmack des Adels und des Großbürge
tums. In der darstellenden Kunst herrschte die Lan
schaftsmalerei im romantisch-verklärten Realismus. D
Lithographie erweiterte den Kreis der an Graphiken inte
essierten Öffentlichkeit und konnte durch die Darstellu
historischer Personen und Ereignisse für die tschechisc
Nationalbewegung eingesetzt werden. Das Stereotyp vo
heroischen Tschechen und dem bedrängenden Deutsche
fand so seinen bildlichen Ausdruck und drang in die St
ben der Kleinbürger und Bauern. Im katholischen Mili
entwickelte sich der Stil der Nazarener, der mit Motive
der Bibel und der Heiligen die Schlafzimmer schmückt
Die Vergangenheit der böhmischen Länder und ihre Ku
tur war noch gemeinsames Eigentum ihrer Bewohne
denn auch deutschsprachige Schriftsteller begeisterten si
für Themen der altslawischen Vergangenheit des Lande
Alle diese überragte Adalbert Stifter, der in tief religiöse
Geist das Leben der Bauern und Bürger Böhmens schi
derte und als Spätklassiker Weltruhm erlangte.

Die gespaltene Gesellschaft
der böhmischen Länder

(1848–1918)

Epochenüberblick

Die lange Regierungszeit des Kaisers Franz Joseph war zugleich eine Zeit des Abstiegs der Monarchie in der internationalen Politik und des beschleunigten Wandels im Innern. Das Habsburger Reich konnte dem Aufstieg Preußens und des entstehenden Deutschen Reiches nicht standhalten, als dessen Juniorpartner es schließlich endete. Der Ausgleich mit Ungarn 1867 schuf eine Binnengrenze am Fluss Leitha und belastete den Staat zunehmend. In der Innenpolitik verlief der Streit um die Verfassung zwischen den Vertretern des Zentralismus und denen des Föderalismus, bis der Aufstieg der Massen und ihre Organisationen das politische Alltagsgeschäft in Obstruktion und Chaos führten. Zugleich schuf die Industrialisierung die Voraussetzung für einen grundlegenden Wandel der Gesellschaft. Neue Eliten entstanden und nutzten die neuen Medien zur Artikulation ihrer Interessen, indem sie die Bevölkerung politisierten. Der Staat antwortete teils mit dem Versuch einer Regelung der Probleme von oben, teils mit dem Rückzug aus der Verantwortung. Das »lange 19. Jahrhundert« mündete in den Ersten Weltkrieg, an dessen Ende die dynastisch gestaltete Welt Mitteleuropas unterging, neue Staaten auf der Basis ethnischer Prinzipien eine unerwartete Chance erhielten und als angebliche »Nationalstaaten« zugleich die Last der Vergangenheit übernahmen.

Von den Revolutionen über Stagnation und Reformversuche zum Ausgleich mit Ungarn (186

1848	22. Februar: Ausbruch der Revolution in Paris
	11. März: Versammlung im St. Wenzelsbad in Prag
	31. Mai – 13. Juni: Slawenkongress in Prag
	22. Juli: Eröffnung des Reichstages in Wien
	7. September: Aufhebung der Robot-Pflichten (Bauern
	22. November: Eröffnung des Reichstages in Krems
1848–1916	Kaiser Franz-Joseph I., König von Böhmen
1849	4. März: »Märzverfassung«
1860	20. Oktober: »Oktoberdiplom«
1861	6. Februar: »Februarpatent«
1866	Österreichische Niederlage bei Königgrätz
1867	»Ausgleich« mit Ungarn
	21. Dezember: »Dezemberverfassung«

Aus nichtigem Anlass, weil ein Bankett verboten word war, entstanden am 22. Februar 1848 in Paris Unruhe die sich zu Barrikadenkämpfen entwickelten und das R gime des »Bürgerkönigs« Louis-Philippe hinwegfegten. Windeseile durchlief die Welle der Revolution Europa; s ziale Probleme verbanden sich mit den Forderungen na bürgerlichen Freiheiten, bald auch mit nationalen Ford rungen. In Budapest beschlossen am 3. März die Stän eine neue Verfassung; am 6. März überreichten Vertret des niederösterreichischen Gewerbevereins der Regierun in Wien eine Petition, in der sie politische Rechte, die A schaffung der Zensur und eine Gerichtsreform fordert Infolge der darauf einsetzenden blutigen Straßenunruh begab sich am 13. März Fürst Metternich, der das alte R gime verkörperte, in die Emigration. Der Hof versprac Pressefreiheit und eine Verfassung; Bürger begründet eine Nationalgarde und eine akademische Legion, der

rtreter zum Gegengewicht der Übergangsregierung un-
Kolowrat-Liebsteinský aufstiegen. Am 15. März brach
Budapest die Revolution aus; in den süddeutschen Staa-
n, in Preußen und in den italienischen Staaten stürzten
e Regierungen oder versprachen Reformen.

Die Ereignisse erfassten auch die böhmischen Länder,
er nur in Prag erwuchsen daraus politische Aktionen.
uslöscr war hier der *Repeal-Club* (engl. *repeal* ›ein Ge-
tz aufheben‹), der 1844 als Geheimgesellschaft gegrün-
t worden war, nachdem der junge tschechische Journa-
st Karel Havlíček-Borovský in Artikeln über Irland in
rschleierter Form die Verhältnisse in Österreich gegei-
elt hatte. Für den 11. März lud dieser zu einer Bürgerver-
mmlung in das St. Wenzelsbad in der Prager Neustadt
n, zu der angeblich dreitausend Personen erschienen.
er *Repeal-Club* legte den Entwurf für eine Petition an
en Kaiser vor, der soziale Forderungen der tschechischen
leinbürger und Bauern mit jener nach Gleichstellung der
eiden Sprachen vereinte; ein anderer Entwurf verband
emäßigte soziale Forderungen stärker mit einer nationa-
n Note: Er forderte die administrative Vereinigung der
öhmischen Länder und einen Generallandtag. Ein Aus-
chuss formulierte einen Tag später eine gemeinsame Bitt-
chrift an den Kaiser, in der die »vollkommene Gleichstel-
ng der böhmischen Nationalität mit der deutschen in
en sämtlichen böhmischen Ländern in Schulen und Äm-
ern« gefordert wurde. Eine zweite Bittschrift legten Ver-
eter des Großbürgertums vor, in der sie die nationale
Tote abschwächten. Die Bevölkerung der Stadt Prag war
amals wohl je zur Hälfte deutsch- und tschechischspra-
hig, und das tschechische Kleinbürgertum begann seine
vachsende Bedeutung zu erahnen, obgleich der »Bohe-
nismus« noch vorherrschte. »Das Leben in Prag hat sich
eändert, wir sind ein anderes Volk geworden«, fasste Pa-
acký die Ereignisse in einem Brief an seine Frau zusamnen.

Eine Delegation legte in Wien beide Petitionen de
Kaiser vor und erhielt am 23. März von ihm ein Han
schreiben, das in allgemeinen Wendungen den Forderu
gen entgegenkam: die Gleichberechtigung der Sprach
sei seit 1627 gesichert, und die Verfassungsfragen sollt
durch den kommenden Reichstag für die Gesamtmona
chie geregelt werden. Diese Antwort erregte in Prag d
Unmut des tschechischen Bevölkerungsteils, der sich n
zunehmend verselbstständigte. Eine weitere Delegatic
die am 31. März eine neue, diesmal von tschechischen I
tellektuellen verfasste Petition nach Wien zum »Kör
von Böhmen« gebracht hatte, in der eine gemeinsame N
tionalvertretung der böhmischen Länder gefordert wu
de, erhielt ebenfalls nur eine allgemein formulierte Ar
wort. Das Ministerium Ficquelmont-Pillersdorf stand u
ter doppeltem Druck, zum einen von Seiten der a
Selbstständigkeit drängenden Magyaren, zum anderen u
ter dem von Deutschböhmen, die unter der Leitung v
Ludwig von Löhner einen »Verein der Deutschen a
Böhmen, Mähren und Schlesien zur Aufrechterhaltung i
rer Nationalität« gegründet hatten. In der utraquistische
d. h. zweisprachigen Gesellschaft Böhmens hatte sich e
Riss entlang der Sprachengrenze aufgetan, der sich ständ
vertiefen und nie mehr heilen sollte. Die Fronten ware
zugleich klar und kompliziert: Die tschechischen Intellek
tuellen in Prag forderten die staatsrechtliche Vereinigur
der böhmischen Länder und darin die Gleichberechtigur
von Tschechen und Deutschböhmen, wurden darin abe
nicht von den Vertretern Mährens und Schlesiens unte
stützt, die ihre eigenen Institutionen bewahren wollte.
Die Deutschböhmen schoben in Wien die Interessen de
Gesamtmonarchie vor, um die deutsche Vorherrschaft i
den böhmischen Ländern zu bewahren. Sprecher de
tschechischen Sache und eine Art provisorische Regierun
wurde der Prager Nationalausschuss, der sich aus de
Wenzelsbad-Ausschuss gebildet hatte. Er bereitete ein

erfassung des Königreiches Böhmen mit einem Landtag
nd Institutionen der böhmischen Zentralbehörden vor.
ne Nationalgarde *Svornost* (»Eintracht«) sicherte seinen
nfluss in der Öffentlichkeit. Der tschechische Teil der
esellschaft Böhmens hatte seine Selbstorganisation be-
onnen.

ie böhmischen Probleme waren in drei übergeordnete
agenkomplexe eingebettet: die Entwicklung in der Ge-
mtmonarchie und in Wien, die Diskussionen in Frank-
rt um eine deutsche Verfassung und schließlich die
ersammlung von Slawen aus der Donaumonarchie und
arüber hinaus in Prag. Schlüsselfigur in allen drei Pro-
emkreisen wurde der Historiker František Palacký.

Zunächst lag der Schatten Ungarns auf Wien. In Press-
urg hatte der ungarische Landtag am 14. März weitge-
ende soziale und politische Reformen beschlossen. Einen
ag darauf brach in Pest die Revolution aus, die die For-
erungen radikalisierte: Ein ungarisches Parlament und
ne ihm verantwortliche Regierung sollten geschaffen
erden, was de facto die Selbstständigkeit und die Abkehr
on Wien bedeutete. Kaiser Ferdinand stimmte am 17.
ärz widerwillig der Ernennung von Lajos Graf Batthyá-
y zum ersten Ministerpräsidenten Ungarns zu. Ungarn
ar damit aus dem direkten Regiment Wiens ausgeschie-
en. Nur für die westlichen Reichslande verkündete Ba-
on Pillersdorf im Namen des Kaisers am 25. April eine
erfassung, die zwei Kammern auf der Grundlage eines
ohen Zensuswahlrechtes vorsah und dem Kaiser ein Ve-
orecht beließ. Als Reaktion darauf brachen in Wien Un-
uhen aus, die sich am 15. Mai bis zu Barrikadenkämpfen
usweiteten (»Sturmpetition«). Der Kaiser nahm die gera-
e verkündete Verfassung wieder zurück und schrieb all-
emeine und gleiche Wahlen für einen Reichstag aus. Mit
em Hof begab er sich am 17. Mai nach Innsbruck und
berließ die Leitung der Geschäfte einem Bürgeraus-

schuss, der Reformen befürwortete. Erzherzog Johann
Vertreter des Kaisers berief Anton von Doblhoff als neu
Chef des Kabinetts. Dieser bereite die Wahl zum Reich
tag vor, der nach schwacher Wahlbeteiligung am 10. Juli
Wien seine Arbeit aufnahm.

Inzwischen war die »deutsche Frage« in den Vorde
grund getreten. Aus Unruhen in den deutschen Staat
war ein Vorparlament in Frankfurt hervorgegangen, d
ohne demokratische Legitimierung vom 31. März bis zu
3. April tagte und einen Fünfziger-Ausschuss als Übe
gangsorgan berufen hatte, der eine demokratisch gewäh
deutsche Nationalversammlung vorbereiten sollte. And
kannte Persönlichkeiten der deutschen Kultur wurden a
geschrieben und zur Kandidatur aufgefordert, darunt
auch der Historiker František Palacký. Seine Reaktic
war für die Frankfurter Versammlung eine Überraschur
und für Böhmen eine Sensation. »Ich bin ein Böhme sl
wischen Stammes«, antwortete Palacký am 11. April ur
betonte seine Hingabe für sein kleines tschechisches Vol
das »von jeher ein eigentümliches und für sich besteher
des« sei. Palacký erklärte, dass Böhmen als Ganzes, se
Herrscher als Person Mitglied des alten römischen Re
ches als eines »Fürstenbundes« gewesen sei, aber da
tschechische Volk niemals mit dem deutschen zusammen
gegangen sei und dies auch in Zukunft nicht tun werd
Zugleich warnte er davor, zugunsten eines deutschen N
tionalstaates die Donaumonarchie aufzubrechen, weil di
das Vorrücken des Zarenreiches nach Mitteleuropa z
Folge hätte: »Wahrlich, existierte der österreichische Ka
serstaat nicht schon längst, man müsste im Interesse Eurc
pas, im Interesse der Humanität selbst sich beeilen, ihn z
schaffen.«

Die Veröffentlichung des Briefes hatte in Böhmen ein
ungeheuere Aufregung zur Folge. Die Deutschböhme
empfanden ihn als Verrat und als Bedrohung ihrer Natic
nalität; am 13. bzw. 20. Mai wählten sie 68 Abgeordnet

das Frankfurter Parlament und betonten damit ihre
gehörigkeit zum deutschen Volk. Die tschechische Seite
pfand dies als Provokation und als Verrat an der ge-
insamen Geschichte Böhmens, das eben nicht in einem
utschen Staat aufgehen dürfe, ebensowenig wie Wien
h Frankfurt unterordnen solle. Der Prager Nationalaus-
huss, der auf rund 140 Mitglieder angewachsen war,
nte für die Tschechen die Teilnahme an der Wahl kate-
risch ab. So standen einander zwei Auffassungen von
ationalität unversöhnlich gegenüber: die ethnisch be-
ündete deutsche und die historisch begründete, aber im
ern ebenso ethnisch verstandene tschechische. Bemer-
nswert ist auch, dass dies nun keine Frage der Intellek-
ellen mehr war, sondern diese Probleme auch die übrige
evölkerung erfasst hatten, die sich in Massendemonstra-
onen mit bürgerkriegsähnlichen Unruhen äußerte. In
eser Situation tauchten erstmals Stimmen auf, die eine
bspaltung der deutschböhmischen Gebiete und ihren
nschluss an die benachbarten deutschen Staaten befür-
orteten. Entsprechende Forderungen wurden auf dem
sten deutschböhmischen Kongress in Teplitz vom 28.
s 31. August erhoben, auf dem 112 Delegierte aus 47
ädten eine Zusammenarbeit mit den Tschechen in den
andesorganen ablehnten. Die empörten Tschechen un-
rstützten nachdrücklich den österreichischen Kaiser-
aat, in dem allein sie für sich und die anderen Slawen
ne Zukunft sahen. In dieser Zeit erschien Palackýs erster
and der *Geschichte von Böhmen* in tschechischer Spra-
e, nunmehr unter dem Titel »Geschichte des tschechi-
hen Volkes in Böhmen und Mähren«; die übrigen Bände
urden hinfort zunächst tschechisch vorgelegt. Das Jahr
848 war nicht nur ein Schaltjahr, sondern es war ein
heidejahr. Dass die Frankfurter Paulskirche sich nach
eftigen Debatten für die kleindeutsche Lösung entschied
nd sich damit von Österreich trennte, berührte die böh-
ischen Länder nur noch am Rande.

Auf der dritten Problemebene der slawischen Idee ko[
zentrierten sich die Ereignisse zwar wieder auf Prag, b[
trafen aber das Verhältnis Mitteleuropas zu Osteuro[
insgesamt. Nach Vorgesprächen von Intellektuellen v[
schiedener slawischer Völker der Monarchie im April[
Wien hatte ein Vorbereitungskomitee unter maßgeblich[
Mitarbeit von Palacký für den 1. Juni die Slawen d[
Monarchie – und darüber hinaus Gäste aus anderen Sta[
ten – zu Beratungen nach Prag eingeladen, um die Stir[
men der Slawen gegen Deutsche und Magyaren zur Ge[
tung zu bringen. Die Slawen stellten zwar die Mehrh[
unter den etwa 35 Millionen Einwohnern der Donaumo[
archie, waren untereinander jedoch zersplittert; die za[
lenmäßig größte Gruppe der Tschechen lag mit rund vi[
Millionen hinter Deutschösterreichern (6,4 Millionen) u[
Magyaren (etwa fünf Millionen) zurück. Am 31. Mai tr[
der Kongress in Prag zusammen. Von 319 ordentlich[
Teilnehmern und 41 Gästen stellten Böhmen, Mährer u[
Slowaken mit 214 Mitgliedern die größte Gruppe. E[
Problem waren die unterschiedlichen Interessen der Tei[
nehmer: Die Tschechen wollten in ihrer Mehrheit ei[
ähnliche Stellung in der Monarchie erreichen wie d[
Ungarn und deshalb Österreich in eine Föderation hist[
rischer Staaten umgestalten; die Slawen des Königreich[
Ungarn besaßen – mit Ausnahme der Kroaten – kei[
staatliche Organisation und forderten für sich und d[
Karpatenruthenen eigene Landtage; die Vertreter der Po[
len aus Galizien mussten sich mit dem Problem de[
Ukrainer befassen, deren größter Teil im Zarenreich lebt[
sie schieden sich deshalb in zwei Kommissionen; die Po[
len aus dem russischen Teilungsgebiet konnten einer Zu[
sammenarbeit mit den Russen nichts abgewinnen; die Ve[
treter der Russen, darunter der radikale Bakunin, vertra[
ten abweichende Interessen. So wurden nach mühsame[
Beratungen nur ein »Manifest an die europäischen Völ[
ker« und eine Petition an den Kaiser von Österreich ve[

st, aber nicht mehr abschließend beraten, denn der Kommandant der Prager Garnison forderte am 13. Juni die Teilnehmer zum Verlassen des Landes auf. Zwar sahen die deutschen Zeitgenossen den Kongress eher als eine folkloristische Veranstaltung, denn als die Gefahr eines »Panslawismus«, wie dies ungarische Publizisten betonten, und die weiteren Ereignisse gingen über den Slawenkongress hinweg; es blieb dennoch ein latentes Gefühl der Zusammengehörigkeit der slawischen Teilnehmer, und auf der Gegenseite das Bewusstsein einer wachsenden slawischen Bedrohung.

Am 12. Juni waren in Prag Unruhen ausgebrochen, die sich rasch zu Barrikadenkämpfen gegen die österreichischen Truppen auswuchsen. General Windischgraetz drohte mit dem Einsatz der Artillerie und erzwang die Kapitulation der Teilnehmer des »Pfingstaufstandes«. Der Kaiser verbot die Einberufung des Landtages, ließ den Nationalausschuss und die Garde *Svornost* auflösen und berief den Gubernialpräsidenten Thun, der mit den tschechischen Patrioten zusammengearbeitet hatte, unter wenig ehrenhaften Bedingungen ab. Die Deutschböhmen hingegen triumphierten und feierten Windischgraetz als Befreier. Der bereits erwähnte Volkskongress in Teplitz krönte den Erfolg der Deutschböhmen. Für die weiteren Auseinandersetzungen wurde Wien der Austragungsort.

In diesen Ereignissen hatte Mähren nur eine Nebenrolle gespielt. Dort herrschte ein Landespatriotismus vor, und ein nationalbewusstes Tschechentum hatte sich nicht herausbilden können, weil eine Hauptstadt wie Prag mit ihrer Konzentration von tschechischen Intellektuellen fehlte. Der Landtag war zum 31. Mai zusammengerufen worden und besaß in der dritten Kurie ein starkes bäuerliches Element. Sein Beschluss, zum 1. Juli die bäuerlichen Grundlasten aufzuheben, trug zum Abbau der sozialen Spannungen bei und leitete die Bauernentlastung in der Gesamtmonarchie ein. Auch im österreichischen Teil Schle-

siens hatten die nationalen Probleme in Böhmen kau
Widerhall gefunden. Eine neue Verfassung hatte den Stä
tern und den Bauern eine Mitsprache im Landtag ge
chert, und der starke Anteil an Deutschsprachigen imm
nisierte die Bevölkerung gegen nationale Spannungen.

In Wien eröffnete Erzherzog Johann am 22. Juli 1848 fe
erlich die erste Sitzung des verfassunggebenden Reichst
ges, der eigentlich die Gesamtmonarchie repräsentier
sollte; aber die Ungarn fehlten, weil sie sich bereits selbs
ständig glaubten; die Italiener waren ferngeblieben, w
sie sich im Kampf gegen Österreich befanden. Drei Pr
bleme standen zur Lösung an: Vorrangig mussten die v
gen Versprechungen des Hofes auf bürgerliche Freiheit
und liberale Grundsätze der Politik in einer Verfassu
verankert werden; in dieser Frage bremsten die konserv
tiven Kreise des Hofes, während die radikalen Linke
vorwärtsdrängten. An zweiter Stelle stand die nationa
Frage und damit die Zukunft Österreichs: Sollten die N
tionalitäten innerhalb der historischen Länder eine ges
cherte Existenz erhalten oder sollten diese Länder aufg
brochen, möglichst einheitliche ethnische Blöcke gescha
fen und in einer Föderation zusammengebunden werde
Drittens waren die Reste der alten Agrarverfassung zu be
seitigen, nämlich die Robot und die Grundlasten der Bau
ern abzuschaffen – mit oder ohne Entschädigung d
Grundherren. Alle drei Probleme waren unlöslich mitei
ander verschränkt. Dies zeigten bereits die ersten Deba
ten über die Verhandlungssprache; Wien entdeckte, dass e
die Hauptstadt eines multinationalen Reiches mit ein
slawischen Bevölkerungsmehrheit war. Die Wahl des ge
mäßigten Tschechen Antonín Strobach zum Vizepräs
denten rief die Empörung der großdeutsch orientierte
Deutschböhmen und der Wiener Linken hervor.

Das Agrarproblem erwies sich als am leichtesten lösba
Der schlesische Jurastudent Hans Kudlich brachte am 2.

li einen Antrag auf »Aufhebung des Untertanenverhält-
sses samt allen daraus entspringenden Rechten und
flichten« ein, der nach heftigen Diskussionen abgemil-
ert wurde und schließlich am 28. August eine Mehrheit
nd. Das kaiserliche Patent vom 7. September 1848 zog
en Schlussstrich, indem es den Bauern nur einen Teil der
blösesumme auferlegte, während der Rest vom Staat
pernommen werden sollte. Den Interessen der Bauern
ar damit Genüge getan, und sie schieden als revolutionä-
s Element aus. Mit der administrativen Abwicklung im
hre 1852 für Mähren und ein Jahr später für Böhmen
ndete das alte feudale Patrimonialsystem in Österreich.

Die beiden anderen Probleme erwiesen sich als ungleich
chwieriger. Die Arbeit eines Verfassungsausschusses
usste vertagt werden, weil in Wien Straßenunruhen am
. Oktober zu einem allgemeinen Aufstand führten. Kai-
er Ferdinand floh mit seinem Hof nach Olmütz, der
eichstag wurde am 22. Oktober in den kleinen mähri-
chen Ort Kremsier verlegt. Die kaiserlichen Truppen
ahmen Wien am 31. Oktober ein; der Hauptort der Re-
olution war damit wieder fest in der Hand des Kaisers;
us der mährischen Provinz erfolgte nun die Rückgewin-
ung der Macht. Am 21. November ernannte Kaiser Ferinand Felix Fürst zu Schwarzenberg aus dem tschechichen Hochadel zum Ministerpräsidenten, der die Rück-
ehr zum alten System einleitete. Kaiser Ferdinand musste
ich dem Druck seiner Familie beugen und abdanken, weil
r sich durch sein Versprechen einer Verfassung kompromittiert hatte. Ferdinand »der Gütige«, wie ihn die Tsche-
hen nannten, zog sich nach Prag auf die Burg zurück, wo
hn seine Frau bis zum Lebensende (1875) pflegte.

Am 2. Dezember 1848 bestieg sein erst achtzehnjähri-
er Neffe Franz Joseph I. den Thron, den er 68 Jahre inne-
aben sollte. Er war auf seine Aufgabe gut vorbereitet
vorden; Religiosität, Fleiß und Pflichtgefühl zeichneten
hn aus; das Bewusstsein seiner Auserwähltheit hatte ihn

tief geprägt und früh einsam gemacht, worunter auch se
ne Frau Elisabeth (»Sissi«), die er 1854 heiratete, zu leide
hatte. Zu Kompromissen gegenüber den liberalen Kräfte
war er jedenfalls nicht bereit. Im Reichstag, den Schwa
zenberg am 22. November in Kremsier wieder eröffnet
hatten sich die Fronten in der Zwischenzeit verschobe
denn die großdeutsch gesinnten Liberalen unter Löhn
hatten von einer Unterstützung des Frankfurter Parl
mentes Abstand genommen und eine Annäherung an d
Tschechen gesucht. Gemeinsam befürworteten nun beic
Gruppen eine Reorganisation des Reiches nach ethn
schen Gesichtspunkten und eine Föderation entsprecher
der Staatsgebilde; nur in der Frage, wie stark die Zentra
regierung sein sollte, unterschieden sich die Auffassunge
von Löhner und Palacký. Eine etwas andere Lösung sa
innerhalb der historischen Länder Kreise mit ethnisc
einheitlicher Bevölkerung vor, denen bis auf die Eber
der Gemeinden eine große innere Autonomie eingeräun
werden sollte. Die Vorschläge fanden die Zustimmung de
Mehrheit; aber noch ehe im Plenum abgestimmt werde
konnte, machte der junge Kaiser den Beratungen ei
Ende. Am 4. März 1849 erließ er eine Verfassung, die e
nen Reichsrat in zwei Kammern vorsah, dem Kaiser ei
absolutes Vetorecht einräumte und ein zentralistische
Regierungssystem oberhalb der historischen Länder fest
schrieb, das über Notverordnungen alle Mitsprache aus
schalten konnte. Drei Tage später löste der Kaiser de
Reichstag unter Einsatz des Militärs auf. Nur das Ge
meindegesetz vom 17. März 1849 enthielt noch libera
Grundgedanken einer kommunalen Selbstverwaltung un
sollte die Reaktion überdauern. Der Kaiser hatte dam
die Chance vertan, die nationalen Fragen unter Mitspra
che der Beteiligten sinnvoll zu regeln, ehe die national
Leidenschaft in den Völkern der Monarchie die Masse
erreicht hatte. Mit seiner Entscheidung für einen Verfas
sungsoktroi hatte Franz Joseph zwar das autoritäre Sy

em wiederhergestellt, aber auch den Keim zum Unter-
ng seines Reiches gelegt.

Die Enttäuschung über die Rückkehr zum Zentralismus
ichte in den böhmischen Ländern tief. Zahlreiche Abge-
rdnete wurden verfolgt und gingen in die Emigration,
arunter auch Kudlich, der später in den USA Zuflucht
nd. Im Lande herrschte Unruhe, besonders als für den
ampf gegen die Magyaren Soldaten rekrutiert wurden;
olizeiaktionen, Verhaftungen und Verurteilungen stellten
n Mai die äußere Ruhe wieder her. Über Prag wurde der
elagerungszustand verhängt, der vier Jahre währen sollte.
ie oktroyierte Verfassung stand nur auf dem Papier,
enn Schwarzenberg betrachtete sie lediglich als Übergang
um absoluten Regierungssystem; als Innenminister trat
n Juli 1849 Alexander Freiherr von Bach an, der dem
eoabsolutistischen System der folgenden zehn Jahre sei-
en Namen gab. Die Hoffnungen der tschechischen Ver-
eter um Palacký, die stets zusammen mit den gemäßig-
en Kräften der Deutschböhmen und des Adels eine Lö-
ung des Nationalitätenproblems gesucht hatten, waren
egraben; psychologisch schlimmer noch war die Erfah-
ung, dass die Deutschböhmen in Wien eine führende
tellung erreicht hatten und weiter ausbauten, um damit
re Vorherrschaft in den böhmischen Ländern zu zemen-
ieren. Dem Wirken radikaler Kräfte auf beiden Seiten war
amit der Boden bereitet.

ie Erfolge des Kaisers und der Reaktion waren Ende
849 unbestreitbar. In Frankfurt hatte die kleindeutsche
Richtung unter den Abgeordneten gesiegt und Österreich
usgeschlossen; der preußische König Friedrich Wilhelm IV.
atte die ihm angetragene Kaiserkrone im April abgelehnt
nd damit die Hoffnungen der deutschen Liberalen ent-
äuscht. Die Herrschaft Wiens über Lombardo-Venetien
var wiederhergestellt. Mit russischer Unterstützung wa-
en die Magyaren besiegt worden, wurden danach einem

blutigen Strafgericht und einer Militärdiktatur unterwo
fen. Den Streit mit Preußen über die Vorrangstellung u
ter den deutschen Staaten konnte der Kaiser in der O
mützer Punktation (28./29. November 1850) zugunst
Österreichs entscheiden, das seine alte Rolle im Deu
schen Bunde zurückgewann und auch den Bundestag wi
der beschickte. Auch im Innern siegte die Restauratio
Die liberalen deutschen und tschechischen Zeitungen i
Prag wurden verboten, der Publizist Havlíček nach Brixe
verbannt, von wo er 1855 todkrank zurückkehrte; im fo
genden Jahr verstarb er im Alter von nur 35 Jahren.

Österreich wurde wieder von der Zentrale Wien aus r
giert, so dass für die Individualität der Länder kein Pla
blieb. Eine Krönung zum König von Böhmen lehn
Franz Joseph entschieden ab. Das Regime stützte sich a
das Militär, die Polizei und die Beamtenschaft und sa
eine Mitsprache der Bürger nicht mehr vor. Zwar wu
den noch 1850 eine Landtagsordnung und ein Wahlgeset
für Böhmen und Mähren verkündet, aber die Regierun
setzte keine Wahlen an, und es blieb deshalb bei de
alten Ständesystem, in dem die Landtage nur beraten
Funktion besaßen. Auch die letzten liberalen Reste de
Märzverfassung von 1849 widerrief der Kaiser im Silve
sterpatent von 1851. Österreich war wieder ein absolu
regierter Einheitsstaat, in dem die Rechte der Gericht
der Gemeinden und der Landtage radikal beschnitten wa
ren. Die deutsche Sprache blieb die Amtssprache, was be
den Tschechen den Verdacht weckte, dass der Staat ei
ne »Germanisierung« der Bevölkerung betreiben woll
Dem widersprach jedoch die Tatsache, dass mit dem Aus
bau des höheren Schulwesens, der jetzt gezielt erfolgte
auch tschechische Mittelschulen (Gymnasien) eingerichte
wurden; auch tschechische Beamte und Gelehrte wurde
gefördert. Es war eine patriarchalische Politik, mit der di
Regierung das Gefühl für den Gesamtstaat stärken wollt
aber wie unter Joseph II. verband sie sich eng mit den

eutschtum und vertiefte damit die Kluft zu den anderen
ationalitäten.

Besonderen Unmut der Liberalen erregte das Konkor-
at mit dem Vatikan von 1855, das die Reste der staatli-
en Kontrolle über die katholische Kirche seit Joseph II.
seitigte. Schon 1850 war den Bischöfen wieder die unge-
nderte Verbindung zum Vatikan erlaubt worden. Das
onkordat stärkte nach langen Verhandlungen den Ein-
uss der Kirche auf das Eherecht und auf die Volks- und
ittelschulen. Dieses Bündnis von Thron und Altar, das
e Gegner dem Regime vorwarfen, sollte bis zum Ende
r Monarchie Bestand haben; es kehrte indes die Absicht,
der Bevölkerung das religiöse Gefühl zur Stärkung des
esamtstaates zu befördern, ins Gegenteil.

Der Neoabsolutismus der »Ära Bach« bedeutete ein
hrzehnt der erzwungenen inneren Ruhe, der Zensur und
r staatlichen Bevormundung; aber das Leben blieb nicht
ehen. Die Wirtschaftspolitik des Handelsministers Karl
reiherr von Bruck hatte mit der Schaffung von Handels-
ammern, der Beseitigung von inneren Zollgrenzen und
em Abschluss von Handelsverträgen die Wirtschaft libe-
lisiert und konkurrenzfähig gemacht. Dies verstärkte
en Zuzug der tschechischen Landbevölkerung in die
tädte, von denen nun einige ihre deutschsprachige Mehr-
eit verloren. Ein tschechisches Bürgertum entstand, das
ch mit den Forderungen der Intelligenz identifizierte,
urch den Rückgriff auf die Geschichte der böhmischen
änder den inneren Zusammenhalt des tschechischen
evölkerungsteils und seine Bedeutung im Staate zu stär-
en. Die Vorstellung vom »böhmischen Staatsrecht« drang
amit immer tiefer in das nationale Bewusstsein der
schechen ein: Dies bedeutete erstens die untrennbare po-
tische Einheit von Böhmen, Mähren und Schlesien, zwei-
ns ihre Stellung als ein Staatsgebilde in der Gesamtmon-
rchie und drittens dessen Autonomie in Gesetzgebung
nd Verwaltung. Dieses Programm war weit entfernt von

den Teilungsplänen, die noch auf dem Kremsierer Reichs
tag zwischen Tschechen und Deutschböhmen diskutie
worden waren; es wurde die Voraussetzung zu eine
Kampf um das Land.

Außenpolitische Misserfolge leiteten eine neue Phase
der politischen Entwicklung der Habsburger Monarch
ein. Im Krimkrieg (1853–56) war Wien zwar neutral g
blieben, hatte sich aber durch Truppenkonzentrationen i
Osten die Feindschaft des Zaren zugezogen, ohne dafü
die Unterstützung Englands und Frankreichs zu gewin
nen. Im Krieg um die Einigung Italiens erlitt Wien schwe
re Niederlagen, die zum Verlust der Lombardei führte
(1859). Im Deutschen Bund war Österreich isoliert un
geriet in einen immer größeren Gegensatz zu Preußen. In
nerhalb der Monarchie löste in dieser Zeit eine Verfassun
die andere ab, wobei die Varianten zwischen föderaler un
zentralistischer Ausrichtung schwankten, mal mehr ode
mal weniger liberal waren; vorrangig musste das Verhäl
nis zu den Ungarn neu definiert werden, was sich auch au
die Stellung Böhmens auswirken würde. Für die böhmi
schen Länder insgesamt und für Böhmen im Besondere
wurde Prag der Austragungsort nationaler Konflikte; do
waren die Tschechen in der Überzahl und im politische
Vorteil, während die Deutschböhmen ihren Einfluss i
Wien nutzten. Die Fortschritte in der Wirtschaft beding
ten grundlegende Veränderungen in der Gesellschaft de
böhmischen Länder, die sich weitgehend unabhängig vo
der Politik vollzogen, auf diese aber nachdrücklich zu
rückwirkten.

In einer Rede vom 15. Juli 1859 versprach Kaiser Franz
Joseph endlich »zeitgemäße Verbesserungen in Gesetzge
bung und Verwaltung«. Bach wurde als Innenminister ab
gelöst. Der Kaiser berief ein Beratergremium von Adeli
gen und wenigen Bürgerlichen aus den Kronländern, di
ein Staatsgrundgesetz ausarbeiten, das Franz Joseph an

). Oktober 1860 als »Oktoberdiplom« verkündete. Ade-
-konservative Interessen verbanden sich hier mit föde-
len Elementen, die von den Kronländern als eigenen
echtssubjekten ausgingen. Die Kompetenzen der Land-
ge sollten verstärkt und aus ihren Mitgliedern Abgeord-
te für den Reichsrat, wie das Zentralparlament mit zwei
ammern heißen sollte, benannt werden. Die Verantwor-
ng für die Verwaltung sollte zwischen den Ländern und
er Zentrale geteilt werden, mit dem Ziel, eine Realunion
it bundesstaatlichem Charakter zu schaffen. Da die
ngarn mit diesem Vorschlag nicht einverstanden waren
nd außer den Tschechen auch sonst kaum jemand ihm
ustimmte, vollzog der Kaiser eine radikale Kehrtwen-
ung. Mit der Berufung von Anton Ritter von Schmerling
um neuen Ministerpräsidenten wurde nun die zentralisti-
he Richtung gestärkt, die sich in der neuen Verfassung
om 26. Februar 1861 durchsetzte (»Februarpatent«). Die-
e von deutschnationalen Beamten gestaltete Verfassung
bertrug einem zentralen Reichsrat alle Kompetenzen, die
icht ausdrücklich für die Landtage festgelegt waren –
ies waren nur noch wenige. Außerdem legte ein hoher
ensus die Schwelle für das Wahlrecht zu den Landtagen
ehr hoch, so dass in der Wahl im April 1861 die Mittel-
nd Unterschichten benachteiligt waren. Die Landtage
ählten dann die Mitglieder des Abgeordnetenhauses des
eichsrates, wo sich die verzerrte Spiegelung der Bevölke-
ung fortsetzte: von den 343 Mitgliedern des Hauses
tammten 82 aus Böhmen und Mähren, von denen nur 24
er tschechischen Nationalität zuzurechnen waren. Die
nangelnde Repräsentanz eines solchen Verfassungsgremi-
ms ließ sich auch kaum dadurch beheben, dass der Kaiser
n das Herrenhaus als zweiter Kammer des Reichsrates
eben Mitgliedern der kaiserlichen Familie und des Hoch-
dels auch verdiente Persönlichkeiten der Kultur berief,
arunter als einzigen Tschechen Palacký. Neben den Ver-
retern aus dem Königreich Ungarn, die den Reichsrat

boykottierten, blieben nach einem Protest vom 18. Mä
1863 auch die meisten Tschechen diesem Gremium fer

Der dritten Verfassung in dieser Zeit ging die Auseina
dersetzung mit Preußen voraus; denn nach dem gemeins
men Handeln der beiden Rivalen in Schleswig-Holste
hatte der Krieg von 1866 Österreich bei Königgrätz ei
schwere Niederlage beschert, aber die Innenpolitik kau
berührt. Während Österreich damit aus der deutschen P
litik ausgeschieden war, konnte Preußen mit der Grü
dung des Norddeutschen Bundes seine Vormacht ausba
en und die Reichsgründung vorbereiten. Auch aus Itali
war Österreich 1866 trotz militärischer Erfolge durch d
Abtretung Venetiens bis zum Isonzo-Fluss weitgeher
verdrängt worden. Dagegen konnte der Konflikt mit d
Ungarn beigelegt werden, allerdings auf Kosten der Wi
ner Ansprüche. Die Ungarn erreichten im »Ausgleich
von 1867 die Anerkennung ihrer inneren Selbstständigke
und stimmten nur der Einrichtung von drei gemeinsame
»k. u. k.«-Reichsministerien (»kaiserlich und königlich
in Wien zu: dem für Außenpolitik, dem für das Heer- un
Kriegswesen und dem für Finanzen. Die gemeinsame
Reichsinteressen sollten nur durch zwei »Delegationer
gewahrt werden, um den Begriff »Reichsparlament« z
vermeiden; die Finanzen wollte man alle zehn Jahre ne
regeln, was ständigen Anlass zum Streit geben sollt
Überhaupt hatten die Ungarn sich ausbedungen, ihre
Einfluss auf die Nationalitätenpolitik im Westen zu wah
ren. Österreich war zur Doppelmonarchie mit einer inne
ren Grenze am Fluss Leitha geworden: Das östlich
»Transleithanien« wurde von den Magyaren als Einheits
staat regiert, das westliche »Zisleithanien« blieb eine vo
den Deutschösterreichern dominierte Sammlung von his
torischen Ländern.

Die einzelnen Regelungen seit Sommer 1867 flosse
dann in der »Dezemberverfassung« zusammen, die am 21
Dezember 1867 verkündet wurde. Auch diese Verfassun

war im Wesentlichen zentralistisch, besaß aber auch liberale Elemente. Den Abgeordneten des Reichsrates war nun die Immunität garantiert; den Völkern sicherte der Art. 19 die Gleichberechtigung zu, was die Gleichbehandlung aller »landesüblichen Sprachen« in den Schulen, den Ämtern und in der Verwaltung bedeutete. In den Schulen sollte jeweils die »zweite« Landessprache gelehrt, aber nicht verpflichtend (»obligat«) gemacht werden. Die Regelung für die Kompetenz des Reichsrates waren nun präzise gefasst: Er war für die Außenvertretung zuständig, für das Militärwesen, den Staatshaushalt und die Steuern, für das öffentliche Leben bis hin zum Versammlungs-, Vereins- und Presserecht. Ihm unterstanden die Schulen und Hochschulen, das Reichsgericht und das Verwaltungsgericht. Wer auf diese zentralen Strukturen Einfluss gewinnen wollte, konnte dies nur über den Reichsrat selbst oder über die Beamten in den Zentralbehörden erreichen. Über den letztgenannten Weg sollten die Tschechen bis zum Ende der Monarchie außerordentliche Erfolge erzielen.

Bei diesen Verfassungen waren böhmische Belange immer, tschechische in unterschiedlichem Maße betroffen. Das »Oktoberdiplom« von 1860 hatte die Individualität der Länder hervorgehoben, auch wenn Böhmen nicht ausdrücklich genannt worden war. Es bot aber die Möglichkeit, das »böhmische Staatsrecht« in diesem Sinne zu interpretieren und dem böhmischen Landtag als Landesinstitution mehr Zuständigkeiten zu erstreiten, auch wenn diese Absicht den zentralistisch eingestellten Beamten zuwiderlief. Palacký sah in dieser Lösung einen erträglichen Kompromiss zwischen den Interessen der Länder und jenen des Herrschers, während die Deutschböhmen diese Lösung im Wesentlichen ablehnten. Beim »Februarpatent« von 1861 war das Pendel in die andere Richtung ausgeschlagen; hier gewannen die Deutschböhmen und der Adel aufgrund des hohen Zensus einen unverhältnismäßig

großen Einfluss auf den Landtag und den Reichsrat, w
die tschechischen Abgeordneten mit einer »Rechtsver
wahrung« konterten. Die Eingriffsmöglichkeiten des Ka
sers und das Verbot, dass die Landtage der böhmische
Länder untereinander Beziehungen aufnehmen könnte
liefen den tschechischen Absichten zuwider. Dennoc
pflegte eine Gruppe der Tschechen unter Palacký und Rie
ger, die später „Alttschechen" genannt wurden, enge Be
ziehungen zum Adel. Nach der Wahl von 1863, als de
Ruf nach einer Krönung Franz Josephs zum König vo
Böhmen ungehört verhallt war, verweigerte die Mehrhe
der tschechischen Abgeordneten ihre Mitarbeit im Reichs
rat (»Obstruktion«). Scharf lehnten die Tschechen de
Dualismus ab, der mit dem Ausgleich von 1867 verfestig
worden war, weil er die Slawen in der westlichen Reichs
hälfte dem deutschen Element ausgeliefert habe. Da de
»Wenzelskrone« jene Stellung verwehrt wurde, die di
»Stefanskrone« erlangt hatte, also die Tschechen in de
böhmischen Ländern nicht die volle Gleichberechtigung
schon gar nicht ein Vorrecht für die an Zahl größte ethni
sche Gruppe erreichen konnten, vertiefte sich der Kon
flikt mit den Deutschböhmen. Vordergründig stritt man i
der Folge immer heftiger über Verfassungsfragen, i
Wirklichkeit ging es um die politische Macht und den An
teil der Tschechen daran.

Dieser nationale Kampf spielte sich auch auf der Eben
der Landtage ab, allerdings in verzerrter Form, insofer
hier auch die ständischen Interessen ins Spiel kamen. Ge
mäß der Verfassung waren durch das Oktoberdiplom
(1860) und das Februarpatent (1861) die Landtage de
Reichsrat vorgeordnet, da aus ihnen dessen Mitgliede
benannt werden sollten. Entscheidend war deshalb di
Wahlordnung für die Landtage, die je nach Land differier
te. In Böhmen fand die Wahl im April 1861 nach drei Ku
rien getrennt statt; von den 241 Abgeordneten besaßen di

ohen Geistlichen »Virilstimmen«, d. h. sie kamen auto-
matisch über ihr Amt in den Landtag; der Großgrundbe-
itz stellte 70 Abgeordnete, die Städte 87 und die Landge-
einden 79 Vertreter. Von den 100 Mitgliedern des mähri-
hen Landtages kamen 30 aus dem Großgrundbesitz, 37
us den Städten, 31 aus den Landgemeinden. Für die na-
ionale Zusammensetzung war bezeichnend, dass nur die
eistlichen in etwa neutral waren, die Städter der deut-
hen, die Landgemeinden mehrheitlich der tschechischen
eite anhingen. Dazwischen schwankte die Gruppe der
roßgrundbesitzer zwischen einer staatsrechtlich-tsche-
hischen und einer zentralistisch-deutschliberalen Hal-
ung, neigte sich aber im Laufe der Zeit immer stärker der
esamtstaatlich-österreichischen Seite zu. Der nationale
treit wurde also durch die sozialen Interessen verstärkt:
ie kleinbürgerlich-bäuerlichen Tschechen lehnten die
eutsche Vorherrschaft in den Institutionen ab, während
ie großbürgerlichen Deutschböhmen in den feudalen
trukturen ein Mittel zur Aufrechterhaltung ihrer Vor-
errschaft sahen. Deutschsprachige Bauern und Kleinbür-
er gerieten in dieser Konstellation zwischen die Fronten.

Der Landtag in Böhmen wurde durch den Oberstlandmarschall, jener in Mähren und Schlesien durch den Lan-
eshauptmann geleitet, die jeweils für eine Wahlperiode
on sechs Jahren ihr Amt innehatten und zugleich dem
Landtag und dem Kaiser gegenüber verantwortlich waren.
Unklar blieb das Verhältnis zum Statthalter des Kaisers im
Lande, der die höchste Autorität darstellte. Ein Landes-
usschuss von acht Personen, in den alle drei Kurien
ertreter entsandten, fungierte als Landesregierung. Die
Kompetenzen der Landtage erstreckten sich über Fragen
er Landwirtschaft und der öffentlichen Ordnung bis zu
en Finanzen, und sie mussten die Ausführung der
Reichsgesetze den regionalen Bedingungen anpassen. Die
eringe Autonomie der Landtage zeigte sich darin, dass
er Kaiser wichtige Entscheidungen absegnen musste und

das Gremium jederzeit auflösen konnte. Andererseits e
öffnete die Bestimmung, dass Gesetze nur bei Anweser
heit von drei Vierteln der Mitglieder mit einer Zweidritte
mehrheit der Anwesenden zu beschließen waren, d
Möglichkeit der Obstruktion gemäß nationalen Intere:
sen. Trotz dieser Einschränkungen kam es in der prakt
schen Politik in den folgenden Jahren durchaus zu posit
ven Ergebnissen, weil der Adel zunächst zwischen de
Fronten vermittelte. Aber auch dieser Stand wurde zunel
mend in die nationale Auseinandersetzung gezogen, den
einer größeren Gruppe, die die deutschliberale Seite ur
terstützte, stellte sich nur eine kleinere unter Karl Für:
Schwarzenberg und Heinrich Clam-Martinic auf tschech
scher Seite entgegen. Das tschechische Kleinbürgertum
das sich in den radikalen »Jungtschechen« organisiert
fand deshalb zunehmend Argumente gegen die »Alttsch(
chen« um Palacký, die sich als Honoratiorenpartei an de
Hochadel angelehnt hatten.

Die einzige Ebene, auf der tschechische Interesse
durchgesetzt werden konnten, war der Prager Stadtra
Unmittelbar vor den Wahlen zum Landtag fanden am 1:
März 1861 Wahlen in die Gemeindevertretungen statt, d
ebenfalls dem Kuriensystem folgten. Dennoch gewanne
die Tschechen in Prag 52 der 90 Sitze im Stadtrat und be
setzten danach durchgehend den Posten des Oberbürger
meisters (»Primator«). Die Elite des tschechischen Bevö
kerungsteils konnte damit in der Landeshauptstadt meh
als eine nur symbolische Position erringen; die Gemeinde
vertretung wuchs allmählich in die Rolle einer informelle
Landesregierung der Tschechen hinein. Wie rasch sich die
ser Umstand nationalpolitisch verwerten ließ, zeigte sich
als der Gemeinderat bereits im September 1861 mit Mehr
heit die Auflösung der deutschen Schulen in Prag be
schloss und diese Entscheidung erst nach heftigen Ausein
andersetzungen zurückzog.

Die Entwicklung von Wirtschaft und Gesellschaft

bjektive Faktoren trieben die Entwicklung der Wirt-
haft und der Gesellschaft voran. Der Adel hatte für die
blösung der bäuerlichen Lasten vom Staat hohe Geld-
mmen erhalten, was ihn befähigte, in die weitere Indu-
rialisierung des Landes zu investieren. In der tschechisch
ominierten Landwirtschaft entwickelte sich rasch ein
eitgefächertes Genossenschaftswesen und eine Agrarin
ustrie. Aus landwirtschaftlichen Vorschusskassen ent-
and 1868 die Gewerbebank für Böhmen und Mähren
ivnostenská banka), die die wirtschaftlichen und natio-
alpolitischen Energien bündelte. Die Folge war eine Mo-
lisierung des tschechischen Kleinbürgertums zu wach-
nder Organisation und zur Verbreitung der Forderun-
en nach Gleichberechtigung und politischer Teilhabe.
ine neue Generation von Intellektuellen löste allmählich
e Honoratioren um Palacký ab; diese lehnten deren ge-
äßigte Forderungen als »Brosamenpolitik« ab und ver-
härften ihre Agitation in die Massen. Charakteristisch
afür wurde die »Sokol-Bewegung«. Der Turnverein *So-
ol* (»Falke«) war 1863 von Heinrich Fügner (1822–1865)
nd Dr. Miroslav Tyrš (1832–1884) begründet worden.
er Verband folgte dem Beispiel der nationalen Turnbe-
egung von Friedrich Ludwig Jahn in Deutschland; er
rband nationale tschechische Parolen mit panslawi-
hen, antisemitischen und demokratischen Ideen. Nach
ußen trat er durch eine symbolisch aufgeladene Fanta-
euniform und paramilitärische Aktionen hervor. Mas-
nveranstaltungen (*tábory*) vermittelten das nationale
edankengut breiten Schichten der Bevölkerung in Böh-
en und allmählich auch in Mähren, wo das alte Landes-
ewusstsein durch die Gedanken der Prager Intellektuel-
n überlagert wurde.
Mit dem Bau des Nationaltheaters begann die Erobe-
ung der Stadt Prag durch die Tschechen, die den Charak-

ter des »goldenen Prag« als einer slawischen Stadt beton
sollte. 1853 hatte ein dazu gegründeter Verein an der Mc
dau an der Einmündung der Ferdinandstraße (heu
Národní třída, »Nationalstraße«) ein Grundstück erwo
ben, das als städtisch-bürgerliches Gegenstück zur Bu
ausgebaut werden sollte. Durch Sammlungen kamen d
Geldmittel für den Bau zusammen, so dass 1868 in ein
feierlichen Inszenierung die neunzehn Grundsteine gele
werden konnten, die von national bedeutsamen Orten d
tschechischen Geschichte stammten. »Das Volk si
selbst« hatte sich dieses Bauwerk geschenkt, wie als Mot
an der Fassade stand, und dahinter verbarg sich ein pla
volles und entschlossenes Vorgehen, dem tschechische
Teil der Bevölkerung alle Attribute einer modernen G
sellschaft zu verschaffen und die politische Vorherrscha
im Lande zu erringen. Diesem Ziel dienten zahlreic
Verbände, die Mitarbeit in den Gemeinden und der Au
bau des Schulwesens.

Die demographische Entwicklung im Lande unterstüt
te diese Bestrebungen. Von 1830 bis 1869 wuchs die B
völkerung Böhmens von ca. 3,9 Millionen auf 5,1 Milli
nen an. Gleichzeitig sorgte die Industrialisierung für ein
Binnenwanderung und damit für den Zuzug von Tsch
chen in vormals rein deutschsprachige Gemeinden. D
Eisenbahn erleichterte zudem die Abwanderung nac
Wien, wo um 1900 etwa 26 % der Bevölkerung aus de
böhmischen Ländern stammte, von der aber nur ein Dri
tel Tschechen war. Für die Deutschböhmen besaß Wie
eine größere Anziehungskraft als die Landeshauptstac
Prag. Dies sollte für die weitere Entwicklung der nationa
politischen Auseinandersetzungen bedeutsam werde
denn was Prag für die Tschechen war, wurde Wien für d
Deutschböhmen: Anziehungsort und Kampfplatz. D
»böhmische Staatsrecht« wurde zu einem Vehikel, de
tschechischen Anspruch auf die böhmischen Länder z
bekräftigen und die Deutschböhmen in eine Minderhe

nrolle zu drängen. Indem die tschechische Intelligenz
e modernen Ideen einer Demokratisierung der Gesell-
haft mit den nationalen Forderungen verband, konnte
e die Deutschböhmen als Vertreter der überlebten Feu-
lordnung, des Adels und des Wiener Zentralismus ab-
empeln. Das war eine wirkungsvolle Waffe in dem sich
spitzenden Streit, in dem die antideutschen Tendenzen
r aufsteigenden tschechischen Gesellschaft verstärkt
urden.

Diese Entwicklung erhöhte die Anziehungskraft der
chechischen Kultur, die sich allmählich vom deutschen
rbild emanzipierte. Auch deutschsprachige Autoren,
ie Adalbert Stifter, bearbeiteten Themen der böhmischen
ergangenheit, die in Palackýs Geschichtswerk aufbereitet
orden waren (der Roman *Witiko*), blieben aber meist der
terreichischen Tradition verhaftet. Für viele tschechi-
he Künstler jedoch war die Hinwendung zur tschechi-
hen Kultur eine bewusste Entscheidung, nicht gegen die
eutsche Sprache, sondern für die böhmische Tradition.
 schrieb der tschechische Komponist Bedřich Smetana
in Tagebuch lebenslang auf deutsch; viele Zweisprachige
itschieden sich für das Tschechische, und auch Deutsch-
öhmen stellten sich in den Dienst der tschechischen Kul-
ir: Das Libretto der Nationaloper *Libuše* wurde von
>sef Wenzig verfasst und musste erst ins Tschechische
>ertragen werden. Dies ist nur ein Beispiel für eine Ge-
•llschaft, die um die Mitte des Jahrhunderts noch weitge-
end zweisprachig gewesen war, sich in der zweiten Hälf-
 des 19. Jahrhunderts tief spaltete und die im Alltag fort-
auernden Gemeinsamkeiten verdrängte.

Die katholische Kirche nahm im nationalen Konflikt
ne Zwischenstellung ein: Einerseits waren ihre oberen
änge eng mit dem Adel verbunden, daher weitgehend
national und gesamtstaatlich orientiert, andererseits ver-
reiteten sich nationale und reformerische Gedanken in
ren unteren Rängen. Besonders im agrarischen tsche-

chischen Bevölkerungsteil war der Priesterberuf ei
wichtige Aufstiegsmöglichkeit. Durch Anstellung auch
rein deutschsprachigen Gebieten wurde der »tschechisc
Kaplan« zu einer wichtigen Person im nationalen Kam
in den Gemeinden, in den Schulen und in den Vereine
Versuche, die Diözesen nach ethnischen Gesichtspunkt
neu zu gliedern, wurden abgelehnt, weil dies dem Prinz
der Einheit der böhmischen Länder widersprach. Die Pr
testanten stellten nur eine verschwindende Minderh
dar; zudem waren sie in einen evangelischen Teil Deutsc
sprachiger nach der Augsburger Konfession und ein
kleinen reformierten tschechischen Teil gespalten, der d
Tradition von Jan Hus und der Brüderunität bewahr
wollte. Die 1848 weitgehend erreichte Gleichberechtigu
mit den Katholiken hatte 1861 ein »Protestantenpatent«
Bezug auf ein autonomes Schul- und Kirchenleben erwe
tert und gesichert.

Die Monarchie im Zeitalter des Nationalismus un der Massenbewegung

1879–1893	Regierung des »Eisernen Rings« unter Taaffe
1897	5. April: Badenische Sprachenverordnungen
1899	20. Mai: »Pfingstprogramm«
1905	Mährischer Ausgleich
1907	Allgemeines Wahlrecht zugelassen
1913	»Annenpatent«
1914	28. Juni: Ermordung des Thronfolgers Franz Ferd nand
1916–1918	Kaiser Karl I.

Der Ausgleich mit Ungarn von 1867 bedeutete für d
Entwicklung des Habsburger Reiches im Innern eine Zä
sur, so wie die Einigung der deutschen Staaten im Deu

hen Reich von 1871 die Bedeutung Wiens in der euro-
ischen Politik fundamental veränderte. Während die
ngarn ihren Erfolg mit einer glanzvollen Krönung des
önigs mit der Stefanskrone feiern konnten, forderten die
chechen für die Länder der Wenzelskrone vergebens
en gleichen Rang. Als der neugewählte böhmische Land-
g am 6. April 1867 zusammentrat, verweigerten die
chechen die Wahl von Abgeordneten für den Reichsrat,
er daraufhin ohne ihre Beteiligung die Dezemberverfas-
ng von 1867 beschloss. Daraufhin erklärten die tsche-
ischen Landtagsabgeordneten, dass sie auch den Ver-
ndlungen des Landtages fernbleiben würden. Palacký
berreichte am 22. August 1868 eine Deklaration, in der
nerseits der Ausgleich mit Ungarn abgelehnt, aber ande-
rseits für die böhmische Krone das gleiche Recht gefor-
ert wurde. Erstmals erschien hier das böhmische Staats-
cht als allgemeines nationales tschechisches Programm:
ie böhmischen Länder sollten nach ungarischem Vorbild
ur lose mit Wien verbunden bleiben und die Tschechen
arin nach dem »Erstgeburtsrecht« als »Staatsnation« gel-
n. Die Tschechen beriefen sich auf die Versprechen des
aisers Ferdinand vom April 1848 und forderten einen
ertrag, dass ihnen ohne ihre Zustimmung keine Schulden
der Gesetze des Reichsrates auferlegt werden dürften.
en Nationalitäten in den böhmischen Ländern sagten sie
ie volle Gleichberechtigung zu, die in Verhandlungen mit
en Deutschböhmen in einer gerechten Wahlordnung zu
chern sei. Die tschechischen Abgeordneten des mähri-
chen Landtages schlossen sich dieser Erklärung, aller-
ings mit vorsichtigeren Formulierungen, im Wesentli-
hen an.

Das damit verbundene Problem war grundsätzlicher
rt. Zwar hatte es nie ein »böhmisches Staatsrecht« der
ier behaupteten Form gegeben und auch nie gesamtstaat-
che Institutionen, trotzdem wurde die Forderung mitt-
erweile von einem großen Teil der tschechischen Bevöl-

kerung unterstützt. Dies war ein Maximalprogramm, d
keine Kompromisse erlaubte; die Tschechen forderten n
Blick auf ihre Bevölkerungsmehrheit die ganze Mach
und mit weniger waren sie nicht zufriedenzustellen; P
litik als Ausgleich in kleinen Schritten war dadurch u
möglich. Die Deutschböhmen lehnten die tschechische
Forderungen einhellig ab und betonten, dass damit d
geltenden Verfassungsgrundsätze ausgehebelt würde
weil »Gleichberechtigung« durchaus verschieden ausg
legt werden könne. Formal war nichts dagegen einzuwe
den, dass die Sprache der Mehrheit überall im Lande
den Ämtern zuzulassen sei; dahinter blieb aber die Tats
che unbeachtet, dass es viele Gebiete gab, in denen kau
Tschechen lebten oder wo sie nur eine kleine Minderhe
darstellten. Auch dort hätten also die Beamten zweispr
chig sein müssen, was die Deutschböhmen ausgegren
hätte, während die Tschechen durch das deutschgepräg
Schulsystem im Vorteil geblieben wären. Dazu verwiese
die Deutschböhmen auf ihre Steuerkraft, die trotz ihr
geringeren Zahl die des tschechischen Bevölkerungstei
bei weitem übertraf; sie leisteten also einen großen Beitr
zum tschechischen Schulwesen, unter dessen Erfolg sie z
leiden gehabt hätten. Am schwersten wog aber das psy
chologische Element in diesem Streit, denn der tschech
sche Bevölkerungsteil wuchs aufgrund des Geburtenübe
schusses so schnell, dass eine weitere Verschiebung d
Mehrheitsverhältnisse nur eine Frage der Zeit war. Umge
kehrt stellte sich die Situation für die Deutschsprachige
dar, die sich an ihren »Besitzstand« klammerten, von jed
Veränderung nur Nachteile erwarteten, sich ihr daher w
dersetzten. Dazu kam, dass nur wenige Deutschböhme
über ausreichende Kenntnisse der tschechischen Sprach
verfügten, und schlimmer noch, dass sie diese Sprache ab
lehnten. Das Bewusstsein, einer »höheren« Kultur anzu
gehören, von der die Tschechen bisher gelernt hatte
blockierte die Möglichkeit, den Nachbarn als gleichwerti

betrachten. Dieses Grundmuster sollte die Auseinandersetzungen bis zum Ende der Monarchie belasten.

Die Loyalität der Tschechen zum Herrscherhaus war mittlerweile geschwunden. Eine »Wallfahrt nach Moskau«, die im Mai/Juni 1867 in Erinnerung an den Slawenkongress von 1848 Vertreter von Tschechen, Slowenen und Ukrainern veranstalteten, weckte wieder die Furcht vor einem »Panslawismus«. Außerdem hatte Rieger, der Schwiegersohn Palackýs, 1868 ein Memorandum an Napoleon III. gerichtet und darin auf die Tschechen aufmerksam gemacht; zwar verfehlte es seine Wirkung, aber die Sympathien der Tschechen lagen im deutsch-französischen Krieg von 1870 auf Seiten Frankreichs. Die »tschechische Frage« besaß noch keine internationale Bedeutung wie die »polnische Frage«, aber sie machte die ersten Schritte auf dem gleichen Wege. Als Kaiser Franz Joseph im Juni 1868 zur Einweihung einer Brücke nach Prag kam, boykottierte die tschechische Bevölkerung den Besuch, und nach Zurückweisung einer tschechischen Deklaration kam es dort zu Straßenunruhen, die zur Ausrufung des Ausnahmezustandes führten.

War die Grundfrage des Zusammenlebens von Tschechen und Deutschböhmen unter diesen Bedingungen zuletzt unlösbar, so fehlte es nicht an Versuchen, wenigstens in kleinen Schritten das beiderseitige Misstrauen zu überwinden. Die rasch wechselnden Regierungen in Wien schwankten weiterhin zwischen einer föderalen und einer zentralistischen Lösung, die Erstere eher die tschechische, die Zweite eher die deutschböhmische Seite unterstützend. Das Jahr 1871 sah den Versuch der Regierung Hohenwarth-Schäffle, in Zusammenarbeit mit dem böhmischen Landtag die sogenannten »Fundamentalartikel« zu erarbeiten. Im § 1 wurde dort die Gleichheit der beiden Volksteile postuliert, und im § 9 festgelegt, dass alle Beamten beide Landessprachen beherrschen sollten. Dies war für die Deutschböhmen unannehmbar, und alle anderen

guten Überlegungen zur Überwindung der Spannung
und zur Herstellung eines »Trialismus« waren damit hi
fällig. Erneut hatte sich bei den Beratungen gezeigt, da
die Vertreter Mährens und Schlesiens den Führungsa
spruch Prags in Frage gestellt hatten; die Positionen d
tschechischen Seite waren also nicht einheitlich. Auße
dem protestierten die Ungarn und erzwangen eine Ve
wässerung der Artikel, weil sie eine Stärkung der Slaw
in der Gesamtmonarchie befürchteten. Die Tschechen ve
urteilten entsprechende Veränderungen des Textes als Ve
tragsbruch und verweigerten eine weitere Zusammena
beit.

Mit der Regierung von Eduard Graf Taaffe vom 14. A
gust 1879 schien eine positive Entwicklung möglich, de
er benötigte für seine Mehrheit des »eisernen Rings« i
Reichsrat die Zustimmung der 54 tschechischen und d
50 polnischen Abgeordneten gegen eine vorwiegend deu
sche Opposition. Die Tschechen erlangten für ihre Mita
beit die Ernennung eines »Landsmannministers« in Pe
son des Mährers Pražák, ferner die Zustimmung zur Te
lung der Prager Universität (1882), Zugeständnisse üb
die Gleichberechtigung der Sprachen im Verkehr der Be
hörden mit den Bürgern und in den Selbstverwaltungs
ganen (die Taaffe-Stremayrsche Sprachenverordnung vo
19. April 1880), dazu den Unterricht in der zweiten La
dessprache an den Gymnasien. Ausgenommen davo
blieb die Verwendung der deutschen Sprache im Verkeh
innerhalb der Behörden (»innere Amtssprache«). Ein
Wahlrechtsreform für den Reichsrat von 1882, die de
Zensus senkte, erweiterte den Kreis der Wahlberechtigte
und begünstigte die Tschechen. Dies weckte den Wider
stand der großbürgerlichen Deutschböhmen, die sich un
ter Führung von Ernst von Plener im deutschnationale
Sinn radikalisierten. Im Linzer Programm von 1882 fo
mulierten seine Anhänger die Gegenposition: die Erhe
bung des Deutschen zur Staatssprache und Maßnahme

m Schutz der Kleinbürger und Arbeiter; manche for-
rten jetzt auch die administrative Teilung des Landes
tlang der Sprachgrenze. Zahlreiche neue Vereine sollten
e deutschböhmischen Interessen in den Städten schüt-
n, in die zunehmend tschechische Arbeiter einwander-
n und sich dort ihrerseits in nationalen Vereinen organi-
:rten. Der nationale Kleinkrieg erreichte so auch die un-
·ren Schichten der Gesellschaft in Städten und Dörfern.
Angesichts der unübersichtlichen Entwicklung in der
:terreichischen Innenpolitik, in der mal die eine Seite,
al die andere im Reichsrat oder im Landtag die Mehrheit
:saß, wobei die unterlegene jeweils in eine Obstruktion
·swich, ist es doch bemerkenswert, dass immer wieder
espräche zwischen den Kontrahenten stattfanden. So
ar im Januar 1890 ein Ausgleichsprotokoll zwischen
:utschböhmischen und tschechischen Persönlichkeiten
:r verschiedenen gesellschaftlichen Schichten erarbeitet
orden, in dem insbesondere der Streit um die Minder-
:itenschulen beigelegt schien. Die Gerichtskreise sollten
anach den Sprachverhältnissen angepasst, deutschspra-
1ige Beamte darin berücksichtigt werden; im Landtag
>llten nationale Kurien ein Vetorecht in ihren Belangen
·halten. Mit großer Mühe erreichte zwar Ernst von Ple-
er auf einem Parteitag der Deutschböhmen in Teplitz die
ustimmung seiner Konnationalen; dagegen vereitelten
ie Jungtschechen, die 1889 gegen die Alttschechen im
andtag die Mehrheit errungen hatten und an den Ge-
prächen nicht beteiligt gewesen waren, unter Einsatz
.ner scharfen öffentlichen Agitation die Annahme des
rotokolls. Der Landtag beendete nach heftigen Ausein-
ndersetzungen schließlich die Beratungen. Der nationale
treit hatte nun mit Massendemonstrationen und Unru-
en die Straße erreicht, so dass wieder einmal in Prag der
.usnahmezustand erklärt werden musste. Taaffe trat am
2. November 1893 zurück und wurde durch Alfred Fürst
Vindischgraetz ersetzt; die führende Rolle von Pleners in

dieser Regierung symbolisierte den Umschwung im nati
nalen Sinn, was die Obstruktion der Tschechen im Reich
rat zur Folge hatte. Das Pendel war für knapp zwei Jah
in die andere Richtung umgeschlagen, aber die eigentlic
Zuspitzung sollte erst folgen.

Am 29. September 1895 übernahm der Pole Kazimie
Graf Badeni die Regierung in Wien, und die Tschech
mochten hoffen, für ihre Belange mehr Verständnis zu fi
den. Der Ausnahmezustand in Prag wurde endlich aufg
hoben, ein Wahlgesetz vom Juni 1896 schuf eine fün
Kurie für 72 Abgeordnete, die dreieinhalb Millionen bis
her nicht berücksichtigte Bürger im Landtag vertret
sollten. Der Anteil der Deutschsprachigen, die 1873 no
fast zwei Drittel der Abgeordneten gestellt hatte
schrumpfte damit auf 47 %. Auf der anderen Seite weck
dies die Hoffnungen der Slawen in der Gesamtmonarchi
Die anstehenden Verhandlungen mit den Ungarn üb
eine Neuverteilung der Lasten erforderten eine stabi
Mehrheit, und diese suchte Badeni in einer Zusammenar
beit mit den Jungtschechen, denen er in den Sprachve
ordnungen vom 5. April 1897 entgegenkam. Ihnen zufolg
sollten die Landessprachen im inneren und äußere
Dienstverkehr für ganz Böhmen und Mähren anerkan
werden; jeder Beamte hätte bei Neueinstellung nach de
1. Juni 1901 die Kenntnis beider Sprachen nachweise
müssen, was für die Tschechen kaum ein Problem war, di
Deutschböhmen aber praktisch von der Beamtenlaufbah
ausgeschlossen hätte. Die deutschböhmische Reaktio
kam prompt, im Parlament mit Dringlichkeitsanträge
zur Aufhebung des Gesetzes, auf den Straßen mit Masser
demonstrationen, mit Partei- und Volkstagen, auf dene
radikale Gegenmaßnahmen bis zum Boykott der Tsche
chen gefordert wurden. Auch zurückhaltende Politike
wurden von der deutschnationalen Agitation mitgerisse
in der zum ersten Mal ein Zusammengehörigkeitsgefüh
aller Deutschösterreicher sichtbar und erste Stimmen zu

rtreibung des jeweils anderssprachigen Bevölkerungs-
les laut wurden. Die deutschen Parteien gingen in die
bstruktion und lehnten Gesprächsangebote über natio-
le Sicherungsmaßnahmen so lange ab, wie das Gesetz
cht zurückgenommen würde. Auf der anderen Seite
eckten die Demonstrationen das Misstrauen der Tsche-
en, die nun weitere Forderungen nachlegten. Zwar ver-
schiedete der Kaiser daraufhin Graf Badeni am 28. No-
mber 1897, provozierte damit aber nun tschechische
emonstrationen und Unruhen, die zur erneuten Verhän-
ng des Ausnahmezustandes führten. Die Habsburger
onarchie stand an der Schwelle eines Bürgerkrieges; der
eichsrat in Wien und der Landtag in Prag waren blo-
iert, die Regierungsarbeit konnte nur mit Hilfe von
otverordnungen nach § 14 der Reichsverfassung fortge-
tzt werden. Dies war jedoch nicht nur ein Nachteil,
a nun unabhängig vom Parlament wichtige Reformen
rchgeführt wurden, die die Finanzverfassung, den Aus-
eich mit Ungarn, die Einführung der Kronenwährung
nd wirtschaftliche Maßnahmen betrafen.

Die Regierungen lösten sich in rascher Folge ab, stütz-
n sich mal auf die tschechischen, mal auf die deutsch-
öhmischen Parteien und versuchten vergeblich, zwischen
en starren Fronten zu vermitteln. Die nationalen De-
onstrationen wuchsen zu blutigen Unruhen heran, so
ass der Gedanke einer Teilung der Monarchie nach ethni-
hen Gesichtspunkten an Anhängern gewann. Die gemä-
igten deutschen Parteien legten am 20. Mai 1899 eigene
orstellungen vor, die als »Pfingstprogramm« bekannt ge-
orden sind. Danach sollte »Österreich« ein Einheitsstaat
nd die deutsche Sprache darin die »allgemeine Vermitt-
ngssprache« werden, die zwischen allen Behörden zu
erwenden sei (»innere Amtssprache«). Die Länder, also
uch Böhmen, sollten in national einheitliche Gerichts-
prengel eingeteilt werden, wobei die tschechischen ihre
ußere und innere Amtssprache selbst wählen sollten, in

den gemischtsprachigen Sprengeln und in der Hauptsta
Prag aber beide Sprachen verwendet würden. Im Land
wären nationale Kurien zu schaffen und in gemischt
Gebieten Minderheitenschulen einzurichten gewesen, c
aber jede Nationalität selbst hätte finanzieren müssen. L
Tschechen lehnten dieses Programm strikt ab, denn
widersprach sowohl der Landestradition als auch de
Wunsch nach Gleichberechtigung der Sprachen im ganz
Land. Außerdem berücksichtigte es besonders in der z
letzt genannten Frage nicht das schwierige Problem d
geringeren Steuerkraft des tschechischen Gesellschaf
teils. Angesichts aller nationalen Verhärtung, die sogar
der Armee spürbar geworden war, verfügte der Kaiser a
14. Oktober 1899 die Rücknahme aller jüngst ergangen
Sprachenverordnungen. Eine tschechische Obstrukti
war die Folge, und wieder stürzte eine kurzlebige Regi
rung.

Fast vier Jahre lang amtierte nun das Kabinett unter E
nest von Koerber, der aus Triest mit schwierigen Nation
litätenverhältnissen vertraut war. In getrennten Verhan
lungen mit Böhmen und Mährern suchte er eine praktisc
Lösung, die auf die Einrichtung möglichst einsprachig
Verwaltungskreise und Gerichtsbezirke zielte; eine weitg
hende Dezentralisierung sollte die Kluft zwischen de
tschechischen Forderungen nach der Einheit der Länd
und der deutschen nach deren Teilung überwinden. Auc
diese Versuche scheiterten an der tschechischen Intra
sigenz im Reichsrat und an der deutschböhmischen i
Landtag. Trotz guter Fortschritte auf anderen Gebiete
gab er schließlich auf und reichte am 31. Dezember 19C
seinen Rücktritt ein; die auf ständischer Basis beruhende
Parlamente waren offenbar zu einer Lösung nicht meł
imstande. Allerdings wuchs allmählich der Unmut übe
die sterile Politik des nationalen Gegeneinanders, weil ein
sichtige Politiker beider Seiten die »Katastrophenpolitik
nicht mehr mitmachen wollten. Inzwischen hatte sich i

...nde ein modernes Parteienwesen entfaltet, das die Frage
...ch allgemeinen und gleichen Wahlen in den Vorder-
...und stellte und auch neue Koalitionen ermöglichte.
...enn auch in Böhmen kein Fortschritt möglich war, so
...onnte der Ministerpräsident Gautsch doch 1905 einen
...usgleich in Mähren erringen: Am 27. November 1905
...urde eine neue Landes- und Wahlordnung in vier Lan-
...esgesetzen vom Landtag verabschiedet, in denen der Ge-
...auch der Landessprachen und die Organisation des
...hulwesens geregelt wurden. Neben die Einteilung der
...ähler nach Besitz trat eine zweite nach nationaler Zuord-
...ung, die nur für die Großgrundbesitzer nicht galt. An die
...elle einer regionalen Ordnung nach ethnischen Mehrhei-
...n oder Minderheiten wurde das Prinzip der Personal-
...utonomie eingeführt, dem gemäß sich jeder Wähler in ein
...ationalkataster eintragen sollte. Dieses komplizierte Sy-
...em entspannte die nationalen Auseinandersetzungen in
...ähren, wo der Streit nie jene Grundsätzlichkeit erreicht
...atte wie in Böhmen.

Die nächste Reform betraf das Wahlrecht, das sich bis-
...r nach dem Besitz und der Steuerleistung gerichtet hat-
...e. Unter dem Eindruck der Revolution in Russland von
...905, auf die der Zar im Oktober mit dem Versprechen
...er Gewährung der Grundrechte und des allgemeinen
...ahlrechtes geantwortet hatte, sowie angesichts der größ-
...n Arbeiterdemonstrationen in Österreich im November
...klärte auch Franz Joseph seinen Entschluss zur Reform
...es Wahlrechtes. Nach langwierigen Verhandlungen im
...eichsrat konnte der Kaiser am 26. Januar 1907 das neue
...ahlgesetz verkünden, in dem für alle Männer über 24
...hren das allgemeine und gleiche Wahlrecht vorgesehen
...ar. Allerdings gab es in der neuen Wahlkreiseinteilung
...eiterhin Ungleichheit, denn im kleinsten Wahlkreis in
...öhmen sollten etwa 3000 Wahlberechtigte, im größten
...agegen etwa 20 000 einen Abgeordneten wählen. Der fol-
...ende Wahlkampf und die hohe Wahlbeteiligung von fast

85 % der Berechtigten offenbarten die Politisierung, d die Massen inzwischen ergriffen hatte. Die alten Partei erlitten eine Niederlage, während die neuen Interessenpa teien, darunter besonders die Sozialdemokraten, gro Gewinne machten. Allerdings erfüllten sich die Hoffnu gen, dass dadurch der nationale Streit überwunden we den könnte, nicht, denn der nationale Gedanke hatte au diese neuen Gruppierungen durchdrungen.

Was der Aufbruch zu einem neuen System parlament rischer und demokratischer Repräsentanz hätte werd können, führte dagegen ins Chaos. Keine der folgend kurzlebigen Regierungen war ganz erfolglos, aber alle e reichten in den Gesprächen zwischen Vertretern der j weiligen Regierungsmehrheit und der Opposition n Fortschritte in Detailfragen, und scheiterten meist an eh unwichtigen Problemen, hinter denen sich das Blockde ken der nationalen Gruppen verbarg. Der Landtag in Pr und der Reichsrat in Wien waren arbeitsunfähig; währe aber in Wien mit Notverordnungen das Staatsleben for geführt werden konnte, sah die Landesverfassung ein so ches Mittel nicht vor. Als Folge der Obstruktionen ruh die Gesetzgebung; der Austausch von Personen, die m der deutschböhmischen, mal der tschechischen Sache na standen, löste das Problem nicht, so dass schließlich d Finanzen in Frage gestellt waren, mit denen die Beamte und die Fürsorgeanstalten zu bezahlen waren. Der Minis terpräsident Karl Reichsgraf von Stürgkh, der seit dem 3 Oktober 1911 die Reichsgeschicke leitete, griff schließli zu einem Brachialmittel: Mit dem »Annenpatent« (nac dem Tag der Heiligen Anna am 26. Juli) löste er 1913 de böhmischen Landtag auf und setzte eine Landesverwa tungskommission ein. Dies brachte nun die Böhmen be der Sprachen noch einmal gemeinsam in Harnisch und zu Opposition. Daraufhin vertagte der Ministerpräsident de Reichsrat am 14. März 1914 auf unbestimmte Zeit. Da parlamentarische System war damit praktisch zusammen ebrochen, und Österreich taumelte ohne Vertretung seiner Bevölkerung in den Ersten Weltkrieg.

Vielleicht hätte dem greisen Kaiser Hilfe aus der Hocharistokratie zuteil werden können. Der Thronfolger Franz Ferdinand hatte bereits seit einiger Zeit einen Kreis von Beratern um sich geschart, die zum einen die Ausnahmestellung Ungarns kritisierten, zum anderen in einem »Triasmus« die Südslawen stärker an den Staat binden wollten. Nach der Annexion von Bosnien und der Herzegowina im Jahre 1908 war der slawische Anteil Zisleithaniens beträchtlich gewachsen. Kroatien, das den Plänen des Thronfolgers zufolge aus Ungarn herausgebrochen werden sollte, hätte dann den Kern eines dritten Reichsteils gebildet, nicht jedoch die Tschechen, denen die deutsche Amtssprache vorgeschrieben bleiben sollte. Gespräche mit der Hocharistokratie in Böhmen gingen von der Vorstellung aus, diese Kraft als Stütze des Gesamtstaates einzusetzen; aber angesichts der nationalpolitischen Polarisierung, die auch den Hochadel erfasst hatte, war dies wohl ein vergebliches Bemühen. Die Probe konnte jedoch nicht gemacht werden, denn noch lebte der alte Kaiser, und der Thronfolger fiel im Juli 1914 in Sarajevo den Schüssen von Attentätern zum Opfer. Die Gründe für das Scheitern Österreichs als eines multinationalen Reiches, in dem die »Dominanz der Einzelinteressen« die Reichsinteressen überlagert hatte, müssen auf einer anderen Ebene gesucht werden.

Wirtschaft, Gesellschaft und Kultur in einer gespaltenen Gesellschaft

Die Industrialisierung erreichte im letzten Drittel des 19. Jahrhunderts ihren Höhepunkt und hatte tiefgreifende Auswirkungen auf die Gesellschaft. Die Wirtschaft insgesamt war in drei Ebenen geteilt: In Wien war das Kapital konzentriert, das sich am Gesamtstaat orientierte. Diese

Tatsache und der hohe Anteil von Juden in diesem Bereic
nährten besonders bei den Tschechen den Verdacht, vc
Wien ausgebeutet zu werden. Die sonstige Wirtschaft ı
den böhmischen Ländern war nach den Sprachgruppe
unterschieden. Die Industrie im tschechischsprachigen Te
entwickelte sich auf zwei Gebieten: aus der traditionelle
Stellung der Landwirtschaft erwuchs eine leistungsstark
Agrarindustrie, die z. B. neunzig Prozent des Zuckers Zi
leithaniens erzeugte und vielfach auf genossenschaftlich
Basis arbeitete; daneben erstarkte die Schwer- und Masch
nenbauindustrie um Kladno und Mährisch Ostrau. In de
deutschsprachigen Gebieten herrschten Klein- und Mitte
betriebe für Konsumgüter vor, zu deren Produktion tsch
chische Arbeiter zu niedrigen Löhnen herangezogen wu
den. Die jährlichen Zuwachsraten der Wirtschaft in de
böhmischen Ländern zwischen 1867 und 1914 lagen m
durchschnittlich 3,5 % höher als die aller anderen europä
schen Staaten. Sie stellten daher den wirtschaftliche
Schwerpunkt der Gesamtmonarchie dar; hier waren meł
als die Hälfte der Fabriken Österreichs angesiedelt un
mehr als fünfzig Prozent der Arbeiter beschäftigt. In Mäł
ren entwickelte sich eine umfangreiche Textilindustrie u
die Landeshauptstadt Brünn, sowie eine Schwerindustri
im Kohlerevier von Mährisch Ostrau. Schlesien besa
einen ertragreichen Bergbau und war durch einen hohe
Anteil an Kleinbetrieben besonders auf dem Textilsekto
herausgehoben. Die Unterschiede in der Ausrichtung de
Wirtschaftszweige verhinderten das Entstehen eines ge
meinsamen Bürgertums mit gesamtstaatlichen Interesse
so dass die bürgerlichen Schichten jeweils in das eigene na
tionale Umfeld eingebunden blieben. Tschechisches Stre
ben nach Wirtschaftsautarkie und die Ablehnung des Wie
ner Großkapitals als »deutsch und jüdisch« waren für di
wirtschaftliche Entwicklung kontraproduktiv.

Die Herausbildung der modernen Industriegesellschaf
bedeutete für die böhmischen Länder die Entstehung vo

vei Parallelgesellschaften entlang der Sprachgrenze, die ittlerweile in Bewegung geraten war. Die deutschsprachien Gebiete führten in der wirtschaftlichen Entwicklung id nahmen Arbeitskräfte aus den tschechischen Agrargeeten auf. Einige Städte, wie Pilsen, erhielten dadurch eine 1ehrheit, andere eine beträchtliche Minderheit von tscheiischsprachiger Bevölkerung; manche Sprachinsel ging im thnikum des Umlandes auf. Die Industrialisierung hatte ır Folge, dass die deutschsprachige Bevölkerung an Zahl agnierte, die Geburten gar zurückgingen, während die chechische Landbevölkerung weiter anwuchs. Im bioloisch orientierten Denken der Zeit unterstützte dieses Phäomen die Aufstiegserwartung der tschechischen Elite und ärkte die Hoffnung auf eine allmähliche Gewinnung des ınzen Landes für das Tschechentum.

In den siebziger Jahren erfasste eine Agrarkrise das and und ließ die Getreidepreise zurückgehen. Viele bäuliche Betriebe, die noch in einer Selbstversorgerwirt-:haft verharrten, gerieten in Not, so dass Zwangsversteierungen zunahmen. Dies war aber auch Anlass zu Geenaktionen, die durch die Selbstorganisation der Bauern ine Rationalisierung und Intensivierung der Produktion rreichen sollten. Es entstand ein dichtes Netz von Land-/irtschaftsschulen, Winterschulen für Bauern, Molkerei-:hulen, Anstalten für das Forstwesen und Konsumgeossenschaften. Die ganze bäuerliche Lebenswelt wurde 1 solchen vorpolitischen Organisationen erfasst, die auch örfliche Jugendvereine und Landfrauenbünde einschlos-en. Ein eigenes System von Zeitungsverlagen, Forschungs-nstituten und Akademien ermöglichte die intellektuelle Beschäftigung im Sinne der Weiterbildung, des sozialen Aufstiegs und bald der politischen Betätigung; von unten er aufbauend wurde so die tschechische Landbevölkeung organisiert, was den Grundstein für die spätere Beeutung der Agrarpartei legte.

Die Industrialisierung brachte auch für die böhmischen

Länder die bekannten Schrecken des Frühkapitalismus n
der Vermehrung und Verarmung der Arbeiterschaft. D
Absinken von Handwerkern zu Industriearbeitern u
die Landflucht von Bauern in die Städte ließen ein He
von Proletariern entstehen. Unterernährung, Frauen- u
Kinderarbeit, Krankheiten und Alkoholismus waren d
Begleitumstände. Auch hier waren die deutschsprachig
Böhmen als Erste betroffen; die Auswanderung na
Sachsen oder Wien bot nur eine geringe Erleichterung. A
die Stelle der Abwanderer rückten Arbeiter aus den tsch
chischen Gebieten, die geringeren Lohn erhielten und d
her noch schlechter gestellt waren; ihre unzureichend
Wohnverhältnisse und die ghettoartige Unterbringung li
ßen die sozialen mit den nationalen Forderungen ve
schmelzen. Durch eine Sozialgesetzgebung versuchte d
Staat seit 1885 die ärgsten Übel zu bekämpfen, was durc
die eigenen Anstrengungen der Arbeiter mit Streiks u
der sich organisierenden Arbeiterbewegung unterstüt
wurde. In den neunziger Jahren kehrte sich der Trend u
die Zuwanderung von Tschechen in die Randgebiete wu
de gebremst, die Geburtenrate der Deutschböhmen nah
wieder zu, manche der zugewanderten Tschechen assim
lierten sich in Sprache und Brauchtum. Während sich s
die Sprachgrenze wieder festigte, war die Wahrnehmun
indes eine andere. Bei den Deutschböhmen wuchs d
Angst vor Überfremdung weiter an, denn die tschech
schen Arbeiter in den Städten hatten inzwischen eige
Lebensräume geschaffen, die durch Kleinhändler, Gas
wirte und Lehrer bestimmt wurden und ein gesondert
Leben abseits der Mehrheit erlaubten.

Die Entstehung einer modernen Gesellschaft und dere
Drängen auf eine Demokratisierung der Politik bewirkte
auch in den böhmischen Ländern die Bildung von Parte
en. Der wichtige Unterschied zwischen Deutschböhme
und Tschechen lag dabei in der Tatsache, dass für die Er

eren Wien und das gesamtösterreichische Umfeld aus-
hlaggebend war, für die anderen hingegen Prag und die
chechische Gesellschaft.

Die komplizierte Wahlordnung zum Wiener Reichsrat,
n den die Landtage Abgeordnete entsandten, förderte nicht
e Gründung von Parteien. Die Abgeordneten fanden sich
ort in nationalen Klubs zusammen oder hielten lose Ver-
ndung zu den Vertretern gleicher Interessen in den ande
u Sprachgruppen. Die Erweiterung des Wahlrechtes über
erschiedene Stufen bis zum allgemeinen Wahlrecht von
907 ermöglichte dann eine deutlichere Strukturierung von
nteressengruppen und deren Organisation. Eine grobe Tei-
ng von Parteiinteressen lag bei den Deutschösterreichern
ereits in den sechziger Jahren in einer »Linken« und einer
Rechten« vor. Die »Rechte« vertrat die Interessen der ein-
elnen Kronländer und kann kaum als eine Partei bezeich-
et werden. Die »Linke« war 1861 als loser Zusammen-
chluss verschiedener liberaler Gruppen entstanden, die als
Honoratioren- oder »Professorenpartei« unter dem Namen
Verfassungspartei« firmierte, Österreich im Sinne der Ver-
assung als Ganzes unterstützte, den »Besitzstand« der
Deutschösterreicher wahren wollte, dagegen den Föderalis-
us der Länder und das böhmische Staatsrecht ablehnte.
in Generationsbruch führte um 1873 zur Abspaltung der
Jungen« in einen »Fortschrittsklub«, der eine deutschna-
ionale Richtung vertrat; nach verschiedenen Namensän-
erungen, weiteren Abspaltungen oder Zusammenschlüs-
en entstand 1896 in Prag auf Initiative deutschböhmi-
cher Abgeordneter die Deutsche Fortschrittspartei zur
erteidigung des »Deutschtums«, die ein Jahr später im
ampf gegen die Badenischen Sprachenverordnungen zur
Deutschen Gemeinbürgschaft« mutierte. Der Verfall der
eutschliberalen Gruppierungen war aber nicht aufzuhal-
en und mündete 1901 in einer Aufsplitterung in sechzehn
raktionen, die 1910 größtenteils im »Deutschen Natio-
alverband« aufgingen.

Die betont deutschnationalen Gruppierungen hatte
sich 1882 in Linz ein Programm gegeben, das national
sozialistische und antiklerikale Ideen zusammenfasst
Auch hierbei handelte es sich eher um Klientelen vc
Führungspersonen als um moderne Parteien; in diese
Kreis ragte Georg von Schönerer heraus, der 1885 de
Antisemitismus in das Programm einband und in Masse
veranstaltungen völkische Ideen verkündete. Über Zw
schenstufen von verschiedenen Parteigründungen, dene
ein parlamentarischer Erfolg zunächst versagt blieb, en
stand 1896 die Deutsche Volkspartei, die mit anderen, ra
dikaleren Parteien konkurrierte. Eine davon war die 190
in Trautenau gegründete Deutsche Arbeiterpartei, aus de
sich später die österreichischen Nationalsozialisten en
wickeln sollten, ferner 1905 für Böhmen und Mähren d
Deutsche Agrarpartei. Die verschiedenen nationalen un
radikalen Gruppen gingen 1910 im Deutschen Nationa
verband eine lose Verbindung ein und errangen bei de
Reichsratswahlen von 1911 immerhin 99 Mandate.

Auch die Christlich-Sozialen fassten verschiedene Strö
mungen zusammen, die von christlich-reformerischer
und klerikal-konservativem Gedankengut bis zu deutsch
nationalen und antisemitischen Vorstellungen reichten, a
die Partei 1895 gegründet wurde. Im sozialen Bereic
stützte sie sich auf die Enzyklika *Rerum novarum* vo
Papst Leo XIII. aus dem Jahre 1891. Herausragende Per
sonen in diesem Kreis waren böhmische Adelige, wie Le
Graf Thun und Fürst Aloys Liechtenstein, aber den To
in Wien gab Dr. Karl Lueger an, der durch Massenagi
tation die Wiener Kleinbürger mobilisierte und a
Bürgermeister von 1897 bis 1910 Wien prägte. In de
Reichsratswahl von 1907 wurde die Partei mit 96 Manda
ten zur stärksten Fraktion, musste aber nach dem Tod
von Lueger und darauffolgenden inneren Konflikten 191
eine schwere Niederlage hinnehmen.

Die Arbeiterbewegung verstand sich grundsätzlich al

)ernational; da sich ihre Führer aber meist in Wien auf-
elten und Deutschösterreicher die Bewegung anführten,
twickelte sich auch hier bald das nationale Element zum
)altpilz. Aus Arbeiterbildungsvereinen und politischen
irkeln war 1874 in Neudörfl die Sozialdemokratische
rbeiterpartei in Österreich gegründet worden, die sich
g an die deutsche Schwesterpartei anschloss. Neben der
arxistischen Terminologie verbanden beide die reforme-
sche Praxis, die auf eine Erweiterung des Wahlrechtes
elte, und der Kampf gegen staatliche Repression. Letzte-
s ließ die Partei in »Gemäßigte« und »Radikale« ausein-
nderdriften. Unter maßgeblicher Mitwirkung von Viktor
dler, den die Missstände in Nordböhmen aus der
eutschliberalen in die sozialdemokratische Richtung ge-
ihrt hatten, konnte die zerstrittene Partei in Hainfeld
888/89 wieder geeint werden. Der gemeinsame Kampf
ir das Wahlrecht überdeckte aber nicht die nationalen
iegensätze, die 1897 zu einer Föderalisierung der Partei
ihrten, als die nationalen Gliedparteien sich organisato-
sch verselbstständigten. Immerhin errang 1907 die Partei
7 Mandate und war auch 1911 erfolgreich, musste aber
n gleichen Jahr die Abspaltung der tschechoslawischen
ozialdemokratie hinnehmen.

Auf tschechischer Seite sammelten sich seit 1860 poli-
sch aktive Bürger in der Nationalpartei (*Národní strana*),
eren Begründer František Palacký und František Ladi-
lav Rieger waren. Diese »Alttschechen« genannte Grup-
ierung war eine lose Sammlung von Honoratioren, die
las böhmische Staatsrecht vertraten, die Gleichberechti-
ung von Tschechen und Deutschböhmen forderten und
lie Landeskompetenzen stärken wollten. Die liberalen,
ozialen und wirtschaftlichen Forderungen waren in keinem Programm zusammengefasst worden, sondern wur-
len über zwei Verbände, den *Český Klub* (Tschechischer
Klub) als politisches und den *Pražský Klub* (Prager Klub)
ls gesellschaftliches Organ verbreitet. Von 1863 bis 1879

verweigerte die Gruppierung die Entsendung ihrer Abg
ordneten in den Reichsrat, trat dann dem Parlament w
der bei und stützte zusammen mit dem konservativ
Adel die Regierung des »Eisernen Rings«. Von Anfang
gab es in ihren Reihen auch einen radikal-freisinnigen Fl
gel, der die junge Intelligenz, Kleinbürger und Baue
vertrat und unter Julius Grégr und Karel Sladkovský
»Jungtschechen« langsam an Einfluss gewann. Als eige
Partei der Freisinnigen Nationalpartei (*Národní stra
svobodomyslná*) trat sie seit 1874 selbstständig auf ur
konnte 1891, als ohne ihre Teilnahme ein Ausgleich m
den Deutschböhmen gesucht worden war, die Alttsch
chen im Reichsrat in die Bedeutungslosigkeit dräng
Dagegen hielt sich die alttschechische Nationalpartei
den Landtagen, und besonders in Mähren, länger, ehe si
auch hier um die Jahrhundertwende die Jungtscheche
durchsetzten; eine Zusammenarbeit beider Richtung
währte aber bis zum Weltkrieg. Die »Jungtschechen« en
wickelten ein enges Netz von Vertrauensleuten auf Ort
und Kreisebene; ihre Ziele waren ähnlich denen ihr
Mutterpartei, nur lehnten sie die Zusammenarbeit m
dem Adel strikt ab und wussten auch durch Agitation d
Straße für sich zu nutzen. Nach 1906 wurde sie zur Part
der Aufgestiegenen und Erfolgreichen, des Bürgertums
Handel und Industrie und von Teilen der Beamten, ab
auch der jungen Intelligenz, die dann in andere Partei
weiterwanderte. Nach zahlreichen Abspaltungen, Zusam
menschlüssen und Namensänderungen endete sie schlie
lich nach 1918 in der Tschechischen Nationaldemokrati

Parallel zu der deutschösterreichischen entstand 1878
Prag die Tschechoslawische Sozialdemokratische Arbe
terpartei aus dem Zusammenschluss von Arbeitervereine
Konsumgenossenschaften und politischen Klubs. Es folgt
der Aufbau einer festen Organisation mit Ortsvereinen i
ganzen Land. Sie arbeitete eng mit der Schwesterpartei zu
sammen, unterschied sich von ihr aber in der Frage d

tionalen Selbstbestimmung und der autonomen Leitung. Auch wenn sie im Wesentlichen die deutschösterreichischen Programmpunkte teilte und auf dem Parteitag in Brünn 1899 ihre Vorstellung von einer Autonomie der Nationen durchsetzen konnte, so gipfelte die wachsende Entfremdung der Schwesterparteien 1911 in der Erklärung über die Selbstständigkeit, die durch den Beitritt zur Sozialistischen Internationale dokumentiert wurde. Die letzten Reste der Gemeinsamkeiten gingen dann im Weltkrieg verloren, als sich jede der beiden Parteien in die nationalistische Argumentation ihrer Konnationalen einreihte.

Die tschechische National-Soziale Partei entstand im Krisenjahr 1897, als die Sozialdemokraten das böhmische Staatsrecht ablehnten. 1898 erfolgte die Parteigründung und die Formulierung eines Programms, das die Forderung nach einem Sozialismus der »kleinen Leute« ohne Marx mit nationalistischen tschechischen, antideutschen und antisemitischen Ideen verband. Neben der Partei, die sich von Ortsverbänden ausgehend bis zur Spitze hierarchisch gliederte, standen weitere Verbände, wie eine national-soziale Gewerkschaft, die ein breites gesellschaftliches Vorfeld organisierten. Die nationalistische Ausrichtung trug ihr in Form von Wahlabsprachen die Unterstützung der bürgerlichen Parteien ein; die Partei dankte dies durch nationale Agitation auf der Straße und tätliche Auseinandersetzungen mit deutschböhmischen Burschenschaftern.

Die Tschechische Agrarpartei wurde 1899 gegründet und nannte sich 1905 nach dem Zusammenschluss mit den mährisch-schlesischen Agrariern in Tschechoslowakische Agrarpartei um. Sie konnte sich auf ein breites Umfeld von Organisationen in den Dörfern stützen. Ihr Programm erhob den Anspruch, das ganze Land und insbesondere die unteren Schichten zu vertreten. In zahlreichen Verbänden, in Kreditkassen, Konsumgenossenschaften bis zu Akademikervereinen suchte sie ihre Anhänger zu mo-

bilisieren, was ihr auch beispielhaft gelang. Schon im Jah
1901 konnte sie in den Wahlen zum böhmischen Landt
44 % der tschechischen Stimmen und 21 Sitze erringen;
den Wahlen zum Reichsrat von 1907 gewann sie 28, 19
bereits 38 Mandate.

An Zahl gering war schließlich die Tschechische For
schrittspartei, die 1900 von Professor Masaryk als Tsch
chische Volkspartei gegründet worden war und dann 19
ihren Namen änderte. Sie setzte die Tradition der »Reali
ten« fort, die 1887 die Nationalpartei verlassen und si
1889 den Freisinnigen angeschlossen hatten. Bedeutsa
war sie wegen des intellektuellen Potentials ihrer Mitgli
der und wegen ihres staatsbürgerlichen und liberal-dem
kratischen Programms. Obgleich sie 1907 nur zwei Ma
date für den Reichsrat gewann, 1911 gar nur noch eins
beide Male war Masaryk gewählt worden –, reichte i
Einfluss weit in die Gesellschaft, und mit dem Weltkri
begann im Exil eine zweite Karriere des Professors Mas
ryk.

Die Streitigkeiten, Konflikte und nationalen Kämpfe d
drei Jahrzehnte vor dem Ersten Weltkrieg haben das G
schichtsbewusstsein und Lebensgefühl der tschechische
Eliten in Prag, und darüber hinaus im ganzen Land, ti
geprägt. Obwohl die Tschechen an der staatlichen Mac
nur geringfügig beteiligt waren, konnten sie in dieser Ze
beachtliche Erfolge in der Ausgestaltung der tschech
schen Teilgesellschaft aufweisen, ja diese mit allen Attr
buten einer modernen Gesellschaft versehen. Dieser Pr
zess verlief nicht gradlinig und nicht ohne Opfer, vc
allem aber in bewusster Abgrenzung von den deutschböh
mischen Nachbarn. Beispiel dafür war der Bau des Natic
naltheaters, das 1881 neun Wochen vor der geplanten E
öffnung bis auf die Außenmauern abbrannte und nac
einer beispiellosen Spendenaktion der tschechischen Be
völkerung schon 1883 in erweiterter Form eröffnet wer

n konnte. Ein Jahr zuvor war die ehrwürdige Universi-
t Carolo Ferdinandea in Prag in eine deutsche und eine
chechische »Karlsuniversität« geteilt worden; der lange
reit um die Zulassung des Tschechischen als Unter-
chtssprache war damit beendet; andererseits waren auch
raßendemonstrationen zu verzeichnen, in denen die
ollständige »Tschechisierung« der Universität gefordert
urde. In Monumentalbauten wurde Prag als tschechische
Iauptstadt gezielt »tschechisiert«, indem in der österrei-
ische Provinzstadt Symbole tschechischer Identität ein-
epflanzt wurden: Zwischen 1885 und 1891 entstand am
oeren Teil des Wenzelsplatzes das Landesmuseum; 1911
urde das Gemeindezentrum (*obecní dům*) am Josefsplatz
rtiggestellt. Die deutschbürgerliche Flaniermeile »Am
raben« (*na příkopě*) mit dem Casino als Symbol deut-
cher Kultur in Prag war damit in die Zange genommen.
n allen Bauten waren nur tschechische Architekten und
Iandwerker beteiligt worden; tschechische Künstler hat-
en sie mit Bildern nationalpolitischer Motive versehen. Es
olgten die Denkmäler für Jan Hus auf dem Altstädter
ing (1899 beschlossen, aber erst 1915 enthüllt), für Fran-
šek Palacký (1912) am Palacký-Ufer der Moldau, für den
Ieiligen Wenzel – der entgegen der historischen Überlie-
erung als nationaler Held dargestellt wurde – auf dem
mgestalteten Wenzelplatz (1913).

Die Umbenennung alter Straßennamen war ein weiterer
Programmpunkt der tschechischen Inbesitznahme der
tadt. Aus der Ferdinandstraße wurde die »Nationalstra-
e« (*Národní třída*), aus der Spornergasse die *Nerudová*,
nd viele andere. Der Stadtrat modernisierte die Altstadt
urch Umbauten, am deutlichsten sichtbar in der »Assa-
ierung« des heruntergekommenen alten Judenviertels,
ler Josephstadt, durch die er als Prachtstraße die Pariser
traße (*Pařížská*) schlagen ließ. Am Ende des alten Pro-
essionsweges vom Pulverturm zur Burg, des heute noch
ei den Touristen beliebten »Königswegs«, entstand 1885

am Moldauufer das Rudolfinum, das ausdrücklich als utr
quistischer Konzertsaal ausgewiesen wurde und desha
tschechischen Protest hervorrief. Auf dem Wege einer g
zielten materiellen Kulturförderung, die vom »Nation
komponisten« Bedřich Smetana bis zu Vertretern der b
denden Kunst (Myslbek), der Malerei und der Literat
reichte, wurde die tschechische Nationalkultur mit all
Attributen der Moderne versehen, allerdings nicht oh
Übertreibungen. Diese erheblichen Anstrengungen ein
kleinen Volkes standen unter dem »Diktat der Einzah
und waren vor allem ein Phänomen seiner Hauptsta
Prag. Erfolge und Eintagsfliegen dieses Prozesses lasse
sich noch heute in der nationalen Kultstätte des Ehrer
friedhofes auf dem Vyšehrad besichtigen.

Man kann für diesen Zeitraum von einer exaltierten n
tionalen Grundstimmung der tschechischen Intelligenz :
Prag sprechen. Die Spannweite der öffentlichen Auseina
dersetzung in den Medien reichte dabei von Resignatio
angesichts der übermächtigen deutschen Kultur, wie di
der Publizist Schauer im ersten Heft der Zeitung Č.
(»Die Zeit«) 1886 überspitzt vertreten hatte, bis zu wüter
den Protesten und unverhältnismäßiger Polemik. In dies
Diskussion spielte das Geschichtsbild von Palacký ein
zentrale Rolle, zeigte es doch in der Vergangenheit ei
ruhmvolles tschechisches Volk, das sich in der Hussiter
zeit gegen eine Übermacht verteidigt hatte. Das monu
mentale Žižkadenkmal in Prag legt davon noch heut
Zeugnis ab. Dieses Geschichtsbild stiftete eine konstruier
te Vergangenheit, in der Glanz und Elend, Letzteres durc
die Habsburger Herrschaft des *temno* (»Dunkelheit«) ve
körpert, einander abwechselten, aber immer im Gegensat
zum deutschen Element gesehen wurden. In diesem Zu
sammenhang gewannen auch die von Hanka gefälschte
Handschriften eine zentrale Rolle in der öffentlichen Aus
einandersetzung. Schon früh hatte es Stimmen gegeben
die sie als Fälschung entlarvt hatten, aber in der erhitzte

immung wurde ernsthaft diskutiert, ob man sie aus na-
onalem Prestige nicht doch verwenden dürfe, wie dies in
hlreichen Gemälden in den Repräsentationsgebäuden
schehen war. In dieser Frage hat Masaryk gegen die
rrschende Meinung und gegen wankelmütige Kollegen
rauf gepocht, dass »die Wahrheit siegen« werde; dieser
ahlspruch von Jan Hus wurde später zum Motto der
sten tschechoslowakischen Republik (*Pravda vítězí*).
uch in einer anderen Frage hat sich Masaryk, durchaus
cht zu seinem persönlichen Vorteil, in die Diskussion
ngemischt: Zu Ostern 1899 war im Dorf Polná eine
ädchenleiche aufgefunden worden. Schnell machte das
erücht die Runde, das Mädchen sei einem jüdischen Ri-
almord zum Opfer gefallen; in einer wüsten antisemiti-
hen Kampagne wurde der arme Jude Leopold Hilsner
ngeklagt und zum Tode verurteilt. Gegen Warnungen
iner Kollegen hat Masaryk Stellung bezogen und einen
reispruch des Beschuldigten erreicht; der Bruder des
ädchens hat später auf dem Totenbett bekannt, die
chwester wegen einer Erbschaft umgebracht zu haben.
in Drittes ist in dieser Zeit mit dem Namen Masaryks
erbunden: die Diskussion über das »kleine Volk« (*malý
árod*). Wie nirgendwo anders sind die Nachteile – und
ei Masaryk auch die Vorteile – des »kleinen Volkes« so
ntensiv diskutiert worden wie in dieser Generation der
chechischen Intelligenz. Gegen das Argument der schie-
en Zahl – gemeint war die Übermacht der Deutschen –
ah Masaryk in der »Kleinheit« die Chance, in überschau-
arem Rahmen Humanität zu verwirklichen. Die böhmichen Länder mit ihren kleinen Dörfern und Städten, mit
hrer Vielzahl von »Heimaten«, boten ihm dafür die beste
oraussetzung. Hier begann sein Weg als nationalpoliti-
cher Erzieher seines Volkes, den er als Staatspräsident
onsequent fortsetzen sollte.

Der nationale Streit im »Treibhaus« Prag lässt sich als
Geburtswehen einer neuen Gesellschaft erklären, in der

sich eine neue Trägerschicht gegen massive Gegendru
durchsetzte. Anders als in Polen spielte der Adel in d
sem Prozess kaum eine Rolle; das Großbürgertum spra
deutsch und war in Prag zur Hälfte jüdischer Abkun
Die neue tschechische Intelligenz kam aus dem Dorf u
aus den Handwerkerschichten von Kleinstädten; sie w
durch Bildungs- und Leistungswillen geprägt, aber au
durch Konkurrenzdenken und Durchsetzungsvermöge
es fehlten dagegen bürgerliche Weltkenntnis und Gela
senheit. Aus gemeinsamer Arbeit der Intellektuellen e
wuchsen außerordentliche Erfolge, z. B. die Realenzykl
pädie des *Ottův slovník naučný* (»Ottos wissenschaftlic
Enzyklopädie«), an der eine ganze Generation von tsch
chischen Gelehrten mitarbeitete und dadurch die tschech
sche Sprache den Erfordernissen der modernen Welt, d
Wissenschaft und der Technik anpasste; sie soll in ihr
Zeit nur der *Encyclopedia Britannica* nachgestanden h
ben. Aber die sozialen und psychologischen Kosten so
cher Unternehmungen waren beträchtlich. Nach inne
forderte die nationale Anstrengung den Zusammenschlu
aller Kräfte und die Ablehnung der Doppelsprachigke
was das Gefühl der Zusammengehörigkeit stärkte, nac
außen aber auch Abweichung bannte und Abschottu
gegen Fremdeinflüsse forderte. Der Kampf gegen all
Deutsche wurde zur Obsession, die eigene »Nation« e
schien verklärt. Die böhmische Gesellschaft in zwei Spr
chen, die durch Familienbeziehungen, Heiraten, Überwi
dung der Sprachgrenzen durch Zweisprachigkeit (etwa d
Sprachenlernen im Kindesalter in bäuerlichen Gebiete
Ostböhmens – *ít na handl, ít na veksl*, »auf Handel gehen
gekennzeichnet gewesen war, wandelte sich in zwei »Vö
ker« im Kampf um dasselbe Land. Das Wissen um de
›normalen‹ Alltag, um das fortdauernde Miteinander i
Stadt und Land, wurde geleugnet, verdrängt und ging m
der Zeit verloren. Aufschlussreich sind bis heute die Fami
liennamen, die zum einen nichts über die nationale Zuord

ng aussagen – Božena Němcová (der Nachname bedeu-
t »die Deutsche«) wurde zu einer tschechischen Schrift-
ellerin, Ludwig Czech war ein deutscher Sozialdemo-
at –, zum anderen die Herkunft ihrer Träger aus bäuerli-
em und kleinbürgerlichem Milieu verraten: Smetana
Sahne‹) und Dvořák (›Hofmann‹) seien stellvertretend
r viele genannt. Während in Polen der Adelstitel die Zu-
hörigkeit zur »guten« Gesellschaft signalisierte, so ent-
rach dem in Böhmen der »Dr. jur.«.

Auf Seiten der Deutschböhmen herrschte dagegen
achsende Resignation, aber auch kämpferischer Wider-
and, der seinerseits oft keine Grenzen kannte. Das Vor-
ingen der Tschechen galt vielen Deutschböhmen als »sla-
ische Frechheit« oder »Tschechomanie«, die Ausbildung
ner eigenen tschechischen Kultur als »Undankbarkeit«
egenüber dem »deutschen Kulturträger«. Hinter vielen
inzelerscheinungen sahen die Deutschböhmen den vor-
ringenden »Panslawismus«, das russische Zarentum und
ie aufkommende »Unkultur«, denen man widerstehen
üsse. Die Deutschsprachigen in Böhmen und Mähren
urden zu einem eigenen »Volk« erklärt, gar in atavisti-
her Sprache zu einem eigenen »Stamm« der Deutschen,
bgleich zwischen den Bewohnern des Böhmerwaldes im
Westen und dem Sudetengebirge im Osten des Landes
aum wirtschaftliche oder kulturelle Beziehungen bestan-
en. Sie verbanden nur die gemeinsame Sprache und die
erteidigung des »Besitzstandes«, im Weiteren die vage
Hoffnung auf Hilfe »des großen deutschen Volkes« außer-
alb der Landesgrenzen, als dessen Verteidiger und Vorhut
egen die Slawen man sich begriff und in dieser Rolle
issachtet fühlte. Das aufstrebende Berlin im Deutschen
Reich galt manchen alldeutsch orientierten Deutschböh-
en als Retter in nationaler Not, war ihnen zugleich aber
utiefst fremd und unheimlich. In Berlin hingegen sah man
iese Probleme, sofern man sie überhaupt wahrnahm, als
nerösterreichische an; das Bündnis mit Österreich war

militärisch begründet; in wirtschaftlicher Hinsicht w
Wien eher ein Juniorpartner; die Tschechen waren pra
tisch unbekannt. Die wenigen »reichsdeutschen« Stimm
über Böhmen aus dieser Zeit waren entweder überheb
cher (der Mommsen-Brief von 1897) oder chauvinistisch
Art (alldeutsche Aussiedlungspläne), zeugten in beide
Fällen aber von Unkenntnis.

Die Literatur spiegelt die Entwicklung der böhmische
Gesellschaft und deren Konflikte wider. Auf tschechisch
Seite hatte Božena Němcová (1820–1862) unter persö
lich sehr schwierigen Umständen in der Zeit des Bac
schen Absolutismus das einfache Landleben verherrlic
(*Babička*, »Die Großmutter«, 1855). Jan Neruda (183
1891) schrieb patriotische Gedichte und sozialkritische E
zählungen über die Prager Kleinseite. Alois Jirásek (185
1930) verfasste historisch-patriotische Romane, die d
tschechische nationale Geschichtsbewusstsein im Sinne d
Werke von Palacký prägten. Antal Stašek (eigentlich Anto
nín Zeman, 1843–1931) schrieb Dorfromane, in denen d
tschechische Bauer als dem Städter moralisch überlege
dargestellt wurde. Petr Bezruč (eigentlich Vladimír Vaše
1867–1958) wurde mit einer Sammlung sozialkritisch
Gedichte, »Schlesische Lieder« (1909), als seinem einzig
wichtigen Werk berühmt. Gleiches gilt für Jaroslav Haše
(1883–1923), dessen »Ur-Švejk« bereits 1912 erschien un
im Weltkrieg und danach dann die (unvollendete) For
gefunden hat, in der dieser Episodenroman, *Die Abenteue
des braven Soldaten Švejk*, weltberühmt geworden is
Charakteristisch für die tschechischen Schriftsteller is
dass sie sich meist in Gruppen um Almanache (*Máj*) un
Zeitschriften (*Lumír*, seit 1873, *Osvěta*, »Aufklärung«
1871; *Moderní Revue*, »Moderne Revue«, 1895) zusam
menfanden, in denen sie eine intensive Diskussion um di
tschechische Kultur und ihre nationale Aufgabe führten.
Auf Seiten der deutschböhmischen Schriftsteller diese

eit findet sich ebenfalls die nationale Note, etwa im Lob es Landlebens in den »Bauernromanen«, die die kleinräuigen »Heimaten« thematisierten und sentimental überöhten. Solche Romane wandten sich gegen den Naturasmus, die Großstadt und den Internationalismus des apitals, priesen dagegen das »Gewachsene«, das »Bodenahe«, das eigene »Volk«; der unheimlichen und national emden Stadt Prag, die zugleich als erotisierend anziehend ric schmutzig abstoßend geschildert wurde, stand das deutsche Dorf« als Idylle gegenüber; »Heimat« ersetzte as »Vaterland«, das sonst in dieser national gestimmten iteratur besungen wurde. Noch deutlicher war dieser ug in den »Grenzlandromanen« seit den achtziger Jahren u finden, die zu einer eigenen Gattung wurden und in oft bertriebener Weise das gefühlte »Unrecht« thematisierten Fritz Mauthner, *Der letzte Deutsche von Blatna*), dabei ntitschechische und antisemitische Stereotype verwendeen. Das »völkische« Denken feierte erste Triumphe in der opulären Broschürenliteratur und in der Wissenschaft, in er eine Literatur der »Volksstämme« der Deutschen geucht wurde. Das »Deutschtum« galt in Gefahr und musse notfalls mit allen Mitteln verteidigt werden, wie es an öchster Stelle der Kaiser Wilhelm II. in seinen berüchtigen Randbemerkungen in den Aktenstücken über den droenden Kampf zwischen »Deutschen« und »Slawen« festgehalten hat. Der Krieg als reinigendes Gewitter wurde vorausgesagt, aber seine Schrecken und das mögliche bittere Ende blieben dabei ausgeklammert. Den Höhepunkt ollte diese Literatur in der dreißiger Jahren des 20. Jahrunderts finden, als sie mit der Blut-und-Boden-Literatur ler Nationalsozialisten verschmolz.

n der Literatur wie in der Gesellschaft standen die Juden zwischen den nationalen Fronten, besser gesagt, sie wurden in diese Fronten einbezogen. In Prag war die Zahl der uden zwischen 1857 (7706 Personen) bis 1900 (fast

19 000) kräftig gestiegen; nimmt man die Vorstädte hinz
dann waren 1900 von 454 000 Einwohnern 27 000 Jude
von diesen bekannten sich über 14 000 zur tschechische
Muttersprache, 11 600 bekannten sich zur deutschen un
stellten damit ein Drittel der fast 34 000 deutschsprach
gen Prager Bürger. Diese Zahlen zeigen aber nicht das e
gentliche Problem: Seit der Mitte des Jahrhunderts konn
te die Mehrzahl der Juden als zweisprachig gelten; d
Wahl der »Muttersprache« war also meist eine Entsche
dung, die mehr oder weniger freiwillig oder durch sozia
und ökonomische Umstände bedingt war. Zum andere
wird in der Zahl die intellektuelle Potenz des jüdische
Anteils am Prager Deutschtum nicht erkennbar; der Wie
ner Kritiker Karl Kraus, selbst jüdischer Abkunft, ha
dieses Phänomen mit Blick auf die Literatur auf die iron
sche Formel gebracht: »Es brodelt und werfelt und kafk
und kischt«. Die Autoren, auf die hier angespielt wird
Max Brod, Franz Werfel, Franz Kafka und Egon Erwi
Kisch –, gehören zur Weltliteratur in deutscher Sprache
und viele Journalisten, Gelehrte und Künstler könnte ma
an ihre Seite stellen.

Bezogen auf die einzelnen böhmischen Länder betru
die Bevölkerungszahl nach der Volkszählung von 1900 fü
Böhmen 6,2 Millionen Menschen, davon gaben 2,3 Millio
nen Deutsch als Muttersprache an (37,3 %) und 93 000 di
jüdische Konfession (1,5 %); für Mähren waren die Zah
len 2,4 Mill. für die Gesamtbevölkerung, 675 000 für di
deutsche Sprache (28 %) und 44 000 (1,8 %) für die jüdi
sche Konfession; für Schlesien waren bei 663 000 Einwoh
nern knapp 300 000 (44 %) deutschsprachig und 12 00
Juden (1,8 %). Die größte Anzahl der Juden lebte also au
dem Land oder in den Kleinstädten. Die rechtlich
Gleichstellung der Juden mit der christlichen Mehrheits
bevölkerung war bis 1867/68 im Wesentlichen abgeschlos
sen. Dies hatte ein »jüdisches Wirtschaftswunder« zu
Folge, denn aus der Gewerbefreiheit und dem freien Er

erb von Immobilien konnten die Juden schneller und
achhaltiger Vorteile ziehen als die anderen Teile der Ge-
llschaft. Parallel dazu hatte sich das Schulwesen entwi-
kelt und führte bis zum Ende des Jahrhunderts dazu,
ass der Anteil der Juden an intellektuellen Berufen weit
ber ihrem Anteil an der Gesamtbevölkerung lag. Mehr
ls fünfzig Prozent der Juden waren aber im Handel und
erkehr tätig; sie fanden sich jedoch in allen anderen Be-
ufen, in der Verwaltung, in der Armee und (allerdings
venige) in der Landwirtschaft.

Der Erfolg und oft die bloße Anwesenheit von Juden
veckten Neid und schürten den Antisemitismus bei der
Mehrheitsbevölkerung. Zwar mehrten sich seit der Jahr-
undertmitte die Stimmen, die um das nationale Bekennt-
is der Juden für die tschechische Sache warben, zugleich
lieb aber in der Nationalbewegung ein antisemitischer
Kern virulent. Die Juden wurden als den Deutschböhmen
ulturell nahe gesehen, und für Prag und die größeren
tädte trifft dies auch im Wesentlichen zu. Das »Deutsche
Casino« in Prag (seit 1861) wäre ohne jüdische Spenden
icht zu finanzieren gewesen, aber zugleich durfte kein
ude zum Vorsitzenden des Trägervereins gewählt wer-
len. Straßenunruhen in Prag, die zwischen deutschböhmischen und tschechischen Studenten ausbrachen, ende-
en oftmals damit, dass anschließend jüdische Geschäfte
erstört und geplündert wurden. Auch vielen Deutsch-
öhmen machte die deutsch-jüdische Symbiose die Stadt
Prag unheimlich, so dass die Abneigung gegen jüdische
Professoren gar den Wunsch weckte, die deutsche Uni-
ersität aus Prag in die nordböhmische Provinzstadt Rei-
henberg zu verlegen. Die Juden in den böhmischen Län-
lern mussten keine gezielte Verfolgung erleiden, aber sie
teckten zwischen den Fronten: Weder von den Tsche-
hen noch von den Deutschböhmen wurden sie voll aner-
annt.

Der Weg zum Untergang der Monarchie im Ersten Weltkrieg

Die Außenpolitik Österreichs hatte die böhmischen Län der kaum berührt. Nach der Gründung des Deutsche Reiches in Versailles am 18. Januar 1871 war Österreic endgültig aus der deutschen Politik ausgeschieden un wandte sich dem Balkan zu. Dort konnte es in den Krie gen gegen das Osmanische Reich mit der Besetzung süc slawischer Gebiete (Bosnien und Herzegowina 1879) zwa Landgewinn erreichen, zog sich damit aber die Gegner schaft des Zarenreiches zu, das auf Kosten der Hohe Pforte seinen Einfluss erweitern und möglichst in den Be sitz der Meerengen kommen wollte. Bismarck gelang als Reichskanzler, durch eine komplizierte Bündnispoliti Wien an Deutschland zu binden (Zweibund 1879), da österreichisch-russische Konfliktpotential kurzfristig z neutralisieren (Dreikaiserbündnis 1883–87), Italien un Österreich oberflächlich auszusöhnen (Dreibund 1882 aber nach seinem 1890 vom Kaiser Wilhelm II. erzwunge nen Ausscheiden aus der Politik brach das System bal zusammen. Frankreich, als Gegner des Deutschen Rei ches, unterstützte Russland, konnte in der »Entente cord ale« 1904 die Differenzen mit Großbritannien beilege und der Prestigepolitik des deutschen Kaisers in Nordafri ka eine Niederlage bereiten. Wien war in der Außenpoli tik von Berlin abhängig geworden, das ihm auf dem Bal kan freie Hand ließ (Annexion von Bosnien-Herzegowin 1909). Die Kriege auf dem Balkan (1912–13) schienen wei weg, und wenn auch die Sympathien der meisten Tsche chen bei den Serben lagen, so hatte dies keine Auswirkun gen auf die Wiener Politik. Für die tschechischen Parteie war die Außenpolitik eher ein innenpolitisches Problem denn die enge Zusammenarbeit zwischen Berlin und Wie stärkte die Position der deutschnationalen Gruppierunge im Gesamtstaat und lockerte dadurch die Bindung de 'schechen an das Herrscherhaus. Die »Nibelungentreue« Berlins ermutigte Wien zu einem entschlossenen Vorgehen gegen die Bestrebungen des jungen serbischen Staates und führte nach der Ermordung des Thronfolgers Franz-Ferdinand in Sarajewo durch serbische Nationalisten (28. Juni 1914) zu einer Kette von militärischen Entscheidungen und Ultimaten, die die Politik ausschalteten und Europa in den Ersten Weltkrieg stürzten.

Von den Auswirkungen war die Bevölkerung der böhmischen Länder sofort betroffen. Die österreichische Armee war auf einen Einsatz keineswegs gut vorbereitet. Sie war selbst überrascht, dass die Einberufungen zur Armee problemlos befolgt wurden und keine Demonstrationen stattfanden, wie zuletzt noch 1912 anlässlich einer Mobilmachung wegen des Balkankrieges. Die Wahrnehmung der Stimmung im Lande durch die Führung krankte aber daran, dass ein parlamentarisches Forum für Kritik am Vorgehen der Regierung fehlte – Reichsrat und Landtage waren suspendiert – und das Militär die Regie übernommen hatte, indem es die ostböhmischen und ostmährischen Gebiete zur Etappe deklarierte, in der die Militärgerichtsbarkeit galt. Nach anfänglicher Überraschung über den Kriegsausbruch und mancher Loyalitätserklärung, die angesichts der Einschränkung von Grundrechten der Bürger verständlich, aber vielleicht nicht immer ehrlich war, differenzierte sich das Bild bald. Die Deutschböhmen bejahten die Schicksalsgemeinschaft mit dem Deutschen Reich, und die Politiker im »Deutschen Nationalverband« erhofften sich von den Militärs Hilfe zur Wahrung ihrer Interessen. Dies bedeutete, dass die Zahl der Slawen in Zisleithanien durch Ausgliederung von Galizien, der Bukowina und Dalmatiens gesenkt und dadurch die Bedeutung der deutschen Sprache gestärkt werden sollte. In der »Osterbegehrschrift« von 1915 wurden diese Forderungen präzisiert: Österreich sollte ein Kaiserreich unter diesem Namen und mit deutscher Staatssprache werden, Böhmen

wollte man in einen deutschen und einen gemischtsprachigen Bereich teilen, wobei in Deutschböhmen nur deutschsprachige Beamte eingestellt werden sollten. Umgekehrt
hätte dies aber nicht für die Tschechen in den »gemischtsprachigen« Gebieten gegolten, für die das Tschechisch
auch in Prag nur für die unterste Gerichtsinstanz zugelassen werden sollte. Über diese Pläne ging ein weiteres Programm des Deutschen Nationalverbandes vom Frühjahr
1916 noch hinaus, indem es die Militärverwaltung für die
Kronländer vorsah und als »Forderungen der Deutschen
Österreichs zur Neuordnung nach dem Kriege« formulierte, dass »Österreich [...] in Zukunft zielbewusst
deutsch regiert werden müsse«. Mit Deutschland wäre dan-
nach ein »Schutz- und Trutzvertrag« abzuschließen und
eine Wirtschafts- und Zollgemeinschaft einzuführen gewesen. Für eine autonome Entwicklung der Tschechen in
den böhmischen Ländern, gar für eine eigene Staatlichkeit
war in diesen Plänen kein Platz. Manche der Autoren dieser Programme waren später überrascht, als die Tschechen
nach 1918 wesentliche Teile der Letzteren zu ihren Gunsten umsetzten.

Auf tschechischer Seite war die Stimmung bereits im
September 1914 gekippt, als die ersten österreichischen
Niederlagen in Galizien hohe Verluste an Menschenleben
gebracht hatten. Die Militärs fürchteten mit einigem
Recht ein unzuverlässiges Verhalten der Slawen, und besonders der Tschechen, im Einsatz gegen russische Truppen. Wirklich lebte mit deren Näherrücken die alte Russophilie wieder auf; die tschechischen Truppen zeigten
Unlust beim Fronteinsatz, manche Desertion kam vor,
ehe dann im Frühjahr 1915 ganze Regimenter zu den
Russen überliefen. Die Distanz des tschechischen Bevölkerungsteils dem österreichischen Staat gegenüber wuchs
weiter, als die Beschwernisse des Krieges in der Versorgung und den Erfordernissen der Waffenproduktion
durchschlugen. Die Einstellung der Tschechen zum Krieg

eigte sich in ihrer Weigerung, in nennenswertem Umang die Kriegsanleihe zu zeichnen. Das Militärregiment in Lande lähmte mit Zensur einerseits und Anklagen ween Spionage und angeblichem Hochverrat andererseits las öffentliche Leben. Auch der angesehene tschechische Politiker Karel Kramář wurde im Mai 1915 verhaftet und ngeklagt; das Todesurteil gegen ihn vom 3. Juni 1916 var ein Schock, und der katastrophale Eindruck in der Öffentlichkeit wurde auch durch die bald folgende Benadigung kaum mehr getilgt. Unter diesen Bedingunen wuchs unter den tschechischen Politikern der Widertand bis hin zur Konspiration. Im November 1916 wurle in Prag der *Český svaz* (»Tschechischer Bund«) als Dachorganisation der meisten tschechischen Parteien beründet, der in der Öffentlichkeit um Ergebenheitsadresen an den Kaiser nicht herumkam, in Wirklichkeit aber lurch Sammeln von Nachrichten einerseits und durch die Vorbereitung für ein einheitliches Vorgehen der tschehischen Politiker andererseits die Nachkriegszeit in den Blick nahm.

Die eigentlichen Erfolge der tschechischen Sache brachen zwei Faktoren der Internationalisierung der »tschechichen Frage«. Im Zarenreich hatten zu Kriegsbeginn ungefähr 70 000 Tschechen und Slowaken gelebt. Aus ihrer Mitte war bereits im September 1914 in St. Petersburg eine Petition an den Zaren übergeben worden, die einem russischen Fürsten die Wenzelskrone angetragen hatte. Ihm waren Versuche vorausgegangen, aus den tschechischen Siedlern ein Freikorps mit Namen *Družina* (»Gefolgschaft«) zur Unterstützung der russischen Truppen zu bilden, in das dann auch Überläufer aus dem österreichischen Heer eintreten sollten. Dies war rechtlich bedenklich, denn nach einer Gefangennahme durch die österreichischen Truppen mussten sie mit ihrer Hinrichtung rechnen. Aus diesen Gründen war der Aktion zu dieser Zeit noch kein großer Erfolg beschieden; die Truppen zählten

Ende 1916 erst etwa sechstausend Mann; aber sie rekrutierten sich aus Tschechen und Slowaken und bildeten damit die erste gemeinsame Organisation der beiden zukünftigen Partner in einem gemeinsamen Staat.

Von größerer Bedeutung war die Bemühung der tschechischen Emigration im Westen. Bald nach Kriegsbeginn
hatte der damals vierundsechzigjährige Professor Masaryk
sowohl Kontakte mit ausländischen Journalisten und Gelehrten aufgenommen – darunter mit dem französischen
Historiker Ernest Denis und dem britischen Journalisten
R. W. Seton-Watson – als auch Gespräche mit den tschechischen Kollegen im Reichsrat geführt, um eine einheitliche Linie der Heimatpolitiker untereinander und deren
Mandat für seine geplante Tätigkeit im Ausland zu erreichen. In Prag entstanden eine geheime Zusammenarbeit
der Politiker und eine lose Organisation unter dem Namen »Maffia«, die Informationen sammelte und ins Ausland weiterleitete. In ihrem Kreis wurden auch Überlegungen über die Zukunft Österreichs angestellt, die zukünftige Staatsform der böhmischen Länder erwogen, die
Bestellung von ausländischen Fürsten für die Krone Böhmen diskutiert und die Einbeziehung der slawisch besiedelten Gebiete Ungarns gefordert. Masaryk rechnete fest
mit einer Niederlage der Mittelmächte. Aus dem Zusammenbruch Deutschlands und der Auflösung der Habsburger Monarchie erhoffte er sich eine Chance für einen gemeinsamen und selbstständigen Staat von Tschechen und
Slowaken. Dies bedeutete aber auch, dass er für die Stellung der Deutschböhmen in einem solchen Staat Vorkeh-
rungen treffen musste, indem er sie durch eine »takt- und
maßvolle Verwaltung« zu gewinnen hoffte. Dieser West-
orientierung Masaryks stellte Kramář als bedeutendster
Politiker der Tschechen im Innern eine stärkere Berücksichtigung Russlands entgegen und rechnete gar mit einer
längeren Besetzung der böhmischen Länder durch russische Truppen.

Masaryk war im Dezember 1914 nach Italien ausgereist und ließ sich dann in der Schweiz nieder. Von dort unternahm er viele Reisen, auf denen er sich sowohl mit Vertretern der Auslandstschechen traf, die in verschiedenen Ländern Komitees gegründet hatten, als auch mit hohen Diplomaten der Alliierten. Um diesen Kenntnisse über die ethnischen Verhältnisse in Zentraleuropa und über die ihnen völlig unbekannten Tschechen und Slowaken zu ermitteln, gab der französische Journalist Ernest Denis seit Mai 1915 die Zeitschrift *La Nation Tchèque* heraus; Masaryk selbst verfasste 1915 eine Denkschrift unter dem Titel *Independent Bohemia*, in der er die Slowaken, die er für den zukünftigen Staat gewinnen wollte, als »Böhmen« darstellte. Im Sommer 1915 hatte er sein Programm ausgearbeitet, geheime Verbindungen mit Prag geknüpft und trat an die Öffentlichkeit. Inzwischen hatte er in Paris ein »Tschechisches Auslandskomitee« (*Český komitet zahraniční*) gegründet, das die Auflösung der Habsburger Monarchie forderte; in einer Erklärung vom 14. November 1915 veröffentlichte er in Paris ein Manifest, das in Absprache mit der Prager *Maffia* eine »Kriegserklärung« an Österreich darstellte.

Hinter dieser politischen Arbeit in der Emigration stand nur ein kleiner Kreis um Masaryk, denn er hatte es nicht erreicht, dass ihm weitere tschechische Parteiführer ins Exil gefolgt wären. Im September 1915 war Dr. Edvard Beneš zu ihm gestoßen, der vor dem Krieg in Dijon studiert und dann in Prag bereits mit ihm zusammengearbeitet hatte. Diese Verbindung des bekannten und weltläufigen Professors mit dem gerade dreißigjährigen Beneš erwies sich als sehr vorteilhaft, weil Beneš die politischen Richtlinien in fleißiger Detailarbeit in Paris der Öffentlichkeit und noch mehr den Beamten des französischen Außenamtes gegenüber vermitteln konnte. Nur ein weiterer tschechischer Politiker, der ehemalige Fraktionskollege in Wien Josef Dürich, war ebenfalls in die Emigration ge-

gangen. Neben Masaryk und Dürich trat als dritter Poli
tiker der Slowake Milan Rastislav Štefánik. Er hatte i
Prag bei Masaryk studiert, war dann nach Frankreich em
griert, hatte dort als Astronom gearbeitet und 1914 d
französische Staatsbürgerschaft erworben, schließlich wa
er als Fliegeroffizier in die Armee eingetreten. Diese dr
Persönlichkeiten gründeten im Februar 1916 den »Tsche
choslowakischen Nationalrat« (*Československá národn
rada*), für den Beneš das Generalsekretariat leitete. Diese
kleine Kreis von Personen, der später noch in der Schwei
durch den Tschechen Sychrava und in Paris u. a. dur
den Exilslowaken Stefan Osuský aus Chicago ergänz
wurde, bildete den Kern der tschechoslowakischen Aus
landsaktion, deren Ziel die Bildung eines unabhängige
Staates von Tschechen und Slowaken war. Die Arbei
wurde sachlich und auch regional aufgeteilt: Masaryk gin
nach London, wo er im Sommer 1915 eine Anstellung a
Professor an der »School of Slavonic Studies« gefunde
hatte; Dürich wurde im Sommer 1916 nach Russland ge
schickt, wo er jedoch bald in Gegensatz zu Masaryk ge
riet, so dass er schließlich aus dem Nationalrat ausge
schlossen wurde; Štefánik, der ein lebenslustiger Mann de
feinen Gesellschaft war und viele Kontakte pflegte, nahm
seinen Hauptsitz in Rom, reiste aber zur Regelung militä
rischer Fragen in viele Länder; Beneš setzte seine Arbei
zielstrebig und zäh in Paris fort.

Das Problem der Slowaken

Die Vorstellung, dass Tschechen und Slowaken zusam
mengehörten, ja ein Volk in zwei Dialekten seien, ent
stammte der politischen Romantik, in der man gleich
oder verwandte Sprachen als Grundlage gemeinsamer In
teressen ansah. In Wirklichkeit bestanden jedoch große
Unterschiede zwischen beiden Völkern. Die Slowaken ge

örten seit dem Untergang des Großmährischen Reiches
07 zum Königreich Ungarn; es gab für sie keine eigene
Provinz oder Verwaltungseinheit, sondern sie lebten in
den gebirgigen oberungarischen Komitaten (Grafschaften)
vorwiegend von der Landwirtschaft (achtzig Prozent der
slowakischen Bevölkerung). Beherrscht wurden sie vom
ungarischen Adel, dem sich der slowakische Adel assimi-
iert hatte; in den wenigen kleinen Städten dominierte die
magyarische Verwaltung und Intelligenz; die Großbauern
der Zips waren deutschsprachig und lebten in einer Kul-
tursymbiose mit den Magyaren; andere deutschsprachige
Bevölkerung fand sich in den Bergstädten der Mittelslowakei (um Neusohl / Bánska Bystrica) und im Osten (um
Kaschau/Košice); in der »Hauptstadt« Pressburg (Bratislava) – der alten ungarischen Krönungsstadt Pozsony –
lebten unter einer magyarisch-deutsch-jüdischen Bevölkerung nur wenige Slowaken. Einen beträchtlichen Teil des
Kleinbürgertums stellten die Juden, deren Zahl nach
Osten hin zunahm und dort über zehn Prozent der Stadt-
bevölkerung erreichte. Sie dominierten den Handel zu
achtzig und das Gewerbe bis zu fünfzig Prozent; Juden
stellten um die Jahrhundertwende auch einen beträchtlichen Teil der Anwälte und Ärzte. Etwa achtzig Prozent
der Slowaken waren katholischer Konfession, aber die
knapp zwanzig Prozent Lutheraner stellten die Mehrheit
der kleinen geistigen Führungsschicht der Slowaken. Erst
um 1840 hatte sich eine einheitliche Schriftsprache durchgesetzt, die auf einem Dialekt der Mittelslowakei beruhte
und bei den Protestanten eine alte Version des Tschechischen als Schriftsprache abgelöst hatte. Die Protestanten
waren dann auch am ehesten geneigt, sich den fortge-
schrittenen tschechischen Nachbarn anzuschließen.

Nach einem kurzen politischen Zwischenspiel um 1848,
als Vertreter der Slowaken in Wien vergebens um Unterstützung gegen die dominierenden Magyaren nachgesucht
hatten, waren die Slowaken immer tiefer in die politische

Bedeutungslosigkeit abgesunken. Schuld daran waren di
magyarische Schulpolitik und Verwaltung, die seit 186
Zug um Zug die slowakischen Schulen auf allen Ebene
geschlossen hatte, bis 1907 selbst der Elementarunterrich
nur in magyarisch erfolgen durfte. Der Sohn eines slowa
kischen Bergbauern verließ in der Regel nach erfolgrei
chem Weg durch die Bildungsinstanzen die Universität al
assimilierter Magyare. Als Folge dieser Magyarisierungs
politik waren vor dem Ersten Weltkrieg nach Schätzun
von Beobachtern nur zwischen fünfhundert und tausen
Personen von einer slowakischen Gesamtbevölkerung vo
etwa zwei Millionen (1900) als nationalbewusste Intelli
genz einzustufen. Zu ihnen zählten vor allem Anwälte
Ärzte, Lehrer, einige Journalisten und in größerer Zah
niedere katholische Geistliche. Trotz einer hohen Gebur
tenrate war die slowakische Bevölkerung kaum gewach
sen, weil sie durch Binnenmigration nach Budapest und
Magyarisierung viele Menschen verloren hatte; außerdem
betrug die Zahl der Auswanderer in die USA zwischen
1868 und 1914 mehr als 600 000. Eine Beteiligung der Slo
waken an der Politik des Königreiches war kaum möglich
denn es fehlten ein modernes Presse- und ein Parteienwe
sen: Vor 1914 gab es neben der Nationalpartei eine katho
lische Volkspartei und eine sozialdemokratische Fraktion
innerhalb der ungarischen Gesamtpartei, die allesamt ein
flusslos blieben. Höhere Beamte slowakischer Abkunf
waren nach dem Ausgleich 1867 entlassen worden; Wahl
manipulationen sorgten dafür, dass die Slowaken in vier
Wahlgängen vor 1914 nur insgesamt fünfzehn Mandate er
rangen.

Der Gedanke eines Zusammengehens mit den Tsche
chen, der »Tschechoslowakismus«, reichte unter diesen
Umständen nicht tief in die slowakische Bevölkerung.
Nur Studenten in Wien und besonders in Prag, wo sich
der Professor Masaryk wegen seiner Herkunft aus der
Grenzstadt Göding/Hodonín für die Slowaken interes-

erte und sich intensiv ihrer annahm, sahen in einer Verbindung mit den Tschechen einen Ausweg aus der nationalen Unterdrückung durch die Magyaren. Die Studenverbindung *Detvan* an der Karlsuniversität (seit 1882) nd insbesondere die Zeitschriften *Hlas* (»Stimme«) und *rúdy* (»Strömungen«) bündelten die verschiedenen Pläne or 1914; aus ihrem Umfeld stammten dann im Wesentchen die wenigen Politiker, die slowakische Anliegen im .ande und in Prag vertreten konnten. Hierzu gehörte an ührender Stelle Dr. Vavro Šrobár, Arzt in Rosenberg/ .užemborok. Andere Politiker, wie der Abgeordnete für grarische Interessen im Budapester Parlament Milan Iodža und der Pfarrer Andrej Hlinka für die katholische Volkspartei, näherten sich im Verlauf des Krieges dieser dee, ohne dass sich daraus jedoch ein festes Programm ntwickeln konnte. Treibende Kräfte für den »Tschecholowakismus« waren vornehmlich tschechische Politiker n Prag und im Exil, sowie slowakische Vertreter im Ausand, in der Legion in Russland und in Vereinen in den JSA.

Das Ende der Monarchie und die Entstehung der Tschechoslowakei

Am 21. November 1916 starb Kaiser Franz Joseph im Aler von 84 Jahren nach 68 Jahren im Amt. Nachfolger wurde sein Großneffe Karl I. (1887–1922), der zwar von len Regierungsgeschäften ferngehalten worden war, aber als Offizier in Galizien erkannt hatte, dass die Mittelnächte den Krieg nicht mehr gewinnen könnten. Seine feierliche Krönung in Budapest am 30. Dezember 1916 war das letzte große Schauspiel der Habsburger Monarhie; da er aber rasch mit Reformvorschlägen bezüglich der Stellung der Ungarn im Reich scheiterte, wurde sie zum Menetekel des Gesamtstaates. Karl drängte den Ein-

fluss der Militärs auf die Innenpolitik Österreichs zurüc⸱
berief zum 31. Mai 1917 den Reichsrat wieder ein un⸱
versuchte durch die Abschaffung der Ausnahmegeset⸱
und eine politische Amnestie die nationalen Gegensät⸱
zu versöhnen. Nach außen hin schien dies Erfolg zu ve⸱
sprechen, denn es folgten die üblichen Ergebenheitsadre⸱
sen, darunter auch im Januar 1917 diejenige des Tschech⸱
schen Verbandes. In der Außenpolitik wollte der Kais⸱
sich vorsichtig vom Deutschen Reich lösen und ließ de⸱
Alliierten durch seinen Schwager, Prinz Sixtus von Bou⸱
bon-Parma, im Frühjahr 1917 seine Bereitschaft zu eine⸱
Sonderfrieden mitteilen; die Aufdeckung dieses Angebot⸱
im April 1918 führte zu einer ernsten Belastung des Ver⸱
hältnisses zu Berlin und zu einer nachhaltigen Schwä⸱
chung Österreichs in der letzten Kriegsphase.

In der Innenpolitik setzten die deutschen Partei⸱
Österreichs zunächst auf einen Verfassungsoktroi durc⸱
den Kaiser, wurden aber durch den Hinweis auf de⸱
Reichsrat als Entscheidungsgremium vertröstet. Vertrau⸱
lich ließ der junge Kaiser durchblicken, dass er das Schick⸱
sal von ganz Österreich nicht von den Zielen de⸱
Deutschböhmen abhängig machen wollte. Im Juli 191⸱
verlangte der überparteiliche Volksrat der Deutschböh⸱
men »das Selbstbestimmungsrecht Deutschböhmens in⸱
Rahmen des österreichischen Einheitsstaates« und erklär⸱
te: »einem tschechischen Staatswesen [...] werden wir un⸱
niemals unterordnen«. Im Mai 1918 wurde von Vertreter⸱
der meisten Volksräte der österreichischen Länder ei⸱
Dachverband gegründet, der die deutsche Staatssprache⸱
einen Ausbau des Bündnisses mit dem Deutschen Reic⸱
und die Abwehr der slawischen Ansprüche forderte. Fü⸱
deren Anliegen zeigten die sozialistischen Parteien meh⸱
Verständnis, denn sie hatten im Frühjahr 1918 die Um⸱
wandlung Österreichs in einen Nationalitätenbundessta⸱
gefordert. Bei Wiedereröffnung des Reichsrates am 1. Ok⸱
tober 1918 stellten sich alle deutschböhmischen Abgeord⸱

:ten hinter die Proklamation des Selbstbestimmungs-
:chtes für die Deutschen in Österreich und beschlossen,
:n selbstständiges Deutschböhmen auszurufen. Am 21.
:ktober 1918 versammelten sich die deutschsprachigen
:bgeordneten des Reichsrates im Sitzungssaal des nieder-
:sterreichischen Landtages und erklärten sich zur Provi-
:rischen Nationalversammlung Deutschösterreichs; da-
:it verabschiedeten sie sich aus dem alten dynastischen
:aat der Habsburger.

Die Erleichterungen, die der junge Kaiser verordnet
:atte, insbesondere aber die Veränderung der außenpoliti-
:hen Situation nach der Februarrevolution in Russland
:nd dem Kriegseintritt der USA ermutigten auch die
:chechischen Politiker zu einem offenen Vorgehen. Seit
:em Sommer 1917, besonders im Jahre 1918 häuften sich
:rklärungen von Politikern aller Richtungen, die einen
:lbstständigen tschechischen Staat unter Einbeziehung
:er Slowaken forderten und sich auch auf die Auslandsak-
:on von Masaryk beriefen. Am 13. Juli 1918 wurde von
:len tschechischen Abgeordneten des Reichsrates aus dem
:ahre 1911 ein »Nationalausschuss« (*Národní výbor*) be-
:ufen, der entsprechend der Stimmenzahl der Parteiman-
:ate besetzt wurde und praktisch die Funktion einer Re-
:ierung übernahm. In den böhmischen Ländern schuf er
:in Netz von Vertrauensmännern, die eine militärische
:Organisation vorbereiteten und angesichts der wirtschaft-
:chen Not die Lebensmittelversorgung steuerten. Einla-
:ungen der Wiener Regierung zu Gesprächen beantworte-
:en die tschechischen Politiker mit der Forderung nach
:elbstständigkeit und der Einbeziehung der Slowaken in
:en neuen Staat, ohne hierbei die Grenzfragen oder die
:robleme der Minderheiten zu berühren. Im Oktober rie-
:en Bürger in einigen Städten bereits die Republik aus,
:ber das österreichische Militär konnte solche Unruhen
:och beherrschen. Während die Spitzenpolitiker der
:schechen mit Billigung der Wiener Regierung eine Reise

nach Genf antraten, um dort Beneš als Vertreter der Au
landsaktion zu treffen, bereitete der Nationalausschuss f
den 28. Oktober 1918, einen Montag, die Übernahme d
Kriegsgetreide-Verkehrsanstalt in Prag vor. Aber zu di
sem Zeitpunkt hatte die Note des Außenministers A
drássy an Präsident Wilson, in der die österreichische R
gierung die Entstehung neuer Staaten als Grundlage zu
Aufnahme von Gesprächen über den Waffenstillstand hir
nahm, die Situation bereits dramatisch verändert. Nac
Bekanntmachung dieser Note und gewissermaßen mit Zu
stimmung der österreichischen Behörden übernahm a
28. Oktober 1918 der Nationalausschuss die Macht i
Prag und im Lande, der Sokol sorgte für die öffentlich
Ordnung, die Embleme österreichischer Herrschaft wu
den von der jubelnden Bevölkerung beseitigt und a
Abend die Republik in Prag ausgerufen. Auf eine unblut
ge und fast geordnete Weise endete die österreichisch
Herrschaft über die böhmischen Länder. Für den 30. Ok
tober 1918 hatte der slowakische Nationalrat zu eine
Versammlung in St. Martin am Turz (Turčiansky Svät
Martin) aufgerufen, an der etwa hundert Personen teilnah
men und die eine »Deklaration des slowakischen Volkes
über die Autonomie in einem gemeinsamen Staat berate
sollten. Hier wurden sie von den Nachrichten über di
Ereignisse in Prag überrascht; die Versammlung endete in
Chaos ohne eine nachprüfbare Entscheidung.

Wesentlichen Anteil an diesem Erfolg der Tschechen und
Slowaken hatte die Auslandsaktion unter der Leitung vor
Masaryk. Dieser hatte sich zunächst unter den verschie
denen Auslandsorganisationen beider Gruppen die Aner
kennung verschaffen müssen, um als bevollmächtigte
Gesprächspartner bei den Regierungsstellen in den jewei
ligen Ländern auftreten zu können; ferner hatte er Spen
den der Emigranten und Kredite der alliierten Regierun
gen erhalten. Auf diese Weise konnte er bis zum Spätsom

er 1918 in den USA, in Großbritannien, in Frankreich, Italien und in Russland seine Vorstellungen über einen akünftigen Staat von Tschechen und Slowaken zunächst af Referentenebene und schließlich bei den höchsten tellen vorbringen. Ein wichtiges Mittel, diese Türen zu ffnen, war die Legion, die in Russland nach mühsamem nfang bis 1918 auf über 60 000 Mann gebracht werden onnte und deren militärischer Einsatz bei Zborov am 2. uli 1917 auch internationales Aufsehen erregt hatte. Kleiere Einheiten waren auch in Frankreich und Italien entanden und bildeten dort die Voraussetzung dafür, dass eneš für den Nationalrat zum Gesprächspartner von anzösischen Regierungsbeamten aufstieg. Formal waren ie Legionen dem französischen Kommando unterstellt, as die schließlich drei Divisionen aus Russland nach rankreich überführen wollte. Die Oktoberrevolution 917 zog die neutralen und disziplinierten tschechischen nd slowakischen Truppen jedoch in die inneren Konflik- e hinein; als einzige bewaffnete Macht der Alliierten geieten sie in einen Gegensatz zur Roten Armee der Bolchewiken und erhielten internationale Bedeutung, als sie eitweise die Eisenbahnlinie zwischen der Wolga und Vladiwostok unter ihrer Kontrolle hatten. Dieser Erfolg rleichterte es Masaryk, der zwischen Mai 1917 und April 918 selbst in Russland gewesen war, als nomineller Oberbefehlshaber dieser Verbände im September 1918 on Präsident Wilson die Anerkennung als Vertreter eines verbündeten Staates zu erhalten. Die Legion brachte zwar einen wirklichen Nutzen für die Kriegsführung der Allierten, stellte aber einen wichtigen Trumpf in den diplomatischen Bemühungen um die tschechoslowakischen Ziele dar.

Das Hauptziel der tschechoslowakischen Auslandsaktion war die Errichtung eines selbstständigen Staates der Tschechen und Slowaken, was die Zerschlagung der Habsburger Monarchie in ihren beiden Teilen voraussetzte. Die

Bereitschaft zu einer solch radikalen Lösung war bei a
len Alliierten zunächst gering, denn die weitgehend u
bekannten Tschechen und die Vertreter der Südslaw
genossen nicht den gleichen Ruf wie die Politiker der eh
würdigen Monarchie. Frankreich hoffte zunächst auf ein
Erfolg der Sonderfriedensbemühungen mit Österreich ur
war erst nach deren Scheitern im April 1918 zu weiterg
henden festen Zugeständnissen bereit, um die Mittelmäc
te dauerhaft zu schwächen. England stand allen Tendenze
zu kleinräumigen Lösungen der Probleme Mitteleurop
in Form neuer Nationalstaaten sehr skeptisch gegenübe
Selbst Wilson hatte in den »Vierzehn Punkten« sein
Rede vor dem Kongress vom 8. Januar 1918 nur in Bezu
auf Polen von einem neuen Staat, mit Blick auf die Hab
burger Monarchie jedoch nur von einer Autonomie d
dortigen Völker gesprochen. Erst im Juni 1918 war in d
amerikanischen Administration die Entscheidung für ein
Zerschlagung der Monarchie gefallen, wurde aber bis i
den Oktober 1918 nicht öffentlich gemacht. Bis in di
letzte Kriegsphase waren Masaryk und Beneš besorgt, das
sowohl Loyalitätsbekundungen in Prag als auch die Groß
machtinteressen der Alliierten ihren Plänen schaden könn
ten. Erst im Nachhinein haben sie in ihren Memoiren die
sen mühseligen Weg als eine Erfolgsgeschichte ohne Alter
native ausgegeben.

Das nächste Problem waren die Grenzen des angestreb
ten Staates. Für die böhmischen Länder stützten sich di
Exilpolitiker auf die historischen Grenzen, was bedeutete
dass sie das Problem der deutschsprachigen Bevölkerung
niedrig bewerten mussten. Für den Gewinn der Slowake
konnte dieses Argument eines alten Staates nicht gelten
hier mussten sie das Prinzip der ethnischen Zusammenge
hörigkeit heranziehen, wobei sie die magyarische und
deutschsprachige Bevölkerung dort kaum erwähnten. Z
dieser Zeit, wie später in den Verhandlungen in Versailles
war die Wahrheit einer Behauptung weniger wichtig al

r Erfolg bei den Gesprächspartnern. Unterstützung fand
er »Tschechoslowakismus« in den Bekundungen von
rganisationen der Emigranten beider Völker in den
SA, die am 30. Mai 1918 in einer Erklärung von Pitts-
urgh den gemeinsamen Staat befürwortet hatten. Da
ach Masaryk dieses Dokument unterzeichnet hatte, ge-
et es in den Rang eines staatsbegründenden »Vertrages«,
ssen Auslegung später noch für viel Aufregung sor-
en sollte. Masaryk und Beneš waren sich der Brüchigkeit
rer Argumentation wohl bewusst und zitterten lange um
en Erfolg, denn nur in Frankreich konnten sie mit einer
nigermaßen festen Unterstützung ihrer Forderungen
chnen.

Der Erfolg der tschechoslowakischen Auslandsaktion
t erstaunlich, wenn man an die bescheidenen Anfänge,
e kleine Zahl von Personen und ihre geringen verfügba-
n Mittel denkt. Durch Reden, Memoranden, öffentliche
uftritte und private Kontakte war es ihnen gelungen, die
Öffentlichkeit der alliierten Staaten auf zwei bis dahin
eitgehend unbekannte Völker in Mitteleuropa aufmerk-
m zu machen und deren Staatsgründung gegen alle Hin-
ernisse zu einem Programmpunkt in den Kriegszielen zu
hcben. Neben den eigenen Bemühungen war auch eine
roße Portion Glück im Spiel, denn zum einen war die
egion in Russland ein nicht planbares Pfand im diploma-
schen Spiel, zum anderen gelang die Zusammenführung
er Inlandsaktion mit dem Exil unter Vermeidung persön-
cher Differenzen und Eitelkeiten. Am 25. Oktober 1918
aren Kramář und die erste Garnitur der tschechischen
olitiker mit österreichischer Genehmigung abgereist, um
1 Genf am 28. Oktober mit Beneš als dem Vertreter der
uslandsaktion zusammenzutreffen. Während dieser der
aunenden Pragern seine Erfolge vortrug, die zur Aner-
ennung des noch nicht existierenden Staates als kriegfüh-
ender Macht geführt hatte, geschah in Prag selbst der
Umsturz. Als designierter Ministerpräsident des neuen

Staates »Tschechoslowakei« kehrte Kramář nach Prag zu
rück. Masaryk war als künftiger Präsident ausersehen, Be
neš als Außenminister. Der Wunschtraum der tschechi
schen Nationalbewegung war gegen gewaltige Widerstän
de in Erfüllung gegangen.

Die erste Tschechoslowakische Republik
von der Gründung bis zum Ende
des Zweiten Weltkrieges

(1918–1945)

Epochenüberblick

Der neue Staat verstand sich als »Nationalstaat« der
»Tschechoslowaken«, aber beide Vorstellungen waren eine
Fiktion; der neue Staat trug die alten Probleme Österreichs in sich. In der Außenpolitik band sich die Regierung an die Alliierten, die die Grenzen bestimmten und in
Bündnissen garantierten. In der Gestaltung der inneren
Verhältnisse setzte sich das Denken in den alten Kategorien fort. Allmählich lockerten sich die starren Fronten
zwischen den Nationalitäten, bis deren größte Gruppe,
die Sudetendeutschen, an der Regierung des Landes beteiligt wurden und darin bis kurz vor dem gewaltsamen
Ende des Staates mitarbeiteten.

Der Einbruch der Weltwirtschaftskrise verschärfte rasch
die alten Spannungen, die durch die zunächst indirekte
und dann direkte Einwirkung des benachbarten nationalsozialistischen Deutschlands zugespitzt wurden, bis der
übermächtige Nachbar den Staat zerstörte. Im »Protektorat« waren die Tschechen zu Arbeitssklaven des selbsternannten »Herrenvolkes« degradiert. Am Ende des Krieges
standen jedoch kein Neubeginn der Demokratie und ein
Ausgleich der Menschen verschiedener Sprachen, sondern
Vergeltung für erlittenes Unrecht.

Die Entstehung und die Konsolidierung des Staate

1918	28. Oktober: Ausrufung der tschechoslowakische Republik
1918–1935	Staatspräsident Tomáš G. Masaryk
1920	29. Februar: Verfassung der Tschechoslowakei
1925	16. Oktober: Verträge von Locarno
1926	12. Oktober: erstes übernationales Kabinett

»Tschechoslowakisches Volk! Dein uralter Traum i Wirklichkeit geworden. Der tschechoslowakische Staat i am heutigen Tag in die Reihe der selbstständigen Kultu staaten der Welt getreten ...« – mit diesem Manifest d Tschechischen Nationalausschusses in Prag klang der tu bulente 28. Oktober 1918 aus. Das erste Gesetz vom gle chen Tag übertrug die Wahl der Staatsform einer Natic nalversammlung, die im Einvernehmen mit dem Nationa rat in Paris darüber entscheiden sollte. Bisherige Gesetz und Verordnungen blieben in Kraft, und die Behörden i Lande wurden dem Nationalrat unterstellt, um für Ruh und Ordnung zu sorgen. Unterzeichnet war das Gese von jenen Vertretern der tschechischen Parteien, die i Prag verblieben waren, und von einem Slowaken, Dr. Vavr Šrobár, der an diesem Tage zufällig in Prag angekomme war. Was hier als Tatsache festgestellt wurde, war aber ein Option auf die Zukunft, denn ein »tschechoslowakische Volk« existierte nur als Wunschvorstellung.

Der glückliche Ausgang der Rebellion der Prager Be völkerung gegen die Habsburger Herrschaft war nich selbstverständlich gewesen. Am Morgen war die Note de Außenministers Andrássy an den US-Präsidenten Wood row Wilson bekannt geworden, in der die Regierung i Wien vor den Forderungen der Alliierten kapitulierte aber von einem Waffenstillstand konnte noch keine Red sein. Das österreichische Militär war in der Stadt noc

nsatzfähig. Für die tschechische Seite erwies es sich als
rteilhaft, dass der Statthalter Graf Coudenhove auf dem
Vege nach Wien war und daher die oberste politische
ührung fehlte; das Militär blieb ohne Weisung aus Wien.
Die tschechische Bevölkerung jubelte und sang in den
traßen, entfernte die Symbole der österreichischen Herr-
chaft und drängte die Politiker an die Macht. Der Natio-
alausschuss, dessen eigentliche Führer zu dieser Zeit in
enf weilten, übernahm die Funktion einer Regierung,
ahnte zu Disziplin und Besonnenheit und stellte eilig
us Sokol-Verbänden, Turnvereinen und zufällig in Prag
nwesenden tschechischen Soldaten eine eigene Truppe
uf. Am 29. Oktober bestand die Gefahr eines Gegenput-
ches des österreichischen Militärs: Die Bekanntmachung
ir die Ausrufung des Standrechtes war bereits gedruckt.
m 30. Oktober kapitulierte jedoch das Militär; der Statt-
alter wurde unter Arrest gestellt; die Revolution in Prag
ar unblutig und erfolgreich zu Ende gegangen.

Der Triumph der Tschechen – die Slowaken waren
nur symbolisch beteiligt – rief die Ablehnung der
Deutschböhmen hervor. Am Nachmittag der 29. Oktober
918 traten ihre Mitglieder des Reichsrates in Wien zu-
ammen und proklamierten »Deutschböhmen als eigenbe-
echtigte Provinz des Staates Deutschösterreich«. Sie er-
annten die provisorische deutschösterreichische Natio-
alversammlung als höchste gesetzgebende Instanz an und
rließen eine provisorische Verfassung. Am folgenden Tag
vurden die deutschbesiedelten Gebiete Mährens und
chlesiens zur Provinz »Sudetenland« erklärt; es folg-
en am 3. November die deutschsprachigen Gebiete Süd-
öhmens als »Böhmerwaldgau« und die südmährischen
Gebiete als »Kreis Deutschsüdmähren«, die der jeweils
enachbarten österreichischen Provinz angeschlossen wer-
en sollten. Inzwischen hatte die provisorische National-
ersammlung in Wien diese Proklamationen akzeptiert.
Nach der Abdankung des Kaisers erließ die Nationalver-

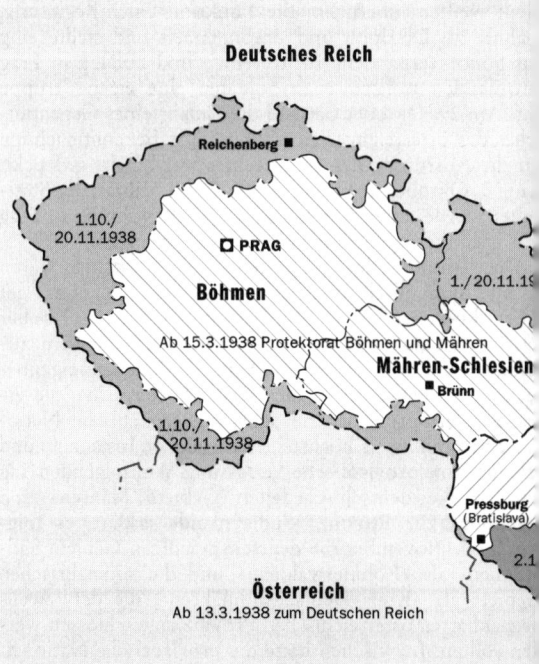

Die Tschechoslowakei
Staatsgrenzen 1919–1945

Deutsches Reich

Reichenberg ■

1.10./
20.11.1938

□ PRAG

Böhmen

1./20.11.19

Ab 15.3.1938 Protektorat Böhmen und Mähren

Mähren-Schlesien

■ Brünn

1.10./
20.11.1938

Pressburg
(Bratislava)

2.1

Österreich
Ab 13.3.1938 zum Deutschen Reich

100 km

Sudetendeutsche Gebiete: an das Deutsche Reich abgetreten 1.10./20.11.1938

An Ungarn 2.11.1938 und 23.3.1939
an Polen 1.11.1938 abgetreten

Karpato-Ukraine (Karpatenrussland)
autonom 8.10.1938, unabhängig 14.3.1939,
Ungarn eingegliedert 23.3.1939,
an die Sowjetunion abgetreten 1945

— · — Staatsgrenze der Tschechoslowakei 1919/20–1938

·········· Am 21.11.1939 veränderte Nordgrenze der Slowakei

— — — Staatsgrenze seit 1945 (Karpato-Ukraine an Sowjetunion)

Polen

38

owakei
.3.1939 selbstständiger Staat

2.11.1938

Sowjetunion

23.3.
1939

Ungvar
(Užhorod)

Karpato-Ukraine
2.11.1938   23.3.1939

Ungarn

Rumänien

sammlung dann am 12. November ein Gesetz, dess
zweiter Artikel Deutschösterreich zu einem »Bestandt
der Deutschen Republik« erklärte. Dieselben Politiker, d
noch vor kurzem den Tschechen das Selbstbestimmung
recht verweigert hatten, forderten dieses nun für ih
Landsleute.

Es ist viel darüber geschrieben worden, dass die g
nannten staatlichen Gebilde auch ohne ihren Anschluss
Deutschösterreich einen lebensfähigen Staat hätten bild
können. Dies ist zu bezweifeln, wenn man an die wir
schaftliche und verkehrstechnische Verschränkung d
weit auseinandergezogenen Gebiete mit dem tschechis
besiedelten Landesinnern denkt. Sinn hätte die Absetzb
wegung indes gemacht, wenn alle Provinzen »Deutscl
österreichs« dem Deutschen Reich hätten angegliede
werden können. Eine solche Gebietserweiterung des ger
de besiegten Deutschlands war jedoch ausgeschlossen. F
die Alliierten stand die Lebensfähigkeit der neuen Nati
nalstaaten im Vordergrund; die »Verweigerung des Selbs
bestimmungsrechtes der Deutschen«, die in der einschl
gigen Literatur beklagt wird, entsprach dem alliierte
Wunsch, den Sieg über die Mittelmächte, die in der Wel
kriegspropaganda als Hort der Reaktion und der Vorher
schaft von Deutschen und Magyaren gescholten worde
waren, dauerhaft zu sichern. Die Grenzen der böhmische
Länder waren außerdem alte Staats- und Kulturgrenze
so wenig Interesse die Politiker in Berlin oder Dresde
für die Hilfeersuche deutschböhmischer Abgesandter i
Oktober gezeigt hatten, so skeptisch schätzten deutscl
Diplomaten zur gleichen Zeit die Neigung der dortige
Bevölkerung ein, Bayern oder gar Preußen zugeteilt z
werden. Zudem stand für Berlin angesichts der revolutio
nären Ereignisse die innere Ordnung in Deutschland i
Vordergrund; in der Außenpolitik war das Verhältnis z
den Siegerstaaten vorrangig, und dann erst folgte jenes z
Österreich.

Das tschechisch-sudetendeutsche Verhältnis (so die Bezeichnung der Deutschsprachigen des Staates ab 1920) war nicht von Anfang an unentrinnbar auf eine Konfrontation gerichtet; die Äußerungen der Politiker, die ihre Positionen immer schärfer formulierten, standen einer praktischen Zusammenarbeit im Alltag kaum im Wege. In Genf war die Bestellung eines deutschen Landsmannministers im Prager Kabinett vorgesehen worden; der Deutschnationale Dr. Rudolf Lodgman von Auen als »Landeshauptmann« und der Sozialdemokrat Josef Seliger sprachen am 3. Oktober und 4. November in Prag mit Vertretern des Nationalausschusses. Angesichts der festliegenden Standpunkte – Einheit des Landes unter Prager Führung auf der einen, Abgrenzung der sudetendeutschen Gebiete und deren autonome Verwaltung auf der anderen Seite – kam es jedoch zu keiner Verständigung. Als Symbol für die Verhärtung der Positionen wird oft angeführt, dass der tschechische Politiker Alois Rašín einen Ausspruch des Generals Windischgraetz von 1848 zitiert haben soll: »Mit Rebellen verhandeln wir nicht«.

Nach der Gründung des Staates in der Hauptstadt war eine Konsolidierung die wichtigste Aufgabe. Dies bedeutete in der Außenpolitik die internationale Anerkennung dessen, was den Emigrationsvertretern bisher zugesagt worden war, in der Innenpolitik die Übernahme des beanspruchten Territoriums, die Einrichtung der Institutionen des neuen Staates und die Verteilung der politischen Macht, d. h. die Ausfüllung der Institutionen mit Personen.

Beneš musste sich nach dem Treffen in Genf erst um eine Einladung zu den Beratungen der Waffenstillstandsbedingungen in Paris bemühen, um für die gerade entstandene ČSR den Status eines gegen die Mittelmächte Krieg führenden Staates zu erreichen. Da kam es ihm wie gerufen recht, dass der erste Diplomat, der in Prag die Aner-

kennung seines Staates aussprach, ausgerechnet der deu
sche Generalkonsul als Vertreter des Kriegsgegners w
Während die Politiker in Prag dies mit Freude begrü
hatten, sah Beneš das Feld erst bereinigt, als der Kons
wegen einer Spionageaffäre im Frühjahr 1919 ausgewies
werden konnte.

Hauptfrage der Außenpolitik war die Durchsetzung d
territorialen Forderungen des neuen Staates: Im Weste
bedeutete dies die Aufrechterhaltung der historisch
Grenzen, im Osten hingegen forderten die Tschechen d
Angliederung der ethnisch verwandten Slowaken unt
Berücksichtigung von strategischen und ökonomisch
Gesichtspunkten. So glatt, wie dies später in den M
moiren der Beteiligten dargestellt worden ist, liefen d
Dinge allerdings nicht ab; während die Sudetendeutsch
auf Gebietsänderungen durch die Friedensbedingung
hofften, fürchtete Beneš solche Eingriffe. Der »Fall T
schen« im Januar 1919 war der erste Testfall: Das neu en
standene Polen beanspruchte dieses historisch zu d
böhmischen Ländern gehörige alte Herzogtum aufgrur
der polnischen Bevölkerungsmehrheit, die durch den Z
zug von Arbeitskräften aus Galizien entstanden war. Po
nische Truppen hatten das Gebiet besetzt, um dort im J
nuar 1919 die Wahlen zum Sejm abhalten zu lassen. De
kamen tschechische Truppen zuvor und eroberten das G
biet. Bei den Alliierten führte dies zu großem Unmut un
störte die Position von Beneš empfindlich: Statt als Vertre
ter einer friedlichen Musterdemokratie zu glänzen, sah e
sich dem Vorwurf der Aggression ausgesetzt und muss
am 3. Februar 1919 einer vorläufigen Teilung Teschens zu
stimmen. Dies war ein Bruch des Prinzips der historische
Grenzen und konnte zum Menetekel werden.

Auch in der Frage der Grenzen der Slowakei benötigt
Beneš die Zustimmung der Alliierten, denn diese Grenze
mussten im Süden neu geschaffen werden; den Forderur
gen des tschechoslowakischen Außenministers widerspra

...en aber die Bedingungen des Waffenstillstands von Belgrad, in denen die Verwaltung der slowakischen Gebiete ...en Ungarn zugesprochen worden war. Am 5. November ...918 hatte Šrobár im mährischen Göding/Hodonín eine ...rovisorische Landesregierung für die Slowakei übernommen, die für die Einrichtung einer Verwaltung verant...ortlich sein sollte. Die unklaren Vorgaben der Alliierten ...aben den Ungarn die Chance zu einem erfolgreichen Ge...enangriff. Erst nach weiteren Bemühungen erhielt Beneš ...m 24. Dezember die Zustimmung zur Besetzung der Slo...akei, die dann bis Ende Januar 1919 erfolgte. Am 4. Fe...ruar 1919 verlegte Šrobár seinen Sitz in das eroberte ...ressburg. Die ungarische Verwaltung und Teile der ma...yarischen Bevölkerung der Städte waren inzwischen ge...ohen oder vertrieben worden. Im Februar wurde auch ...ie Karpatenukraine besetzt, deren Zuordnung zur Tsche...hoslowakei Emigrantenorganisationen in den USA be...irwortet hatten. Eine rechtliche Absicherung dieser Ge...ietserwerbungen sollte aber erst die Friedenskonferenz ...ringen, die am 18. Januar 1919 in Paris eröffnet wurde.

Die Zuordnung der deutschbesiedelten Gebiete zum ...euen Staat befürworteten nur die Franzosen uneinge...hränkt, während die Engländer in ihren Erklärungen ...urückhaltend, die Amerikaner ausweichend geblieben ...aren. Masaryk hatte auf seiner Rückreise in die Heimat ...n Paris zusammen mit Beneš eine Reihe von Denkschrif...en entworfen, die mit der Fälschung von Zahlen und ...Übertreibungen die tschechischen Ansprüche untermau...rten. Die Übernahme der alten Grenzen der böhmischen ...änder war hier das Hauptproblem, weil dadurch die Su...etendeutschen dem neuen Staat eingegliedert wurden; für ...ie innere Ordnung wurde gar die Schweiz als Modell ge...annt. Darüber hinaus waren in den Propagandaschriften ...uch weitergehende Forderungen enthalten, die auf die ...ingliederung der Lausitzer Sorben und eines Korridors ...wischen Österreich und Ungarn zielten. Die Vertreter

der Alliierten waren auf die Diskussion solcher Probleme
gut vorbereitet; die einzelnen Kommissionen erörterten
die anstehenden Fragen mit Sachverstand und durchaus
kritisch, aber die Zeit arbeitete für die Tschechen, die in
Beneš einen rührigen Anwalt und in der französischen Delegation einen zuverlässigen Partner besaßen. Nach einem
komplizierten Hin und Her von Empfehlungen, Mahnungen und Kompromissen einigten sich die Großen Vier am
4. April auf den geringsten gemeinsamen Nenner, nämlich
die alten Grenzen der böhmischen Länder beizubehalten.
Überlegungen zum Selbstbestimmungsrecht der deutschsprachigen Bewohner der böhmischen Länder blieben dabei auf der Strecke, ebenso wie Vorschläge zur Abhaltung
von Volksabstimmungen. Die französische Regierung hatte sich mit ihren strategischen Überlegungen zur Stärkung
des neuen Staates durchgesetzt und Beneš sein optimales
Ziel erreicht, als am 7. Mai 1919 in Versailles der deutschen Delegation die Friedensbedingungen überreicht wurden. Die deutsche Regierung, die an den Verhandlungen
zuvor nicht beteiligt worden war, hatte angesichts der eigenen Landverluste an Polen keine Chance und keinen
Willen, in der Sache der vormaligen österreichischen Staatsbürger tätig zu werden, und sie akzeptierte die Friedensbedingungen unter Protest. An die Tschechoslowakei
musste sie das kleine Hultschiner Ländchen abtreten (zwischen Ratibor und Mährisch Ostrau gelegen).

Damit ruhten die Hoffnungen der Sudetendeutschen
auf der Regelung der österreichischen Grenzen, und zur
österreichischen Delegation gehörten auch ihre Vertreter.
Aber auch hier blieben alle Bemühungen ohne Erfolg, als
die Republik Österreich am 2. September 1919 den Friedensvertrag von St. Germain hinnehmen musste. Im Lande herrschten Lähmung und Resignation. Auch die Grenze zu Ungarn wurde nur mit wenigen Änderungen den
tschechischen Forderungen festgelegt und im Vertrag von
Trianon am 4. Juni 1920 sanktioniert; das alte Reich der

tefanskrone trug mit dem Verlust von zwei Dritteln sei-
es historischen Territoriums und einem Drittel der ma-
yarischsprachigen Bevölkerung die Hauptlast der neuen
riedensregelung.

n der Frage der inneren Konsolidierung hatte die tschecho-
owakische Regierung dieses Ergebnis der Friedenskonfe-
enz erst gar nicht abgewartet und bereits im November
918 mit französischer Billigung vollendete Tatsachen ge-
chaffen. Ihre Truppen besetzten die deutschbesiedelten Ge-
iete, die als »gemischt« oder »verdeutscht« bezeichnet
rurden. Ernsthaften Widerstand gegen die Besetzung gab
s nicht; die Reaktion der deutschsprachigen Bevölkerung
eichte von Erleichterung wegen der Abwehr von Plünde-
ungen über Resignation bis zu gelegentlichem Aufbäu-
nen, wobei dann auch Todesopfer zu beklagen waren. Die
udetendeutschen Politiker in Wien operierten im luftlee-
en Raum, weil ihnen die Unterstützung der Heimat fehl-
e, für die zu sprechen sie vorgaben. Nicht nur in Wirt-
chaftskreisen, sondern auch in breiten Teilen der Bevöl-
erung sah man in einer Fortsetzung des Nebeneinanders
nit den Tschechen im gleichen Staat auch unter Um-
ehrung der Machtverhältnisse nicht nur ein Übel. Aller-
lings traten die tschechischen Truppen nicht überall mit
ler nötigen Zurückhaltung auf, um Zögernde zu gewinnen; manche Übergriffe und Gewalttaten wurden gemel-
let; die Zerstörung zahlreicher Denkmäler war eine unnö-
ige Provokation, die nicht nur die Symbole österrei-
hischer Herrschaft, sondern die Gefühle der Bevölkerung
rat. Die Truppen hatten aber Anweisung, vorsichtig vor-
ugehen und Aufsehen zu vermeiden, was trotz der natio-
alistischen Erregung auch größtenteils gelang. In gut
echs Wochen konnten drei Regimenter die beanspruch-
en Gebiete für die neue Republik einnehmen und unter
lie Verwaltung Prags stellen. Proteste aus Wien fruchte-
en nichts, denn das Vorgehen Prags war durch eine No-

te aus Paris vom 21. Dezember 1918 ausdrücklich gebilli
worden.

Die gedrückte Stimmung der Sudetendeutschen wurd
auch durch Ungeschicklichkeiten beeinflusst: So sprac
Präsident Masaryk nach seiner Rückkehr in die Heim
in seiner ersten Botschaft an die Nationalversammlung a
22. Dezember von den Deutschen, die als »Emigranten un
Kolonisten« ins Land gekommen seien. Auch wenn er d
Wort bedauerte, am folgenden Tag demonstrativ eine deu
sche Opernaufführung besuchte und dort vom Publiku
stürmisch gefeiert wurde, war die langfristige Wirkung so
cher Schlagworte verheerend. Hier war die alte Propagan
dathese der Nationalbewegung wiederholt worden, d
zwischen den »echten« Böhmen und den »Fremden« un
terschieden hatte; die Bezeichnung »Deutschböhme« ver
schwand aus dem Sprachgebrauch. Das tschechisch-sude
tendeutsche Verhältnis verschlechterte sich weiter, als a
16. Februar 1919 die Wahlen zur österreichischen Natio
nalversammlung stattfanden. Für den 4. März, den Tag de
Eröffnung der Nationalversammlung in Wien, hatten all
sudetendeutschen Parteien zu Demonstrationen aufgeru
fen, was im ganzen Lande befolgt wurde. Nach weitge
hend friedlichem Verlauf kam es jedoch nach dem End
der eigentlichen Veranstaltung am Abend auf Grund de
nationalen Erregung, von Missverständnissen, Übereife
und vielleicht Provokationen an einigen Orten zu Aus
schreitungen, in deren Verlauf Militär und Polizei in di
Menge schossen. Als Folge waren schließlich 59 Tote z
beklagen, darunter auch zwei Soldaten, sowie 107 Verletz
te. Spätere Propaganda hat diese unschuldigen Opfer al
nationale Märtyrer missbraucht.

Die Inbesitznahme der slowakischen Gebiete war mi
deutlich mehr Problemen verbunden. Angesichts de
drohenden Katastrophe für Ungarn trat der Ministerprä
sident Károlyi am 21. März 1919 zurück und überlie
die Politik dem Kommunisten Béla Kun, der eine Räte

publik ausrief. Nach harten Kämpfen mit den »Roten arden«, die zeitweise in der Ostslowakei eine eigene äterepublik behaupteten, konnte die Regierung in Prag nter Mithilfe alliierter Truppen schließlich am 24. Juli)19 die beanspruchten Gebiete in der Slowakei und der arpatenukraine unter ihre Kontrolle bringen. Damit aren die Probleme aber noch nicht gelöst, denn die Sloaken verfügten gar nicht über das Personal für eine gerdnete Verwaltung und waren deshalb auf die Übernahle von tschechischen Fachleuten und Beamten auf allen benen, bis zu Lehrern in den Schulen, angewiesen. Darus resultierten bald Spannungen, die schon auf der Frieenskonferenz sichtbar wurden, als der Geistliche Andrej Hlinka mit polnischer Hilfe im September 1919 nach Pas reiste und dort den Wunsch nach weitgehender Autoomie vortrug, sehr zum Ärger von Beneš, der für desen rasche Abschiebung durch die französischen Behören sorgte.

Die Einrichtung der politischen Institutionen des neuen taates begann unmittelbar nach seiner Entstehung. Noch n Genf war die Bildung einer Regierung mit vierzehn Ministern unter dem Vorsitz von Kramář beschlossen vorden; der Staat sollte eine Republik und Masaryk sein Präsident werden. In Prag wurde dann in aller Eile die Provisorische Verfassung« vom 13. November 1918 errbeitet. Auf deren Grundlage trat einen Tag später eine Revolutionäre Nationalversammlung« zusammen, die lle 1911 in den Reichsrat gewählten tschechischen Abgeordneten sowie weitere Personen umfasste, die entsprehend den Wahlergebnissen von den Parteien kooptiert vorden waren. Dieser Kreis wurde um vierzig Vertreter der Slowaken erweitert, deren Zahl im März 1919 um vierzehn Personen erhöht wurde, so dass das Gremium lann 270 Mitglieder zählte. Diese parlamentarische Notösung zeigte mehr als nur Schönheitsfehler: Von den zu-

nächst vierzig Vertretern der »Slowaken«, zu denen au
Beneš und die Tochter von Masaryk gehörten, repräse
tierten nur zehn Personen die achtzig Prozent Katho
ken im Lande. Sudetendeutsche, Magyaren und Pol
waren überhaupt nicht berücksichtigt, was von ihnen a
»Geburtsfehler« des Staates scharf kritisiert wurde. D
Gremium erklärte das Haus Habsburg für abgesetzt ur
bestimmte per Akklamation Masaryk zum Präsidente
dem zunächst nur repräsentative Funktionen übertrage
wurden; dann ernannte es eine Regierung unter Kram
mit sechzehn weiteren Mitgliedern, von denen Beneš a
Außen- und Štefánik als Kriegsminister im Auslan
weilten.

In rascher Folge wurden Gesetze erlassen, die den ne
en Staat »entösterreichern« sollten. Dazu gehörten d
Abschaffung der Orden und Titel, des Adels, die Konfis
kation des Großgrundbesitzes; ferner wurden die Institu
tionen des zentral organisierten Staates beschlossen, z. I
Gerichte und Verwaltungsbezirke bestimmt; zu den sozia
len und fortschrittlichen Gesetzen zählten die Einführun
des allgemeinen Wahlrechtes für Männer und Frauen au
allen Ebenen, die Senkung der Arbeitszeit von zehn au
acht Stunden, die Bezahlung der Urlaubszeit, das Verbc
der Kinder- und Nachtarbeit, die Erweiterung der Alters
Invaliden- und Krankenversicherung u. a. m. In einer No
velle vom 23. Mai 1919 wurden die Aufgaben des Präsi
denten auf Drängen Masaryks erheblich erweitert: Er er
nannte und entließ danach die Regierung, konnte Ressort
zuteilen und reservierte sich den Einfluss auf die Außen
politik und das Militär. An die Stelle eines Parlamentes
das als ein allumfassendes Organ einer gesamtnationale
Koalition vorgesehen worden war, trat eine parlamentari
sche Regierung mit einem starken Präsidenten, desse
Rolle auf die Person Masaryks als Integrationsfigur zuge
schnitten war, den man bald auch einen »Ersatzmonar
chen« nannte.

Das Verfassungsgesetz des neuen Staates wurde nach intensiven Beratungen am 29. Februar 1920 einstimmig von der Nationalversammlung beschlossen. Vorbild war die französische Verfassung von 1875: Der Staat wurde als zentralistischer Nationalstaat der »tschechoslowakischen Nation« begründet. Neben das Abgeordnetenhaus mit 300 Mitgliedern, die auf sechs Jahre gewählt werden sollen, wurde ein Senat gestellt, für dessen 150 Mitglieder eine Legislaturperiode von acht Jahren vorgesehen war; das höhere Alter von Wählern und Wählbaren für den Senat sollte auf die Gesetzgebung mäßigend wirken; in der Praxis wurden beide Kammern indes gleichzeitig gewählt und unterschieden sich kaum in ihrer parteipolitischen Zusammensetzung. Die Verfassung enthielt einen Katalog von Rechten und Pflichten der Bürger, die die Gleichheit und Freiheit der Person, die Presse- und Versammlungsfreiheit, das Briefgeheimnis und die Glaubensfreiheit garantierten. Entsprechend den Bestimmungen des Versailler Vertrages wurde der »Schutz nationaler, religiöser und Rassenminderheiten« vorgesehen, dessen Einzelheiten durch besondere Gesetze zu regeln waren. Das Sprachengesetz vom gleichen Tag sah die »tschechoslowakische Sprache« als »offizielle Sprache« vor, wobei tschechisch und slowakisch als Varianten derselben Sprache galten: Eine tschechische Antwort auf eine slowakische Eingabe sollte als in derselben Sprache erfolgt gelten. Diese Bestimmung benachteiligte de facto die Slowaken, die sich bis zur Auflösung des Staates zu Recht über die mangelnde Gleichrangigkeit ihrer Sprache beklagten. Die Sprecher einer anderen als der – absichtlich so nicht bezeichneten – Staatssprache konnten ihre Sprache in den Ämtern nur dann verwenden, wenn die Zahl ihrer Sprecher in einem Gerichtsbezirk mindestens zwanzig Prozent der dortigen Bevölkerung betrug. Diese Bestimmung lud zu Missbrauch ein, da zum einen der Zuschnitt der Gerichtsbezirke zu Lasten der Minderheit geändert werden konnte,

zum anderen durch die Zusammenlegung von Siedlunge
zu Großgemeinden die Prozentzahl der Minderheit ve
ringert wurde. Ziel der Administration war es, möglichs
überall im Staat den Gebrauch der Staatssprache durchzu
setzen.

Diese an sich sinnvollen Bestimmungen einer moderne
Verfassung und der sie begleitenden Gesetze eines multi
nationalen Staates krankten aber an mehreren Unzuläng
lichkeiten. Zum einen waren die Minderheiten von de
Beratung und Beschlussfassung ausgeschlossen worden
Die Zentralisierung widersprach zum anderen der Zusam
mensetzung des Staates, der entwickelte westliche mit zu
rückgebliebenen östlichen Teilen verband, ferner wurd
sie den Traditionen der böhmischen Länder mit unter
schiedlicher Identität sowie der ethnischen Zusammen
setzung der Bevölkerung nicht gerecht. Die Einschaltun
einer Zwischenebene von »Ländern« oder Gauen mi
eigenen Rechten ist zwar diskutiert, aber aus Angst vo
sudetendeutschen Forderungen auch den Slowaken ver
sagt worden; die entsprechenden Bestimmungen für di
Karpatenukraine wurden nie umgesetzt. Das Hauptpro
blem lag jedoch darin, dass die Verfassung vom Begriff de
politischen Staatsbürgers im Sinne der französischen *nation une et indivisible* ausging, indem sie alle gesellschaftli
chen und ethnischen Unterschiede zugunsten der Rechts
gleichheit von Bürgern mit tschechoslowakischem Pas
ignorierte, während diese Bürger sich aber zuallererst de
Sprache nach als Tschechen, Slowaken, Deutsche, Magya
ren und Polen verstanden. Es ist der Republik im ganze
Verlauf ihrer Existenz nicht gelungen, das Bewusstsein de
Bürger auf die abstrakte Höhe der Konzeption der Verfas
sung zu heben; sie garantierte die Rechte der Individuen
erkannte aber keine Rechte von Gruppen an.

Hinzu trat das Problem, dass die nationalen Streitigkei
ten sich mit umgekehrten Vorzeichen fortsetzten: Nun wa
ren es die Tschechen, die ihre neue Überlegenheit in den

udetendeutschen und magyarischen Gebieten demons-
rierten, manchmal mit kleinlichen Schikanen vom Beam-
en im Alltag, mit provokativen nationalen Veranstaltun-
en (Sokol-Feste) in rein sudetendeutschen Städten, mit
bsurden Rechtsvorschriften, die etwa für Prag Aufschrif-
en an den Geschäften oder die Auslage von Speisekarten in
eutscher Sprache verboten. Die Sudetendeutschen hatten
icherlich Grund, sich über Benachteiligungen und Zu-
ücksetzung zu beklagen, etwa wegen des Ungleichge-
vichts der Beamten im Staatsdienst; viele lehnten wie in
sterreichischer Zeit aber das Erlernen oder die Benutzung
er tschechischen Sprache ab. Im ersten gewählten Parla-
nent verstanden von 73 sudetendeutschen Abgeordneten
7 gar kein Tschechisch, und nur sechs sprachen es flie-
end.

Die tschechoslowakische Republik war im Prinzip ein
Rechtsstaat, der sich gegen seine Gegner zur Wehr setzte
ind dabei auch an seine Grenzen geriet. Die Erfahrungen
nit der Obstruktion im Wiener Reichsrat schlugen sich in
Vorschriften der Geschäftsordnung des Parlamentes nie-
ler, die die Mehrheit begünstigte; Reden in den Minder-
eitensprachen wurden nicht übersetzt, nur nachträglich
gedruckt; die Redezeit war begrenzt. Zwar verstanden
wohl viele tschechische Abgeordnete des Parlamentes
leutsch, mieden aber diese Sprache, und so verkamen die
Debatten weitgehend zu einem Dialog von Taubstummen
ind schürten die Leidenschaften. Tumultszenen, in denen
ich Slowaken und Sudetendeutsche zu überbieten such-
en, machten die Arbeit des Parlamentes manchmal zur
Farce. Überhaupt zeigten die ersten Jahre ein erhebliches
Aggressionspotential in der Gesellschaft, das sich aus na-
ionaler Exaltation auf der einen und kämpferischer Opposition auf der anderen Seite nährte, verstärkt noch
lurch die sozialen Unruhen und die prekäre wirtschaft-
iche Lage. Die Grenzen der Rechtsstaatlichkeit wurden
z. B. bei der »Nationalisierung« des deutschen Landes-

theaters, des alten »Ständetheaters«, gesprengt: Nachdem
Legionäre als nationale Vorhut der Tschechen das Theater
am 16. November 1920 besetzt hatten, verweigerten die
Behörden eine Rückgabe; das oberste Gericht rechtfertigte
in seinem Urteil diesen Akt als Teil der »nationalen Revolution«; später wurde der deutsche Theaterverein ent-
schädigt und erhielt ein besseres Haus, aber das wurde im
Stillen ausgehandelt und konnte den »Sündenfall« nicht
ungeschehen machen. Nach dem Attentat auf den Finanzminister Rašín am 5. Januar 1923, dem er am 18. Februar
erlag, wurde ein »Gesetz zum Schutz der Republik« durch
das Parlament gepeitscht, das durch dehnbare Bestimmungen die Gegner der Republik und der Regierung einschüchtern sollte. Mit der Begründung, Sicherheit gegen
»Irredentismus, Kommunismus und Monarchismus« zu
schaffen, konnte die Präventivzensur verstärkt werden, in
dem »unwahre« Nachrichten als »Verrat« und Präsiden-
tenbeleidigung unter hohe Strafen gestellt wurden. In den
ersten Jahren der Existenz der Tschechoslowakei war die
Rechtsstaatlichkeit ein prekäres Gut.

Die Parteien repräsentierten die politische Seite einer gespaltenen Gesellschaft. Bis zur ersten Parlamentswahl im
Jahre 1920 hatte sich ein Parteiensystem herausgebildet,
das die Traditionslinien in ein geradezu klassisches System
von ökonomischer und weltanschaulicher Interessenvertretung überführte. Zwar suggeriert die Zahl von 29 Parteien, die 1925 zur Wahl antreten sollten, eine Zersplitterung der Parteienlandschaft, aber eine solche Feststellung
übersieht die innere Systematik. Auf Seiten der Tschechen
hatte sich 1919 auf der äußersten Rechten des Parteien-
spektrums die »Nationaldemokratische Partei« gebildet,
die verschiedene liberale Gruppierungen in sich aufgenommen hatte und vor allem das Großbürgertum und die
höhere Beamtenschaft in Prag repräsentierte. Sie wollte
die nationalen tschechischen Interessen über alle Klassen-

renzen hinweg organisieren und betrieb deshalb eine
charf gegen die nationalen Minderheiten gerichtete Poli-
k. Ihr Führer Kramář war der erste Ministerpräsident
es neuen Staates, trat aber im Sommer 1920 zurück und
erharrte dann in selbstgewählter Abstinenz, weil er sei-
em Rivalen, dem Präsidenten Masaryk, das politische
'eld überlassen musste. Etwas mehr zur Mitte stand
ie »Tschechoslowakische National-Sozialistische Partei«
och aus österreichischer Zeit, die für ihre Klientel einen
slawischen Sozialismus« proklamierte, der stark anti-
eutsch und antisemitisch gefärbt war. 1922 trat ihr der
außenminister Beneš bei, der damit eine Annäherung an
ie »Burg«, den Kreis um den Präsidenten, bewirkte und
ie Parteizeitung *České slovo* (»Tschechisches Wort«) zu
iner nicht offiziellen Regierungszeitung machte.

Vor allem wirtschaftliche Interessen des Mittelstandes
ertrat die »Tschechoslowakische Gewerbe- und Handels-
partei«, die sich gegen den Sozialismus und das Großkapi-
al gleichzeitig richtete. Da die erwarteten Wahlerfolge
usblieben, näherte sie sich der stärkeren Agrarpartei, als
leren Juniorpartner sie schließlich 1925 sogar einen Sitz in
ler Regierung erhielt. Mit Ausnahme der Wahlen von
1920 errang die »Agrarpartei« (»Republikanische Partei
les landwirtschaftlichen und kleinbäuerlichen Volkes«)
tets die meisten tschechischen Wählerstimmen und war
n allen Regierungen vertreten; seit 1922 stellte sie durchgängig den Ministerpräsidenten. Ihre tiefe Verwurzelung
uf dem Lande ließ sie zur eigentlichen staatstragenden
Partei werden, deren Führer Svehla trotz seiner schwachen Gesundheit zur wichtigsten Persönlichkeit im Parlament aufstieg. Die katholisch orientierte Wählerschaft organisierte die »Tschechoslowakische Volkspartei«, die auf
dem Boden der Sozialenzyklika *Rerum novarum* von
1894 stand und sich gegen alle Bestrebungen einer Trennung von Kirche und Staat stemmte. Trotz ihrer latenten Opposition zur linksgerichteten Staatsführung war

ihr Führer Monsigniore Jan Šrámek in allen Regierunge
tätig. In österreichischer Tradition stand die »Tschechos
lowakische Sozialdemokratische Arbeiterpartei«, die zu
nächst zwei Strömungen, eine marxistisch-bolschewist
sche unter Šmeral und eine gemäßigte unter Tusar, vere
nigte und bei der Wahl von 1920 die meisten Stimme
erhielt. Soziale Unruhen und ein großer Streik im Dezem
ber 1920 führten indes zur Abspaltung der Linken, so da
die Partei 1925 große Verluste erlitt und erst 1929 wiede
zur zweitstärksten Fraktion im Parlament und zur Regie
rungspartei aufstieg.

Alle diese Parteien waren auch in der Slowakei vertrete
wo ihr Stimmenanteil jedoch unterschiedlich ausfiel. Die
sen »Regierungsslowaken« stellte sich die »Christliche slo
wakische Volkspartei« entgegen, die 1921 die Fraktionsge
meinschaft mit der Tschechoslowakischen Volkspartei auf
gekündigt hatte, dann in die Opposition ging und nur i
den Jahren 1926/29 für kurze Zeit in die Regierung zu
rückkehrte. Unter Führung des Geistlichen Andrej Hlink
vertrat sie die katholisch-konservativen Interessen der Slo
waken und forderte vergeblich die Autonomie der Slowa
kei. Dadurch konnte die Partei, die seit 1925 den Name
ihres Parteiführers in ihre Selbstbezeichnung aufgenom
men hatte, zur selbsternannten eigentlichen Vertretung slo
wakischer Interessen aufsteigen, obwohl sie in den Wahle
jeweils nur um dreißig Prozent der Stimmen errang.

Den genannten tschechoslowakischen Parteien stande
spiegelbildlich die sudetendeutschen Parteien gegenüber
Auf der äußersten Rechten fand sich die »Deutsche Natio
nalpartei« (DNP), die den neuen Staat grundsätzlich ab
lehnte und kompromisslos die Selbstbestimmung forderte
Mit ihrer tiefgestaffelten Organisation vertrat sie den An
spruch, die eigentlichen sudetendeutschen Interessen zu
repräsentieren, was die Wähler jedoch nicht honorierten
Ihr Vorsitzender Lodgman von Auen wurde zum Spreche
der »Negativisten«, die in den ersten Jahren die Stimmfüh-

erschaft über die deutschen Stammtische behaupteten, in
den Wahlen von 1925 indes mit nur zehn Prozent der sudetendeutschen Stimmen ihre hochgespannten Erwartungen begraben musste; obwohl Lodgman im zweiten Wahlgang seinen Sitz gewonnen hätte, resignierte er und zog
sich aus der Politik zurück. Mit der DNP hatte sich
1920 kurzzeitig die »Deutsche Nationalsozialistische Arbeiterpartei« (DNSAP) zusammengetan, die eine völkisch-
nationalistische Einstellung mit einer antikapitalistischen
und antisemitischen verband. Sie war an der »Kultur- und
Schicksalsgemeinschaft« mit dem Deutschen Reich und an
ständischen Ideen orientiert; ihre Anhänger waren vorrangig Kleinbürger und Beamte der unteren Ränge. Die Partei
lehnte den »Zwangsstaat« strikt ab und hielt schon früh
Kontakte zur NSDAP, was ihr die besondere Aufmerksamkeit seitens der tschechoslowakischen Behörden eintrug, bis sie sich 1933 selbst auflöste.

Zur Mitte gehörte die kleine »Deutsche Gewerbepartei«, die sich mal an die Agrarier, mal an die Christlich-
Sozialen anschloss. Der »Bund der Landwirte« (BdL)
verstand sich als »Landvolkpartei« mit agrarischen Interessen; die ursprünglich strikte Forderung des Selbstbestimmungsrechtes wich aber schon früh einem ökonomisch begründeten »Aktivismus«, d. h. der Mitarbeit im
neuen Staat. Ihre Führer Křepek und seit 1925 Prof. Dr.
Franz Spina suchten bald Kontakte zur tschechoslowakischen Schwesterpartei, aber erst nach dem Wahlerfolg der
Partei 1925 folgte aus diesen Gesprächen die Teilnahme an
der Regierung. Die »Deutsche Christlichsoziale Volkspartei« (DCVP) vertrat den politischen Katholizismus bür-
gerlich-konservativer Richtung. Sie verstand sich als na-
tionaldeutsche Volkspartei, die sich über die Unterschiede
von Stand und Klasse erheben wollte, was ihr aber nur
etwa zehn Prozent der sudetendeutschen Stimmen einbrachte. Ihre Parteiführer Prof. Dr. Hilgenreiner und Dr.
Mayr-Harting traten schon 1922 für eine aktivistische Po-

litik ein, was sie 1926 zusammen mit der tschechischen Schwesterpartei in die Regierung führte. Auch die »Deutsche Sozialdemokratische Arbeiterpartei in der Tschechoslowakei« (DSAP) setzte ihre österreichische Tradition fort. Ihr Parteiführer Seliger hatte 1918 versucht, dem Selbstbestimmungsrecht Geltung zu verschaffen, war nach dem Scheitern aber zu einer aktivistischen Haltung gekommen; sie trug als einzige sudetendeutsche Partei die Staatsbezeichnung im Namen; die Beziehung zu ihrer Schwesterpartei war ambivalent, von einem Schwanken zwischen partieller Zusammenarbeit und nationaler Rivalität gekennzeichnet. Nachdem die Partei in den Gemeindewahlen von 1919 und in der Wahl von 1920 zunächst große Erfolge errungen hatte (1920 mit 43 % der sudetendeutschen Stimmen und 31 Mandaten die zweitstärkste Fraktion im Parlament), brach sie infolge der Spaltung der Arbeiterbewegung ein und konnte nach dem Tode Seligers (1920) erst 1929 unter dem Parteiführer Dr. Ludwig Czech wieder auf 31 % der sudetendeutschen Stimmen klettern und dann der Regierung beitreten.

Als einzige Partei, die sich übernational organisierte, trat 1921 nach sozialen Unruhen die »Kommunistische Partei der Tschechoslowakei« (KSČ) auf. Unter ihrem Führer Šmeral konnte sie mit ihren angeschlossenen Organisationen in einem breiten kulturellen Umfeld agieren, das sie in der Wahl von 1925 mit 13,2 % der Stimmen aller Wahlberechtigten und 41 Mandaten zur zweitstärksten Partei werden ließ. Zu diesem Zeitpunkt hatte aber die von Moskau erzwungene bolschewistische Ausrichtung der Partei einen erheblichen Rückgang der Mitglieder bewirkt, deren Zahl von ca. 400 000 bei ihrer Gründung 1921 auf 93 000 gefallen war. Unter der Führung von Klement Gottwald degenerierte die zunächst herausragend intellektuelle Partei zu einer Kaderpartei.

Abschließend muss erwähnt werden, dass auch die ungarischen, die polnischen, die ruthenischen und die jüdichen Bevölkerungsteile Parteien besaßen, die aber angesichts der Zersplitterung und der Rivalitäten ihrer Führer nur geringe Erfolge bei den Wahlen erzielten. Einen Sonderfall bildeten die Juden, weil sie sich zum einen in den Parteien der jeweiligen Sprachzugehörigkeit organisierten und dort großen Einfluss nahmen, wie sie zum anderen als religiöse Gruppe eigene Parteien gründeten. Von 354 342 Personen mosaischen Glaubens bei der Volkszählung von 1921 bekannten sich 180 000 zur jüdischen Nationalität, diese blieben aber wegen einer Spaltung in drei rivalisierende Gruppen bei den Wahlen – ohne eine Anlehnung an eine andere Partei – chancenlos.

Die einzeln genannten Parteien lassen ein System erkennen, das trotz aller nationalen Gegensätze an der Oberfläche und auf der Straße die dennoch vorhandenen tieferen Gemeinsamkeiten der Gesellschaft der Tschechoslowakei deutlich macht; dazu tritt die Tatsache, dass die Trends und die Stimmanteile der Parteien über die Sprachgrenze hinweg ähnlich waren. Eine ruhige Entwicklung in friedlicher Umgebung vorausgesetzt, hätte dies durchaus Hoffnung auf eine gesellschaftliche Versöhnung und einen innerstaatlichen Ausgleich begründen können.

Die meisten dieser Parteien besaßen eine mehr oder weniger tief gestaffelte moderne Organisation, Tageszeitungen und angeschlossene Verbände, wie z. B. Konsumvereine. Daneben existierten andere Verbände – wie der *Sokol* (»der Falke«) als tschechische militante Turnorganisation mit fast einer Million Mitgliedern, der *Orel* (»der Adler«) als das katholische Pendant, die beiden Legionärsverbände, die Schutzverbände für die »verdeutschten Gebiete«, Kulturvereine, kirchliche Organisationen, die sudetendeutschen Schützenvereine –, die alle ihre Anhänger mobilisieren konnten und verschiedene, meist nationalistische, Interessen vertraten, so dass man von einem hohen Organisationsgrad der Gesellschaft der Tschechoslowakei und ihrer Versäulung sprechen kann.

Der Staat war als »tschechoslowakischer Nationalstaat« gegründet worden, der nach Festlegung der Grenzen ein Fläche von 140 000 km² und eine Bevölkerung von 13, Millionen besaß. Die »Tschechoslowaken« stellten nac der Volkszählung von 1921 mit 8,76 Millionen nur 65 % der Bevölkerung, wobei nicht mehr zu ermitteln ist, o die Zahl der Slowaken wirklich zwei Millionen erreicht Die zweite Gruppe stellten die Deutschsprachigen, die ir ganzen Staat mit 3,123 Millionen verstreut lebten und ins gesamt 23,36 % ausmachten. Ihnen folgten die Ungar mit 745 000 und 5,57 %, die Karpatenukrainer mit 462 00 und 3,45 %, die Juden nach dem nationalen Bekenntni mit 180 000 und 1,35 %, die Polen mit 76 000 und 0,57 % In Wirklichkeit war der Staat also ein Nationalitätenstaa der die polyethnische Tradition des alten Österreichs au kleinerem Territorium fortsetzte.

Die deutsch- und magyarischsprachigen Staatsbürge taten sich schwer mit der Eingewöhnung in den Staat Während die Magyaren in mehr oder weniger strikter Ab lehnung verharrten, lässt sich für die Sudetendeutschen in Westen und die Karpatendeutschen im Osten eine Ent wicklung zu einer Identität als nationale Minderheit fest stellen. Auf eine Phase der Lähmung in den letzten Zei der Monarchie folgte eine der Auflehnung, die in den Versuch eines Anschlusses an Deutschösterreich gipfelte Ihr folgte der »Negativismus« mit der Ablehnung de Staates, weil die Minderheiten an seinem Aufbau nicht be teilt worden waren. So logisch diese Konzeption auch war, hatte sie doch zwei Nachteile: Zum einen musster sich auch die »Negativisten« an den Wahlen beteiligen, un überhaupt für ihre politische Richtung ein Mandat zu er halten – damit akzeptierten sie aber die von den Tsche chen geschaffenen Tatsachen –, zum anderen zählt in einer Demokratie nun einmal die Mehrheit in den gesetzgeben den Institutionen. Solange aber die Tschechen und Slo waken – bei allen politischen Kontroversen untereinan-

er – in der Ablehnung der politischen Forderungen der
Minderheiten einig waren, so lange bestand für die Sude-
endeutschen keine Chance zu einer Änderung der Verhältnisse. Allen Vorwürfen des »nationalen Verrates« zum
Trotz hatte es aber auch seit der Staatsgründung Stimmen
gegeben, die für eine Zusammenarbeit mit den Tschechen
eintraten. Zählten dazu seit 1918 vor allem Wirtschafts-
kreise, so befanden sich seit 1922 die Vertreter des BdL
und der Christlichsozialen Volkspartei auf dem Wege zu
einer solchen »aktivistischen Politik«. Ihrer Vorstellung
nach sollte eine politische Mitarbeit an der Gesetzgebung
und an der Verwaltung eine allmähliche Änderung der
psychologischen Situation bewirken, die dann dem
deutschsprachigen Teil der Bevölkerung die ihm entsprechende politische Bedeutung eingeräumt hätte. Von einer
nationalen Einheitsfront waren die sudetendeutschen Parteien angesichts ihrer unterschiedlichen Interessen und
ihrer Streitigkeiten weit entfernt. Außerdem fehlte eine
überzeugende Führungsperson, die den Widerstand gegen die tschechoslowakische Bevormundung in politische
Aktionen hätte umsetzen können. Mit der außenpolitischen Entspannung im Vertrag von Locarno 1925 war die
Kampfphase zunächst beendet.

Die erste Regierung des neuen Staates war von der revolutionären Nationalversammlung als Koalition der tschechoslowakischen Parteien unter dem Ministerpräsidenten
Kramář eingesetzt worden. Am 15. Juni 1919 fanden Gemeindewahlen statt, in denen die linken Parteien einen
großen Erfolg errangen und deshalb eine höhere Beteiligung an der Regierung verlangten. Nach Unruhen, Demonstrationen und den Problemen mit der Besetzung der
Slowakei trat Kramář zurück und wurde durch den Sozialdemokraten Tusar ersetzt; die Partei der Nationaldemo-
kraten ging in die Opposition. Nach Annahme der Verfassung erfolgten am 18. April 1920 die ersten Wahlen zum

Abgeordnetenhaus, eine Woche darauf die Wahlen zur Senat. Darin gewannen die Sozialdemokraten die meiste Sitze im Abgeordnetenhaus, die tschechischen 74, die su detendeutschen 33 von den 281 zu vergebenden Sitzen Die Agrarier bildeten die zweitstärkste Gruppe: die tsche chischen und slowakischen mit 40, der BdL mit 13 Man daten; im Senat waren die Verhältnisse ähnlich. Ein Zu sammengehen beider Gruppierungen hätte rechnerisch eine komfortable Mehrheit ergeben, war aber aus psycho logischen Gründen noch unmöglich. Stattdessen bildet Tusar sein zweites Kabinett aus Vertretern der tschechi schen Parteien, wobei er im linken Flügel seiner eigene Partei auf scharfe Kritik stieß. In der ersten Sitzung de Nationalversammlung am 27. Mai 1920 wurde Masaryk durch das Abgeordnetenhaus (281 Abgeordnete) und der Senat (142 Vertreter) als Staatspräsident bestätigt; aber di feierliche Zeremonie wurde durch Provokationen gestört Auf die Verlesung der Vornamen der Abgeordneten in der tschechischen Variante (»František« statt »Franz« reagierten die Sudetendeutschen und Magyaren mit Tu multen; vor der Vereidigung des Präsidenten verließen dann die deutschbürgerlichen Abgeordneten unter Protes das Haus. Sie verkündeten darauf am 1. Juni in einer »staatsrechtlichen Erklärung« vor dem Abgeordnetenhaus ihre prinzipielle Ablehnung des neuen Staates. Die parla mentarische Arbeit stand von Beginn an unter keinem gu ten Stern.

Am 14. September 1920 musste der erkrankte Tusar seine Demission anbieten und wechselte bald als tsche choslowakischer Gesandter nach Berlin. Der neue Minis terpräsident Černý kam aus der mährischen Landesver waltung und stand einem nichtparlamentarischen Beam tenkabinett vor, in das nur drei Minister der vorherigen Regierung übernommen wurden, darunter der Außenmi nister Beneš. Die Tschechoslowakei befand sich in einer krisenhaften Situation: In den sozialdemokratischen Par

ien gewannen die linksorientierten Kräfte immer mehr
.influss; sie drängten auf die Verstaatlichung von Indus-
rieunternehmen und Banken; im Lande herrschte eine
euerung und in der Versorgung mit Lebensmitteln eine
.efe Spaltung zwischen Stadt und Land; die Diskussion
ber die Trennung von Kirche und Staat wühlte die Be-
ölkerung auf. Inzwischen waren die Legionäre aus
Russland zurückgekehrt und forderten für ihren Einsatz
m Krieg einen Anteil an der Gestaltung der Politik und
ine ausreichende Versorgung. Ihr rechtsgerichteter Ver-
and *Družina* (»Gefolgschaft«) und der bolschewistisch
geneigte *Svaz* (»Bund«) bekämpften einander in Straßen-
demonstrationen. Die national tschechische Unruhe äu-
Serte sich in der Zerstörung von Denkmälern und der
Besetzung des Ständetheaters. Im Dezember brach ein
andesweiter Streik der Arbeiter aus, als dessen Folge im
Frühjahr 1921 auf Druck von Moskau die Kommunisti-
che Partei gegründet wurde. Angesichts der inneren
Probleme konnte der Ministerpräsident Černý nicht ohne
eine parlamentarische Unterstützung die Regierungsge-
chäfte führen. Die Obmänner der fünf tschechischen
Mehrheitsparteien – Švehla für die Agrarier, Klofáč für
die Nationalen Sozialisten, Stivín für die Sozialdemokra-
en, Šrámek für die Klerikalen und Rašín für die Natio-
naldemokraten – bildeten daher einen informellen Koali-
tionsausschuss, auf dessen Beratungen sie eine Lösung
der Probleme suchten und de facto zu einer inoffiziellen
Regierung aufstiegen. Diese *pětka* (»Fünferrat«) ist in der
Folge hart kritisiert worden, da sie in der geschriebenen
Verfassung nicht vorgesehen war, sich aber aus den Erfordernissen der »gelebten« Verfassung als zwingend notwendig ergeben hatte.

Im Herbst 1921 hatten sich die Verhältnisse so weit
stabilisiert, dass man an die Einrichtung eines parlamentarischen Kabinetts unter dem Agrarier Švehla dachte.
Dieser lehnte wegen Erkrankung das Amt jedoch ab, und

Masaryk ernannte den Außenminister und engen Vertrauten Edvard Beneš am 26. September 1921 zum Ministerpräsidenten eines halbparlamentarischen Kabinetts. Der
Staatspräsident hatte sich inzwischen als ruhender Pol der
Innenpolitik erwiesen. Er hatte in informellen Treffen in
seinem Amtssitz einen Kreis von Beratern und Freunden
versammelt, die zur intellektuellen Elite der tschechischen
Kultur und Wirtschaft gehörten, eine linksgerichtete und
kirchenferne Politik befürworteten und eine Zusammenarbeit der tschechoslowakischen und der sudetendeutschen Parteien unterstützten. Jene Personen, die nicht zu
diesem erlesenen Kreis gehörten, bezeichneten ihn als
Hrad (»die Burg«), diffamierten seine Mitglieder als
»Hofkamarilla« und kritisierten die Tatsache, dass eine
solche Institution über den Parteien in der Verfassung
nicht vorgesehen war. Masaryk ist auch in öffentlichen
Reden unermüdlich als Nationalpädagoge hervorgetreten
und hat auf seinen Reisen durch das Land, in slowakischen und sudetendeutschen Gebieten, für die Einheit des
Staates und die Versöhnung seiner Bewohner geworben.

Zur inneren Konsolidierung trug auch die wirtschaftliche Entwicklung bei. Von allen Nachfolgestaaten der
Habsburger Monarchie hatte die Tschechoslowakei das
beste Erbe erhalten. Auf einer Fläche von 21 % der Monarchie mit ca. 26 % ihrer Bevölkerung hatte sie 80 % der
Steinkohlenvorräte, 80 % der Industrieanlagen, die gesamte Porzellanerzeugung, ca. 90 % der Glaswarenerzeugung,
80 % der Zuckerindustrie und fast ebenso viel in der Tex-
tilherstellung und der chemischen Industrie übernommen.
Dies waren günstige Voraussetzungen für die Wirtschaft,
machten sie aber auch extrem vom Export ihrer Produkte
abhängig. Dies betraf insbesondere die Konsumgüterindustrie in den deutschsprachigen Gebieten, in denen 80 %
der Musikinstrumente und 95 % der Porzellanwaren hergestellt wurden. Prag hatte ein politisches Interesse daran,
sich möglichst rasch von Wien zu lösen: Eine eigene neue

Währung war durch Abstempelung der österreichischen Kronen (und Einbehaltung eines Drittels des Wertes als Zwangsabgabe) eingeführt worden; Firmen und Banken wurden zur »Nostrifizierung« gezwungen, indem sie ihren Firmensitz nach Prag verlegen und/oder Tschechen in Führungspositionen aufnehmen mussten. Dies hatte Umschichtungen im Personal zur Folge, die als »Tschechisierung« kritisiert wurden.

Die starke wirtschaftliche Position hatte sich auch im Vertrag von St. Germain niedergeschlagen, in dem die Tschechoslowakei zur anteilmäßigen Übernahme der Schulden der Monarchie verpflichtet worden war, wobei sie mehr als fünfzig Prozent davon zu tragen hatte; dazu musste sie auch die Kosten für die Auslandsaktion in Form einer »Befreiungstaxe« zahlen. Als einziger Staat stand sie also mit einem Bein im Lager der Verlierer des Weltkriegs, mit dem anderen im Lager der Siegermächte. Zu den innenpolitischen Folgekosten des Krieges gehörte auch die Kriegsanleihe, die besonders vom deutschsprachigen Bevölkerungsteil gezeichnet worden war und nun als zins- und kreditloses Papier viele arme Leute und Sparkassen in den Ruin zu stürzen drohte, weil die Regierung zunächst ihre Einlösung verweigerte. Nach heftigem Streit regelte schließlich ein Gesetz vom Juni 1920 eine Teileinlösung, die zwar einen Verlust von 25 % der gezeichneten Summe bedeutete, für geringe Beträge die Ausgabe von Ersatzpapieren auf den Staat und für größere verbunden damit eine neue Zwangsanleihe vorsah.

Als einziges Land in Mitteleuropa führte die Tschechoslowakei konsequent eine Bodenreform durch, die die Enteignung des Großgrundbesitzes und die Aufteilung der Ländereien an die Kleinbauern und Pächter auf diesen Gütern zum Ziel hatte. In den Jahren 1918/19 wurden fünf Hauptbodengesetze beschlossen, denen zufolge aller Grundbesitz über 150 Hektar Ackerland und 250 Hektar sonstiger Besitz, z. B. Wälder, enteignet werden sollte. Den

Besitzern wurde eine Entschädigung nach dem Vorkrieg
wert in Aussicht gestellt, die aber durch weitere Belastu
gen gemindert wurde und nur in Staatspapieren auszahlb
war. Die tatsächliche Übernahme des Bodens und sei
Verteilung zog sich indes hin, weil das Kapital für Neusied
ler fehlte und die Entschädigung ausländischer Besitz
Probleme bereitete. Die sozialpolitische Maßnahme, d
das tschechische und slowakische Bauerntum stärken sol
te, hatte auch eine nationalpolitische Komponente, soll
mit ihr doch der Verlust des »tschechischen« Bodens info
ge der Enteignung des Adels nach 1620 rückgängig g
macht werden. Der größte Teil des landbesitzenden Ade
mit teilweise enormen Besitzungen galt als »deutsch«; d
wirtschaftliche Basis vieler Adeliger wurde durch die Re
form vernichtet. Dies führte viele Reformgegner, die auc
adeligen Bodenbesitz in Gegenden slawischer Besiedlur
als »deutschen Kulturboden« betrachteten, zu der Wah
nehmung einer gezielten »Tschechisierung«, die sie hefti
kritisierten. Dazu trat die – im Wesentlichen falsche – Ver
mutung, dass das Bodenamt deutschsprachige Bauern be
der Verteilung des Bodens benachteiligt habe, während be
der Vergabe von sogenannten »Restgütern« der Verdach
einer Begünstigung von tschechischen Persönlichkeiten o
berechtigt war. Eine sozialpolitische Maßnahme diente als
auch der nationalen Auseinandersetzung oder wurde i
diesen Kategorien ausgelegt. Gleiches lässt sich auch be
der Verhängung der Zwangsverwaltung über die Bäde
(z. B. des Stiftes Tepl in Marienbad) feststellen oder bei de
Verwaltungsreformen, die z. B. in der Stadt Brünn durc
die Eingemeindung von Dörfern der Umgebung den An
teil der Deutschsprachigen auf 22 % drückten. Solch
Maßnahmen waren rechtlich korrekt und in der Begrün
dung durchaus logisch, weckten indes bei den Sudeten
deutschen den Eindruck einer perfiden Strategie der Regie
rung, dem tschechischen Element überall im Staate die Vor
herrschaft zu sichern. Erst ein Ereignis der Außenpoliti

eß in dieser Frage die Hoffnung auf eine Entspannung der
erhältnisse und auf einen innerstaatlichen Ausgleich
achsen.

ie Außenpolitik des jungen Staates stützte sich auf
rankreich, das in den Friedensverhandlungen die meisten
nsprüche Prags durchgesetzt hatte. Prag dankte dafür
it einer engen Anlehnung an Paris, die in dem Bündnis-
ertrag von 1919 und später in einem Freundschaftsver-
ag vom 25. Januar 1924 gesichert wurde. Formal unter-
and das Militär der Tschechoslowakei dem französischen
Marschall Foch, der durch eine starke Militärmission im
ande Einfluss ausübte. Der Außenminister Beneš, der
iese Funktion siebzehn Jahre hindurch innehatte, ehe er
Masaryk als Staatspräsident nachfolgte, ließ sich indes
icht kritiklos in das französische System einer Dominanz
ber Deutschland und einer »Ostbarriere« (*barrière de
'est*) einbinden; während er in verbalen Äußerungen stets
en französischen Standpunkt vertrat und damit oft genug
Berlin verärgerte, wahrte er in der praktischen Politik eine
ewisse Distanz und versuchte, die wachsenden franzö-
isch-britischen Irritationen in einer Vermittlungspolitik
u mildern. Beneš war sich dessen bewusst, dass die engen
virtschaftlichen Beziehungen zu Deutschland sein Land
n diesen Nachbarn band, der durch die Reparationsfor-
derungen nicht zu sehr geschwächt werden durfte. So hat
r 1923 dem Werben von Marschall Foch um eine Beteili-
ung an der Intervention im Ruhrkonflikt widerstanden
und geschickt zu verschleiern gewusst, dass die Tschecholowakei an deutschen Fluchtgeldern gut verdiente. Im
Völkerbund sicherte sich der »rührige« Beneš, wie ihn
deutsche Diplomaten nannten, die Unterstützung der am
Status quo interessierten Staaten und suchte als »Ein-
manngroßmacht« ein System der kollektiven Sicherheit
ür die kleinen Staaten zu erreichen. Dies stieß jedoch auf
en Widerstand Großbritanniens mit seinen weltumspan-

nenden Interessen (Scheitern des Genfer Protokolls 1924
London hat die Zerschlagung der großen Wirtschaftsräu
me durch die neuen Nationalstaaten stets bedauert un
Verständnis für revisionistische Tendenzen gezeigt; a
Finanzzentrum war es für Kredite wichtig und wurde vo
Beneš umworben, der jedoch das Misstrauen im Foreig
Office nie überwinden konnte.

Die Tschechoslowakei hatte Probleme mit allen Nach
barn. Das Verhältnis zu Österreich war traumatisch belas
tet, weil Prag eine Rückkehr der Habsburger verhinder
wollte und dazu seine nun überlegene Wirtschaft gegen
über Wien nutzte, das von Kohlelieferungen und Lebens
mitteln aus dem Nachbarland abhängig war. Die Politi
des »Entösterreicherns« wurde erst im Vertrag von Lán
(15. Dezember 1921) beendet und ein neues – im Wesen
lichen kühles – Verhältnis festgeschrieben. Die Beziehun
gen zum Deutschen Reich hatte Beneš in seiner erste
Rede vor der revolutionären Nationalversammlung am 3(
September 1919 als »korrekt« bezeichnet; in seinen weite
ren Reden war immer wieder festzustellen, dass er Berli
nur beiläufig erwähnte. Dies entsprach nicht den wirt
schaftlichen Beziehungen der ungleichen Nachbarn, son
dern dem Kalkül seiner Orientierung auf Frankreich hin
Berlin hat die Beziehungen zu Prag stets jenen Wien ge
genüber untergeordnet und Beneš' Bestrebungen eine
eigenständigen Politik misstrauisch verfolgt; von einer ag
gressiven Politik gegenüber Prag konnte jedoch kein
Rede sein, eher von einem betont gleichgültigen Verhält
nis, das gewisse Rücksicht auf die sudetendeutsche Min
derheit nahm und auf die künftige Rückgewinnung eine
wirtschaftlichen Dominanz Deutschlands in Mitteleurop
setzte.

Auch das Verhältnis zu Ungarn war durch die Habs
burger Frage belastet, die die beiden Staaten an den Ran
eines Krieges brachte, als der letzte ungarische König Kar
im Jahre 1921 unter Verletzung des Vertrages von Trianon

weimal eine Rückkehr nach Budapest versuchte. Schon
919 hatte Beneš dem neuen Königreich der Serben, Kroa-
n und Slowenen einen Beistandspakt gegen einen unga-
schen Revisionismus vorgeschlagen, der in den folgen-
en beiden Jahren zur »Kleinen Entente« umgestaltet
urde, wie die ungarische Presse ironisch die zweiseitigen
bkommen zwischen Prag, Belgrad und Bukarest be-
ichnete Die Absicht, daraus ein dauerhaftes Bündnis
er beteiligten Staaten zu schmieden, scheiterte jedoch an
eren unterschiedlichen Interessen, die nur in Bezug auf
ie Verteidigung der ungarischen Beute einen Minimal-
onsens erlaubten. Die Beziehungen Prags zu Polen blie-
en dauerhaft durch den Streit um Teschen und um unbe-
eutende Gebiete in den Karpaten bestimmt, waren aber
ich durch die Rivalität der beiden Nachbarn in ihrem
Werben um die französische Gunst und durch die Weige-
ing Prags belastet, im Jahre 1920 Waffenlieferungen an
as bedrängte Warschau zuzulassen; einer Annäherung
olens an die Kleine Entente hat sich Prag stets wider-
etzt, während Warschau durch Duldung einer slowaki-
chen Exilregierung und mit seiner ungarnfreundlichen
olitik das Misstrauen der Tschechen schürte. Die Politik
egenüber dem Sowjetstaat blieb durch das Bündnis Prags
iit Frankreich, das die Streichung der Vorkriegsschulden
urch Moskau nicht hinnehmen wollte, und durch die in-
enpolitische Opposition der Nationaldemokratie unter
Kramář eingeengt.

Außenpolitik blieb während der ganzen Zwischen-
riegszeit in Prag die Angelegenheit einer kleinen Gruppe
on Politikern, die der Orientierung durch den Präsiden-
en Masaryk und in der Durchführung dem Außenmi-
iister Beneš folgte. Die Politik Prags blieb dem Grund-
nuster verhaftet, dass Staaten den Prinzipien treu bleiben
ollten, denen sie ihre Entstehung verdankten; dies ver-
flichtete Prag zu einer Distanzierung allen Versuchen ge-
enüber, die Teilung Europas in Sieger und Verlierer des

Weltkrieges zu überwinden. Es gab keine Solidarität d
neuen Demokratien untereinander, sondern der Kam
des Weltkrieges wurde in der Tagespresse der Tschech
slowakei mit Häme gegenüber Deutschland, Österrei
und Ungarn fortgesetzt, während deren Berichterstattu
über Probleme der ČSR als »Einmischung« bezeichn
wurde. Alle Versuche, die Bedingungen des Friedens z
mildern, weckten Misstrauen und Furcht, etwa a
Deutschland und die Sowjetregierung 1922 in Rapallo a
eine gegenseitige Aufrechnung der Schulden verzichtete
Der Völkerbund, der als Parlament der Völker zur fried
chen Austragung von Streitigkeiten gedacht gewesen wa
wurde lange Zeit als Mittel verstanden, die französisch
Vorherrschaft in Europa zu zementieren; die Minderhe
ten fanden dort kein Gehör für ihre Klagen und sahen si
einer Politik ausgesetzt, sie zu integrieren, zu isoliere
und langfristig zu assimilieren.

Diese starren Fronten konnten erst im Jahre 1925 au
gebrochen werden, als der deutsche Außenminister Stres
mann über London den Vorschlag einbrachte, die deu
sche Grenze gegenüber Frankreich und Belgien ausdrück
lich anzuerkennen und damit zu sichern; dies sollte de
französischen Sicherheitsbedürfnis Rechnung tragen, da
bis dahin nur durch eine »Politik der Pfänder« (*politiqu
des gages*) und der gewaltsamen Durchsetzung der franzö
sischen Interessen bestimmt gewesen war. Da kein deut
scher Politiker in der Lage gewesen wäre, eine ähnlich
Erklärung gegenüber Polen zu leisten, rückte auch d
Tschechoslowakei, mit der Berlin keine Grenzproblem
hatte, ins zweite Glied. In Locarno wurde am 16. Okto
ber 1925 ein Paket von Verträgen abgeschlossen, die de
Interessen Frankreichs und Belgiens in der Grenzfrag
voll entsprachen, Polen und die Tschechoslowakei aber a
einen Nebentisch verbannten. Obwohl Prag nur eine
»Schiedsvertrag« erhielt, der zukünftige Probleme durc
Verhandlungen zu regeln versprach, gab Beneš das Ergeb

s als Erfolg aus, weil er durch einen weiteren Vertrag mit
Frankreich eine Bestätigung des bestehenden Bündnisses
erreicht hatte. In Wirklichkeit hatte die Tschechoslowakei
an Bedeutung eingebüßt, weil ihr militärischer Wert im
Rücken Deutschlands verloren gegangen war. Während
Beneš in der Folge die Beziehungen zu Deutschland als
»freundschaftlich« bezeichnete und im Mai 1928 seine erste Reise nach Berlin unternahm, verkam das angeblich so
enge Verhältnis zu Paris allmählich zu Worthülsen.

Große Auswirkungen hatten die Verträge von Locarno indes auf die Innenpolitik der Tschechoslowakei. Wer von
den rechtsstehenden sudetendeutschen Politikern noch
geglaubt hatte, dass die Grenzen durch ein starkes Auftreten von Berlin geändert werden könnten, war enttäuscht
worden. Dagegen schuf der Beitritt Deutschlands zum
Völkerbund 1926 die Voraussetzung, dass sudetendeutsche Beschwerden dort in Zukunft von einem Mitglied
unterstützt werden konnten und nicht wie bisher einfach
versanden würden. Gespräche zwischen Beneš und Stresemann in Genf einerseits und Kontakte des Gesandten
Krofta in Berlin andererseits machten indes schnell deutlich, dass die Behandlung der sudetendeutschen Minderheit in der Tschechoslowakei kein Gegenstand diplo-
matischer Interventionen sein konnte; jede Beschwerde
konnten die Tschechen mit besseren statistischen Daten
widerlegen und Berlin vorhalten, in seiner eigenen Politik
gegenüber der sorbischen Minderheit weitaus restriktiver
zu sein.

Die Entscheidung zum Umschwung im Innern trafen die Wähler am 16. November 1925. Die bisherige Regierungskoalition erlitt eine Niederlage, denn die tschechoslowakischen Sozialdemokraten verloren drei Fünftel
ihrer Wähler, die meist zu den Kommunisten gewechselt
hatten; die bürgerlichen Parteien waren über die Sprachgrenze hinweg gestärkt worden, jedoch hatte die intransi-

gente Nationaldemokratie unter Kramář viele Stimmer eingebüßt; eine Regierungsbildung nur aus tschechischer Parteien war damit rechnerisch unmöglich. Auf sudeter deutscher Seite schied der Sprecher der Negativisten Lodgman von Auen, nach seiner Wahlniederlage aus der Politik aus. Dies eröffnete der Politik neue Möglichkeiter denn angesichts der labilen Lage des neuen Kabinetts ur ter Švehla (9. Dezember 1925), in dem die Parteien diam tral gegeneinander gerichtete Positionen vertraten, rück die Notwendigkeit in den Vordergrund, die sudetendeu schen Bürgerlichen an der Regierung zu beteiligen. In geheimen Vorgesprächen fanden die Agrarier und d Christlich-Sozialen im Frühjahr 1926 über die Sprachen grenze hinweg eine Lösung, gemeinsame Interessen einem Junktim zu bündeln: Für die agrarische Wähler schaft wurde eine Erhöhung der Agrarzölle ins Auge ge fasst, für die Klerikalen die Einführung einer staatliche Priesterbesoldung (Kongrua). Allerdings war eine Regie rungsbeteiligung der Sudetendeutschen nur möglich, wer sie sich vorher bedingungslos auf den Boden des Staate stellten und eine Loyalitätserklärung abgaben. In diese Frage bestanden zwischen ihnen tiefgehende Meinungsur terschiede, die dazu führten, dass die Parteiführer der I redentisten (»Negativisten«) und jene der Opportuniste (»Aktivisten«) in Berlin vorsprachen, um durch eine Me nungsäußerung der deutschen Regierung gewissermaße »geschoben« zu werden. Dies lehnte Stresemann aber ein deutig ab. Nach heftigem öffentlichen und parlamentari schen Streit wurden die Regierungsvorlagen am 12. Jur 1926 in der Abgeordnetenkammer durch die neue »Zoll mehrheit« gebilligt. Damit war der Weg für die erste über nationale Regierung in Prag frei, die am 12. Oktober 192 unter Švehla vereidigt wurde.

Diese Regierungsbildung war von grundsätzlicher Be deutung. Die beiden sudetendeutschen Minister – de Agrarier Prof. Dr. Spina für öffentliche Arbeiten und de

Christlich-Soziale Prof. Dr. Mayr-Harting für das Justiz-
ressort – hatten wichtige Ämter erhalten. Sie hatten für
den Eintritt in die Regierung keine formellen Zusagen für
eine Erleichterung der Lage der Sudetendeutschen erlangt,
aber Švehla hatte versprochen, »berechtigte Forderungen«, wie Fragen der Schulen, der Bodenreform und des
Beamtenabbaus, zu berücksichtigen. Das wichtigste Ergebnis lag darin, dass beide Seiten ihre Extrempositionen
aufgegeben hatten: Der Anspruch, ein tschechoslowakischer Nationalstaat zu sein, war durch die Aufnahme sudetendeutscher Minister in die Regierung widerlegt; bis
zum Frühjahr 1938 sollten nun Sudetendeutsche in der
Regierung des Staates verbleiben, wenn auch mit wech-
selnder Parteizugehörigkeit und in verschiedenen Ressorts. Für die Sudetendeutschen bedeutete der Beitritt zur
Regierung den Abschied von dem Selbstverständnis einer
schwachen und schutzlosen Minderheit, die gegen ihre
Unterdrückung« auf Hilfe von außen angewiesen sei;
weil sich kein nennenswerter Widerstand regte, kann man
von einer weitgehenden Zustimmung der sudetendeutschen Bevölkerung zu einem friedlichen Zusammengehen
mit den Tschechen ausgehen und von der Bereitschaft,
sich als deutschsprachiger Teil des Staatsvolkes der ČSR
zu verstehen. Die Konsolidierung des Staates und die nationale Versöhnung schienen erreicht, als auch die Slowakische Volkspartei im Januar 1927 die beiden ihr zugewie-
senen Ressorts übernommen hatte, Dr. Gažík als Minister
für die Slowakei und Dechant Dr. Tiso für Gesundheit.

Mit der Regierungsbeteiligung der sudetendeutschen
und der slowakischen Bürgerlichen traten die tieferen Gemeinsamkeiten in der politischen Kultur der Gesellschaft
an die Oberfläche, die bis dahin von den Extremen beherrscht worden war. Vom Anteil an der Regierung erwarteten die Anhänger der beteiligten Minister jeweils Vorteile für ihre Klientel: Gnadengesuche, Stellenbesetzung,
Vergabe von Lieferungen und Arbeiten durch staatliche

Stellen. Dieses paternalistische Denken war allgemeine Konsens einer Gesellschaft, die sich eher durch Persör lichkeiten als durch anonyme Institutionen repräsentie sah. Die wichtigen Personen kannten und belauerten ein ander lebenslang; sie wussten Loyalität durch subtile Ver günstigungen und Korruption zu sichern, indem jeder, de dem inneren Kreis der Macht angehörte, Vorteile erhiel Konflikte und Gesetzesverstöße wurden nach außen ge leugnet und – wenn nötig – nach innen leise, auch m Hilfe eines Spezialfonds des Staatspräsidenten, bereinig Jene, die an diesem System nicht teilhatten, standen vc einer Mauer, die sie umso erbitterter berannten, als sie u deren Existenz zwar wussten, sie aber nicht beweise konnten. Kleinliche Schikanen und Hakeleien vertiefte die Verbitterung der Außenstehenden. Vieles am politi schen Alltag der ersten Tschechoslowakischen Republi erinnert trotz aller Modernität des Staates an das alt Österreich.

Völlig anders als in Österreich war jedoch die Stellun der Kirche im Staat. Masaryk, der 1880 aus der katho lischen Kirche ausgetreten war, hatte auf eine Tren nung von Kirche und Staat gedrängt; die Beteiligung de »Klerikalen« an allen Koalitionsregierungen hatte abe Kompromisse erzwungen. So waren zwar bereits 1919 di Zivilehe, das Recht auf Scheidung und der »Kanzelpara graph«, der politische Äußerungen bei kirchlichen Hand lungen verbot, eingeführt worden; der Verfassungstex beschränkte sich auf die Feststellung, dass die Glaubens und Gewissensfreiheit gewährleistet seien. Nichtsdesto weniger trennte in dieser Frage eine Bruchlinie die Tsche chen Böhmens von den übrigen Bevölkerungsgruppen Nachdem schon vor dem Weltkrieg eine kleine Grupp von tschechischen katholischen Priestern für Reforme eingetreten war, in denen die Messe in der Landessprach und die Wahl der Bischöfe sowie die Abschaffung des Zö libats gefordert worden waren, schwoll diese Bewegun

ch 1919 gewaltig an: Am 8. Januar 1920 gründeten vier-
g Priester eine »tschechoslowakische Nationalkirche«,
e bis 1924 auf eine Million Mitglieder in 150 Gemein-
n anwuchs und zur zweitgrößten Religionsgemein-
haft im Lande aufstieg. Ein Teil ihrer Anhänger wandte
ch jedoch von dieser Kirche ab und suchte die Anleh-
ng an die orthodoxe Kirche Serbiens. Daneben war
ne große Welle von Austritten aus der katholischen Kir-
he festzustellen, die mit einer Zahl von über 700 000
onfessionslosen – berechnet auf die Gesamtbevölkerung
einen europäischen Rekord erreichte. Dies betraf aber
eder die Sudetendeutschen noch die Slowaken und nur
nen geringen Teil der Mährer.

Die Leitung der katholischen Kirche war nach dem
msturz in die Hände tschechischer Geistlicher überge-
angen, und der Erzbischof Kordač von Prag versuchte
wischen den Fronten zu vermitteln, indem er die Kirche
us dem öffentlichen Leben weitgehend zurückzog. Das
erbot für Geistliche, ein Abgeordnetenmandat wahrzu-
ehmen, konnte aber nicht durchgehalten werden, weil
ie vorwiegend mährische Volkspartei von Monsignore
Dr. Šrámek und die slowakische Volkspartei von dem
farrer Andrej Hlinka geleitet wurden. Da die antikirch-
che »Los-von Rom«-Bewegung stark tschechisch-natio-
ale Züge trug und den Magister Jan Hus zu einem Natio-
alhelden stilisierte, kam es in der Frage eines Nationalfei-
rtags für Hus am 6. Juli 1925 zu einem Eklat, als auf der
Burg« die Kelchfahne der Hussiten aufgezogen wurde.
Der Nuntius verließ Prag unter Protest, und die offiziellen
Beziehungen zum Vatikan vereisten bis 1928, als in der
ngleichung der Diözesangrenzen an die Staatsgrenzen,
ei der Ernennung der Bischöfe und in anderen strittigen
Fragen ein Modus Vivendi gefunden wurde. Trotz der
Verluste der katholischen Kirche von fast zwei Millionen
Gläubigen blieb die überwiegende Mehrheit der Bevölke-
ung katholisch: bei den Tschechen in Mähren 89 %, in

Böhmen 71 %, bei den Slowaken 76 % und den Sud
tendeutschen 93 %. Die Mitglieder der evangelischen K
chen, die sich entlang den Sprachgrenzen organisiert h
ten, waren in Lutheraner, Calvinisten, Brüdergemein
und kleinere Sekten fragmentiert und blieben politis
bedeutungslos.

Die Stabilität des Systems zeigte sich bei der Wiederwa
Masaryks zum Staatspräsidenten am 27. Mai 1927. Er e
rang im ersten Wahlgang mehr als die erforderlichen dr
Fünftel der Stimmen der anwesenden Mitglieder des A
geordnetenhauses und des Senats. Nur die Kommunist
hatten für einen eigenen, chancenlosen Kandidaten g
stimmt; 104 Stimmzettel blieben leer, die bei den Sudete
deutschen von den beiden Rechtsparteien stammten. D
Frontlinie verlief zu dieser Zeit eher zwischen den Link
parteien und den Bürgerlichen als zwischen den Natio
nalitäten. Selbst die tschechoslowakischen Sozialdem
kraten suchten die Nähe ihrer sudetendeutschen Geno
sen, und diese befürworteten die aktivistische Politi
Nachträglich erscheinen diese wenigen Jahre nach Loca
no als letzte Phase der Ruhe und des Wohlstandes, a
auch die Zahl der Arbeitslosen gegen Null tendierte. Le
der wurde zu dieser Zeit die Chance vertan, durch grund
sätzliche Änderungen im Staatsaufbau die Minderheite
zu gewinnen.

Die Parlamentswahl vom 27. Oktober 1929 brachte e
nen allgemeinen Linksruck, der die Sozialdemokraten z
Lasten der Kommunisten stärkte und der Regierungsk
alition die Mehrheit nahm. Der neue Ministerpräsiden
Udržal, der dem erkrankten Švehla nachgefolgt war, bil
dete wieder eine übernationale Regierung, in die nun di
beiden sozialdemokratischen Parteien eintraten, der di
sudetendeutschen und slowakischen Volksparteien jedoc
nicht mehr angehörten. Für die deutschen Agrarier über
nahm Prof. Dr. Spina nun das weniger bedeutende Minis

rium für Gesundheit, der Parteiführer der deutschen ozialdemokraten, Dr. Ludwig Czech, das Amt für die soiale Fürsorge.

Die slowakische Frage hatte Anfang Januar 1928 eine berraschende Brisanz erhalten, als der Generalsekretär er Volkspartei Prof. Dr. Tuka in einem Zeitungsartikel avon gesprochen hatte, 1918 sei in einem Geheimvertrag estgelegt worden, dass die Slowaken nach zehn Jahren ber ihren weiteren Verbleib im gemeinsamen Staate abimmen sollten; da dies nicht geschehen sei, bestünde ein echtloser Zustand (*vacuum juris*). Tuka hatte den Artikel elbst nicht ganz ernst gemeint und konnte kein entsprehendes Dokument vorlegen, aber in dem nachfolgenden rozess wegen Hochverrats wurde er nach fragwürdiger eweisführung am 5. Oktober 1929 zu fünfzehn Jahren Iaft verurteilt. Obwohl ihn der Parteiführer Hlinka zuor bereits hatte fallenlassen, zog er die slowakischen Miister aus der Regierung zurück und führte seine Partei in ie Opposition. In der Folge trat seine Partei mit etwa eiem Drittel der slowakischen Mandate als Befürworterin iner slowakischen Autonomie und als eigentliche Spreherin der Slowaken auf.

Kultur und Gesellschaft der ČSR

Die Phase der inneren Ruhe erlaubt einen Blick auf die Bedeutung der Kultur für die Gesellschaft der Tschecholowakei. Als Seismograph gesellschaftlicher Entwicklung kann besonders die Literatur dienen. Auf tschechischer Seite bedeutete der Weltkrieg eine Schwelle, denn nur wenige Literaten, die im alten Österreich eine führende Rolle n der national aufgeheizten Atmosphäre gespielt hatten, konnten dies in einer Phase des erfüllten Nationalismus fortsetzen. Über diese Schwelle reichen Bezruč und Hašek zurück, deren Grundideen bereits vorher fixiert worden

waren, obwohl ihre Werke erst danach ihre Wirkung en
falteten. Die junge Generation der Schriftsteller war ko
mopolitisch und besonders an der Literatur Frankreich
orientiert. Die größte Gruppe unter ihnen stellten d
»Linken«, deren Spektrum von allgemeiner sozialistische
Ausrichtung und christlicher Nächstenliebe (Jiří Wolke
1900–1924), über Anarcho-Syndikalisten (Stanislav Kos
ka Neumann, 1875–1947) bis zu mehr oder weniger linier
treuen Kommunisten reichte. Die »Linken« hatten in Pra
die Dichtervereinigung »Devětsil« (»Pestwurz«) gegründe
die 1922 einen gleichnamigen Almanach herausgegebe
hatte; daraus entwickelte sich der »Poetismus« als eine ge
nuin tschechische Richtung. Ihre Hauptvertreter ware
Vítězslav Nezval (1900–1958) und als Theoretiker Kar
Teige (1900–1951), die in den Jahren 1923 bis 1928 ihr
größte Ausstrahlungskraft erreichten. Sie wollten mit Op
timismus und Lebenbejahung die elementaren Schöp
fungskräfte des Menschen gegen Intellektualismus un
Konstruktivismus freisetzen, aber manche von ihnen lan
deten schließlich im dogmatischen »sozialistischen Realis
mus« der Stalinzeit.

Vertreter dieser »linken« Richtung fanden sich auch i
»Burg-Kreis« um den Präsidenten Masaryk, so wie diese
sich an dem »Freitagskreis« (*pátečníci*) der Brüder Čape
beteiligte. Gemeinsam war ihnen die positive Einstellun
zur neuen Republik und deren kritische Begleitung; a
journalistisches Sprachrohr erschien über viele Jahre hin
durch die Zeitschrift *Přítomnost* (»Gegenwart«) des Jour
nalisten Ferdinand Peroutka. Herausragender Vertrete
dieser Gruppe war Karel Čapek (1890–1938) mit seinen
ethischen Realismus, der in seinen Kriminalgeschichten di
menschliche Seite in den Verbrechern hervorhob und i
den *Gesprächen mit Masaryk* auch einer unkritischen Ver
ehrung des Präsidenten entgegengetreten ist; in hellsichti
ger Weise hat er sowohl die Vision des künstlichen Men
schen (von ihm stammt das Wort »Roboter« aus dem Dra

..a *R. U. B.*, 1920) wie die Kritik an der heraufkommenden
..arbarei des Nationalsozialismus in einer phantastischen
..atire formuliert (*Der Krieg mit den Molchen*, 1936); sein
..ruder Josef (1887–1945) hat Letztere in seinen Karikatu-
..en beißend entlarvt. Als dritte Richtung kann eine Gruppe
..enannt werden, die die Anregungen des *Renouveau ca-
..olique* in Frankreich mit tschechischem Nationalismus
..erband (Jaroslav Durych, 1886–1962) und manchmal die
..cheinbar heile Welt des christlichen Landlebens verherr-
..chte (»Ruralismus«).

Die Situation der deutschsprachigen Literatur war kom-
..lizierter, weil sich in ihr die veränderte politische Situati-
..n im neuen Staat widerspiegelte. Dies betrifft kaum jene
..'ertreter der Hochliteratur, die nur ihrer Herkunft nach
..em böhmischen Umfeld entstammten, aber ihren Le-
..ensmittelpunkt nach Wien oder nach Deutschland ver-
..egt hatten. Rainer Maria Rilke (1875–1926), Robert Musil
..1880–1942) oder der Kritiker Karl Kraus (1874–1936)
..varen eher durch ihre österreichische Tradition als ihre
..öhmische Kindheit geprägt. Große Literatur mit lokaler
..indung findet sich insbesondere in jenem Kreis, der aus
..er jüdischen Tradition der Stadt Prag stammte und sich
..n deutscher Sprache äußerte; Franz Kafka (1883–1924),
..ranz Werfel (1890–1945) und Max Brod (1884–1968) ge-
..ören hierher, wie der »rasende Reporter« Egon Erwin
..isch (1885–1948). Die im eigentlichen Sinne sudeten-
..eutsche Literatur findet sich größtenteils in einem selbst-
..enügsamen Provinzialismus von Autoren trivialer Hei-
..nat- und Grenzlandromane, in denen das Klischee der
..eilen Welt einer überschaubaren »Heimat« mit stereoty-
..en Wendungen gegen die Tschechen, die Großstadt Prag
..und die moderne Welt mit kräftigem deutschen Nationa-
..ismus verbunden wurde. Der Versuch, eine sudetendeut-
..sche »Stammesliteratur« zu beschreiben (Josef Nadler),
..musste schon deswegen scheitern, weil die Sudetendeut-
..schen untereinander nie eine politische oder kulturelle

Einheit gebildet hatten. Nichtsdestoweniger war die be
tonte Pflege von Lied, Tracht und lokalem Brauchtu
eine nationalpolitische Demonstration, die sich in de
dreißiger Jahren der »Blut-und-Boden-Romantik« des N
tionalsozialismus annäherte (Erwin Guido Kolbenheye
1878–1962). In scharfem Gegensatz dazu stand die Trad
tion des sprachübergreifenden »Bohemismus« mit seine
Bindung an die Stadt Prag (Johannes Urzidil, 1896–1970
der wegen des starken jüdischen Elements bei vielen Sude
tendeutschen in den Grenzgebieten auf Ablehnung stie
Aus diesem Kreis stammt eine Vielzahl von vermittelnde
Übersetzern zwischen beiden Kulturen, die eher die tiefe
ren Gemeinsamkeiten als die trennende »Kartellisierung
des sudetendeutschen Geisteslebens an der Oberfläche be
tonten.

Dies betrifft auch die unterschiedliche Inbesitznahm
der gemeinsamen Geschichte der böhmischen Länder. Au
tschechischer Seite stand der Präsident Masaryk in de
Tradition einer nationalpädagogischen Nutzung der Ge
schichte, in der er die besondere Beziehung der Tscheche
zu Demokratie und Humanismus postulierte und in sei
nen Reden popularisierte. Ihm widersprach mit stren
methodischem Ansatz Josef Pekař, der die Geschichtsbe
trachtung entmythologisieren wollte und etwa die Be
gründung der Bodenreform als Antwort auf die Enteig
nungen nach der Schlacht am Weißen Berg scharf ablehn
te. Sudetendeutsche Historiker betonten dagegen de
deutschböhmischen Anteil an der Geschichte des Landes
manche von ihnen, wie Eduard Winter (1896–1982) un
Josef Pfitzner (1901–1945), wandten sich später dem Na
tionalsozialismus zu. Angesichts einer deutschsprachige
Bevölkerung von etwa 41 000 im Jahre 1930 in Prag und
einer tschechischen von etwa 800 000 ist es unverständlich
dass Beziehungen zwischen den beiden Universitäten de
Stadt kaum bestanden. Es wurde auch immer wieder de
Wunsch geäußert, die deutsche Universität in die Provinz

adt Reichenberg zu verlegen. Der Streit um die Insignien
er alten Karlsuniversität, in deren Verlauf 1918 der deut-
hen Universität die Rechtsnachfolge abgesprochen wor-
en war, endete 1934 nach Straßenkrawallen damit, dass
ie deutsche Seite Kette und Szepter des Rektors heraus-
eben musste.

Für die Bühnenkunst war Prag das tschechische Zen-
rum, das sich weltoffen und vielseitig darstellte. Das Na-
onaltheater bot die offizielle und traditionelle nationale
epräsentation mit Oper und Schauspiel. Daneben exis-
erten zahlreiche kleinere Theater, in denen die Gedanken
er Zeit aufgenommen und weiterentwickelt wurden; die-
e reichten von der proletarischen Kunst für die Massen
is zur Avantgarde, im Repertoire von der beliebten Ope-
ette bis zur klassischen Kunst. Herausragend wurde das
Befreite Theater« (*Osvobozené divadlo*), das 1925 ge-
ründet wurde, aber mit dem ersten Auftritt von Jiří Vos-
ovec und Jan Werich 1927 seine eigentliche Form fand;
eitkritische Komödien wechselten sich mit improvisier-
em politischen Kabarett ab, was von der Musik des Kom-
onisten Jaroslav Ježek wirkungsvoll unterstrichen wurde.
Der große Erfolg bis 1938 gründete nicht zuletzt darin,
lass hier der »kleine Mann (*obyčejný člověk*) angespro-
hen wurde. Das sudetendeutsche Theater besaß zwar in
Prag eine eigene Oper und ein Schauspielhaus, aber die
Provinz wurde nur durch Theater an der Armutsgrenze
ind durch Wanderbühnen erreicht.

Die Musik und die bildende Kunst hatten einerseits am
meisten von der Tradition des Bohemismus bewahrt, wa-
en andererseits am stärksten in die internationale Szene
eingebunden. Dies hatte auf sudetendeutscher Seite einen
steten Abfluss von Talenten zur Folge – z. B. machte der
Prager Oskar Kokoschka (1886–1980) seine Karriere in
München –, gestaltete aber Prag zu einem nationalen Aus-
strahlungszentrum – z. B. der Jugendstil von Alfons Mucha (1860–1939). Während in der tschechischen Musik

Leoš Janáček (1854–1928) eine Verbindung von Volkswe
sen mit modernen Formen suchte und Bohuslav Martir
(1890–1959) als profilierter Vertreter der Moderne gelte
kann, stand auf Seiten der Sudetendeutschen die Volksm
sik im Zentrum des Interesses, die in den zwanziger Ja
ren insbesondere in der Jugendbewegung (Staffelstei
Quickborn) ihre Heimat fand.

Gefährdung und Untergang des Staates

1929	24. Oktober: Beginn der Weltwirtschaftskrise
1935–1938	Staatspräsident Edvard Beneš (bis 5. Oktober 1938)
1938	29./30. September: Münchner Abkommen
	22. November: Tschecho-Slowakei
1939	16. März: Protektorat Böhmen und Mähren
1942	27. Mai: Attentat auf Heydrich
1943	12. Dezember: sowjetisch-tschechoslowakischer Freunc schaftsvertrag
1945	8. Mai: deutsche Kapitulation in Prag

Die große Weltwirtschaftskrise begann am »Schwarze
Freitag«, 24. Oktober 1929 an der Börse von New York
als die aufgeblähten Kurse ins Bodenlose stürzten. Di
direkten Folgen mit dem Zusammenbruch von Banke
erreichten die Tschechoslowakei erst relativ spät, abe
die indirekten Folgen bewirkten den Einbruch des Ex
ports und damit der Industrieproduktion, die im Jahr
1933 nur noch sechzig Prozent des Wertes von 1929 be
trug. Die Arbeitslosigkeit kletterte im Winter 1932/33 au
über 920 000; aber nicht die dadurch bewirkte Not de
Bevölkerung war das größte Problem, sondern die unglei
che Verteilung zwischen den Bevölkerungsgruppen. Wäh
rend die Landwirtschaft in den tschechischsprachier
Gebieten relativ glimpflich davonkam und die Eisen-

Maschinen- und Bauindustrie von staatlichen Interventionen profitieren konnte, war die Konsumgüterindustrie in den deutschbesiedelten Gebieten ungleich härter betroffen: Von den Arbeitslosen waren rund zwei Drittel Sudetendeutsche, was den Verdacht nährte, dass die Krise von den Tschechen für nationalpolitische Zwecke missbraucht würde. Die wachsende Not und dieser Verdacht stärkten die radikalen Kräfte auf der Linken und der Rechten.

Unter diesen Bedingungen sank die Zustimmung zu den Parteien, und an ihre Stelle traten überparteiliche »Bewegungen«, die »völkische« Ideen vertraten. Jugendorganisationen, wie der »Wandervogel« und kirchliche Gruppen, Schutzvereine, Kameradschaftsbund und Turnvereine, die mit Volksliedern und Ritualen ein Gemeinschaftsgefühl förderten, waren die Vorstufe einer Sammlungsbewegung des gesamten »Sudetendeutschtums«. Die Stimmung der Bevölkerung schlug in eine nationale Konfrontation um. Im Februar 1930 hatte eine kleine Gruppe tschechischer Faschisten um den ehemaligen General Gajda die Straße aufgehetzt, ein Sokol-Kongress in Eger mit provokativen Äußerungen heizte im Juni die Stimmung weiter auf, im September wuchsen Proteste gegen die Vorführung deutscher Tonfilme in Prag zu Straßenkrawallen an. Der schwache Regierungschef Udržal versuchte durch Gerichtsverfahren die Ruhe wiederherzustellen: Gajda wurde verurteilt, der nationalsozialistisch orientierte »Volkssport« – eine Jugendorganisation nach Art der SA – wurde 1932 verboten und seine Funktionäre 1933 zu Haftstrafen verurteilt. Am 21. Oktober 1932 trat Udržal von seinem Amt zurück; seine Nachfolge übernahm der farblose Präsident des Abgeordnetenhauses, Jan Malypetr. Die ökonomische Krise, in die der Staat schuldlos gestürzt war, hatte gezeigt, wie brüchig das Eis einer nationalen Verständigung in Wirklichkeit war.

Die größte Gefahr drohte dem Staat aber mittlerweil von außen. In Deutschland hatte die Wirtschaftskrise m' über sieben Millionen Arbeitslosen die Grundlagen de schwachverankerten Demokratie tief erschüttert und di Extreme auf der Rechten und der Linken gestärkt, di das Land in Straßenkämpfen bis an den Rand des Bür gerkrieges trieben. Die Ernennung Hitlers zum Reichs kanzler am 30. Januar 1933 entsprach der Stimmung de Mehrheit der Bevölkerung, einerseits die »Schmach« vor Versailles zu tilgen, andererseits in einer »nationalen Erhe bung« im Innern für Ruhe und Ordnung zu sorgen, zu deren Störung die braunen Kohorten selbst am meiste beigetragen hatten. Auf die Sudetendeutschen musste die in mehrfacher Weise anziehend wirken: Ein charismati scher »Führer« statt vieler streitender Parteivorsitzender eine nationale Sammlungsbewegung statt Parteienvielfalt Stolz auf »deutsche Leistung« statt hilfloser Verteidigung gegen kleinliche Schikanen durch die Behörden, wirt schaftlicher Aufschwung durch energische Maßnahmer statt Notverordnungen für Teillösungen. Dieses Geflech von Motiven erklärt wohl mehr die kommende Wendung als die Suche nach ideologischen Gemeinsamkeiten zwi schen den »Hakenkreuzlern« und der DNSAP, obgleich auch diese bestanden.

Hitlers Pläne nur aus seinen Tageserklärungen deuten zu wollen greift zu kurz, denn seine Absichten, die er in seinem Buch *Mein Kampf* aufgedeckt hatte, konnte er erst nach Festigung seiner Macht und dem Aufbau einer schlagkräftigen Armee deutlich – und zunächst auch nur intern – äußern, ohne dass damit eine Planung in aller Einzelheiten unterstellt wird. Die »Revision von Versailles« erscheint danach als Vorstufe einer Politik, die der »germanischen Rasse« die Vorherrschaft in Europa und die Gewinnung eines »Lebensraums« auf Kosten der slawischen Nachbarn im Osten sichern sollte. Dass z. B. der rassisch begründete Antisemitismus zu einer systematichen Vernichtung der Juden führen würde, hätte wohl niemand von jenen geglaubt, die in der Ablehnung der Juden und eventuell in dem Wunsch nach deren Ausschaltung aus dem kulturellen und wirtschaftlichen Leben durchaus mit den Nationalsozialisten sympathisierten. Hitlers erste politische Schritte waren auch durchaus geeignet, ihm in der Öffentlichkeit Zustimmung zu bringen: Herstellung der inneren Ruhe durch die »Gleichschaltung«, wobei die »Gegner« in Konzentrationslagern eingekerkert wurden; Einbindung der »Bewegung« in die preußische Tradition im »Tag von Potsdam« (21. März 1933); Verbot von konkurrierenden Parteien und Gewerkschaften (seit Mai 1933); Abschluss eines Konkordates mit dem Vatikan (Juli 1933), das ihn als geachteten Staatsmann erscheinen ließ; Austritt aus dem Völkerbund, der vielen als hilflose Institution galt (Oktober 1933); schließlich 1934 der »Nichtangriffspakt« mit Polen, das bis dahin als »unerträglicher Nachbar« gegolten hatte. Mit all diesen Erfolgen mochte Hitler den Sudetendeutschen in ihrer Mehrheit als der ersehnte »Retter von außen« erscheinen, ohne dass sie geahnt hätten, dass sie in Hitlers Augen nur ein Werkzeug seiner Politik waren.

Der Außenminister Beneš wusste um die Gefahr, glaubte sich aber im Bündnis mit den Alliierten stark genug, sich ihr widersetzen zu können. Schließlich hatte er 1931 die Pläne einer Zollunion zwischen Deutschland und Österreich vereitelt und 1932 den französischen Plan einer stärkeren Bindung der Donaustaaten untereinander abgewehrt. Die Anerkennung der Sowjetunion (Juni 1934) und der Abschluss eines Defensivbündnisses (1935) in einer komplizierten Form der Abhängigkeit vom Bündnis mit Frankreich entsprach seiner alten und bisher bewährten Form politischen Denkens. Aber die Verhältnisse waren komplizierter geworden: Einerseits war die Tschechoslowakei der letzte Hort der Demokratie in Mitteleuropa, der bald nach der »Machtergreifung« Hitlers zahlreiche

Flüchtlinge – Sozialdemokraten, Kommunisten, Intellek
tuelle und Juden – aus dem »Reich« aufnahm und dadurc
den Zorn Hitlers hervorrief, der seine Propaganda intensi
vierte, andererseits saßen die Gegner bereits im Lande
Seit Gründung des Staates hatte es Bestrebungen auf Sei
ten der rechten Parteien der Sudetendeutschen gegeben, i
einer Sammlungsbewegung alle Kräfte über die Parteiin
teressen hinweg zusammenzufassen. Dabei waren die Zie
le keineswegs klar: Irredentismus, also die Abspaltung de
Sudetendeutschen von der Tschechoslowakei, wäre Hoch
verrat gewesen und konnte öffentlich nicht gefordert wer
den, außerdem waren die inneren Verhältnisse der Weima
rer Republik nicht gerade einladend; eine Autonomie und
weitgehende Selbstverwaltung der deutschbesiedelten Ge
biete hätte den Umbau des Staates in einen Bundesstaa
verlangt, den die slowakische Volkspartei zwar ebenfall
forderte, aber zusammen mit den Tschechen nie den Sude
tendeutschen und Magyaren zugestanden hätte; eine Mit
sprache am Staate hatte man mit der Regierungsbeteili
gung der »Aktivisten« bereits erreicht. Erforderlich wa
eine Änderung der Einstellung zum Staat, die Gleichbe
rechtigung und die Kenntnis der Sprachen; mit dem wach
senden Spracherwerb der Jugend schien die Gesellschaf
auf dem Weg zu einer inneren Integration.

Der Zeitgeist stand dieser Entwicklung jedoch entge
gen. Im Verlauf des »Volkssport-Prozesses«, angesichts
von Verhaftungen und Hausdurchsuchungen und wegen
des passiven Verhaltens der deutschen Minister in der Re
gierung wuchs die Zustimmung für eine Sammlungsbewe
gung, die der 35-jährige und weitgehend unbekannte Turn
lehrer Konrad Henlein aus Asch zum 1. Oktober 1933
als »Sudetendeutsche Heimatfront« ausrief. Aus eigenem
Entschluss, wie er behauptete, hatte er das allerdings nicht
getan. Er stand dem »Kameradschaftsbund« nahe, der sich
auf die ständisch-katholischen Ideen des österreichischer
Soziologen Othmar Spann berief, und er unterhielt auch

Kontakte zur DNSAP, ohne dass man zweifelsfrei feststellen könnte, dass er die nationalsozialistische Ideologie übernommen hätte. Zwar waren alle diese rechten Ideologien irgendwie miteinander verschränkt, ihre Vertreter einander aber oft spinnefeind; als die DNSAP sich im Oktober 1933 nach einem Verbotsantrag selbst auflöste und ihre führenden Vertreter als Emigranten nach Berlin gingen, haben sie dort zwar eine Versorgung gefunden, aber auf Anweisung Hitlers nie leitende Stellen in der Politik erhalten. Ein schlüssiger Beweis, dass Henlein von Anfang an im Auftrage Hitlers handelte, konnte nie erbracht werden; allerdings sind bereits vor 1933 Kontakte belegt und im Winter 1933/34 auch geringe Geldzahlungen zur Deckung von Anwaltskosten und für humanitäre Hilfe aus Berlin geflossen; den Erfolg Henleins unter den Sudetendeutschen erklärt dies indes nicht.

In seiner Erklärung zur Gründung der SHF forderte Henlein »die Zusammenfassung aller Deutschen in diesem Staat« und stellte sich selbst an die Spitze der Bewegung, die das »engherzige Parteiwesen« überwinden wollte. Nichts hatte den selbsternannten »Führer« Henlein zu dieser Rolle prädestiniert, aber er fand schnell die Unterstützung der sudetendeutschen Nationalsozialisten, die nach dem Verbot ihrer Partei die innere Organisation der neuen Bewegung trugen; der bisher unpolitische Henlein war auch in der Weise »typisch« für das sudetendeutsche »Volk«, als seine Mutter aus einer tschechischen Familie stammte. In der Folgezeit musste Henlein mehrere konkurrierende Strömungen in seiner Bewegung zusammenhalten und in seiner Beziehung zu Parteistellen im »Reich« einen Slalom zwischen den verschiedenen offiziellen oder selbst ernannten Ratgebern fahren; in seiner Stellung zur Regierung in Prag schwankte er zwischen den Erwartungen seiner Anhänger, die ein radikales Auftreten verlangten, und dem öffentlichen Bekenntnis zur Demokratie, um dem möglichen Verbot seiner »Bewe-

gung« zu entgehen. Daher liegt über all seinen Äußerun
gen der Loyalität ein Schleier von Unaufrichtigkeit, de
noch durch spätere Rechtfertigungsversuche verstärk
wird, in denen er ein frühes Bekenntnis zum Nationalso
zialismus behauptete und von dessen erzwungener Tar
nung sprach. Dieser Spagat wurde in seiner Programmre
de deutlich, die er am 21. Oktober 1934 in Böhmisch
Leipa / Česká Lípa hielt, in der er die Sudetendeutsche
zum einen »als Bestandteil des großen deutschen Vol
kes« erklärte, zum anderen aber hervorhob, dass sie di
»Pflichten als Staatsbürger treu und ehrlich erfüllt« hätter
Eine substantielle Distanzierung vom Nationalsozialismu
fehlte.

Im Frühjahr 1935 wurden Wahlen zur Nationalver
sammlung ausgeschrieben. Mehrfach war die »Bewegung
von Verbotsanträgen der Regierung bedroht, die durc
Einspruch von tschechischen und sudetendeutsche
Agrariern abgewendet werden konnten, aber Henlei
musste seine »Front« in »Sudetendeutsche Partei« umbe
nennen, die dann durch eine Intervention Masaryks zu
Wahl zugelassen wurde. Sein Dankesschreiben an de
Staatspräsidenten in dieser Angelegenheit kann als ei
Muster für Heuchelei gelesen werden. Zur Wahlvorberei
tung flossen nun beachtliche Geldsummen aus Berlin i
die Kasse der SdP, und auch für die ständigen Organisati
onsarbeiten wurden monatliche Zahlungen geleistet. Di
SdP konnte davon profitieren, dass die wirtschaftliche
Not im Jahre 1934 den Höchststand erreicht hatte und
die Regierungsmaßnahmen im deutschbesiedelten Gebie
noch nicht griffen; außerdem hatte Ende 1934 der Strei
um die Universitätsinsignien in Prag zu Studentenunruhe
geführt. Nach heftigem Wahlkampf gegen die Regierungs
parteien – die sudetendeutschen Agrarier und Sozialdemo
kraten –, der mit Verdächtigungen, Polemik und Gewal
geführt wurde, errang die SdP einen unerwarteten Erfolg
Von 66 Mandaten für die sudetendeutschen Parteien er

hielt die SdP 44; an Wählerstimmen überholte sie die stärkste tschechoslowakische Partei, die Agrarier, die jedoch im Parlament ein Mandat mehr bekam. Bei diesem Triumph der »Nationalen« darf man nicht vergessen, dass die demokratischen Parteien trotz aller Drohungen, Schikanen und Verdächtigungen bei der Kandidatenaufstellung mit einem Drittel der sudetendeutschen Mandate etwa so abgeschnitten hatten wie die slowakischen Autonomisten unter Hlinka, die bald die Vertretung aller Slowaken beanspruchten.

Im neuen Kabinett unter Malypetr vom 3. Juni 1935 saßen wieder zwei sudetendeutsche Minister, wobei der Agrarier Spina jedoch sein bisheriges Ressort (Gesundheit) an den Sozialdemokraten Czech hatte abtreten müssen und ohne Portefeuille blieb. Henlein, der sich selbst um kein Mandat bemüht hatte, bot vergebens seine Beteiligung an der Regierung an, zeigte zugleich aber seine »demokratische« Einstellung, indem er vor der Vereidigung der Abgeordneten im Parlament seine Anhänger zu einem Treuegelöbnis ihm gegenüber zwang. Die Parallele zu dem gleichen Vorgehen Hitlers im Jahre 1932 war offensichtlich. Die Leitung der SdP im Parlament übernahm der gescheiterte Buchhändler Karl Hermann Frank, der bald zum bösen Geist der Partei aufstieg.

Im Vorfeld des erwarteten Rücktritts des 85-jährigen Staatspräsidenten Masaryk kam es im Herbst 1935 in Prag zu einem Personalrevirement. Malypetr wechselte auf den durch Tod des bisherigen Inhabers vakanten Sessel des Parlamentspräsidenten, sein Nachfolger als Ministerpräsident wurde der wendige, aber auch umstrittene slowakische Agrarier Hodža (5. November 1935). Masaryk legte am 14. Dezember 1935 sein Amt nieder und empfahl Außenminister Beneš als seinen Wunschkandidaten, der am 18. Dezember mit 340 von 440 Stimmen – quer durch die Nationalitäten – im ersten Wahlgang Erfolg hatte; die SdP hatte leere Stimmzettel abgegeben. Auf den charisma-

tischen »Vater der Nation« folgte damit sein Schüler und
langjähriger Vertrauter, dem niemand Fleiß und intellektuelle Redlichkeit absprechen konnte, dem aber Ausstrah-
lung und manchmal die Überparteilichkeit in nationalen
Fragen fehlten. Auf seinem ureigenen Feld der Außenpolitik hatte Beneš im Mai den Vertrag mit der Sowjetunion
abgeschlossen, aber im Monat seiner Wahl musste er sehen, dass mit dem Auftreten Henleins in London, wo dieser am 9. Dezember 1935 vor dem exklusiven Kreis des
Chatham House (Royal Institute of International Affairs)
einen Vortrag gehalten hatte, das Sudetenproblem einer
Internationalisierung zustrebte. Henlein hatte dort behauptet, in keinerlei Beziehungen zur deutschen Regierung zu stehen; er wolle eine »höchst vernünftige Politik«
im Rahmen der tschechoslowakischen Verfassung betreiben und sehe in einer Abtrennung der deutschbesiedelten
Gebiete des Staates keine Lösung der gegenwärtigen Probleme. In einer Mischung aus Lügen, Halbwahrheiten und
Drohungen hatte Henlein den Spaltpilz gesetzt, der durch
das wachsende Verständnis in einem Teil der britischen
Öffentlichkeit für die Klagen der Sudetendeutschen das
außenpolitische Sicherheitssystem der Tschechoslowakei
sprengen sollte.

Das Jahr 1936 brachte zunächst eine gewisse Stabilisierung, als im Februar Prof. Dr. Kamil Krofta als Vertrauter
von Beneš das Außenamt übernahm und dort für Kontinuität sorgte, im Juli schließlich die sudetendeutschen
Christlich-Sozialen der Regierungsmehrheit beitraten und
mit Zajíček (bis März 1938) einen dritten Ministerposten
besetzten. Auch die wirtschaftlichen Maßnahmen griffen
allmählich in den Randgebieten, etwa im Straßenbau; die
Arbeitslosigkeit sank dort bis 1938 um 45 %. Beneš versuchte durch Reisen in die Provinz und Reden in deutscher Sprache für die Republik Unterstützung zu finden.
In den sudetendeutschen Regierungsparteien meldeten
sich die »Jungaktivisten« zu Wort – der Sozialdemokrat

Wenzel Jaksch, der Agrarier Gustav Hacker und der Christlich-Soziale Hans Schütz –, fanden aber nicht die erhoffte Aufmerksamkeit in der Öffentlichkeit. In der SdP herrschte ein permanenter Richtungsstreit, der zwischen den Verfechtern einer innerstaatlichen Lösung, nämlich die Sudetendeutschen als »zweites Staatsvolk« mit weitgehender Autonomie auszustatten, und den Radikalen tobte, die mehr oder weniger offen den deutschen Nationalsozialismus unterstützten und einen Anschluss an das »Reich« forderten. Dies öffnete die Partei immer mehr für den Einfluss von außen, der Ende 1936 mit der Einschalung von SS und Staatspolizei und deren Netz von Spitzeln eine neue Dimension erhielt. Henlein war nur nach außen der unbestrittene Führer, der im Juni 1936 auf einer »Amtswaltertagung« in Eger mit 3506 gegen sechs Stimmen »wiedergewählt« wurde, obgleich er zuvor nie gewählt worden war; die Radikalen um Frank hatten längst die Organisation in ihrer Hand. Bis heute sind die mafiösen Strukturen von Geheimhaltung und Verschwörung, von Eitelkeiten und Machthunger der einzelnen Persönlichkeiten des disparaten Konglomerates der SdP ungeklärt, die vorgab, die Interessen aller Sudetendeutschen zu vertreten.

Dagegen versuchte die Regierung mit einem Beschluss vom 18. Februar 1937 Maßnahmen zur Entspannung der inneren Verhältnisse einzuleiten. Dies betraf die Verstärkung von Hilfen für die sudetendeutsche Wirtschaft und die Erhöhung der Zahl von Sudetendeutschen im öffentlichen Dienst, während die Frage einer Autonomie weiterhin ein Tabu blieb. Die Probleme lagen jedoch darin, dass die unteren Behörden des Staates im Sinne einer Konfrontation manche Maßnahme torpedierten und dass überhaupt die Zeit für ihre Durchsetzung nicht mehr reichte. In nachträglicher Betrachtung sind alle diese Bemühungen um einen innerstaatlichen Ausgleich von den extremen Repräsentanten beider Seiten bagatellisiert worden. Dage-

gen forderte Henlein die Einführung von »Volksschutzge
setzen«, denen zufolge die »Völker« des Staates als eigen
Rechtspersönlichkeiten der Regierung gegenüber getrete
und durch unabsetzbare »Sprecher« vertreten worden wä
ren; die Sudetengebiete wären damit zu einem von Natio
nalsozialisten beherrschten Staat im Staate geworden. Zö
gerliche Gespräche zwischen Hodža und Henlein in
Spätsommer 1937 nach dem Tode Masaryks (14. Septem
ber 1937) endeten mit dem »Zwischenfall von Teplitz
Schönau« am 17. Oktober, als Frank in einem Gerange
mit der Polizei geschlagen worden war und eine Propa
gandawelle gegen die »tschechische Brutalität« losbrach

Es ist bisher unmöglich, vor Ende 1937 einen direkter
Einfluss Hitlers auf die Entwicklung in der Tschechoslo
wakei zu belegen; zwar weiß man von Aktivitäten de
»Stellvertreters des Führers«, Hess, von der SS Himmler
und vom Amt Ribbentrop – des nachmaligen Außenminis
ters – und deren zahlreichen Mitarbeitern, aber diese wa
ren entweder mit mündlichem Auftrag oder in voraus
eilendem Gehorsam tätig, so dass Hitler die Entwicklung
abwarten konnte. Außer der heftigen Propaganda, die
1936 auf Veranlassung Goebbels' gegen den demokrati
schen Nachbarstaat als das »Flugzeugmutterschiff Sowjet
Judäas« angelaufen war, bleiben die Quellen stumm. Das
änderte sich am 5. November 1937, als Hitler in einer Be
sprechung in der Reichskanzlei seinen Generälen vortrug
dass vor einem Krieg mit Frankreich »die Tschechei und
gleichzeitig Österreich niederzuwerfen« seien. Die nach
dem anwesenden Oberst Hossbach benannte »Nieder
schrift« enthüllte seine Pläne, die in den »Jahren 1943/45«
umzusetzen seien, und rückte die bis dahin am Rande lie
gende Tschechoslowakei ins Zentrum seiner Planung. Von
Hitler hatte man bis dahin nur allgemeine Worte über die
Auslandsdeutschen gehört, aber konkret hatte er die Süd
tiroler seiner Verbindung mit Mussolini geopfert; nun
mehr reichte ihm Henlein aus eigenem Antrieb in einem

Brief vom 19. November 1937 das Werkzeug zum Ausein-
anderbrechen des Nachbarstaates. Darin behauptete er
zum einen, dass Beneš »die restlose Vernichtung des Sudetendeutschtums« plane, zum anderen, dass nur die SdP
einer »Verschweizerung« der Sudetendeutschen entgegen-
wirke, aber »ihr Bekenntnis zum Nationalsozialismus als
Weltanschauung und als politisches Prinzip tarnen« müsse. Hitler brauchte indes keine Ermutigung, denn in den
nächsten Monaten wurde der »Fall Grün« als Plan für
einen Angriffskrieg immer konkreter entwickelt.

Mit seiner Rede vom 20. Februar 1938 vor dem Reichstag machte Hitler sein Interesse an den »zehn Millionen
Deutschen« außerhalb Deutschlands öffentlich, indem er
in einer Mischung aus Lockung – auch England verfolge
ja seine Interessen – und Drohung den »deutschen Volks-
genossen« seinen »Schutz« versprach. Wie dieser aussehen
sollte, zeigte der Anschluss Österreichs an das Deutsche
Reich am 12./13. März 1938, der von der überwältigenden
Mehrheit der Österreicher stürmisch begrüßt wurde. Die
Tatsache, dass die Westmächte diesen Verstoß gegen die
Ordnung von Versailles klaglos hinnahmen, war für das
Schicksal der Tschechoslowakei ein schlechtes Omen. Die
Reaktion in Prag fiel unterschiedlich aus; während die
Tschechen die neue Lage wegen der fast vollständigen
Umklammerung ihres Staates durch das nationalsozialistische Deutschland als bedrohlich ansahen, rückten die bisherigen sudetendeutschen Regierungsparteien vom Staate
ab: Der Bund der Landwirte und die Christlich-Sozialen
riefen ihre Minister aus der Regierung ab und erklärten
ihren Eintritt in die SdP; der Sozialdemokrat Czech trat
ebenfalls zurück, führte seine Partei aber nicht in die Opposition gegen die Regierung. Damit war die Zeit der Gemeinsamkeiten zwischen den sudetendeutschen und den
tschechischen Parteien beendet. Aber es zeigte sich auch,
dass die Sudetendeutschen nicht mehr Herren ihres eigenen Geschicks waren, denn in einer Unterredung zwi-

schen Hitler und Henlein vom 28./29. März 1938 fasste
Henlein seinen Auftrag so zusammen: »Wir müssen also
immer so viel fordern, dass wir nicht zufrieden gestellt
werden können.« Alle folgenden Verhandlungen zwischen der SdP und der Regierung in Prag wurden damit
zur Farce.

Die folgenden Ereignisse des Schicksalsjahres 1938 lassen
sich auf drei Ebenen verfolgen: auf innerstaatlicher in den
Gesprächen zwischen der SdP und der Regierung, auf internationaler in den Bemühungen von Frankreich und
Großbritannien, den Frieden zu erhalten, und schließlich
mit bezug auf die nationalsozialistische Zielsetzung. Alle
drei Ebenen durchdringen einander, aber die jeweilige Ak-
zentuierung durch den Betrachter führt zu ganz unterschiedlichen Bewertungen.

Die Position der SdP skizzierte Henlein am 24. April
1938 im sogenannten Karlsbader Programm: Er forderte
die »Gleichberechtigung der deutschen Volksgruppe« mit
dem tschechischen Volk und deren Anerkennung als eigene »Rechtspersönlichkeit«, die Sicherung des »sudetendeutschen Siedlungsgebietes«, die Selbstverwaltung und
eigene Angestellte in diesem Gebiet, »Wiedergutmachung«
der Schäden seit 1918, sowie schließlich ein freies »Bekenntnis zum deutschen Volkstum und zur deutschen
Weltanschauung«. Aus sudetendeutschen Forderungen,
die zum Teil bereits erfüllt worden waren oder über die
man hätte verhandeln können oder die unerfüllbar schienen, waren unter der Hand bereits »deutsche« Forderungen geworden, deren Erfüllung die Nationalsozialisten zu
einem festen Bestandteil des tschechoslowakischen Staates
gemacht hätten. Die auf diesen Forderungen aufbauenden
»Verhandlungen« mit der Regierung und schließlich mit
dem Staatspräsidenten Beneš waren nur eine zynische Inszenierung und nicht auf einen Erfolg ausgerichtet; denn
als größte Gefahr galt, dass die Tschechen diesen Forde-

ungen hätten zustimmen können. Als Beneš schließlich unter ungeheurem Druck seiner Verbündeten am 5. September diese Bedingungen im sogenannten »vierten Plan« annahm, war die Verlegenheit groß, und Henlein zog die Notbremse, indem er nun die Parole ausgab, die Deutschen wollten »heim ins Reich«. Nach Terroraktionen und einem missglückten Aufstandsversuch von sudetendeutschen Freikorpsverbänden im Grenzgebiet und der Auslösung einer Propagandawelle gegen die »tschechischen Gräuel« blieb Henlein lieber gleich in Deutschland und löste seine Partei von dort auf. Wer über diese Verhandlungen der tschechischen Seite die Schuld zuweist, nämlich zu wenig und zu spät gehandelt zu haben, vergisst, dass es den Vertretern der SdP nur vordergründig um eine Revision der innerstaatlichen Ordnung seit 1918 gegangen war. Aber die Gleichsetzung von Sudetendeutschtum und Nationalsozialismus, die mit dem Sieg der SdP in den Gemeindewahlen Ende Mai / Anfang Juni vollzogen worden war, als die SdP – allerdings unter starkem Druck einer Zwangssolidarisierung – neunzig Prozent der sudetendeutschen Stimmen erhalten hatte, sollte sich noch bitter rächen.

Auf internationaler Ebene konnte Henlein seine ersten Erfolge in London ausbauen und dort wachsende Sympathie für seine Forderungen finden. Die britischen Vorbehalte gegen die Lösung von Versailles kamen dabei zum Tragen, ebenso wie die Schwächen der häufig wechselnden französischen Regierungen. Die leitenden britischen Politiker glaubten den Friedensbeteuerungen Hitlers oder sie taten zumindest so, wenn sie die sich steigernden Forderungen von einer innerstaatlichen Lösung bis hin zur Abtretung des Sudetenlandes mit Nachgeben und dem Angebot einer Vermittlung beantworteten. Die Gründe für diese Beschwichtigungspolitik (*appeasement*) werden teils in Naivität, teils in Inkompetenz, aber auch zum Teil in dem Bewusstsein, zu einer militärischen Antwort nicht bereit

und in der Lage gewesen zu sein, gesucht. Die Einzelschritte dieser Farce können in umfangreichen Untersu
chungen nachgelesen werden: Die Gespräche Henleins i
London mit dem Außenminister Halifax, die Entsendun
von Lord Runciman als »Vermittler« zwischen der Sd
und der Regierung (3. August bis 11. September) sowi
weitere Aktionen mündeten schließlich in der gemeinsa
men ultimativen Forderung der französischen und der bri
tischen Regierung vom 20. September. Die tschechoslowa
kische Regierung hatte diese Entwicklung zur Katastro
phe nicht tatenlos hingenommen. Das Land verfügte über
eine gut ausgerüstete und disziplinierte Armee und hatt
die Grenze im Westen und Norden durch einen Festungs
gürtel geschützt. Auf Gerüchte von deutschen Truppenbe
wegungen in Grenznähe hatte Prag am 20. Mai 1938 di
Mobilisierung eines Jahrgangs der Armee und die Einbe
rufung von technischen Spezialisten angeordnet, um die
Verbände auf Einsatzstärke zu bringen. Sehr zum Erstaunen der Diplomaten waren auch die sudetendeutschen
und slowakischen Soldaten klaglos eingerückt. Von übelmeinenden Beobachtern sind diese Maßnahmen und die
folgende Pressekampagne der Tschechoslowakei als Kriegs
treiberei ausgelegt worden, die Hitler unnötig gereizt hätte. Dessen bedurfte es jedoch nicht; nach der Gemeinde
wahl hat Hitler jedenfalls am 30. Mai seinen »unabänderlichen Entschluss« zur Zerschlagung der Tschechoslowakei
in der endgültigen Fassung des »Falls Grün« festgelegt; im
Juni bestimmte er als Termin des militärischen Eingreifens
den 1. Oktober 1938.

In öffentlichen Äußerungen hatte sich Hitler im Verlauf
des Jahres 1938 zurückgehalten und seine Pläne nur seinen
Paladinen erläutert. Durch deren Aktionen hatte sich bei
den Westmächten, aber auch in der Tschechoslowakei die
Stimmung langsam verändert: Die Klagen der Sudetendeutschen schienen berechtigt, ein Staatsumbau notwendig und die tschechoslowakische Regierung zu langsam in

er Umsetzung von Reformen. Die Westmächte waren
ereit, Hitler in seinen Plänen weit entgegenzukommen,
m einen Krieg zu vermeiden, glaubten aber immer noch,
ass Hitler mit einem innerstaatlichen Ausgleich in der
ČSR zufriedenzustellen wäre. Im Lichte seiner weiterge-
enden Pläne der Gewinnung von »Lebensraum« für das
eutsche Volk und der Vorbereitung eines Krieges zur Er-
eichung des Zieles einer Herrschaft der »deutschen Ras-
e« war dies jedoch nur eine Etappe auf seinem Weg. In
einer Rede vor dem Reichsparteitag der NSDAP in
Nürnberg am 12. September griff Hitler in zynischer Wei-
e die Demokratie im Allgemeinen und die der Tschecholowakei im Besonderen an, indem er sie als Instrument
er Unterdrückung und Vergewaltigung der Minderheiten
eschimpfte und behauptete, »dieses Elend der Sudeten-
eutschen ist ein namenloses«. Als der englische Premier-
ninister Chamberlain überraschend am 15. September zu
einer Unterredung mit Hitler nach Berchtesgaden kam,
rfuhr er, dass die Sudetendeutschen angeblich der tschehischen Gräuel – er sprach von dreihundert Toten –
berdrüssig seien und er die Angelegenheit in kürzester
Zeit »so oder so« regeln werde. Nach hektischen Beratun-
en zwischen London und Paris legten beide Regierungen
ann Beneš am 20. September in ultimativer Form die
Bedingung vor, Gebiete mit mehr als fünfzig Prozent
eutscher Bevölkerung an Deutschland abzutreten; der
Reststaat sollte eine Garantie seiner Sicherheit erhalten.
Unverhüllt drohte die französische Regierung, bei einer
Weigerung Prags alle bestehenden Verträge als hinfällig zu
oetrachten. Unter dem ungeheuren Druck seiner Verbün-
deten musste die Regierung das Ultimatum annehmen; das
Sicherheitssystem der Tschechoslowakei war damit zu-
sammengebrochen, denn auch die Sowjetunion war ver-
traglich nur dann zum Eingreifen verpflichtet, wenn
Frankreich seine Verpflichtungen erfüllte. Das Opfer der
Hitlerschen Erpressung wurde damit belastet, an einem

eventuellen Krieg selber schuld zu sein. Bei Bekanntwe
den dieser Botschaft war die Empörung der tschechische
Öffentlichkeit unendlich: Nicht nur die deutsche Aggre
sion wurde beklagt, sondern mehr noch der Verrat durc
die Verbündeten. Der Ministerpräsident Hodža wurd
durch den populären General Syrový an der Spitze eine
»Regierung der nationalen Verteidigung« ersetzt und d
Mobilmachung angeordnet.

Als Chamberlain Hitler am 22. September in Godesber
die Kapitulation überbrachte, erlebte er zu seiner Überra
schung, dass auch dies Hitler noch nicht genügte, sonder
er sich zum Sprecher der ungarischen und polnischen Ge
bietsforderungen machte, außerdem weitere deutschbesie
delte Gebiete beanspruchte. Von einem Schutz jener Sude
tendeutschen, die sich nicht unter die deutsche Herrscha
begeben wollten, war keine Rede. Allerdings zeigte die all
gemeine Mobilmachung Prags am 23. September, dass Hit
lers Pläne allmählich auf Widerstand stießen. Hitler gri
nun in seiner Rede im Sportpalast am 26. September zu sei
ner bewährten Mischung aus Beruhigung und Drohung. E
beschuldigte Beneš, den er auch persönlich verunglimpfte
die Sudetendeutschen zu unterjochen und systematisch z
vertreiben – »heute 214 000« –, was nachweislich falsc
war; andererseits versprach er den Westmächten: »Es i
dies die letzte territoriale Forderung, die ich in Europa z
stellen habe.« Er sei am tschechischen Staat nicht interes
siert, und das werde ihm garantiert: »Wir wollen gar kein
Tschechen!«

Der letzte Akt dieses Dramas spielte in München, wo
sich die westlichen Staatsmänner Chamberlain und Dala
dier mit Hitler und Mussolini trafen, um die militärisch
Besetzung tschechoslowakischen Gebietes durch da
deutsche Militär abzuwenden, die Hitler für den 1. Okto
ber angekündigt hatte. Das Ergebnis der »Beratungen
war das Münchner Abkommen vom 29./30. September
1938, dessen erster Satz lapidar lautet: »Die Räumung be

innt am 1. Oktober.« Die tschechoslowakische Regierung war gar nicht beteiligt, als über das Schicksal ihres Landes entschieden wurde, denn ihre Zustimmung wurde mit der Annahme des Ultimatums vom 20. September vorausgesetzt. Chamberlain verkündete nach seiner Rückkehr nach London »den Frieden für unsere Zeit«; er sollte sich darin sehr täuschen.

Das Abkommen von München ist zu einem Symbol geworden; es steht für Kapitulation vor der Gewalt wider besseres Wissen und für feigen Verrat, der sich für alle Beteiligten bitter rächen sollte. »München« hinterließ fast nur Verlierer: Wer von den Sudetendeutschen darin die Erfüllung des Selbstbestimmungsrechtes sah, das ihnen 1919 verweigert worden war, verdrängte die Tatsache, dass nur wenige 1919 einen Anschluss an Deutschland gefordert hatten und dass zwischen 1926 und 1935 drei Viertel, seit 1929 vier Fünftel der Sudetendeutschen in der Regierung in Prag repräsentiert gewesen waren. In der Hysterie des Jahren 1938 war die Parole »Heim ins Reich« Allgemeingut geworden, obwohl – mit Ausnahme des Egerlandes – die böhmischen Länder nie Bestandteil des römischen und erst recht nicht des deutschen Reiches gewesen waren. Aus einem Vergleich der freien Presse im Lande und der nationalsozialistischen Hasspropaganda hätten die Sudetendeutschen die wahren Verhältnisse im »Dritten Reich« erkennen können, wenn sie sich nicht von Wunschvorstellungen hätten blenden lassen wollen. Die Regierung in Prag ist oft gerügt worden, dass sie nicht rechtzeitig eine Föderalisierung des Landes vorgenommen habe; dies hätte dem Staat den Charakter eines Nationalstaates genommen und an dessen Stelle ein Gebilde mit vielleicht sechs nationalen Untereinheiten geschaffen (Tschechen, Slowaken, Deutsche in den böhmischen Ländern und in der Slowakei, Ungarn, Polen und Ruthenen). Wo gab es dafür ein Beispiel und wie hätte das funktionieren können – unter den Bedingungen, dass überall Zonen

gemischter Bevölkerung zu finden waren? Voraussetzun
für die Fortexistenz des Staates war nicht eine Abgren
zung der ethnischen Gruppen, sondern deren Bereitscha
zum Zusammenleben. Aber dass es daran grundsätzlic
mangelte, ist in Zweifel zu ziehen, denn die Zahl der Ehe
über die Sprachgrenzen hinweg und die Sprachkenntniss
waren in den Jahren bis 1938 gewachsen. Es bestand ei
gewaltiger Unterschied zwischen einer »gefühlten Unter
drückung«, die durch Unvermögen oder Böswilligkeit i
kleinlichen Schikanen geschürt wurde, und dem Umfan
an politischen Rechten der Bürger im letzten demokrati
schen Staat Mitteleuropas.

Die Tschechen verloren mit »München« ihren Staat, de
die moderne Fortsetzung der »böhmischen Länder« gewe
sen war, und sie sollten bald noch mehr verlieren. Di
Schuld wird man dort finden, wo aus nationalem Über
schwang die Gefühle der anderen Nationalitäten nicht an
gemessen berücksichtigt worden waren, weil man aus de
Fehlern der früheren Herren – Deutschen und Ungarn –
nicht gelernt hatte, dass der an Zahl Stärkere auch in eine
Demokratie manchmal zurückstecken muss; nur unte
diesen Umständen funktioniert ja die Schweiz, die oft al
Beispiel herangezogen worden ist. Statt einzelnen Perso
nen in der Tschechoslowakei Schuld anzulasten – hie
wird immer auf Beneš verwiesen –, sollte man die Tragil
darin sehen, dass ein kleiner demokratisch regierter Staa
gegen einen großen Nachbarn mit seiner verbrecherischer
Politik keine Chance hatte.

Auch die Westmächte hatten verloren. Frankreich
konnte seine Vorherrschaft in Mitteleuropa allein nich
behaupten und war durch den Parteienstreit im Innern ge
lähmt. Großbritannien war wegen seiner weltumspannen
den Interessen zu einem Engagement zugunsten der Frie
densordnung in Versailles nicht bereit und bejahte unte
dem Druck der Diktatoren deren Revision. Damit schu
man aber keinen neuen Frieden, sondern ermutigte die

iktatoren, angesichts der Schwäche der Demokratien die
weiligen weitergehenden Herrschaftspläne umzusetzen.
en weitsichtigen unter den Politikern – etwa Churchill –
ar klar, dass der Konflikt nur zeitlich verschoben wor-
en war; vielleicht kann man hierin auch das einzig Positi-
e der Entscheidung von München sehen, weil die Ar-
een der Westmächte zu einem Krieg mit dem Deutschen
eich zu diesem Zeitpunkt noch nicht gerüstet waren. Die
schechoslowakei wurde dann zugunsten eines späteren
rfolgreichen Waffengangs geopfert. Als Hitler Polen ins
isier nahm, reagierte Großbritannien anders.

Für Hitler war »München« nur ein Etappensieg, denn
r wollte das ganze Land; die Frage einer Garantie des
eststaates verschwand bald von der Agenda. Die »Volks-
enossen« waren für Hitler nur ein Vorwand zum Zerbre-
hen des Nachbarstaates, nie Gegenstand besonderen In-
eresses. Er wollte keine Tschechen, jedenfalls nicht als
ürger des »Großdeutschen Reiches«, sondern höchstens
ür eine Übergangszeit als Arbeitssklaven, über deren wei-
eres Schicksal während des Krieges Pläne geschmiedet
urden.

ie Abtretung der Sudetengebiete war nur ein Teil der
mfangreichen territorialen Verluste der Restrepublik.
itler setzte die Räumung auch solcher Gebiete durch, die
eine deutsche Bevölkerungsmehrheit besaßen; von den
rsprünglich dort vorgesehenen Volksabstimmungen war
eine Rede mehr. Gleichzeitig mit den deutschen Forde-
ungen hatte Polen ultimativ die Abtretung Teschens ver-
angt und am 2. Oktober das Gebiet besetzt. Ungarn be-
nspruchte weite Gebiete der südlichen und östlichen
lowakei und erhielt sie durch den »Ersten Wiener
chiedsspruch« des deutschen und italienischen Außenmi-
isters am 2. November. Insgesamt verlor der Staat 41 000
m² von 140 000 km² an Fläche und mit 4,75 Millionen
Menschen rund ein Drittel der Bevölkerung. Darunter

waren etwa drei Millionen Sudetendeutsche, 500 000 Ur
garn und 100 000 Polen, aber auch 780 000 Tschechen un
290 000 Slowaken. Der größte Teil der Juden und vie.
Tschechen flohen in den Reststaat, so dass wohl an d
400 000 Tschechen zunächst in den Sudetengebieten ve:
blieben, aus denen bis 1945 immer wieder zahlreiche Pe:
sonen vertrieben wurden. Eine Ermittlung der Zahl jen(
Tschechen, die sich unter den neuen Verhältnissen a.
»Deutsche« ausgaben, dürfte kaum möglich sein.

Die Besetzung der Sudetengebiete durch die deutsch
Wehrmacht vollzog sich geordnet unter dem kollektive
Freudentaumel der überwältigenden Mehrheit der sude
tendeutschen Bevölkerung, die teils über den »Anschluss:
teils aber auch nur über die Vermeidung eines Krieg(
glücklich war. Gegner der Nationalsozialisten – Sozialdc
mokraten und Kommunisten – wurden als »Volksfeinde«
stigmatisiert und verfolgt; etwa 2500 kamen bis Jahresend(
in Konzentrationslager. Der Besitz der Juden wurde »ari
siert«, d. h. von den Städten übernommen; zwischen 150
und 2500 Juden verblieben wegen Alter und Krankheit i
den Gebieten und wurden später nach Theresienstad
deportiert. Die administrative Gestaltung der neuen seh
heterogenen Gebiete begann mit dem »Gesetz über di
Wiedervereinigung« vom 21. November 1938: Die alte:
österreichischen Bezeichnungen der Territorialverwaltun:
wurden durch »reichsdeutsche« ersetzt und deren Stelle
meist mit Beamten von außerhalb besetzt. Kleine und ab:
getrennte Gebiete wurden mit den angrenzenden Länder:
verbunden, wie Hultschin mit Preußen; der größte Tei
bildete seit dem 15. April 1939 den »Reichsgau Sudeten
land« mit der Hauptstadt Reichenberg. Seit dem 21. Ok
tober 1938 amtierte Henlein als »Reichskommissar«, nac
Bildung des Sudetengaus als »Reichsstatthalter«; als »Gau
leiter« war er seit dem 30. Oktober auch für die Organisa
tion der NSDAP zuständig, in die verdiente Mitgliede
der SdP aufgenommen werden konnten und einige i:

ührungspositionen aufrückten. Mit der Ergänzungswahl
zum »Großdeutschen Reichstag« am 4. Dezember 1938
und dem Ergebnis von 99 % Zustimmung zu den Kandidaten der NSDAP – bei zahlreichen belegten Fälschungen – war die Eingliederung der nun deutschen Staatsbürger der Sudetengebiete vollzogen und das jahrhundertelange Zusammenleben mit den Tschechen aufgekündigt.

Die neuen Reichsbürger merkten sehr rasch, dass der
neue Status vielfaltige Veränderungen mit sich brachte.
Zwar konnte bis Mai 1939 die Arbeitslosigkeit beseitigt
werden, aber an den Konsumgütern der sudetendeutschen
Industrie – die berühmten Gablonzer Glaswaren wurden
als »Mumpitzindustrie« verunglimpft – war Berlin weniger interessiert als an Rüstungsmaterial. Tief in das gesellschaftliche Leben griffen Maßnahmen des »Stillhaltekom-
missars« zur Gleichschaltung oder Auflösung von traditionellen Vereinen und Verbänden ein, deren Vermögen
die Partei übernahm. Die Versprechen zur Linderung der
Wohnungsnot wurden ebensowenig erfüllt wie solche zur
Förderung der heimischen Industrie. Im Gegenteil lockte
das »Altreich« Arbeitskräfte aus dem Sudetengau an, was
den Zuzug von Tschechen zur Aufrechterhaltung der Produktion zur Folge hatte. Schon im Oktober 1938 war
durch die Einführung der Reichsmark zu einem ungünstigen Kurs zur Krone ein Preisanstieg von dreißig Prozent
zu verzeichnen; die Einkäufe von Besuchern aus dem
»Altreich« fegten die Geschäfte leer; das allgemein bereits
niedrige Lebenshaltungsniveau sank weiter. Schon Ende
Januar 1939 war die Stimmung gekippt, die Ernüchterung
bereits der Enttäuschung gewichen. Die Sudetendeutschen, die an ihre kleinen Heimaten gewöhnt waren, blieben im großen Reich Fremde, deren »Reichsfeindschaft«
allmählich wuchs. Mit Beginn des Krieges wurde alles
noch schlimmer, weil alle Sonderhilfen gestoppt wurden;
die neuen Reichsbürger mussten wie die alten die Lasten
des Krieges tragen. Die Sudetendeutschen hatten mit

überwältigender Mehrheit für den Anschluss an d.
»Reich« gestimmt, aber die nationalsozialistische Diktat
mit allen Schrecken und Konsequenzen erhalten.

Im Windschatten der sudetendeutschen Entwicklung ve
schärfte sich im Sommer 1938 auch das slowakische Pro
blem. Nach der »Tuka-Affäre« 1928 war die Slowakisch
Volkspartei (*HSĽS*, SVP) in die Opposition gegangen un
hatte in konsequenter Polemik für eine Autonomie ge
worben. Auch der Aufstieg des »Regierungsslowaken
Hodža zum Ministerpräsidenten hatte Hlinka nicht daz
bewegen können, seine Mitarbeit an der Regierung wied
aufzunehmen. Aus Anlass des zwanzigsten Jahrestages de
Pittsburgher Abkommens verkündete die SVP ein Auto
nomieprogramm, das die Gleichberechtigung von Slowa
ken und Tschechen und die Berücksichtigung christliche
Grundsätze in der Politik forderte. Persönliche Animosi
täten der Parteiführer und ein Generationskonflikt ve
schärften den Streit; denn in der SVP versuchten Vertrete
der jungen Generation, die ihre Ausbildung in der ČS
erhalten hatten und nun in die Politik und die von Tsche
chen besetzten Stellen drängten, den Traditionalisten de
»Prälatenflügels« um Hlinka und Tiso mit radikalen For
derungen nach einer Unabhängigkeit der Slowakei de
Rang abzulaufen. Gespräche mit der Regierung verliefe
zäh und wurden erst durch den Tod Hlinkas am 16. Au
gust 1938 und die sich zuspitzende Lage beschleunigt. Di
Stimmung in der Slowakei hatte sich verändert, denn di
SVP vertrat nun wohl die Mehrheit der slowakischen Be
völkerung, die sich von den Tschechen dominiert und be
vormundet sah. Nach dem Münchner Abkommen bo
sich für den neuen Parteiführer Dr. Tiso die Möglichkeit
seine eigene Stellung durch den Zusammenschluss seine
Partei mit den anderen slowakischen Parteien zu stärke
und diese im Abkommen von Sillein (Žilina; 6. Oktobe
1938) auf eine Föderalisierung des Staates und die Bildun

iner slowakischen Regierung einzuschwören. Auf dieser Grundlage entstand eine Einheitspartei, die Außenstehende zu »Feinden und Verrätern an der Sache des Volkes« rklärte; mit der Usurpation der politischen Macht, der Einschränkung der Presse und der Aufstellung von militärischen Einheiten der »Hlinka-Garde« wurde der Grundtein zu einem autoritären System gelegt.

Die juristische Regelung erfolgte nach heftigem innenpolitischen Streit mit der Regierung in dem Verfassungsgesetz über die Autonomie des Landes Slowakei und der Karpatenukraine vom 22. November 1938. Neben die Institutionen des Gesamtstaates (Präsident, Regierung, Nationalversammlung) traten Landtage und Landesregierungen, die in einem komplizierten Verfahren in die Politik des Gesamtstaates eingebunden blieben, zugleich aber – z. B. in den Finanzfragen – einen Dauerkonflikt in die Regierung trugen. Der neue Zustand fand seinen Ausdruck in dem Staatsnamen »Tschecho-Slowakei« (Č-SR); wichtige Grundlagen der Demokratie waren bei dieser Regelung auf der Strecke geblieben, denn die Wahlen in die Landtage im Dezember fanden auf Grund von Einheitslisten statt.

Auch bei den Tschechen war die Demokratie nach dem Münchner Abkommen eine andere geworden. Der Staatspräsident Beneš hatte am 4. Oktober eine neue Regierung unter dem General Syrový ernannt und war dann am folgenden Tag zurückgetreten; am 22. Oktober ging er auf deutschen Druck hin ins Exil. Zum Staatspräsidenten wurde am 30. November der unpolitische Präsident des Obersten Verwaltungsgerichtes Dr. Emil Hácha gewählt, der den Agrarier Beran zum Ministerpräsidenten ernannte. Die Parteien wurden zu einer Partei der Nationalen Einheit zusammengefasst; die Regierung verkündete ein Ermächtigungsgesetz und begann eine antisemitische Propaganda; auf die Zerstörung des Staates von außen folgten die Auflösung der Demokratie und die Einrichtung eines

autoritären Systems im Innern. Aber auch dem veränder
ten Reststaat ließ Hitler keinen Raum zu eigener Gestal
tung, sondern bereitete dessen Ende vor. Gespräche mi
den Westmächten und der neuen Regierung über die ver
sprochene Garantie wurden verschleppt, wobei die Aus
richtung der tschechischen Außenpolitik auf das »Reich«
hin nicht honoriert wurde. Den äußeren Anlass für de
Schlussakt der »Erledigung der Rest-Tschechei« bot di
»slowakische Frage«, als die Regierung in Prag nach eine
Weigerung Tisos, eine Loyalitätserklärung abzugeber
diesen in der Nacht vom 9. auf den 10. März 1939 seine
Amtes enthob. In diese Krise griff die deutsche Propagan
da mit der Anzettelung von Unruhen und mit hefti
gen Angriffen auf die Tschechen ein. Hitler stellte Tiso i
einer Unterredung vor die Alternative, entweder bis zur
14. März die Unabhängigkeit der Slowakei zu verkünde
oder das Land unter die Nachbarn aufgeteilt zu seher
Der slowakische Landtag rief daraufhin am 14. März i
Pressburg den »selbstständigen und unabhängigen slowa
kischen Staat« aus. Den nach Berlin geeilten tschechische
Präsidenten Hácha setzte Hitler in dem nächtlichen Ge
spräch unter solch starken Druck, dass er körperlich zu
sammenbrach und am frühen Morgen des 15. März 193⁹
die zynische Erklärung unterzeichnen musste, er lege »da
Schicksal des tschechischen Volkes und Landes vertrau
ensvoll in die Hände des Führers des Deutschen Reiches«
Noch in der Nacht hatte der Einmarsch der Wehrmach
begonnen, und die Führerstandarte wehte bereits über de
Prager Burg, ehe Hácha wieder in Prag eintraf. Einen Tag
später verkündete Hitler von der Burg aus die Errichtung
des deutschen »Protektorates Böhmen und Mähren«.

Damit endete der Staat, der 1918 ausgerufen worder
war, durch Gewalt von außen, nicht durch einen Zerfal
aus inneren Gründen. Die Demokratie der ČSR ist in der
Literatur, zumal in deutscher Sprache, kaum recht gewür
digt worden: Viele sudetendeutsche Autoren haben da

Selbstbestimmungsrecht der Deutschen« in den Vordergrund gestellt, ohne genügend auf die Vorgeschichte und den politischen Kontext von 1918 zu achten. Dies aber führte zur Verzeichnung und Unterschätzung der positiven Errungenschaften des Staates. Vielfach werden noch immer Schuldzuweisungen gegenüber Personen ausgesprochen, wo teils langfristige Strukturprobleme zu beachten sind, teils der Staat schlicht der Gewaltpolitik Hitlers zum Opfer fiel. Gewiss, das Grundmuster blieb der Nationalstaat als Einheitsstaat, und hierin kann man einen Grundfehler in der Konstruktion sehen; aber die Grundrechte seiner Bürger waren gesichert, und zwar bis zum Schluss besser als in allen Nachbarstaaten; dies galt vielen Betrachtern aber als nicht ausreichend. Vergessen wird oft, dass Teile der Minderheiten auch nicht loyal zum Staat eingestellt waren und manche gar zur Irredenta tendierten. Im täglichen Umgang hatte es für nicht-tschechischsprachige Bürger Benachteiligungen und Schikanen durch die Behörden gegeben, aber die Erregung darüber war auch dort groß, wo dies seltene Ausnahmen waren. Es fehlen leider Berichte über die tägliche »Normalität« und die positiven Seiten des Zusammenlebens über die Sprachgrenzen hinweg, die für zweisprachige Bürger ja gar nicht existierten. Wenig verständlich erscheint auch, dass selbst aus späterer Sicht das Bekenntnis zu Hitler noch positiv gewertet wurde, weil manche Sudetendeutsche im Münchner Abkommen ihre Hoffnungen auf eine Trennung von den Tschechen erfüllt sahen. In den Köpfen vieler Menschen war das Zusammenleben früher beendet gewesen, als dies in der Wirklichkeit der Fall war.

Auch die Slowaken wurden enttäuscht; den meisten galt ihr neuer Staat als der erste Staat seit Svätopluk (wie sie den mährischen Fürsten in moderner Schreibweise vereinnahmt hatten) im 10. Jahrhundert, aber was für ein Staat war es? In seiner Entstehung und seiner kurzen Existenz

war er abhängig von Hitlers Entscheidungen. Hitler hat
auch die Beschneidung seines Territoriums zu verantwor
ten. Vor allem bestimmte er grundsätzlich dessen weiter
Schicksal: Der Staat wurde in der Kriegszeit ausgebeutet
und war seinem Charakter nach ein Vasallenstaat, auc
wenn manche direkte »Empfehlungen« deutscher »Bera
ter« in der Praxis ins Leere liefen. In seiner Ideolog
suchte der Staatspräsident und katholische Geistliche Tis
eine Annäherung an die NS-Weltanschauung, die mit kle
rikal-faschistischer Terminologie verbrämt war und im
Vatikan Entsetzen hervorrief. Selbst im Antisemitismu
gab es Übereinstimmung mit den Nationalsozialisten
auch wenn dieser nicht rassisch begründet war, führte e
aber doch zwei Drittel der (1930) 135 000 slowakische
Juden in die von den Deutschen zu verantwortenden Gas
kammern.

Wieder trat das Exil als Faktor der tschechischen Ge
schichte auf: Beneš wurde vom Verfemten und ungelieb
ten Mahner, der mit seinen weitsichtigen Prophezeiunge
recht behielt, allmählich zum Gesprächspartner der Alli
ierten, aber auch zum autoritären Führer des Exils un
schließlich zum Getriebenen im Konflikt mit Stalin. E
hielt an der alten Fiktion des Staates fest, indem er di
Tschechoslowakei als einheitlichen und zentralistische
Nationalstaat nicht in Frage stellte. Dazu trat eine neu
Fiktion: Seiner Vorstellung nach bestand der Staat fort; e
selbst blieb der rechtmäßige Staatspräsident im Exil, als o
er nie abgedankt hätte; er bewertete das Münchner Ab
kommen als ungültig und rechtlich unwirksam von An
fang an, als ob er damit die traumatischen Erfahrungen til
gen wollte. Dies konnte nicht gelingen, weil auch Gewalt
taten nicht einfach zu leugnen und überdies Rechtsfolger
entstanden waren.

Mit der Errichtung des Protektorates Böhmen und Mäh
ren im Erlass vom 16. März 1939 hatte Hitler einen gro-

en Gewinn an Waffen für zwanzig Divisionen mit Panerwagen, Geschützen und Flugzeugen gemacht; dazu trat as industrielle Potential des Landes, das für die deutsche riegswirtschaft genutzt werden sollte. Obwohl es im Erass hieß, das Protektorat »ist autonom und verwaltet sich elbst«, konnte davon in der Wirklichkeit keine Rede sein. Der direkte deutsche Einfluss reichte von oben nach unen, vom Reichsprotektor mit Weisungsrecht gegenüber llen tschechischen Amtsstellen, bis hin zu örtlichen Stelen der Staatspolizei. Die deutschsprachigen Bewohner erielten die deutsche Staatsbürgerschaft und unterlagen eutschem Recht, während die Tschechen als Angehörige les Protektorates nur minderes Recht besaßen. Zum Reichsprotektor als Vertreter des »Führers« wurde der hemalige Außenminister von Neurath als anerkannte und usgleichende Persönlichkeit eingesetzt; als einziger Sudeendeutscher in führender Position mit allerdings wachendem unheilvollen Einfluss wurde Karl Hermann Frank rnannt, der die deutsche Verwaltung leitete. Wie überall m nationalsozialistischen Staat gab es auch hier Kompetenzüberschneidungen verschiedener Behörden und perönliche Machtspiele; allerdings blieben die SS und Gestao unter straffer deutscher Leitung.

Die Tschechen erhielten nur eine Scheinautonomie. Der Präsident Hácha blieb formal im Amt; er ernannte als Chef der Protektoratsregierung zunächst den bisherigen Ministerpräsidenten General Syrový, dem am 28. April 1939 General Eliáš folgte. Eine Staatspartei mit der Bezeichnung »Nationale Volksgemeinschaft« (*NS*, für *Národní souručenství*) wurde gegründet, die ein christlich-nationalistisches, antisemitisches und antiliberales Programm vertrat; eine Machtergreifung der tschechischen Faschisten wurde dagegen verhindert. Zunächst bestand durchaus Hoffnung, eine gewisse Eigenständigkeit bewahren zu können. In legaler Tätigkeit musste man für die Eingliederung jener Personen sorgen, die durch die neuen Verhält-

nisse ihre Arbeit verloren hatten: z. B. 173 000 Beamt
darunter 30 000 Offiziere. Aus diesem Kreis stammte
auch jene, die eine illegale Tätigkeit verfolgten; zwar w
ren die alten Organisationen wie der Sokol und die Legio
närsverbände aufgelöst worden, aber neue entstande
die einen Widerstand versuchten. Vertreter von fünf frü
heren Regierungsparteien gründeten im Sommer 1939 d
»Politische Zentrum« (*PÚ, politický ústředí*), das wie d
maffia im Ersten Weltkrieg die Verbindung zum Exil au
rechterhielt und Nachrichten dorthin übermittelte. Au
dem Kreis ehemaliger Offiziere bildete sich eine Geheim
organisation »Volksverteidigung« (*ON, Obrana národu*
die unter straffer Leitung radikale Pläne für die Zukun
entwickelte; aus sozialdemokratischer Wurzel entstan
der Petitionsausschuss »Wir bleiben treu« (*PVVZ, Petičn
výbor Věrni zůstaneme*). Allen gemeinsam war, dass si
die alten Grenzen der Republik zurückgewinnen wollter
zu diesem Zweck auf einen Krieg hofften und im Lauf
der Zeit immer radikalere Vorstellungen für den Umgang
mit der deutschsprachigen Bevölkerung entwickelter
allerdings galt für alle auch, dass sie durch die Tätigkei
der Gestapo immer wieder schwere Verluste hinnehme
mussten.

Die Ruhe der Resignation unter der tschechischen Be
völkerung wurde durch Demonstrationen am Nationalfei
ertag am 28. Oktober 1939 gestört. In den Zusammenstö
ßen mit der Polizei in Prag gab es einen Toten, viele Ver
letzte und Verhaftete; die Unruhen setzten sich im ganzer
Lande fort. Nachdem zunächst allmählich Ruhe einge
kehrt war, weitete sich am 15. November der Trauerum
zug der Studenten für ihren am 11. November verstorbe
nen Kommilitonen Jan Opletal zu Unruhen aus, auf die
die tschechische Polizei nun scharf reagierte, die die Ver
hafteten aber bald wieder frei ließ. Nun handelten aber
die deutschen Behörden: Die tschechischen Hochschulen
wurden zunächst auf drei Jahre geschlossen, sollten jedoch

is 1945 nicht wieder eröffnet werden; neun Studenten wurden als »Rädelsführer« ohne Gerichtsurteil erschossen, rund 1200 Studenten in das KZ Oranienburg überführt. Dies bedeutete eine Wende der deutschen Politik und den Autoritätsverfall der Protektoratsregierung.

Eine Sonderrolle in der Innenpolitik spielte die Kommunistische Partei, die sich nach dem Hitler-Stalin-Pakt vom 23. August 1939 der Moskauer Politik unterwerfen musste und sich am 27. Dezember 1939 selbst auflöste. Verschiedene Versuche einer illegalen Tätigkeit nach dem deutschen Überfall auf die Sowjetunion (22. Juni 1941) wurden von der Gestapo mit ihrem weitverzweigten Spitzelnetz immer wieder zerschlagen, so dass bis kurz vor Kriegsende nur die Exilvertreter Einfluss gewinnen konnten.

Der Verlauf des »Polenfeldzuges« (1.–18. September 1939) und die Erfolge der Wehrmacht gegen Belgien und Frankreich hatten die Hoffnung der Tschechen auf eine rasche Befreiung zerstört. Die Protektoratsregierung schwankte zwischen Untätigkeit und aufdringlicher Loyalität und wurde immer wieder zu kompromittierenden Zugeständnissen gezwungen. Das warnende Beispiel der Polen vor Augen, richtete sich die Bevölkerung in die Verhältnisse ein und versuchte, einer »Germanisierung« zu entgehen.

Die Einrichtung des Protektorates war von Hitler und vielen Nationalsozialisten nur als eine Übergangslösung angesehen worden, und schon früh gab es weitergehende Überlegungen zum Schicksal des Landes und seiner Menschen. Es bestand Übereinstimmung darin, dass im Krieg das Industriepotential zu nutzen war und die Bevölkerung deswegen ruhiggehalten werden musste. Die weiteren Pläne sahen aber eine dauerhafte Eingliederung der Territoriums in das »Großdeutsche Reich« vor, wobei die Spannweite von einer Ansiedlung von deutschen Bauern – die nicht zur Verfügung standen – bis zur »Germanisierung«

der »eindeutschungswürdigen« Tschechen reichte. Hitle
verkündete am 27. September 1940 seine Entscheidung i
dieser Frage: Die Mehrheit der Tschechen sollte allmählic
den Deutschen assimiliert werden – »Umvolkung« un
»Rückvolkung« waren die Fachtermini –, die Intelligen
sollte einer »Sonderbehandlung« unterzogen, also ermor
det werden; die unerwünschten »rassisch mongoloide
Teile« sollten ausgesiedelt werden, ans nördliche Eismee
wie später erwogen wurde. Zwar sind diese wahnwitzige
Pläne nie realisiert worden, aber sie sickerten in die tsche
chische Bevölkerung durch, und mit dem Raub tschechi
scher Kinder, die in deutschen Familien oder Heimen »er
zogen« wurden, hat die Rassenplanung durchaus »Erfol
ge« erzielt.

Von mehr praktischer Natur waren die wirtschaftliche
und sozialen Maßnahmen zur Ausbeutung des Landes
Ein schlechter Wechselkurs hatte zum Ausverkauf un
zur Warenverknappung geführt; der Lebensstandard i
Protektorat war bis 1941 weit unter das Niveau des »Alt
reiches« gedrückt worden; Schleichhandel und Schwarze
Markt zehrten an den Nerven der Menschen und sorgte
für deren sich ständig verschlechternde Stimmung; nur di
Arbeiter in der Rüstung waren geringfügig besser gestell
Die deutsche Sprache war zur Amtssprache erklärt wor
den. Höhere Bildung war nur in deutscher Sprache mög
lich, wenn Tschechen dazu überhaupt zugelassen wurde
Die Nationalsozialisten wollten Anreize bieten, die Tsche
chen zu »Deutschen« zu machen, oder ihnen andernfalls
das Schicksal der Polen als Arbeitssklaven bereiten.

Mit der Ernennung des Chefs des Reichssicherheitshaupt
amtes und SS-Obergruppenführers Reinhard Heydrich
zum stellvertretenden Reichsprotektor, der am 27. Sep
tember 1941 in Prag eintraf, war eine neue Wendung der
nationalsozialistischen Politik verbunden. Er verfolgte
eine Linie von »Zuckerbrot und Peitsche«, indem er die

Tschechen durch Ausnahmezustand und Standrecht einschüchtern wollte; vierhundert Personen des Widerstandes ließ er hinrichten. Die Protektoratsregierung wurde weiter entmachtet und kompromittiert, der Ministerpräsident Eliáš am 1. Oktober wegen Auslandskontakten zum Tode verurteilt; die Hinrichtung wurde indes zunächst verschoben. Das »Zuckerbrot« fiel dagegen nur ärmlich aus: Gewisse Erleichterungen gab es in der Sozialpolitik und in der Bekämpfung des Schwarzhandels, kaum dagegen in der Versorgung mit Lebensmitteln. Da die tschechischen Arbeiter in der Rüstungsindustrie und zunehmend im »Sudetengau« benötigt wurden, war die Zahl derjenigen, die zum Arbeitseinsatz »ins Reich« abkommandiert wurden, mit ca. 135 000 im Jahre 1942 weitaus geringer als die Zahl der Polen. Verhaftungswellen schwächten die Widerstandsorganisationen, so dass eine resignative Ruhe über dem Land lag.

Dies war den Politikern im Exil nicht recht, weil es den Eindruck erwecken konnte, dass sich die Tschechen mit ihrer Situation abgefunden hätten. Immer wieder waren Agenten aus der Sowjetunion und aus England mit dem Fallschirm abgesprungen, zumeist aber rasch verraten und gefasst worden. Mehr »Erfolg« hatten die beiden Agenten Kubiš und Gabčík, die am 27. Mai 1942 in Prag ein Attentat auf Heydrich verübten, an dessen Folgen dieser am 4. Juni verstarb. Die Folgen waren fürchterlich; zwar konnte Hitler von dem Befehl abgebracht werden, sofort zehntausend Tschechen erschießen zu lassen, aber alle an der Aktion irgendwie Beteiligten sollten zusammen mit ihren Angehörigen exekutiert werden. Ohne besondere Begründung wurde am 9. Juni das Dorf Lidice als Opfer ausgesucht, 199 Männer wurden erschossen, die Frauen in das KZ Ravensbrück verbracht und die Kinder weggeführt, das Dorf dem Erdboden gleichgemacht. Nachdem die Attentäter durch Verrat in Prag in einer Kirche aufgespürt worden waren, begingen sie nach heftiger Gegenwehr am

18. Juni Selbstmord. Da in dem Dorf Ležáky eine Funk
station gestanden hatte, wurden dort am 24. Juni alle Er
wachsenen erschossen, die Kinder geraubt, das Dorf zer
stört. Insgesamt fielen den Terrormaßnahmen 1585 Perso
nen zum Opfer, darunter etwa fünfhundert, die angeblich
das Attentat gebilligt hatten. Die tschechische Bevölke
rung reagierte entsetzt und zog sich so gut es ging zurück
in ihrer Einstellung zu allen Deutschen war dagegen ein
Wende eingetreten, die schlimme Folgen haben sollte.

Noch schrecklicher war das Schicksal der Juden. Be
Gründung des Protektorats hatten sich dort ca. 118 000
Personen jüdischer Abkunft aufgehalten, von denen
40 000 aus dem »Sudetengau« und aus anderen Gebiete
gekommen waren.

Nur etwa 20 000 konnten auswandern, auf die Übrige
wurden ausnahmslos die Rassengesetze angewendet; sie
unterlagen weitgehenden Verboten, Ausgrenzungen und
Beschränkungen ihrer Bewegungsfreiheit. 1941 wurde die
alte Festung und Kleinstadt Theresienstadt zum Ghetto
erklärt, in das zwischen 30 000 und 60 000 Menschen aus
mehreren Ländern zusammengepfercht wurden. Die inne
re Verwaltung übertrug die SS jüdischen Lagerältesten, de
nen sie in zynischer Weise auch die Verantwortung für die
Auswahl jener ca. 90 000 aufbürdete, die nach Auschwitz
zur Vernichtung gebracht wurden. Die Namen von 77 297
Opfern aus den böhmischen Ländern finden sich heute
auf einer Wand der Pinkas-Synagoge in Prag; nur 17 000
Juden überlebten das Grauen von Theresienstadt, davon
ca. 7000 aus dem Protektorat.

Der Einfluss Karl Hermann Franks war nach dem Tode
Heydrichs gewachsen; dem entsprach seine Rangerhö
hung am 20. August 1943 zum Staatsminister, der Staats-
und Parteiämter mit seinem hohen SS-Rang verband. Den
Posten eines Reichsprotektors hatte nach der Entlassung
von Neuraths und seines Nachfolgers Daluege der ehema-

ige Innenminister Wilhelm Frick übernommen, der aber kaum Einfluss ausübte. Frank verfolgte eine Politik des Terrors, dem monatlich etwa hundert Menschen zum Opfer fielen, ohne dass dies jedoch öffentlich bekannt gemacht wurde; die Geiselnahme von Angehörigen von Verdächtigen und Emigranten gehörte ebenfalls zum Instrumentarium, die Bevölkerung ruhig zu halten. Angesichts der steigenden Bedürfnisse der Wehrmacht wurden nicht rustungsrelevante Betriebe geschlossen. 1943 stieg die Zahl der Arbeiter im »Altreich« auf über 250 000; angesichts der schlechten Versorgung sank indes die Arbeitsleistung. Wegen des engen Spitzelnetzes konnte die Gestapo Widerstandsaktionen gering halten, aber die Bevölkerung reagierte mit passivem Widerstand und subtiler Sabotage. Die Meinung setzte sich allmählich durch, dass der neue Staat, für den man die alten Grenzen erhoffte, nach dem Krieg keine deutschsprachigen Bewohner mehr haben, dass mit den Kollaborateuren abgerechnet werden und die Politik einen dritten Weg zwischen westlichem Kapitalismus und östlichem Kommunismus finden solle. Seit 1943 rechneten die Tschechen mit einem großen Einfluss der Sowjetunion in Mitteleuropa.

Dieser zeigte sich bereits in der Slowakei, wo seit dem »Weihnachtsabkommen« 1943 zwischen bürgerlichen und kommunistischen Gruppen der aus Moskau entsandte Kommunist Karol Šmidke einen bewaffneten Aufstand vorbereiten half. Nach Aktionen von sowjetischen Fallschirmspringern und slowakischen Partisanen brach am 29. August 1944 vorzeitig ein Aufstand los, der bald zwei Drittel des Landes erfasste und von den deutschen Truppen erst nach zwei Monaten blutigen Kampfes niedergeworfen werden konnte. Sowjetische Verbände, die in die Kämpfe eingriffen, hatten dabei ca. 20 000 Gefallene zu beklagen. Kein gutes Omen für die Nachkriegsentwicklung war indes, dass der Vertreter des Londoner Exils, František Němec, von den Sowjets an der Kommunikation mit seiner Regierung gehindert wurde und hilflos mit ansehen musste, wie die am 18. Oktober 1944 von der Roten Armee besetzte Karpatenukraine am 26. Novembe durch einen Landeskongress neugebildeter Nationalaus schüsse die Aufnahme in die Sowjetunion erbat. Diesen »Wunsch« der Bevölkerung konnte sich Stalin selbstver ständlich nicht widersetzen, und Staatspräsident Beneš er reichte nur, dass die formelle Abtretung bis Kriegsende hinausgeschoben wurde. Nachdem die Rote Armee sei Jahresanfang die Slowakei und am 4. April Pressburg besetzt hatte, setzten sich die Regierung und Tiso nach Österreich ab, wo sie am 8. Mai die Kapitulation unterzeichneten; Tiso wurde an die tschechoslowakische Regierung ausgeliefert.

Anders als in der Slowakei kam es in den westliche Landesteilen kaum zu militärischen Aktionen; nur im Winter 1944 verübten sowjetische Fallschirmspringer vereinzelte Aktionen. Die Lage im Lande war dadurch noch gespannter geworden, dass 300 000 bis 400 000 Flüchtlinge und evakuierte deutsche Zivilpersonen aus der Slowakei und aus anderen östlichen Gebieten aufgenommen werden mussten. Am 18. April 1945 rückten die amerikanischen Truppen unter General Patton in das westliche Böhmen ein; statt aber rasch auf Prag vorzustoßen, wie viele erhofften, verharrten sie auf der Linie Karlsbad – Pilsen – Budweis / České Budějovice, die in einem Abkommen mit der Roten Armee als Demarkationslinie vorgesehen worden war. Angesichts der näherrückenden Roten Armee suchte Frank die Bedingungen für einen Sonderfrieden zu ergründen, fand jedoch bei den Amerikanern kein Gehör. Am 4. Mai 1945 führten Demonstrationen zu einem Aufstand in Prag, dem sich die örtlichen deutschen Truppen zuerst ergaben. Einheiten der Waffen-SS wurden daraufhin von außen herangeführt, und es drohte Prag das Schicksal der Stadt Warschau, was jedoch durch das Eingreifen von nichtkommunistischen, »weißen« russischen

Truppen unter Leitung des Generals Wlassow verhindert werden konnte. Die Wehrmacht kapitulierte am 8. Mai; einen Tag später rückte die Rote Armee in die Stadt ein, am 10. Mai übernahm die Regierung die politische Macht. Beneš kehrte unter stürmischem Jubel am 16. Mai nach Prag zurück. Der Krieg war zu Ende; was folgte, war indes kein Friede, sondern die Rache der zuvor Gedemütigten.

Vergleicht man das Schicksal von Polen und Tschechen im Kriege und danach, so sind die Unterschiede eklatant. Das Land Polen, war durch die Kriegswalze zweimal durchpflügt worden; viele Städte und die Industrie waren zerstört; die Intelligenz dezimiert, die Bevölkerung auf der Wanderschaft in neuen Grenzen. Aber die Polen hatten sich gegen den Überfall und die Versklavung im Kampf und im Aufstand von Warschau gewehrt; sie waren zwar unterlegen, aber hatten ihre Ehre gerettet. In den böhmischen Ländern waren die materiellen Schäden in den Städten und in der Industrie gering; die Verluste an Menschenleben hielten sich in Grenzen – und das ist nicht zynisch gemeint: Neben den Juden und ca. 6000 Roma sind etwa 8300 Tschechen in der Zeit des Protektorates erschossen worden, 20 000 verloren in Gefängnissen, in Konzentrationslagern und bei Verhören ihr Leben. Festzustellen ist aber eine moralische Deformation der tschechischen Gesellschaft. Der »Verrat von München« hatte den demokratischen Politikern das Rückgrat gebrochen; es gab keinen Kampf gegen den Aggressor, sondern eine rationale, aber wenig ehrenhafte Kapitulation. Die zweite Republik übte die Anpassung ein, die im Protektorat dann überlebenswichtig wurde. Die Protektoratsregierung lavierte zwischen Hinhaltepolitik (»Attentismus«) und Zusammenarbeit (»Kollaboration«) mit dem Besatzer, und sie konnte dadurch viele Menschenleben retten. Die Arbeiterschaft musste zum eigenen Überleben die deutsche Kriegswirtschaft bis in die letzten Kriegstage stützen, ob-

wohl sie die deutsche Niederlage herbeisehnte. Es gab
aber auch weitergehende Zusammenarbeit mit den Nationalsozialisten, sei es durch ideologische Anpassung der
kleinen Gruppe von Faschisten, sei es durch ein ausge-
dehntes Spitzelsystem oder reine Karrieresucht. Offener
Widerstand war gering, aber die schweigende Anpassung
trotz gedämpfter Wut wenig heroisch.

Die Tschechen hatten keine Chance, sich gegen die
Übermacht zu wehren, und dies verursachte eine tiefrei-
chende Verletzung. In einer Gesellschaft, in der seit hundert Jahren um die Gleichberechtigung der Sprachgruppen
gestritten worden und wo Zweisprachigkeit weit verbreitet war, so dass in einer Familie die Wahl der Umgangssprache von Zufällen abhängen konnte, hatte die plötzliche Unterscheidung zwischen Herren und Sklaven, die
sich im konkreten Alltag in den Rechten und in der Versorgung niederschlug, eine tiefe Wirkung als allgegenwär-
tiges Unrecht. Dazu kam, dass manche Sudetendeutsche
aus Karrieresucht, zur Begleichung alter Rechnungen oder
zur persönlichen Bereicherung ihre neue Machtstellung
missbrauchten. Verletzter Stolz und psychische Deformie-
rung einer ganzen Gesellschaft entluden sich bei Kriegsende dann in einer Explosion des Hasses, in der die bis dahin Verfolgten durch die pauschale Abrechnung mit ihren
Peinigern ihrerseits schuldig wurden.

Dem Wiedereinzug des Staatspräsidenten Beneš in Prag
waren harte Jahre des Exils vorangegangen. Vielen galt er
zunächst als gescheiterter Politiker, dem Häme entgegen-
gebracht wurde; die Westmächte sahen in ihm einen unerwünschten Mahner, als er zunächst als Professor in Chicago tätig wurde. Beneš vertrat die Auffassung, dass das
Münchner Abkommen ungültig sei, der Staat in den bisherigen Grenzen fortbestehe und er weiterhin dessen ver-
antwortlicher Präsident sei. Sein Ansehen war nach der
Einrichtung des Protektorates und dem Scheitern der Ap-

beasement-Politik langsam gewachsen; auch seine Prophe-
zeiung des kommenden Krieges und dessen Verlaufs erwies sich als hellsichtig. Beneš erreichte die Anerkennung
des Tschechoslowakischen Nationalausschusses, der am
17. Oktober 1939 in Paris gegründet worden war, durch
die französische und britische Regierung. In Frankreich
wurde eine tschechoslowakische Armee von etwa 10 000
Mann aufgestellt, die nach der französischen Kapitulation
im Juni 1940 nach England verlegt wurde. Dort richtete
er am 9. Juli 1940 eine Provisorische Regierung ein, die
unter seinem Präsidium von dem Vorsitzenden der ehemaligen katholischen Volkspartei, Monsignore Šrámek,
geleitet wurde. Am 11. Dezember 1940 konstituierte sich
ein von Beneš berufener Staatsrat als Exilparlament. Mit
einem britischen Kredit von vierzig Millionen Pfund Ster-
ling ausgestattet, führte Beneš das Regime in autoritärer
Weise, die für Vertreter abweichender Meinungen keinen
Raum ließ.

Auch demokratisch gesinnte Sudetendeutsche waren
nach London ins Exil gegangen, darunter als Vorsitzender
der Sozialdemokraten Wenzel Jaksch. Sie standen vor dem
Dilemma, sich entweder vorbehaltlos für die Wiederherstellung der alten Republik einzusetzen, wie Beneš dies erwartete, sich dadurch aber nach der Demütigung durch
die letzten Wahlen 1935 und 1938 noch weiter von den
Vorstellungen ihrer Landsleute zu Hause zu entfernen,
oder aber von dem durch Hitlers Erpressung erreichten
neuen Zustand auszugehen, um in Verhandlungen mit Beneš daraus eine Lösung für die Zukunft zu finden. Das
Schwanken zwischen diesen beiden Positionen führte zur
Spaltung des Exils und insbesondere zum Misstrauen zwischen dessen tschechischen und sudetendeutschen Vertretern. Diese Situation machte es Beneš leicht, seinerseits
eine unklare Politik zu betreiben und die Sudetendeutschen mit dem Versprechen einer zukünftigen Mitarbeit
von den aktuellen Beratungen auszuschließen. Mit Fort-

schreiten des Krieges, als immer mehr über die Gräuelta
ten der Nationalsozialisten bekannt wurde und imme
weniger zwischen Deutschen und Nationalsozialisten un
terschieden wurde, rückte das sudetendeutsche demokra
tische Exil an den Rand des Geschehens.

Zwei Dinge sind Beneš immer wieder vorgeworfer
worden: die Entscheidung zur Vertreibung der Sudeten
deutschen aus dem zu erneuernden Staat und seine Hin
wendung zur Sowjetunion; beide Fragen hängen eng zu
sammen. Der Plan, nach dem Sieg über Deutschland alle
Sudetendeutschen oder den größten Teil von ihnen aus de
wieder erstehenden Tschechoslowakei auszuweisen, ent
stand wohl aus der Erfahrung des Münchner Abkom
mens; im Verlauf des Krieges verfolgte die tschechische
Heimatbewegung konsequent dieses Ziel und drängte die
Exilregierung in diese Richtung, während Beneš um die
Zustimmung der Alliierten werben und deswegen taktisch
vorsichtiger operieren musste. Aus zahlreichen Varianten
die zunächst auch eine Abtretung von Grenzgebieten an
ein Nachkriegsdeutschland vorsahen, entstand mit Fort
schreiten des Krieges schließlich der Plan, alle Sudeten
deutschen (mit Ausnahmen) auszuweisen. Dabei war auch
zu berücksichtigen, dass nach dem deutschen Überfall auf
die Sowjetunion 1941 und der Wende des Krieges in Sta
lingrad (Januar 1943) die Rote Armee zum wichtigsten
Faktor des Krieges im Osten Europas aufgestiegen war
und Stalin bei der Gestaltung der neuen Ordnung ein ge
wichtiges Wort mitreden würde. Anfang Juli 1942 stimmte
die britische Regierung schließlich dem »*transfer*« der su
detendeutschen Bevölkerung zu und erklärte das Münch
ner Abkommen für ungültig. Im Mai 1943 schloss sich der
US-Präsident Roosevelt dieser Auffassung an.

Das Trauma von München und der Verrat der West
mächte ließen Beneš für die Nachkriegszeit eine erweiterte
Sicherung seines Staates suchen. Nach dem deutschen An
griff auf die Sowjetunion konnte er den Vertrag von 1935

erneuern und von Stalin die Zusicherung erhalten, dass
der Staat in den alten Grenzen wiederhergestellt würde.
Dagegen scheiterte sein Versuch, die sowjetische Zustimmung für ein engeres Bündnis, gar für einen Staatenbund
mit Polen, zu erhalten. Nach der Konferenz von Teheran
(28. November bis 1. Dezember 1943), auf der Roosevelt,
Churchill und Stalin die Vorentscheidung über die Zukunft Polens und der Tschechoslowakei getroffen hatten,
reiste Beneš nach Moskau. Dort wurde er von Stalin mit
allen Ehren eines Staatspräsidenten empfangen und erhielt
die Billigung einer Aussiedlung der Sudetendeutschen.
Zusätzlich unterzeichnete er am 12. Dezember einen
»Vertrag über Freundschaft, gegenseitige Unterstützung
und die Zusammenarbeit nach dem Kriege«, der die zukünftige Sicherung gegen Deutschland auf ein breiteres
Fundament stellen sollte. Allerdings zahlte er dafür einen
hohen Preis, was die innere Gestaltung des zu befreienden
Staates anbelangte. In der Londoner Exilregierung hatten
die Kommunisten keine Verantwortung übernommen; Beneš hatte geglaubt, dass er mit Gottwald als dem Vertreter
der Moskauer Gruppe ein Abkommen über die Erweiterung der Exilregierung um die Kommunisten schließen
könnte, wurde aber während einer weiteren Reise nach
Moskau im März 1945 mit der Forderung nach einer voll-
kommen anderen Regierungszusammensetzung und einer
weitgehenden Umgestaltung der Innenpolitik konfrontiert. Nach der Eroberung der Ostslowakei durch die
Rote Armee zog diese Regierung in die befreite Stadt Ka-
schau/Košice ein, wo am 4. April 1945 das Regierungsprogramm verkündet wurde.

Beneš ist von seinen Kritikern immer wieder vorgeworfen worden, in seinen Gesprächen in Moskau leichtfertig
oder gar vorsätzlich sein Land Stalin ausgeliefert zu haben. Ein solches Urteil verkennt den geringen Spielraum,
über den er im Umgang mit der Sowjetunion verfügte.
Auch die Westmächte hatten mit Stalin Verträge geschlos-

sen, nicht weil sie »Uncle Joe« besonders vertrauten, sondern weil sie seine Truppen zur Niederwerfung Deutschlands und Japans benötigten. Das Beispiel Polens, dessen Exilpolitiker im Streit mit Stalin über die Verbrechen in Katyń und die Grenzen des Landes ins Abseits geraten waren, stand drohend vor ihm. Beneš mochte hoffen, dass er durch ein partielles Nachgeben das Wesentliche retten konnte: eine – wenn auch eingeschränkte – demokratische Struktur seines Landes. Zwar war er bereit, die Innenpolitik stärker in Richtung einer »sich sozialisierenden Gesellschaft« auszurichten – und wurde darin wohl von der Mehrheit des Volkes unterstützt –; dafür wollte er die alten rechtsgerichteten Parteien ausschalten. Das weitere Schicksal seines Landes war damit aber noch nicht besiegelt. Eine Alternative hatte er nicht gehabt; die »Schuld« an der späteren Entwicklung liegt vielmehr bei jenen, die ihn und sein Land in diese Situation gebracht hatten, bei den deutschen Nationalsozialisten.

Tschechen und Slowaken vor und unter der Herrschaft der KPČ

(1945–1989)

Epochenüberblick

Nirgendwo wurde die Rote Armee so sehr als Befreierin begrüßt wie in der Tschechoslowakei. Die Stimmung in der Bevölkerung war auf die Abrechnung mit den »Volksfeinden« und »Kollaborateuren« gerichtet, in deren Verlauf nicht nur die ungeliebten Bevölkerungsteile der Deutschen und Magyaren vertrieben, sondern auch Teile der alten Parteien ausgeschaltet und die Schlüsselindustrien verstaatlicht wurden. Nirgendwo sonst im Machtbereich Stalins waren die Bedingungen so günstig, in freien Wahlen die Mehrheit der Stimmen für die Kommunisten zu erhalten. Dennoch musste die Partei zu undemokratischen Methoden Zuflucht nehmen, um im »Prager Putsch« 1948 die ganze Macht zu übernehmen, wenn auch durch das System der »Volksdemokratie« getarnt. Prag erwies sich in den folgenden Jahren als gehorsamer Satellit Moskaus, der die Vorgaben der »Sowjetisierung« pflichtbewusst umsetzte, was sich selbst im Staatsnamen »ČSSR« widerspiegelte.

Von der Befreiung des Landes über den »siegreichen Februar« zum gehorsamen Satelliten Moskaus

1945	4. April: »Kaschauer Programm«
	17. Juli – 2. August: Potsdamer Konferenz
1946	26. Mai: Wahlen zur Verfassunggebenden Nationalversammlung
1948	25. Februar: zweites Kabinett Gottwald, »Prager Putsch«
	14. Juni: Gottwald Staatspräsident
1953	21. März: Zápotocký Staatspräsident, Novotný Vorsitzender des Sekretariats der KPC
1957	19. November: Novotný Staatspräsident
1960	11. Juli: Verfassung der ČSSR

Nach der Leitung der Exilpolitik von London aus führte den Staatspräsidenten Beneš der Weg in die neue Staatlichkeit wegen der gewachsenen Macht der KPČ über Moskau. Die nach London geflüchteten Mitglieder der KPČ hatten im Staatsrat mitgearbeitet, aber den Eintritt in die Exilregierung vermieden. Ihre nach Moskau geflüchteten oder abkommandierten Mitglieder, darunter der Parteiführer Gottwald, waren nach dem Hitler-Stalin-Pakt von 1939 zunächst zum Schweigen verurteilt; Stalin hatte auch den slowakischen Staat anerkannt. Erst nach dem deutschen Überfall im Juni 1941 konnte Gottwald in Moskau zu politischer Bedeutung aufsteigen. Beneš hatte während seines Aufenthaltes in Moskau im Dezember 1943 der Bildung einer gesamtnationalen Regierung ohne Opposition zugestimmt. Dies räumte der Kommunistischen Partei de facto ein Vetorecht bei allen sachlichen oder personellen Entscheidungen ein. Die Stellung der Kommunisten war auch dadurch gestärkt worden, dass neben die KPČ im September 1944 eine slowakische kommunistische Partei getreten war.

Als Beneš am 17. März 1945 mit den Vertretern der Londoner Exilregierung in Moskau eintraf, hatte er die veränderte Machtverteilung zu berücksichtigen. Dies zeigte sich zunächst in der Formulierung eines Regierungsprogramms, das weitgehend von den Kommunisten formuliert worden war und dem die anderen Parteien nach kurzer Diskussion zustimmten. Dieses Programm, das nach dem Ort seiner Verkündung am 4. April in der gerade befreiten Stadt Kaschau benannt wurde, war von starkem Pathos durchzogen. Noch befand man sich im Kriege, dessen Ende nicht absehbar war, und der Dank an die Rote Armee war mit der Zusage verbunden, schnell eine eigene Armee aufzustellen, sie nach dem Muster der Roten Armee auszurüsten und durch »Bildungsoffiziere« zu schulen und zu kontrollieren. Überhaupt war die Sowjetunion das Vorbild für die Umgestaltung der Verwaltung und der Politik, auch wenn man die russischen Begriffe mied und auf vertraute tschechische Termini zurückgriff. An die Stelle des »früheren bürokratischen, volksfremden Verwaltungsapparats« sollten vom Volke gewählte »Nationalausschüsse« (*národní výbory*) treten, in die die Bevölkerung ihre »besten« Vertreter entsenden sollte und diese jederzeit abberufen konnte; dahinter verbargen sich die »Räte« (*sovety*), die mit aller Machtfülle der politischen Beschlussfassung, der praktischen Umsetzung und der Abrechnung mit »Volksfeinden« ausgestattet werden sollten und damit einer disziplinierten Minderheit die Möglichkeit der uneingeschränkten Manipulation boten. Die zugelassenen Parteien wurden in der »Nationalen Front« zusammengefasst; neben den beiden kommunistischen Parteien waren dies die Sozialdemokraten, die nationalen Sozialisten, die katholische Volkspartei und die slowakische demokratische Partei. Die als Faschisten und Kollaborateure pauschal verunglimpften Agrarier, die Gewerbepartei, die Nationale Vereinigung der zweiten Republik und die slowakische Volkspartei wurden verboten; ihre führenden Vertreter sollten vor »außerordentliche Volksgerichte« gestellt werden. Der Zwang zur Einstimmigkeit in der Regierung bot den Kommunisten die Möglichkeit sowohl unliebsame Entscheidungen zu blockieren wie ihnen erwünschte zu fördern, denn abweichende Meinungen konnten sie als »volksfeindlich« oder »antisowjetisch« diffamieren. Die Konzeption einer eingeschränkten und gelenkten (*zřízený*) Demokratie wurde hier als Vorstufe der späteren »Volksdemokratie« umgesetzt.

Breiten Raum nahm im Programm die Abrechnung mit den nationalen Minderheiten der Deutschen und der Magyaren ein. Sie wurden nicht pauschal verurteilt, aber die Bedingungen für den Verbleib jener, die aktiv für die Tschechoslowakische Republik eingetreten waren, legten die Messlatte für eine Bestätigung der Staatsbürgerschaft sehr hoch. Die meisten verloren als »Verräter« alles Vermögen und alle Rechte. Ihr Landbesitz sollte an slawische Häusler und verdiente Widerstandskämpfer vergeben werden, was die Nationalausschüsse zu beaufsichtigen hatten. In der Behandlung der Außenpolitik wurde die »slawische Komponente« hervorgehoben, weil zu Ländern mit slawischer Bevölkerung besondere Beziehungen herzustellen wären. Dieser Rückgriff auf das Vokabular des 19. Jahrhunderts ist unter den Erklärungen zum Ende des Zweiten Weltkriegs einzigartig. Den Slowaken sollte volle Gleichberechtigung im Staate zuteil werden, was sie später aber vergebens anmahnten. Nur sehr knapp wurde im Text der Dank an die Westmächte formuliert.

Kam das Programm, das peinlich die Wörter »Sozialismus« und »Nationalisierung« vermieden hatte, auch der allgemeinen Linksorientierung der Bevölkerung entgegen, so konnte der Staatspräsident mit der personellen Besetzung der Regierung nicht zufrieden sein. Ursprünglich hatte Beneš sein Exilkabinett in Moskau nur um die kommunistischen Parteiführer ergänzen wollen. Dies erwies sich angesichts der Machtstellung der Kommunisten als nicht durchführbar. Nunmehr sollte jede der Parteien der Nationalen Front drei Vertreter in die Regierung schicken;

das brachte den beiden kommunistischen Parteien bereits sechs Minister. Dazu trat der Umstand, dass vier der benannten sechs »Fachleute« entweder heimlich der kommunistischen Partei angehörten oder mit ihr sympathisierten; dies betraf den linken Sozialdemokraten Zdeněk Fierlinger als Ministerpräsidenten wie den parteilosen General Ludvík Svoboda als Verteidigungsminister. Die Kommunisten erhielten auf diese Weise im Kabinett eine knappe Mehrheit und stellten mit dem Tschechen Klement Gottwald und dem Slowaken Viliam Široký zwei der fünf stellvertretenden Ministerpräsidenten. Wo ein wirklich parteiloser ein Amt erhielt, wie Jan Masaryk als Außenminister, wurde ihm ein kommunistischer Staatssekretär, in diesem Fall der Slowake Vladimír Clementis, als »Aufpasser« zugewiesen. Noch gravierender war die Verteilung der Ressorts, denn die Kommunisten sicherten sich neben dem klassischen Innenministerium für Václav Nosek, der die Aufsicht über die Polizei und die Geheimdienste führte, einige weniger auffällige Posten, die aber als »Schlüsselministerien« ihren Einfluss stärkten: das Ministerium für Information für Václav Kopecký, das Ministerium für Erziehung für Prof. Dr. Zdeněk Nejedlý und besonders jenes für Landwirtschaft für den Slowaken Julius Ďuriš, der für die Verteilung des enteigneten Bodens zuständig war.

Die Umsetzung des »Kaschauer Programms« begann unmittelbar nach seiner Verkündung und sollte die Gesellschaft, die Wirtschaft und die Rechtsordnung des Staates fundamental verändern.

Am tiefsten griffen die Maßnahmen gegen die deutsche Minderheit in das Gesellschaftsgefüge des Staates ein. Bei Kriegsende befanden sich auf dem Territorium der Tschechoslowakei viele Gruppen von Deutschen: zum einen die einheimische sudetendeutsche Bevölkerung, ferner »Reichsdeutsche«, die dort als Amtsträger des nationalsozialistischen Regimes tätig gewesen waren, und schließlich solche Menschen, die in diesen – relativ ruhigen – Gebiete vor den Bombardierungen Schutz gesucht hatten; dazu kamen evakuierte deutsche Bevölkerungsteile etwa aus der Slowakei, sowie Flüchtlinge aus den von der Roten Armee bereits besetzten Gebieten, und schließlich geflohene deutsche Soldaten. Dem deutschen Zusammenbruch und der Besetzung des Landes durch die Rote Armee folgte die Erfahrung der Recht- und Hilflosigkeit: Plünderung, Raub, Erschießungen und massenhafte Vergewaltigungen durch Soldaten und Zivilpersonen die sich zu Kampfgruppen zusammengeschlossen hatten um Flüchtlinge und zurückflutende Soldaten anzugreifen. Die Maßnahmen der neuen Administration der »Nationalausschüsse« unter Dominanz der Kommunisten nahmen den Sudetendeutschen alle Rechte; sie wurden in Internierungslager eingewiesen oder zur Zwangsarbeit eingeteilt. Tatsächliche und vermeintliche Angehörige der Protektoratsverwaltung wurden aufgespürt und getötet.

Am schlimmsten war die Lage in der Hauptstadt Prag, wo sich vor dem Aufstand etwa 200 000 Deutsche aufgehalten haben sollen. Aus den Kampfhandlungen gingen die Aufständischen geradewegs in eine hasserfüllte Abrechnung über. Dies bedeutete die Ausweisung aus den Wohnungen, Internierung (z. B. in das KZ Theresienstadt), den zwangsweisen Einsatz zu Arbeitsmaßnahmen (z. T. unter Misshandlung durch den Mob), und oftmals den Tod. Die Kennzeichnung von Häusern durch weiße Fahnen und Einzelpersonen durch Armbinden wies Angreifern und Vergewaltigern den Weg. In dieser Zeit waren nur in der amerikanisch besetzten Zone ein relativ normales Leben und eine freiwillige Ausreise möglich. Die »wilde Vertreibung« fand ihren Höhepunkt im sogenannten »Todesmarsch« der Deutschen aus Brünn, die am 30. Mai zum Verlassen der Stadt in Richtung österreichischer Grenze gezwungen wurden. Ein besonderes Beispiel einer kollektiven Hysterie ereignete sich in Aussig am 31. Juli

945 als Folge einer Explosion in der Munitionsfabrik, die
owohl der Regierungspropaganda wie dem Straßenmob
Anlass zu Ausschreitungen eröffnete.

Die Regierung gab den Ton an, um die Austreibung aller
Deutschen aus dem Lande vorzubereiten. Während im Ka-
chauer Programm von einer – verständlichen – Bestrafung
der Schuldigen die Rede gewesen war, gingen die Dekrete
des Präsidenten Beneš darüber hinaus: Das Retributions-
dekret vom 19. Juni 1945 erweiterte den Kreis der zu Be-
strafenden, und das Enteignungsdekret vom 21. Juni 1945
schuf die Grundlage für die Konfiskation und Enteignung
allen Besitzes von Deutschen. Dies waren aber Maßnahmen, die nur offiziell das regelten, was durch die Aktionen
der »Goldgräber« (*zlatokopce*) im Lande bereits geschah:
die Ausplünderung und später Besetzung der deutschbesiedelten Gebiete. Von dieser ersten Austreibungswelle
waren etwa 700 000 bis 800 000 Sudetendeutsche aus der
Tschechoslowakei betroffen, von denen schätzungsweise
150 000 nach Österreich gelangten. Im Grenzgebiet schoben die nun tschechischen Gemeinden kleinere Transporte
vorwiegend mit alten und kranken Leuten über die Grenzen ab.

Eine Zäsur in der Ausführung dieser Maßnahmen stellte
die Potsdamer Konferenz (17. Juli bis 2. August 1945) dar.
Am 22. Juli hatte die tschechoslowakische Regierung den
Plan einer Aussiedlung aller Deutschen vorgelegt. Die
Konferenz billigte dieses Vorgehen, das dem in Polen und
den Ländern Südosteuropas entsprach, zwar prinzipiell,
forderte aber eine zeitweilige Aussetzung des Vollzuges,
um die Bedingungen für die Aufnahme der Betroffenen in
den von den Alliierten besetzten Gebieten Deutschlands
zu prüfen. Eine Einschränkung der wilden Vertreibungen
kann in der fast zynischen Formulierung gesehen werden,
dass die Bevölkerungsüberführungen (»*transfer*«) »in ord-
nungsgemäßer und humaner Weise« zu erfolgen hätten.

Während allen Protesten von amerikanischen Stellen

zum Trotz im Verlauf des Jahres 1945 weitere 70 000 Personen in die sowjetische Besatzungszone ausgewiesen wurden, zudem deutsche Kommunisten und anerkannt Widerstandskämpfer nach »Überzeugungsarbeit« unte besseren Bedingungen das Land »freiwillig« verließen, tra fen die Behörden in Prag die organisatorischen Vorberei tungen für die Aussiedlung aller Sudetendeutschen; si mussten alle Wertsachen abgeben; Vorschriften legten di Menge und Art des Gepäcks sowie die Verpflegung de Betroffenen fest, ohne dass dies jedoch der Willkür unte rer tschechischer Stellen in Bezug auf die Art der Kontrol len oder die Konfiskationen Grenzen setzen konnte.

Am 25. Januar 1946 traf der erste Transport aus Budweis in Furth im Walde ein, und in der Folge kamen täglich vier Züge, nach einer Unterbrechung ab 1. Mai 1946 täglich sechs Züge mit Vertriebenen. Insgesamt wurden in Verlauf dieses Jahres 1111 Eisenbahnzüge mit insgesam 1 183 370 Personen in die amerikanische Zone geleitet. Ab dem 10. Juni 1946 liefen die Ausweisungen in die sowjetisch besetzte Zone, die bis zum Oktober ca. 750 000 Personen aufnahm. Der Gesamtumfang der Aktion, die im Tschechischen mit *odsun* (Abschub) eher nüchtern umschrieben worden ist, umfasst nach Auszählungen ca. drei Millionen Menschen. Ungefähr 250 000 ehemals deutsche Staatsbürger verblieben in der Tschechoslowakei; die Verluste an Menschenleben in der unmittelbaren Nachkriegszeit und der »ordentlichen und humanen« Aussiedlungsaktionen werden heute mit ca. 30 000 angenommen. Das jahrhundertelange Zusammenleben von verschiedenen Bevölkerungsgruppen in den böhmischen Ländern war damit beendet: Die Juden waren größtenteils ermordet worden, die Sudetendeutschen mussten die Pläne einer Assimilierung oder Ausrottung der Tschechen mit ihrer Vertreibung aus dem Lande bezahlen; der Nationalstaat war zu seiner Vollendung gekommen, indem er sich seine Bevölkerung selbst aussuchte.

Die Maßnahmen der Regierung zur Wiederbesiedlung der entvölkerten Gebiete förderten die Binnenmigration aus dem Landesinnern und aus der Slowakei, aus der auch eine größere Zahl von Roma in die Grenzgebiete gelangte; bis Ende 1946 sollen etwa 1,8 Millionen Neusiedler dorthin eingewandert sein. Mit Bezug auf die Magyaren wurden ähnliche Ausweisungspläne durch die Intervention der Sowjetunion gebremst; in einem Abkommen mit Ungarn vom 27. Februar 1946 wurde ein Austausch von etwa 100 000 Personen der jeweils anderen Nationalität vereinbart.

Die Folgen dieser Bevölkerungsverschiebungen insgesamt waren gravierend. Auf wirtschaftlicher Ebene lag die Landwirtschaft danieder, da Geld, Vieh und Saatgut für die Ausstattung der neuen Höfe fehlten; auf Jahre hinaus wurde die frühere Produktivität nicht mehr erreicht, und manche Gebiete zeigen noch heute Spuren der Wüstungen. Die früher blühende Konsumgüterindustrie war schwer getroffen, auch wenn zahlreiche Fachkräfte zunächst im Lande verblieben, um die Nachfolger einzuarbeiten. Die Aufnahme der Flüchtlinge in den deutschen Besatzungszonen schuf nach einer schwierigen Anfangszeit die Grundlage für eine neue Industrie im Aufnahmeland, was besonders in Bayern den wirtschaftlichen Aufschwung förderte. In politischer Hinsicht stärkte die Ansiedlung neuer Bevölkerungsteile die kommunistische Partei, die für die Landvergabe verantwortlich blieb. Ihre Mitgliederzahl stieg bis zum April 1946 auf über eine Million. Die Sowjetunion erschien als alleiniger Garant der neuen Verhältnisse und besaß in der Bevölkerung einen großen Vertrauensvorschuss. Als im Dezember 1945 die amerikanischen und sowjetischen Truppen das Land verließen, war die Tschechoslowakei das einzige Land am westlichen Rande des Moskauer Machtbereiches, in dem (bis 1968) keine Einheiten der Roten Armee stationiert waren. Verheerend waren die moralischen Folgen für die Gesell-

schaft: Die zügellose Gewaltorgie hatte alle Bevölkerungsteile der Tschechen mitgerissen und die Maßstäbe einer
Rechtsordnung und einer Zivilgesellschaft außer Kraft gesetzt. Warnende Stimmen gab es nur wenige, dass durch
die Selbstamputation und das Prinzip der Kollektivschuld
aller Deutschen das Land von den westlichen Staaten Europas entfremdet würde. Der Staat unterstützte die Verro-
hung der Sitten, als ein Gesetz vom 8. Mai 1946 die Straf-
losigkeit aller in dieser Zeit vollzogenen Handlungen festlegte, auch »wenn sie sonst nach geltenden Vorschriften
strafbar gewesen wären«.

Die staatliche Neuordnung geschah zunächst durch Dekrete des Präsidenten Beneš, die von Mitgliedern der Regierung gegengezeichnet wurden. Das Dekret vom 19. Juni
1945 schuf mit der Einrichtung von außerordentlichen
Volksgerichten die Voraussetzung für Prozesse, die gegen
Kollaborateure und »Verräter« angestrengt wurden. Nach
oft willkürlichen Anklagen verhängten sie auch gegen
Tschechen und Slowaken Todesurteile oder hohe Haftstrafen; etwa 250 000 Angeklagte verloren ihr aktives und pas-
sives Wahlrecht. Kommunisten wie Opportunisten nutzten
die Gelegenheit, unliebsame Personen aus der Öffentlichkeit auszuschalten. Andere Dekrete betrafen die Vergabe
des beschlagnahmten Bodens, die Konfiskation des Vermö-
gens von »Verrätern« oder die Verstaatlichung von Großbetrieben, Banken, Versicherungen und Bergwerken. Die
Regierung legte mit der Erweiterung des Staatsanteils in
der Wirtschaft bereits den Grundstein für den Aufbau des
»Sozialismus«, denn achtzig Prozent der Industriearbeiter
waren in diesem Sektor tätig. Am 28. Oktober 1945 trat
eine Provisorische Nationalversammlung zusammen, deren dreihundert Mitglieder aus den Parteien der Nationalen Front durch Nationalausschüsse benannt worden waren. Die Dekrete und damit deren Übernahme als Gesetze
wurden ohne Probleme nachträglich gebilligt.

Unter äußerer Wahrung der demokratischen Spielregeln konnten die Kommunisten in der Nationalen Front und in den Nationalausschüssen einen übergroßen Einfluss gewinnen, indem sie mit den linken Sozialdemokraten eng zusammenarbeiteten. Die Kommunisten waren ständig in Aktion, machten Vorschläge für Veränderungen in der Wirtschaft und Gesellschaft und stellten die anderen Parteien vor vollendete Tatsachen. Diese waren zum Lavieren gezwungen, denn eine prinzipielle Opposition gegen den »Volkswillen« war ausgeschlossen, weil solches Vorgehen als »antisowjetisch« ausgelegt wurde. Die Kommunisten konnten die anderen Parteien auf diese Weise erpressen, deren eigene Initiativen ausbremsen oder sie zu unliebsamen Kompromissen zwingen. Einschränkungen in der Öffentlichkeitsarbeit durch geringe Zuweisung von Papier für die Presse, eingeschränkte Sendezeiten im Rundfunk oder die Entlassung unbequemer Personen taten ein Übriges, die nichtkommunistischen Parteien in die Bedeutungslosigkeit zu drängen. Die »Nationale Front« war keine normale Koalition von Parteien, sondern eine »Panzerkammer« (Kaplan). Dazu baute die Kommunistische Partei ein »Nebensystem« aus, das in der Einheitsgewerkschaft bald zwei Millionen Arbeiter und Angestellte organisierte, ferner die Massenorganisationen von Widerstandskämpfern und Landwirten umfasste.

Unter solchen Bedingungen einer getarnten Umwandlung der Gesellschaft, der Verwaltung, des Sicherheitssystems, der Presse und des Erziehungssystems fanden am 26. Mai 1946 freie und geheime Wahlen zur Gesetzgebenden Nationalversammlung statt. Bei Wahlpflicht erhielten die Kommunisten insgesamt 2,2 Millionen Stimmen von 7,6 Millionen abgegebenen gültigen Stimmen und damit 93 Mandate von insgesamt 300. Mit fast 38 % der Stimmen waren sie zur stärksten Fraktion geworden, die damit den Ministerpräsidenten stellen konnte. Die Wahlergebnisse waren aber in den Landesteilen unterschiedlich aus-

gefallen. In den böhmischen Ländern hatte die KPČ vier
zig Prozent der Stimmen erreicht, in der Slowakei die KP
immerhin dreißig Prozent; aber in den böhmischen Län
dern standen den Kommunisten drei andere Parteien ge
genüber: die Nationalsozialisten mit 23,5 %, die Volkspar
tei mit 20,2 % und die überraschend schwachen Sozialde
mokraten mit 15,6 %; in der Slowakei entfielen auf di
Demokratische Partei 62 %, der Rest auf zwei unbedeu
tende Parteien (Slowakische Freiheitspartei und Slowaki
sche Partei der Arbeit). Dies machte ein unterschiedliche
Vorgehen notwendig; war in Prag eine Koalition unte
dem Kommunisten Gottwald möglich, der die Politik be
stimmte, so eröffnete in Pressburg die Partei bald eine
Kampf gegen die Demokratische Partei mit allen Mitteln

Im neuen Kabinett unter Klement Gottwald vom 3. Jul
1946 hatten die Kommunisten mit neun Mitgliedern ihr
Position weiter gestärkt, auch wenn sie das Erziehungs
ressort abgegeben hatten. In seinem Regierungsprogramm
verkündete Gottwald den Ausbau des staatlichen Einflus
ses in der Wirtschaft und die Vertiefung der engen Bezie
hung zur Sowjetunion. Dies machte am 26. Juli in einen
Handelsvertrag festgelegt, der auf eine lange Laufzeit an
gelegt war und der Sowjetunion die größeren Vorteile ein
brachte. Dafür erhielt Prag die Zusicherung sowjetische
Unterstützung für einen Friedensvertrag mit Deutschland
und Ungarn. Obwohl auch in anderen Ländern, wi
Frankreich und Italien, zu diesem Zeitpunkt Kommunis
ten in der Regierung saßen, war die Tschechoslowake
doch erkennbar fester in den sowjetischen Einflussbereich
eingebunden. Die Beziehungen zu den westlichen Alliier
ten kühlten merklich ab, und die USA stornierten nach
einer gegen sie gerichteten Pressekampagne ihre Kredite
Wenn Stalin gehofft haben mochte, dass sich die ČSR
nach dem Kriege wie 1919 wieder aus der europäischen
Politik zurückziehen würden, so hatte er sich getäuscht.
Als engster Verbündeter der USA hatte Sir Winston

Churchill bereits am 5. März 1946 in einer Rede vor dem Eisernen Vorhang« gewarnt, der in Europa von Stettin bis Triest herabgefallen sei. Angesichts des Bürgerkrieges in Griechenland und sowjetischer Forderungen nach Gebietsabtretungen der Türkei erklärte der amerikanische Präsident Harry S. Truman ein Jahr später, dass die USA den freien Völkern gegen innere und äußere Bedrohung zu Hilfe kommen würden. Mit dieser »Truman-Doktrin« war die Kriegsallianz endgültig beendet, und der »Kalte Krieg« hatte begonnen. Zur Behebung der wirtschaftlichen Not in den europäischen Staaten, die diese für die kommunistischen Versprechungen anfällig machte, verkündete der amerikanische Außenminister George C. Marshall am 5. Juni 1947 in der Harvard-Universität ein milliardenschweres Hilfsprogramm (*European Recovery Program*), das auch Polen und der Tschechoslowakei offenstehen sollte. Während die Regierung in Prag am 4. Juli die Einladung zur entsprechenden Konferenz in Paris annahm, lehnte Warschau diese am 7. Juli ab. Am 9. Juli wurde eine Delegation unter Gottwald in Moskau von Stalin gezwungen, die Einladung abzulehnen, was die Regierung in Prag auch nach langer Beratung verkündete. Der Außenminister Jan Masaryk erklärte nach seiner Rückkehr, er sei als Vertreter einer freien Nation nach Moskau gereist, aber als Satellit Moskaus zurückgekommen. Als positives Ergebnis konnte jedoch die Zusage von sowjetischen Getreidelieferungen ausgewiesen werden, die wegen der schlechten Ernte notwendig geworden waren.

Auf die ökonomisch begründete Offensive der USA, die mit ihrer Politik den Einfluss der Sowjetunion zurückdrängen wollten (*containment*), antwortete Stalin im September 1947 in Szklarska Poręba / Schreiberhau mit einer politischen Aktion, die in der Gründung des »Kommunistischen Informationsbüros« (*Kominform*) die Staaten im Moskauer Einflussbereich zusammenbinden sollte. Dies setzte deren innere Vereinheitlichung voraus, indem

die Kommunisten das Machtmonopol erringen sollten; z
diesem Zweck sollte die Industrie verstaatlicht, die Land
wirtschaft kollektiviert und die Außenpolitik gegen di
westlichen Staaten ausgerichtet werden. Damit entstan
der »Ostblock« als Machtmonopol der Sowjetunion, re
präsentiert durch Stalin. Dies bedeutete für die Tschecho
slowakei, dass die Kommunisten dort nun in einen offe
nen Machtkampf gegen die anderen Parteien eintrate
und dabei die demokratischen Spielregeln zunehmen
missachteten.

Das Feld dazu war in der Slowakei bereits vorbereite
worden. Im Kaschauer Programm war dem Landesteil di
volle Gleichberechtigung zugesprochen und der Slowaki
sche Nationalrat, der den Aufstand organisiert hatte, al
dessen oberstes Organ anerkannt worden. Da ein entspre
chender »Tschechischer Nationalrat« bereits im Mai 194
seine Tätigkeit beendet hatte, verblieb eine asymmetrisch
Struktur, in der die Zentralregierung in Prag versuchte, di
Befugnisse des Slowakischen Nationalrates einzuschrän
ken. Zwei Vereinbarungen zwischen Pressburg und Prag
konnten vor der Wahl im Mai 1946 die Kompetenzen de
jeweiligen Regierung nicht klar abgrenzen. Die Wah
selbst brachte durch den überwältigenden Wahlsieg de
Demokratischen Partei zusätzliche Probleme in der Ver
teilung der Ressorts im »Rat der Beauftragten«, der slowa
kischen Landesregierung, in der die Ämter im Verhältnis
von 2:1 zwischen der Demokratischen Partei und de
KPS aufgeteilt werden sollten. Da die KPS nicht die vor
ihr beanspruchten Ressorts erhielt und überdies die Mach
der anderen Partei einschränken wollte, schalteten sich die
Zentralregierung und die KPČ ein, um die Befugnisse der
Landesregierung weiter zu schwächen (dritte Prager Ver
einbarung vom 28. Juni 1946). Daraus resultierte ein per
manenter Machtkampf in Pressburg, in dem die Füh
rungskräfte der Demokratischen Partei durch die KPS de
nunziert und ausgeschaltet wurden. Den Kommunisten

kam dabei die heterogene Struktur der Demokratischen Partei entgegen, deren vorwiegend evangelische Führungsschicht ein mühsames Gleichgewicht mit den Vertretern des politischen Katholizismus zu wahren suchte. Unter diesen Bedingungen fand der Prozess gegen den ehemaligen Staatspräsidenten Tiso statt, der am 15. April 1947 mit dessen Verurteilung zum Tode endete. Obwohl die überwiegende Mehrheit der Slowaken eine Begnadigung erfordert hatte, erzwang der politische Druck aus Prag eine Hinrichtung am 17./18. April 1947.

Damit begann jedoch erst der eigentliche Machtkampf. Mit allen Mitteln der Denunziation, mit falschen Anschuldigungen, Beziehungen zum Ausland zu unterhalten, »Volksverräter« zu sein und illegale Gruppen zu bilden, versuchten die Kommunisten durch die von ihnen beherrschten Sicherheitsdienste die Führung der DP zu spalten und durch Verhaftungen zu dezimieren. Von unten drohten die Gewerkschaften und Betriebsräte, Partisanen und landwirtschaftliche Kommissionen mit der Organisation des »Volkswillens« gegen die »staatsfeindlichen Verschwörungen«, um den Einfluss der DP zu mindern, sie gar zu verbieten. Der Streit wurde nach Prag verlagert, wo die KPČ jedoch in der Regierung auf den Widerstand der anderen Parteien stieß. Das bewirkte zwar eine weitere Schwächung der DP und eine Stärkung der Kompetenzen der Zentralregierung, aber der politische Katholizismus der Slowakei erwies sich als harter Gegner. Infolge der langandauernden Kampagne vertiefte sich das Misstrauen zwischen den Bevölkerungsteilen des Staates. Zugleich zeigten sich aber auch die Grenzen der Macht der KPČ; zwar hatte sie durch die Sicherheitsdienste die Beschuldigten in Haft setzen können, aber nicht gewagt, sie der noch unabhängigen Justiz zur Aburteilung zuzuführen.

Dieser Streit war aber erst die Generalprobe der endgültigen Auseinandersetzung gewesen. Durch den Misserfolg im Streit mit den anderen Parteien in der Regierung

verlor die KPČ ihr Interesse an der Nationalen Front; si
setzte nun verstärkt auf deren »Nebensystem«. Die KPČ
zählte im Herbst 1947 1,2 Millionen Mitglieder, die sich
aus allen Bevölkerungsschichten rekrutierten und dere
Zahl durch eine intensive Werbung weiter wuchs. Diese
waren diszipliniert, hoch motiviert, immer im Angriff ge
gen die anderen gesellschaftlichen Kräfte, gegen dere
zunehmenden Widerstand sie sich immer radikaler gebär
deten. Daneben beherrschte die KPČ die Führung der Ge
werkschaften und besaß einen großen Einfluss in den Be
trieben. Auf den Dörfern organisierte sie die Armen, de
nen sie Hoffnung auf die Zuteilung von Boden machte
Die slowakischen Partisanen waren feste Verbündete, und
in den anderen Parteien betätigten sich Gruppen vor
Sympathisanten. Vor allem gelang der KPČ die Organisa
tion der Massen, die sie durch einfache Parolen »unter
gegen oben« in Versammlungen, Protestaktionen und
Streiks mobilisieren konnte. Die »Vertretung des wahren
Volkswillens« gegen die anderen Parteien der Regierung
erwies sich als ein geeignetes Mittel, die Grundsätze de
parlamentarischen Vertretung auszuhöhlen, da die Mas
senorganisationen in die Nationale Front aufgenommer
werden wollten. Angebliche Waffenfunde, Spionagevor
würfe und Attentatsversuche verstärkten die Hektik, die
wegen der für Anfang 1948 vorgesehenen Abstimmung
über die Verfassung und wegen der geplanten Neuwahler
zur Nationalversammlung bereits herrschte. Der Konflik
führte in der Regierung mehrfach zu erbitterten Ausein
andersetzungen zwischen dem nationalen-sozialistischer
Justizminister Drtina und dem kommunistischen Innen
minister Nosek, dem die nichtkommunistischen Mitglie
der die Benutzung der Sicherheitsorgane zugunsten de
KPČ vorwarfen. Der Streit kulminierte am 13. Februar
1948 in dem Mehrheitsbeschluss der Regierung, eine Ab
lösung von acht höheren Polizeioffizieren in Prag und
ihre Ersetzung durch Kommunisten rückgängig zu ma-

hen. Die Kommunisten legten dies als Versuch aus, sie
us der Regierung auszubooten, und widersetzten sich.
Die Sicherheitsdienste, die in enger Verbindung mit so-
jetischen Stellen teilweise unabhängig von der Parteifüh-
ung agierten, erwiesen sich als treibende Kraft in der
Auseinandersetzung, da sie keine Chance sahen, in den
kommenden Wahlen eine Mehrheit für die KPČ zu erhal-
en. Der ehemalige Sowjetbotschafter in Prag und stellver-
retende Außenminister Sorin überbrachte am 19. Februar
die Anweisung Stalins, Gottwald möge die Rote Armee zu
Hilfe rufen, die sich auf den Einsatz bereits vorbereitete.

Die Regierungskrise brach am 20. Februar 1948 aus, als
zwölf Kabinettsmitglieder von drei politischen Parteien
ihren Rücktritt einreichten, weil der Regierungsbeschluss
vom 13. Februar nicht umgesetzt worden war. Es war ihre
Absicht, die bisherige Regierung zum Rücktritt zu zwingen und durch ein Beamtenkabinett ersetzen zu lassen,
eventuell auch sofortige Neuwahlen zu erreichen; allerdings hatten sie sich nicht der Mitarbeit der Sozialdemokraten versichert, so dass die Mehrheit der Minister im
Amt verblieb. Die KPČ reagierte rasch mit einer Mobilisierung der Volksmassen in Großveranstaltungen, mit der
Bildung von neuartigen Aktionsausschüssen der Nationalen Front auf allen Ebenen und der Bereitstellung bewaffneter Kräfte der Volksmiliz, schließlich gar mit einem kurzen Generalstreik. Die Vertreter der drei bürgerlichen
Parteien fanden sich isoliert und ohne Gelegenheit zur politischen Äußerung, weil ihre Presse eingestellt worden
war. Diese Entwicklung hatten sie nicht vorausgesehen
und resignierten. Gleichzeitig fand in Prag ein Kongress
von Betriebsräten statt, der quasi-parlamentarische Beschlüsse fasste. Die Entscheidung zur Annahme der Demission lag beim Präsidenten, der sechs Tage zögerte und
eine widerspruchsvolle Position einnahm: Einerseits wollte er die Parteien der Nationalen Front mit den bisherigen
Personen zusammenhalten, andererseits konnte er dem

Wunsch Gottwalds, eine um Vertreter der bürgerliche[n] Parteien aus dem zweiten Glied erweiterte Ministerlis[te] anzunehmen, nichts entgegensetzen. Gottwald drohte g[ar] mit einer Absetzung des Präsidenten und einem Bürge[r]krieg. So unterschrieb Beneš schließlich am 25. Febru[ar] die Entlassungsurkunden und berief die vorgeschlagene[n] Kandidaten; das veränderte Kabinett umfasste nun elf Ver[-]treter der Kommunistischen Parteien, acht Vertreter ande[-]rer Parteien, zwei Vertreter der Gewerkschaften (darunt[er] der Kommunist Zápotocký) und drei Minister ohne Par[-]teizugehörigkeit. Der »Putsch von Prag« hatte eine ander[e] Republik geschaffen.

Die bürgerlichen Minister sind oft gescholten worden[,] dass sie ohne rechte Vorbereitung in den Machtkampf ein[-]gestiegen seien und geglaubt hätten, mit Taktieren ihr[e] Stellung halten zu können. Vertreter dieser Auffassun[g] übersehen jedoch, dass die KPČ sich auf den Machtkamp[f] längst vorbereitet hatte, jedenfalls das Schicksal der fran[-]zösischen KP vermeiden wollte, die im Mai 1947 aus de[r] Regierung gedrängt worden war. Im Kampf um die Mach[t] ging es nur vordergründig um Personen, und die bürgerli[-]chen Parteien waren nur in der Wahl des Zeitpunktes fü[r] die Auseinandersetzung frei, nicht mehr in der Wahl de[r] Mittel. Mit dem Kongress der Betriebsräte in Prag, de[r] Anwesenheit von Tausenden von bewaffneten Milizionä[-]ren in den Straßen, die der KP-Führung und nicht de[r] Staatsführung folgten, der Demonstration von 250 00[0] aufgeputschten Personen in Prag war der Spielraum de[s] Präsidenten sehr gering, der auch in der Armee keine zu[-]verlässige Stütze mehr besaß. Der *Coup de Prague* war ei[n] letztes Signal, dass Prag nun zum »Ostblock« gehörte und[,] die Demokratie herkömmlicher Art dort keine Chance[,] mehr besaß; sie wurde durch die Herrschaft der KP abge[-]löst, die eine »Volksdemokratie« begründete.

Die Regierung, die am 27. Februar vereidigt und am 1[1.] März vom Parlament bestätigt wurde, ergriff unverzüglich

Maßnahmen, die errungene Macht zu sichern. Einigen Mitgliedern der alten Regierung und deren Sympathisanten gelang die Flucht ins Ausland, andere wurden entlassen, in Lager eingewiesen oder in späteren Schauprozessen verfolgt. Bereits Anfang April waren mehr als 4800 Personen wegen Unzuverlässigkeit aus dem Staatsdienst entfernt worden. Aufsehen erregte das Ende des Außenministers Jan Masaryk, der am 10. März unter seinem Arbeitszimmer auf dem Pflaster tot aufgefunden wurde; Gerüchte, es habe sich nicht um einen Freitod gehandelt, sind nie ganz verstummt. Für die Gleichschaltung aller gesellschaftlichen Organisationen sorgten zum einen die Wahlordnung vom 16. April, die künftig den Wählern eine Einheitsliste mit je einem Kandidaten pro Wahlkreis vorschrieb, was den Urnengang jeweils zur Farce machte (so 1948, 1954, 1960, 1964 usw.), und die veränderte Verfassung, die am 9. Mai von den anwesenden Mitgliedern der Nationalversammlung einstimmig gebilligt wurde. Der Staatspräsident Beneš verweigerte seine Unterschrift, fertigte dagegen am 2. Juni seine Abdankungserklärung aus; am 7. wurde sie verkündet und angenommen; nur knapp drei Monate später starb er am 9. September 1948.

Edvard Beneš war bereits zu seinen Lebzeiten eine umstrittene Person. Besonders sudetendeutschen Betrachter haben ihn geradezu zum Buhmann stilisiert, dem sie einerseits Naivität und Leichtgläubigkeit gegenüber Stalin vorgeworfen, andererseits unterstellt haben, planmäßig das Ziel der Schaffung eines einheitlichen, russlandhörigen Nationalstaates verfolgt zu haben. Eine gerechte Beurteilung ist schwierig, weil Beneš kaum einen Einblick in die Beweggründe seiner Politik gestattet hat und seine Persönlichkeit hinter seinem Amt verbarg. Unstrittig ist, dass er außerordentlich effektiv, fast emotionslos und glatt, autoritär und diplomatisch geschult war, kaum persönliche Freunde besaß und daher als Projektionsfläche für viele Vorwürfe dienen konnte. Zweimal war er maßgeblich an

der Schaffung der Tschechoslowakei beteiligt gewesen, un
beide Male an deren Untergang. Dies hat es vielen Beob
achtern leicht gemacht, ihm an diesen Ereignissen jewei
eine maßgebliche »Schuld« zuzusprechen, ja ihn geradez
zu dämonisieren. Seine Leistung, als fast einziger Außer
politiker der tschechoslowakischen Elite dem Land eine
anerkannten Status in der Welt gesichert zu haben, sein
Weitsicht in der Beurteilung des Verlaufs des Ersten un
Zweiten Weltkrieges, sein unerschütterlicher Glaube an di
Zukunft seines Landes auch unter widrigen Umstände
werden meist unterschätzt. Man kann darüber streiten, o
Beneš an seinen Lehrer und sein Vorbild Masaryk heran
reichte, aber unbestreitbar ist, dass er als Präsident versuch
hat, jeweils übermächtigen Gegnern zu widerstehen, dene
er schließlich unterlag. Insbesondere sudetendeutsche Be
trachter haben ihm die Vertreibung des deutschen Bevölke
rungsteiles als von Anfang an geplantes Ziel unterstellt un
sein persönliches Scheitern mit Häme verfolgt; sein Nam
bleibt mit den »Beneš-Dekreten« verbunden, die er zu
Grundlegung des neuen Staates mitunterzeichnet hat. Z
wenig wird meist die tragische Seite des Mannes gesehen
der als großer Vertreter seines kleinen Landes an Umstän
den scheiterte, die er kaum zu beeinflussen vermochte.

Der neue Präsident Klement Gottwald (seit dem 14. Juni
und der Ministerpräsident Antonín Zápotocký konn
ten nun unter äußerlicher Wahrung der demokratischer
Strukturen den Prozess der Umgestaltung von Staat und
Gesellschaft entsprechend der neuen Verfassung nach der
Vorstellungen der Kommunisten intensivieren. Sie ver
standen den Staat in tautologischer Formulierung als
»Volksdemokratie«, der den Übergang von der bürger
lichen Demokratie zum Sozialismus vollziehen sollte. Die
Partei erzwang den Zusammenschluss mit den Sozialde
mokraten (27. Juni 1948) und schwoll durch massenwei
sen Zulauf neuer Mitglieder bis zum Oktober 1948 auf

ber 2,4 Millionen an. Ihr Leitprinzip war der »demokratische Zentralismus«, der dem Anspruch nach eine Willensbildung von unten nach oben vorsah, dann aber die Durchführung der Beschlüsse von oben nach unten vorschrieb; in Wirklichkeit gab die Parteiführung die politischen Direktiven vor, die ohne Diskussion durchzuführen waren. Das Vorbild war die Sowjetunion, so dass man den gesamten Vorgang als »Sowjetisierung« bezeichnet. Die Partei beanspruchte das Organisationsmonopol: Die Gewerkschaften galten als »Transmissionsriemen« der Partei, die die Arbeiterschaft organisierte; auch alle anderen Vereine und Verbände wurden entweder verboten oder umstrukturiert, wie etwa der Sokol oder die Pfadfinder, die in die Jugendorganisation überführt wurden.

Die Verwaltung wurde gemäß dem »Kaschauer Programm« auf die Nationalausschüsse umgestellt. Die Gewaltenteilung war aufgehoben, und Einsprüche gegen ihre Entscheidungen hatten kaum Wirkung. Die Slowakei sollte zwar eine Autonomie erhalten, aber in der Praxis herrschte Prag. Nur der Form nach konnte ein »Nationalrat« als Landesparlament einen »Beauftragtenausschuss« als Landesregierung wählen. Schon am 27. September 1948 war die slowakische KP in der KPČ aufgegangen, so dass Parteiführung und Staatsführung zusammenfielen.

Dies betraf das ganze Land. Die unabhängige Justiz wurde durch »Volksgerichte« ersetzt, die dem Grundsatz der »sozialistischen Parteilichkeit« eines »verstärkten Klassenkampfes« verpflichtet waren. Willkürliche Anklagen konnten jeden treffen; die Gesetze wurden im Sinne der »Klassenjustiz« angewandt. Entlassung aus dem Arbeitsverhältnis, Kündigung der Wohnung, Einweisung in Arbeitslager oder die Verbannung in andere Wohnorte begründeten ein System des Terrors, dem Hunderttausende zum Opfer fielen. Das Ergebnis war eine Gesellschaft im Zustand der Rechtlosigkeit und der systematischen Deformation, die sich bis in das Privatleben der Bürger erstreckten.

Ebenso radikal war die Umgestaltung der Wirtschaft. Nach der Verstaatlichung der Großbetriebe gemäß dem Kaschauer Programm beschnitt die Partei in mehreren Schritten alle private Wirtschaftstätigkeit, bis hin zur Abschaffung von Kleingewerbe und Kleinhandel. Die Arbeiter und Gewerbetreibenden wurden zu Staatsangestellten, die einer ausufernden Bürokratie ausgeliefert waren. Der Staat gab in mehreren einander folgenden Wirtschaftsplänen die Zielsetzung (»Plan-Kennziffern«) vor, bestimmte die Zuteilung von Rohstoffen, die Warenproduktion, die Verteilung der Güter und die Preisstruktur. So sorgte er zwar für niedrige Preise für den Alltag, die Mieten und die Grundversorgung, belastete aber alle weitere Produkte mit hohen Abgaben. Dies bewirkte eine Nivellierung von Löhnen auf niedrigem Niveau und führte angesichts des schlechten Verteilungssystems zu vielen Versorgungsengpässen. Die Wirtschaft wurde nach sowjetischem Muster auf die Schwerindustrie ausgerichtet, worunter die bislang starke Konsumgüterproduktion litt. Mehrere Handelsverträge mit der Sowjetunion banden den Staat fest in deren Handelsinteressen ein, was auch dazu führte, dass die Tschechoslowakei etwa im internationalen Waffenhandel zu einem wichtigen Lieferanten der Entwicklungsländer wurde. Der Außenhandel mit den »sozialistischen Staaten« stieg bis zum Jahre 1954 auf 78 % der Exporte, während er vor 1939 mit diesen Ländern nur 9 % ausgemacht hatte. In der Binnenwirtschaft schöpfte der Staat mit der Währungsreform vom 31. Mai 1953 Kaufkraft ab; die Verarmung der Mittelschichten war dabei eingeplant.

In mehreren Schritten wurde auch die Landwirtschaft umgestellt. Hatte die Partei zunächst Neusiedler mit der Vergabe von privatem Land in die Grenzgebiete gelockt, so sollte das Genossenschaftsgesetz vom 23. Februar 1949 die Bauern zu einem Zusammenschluss ihrer Betriebe veranlassen. Private Bauern wurden zu hohen Abgaben verpflichtet; ihre Maschinen wurden beschlagnahmt und um großen Teil verschrottet. Bisher wohlhabende Bauern diffamierte die Partei als »Kulaken« und zwang sie in den Ruin. Nachdem der Rückgang der Erträge eine Welle der Austritte aus den Genossenschaften zur Folge gehabt hatte, verschärfte die Partei ab 1955 wieder die Gangart und verfolgte zielstrebig die Kollektivierung der gesamten Landwirtschaft, die bis 1960 über neunzig Prozent der Betriebe erfasste. Die Einrichtung von Maschinenparks und die Schaffung von agrarischen Großbetrieben hätten bei guter Leitung durchaus Vorteile gebracht, weil aber ausgebildetes Personal und entsprechende Mittel zur technischen Ausstattung fehlten, außerdem Missernten und Überschwemmungen mehrfach einen Produktionseinbruch bewirkten, war die Versorgung mit Agrarprodukten durchaus prekär, schürte die Unzufriedenheit der Bevölkerung und machte ständig die Einfuhr von Nahrungsmitteln notwendig.

Auch der Kulturbereich und das Bildungswesen wurden nach sowjetischem Vorbild umgestaltet und Säuberungen unterworfen. Viele Hochschullehrer, die bereits während der deutschen Besatzung verfolgt worden waren, verloren nun endgültig ihre Stellung; manche gingen ins Ausland, wo sie im Exil die Tradition einer freien Wissenschaft fortsetzten. An ihre Stelle traten junge Wissenschaftler, die den Marxismus als Grundlage ihrer Forschungen ernst nahmen und darin durchaus eine Chance zu deren Weiterentwicklung und nicht nur einen Karrieresprung sahen. Tausende Studenten aus bürgerlichen Familien wurden relegiert, andere aus Arbeiterkreisen bevorzugt. An den Universitäten wurden die alten Titel durch den zweistufigen sowjetischen Doktor ersetzt. Das russische Vorbild galt auch für die Einrichtung der Akademie der Wissenschaften (1952). Die Dauer des Schulbesuchs wurde über Stufen dem sowjetischen Modell angenähert, im Inhaltlichen mit der Erziehung der Schüler im Geiste des Marxismus ganz darauf ausgerichtet. Auch in der Kultur bestimmte die Partei die Regeln, unterstützte einerseits die gewünschte Stilrichtung der Arbeiterkunst, wie sie andererseits die freien Äußerungen der Kunst unterband, mit dem Verlagsgesetz von 1949 die Zensur einführte und die Publikationen kontrollierte.

Ein besonderes Kapitel stellt die Kirchenpolitik der Kommunisten dar. Etwa 95 % der Bevölkerung gehörte nach dem Kriege religiösen Gemeinschaften an, deren größte die katholische Kirche war; 1950 bekannten sich 8,9 Millionen Menschen (76,4 % der Bevölkerung) zu ihr. Es amtierten zwei Erzbischöfe (Prag und Olmütz), neun Bischöfe und drei apostolische Administratoren; die Kirche zählte knapp 7000 Geistliche, etwa 3000 Ordensbrüder und 12 000 Schwestern. Wegen der festen Haltung während der Okkupation, im Exil und im Widerstand hatte der tschechische Zweig der katholischen Kirche ein großes moralisches Kapital erlangt, während der slowakische wegen seiner engen Bindung an die Politik in eine tiefe Krise geraten war. Die Verstaatlichung der Schulen und die Nationalisierung des Bodenbesitzes schürten die latenten Spannungen.

Der offene Streit entbrannte im Vorfeld der Wahl am 30. Mai 1948, als Erzbischof Beran den katholischen Geistlichen verbot, sich als Kandidaten aufstellen zu lassen, was sich insbesondere gegen den Vorsitzenden der Volkspartei und Gesundheitsminister, Pater Plojhar, richtete. Das Ziel der KPČ war es, eine nationale Kirche zu errichten, die ohne Verbindungen zum Vatikan dem Staat unterworfen sein sollte. Nachdem ein Abkommen mit der Kirche gescheitert war, begann im Herbst 1949 mit dem Kirchengesetz vom 14. Oktober der Machtkampf. Das Gesetz unterstellte die Kirche einer staatlichen Behörde, die die innerkirchliche Kommunikation unterband und jede Form öffentlicher Tätigkeit von seiner Zustimmung abhängig machte. Alle Geistlichen, die den geforderten Treueid verweigerten, wurden verhaftet und interniert;

nsgesamt sollen etwa 3000 Priester davon betroffen gewesen sein. Im Sommer 1950 waren alle Bischöfe bis auf zwei in Haft oder standen unter Hausarrest. Die übrigen Bischöfe legten im März 1951 den Treueid ab und blieben unter Bewachung im Amt. Die diplomatischen Beziehungen zum Vatikan, der diese Kapitulation nicht anerkannte, wurden unterbrochen. Die Ordensmitglieder ließ die Partei in Sammel- und Internierungsklöster einweisen oder in das Zivilleben entlassen. Das Ergebnis der rigorosen Maßnahmen waren eine zerstörte Kirche und eingeschüchterte Mitglieder, aber keine unabhängige nationale Kirche, weil die Gläubigen – darunter auch etwa 64 % der Mitglieder der KPČ – der Kirche und dem Papst die Treue hielten.

Alle Maßnahmen der Kommunistischen Partei zielten darauf ab, die Werte der Gesellschaft grundlegend umzuformen. An die Stelle der alten Wertschätzung von Bildung trat die Betonung der Handarbeit; ideologische Vorgaben führten zur Indoktrinierung der Bevölkerung auf allen Ebenen. Eigeninitiative und Kreativität galten als suspekt; die Partei belohnte Gehorsam und Unterwerfung, verfolgte dagegen Selbstständigkeit und Privatinitiative. Staatliche Fürsorge und Subventionen sollten die Bevölkerung unmündig halten. Verbote und bürokratische Hindernisse aller Art unterhöhlten das Verantwortungsbewusstsein des Einzelnen. Die Rechtssicherheit war verloren gegangen, weil überall willkürliche Verfolgung drohte. Auslandskontakte wurden unterbunden und damit Provinzialität erzeugt. Die vormals offene und moderne Gesellschaft der Tschechoslowakei wurde im Osten Europas verortet.

Diese neue Orientierung schlug sich auch in der Außenpolitik und der Einbindung des Landes in die wirtschaftlichen und militärischen Strukturen des »Ostblocks« nieder. Die Beziehungen zu den Staaten im sowjetischen Herrschaftssystem wurden von Moskau vorgegeben. Mit

Polen war schon im März 1947 der Streit um Teschen beigelegt worden. Mit Ungarn wurden die Beziehungen nach
Einstellung der Ausweisungen aus der Slowakei und der
Gewährung von Minderheitenrechten an die dort leben-
den Magyaren normalisiert. Schwieriger waren die Beziehungen zur sowjetischen Besatzungszone in Deutschland,
die viele Sudetendeutsche – darunter zahlreiche Kommunisten – aufgenommen hatte; hier schuf erst die langsame
Differenzierung zwischen »guten« und »bösen« Deutschen die Möglichkeit, die tiefen Belastungen aus der Be-
satzungszeit und den Vertreibungen zu überwinden. Nach
Gründung der DDR konnte am 23. Juni 1950 in Prag ein
Vertrag unterzeichnet werden, der schließlich 1955 zur
Erklärung aus Prag führte, dass der »Kriegszustand« beendet sei. Dennoch verharrten lange die Beziehungen in
einer gewissen Kühle. Gleiches lässt sich auch gegenüber
Österreich feststellen, mit dessen Verpflichtung zur Neutralität 1955 die Voraussetzung für eine Normalisierung
der Beziehungen geschaffen wurde.

Distanz galt erst recht gegenüber den Staaten im Westen. Die USA waren der Hauptgegner Moskaus im »Kal-
ten Krieg« und wurden für die angebliche »revanchistische« und »kriegslüsterne« Politik der Bundesrepublik
Deutschland verantwortlich gemacht. Die Gründung der
Sudetendeutschen Landsmannschaft und ihre ritualisierten
jährlichen Pfingsttreffen boten der Prager Propaganda immer wieder Gelegenheit, das Bild der »bösen« Deutschen
zu beschwören, das für die Propaganda im Innern instrumentalisiert wurde. Die tschechoslowakische Forderung,
das Münchner Abkommen als ungültig von Anfang an zu
erklären, blockierte lange jeden Schritt zu einer Erwär-
mung der eisigen Beziehungen. Prager Proteste gegen die
Gründung der Nato im Januar 1949, die Schaffung der
Bundeswehr und deren Eingliederung in das westliche
Bündnis 1955 verhallten ungehört. Die Tschechoslowakei
galt als verlässlichster Satellit Moskaus.

Dies zeigte sich auch in der Einbindung in die wirtschaftliche Kooperation der »Volksdemokratien«. Da Stalin dem Marshall-Plan etwas Ähnliches entgegenstellen wollte, wurde am 25. Januar 1949 die Gründung des Rates für gegenseitige Wirtschaftshilfe beschlossen (RGW, im Westen meist *Comecon* genannt, als Abkürzung für *Council for Mutual Economic Assistance*). Das Ziel war, die bisherige Ausrichtung der wirtschaftlichen Beziehungen der Staaten ihres Einflusses auf die Sowjetunion umzupolen, diese untereinander abzustimmen und kompatibel zu gestalten. Das wirtschaftliche und politische Übergewicht der Sowjetunion bewirkte dabei in den bilateralen Handelsbeziehungen eine große Abhängigkeit der Partnerländer von Moskau, das durch die Entsendung von Spezialisten, durch das Diktat von Preisen und durch die Ausrichtung der Binnenwirtschaften auf das sowjetische Modell (Zentralverwaltungswirtschaft) seinen Einfluss verstärkte. In einer zweiten Phase der Entwicklung nach Stalins Tod 1953 konnten bis 1956 die Produktion koordiniert und die Investitionspläne aufeinander abgestimmt werden.

Die Leitung der Armee, die nach dem Vorbild der Roten Armee organisiert war (zusammen mit Hilfsverbänden etwa 400 000 Mann), übernahm 1950 der Schwiegersohn Gottwalds, Alexej Čepička. Seit 1949 säuberte die Führung das Offizierskorps permanent von »bürgerlichen« Elementen und ersetzte sie zum größten Teil durch Parteimitglieder aus der Arbeiterschaft, die 1952 fast 65 % der Kommandostellen innehatten. Die Armee, die sich beim Februarumsturz neutral verhalten hatte, wurde auf diese Weise zu einem gehorsamen Werkzeug der Partei. Die Eingliederung in das sowjetische System wurde durch den Beitritt der Tschechoslowakei zum Warschauer Pakt am 14. Mai 1955 vollzogen.

Innen- und außenpolitische Motive verquickten sich mit der Säuberung und Straffung der kommunistischen

Partei, die unter dem Begriff des »Stalinismus« erfasst wird. Nach dem Vorbild der politischen Prozesse in Ungarn, wo der Außenminister László Rajk im Herbst 1949 in einem Schauprozess zum Tode verurteilt worden war, sowie in Abwehr der Selbstständigkeitsbestrebungen der jugoslawischen Kommunisten unter Tito drängte Stalin auch die tschechoslowakischen Genossen dazu, ein Netz von »Verrätern« und »Agenten« ausfindig zu machen und die Beschuldigten zu bestrafen. In den Jahren 1949–50 wurden zunächst einige Führungspersonen des kommunistischen Regimes mit westlichen Auslandskontakten als »Agenten« »entlarvt«, dann die slowakischen Widerstandskämpfer – an der Spitze der Außenminister Clementis – als bürgerliche Nationalisten diffamiert. In einer zweiten Welle seit 1951 ließ Stalin »Verräter« und »Verschwörer« in der Parteispitze aufspüren, die wegen ihrer jüdischen Abkunft als »Kosmopoliten« verdächtig waren. Die Angeklagten wurden widerlichen Schauprozessen ausgesetzt, in denen die Fragen der Staatsanwälte und die Antworten der Angeklagten inszeniert waren. An der Spitze der Angeklagten stand Rudolf Slánský, der vom Posten des allmächtigen Generalsekretärs der Partei in Haft genommen worden war, in brutalen Verhören alle erfundenen Vorwürfe »gestanden« hatte und mit zehn weiteren Beschuldigten am 3. Dezember 1952 hingerichtet wurde. Das Ergebnis war die Einmannherrschaft von Klement Gottwald, der auch im Personenkult seinem Vorbild Stalin nacheiferte. Zynisch gesprochen galt dies auch für sein Ende. Am 5. März 1953 starb Stalin; am 14. März folgte ihm Gottwald, drei Tage nach seiner Rückkehr von den Beisetzungsfeierlichkeiten in Moskau, im Alter von nur 57 Jahren. Zusammen mit dem Sekretariat des ZK war er im Wesentlichen für 233 Todesurteile der Schauprozesse zwischen 1948 und 1952 verantwortlich, für 148 weitere Todesurteile bis 1954 über seinen Tod hinaus, für die Haft von rund 250 000 Personen in 422 Internierungs- und

Zwangsarbeiterlagern, für die Diskriminierung und Verfolgung von weiteren zwei Millionen Menschen aus sozialen oder religiösen Gründen.

Die Zeit des Stalinismus war in der Tschechoslowakei mit dem Tode Stalins noch nicht beendet. Als Nachfolger Gottwalds in der Funktion des Staatspräsidenten setzte der ehemalige Gewerkschaftler Zápotocký den bisherigen Kurs im Wesentlichen fort. Die Parteiführung übernahm der blasse und bis dahin unbekannte Prager Parteisekretär Antonín Novotný, dem nach dem Tode von Zápotocký im November 1957 auch das Präsidentenamt übertragen wurde, so dass wieder eine Person die ganze Macht im Staate verkörperte. In der Gesellschaft der Tschechoslowakei herrschten Ruhe und Resignation. Auch die Enthüllung der Verbrechen Stalins durch den sowjetischen Parteichef Nikita Chruschtschow in seiner Geheimrede vor dem 20. Parteitag der KPdSU im Februar 1956 hatte in Prag kaum Auswirkungen. Symbolisch für diese Spätphase des Stalinismus steht die Errichtung eines monströsen Stalin-Denkmals über der Moldau, das am 1. Mai 1955 enthüllt worden war; beinahe verschämt wurde es im November 1962 beseitigt und auf seinem Sockel später ein symbolträchtiges Pendel errichtet.

Die Partei wähnte sich fest im Sattel. Ausdruck dieser Stimmung war der Text der neuen Verfassung vom 11. Juli 1960, der voreilig verkündete: »Der Sozialismus hat in unserem Vaterland gesiegt«, nun den Aufbau des Kommunismus als neues Ziel proklamierte, die führende Rolle der Partei festschrieb, schließlich den Staatsnamen in *Československá socialistická republika*, »Tschechoslowakische Sozialistische Republik« (ČSSR), veränderte. Diese Betonung des »Sozialismus« war ideologisch begründet und sollte signalisieren, dass der »Klassenkampf« durch eine »Klassenannäherung« abgelöst sei und der Intelligenz nun für die weitere Politik eine größere Bedeutung zukäme.

Auf dem 12. Parteikongress wurde im Dezember 1962 ein neues Parteistatut für die 1,6 Millionen Parteimitglieder beschlossen – immerhin war jeder sechste erwachsene Staatsbürger Mitglied der Partei –, das den Zentralismus stärkte und wegen der engen Verschränkung von Partei und Staat quasi Verfassungscharakter besaß. Nur verschleiert wurden darin aber bereits die wachsenden Schwierigkeiten angesprochen.

Der Weg zum »Prager Frühling«, zur »Normalisierung« und in die Stagnation des Regimes

Der »Prager Frühling« von 1968 war ein Aufstand der kommunistischen Intelligenz gegen die Verkrustung des Apparates und die »Deformationen« der ursprünglichen Ideologie. Er fand eine breite Unterstützung der Bevölkerung für das Ziel eines »demokratischen Sozialismus«, stieß aber auf die entschiedene Abwehr der konservativen Kräfte, insbesondere bei den »Bruderstaaten«, deren Intervention die Hoffnungen der Bevölkerung brutal beendete und sie für die folgenden Jahre der »Normalisierung« in einen politischen Dämmerzustand und in Resignation stieß.

1968	5. Januar: Absetzung Novotnýs als Parteichef, Wahl von Alexander Dubček als Nachfolger
	30. März: Wahl von Svoboda zum Staatspräsidenten
	20./21. August: Einmarsch der Truppen von fünf Staaten des Warschauer Paktes
1969	17. April: Gustáv Husák Generalsekretär der KPČ
1975	29. Mai: Wahl von Husák zum Staatspräsidenten
1987	17. Dezember: Miloš Jakeš Generalsekretär der KPČ
1989	24. November: Karel Urbánek Generalsekretär der KPČ
	29. Dezember: Wahl von Václav Havel zum Staatspräsidenten

Auf dem 22. Parteitag der KPdSU im Oktober 1961 hatte Chruschtschow eine zweite Welle der Entstalinisierung der Sowjetunion eingeleitet und die Rehabilitierung der Opfer Stalins verlangt; dies musste auch in Prag Auswirkungen haben, wo die leitenden Funktionäre entweder an den Säuberungen beteiligt gewesen waren oder von ihnen profitiert hatten. Die wachsende Irritation der KPČ-Führung erwuchs aus dem Zusammenfall von drei Krisen: die Wirtschaftsprobleme des Landes, die Frage der Rehabilitationen der Opfer des Stalinismus und überhaupt die Rolle der Intellektuellen in einer differenzierter gesehenen Gesellschaft.

Am deutlichsten waren die Probleme der Wirtschaft. Im Rahmen der beiden ersten Fünfjahrespläne war die Produktivität der Wirtschaft außerordentlich gewachsen. Die Umstellung auf das sowjetische System forderte indes ihren Preis, so dass in den Jahren 1962/63 die Produktivität stagnierte und das Bruttosozialprodukt sogar real sank. Der Rückgang der Agrarerträge und der Produktion von Konsumartikeln hatte Versorgungsengpässe und die Unzufriedenheit der Bevölkerung zur Folge. Die Partei beauftragte den Direktor des Ökonomischen Instituts der Akademie der Wissenschaft, Prof. Ota Šik, durch Einführung der »sozialistischen Ware-Geld-Beziehung« Elemente der Marktwirtschaft in die rigide Planwirtschaft einzubringen, d. h. den Unternehmen mehr Freiheit der Entscheidungen einzuräumen, um einen »sozialistischen Markt« zu schaffen. Eine Erleichterung der Reisemöglichkeiten ließ die Zahl von Westtouristen steigen, die dringend benötigte Devisen ins Land brachten. In der Praxis wurden die Vorschläge Šiks indes nur halbherzig umgesetzt und sein Reformprogramm ausgebremst; die Nivellierung der Löhne verhinderte Leistungsanreize; die Lagerbestände unverkäuflicher Produkte wuchsen, so dass sich die Versorgung nicht besserte. Eine kräftige Wirtschaftshilfe seitens der Sowjetunion und deren Lieferung von Getreide nach der Missernte von 1965 verstärkte die Abhängigkeit von der Sowjetunion weiter. Politisch wurde diese Abhängigkeit prekär, als Chruschtschow nach seinem letzten Auslandsbesuch in der ČSSR Anfang September am 15. Oktober 1964 in Moskau gestürzt wurde und Novotný sich durch seine harsche Kritik dieses Vorgangs bei dem Nachfolger Breschnew unbeliebt gemacht hatte.

Vorreiter in der Frage der Rehabilitation der vielen Opfer der Säuberungen waren die Slowaken, deren kommunistische Führer des Volksaufstandes allesamt als »bürgerliche Nationalisten« verunglimpft und inhaftiert worden waren. Im Frühsommer 1963 wurden Gustáv Husák und andere nach heftigen Protesten aus der Haft entlassen, die hingerichteten Politiker um Slánský von den angeblichen Verbrechen freigesprochen und teilweise rehabilitiert; die an der »Verletzung der sozialistischen Gesetzlichkeit« Beteiligten wurden kritisiert und ihrer Ämter enthoben. Dem Generationsschub, der am 4. April 1966 in der Slowakei auch den jungen Alexander Dubček (geb. 1921) an die Spitze der KPS brachte, konnte sich Novotný nur mit Mühe entziehen.

Der Prestigeverlust der Partei, in der die »Pragmatiker« gegenüber den »Dogmatikern« die Oberhand gewonnen hatten, verschaffte auch den Intellektuellen einen größeren Freiraum. Insbesondere die Schriftsteller, die vom »Tauwetter« in der Sowjetunion profitierten, artikulierten den Unmut gegen den bürokratischen Dogmatismus der Partei und den »Personenkult« der Führung. Die Werke des Prager Schriftstellers Franz Kafka wurden mit ihrer Thematik, den hilflosen Einzelmenschen im Gestrüpp der Bürokratie aufzuzeigen, auf einer Konferenz der Schriftsteller 1963 zum Katalysator für diese Kritik. Der Streit zwischen der Parteiführung und ihren Kritikern war dabei durchaus ein Konflikt innerhalb des Systems der marxistischen Lehre. Die Intellektuellen verstanden sich als

»Reformer« des Systems, das von den Schlacken der Willkür gereinigt, effektiver gestaltet und mit Elementen demokratischer Willensbildung angereichert werden sollte. Die Parteiführung war stark genug, durch Repressionsmaßnahmen gegen die Schriftsteller und eine Verstärkung der Zensur die Diskussion zu beschränken, aber nicht in der Lage und willens, durch den Einsatz von brutaler Gewalt den Prozess zu beenden. Der vierte Schriftstellerkongress vom Sommer 1967 brachte den erwarteten offenen Konflikt, denn die Partei konnte nicht verhindern, dass die kritischen Reden in der Gesellschaft verbreitet wurden.

Zur Entfremdung zwischen der Partei und der Bevölkerung trug zu dieser Zeit auch der Konflikt im Nahen Osten bei, denn im Unterschied zur Regierung, die zusammen mit der Sowjetunion die arabische Seite unterstützte, lag die Sympathie der Bevölkerung und der Intelligenz bei Israel. Novotný konnte sich gegen die Schriftsteller noch einmal durchsetzen und deren Zeitschrift *Literární Noviny* (»Literaturzeitung«) einstellen lassen, einen offenen Konflikt jedoch nicht verhindern. Dazu kam es Ende Oktober, als die Studenten gegen die katastrophalen Verhältnisse in ihren Wohnheimen auf den Straßen demonstrierten und die Polizei mit großer Härte gegen sie vorging. Dies brachte Novotnýs Rückhalt in der Parteiführung ins Wanken, und auch ein Besuch von Breschnew in Prag Anfang Dezember half nicht mehr gegen die Kritik. Sein Sturz war besiegelt, als bekannt wurde, dass er sich um eine Unterstützung durch die Armee bemüht hatte. Am 5. Januar wurde der slowakische Parteichef Alexander Dubček als Kompromisskandidat zu seinem Nachfolger als Erster Sekretär der KPČ gewählt. Dubček war als Sohn eines slowakischen Emigranten in der Sowjetunion aufgewachsen und hatte bis dahin in der Slowakei eine unauffällige Politik begrenzter Reformen betrieben. Von der Persönlichkeit her umgänglich und zurückhaltend, galt er als ehrlich, wenn auch manchem seiner Kollegen als naiv. Ungewollt und zufällig sollte er zur Symbolfigur einer Erneuerungsbewegung werden, die unter dem Namen »Prager Frühling« in die Geschichte eingegangen ist.

Die Reformen begannen unspektakulär und zunächst mit den alten Personen in der Parteiführung; es änderte sich jedoch der Stil der Politik, denn die neue Generation sprach sich gegen eine Ämterhäufung aus, verlangte Diskussionen und eine Demokratisierung der Entscheidungen; das Zentralkomitee der Partei rückte in die Rolle eines Parlamentes, in dem die Richtung und ein Programm offen beraten wurden. Es dauerte bis Ende Februar, ehe die Öffentlichkeit die sich daraus ergebenden neuen Möglichkeiten erkannte. Wie in einem Erdrutsch brachen nun die alten Strukturen nacheinander zusammen. Die Zensur der Presse wurde eingestellt; die Zeitungen, Rundfunk und Fernsehen griffen mit kritischen Berichten und Interviews in die Diskussion ein. In kurzer Zeit erfasste die Bevölkerung ein Rausch von Freiheit, der sich in der Forderung nach einer Demokratisierung der politischen Entscheidungen und der Abschaffung des Organisationsmonopols der Partei äußerte. Die Parteien und Massenorganisationen, die in der Nationalen Front ein Scheindasein gefristet hatten, wurden belebt; es bildeten sich neue Vereinigungen, die Partikularinteressen vertraten, wie der »Klub 231« für die ehemaligen Häftlinge, die nach diesem Paragraphen des Strafgesetzbuches verurteilt worden waren. Bischof František Tomášek forderte für die katholische Kirche die Entlassung der internierten Geistlichen und ihre Rückkehr in Amt und Würden. Ende März musste Novotný auf öffentlichen Druck das Amt des Staatspräsidenten aufgeben. Sein Nachfolger wurde der damals 72-jährige General Svoboda, dessen Name »Freiheit« bedeutet. Mit seiner Amtseinführung am 31. März brach der Damm vollends.

Die Ereignisse in Prag blieben bei den Verbündeten nicht unbemerkt. Die Wahl von Dubček war von Breschnew zunächst wohlwollend aufgenommen worden; dann aber fand am 23. und 24. März eine Konferenz der Parteichefs der Staaten des Warschauer Paktes (ohne Rumänien) in Dresden statt. Die überraschten tschechoslowakischen Delegierten wurden mit harten Vorwürfen und beleidigenden Ausführungen über den neuen Kurs konfrontiert, die alle Elemente der später offenen Kritik, bis hin zum Vorwurf einer beginnenden Konterrevolution, enthielten. Die Reaktion aus Prag war kühl und selbstbewusst, weil sich die Reformkräfte in der KPČ mit ihrer Politik auf dem richtigen Weg glaubten.

Die Ereignisse der folgenden Monate spielten sich auf drei Ebenen ab. Die treibende Kraft war zunächst die Führung der KPČ. Die Partei sah sich vor der schwierigen Aufgabe, einerseits die Macht zu behaupten, andererseits durch eine Demokratisierung der Entscheidungen auch Platz für Kritik zuzulassen, ohne eine Fundamentalrevision der »sozialistischen Errungenschaften« zu erlauben. Der Konflikt schlug sich im Aktionsprogramm der Partei nieder, das am 5. April beschlossen wurde. Die Partei könne nicht alle Interessen in der Gesellschaft vertreten, heißt es dort, könne aber die Bürger aktivieren und die unterschiedlichen Interessen in der Nationalen Front bündeln und ausgleichen. Dieser zentrale Punkt bedeutete, dass die Rolle der Partei sich nicht mehr aus einer quasi unangreifbaren gesetzlichen Stellung definierte, sondern die Partei im Wettstreit mit anderen Kräften ihre Autorität durch Leistung ständig nachzuweisen hätte. Dies sollte durch die Einführung demokratischer Elemente erfolgen, was z. B. öffentliche Dikussionen, geheime Abstimmungen und die Aufstellung mehrerer Kandidaten für zu besetzende Posten erforderte. Das Programm versprach eine neue Verfassung, die die Rechte der Slowaken voll berücksichtigen, die echte Wahl von Vertretern und die Kontrolle der Macht ermöglichen sowie durch die Trennung der Funktionen von Staat und Gesellschaft Rechtssicherheit garantieren solle. Dieses Programm sollte auf dem kommenden 14. Parteikongress beschlossen werden; die Zeit bis zu diesem Termin wollten die Reformer zur Werbung für ihre Thesen nutzen.

Im Zentralkomitee waren drei Richtungen vertreten: die Konservativen um Novotný, die Progressiven (Smrkovský, Císař) und die Gemäßigten um Dubček. Auch das neue Präsidium, das anschließend gewählt wurde, spiegelte diese Vielfalt wider; alle Beteiligten waren sich in den Zielen der kommunistischen Partei einig, stritten sich nur über den besten Weg zu einem »Sozialismus mit menschlichem Antlitz«; von einer liberalen Verfassung einer Demokratie waren sie weit entfernt.

Am 8. April trat eine neue Regierung unter dem gemäßigten Reformer Oldřich Černík an, die auch den Wirtschaftler Ota Šik und den Befürworter einer slowakischen Autonomie, Gustáv Husák, einbezog. Sie sollte die »sozialistische Demokratie« umsetzen, indem sie die gesetzlichen Grundlagen für die Rehabilitationen und die Wirtschaftsreform schaffte. Die Nationalversammlung erhielt ein neues Gewicht; Kritiker der Regierung konnten als »qualifizierte Opponentur« auftreten, weil der Begriff »Opposition« verpönt blieb. Die Diskussion über den neuen Kurs reichte tief in die Partei und die Gesellschaft. Die Interessen waren in den Landesteilen ungleich verteilt, denn in der Slowakei war die Öffentlichkeit hauptsächlich an den Rehabilitationen und an der Lösung der Autonomiefrage interessiert, während der tschechische Teil die Reformvorschläge lebhaft diskutierte. Gleichwohl blieben Grenzen gesetzt, weil kritische Themen, etwa die Beziehung zur Sowjetunion und die Außenpolitik überhaupt, ausgespart werden mussten.

Die öffentliche Meinung bildete sich als eine zweite Ebene heraus, auf der die Diskussionen über das von der

Partei gewünschte Maß hinausgingen. Hier nutzten die intellektuellen Kritiker die Medien, die Partei weiter anzutreiben, gar einen Systemwechsel zu erreichen. Die Nationale Front wurde in vielen der dort vertretenen Organisationen belebt, ein »Klub der engagierten Parteilosen« (KAN) konstituierte sich Anfang Mai und ersuchte um die amtliche Registrierung. Aber auch die konservativen Kommunisten und die Kritiker der Entwicklung seit dem Januar meldeten sich in Artikeln, manchmal auch in anonymen Briefen, zu Wort. Die Parteiführung lavierte zwischen den Widersachern jeder Reform auf der einen und den ungeduldigen Kritikern, die eine Fortführung der Politik und deren gesetzliche Absicherung forderten, auf der anderen Seite. Als Höhepunkt dieser Auseinandersetzung erwies sich der Artikel »2000 Worte« des Schriftstellers Ludvík Vaculík vom 27. Juni. Der Text rief die Bevölkerung zu aktiver Teilnahme am Prozess der Demokratisierung auf, indem sie notfalls mit Demonstrationen und Streiks den Abgang von Schuldigen und Unfähigen erzwingen solle.

Die Reaktion überraschte den Verfasser und seine vielen tausend Sympathisanten. Konservative Parteimitglieder aller Ebenen und auch die Moskauer Parteizeitung *Pravda* sahen in dem Manifest einen Aufruf zur Konterrevolution und forderten schärfste Gegenmaßnahmen. Die Reformer in der Partei gerieten dadurch in eine Zwickmühle, denn einerseits wurden sie ja in ihrer Politik bestätigt, andererseits fürchteten sie um den Erfolg des mühsamen Regenerationsprozesses der Partei. Die heftigen Diskussionen in der Öffentlichkeit machten deutlich, wie sehr die Gesellschaft gespalten war, oder anders gesagt, wie stark die konservativen Kräfte in der KPČ noch waren. Der letzte Satz des Manifestes sollte sich als prophetisch erweisen: »Im Winter werden wir alles wissen.«

Die dritte Ebene war schließlich die Reaktion der Staaten des Warschauer Paktes. Die Kritik vom März war Anfang Mai bei einem Besuch von Dubček und seiner Delegation in Moskau deutlichen Worten der Besorgnis gewichen. Die Beratungen glichen hier und auch später einem Dialog unter Gehörlosen; während Breschnew zwischen Schmeicheln und Drohen schwankte und davon ausging dass seine Mahnungen die KPČ zu Korrekturen führen würde, stimmte Dubček den sowjetischen Anklagen meist verbal zu und blieb dennoch bei seiner Position. Der Öffentlichkeit wurde die Tiefe des Dissenses mit der Sowjetführung verheimlicht. Danach fand in Moskau ein Treffen der Parteichefs der anderen fünf Staaten des Warschauer Paktes ohne die Tschechoslowaken statt, in dessen Abschlusskommuniqué nur der »proletarische Internationalismus« hervorgehoben wurde. Am 18. Juni begannen in der Tschechoslowakei »Stabsmanöver« der Truppen des Warschauer Paktes, die nicht, wie zuvor angekündigt, lediglich Offiziere umfassten, sondern eine beachtliche Kraft darstellten, die sich ohne Information der tschechoslowakischen Stellen frei im Lande bewegten. Ärgerlicher für die Öffentlichkeit der ČSSR war dann die Tatsache, dass die Truppen nach Ende der Manöver nur sehr zögerlich das Land verließen. Zwei Fragen standen im Zentrum der sowjetischen Kritik: zum einen die Forderung, dass nur das sowjetische Modell des »Sozialismus« das allein ausschlaggebende sei und nationale Wege damit ausgeschlossen seien – eine Feststellung, der die Reformer der KPČ vehement widersprachen –, und zum anderen eine potentielle Erschütterung des Zusammenhalts der Staaten des Warschauer Paktes. Hinter dem Angebot der »brüderlichen Hilfe« verbarg sich die später so genannte Breschnew-Doktrin von der eingeschränkten Souveränität der sozialistischen Staaten.

Der Nervenkrieg kulminierte am 15. Juli, als die Vertreter des Warschauer Paktes in der polnischen Hauptstadt ohne Beteiligung der KPČ einen Brief verfassten, in dem sie ihre Befürchtungen nachdrücklich formulierten. Zwar

gebe es keine Intervention in ausgesprochen innere Angelegenheiten, aber die Gefahr, dass »feindliche Kräfte« das
Land »vom Weg des Sozialismus stoßen« könnten, sei eine
Sache, die alle sozialistischen Länder angehe. Die führende
Rolle der KP bleibe für die Bündnispartner unumstößlich,
weil sonst eine Konterrevolution drohe. Geradezu be-
schwörend hieß es dann: »Seht Ihr denn nicht diese Gefahr, Genossen?« Da die »Lebensinteressen der übrigen
sozialistischen Länder« dadurch gefährdet seien, sei es deren Aufgabe, die »sozialistische Ordnung« gemeinsam zu
verteidigen.

Die Antwort aus Prag kam rasch, war selbstbewusst
und am 19. Juli vom gesamten Zentralkomitee gebilligt
worden. Der Vorwurf der »Konterrevolution« wurde
darin vehement zurückgewiesen. Der Brief griff einzelne
Kritikpunkte auf und widerlegte die Angaben; Dubček
konnte dann den Haupttrumpf ausspielen, dass nämlich
die Partei durch ihre Politik in der Bevölkerung einen
ungeheuren »Autoritätsgewinn« erhalten habe. Unausgesprochen blieb, dass sie darin allen anderen Parteien
voraus war, aber auch, dass sie damit die Grundlage der
Gewaltherrschaft der Kommunisten aufgegeben hatte.

Dies war nicht die Antwort, die Moskau erwartet hatte, und die Spannungen und die Hetze in der Presse nahmen zu. Ein letzter Versuch zur friedlichen Beilegung des
Konfliktes – wie es schien – war am 29. Juli das Treffen
der sowjetischen und der tschechoslowakischen Mitglieder der beiden Politbüros und der Staatspräsidenten in
dem kleinen Grenzort Schwarzau an der Theiss (Čierna
nad Tisou). Nie zuvor hatte es dergleichen gegeben, und
die äußeren Umstände grenzten ans Lächerliche, wenn
die sowjetische Delegation während der viertägigen Verhandlungen jeweils abends auf ihr eigenes Territorium
zurückkehrte. In den Diskussionen prallten die Gegensätze heftig aufeinander, aber man redete aneinander vor-
bei: Wo Breschnew im Schweigen der tschechoslowa-

kischen Vertreter oder in ihrem Eingeständnis, Fehle
gemacht zu haben, das Versprechen zur Rückkehr zu
sowjetischen Linie sah, also von festen »Vereinbarungen« ausging, glaubte Dubček daran, die Sowjets von de
Redlichkeit seiner Absichten und der Richtigkeit seine
Politik überzeugt und Zeit gewonnen zu haben. Da
nichtssagende Schlusskommuniqué sprach nur von »eine
offenen Atmosphäre völliger Aufrichtigkeit und gegenseitigen Einvernehmens«. Nach Ende der Verhandlunger
kam es am 3. August in Pressburg zu einem Treffen de
Parteiführer aller Paktstaaten (außer Rumänien); auch
dessen Abschlusskommuniqué weckte mit zweideutiger
Formulierungen die Hoffnung auf eine gemeinsame Linie
der Politik »proletarischer Solidarität«, wie auch die dazu
verbreiteten Bilder Einigkeit und Freundschaft suggerier-
ten. In Wirklichkeit standen die Positionen beider Seiten
einander unversöhnlich gegenüber. In dieser gespannten
Atmosphäre fanden in den folgenden Wochen die Staats-
besuche von kommunistischen Führern anderer Staaten
in der ČSSR statt. Dubček glaubte sich sicher, dass er
Zeit bis zum Parteikongress gewonnen habe, und trotz
Nachrichten über entsprechende Vorbereitungen konnte
er sich eine militärische Intervention nicht vorstellen – im
Unterschied zu einer kleinen Gruppe von moskautreuen
Verschwörern in der Parteispitze.

In allen Dokumenten spielten neben der ideologischen
Frage nach dem Stellenwert der Partei und ihrer »leninis-
tischen Politik« auch die Beziehungen zur Bundesrepublik Deutschland eine wichtige Rolle. Dieser Nachbar galt
als Hauptgegner, dessen angeblich revanchistische Politik
abgewehrt werden müsse. Dies lag im Wesentlichen im Interesse der DDR, die daher nach der Sowjetunion als
stärkster Gegner der Demokratisierungsbestrebungen auftrat. Zu Recht wies dagegen die Prager Regierung mehrfach darauf hin, dass sie zum einen gegenüber Bonn die
alten Forderungen nach der Ungültigkeitserklärung des

Münchner Abkommens von Anfang an aufrechterhielt, dass sie seit 1945 ohne auswärtige Hilfe die Westgrenze des Moskauer Herrschaftsbereiches schützte, und dass sie weiter in ihren Bemühungen um eine Verbesserung der Beziehungen zur Bundesrepublik hinter den anderen Paktstaaten zurückstand, also vorrangig deren Interessen berücksichtigte. Um die Mitte August 1968 schien sich die Parteiführung in der Außenpolitik behauptet zu haben. Nach innen hatten die Wahlen der Delegierten zum außerordentlichen 14. Parteikongress eine große Mehrheit für die Reformen gebracht, allerdings auch gezeigt, dass es dagegen noch hartnäckigen Widerstand in festgefügten Kreisen der »Konservativen« gab. Die Nationalversammlung hatte wichtige Gesetze wie die Abschaffung der Zensur und die Entschädigung für die zu Unrecht Verurteilten beschlossen; ein Gesetz zur Föderalisierung des Staates war vorbereitet. Die Partei hatte einen Entwurf für ein neues Statut vorgelegt, das die geheime Wahl und innerparteiliche Demokratie vorsah. Die slowakische Problematik sollte durch eine Föderalisierung der Partei gelöst werden; den Slowaken sollte garantiert werden, dass sie in kritischen Fragen nicht überstimmt würden. Die Bevölkerung war durch den Druck der letzten Wochen zusammengerückt und stand mit großer Mehrheit hinter der Position der Parteiführung, wenn auch mehr aus nationalen als aus ideologischen Beweggründen. Aber auch die Vertreter der Gegenposition waren aktiv, und abends kam es in Prager Straßen zu hitzigen Diskussionen und sogar zu Krawallen. Die allgemeine Nervosität zeigte sich auch in der Sitzung des Präsidiums des Zentralkomitees, in der am 20. August in Prag eine bittere Kontroverse zwischen den Gruppen der »Gesunden« und der »Reformer« ausgetragen wurde, ehe dann die Nachricht von der Intervention der Truppen der Warschauer Paktstaaten die Sitzung sprengte.

Gegen 22 Uhr landeten auf dem Prager Flughafen drei sowjetische Maschinen wegen angeblichen Treibstoffmangels. In kurzer Zeit war der Flughafen unter der Kontrolle sowjetischer Fallschirmjäger, nicht ohne Mithilfe tschechoslowakischer Sicherheitskräfte. Von den Grenzübergängen rückten Truppen der Sowjetunion, Polens und Ungarns, sowie kleine Verbände aus Bulgarien in das Land ein. Soldaten der DDR leisteten nur Unterstützung vor der Grenze oder durch Verbindungsoffiziere. In kurzer Zeit befanden sich 300 000 Mann mit Panzern und Geschützen im Land; sie wurden später auf 500 000 verstärkt. Ihr Ziel war es, »Ruhe und Ordnung« im sowjetischen Sinn wiederherzustellen, d. h. die mutmaßliche »Konterrevolution« zu bekämpfen, die Zentren staatlicher Macht zu besetzen und die Bevölkerung durch ihr Auftreten einzuschüchtern. Während die Besetzung der meisten Gebäude nach kurzer Demonstration militärischer Überlegenheit rasch erfolgte, gelang es nicht, die Medien unter Kontrolle zu bringen.

Das Zentralkomitee der KPdSU hatte am 18. August einstimmig den Beschluss zum militärischen Eingreifen gefasst und die Unterstützung der Parteichefs der Fünfergruppe des Warschauer Paktes gefunden. Sie konnten sich auf Berichte stützen, dass die Mehrheit der Mitglieder des Präsidiums des Zentralkomitees der KPČ die Moskauer Vorwürfe im Wesentlichen teilten und dies in einem Hilferuf an die KPdSU bekräftigt hatten. Angesichts der monatelangen Kampagnen gegen die Reformer erscheint es fast unglaubhaft, dass die Parteiführung und besonders Dubček von dem Einmarsch ehrlich überrascht waren. Man hat Dubček oft »Naivität« vorgeworfen, aber er war davon überzeugt, dass die Kontroversen mit der Sowjetunion nur über Details gingen, dass sein Weg, die Bevölkerung für einen »echten« Sozialismus zu gewinnen, auch für die anderen Staaten des Warschauer Paktes ein Vorbild sein könnte, und er hatte dabei unterschätzt, dass es den

Kommunisten nur vordergründig um die Zustimmung der Bevölkerung, in Wirklichkeit immer nur um die Behauptung der Macht gegangen war.

Nach dem Einmarsch erreichte Dubček eine Verurteilung der Intervention durch das Präsidium des Politbüros; er forderte die Bevölkerung auf, keinen Widerstand zu leisten, und ließ den geplanten 14. Parteikongress als geheime Veranstaltung zusammenrufen. Die Putschisten wagten angesichts der allgemeinen Stimmung keinen Widerspruch und verharrten in Schweigen; zu dem berüchtigten »Hilferuf« wollten sich die Beteiligten in den folgenden Wochen und Monaten auch unter Eid nicht bekennen. Die Reformer in der Partei- und Staatsführung, an der Spitze Dubček und der Ministerpräsident Černik, wurden am 21. August verhaftet und in die Sowjetunion gebracht.

Die Ereignisse der folgenden acht Tage müssen auf mehreren Ebenen verfolgt werden. Für die Sowjetunion gilt, dass der Eingriff ein voller Erfolg der Militärs war. Nirgends kam es zu einer bewaffneten Gegenwehr. Allerdings hatte die Zivilbevölkerung bald 94 Tote, 267 Schwerverletzte und 422 Leichtverletzte zu beklagen. Dazu kamen die Folgen für die beteiligten Truppen des Warschauer Paktes, die auf ihren Einsatz psychologisch ungenügend vorbereitet waren und wegen moralischer Desorientierung bald durch frische Verbände ersetzt werden mussten. Politisch war das Vorgehen dagegen ein Desaster. Da sich niemand als Kollaborateur für die Leitung einer »revolutionären Arbeiter- und Bauernregierung« anbieten mochte, waren die Vertreter der Interventionsmächte gezwungen, entweder ein Besatzungsregime einzurichten oder einen Ausgleich mit den Reformern zu suchen.

Den Rahmen der folgenden Tage setzte das disziplinierte Verhalten der Bevölkerung. Freie Rundfunksender übernahmen im Lande die Aufgabe der Information und die Koordination des zivilen Widerstandes. Sie warnten

vor Verhaftungsaktionen, empfahlen die Beseitigung de
Straßenschilder, um den Interventionskräften die Orien
tierung zu nehmen, organisierten einen kurzen General
streik und stützten in ihrem Aufruf zur Solidarität mi
den Verhafteten die Reformer in der Partei und der Regie
rung in einem bis dahin unbekannten Ausmaß. In der
Straßen demonstrierten die Menschen friedlich gegen die
Intervention und verwickelten die fremden Soldaten ir
entnervende Gespräche, in denen die Parallelität der Er
eignisse zur deutschen Besetzung 1939 hervorgehoben
wurde. Statt Apathie und Resignation herrschte eine un
geheuere Solidarisierung, die sich z. T. in witzigen Slogans
ausdrückte. Die Nationalversammlung votierte gegen die
Intervention; in ihrem Namen legte auch der Außenmini
ster Hájek vor dem Sicherheitsrat der UNO Protest gegen
die Besetzung ein.

Der Staatspräsident Svoboda nahm die angebliche De
mission des verschleppten Ministerpräsidenten nicht ar
und forderte dessen mündliche Erklärung. Gegen den Rat
seiner Vertrauten reiste er selbst nach Moskau zu direkter
Verhandlungen mit dem Kreml, um dort zusammen mit
den Sowjetführern und den verhafteten Landsleuten einer
Ausweg zu suchen.

Die letzte Ebene schließlich betraf die Partei, deren De
legierte – mit Ausnahme der slowakischen – am 22. ir
Prag in einem Industriewerk mit den geheimen Beratun
gen begannen. Von 1543 Delegierten waren bald 1218 an
wesend, die ein neues Zentralkomitee von 144 Personen
wählten, in dem nur noch 16 % des alten Gremiums ver
treten waren.

Den Präsidenten Svoboda erwarteten in Moskau keine
echten Verhandlungen. Breschnew hatte bereits Kontakte
mit Dubček aufgenommen, um ihn mit der alten Mi
schung von Schmeichelei und Drohung auf die Moskauer
Linie zu bringen. Svoboda wurde in dieses Spiel von
halber Information, Lügen und Verdächtigungen einge-

pannt. Breschnew ging es darum, in Zusammenarbeit mit den Tschechen und Slowaken, für die nun Gustáv Husák sprach, eine Lösung gegen den unerwarteten Widerstand im Lande zu finden, den er nur als eine geplante Aktion verstehen konnte. Er forderte, dass der Parteikongress für illegal erklärt, seine Beschlüsse ignoriert, die dort gewählten Personen nicht anerkannt, die »Vereinbarungen« von Schwarzau und Pressburg umgesetzt würden. Während es gelang, einen Keil zwischen Tschechen und Slowaken zu treiben, misslang die Spaltung der tschechischen Delegation. Am Ende der Verhandlungen hatten die Sowjets ihr Ziel durchgesetzt, jedoch in der äußeren Form so weit nachgegeben, dass das Ergebnis als »Kompromiss« dargestellt werden konnte.

Die tschechoslowakische Delegation musste am 26. August ein Rahmenabkommen unterschreiben, das in fünfzehn Punkten die sowjetischen Forderungen festhielt. Darin wurde im Wesentlichen die Umsetzung der »Normalisierung« in einem Prozess festgelegt, was bedeutete, dass der 14. Parteikongress für illegal erklärt wurde, unliebsame Personen zu entfernen seien, die Zensur wieder eingeführt würde, die Herrschaft der Partei kompromisslos wiederhergestellt werden sollte und damit die einmalige Übereinstimmung von Partei und Öffentlichkeit im Lande beendet würde. Auf Drängen der Tschechoslowaken war indes der Hinweis auf eine »Konterrevolution« gestrichen worden. Das Perfide an diesem Diktat war, dass mit der Erfüllung dieser geheimen Aufgaben jene betraut wurden, denen die Bevölkerung bis dahin am meisten vertraute.

Es war ein Erfolg, dass die Tschechoslowaken gemeinsam nach Prag zurückkehren konnten, mit Ausnahme des Konservativen Indra, den eine Herzattacke in Moskau festhielt. In Fernsehreden am 28. und 29. August unterrichteten die Politiker die Öffentlichkeit, wobei Dubček seine verbalen Aussagen, es handele sich bei den Vereinbarungen

nur um »vorläufige außergewöhnliche Maßnahmen« und
der Reformkurs werde fortgesetzt, mit seiner Körperspra
che und seinen Redepausen Lügen strafte. Das Verschwei
gen des wirklichen Ausmaßes der Niederlage trug zur Ver
unsicherung der Öffentlichkeit bei, zumal die Übergäng
in der folgenden Zeit fließend waren. Das alte Zentralko
mitee wurde zwar in seiner Sitzung vom 31. August un
achtzig Delegierte erweitert, diese durften sich aber an de
Schlussabstimmung nicht beteiligen. Der Parteikongres
wurde zu einem »Treffen der Delegierten« herabgestuf
und damit bagatellisiert. Die Ergebnisse von Moskau wur
den in der Folge von der Nationalversammlung und de
Nationalen Front gebilligt, was die Täuschung der Bevöl
kerung abrundete. Während die Nichterwähnung des Ak
tionsprogramms den Reformern erlaubte, dessen Fortwir
ken zu behaupten, war in Wirklichkeit der Versuch eine
friedlichen Systemtransformation erstickt worden; alle an
derslautenden Erklärungen blieben Wunschdenken und
Selbsttäuschung.

In den folgenden Wochen wurden eine Reihe von Maß
nahmen beschlossen, die die Sowjets gewünscht hatten.
z. B. die Zensur wieder eingeführt. Die erhoffte Wirkung
auf Moskau blieb jedoch aus, denn von einem Rückzug
der Truppen des Warschauer Paktes war keine Rede. Statt
dessen musste die tschechoslowakische Regierung Ver
handlungen über einen Truppenstationierungsvertrag zu
stimmen, der am 16. Oktober in Prag unterzeichnet wur
de. Obgleich die konservativen Kräfte langsam an Boden
gewannen, unterstützte die Bevölkerung weiterhin die Re
formen. Ein positives Signal in dieser Hinsicht war das
Gesetz zur Föderalisierung der Republik, das den Slo
waken einen eigenen Teil der Republik zusicherte und am
28. Oktober 1968, dem fünfzigsten Jahrestag der Repu
blikgründung, beschlossen wurde. Eine Bundesversamm
lung als gemeinsames Organ sollte sich aus einer Volks-

kammer von 200 Abgeordneten und einer Nationenkammer mit je 75 Abgeordneten der beiden Landesteile zusammensetzen. Allerdings zeigte sich bald in der Praxis, dass diese Lösung asymmetrisch war, denn den neugegründeten slowakischen Landesbehörden standen keine gleichartigen tschechischen gegenüber, sondern die Koordination übernahmen die Bundesbehörden. Gleichfalls an diesem Tag wurde das Nationalitätengesetz beschlossen, das erstmals seit Kriegsende die Minderheiten (Ungarn, Deutsche, Polen und Ukrainer) als Teile der Staatsnation anerkannte und ihnen Garantien für ihre eigene kulturelle Entwicklung und politische Repräsentation zusicherte. Diese Gesetze, die zum 1. Januar 1969 in Kraft traten, sollten sich im Wesentlichen als einzige dauerhafte Errungenschaft des Jahres 1968 über die schleichende »Normalisierung« hinaus erweisen.

Die Durchsetzung dieser »Normalisierung« blieb das Hauptproblem; Moskau drängte auf die Erfüllung der Zusagen. Dubček saß in der Zange zwischen den »konservativen« Vertrauensleuten des Kreml und den reformerischen »Rechten«; zunehmend an Gewicht gewannen in dieser Situation die »Realisten« um Husák und andere, die die Moskauer Bedingungen kompromisslos erfüllen wollten. Der Machtkampf wurde jedoch verschoben, als sich am 16. Januar 1969 der Student Jan Palach in Flammen setzte und nach seinem Tode am 25. Januar mehr als 500 000 Menschen an einem Trauerzug teilnahmen. Ein weiteres Fanal war der Sieg des tschechoslowakischen Eishockeyteams über die sowjetische Mannschaft bei der Weltmeisterschaft in Stockholm, der am 28./29. im ganzen Land zu Freudenkundgebungen und auch zu Krawallen führte. Dies hatte ein Moskauer Ultimatum zur Folge, nunmehr endgültig die Hinhaltepolitik zu beenden und die gewünschte Umgestaltung vorzunehmen.

Die Sitzung des Zentralkomitees am 16./17. April 1969 kam dem sowjetischen Wunsch nun nach. Dubček trat sei-

nen Posten als Erster Sekretär »auf eigenen Wunsch« ar
Gustáv Husák ab. Damit hatte der allmähliche Abstieg vor
Dubček begonnen, der im September 1969 aus dem Präsi
dium ausschied, von Januar bis Juni 1970 als Botschafter ir
Ankara quasi unter Hausarrest stand, dann aus der Par
tei ausgeschlossen wurde und schließlich als Buchhalter ir
einer Holzfabrik in der Slowakei landete. Der Sieger Hu
sák hatte eine widersprüchliche Karriere hinter sich. Im
slowakischen Volksaufstand war er als Kommunist stell
vertretender Vorsitzender des slowakischen Nationalrates
gewesen und hatte nach dem Krieg verschiedene hohe Äm
ter bekleidet, ehe er 1951 verhaftet und mit anderen slowa
kischen Kommunisten als »bürgerlicher Nationalist« ange
klagt worden war. 1954 hatte man ihn zu lebenslanger Haft
verurteilt, aber zwei Jahre später wegen Verfahrensmän
geln rehabilitiert. Im »Prager Frühling« hatte er eine gemä
ßigte und unauffällige Position vertreten und eigentlich nu
Interesse an der Föderalisierung des Staates gezeigt. Wäh
rend des Aufenthaltes in Moskau begann sein Aufstieg, de
ihn am 29. August 1968 an die Spitze der KPS, dann
schließlich am 17. April 1969 als »Generalsekretär« (nach
sowjetischem Vorbild) an die Spitze der Gesamtpartei
brachte. Husák, der über keine Hausmacht in der Partei
verfügte, erwies sich als »Realist« und idealer Mann, der
zwischen den verschiedenen Gruppierungen stand und für
den Kreml die Verhältnisse ordnen konnte. Er rückte im
Laufe der Zeit immer näher an die Position seiner Schutz
macht heran, bis er im Mai 1970 der Kremlführung aus
drücklich für die Intervention dankte.

Husák trat entschieden für die »Normalisierung« ein, wie
dies das Zentralkomitee auf seiner Sitzung vom September
1969 beschlossen hatte. Es zog die Verurteilung der Inter
vention vom Jahre 1968 zurück, entließ die Vertreter der
Reformbewegung aus ihren Ämtern und schloss die meis
ten von ihnen aus der Partei aus. Etwa 150 000 Parteimit

lieder schieden freiwillig aus der Partei aus, etwa 130 000
Staatsbürger emigrierten; ein Umtausch der Parteibücher
sorgte für eine interne »Säuberung« der Partei, die nach
eigenen Angaben mehr als 473 000 Mitglieder verlor. Darunter befanden sich viele Intellektuelle und Wissenschaftler, die die Reformbewegung getragen und die Intervention verurteilt hatten. Besonderen Zorn des Kremls hatte
im Herbst 1968 ein »Schwarzbuch« der Akademie der
Wissenschaften erregt, mit dem die Vorwürfe eines Moskauer »Weißbuches« detailliert zurückgewiesen worden
waren. Im Herbst 1969 forderte die Partei alle irgendwie
betroffenen Intellektuellen zum Widerruf auf. Wer diesen
aussprach, konnte seine wirtschaftliche Position meist irgendwie am Rande behaupten; wer sich widersetzte – vornehmlich Ökonomen, Soziologen, Literaturwissenschaftler und Historiker – wurde entlassen und diskriminiert;
die meisten von diesen fanden erst nach einiger Zeit wieder eine Beschäftigung als Hilfsarbeiter oder in untergeordneter Position. Auch Intellektuelle im zweiten Glied
(Techniker, Lehrer, Journalisten), die kaum aufgefallen
waren, wurden schrittweise aus ihren Arbeitsplätzen verdrängt und landeten bei einfachen Arbeiten zum Mindestlohn. Ihre Kinder und Ehefrauen wurden ebenfalls diskriminiert.

Der Begriff »Normalisierung«, den der Vertrag vom
6. Mai 1970 mit der Sowjetunion mit Inhalt gefüllt hatte,
stand in zynischer Weise für die Unterwerfung unter das
sowjetische Diktat und für eine Rückkehr zur Politik der
Repressionen der sechziger Jahre. Es gab wieder eine Zensur der Medien; die Parteipropaganda fuhr auf den alten
Schienen, die Rehabilitierungsprozesse flauten ab und
schliefen endlich ganz ein; auch die politischen Prozesse
lebten wieder auf. Husák führte sein Land in eine Friedhofsruhe und zur Haltung eines gehorsamen Satelliten zurück. Eine inoffizielle Krönung erreichte der Parteichef
am 29. Mai 1975, als er in Ablösung des erkrankten Svo-

boda in das Amt des Staatspräsidenten gewählt wurde. Die Bevölkerung war desillusioniert; von der vormaligen Übereinstimmung mit der Partei war nichts mehr geblieben, denn die Idole hatten versagt oder waren in der Versenkung verschwunden. Die Menschen richteten sich ein und suchten in einer Parallelkultur, oftmals auf den privaten »Datschen« im Lande, ein Leben abseits der Politik.

Auch in der Wirtschaft kehrte die Partei zu den Vorgaben sowjetischen Typs zurück. Kredite und Lebensmittellieferungen aus der Sowjetunion verstärkten die Abhängigkeit und die Einbindung des Landes in den RGW. Die Föderalisierung, die den Ländern einen größeren Einfluss sichern sollte, wurde zugunsten einer neuen Zentralisierung missachtet. Allmählich machte sich die Vernachlässigung von Investitionen in modernen Technologien bemerkbar, die mangels Westkrediten nicht eingeführt werden konnten. Die stark gesunkene Arbeitsmoral und steigenden Kosten für Rohstoffe und Energie erzwangen seit 1975 die Senkung der Planvorgaben. Dagegen konnten die Preise für subventionierte Konsumgüter durch maßvolle Erhöhungen stetig angepasst werden, so dass Unruhen, wie sie in Polen mehrfach zu verzeichnen waren, ausblieben. Die Landwirtschaft, die zu mehr als 93 % vergesellschaftet war, hatte im Jahre 1966 erstmals die Produktivität der Vorkriegszeit erreicht und wuchs langsam, konnte aber Missernten, wie sie 1976 und 1977 eintraten, nicht ausgleichen. Insgesamt war die Versorgung der Bevölkerung mit Konsumgütern ausreichend, im Verhältnis zu den meisten Staaten des RGW sogar gut, aber oft waren die Angebote von geringer Qualität und ohne Schick, so dass sie auf westlichen Märkten chancenlos waren.

Die erzwungene Provinzialisierung und Ideologisierung machte sich auch im Bereich der Kultur bemerkbar. Die Lehrer in den Schulen mussten seit 1973 wieder verstärkt die Parteiideologie berücksichtigen; die Schüler wurden in die Jugendorganisation der Partei gezwungen und die

Eltern zur Kontrolle der Lehrer aufgefordert. Auch die Hochschulen waren durch die »Normalisierung« schwer betroffen, da engagierte Dozenten entweder entlassen und inhaftiert oder emigriert waren. Säuberungen in den Bibliotheken entfernten »gefährliche« Bücher, und dies betraf nicht nur Werke aus dem Westen, sondern auch Arbeiten, die von kritischen kommunistischen Autoren nach 1968 publiziert worden waren. Nur unter der Hand kursierten Manuskripte von Verfassern, die offiziell einem Publikationsverbot unterlagen. Die wissenschaftliche Diskussion, die im Umkreis des »Prager Frühlings« auf »Westniveau« gestiegen war, versank in vielen Gebieten wieder in Bedeutungslosigkeit.

Auch die Religionsgemeinschaften mussten eine neue Phase der Kontrolle und staatlicher Eingriffe hinnehmen, obwohl die Verfassung die freie Religionsausübung erlaubte. Kirchliche Aktivitäten waren nur im Rahmen der überwachten Gottesdienste zugelassen. Die Ausbildung von Theologen wurde zahlenmäßig beschränkt, so dass der Nachwuchs nicht ausreichte, die freiwerdenden Stellen neu zu besetzen. Besonders schlimm traf es die katholische Kirche. Viele Priester blieben inhaftiert oder mit Berufsverbot belegt; Ende 1976 waren alle böhmischen und mährischen Bischofssitze vakant. In neuen Verhandlungen konnte der Vatikan 1977 zwar eine eigene Kirchenprovinz der Slowakei durchsetzen und den greisen Kardinal Tomášek als Erzbischof von Prag inthronisieren, aber von drei Erzsitzen und zehn Bistümern blieben sieben vakant. Trotz Einschüchterungen und kleinlicher Schikane – einigen Priestern wurde wegen des »Genusses« von Messwein und »Trunkenheit« der Führerschein entzogen – wuchs die Anhängerschaft der Kirche. Aber in der Kirche gab es auch Bestrebungen, die staatlichen Repressionen zu umgehen. So wurden berufstätige und verheiratete Männer auf die Seelsorge vorbereitet und im Geheimen geweiht, die dann in Privatwohnungen die Messe

feierten. Die »Normalisierung« unter Husák erwies sic
als eine Zeit der Unterdrückung, der geistigen Verödun
und der Heuchelei.

Dies lässt sich auch an der Kulturentwicklung in de
tschechoslowakischen Gesellschaft belegen, besonders gu
an der Literatur. Für die Letztere hatte das Kriegsend
keinen Einschnitt bedeutet, was die Organisation vor
Gruppen im Widerstand betraf; diese beriefen sich für di
Zeit nach 1945 auf den französisch geprägten Existentia
lismus und verarbeiteten Krieg, Zwangsarbeit und Lager
haft. Es herrschte ein Rausch von Hass und Rache, de
keine Thematisierung der Vertreibung der deutschsprachi
gen Bevölkerung erlaubte. Ein bedeutsamer Einschnitt i
der Literaturproduktion trat erst 1948 ein, als die Herr
schaft der Kommunistischen Partei eine Woge von Lobes
hymnen an Stalin zur Folge hatte, die man eigentlich
kaum einer ernsthaften Literatur zuordnen konnte und
später als »öden Byzantinismus« oder »Schematismus«
bezeichnete. Stalins Tod 1953 bewirkte bald die erste Wel
le der Entstalinisierung; in diesem Zusammenhang forder
te die Partei einen Beitrag der Literatur zum »Aufbau de
Sozialismus«, indem die Schriftsteller, die seit 1959 in
einem Verband organisiert waren, als »Ingenieure de
menschlichen Seele« dem sowjetischen Vorbild des »sozia
listischen Realismus« folgen sollten. Nach dem 20. Partei
tag der KPdSU 1956 erhoben auch die Schriftsteller, wie
Jaroslav Seifert, die Forderung, die »Wahrheit« schreiben
zu dürfen, statt in staatlichem Auftrag Bücher in hoher
Auflage zu produzieren, die kaum Leser fanden. Die Zeit
einer mäßigen Freiheit ging 1959/60 zu Ende und brachte
Autoren wie den Lyriker Jan Skácel und den Romancier
Josef Škvorecký, dessen Buch von 1949 *Die Feiglinge* erst
1958 hatte erscheinen können, zum Verstummen. Ein neuer Aufbruch war nach 1962 zu verzeichnen, besonders in
der Slowakei, wo der bisher als »nationalistische Erschei-

ung« verunglimpfte Volksaufstand verarbeitet wurde. Die Kafka-Konferenz von 1963 löste eine intensive Diskussion über die Stellung der Schriftsteller aus, die sich als das »Gewissen der Nation« verstehen wollten. Drei Kulturzeitschriften wurden zum Forum einer lebhaften Auseinandersetzung: die *Literární noviny* (»Literaturzeitung«) als Organ des Schriftstellerverbandes in Prag, und *Host do domu* (»Gast im Haus«) in Brünn, sowie von der Zensur weitgehend verschont *Kultúrny život* (»Kulturleben«) in Pressburg. Hier wurden die Gedanken vorbereitet, die im Juni 1967 auf dem IV. Schriftstellerkongreß zum Zusammenstoß mit der Partei führten. Als Schlüsselroman dieser Zeit galt *Wie die Macht schmeckt* von Ladislav Mňačko, in dem dieser die Funktionärskaste vorgeführt hatte.

Eine Wende zur Freiheit versprach der »Prager Frühling« 1968, als der Germanist Professor Eduard Goldstücker zum neuen Präsidenten der Schriftstellervereinigung gewählt wurde. Die neu erstandene Kulturzeitschrift *Literární listy* (»Literaturblätter«) entwickelte sich zum Sprachrohr der kritischen Intelligenz. Umso tiefer war der Sturz nach der Intervention. Journalisten in großer Zahl und viele Schriftsteller verloren ihre Arbeitsstellen und ihre bürgerliche Existenz; mehr als 350 Autoren, über die Hälfte der Mitglieder, wurden aus dem Schriftstellerverband ausgeschlossen; viele gingen in die Emigration oder kehrten, wie Škvorecký, von einem Auslandsaufenthalt nicht zurück. Die tschechische Literatur bestand in den Jahren der »Normalisierung« auf drei Ebenen fort. Auf der offiziellen Ebene waren die Schriftsteller anerkannt, die sich den Regeln der Partei unterwarfen und fleißig Werke für den Sozialismus produzierten, die zwar nicht unkritisch gegenüber den gesellschaftlichen Problemen waren, aber die Leser aus moralischen oder künstlerischen Gründen kaum erreichten. Die wahre Stimme der Intelligenz erklang in der Untergrundliteratur, dem *Samisdat* (Selbstverlag) oder der »Schreibmaschinenkultur«,

die eine breite und gut organisierte Struktur erhielt und
von einem Gesetz von 1965 profitierte, dem zufolge na
mentlich gezeichnete Publikationen zum privaten Ge
brauch erlaubt waren. Nach 1973 publizierte Ludvík Va
culík in der *Edice Petlice* (»Edition ›Hinter Schloss und
Riegel‹«) mehr als 350 Titel zur Gegenwartsliteratur; in
der *Edice Expedice* (»Edition Expedition/Versandstelle«
veröffentlichte Václav Havel eigene Dramen und mehr als
200 weitere Titel; dazu traten andere Untergrundverlage
die etwa die Schriften des Philosophen Jan Patočka oder
christlich-katholische Literatur verbreiteten. Die dritte
Ebene schließlich war die tschechische Literatur im Exil
die die Mitglieder der verschiedenen Emigrationswellen
zusammenführte und dadurch eine große Bandbreite an
Interessen aufwies. Škvorecký, der über Verlagserfahrung
verfügte, gründete in Toronto den Verlag »68 Publishers«;
in Köln entstand der Verlag »Index«; beide banden alte
und neue Autoren in ihr Programm zusammen und publi
zierten deren Werke in professioneller Form. Allerdings
bedeutete die Emigration auch in vielen Fällen die Ent
fremdung der Muttersprache; so schrieb Milan Kun
dera nach einigen Jahren in französischer, Gabriel Laub
und Jiří Gruša in deutscher Sprache. Insgesamt dominier
te in der Literatur der Roman oder die Erzählung als Gat
tung und fand ihren Weg auch in andere Sprachen, wäh
rend die Lyrik wegen der Übersetzungsschwierigkeiten
und das Drama mit seinem engen Gesellschafts- und Zeit
bezug nur einen kleinen Kreis von muttersprachlichen
Lesern erreichten.

Wie sehr aber diese einfache und scheinbar stimmige
Unterscheidung bei konkreten Personen in ihrem schwie
rigen Lebensweg in die Irre führen kann, sei an zwei Bei
spielen erläutert. Bohumil Hrabal aus Brünn (1914–1997)
pendelte in seinem Berufsleben zwischen der Tätigkeit ei
nes Notars und eines Hilfsarbeiters, ehe er in Prag Schrift
steller wurde. Seine Fabulierkunst, die an Hašek erinnert,

und seine Verwendung der Umgangssprache machten ihn mit der Thematik der »kleinen Leute« sehr populär, bis er wegen der Verurteilung der Intervention in Ungnade fiel. Der ironische Roman *Ich habe den englischen König bedient* erschien dann 1971 in der *Edice Petlice*, ehe die Behörden den Autor 1975 zu einem verklausulierten Widerruf bewegen konnten, nach dem einige seiner Werke sowohl im offiziellen Handel wie auch weiterhin in Emigrationsverlagen erscheinen konnten. Eine lupenrein proletarische Herkunft konnte dagegen der Lyriker Jaroslav Seifert (1901–1986) vorweisen, der mit seinen Gedichten auch in der kommunistischen Presse aufgetreten war, ehe er nach einer Reise in die Sowjetunion 1929 mit der Partei brach. Nach einer Phase patriotischer Gedichte während des Weltkrieges äußerte er sich nach 1948 in seiner Lyrik kritisch gegenüber dem kommunistischen System und erhielt Publikationsverbot (1950–54). Nach kurzer Tätigkeit als Präsident der Schriftstellervereinigung wurde er 1970 wegen seiner Kritik an der Intervention dieses Postens enthoben und durfte nichts mehr veröffentlichen (1970–1979). Weitere Werke erschienen dann im Samisdat und im Ausland, bis ihn die Verleihung des Literaturnobelpreises 1984 aus der privaten Existenz riss und die Partei in eine große Verlegenheit stürzte. Auch in der Wissenschaft gab es eine Grauzone »von Inseln der positiven Deviation« in kleinen Instituten in der Provinz, die nicht der strengen Kontrolle der Zentrale unterlagen.

Die anderen Bereiche künstlerischer Betätigung in der Tschechoslowakei spiegeln die wellenförmige Entwicklung in der Literatur nicht so deutlich wider; nur die beginnende »Normalisierung« wirkte sich vergleichbar verheerend aus, so dass der französische Dichter und Schriftsteller Louis Aragon in Anspielung auf die kriegsbedingte Hungersnot und Verwüstung in dem damaligen westafrikanischen Staat Biafra von einem »Biafra des Geistes« sprechen konnte. Der Tschechische Künstlerverband wurde 1969 »gesäubert«, 1970 durch den Ausschluss aus der Nationalen Front gar in die Illegalität gedrängt; erst 1972 wurde er durch einen neuen konformen Verband ersetzt. Der tschechoslowakische Film hatte nach der Verstaatlichung von 1945 zunächst mit der Bürokratie zu kämpfen und schuf dennoch mit den Regisseuren Jiří Trnka und Karel Zeman hoch anerkannte Werke des Animationsfilms. Nach einer Stagnation in den fünfziger Jahren folgte seit 1962 eine Welle von gegenwartskritischen Filmen, die auch international erfolgreich waren. Die Mischung von Tragödie und Komik, die Banalität des Alltäglichen und Absurden, die Verbindung von Peinlichkeiten und Humor wurden zu einem Markenzeichen des tschechischen Films, der insbesondere mit seinen Märchenfilmen Alt und Jung verzauberte (z. B. *Pan Tau* seit 1966). Auch hier geschah 1969 ein Einbruch, der zum einen zur Emigration von Filmemachern (Miloš Forman), die dann im Ausland Karriere machten, zum anderen zu einem Vorherrschen von Dokumentarfilmen führte, ehe Mitte der siebziger Jahre ein neuer Aufschwung erfolgen konnte. Selbst verdiente Sportler wie Emil Zátopek, der achtzehn Goldmedaillen im Langstreckenlauf gewonnen hatte, wurde zum Hilfsarbeiter degradiert, ehe er zum Widerruf bereit war. Die Musik hatte im gesamten Moskauer Herrschaftsbereich mit der Schwierigkeit zu kämpfen, dass die ideologische Aufforderung, eine »neue musikalische Ästhetik des realen Sozialismus« zu schaffen, ins Konkrete nicht umzusetzen war und die Abgrenzung gegen »bürgerliche Formalisten und Dekadenzler« angesichts der neuen musikalischen Ausdrucksformen willkürlich blieb. Als die Jugend in den siebziger Jahren gegen die Stagnation in der Gesellschaft aufbegehrte und zu westlichen Formen von Jazz und Popmusik fand, kam es auch hier zum Konflikt mit der Partei. Aus innerstaatlichen Maßnahmen gegen die Musikgruppe »Plastic People of the Universe«, die seit 1968 mehrere Festivals veranstaltet hatte und nach einem Konzert vom

Februar 1976 starken Repressionen ausgesetzt worden war, trat im Jahre 1977 eine neue Entwicklung ein, die in die internationale Situation eingebettet war.

Angestoßen durch eine sowjetische Initiative, nach der Intervention von 1968 einerseits den Zusammenhalt der sozialistischen Staaten untereinander zu stärken, andererseits die Staaten des Westens von einer engeren Zusammenarbeit untereinander abzuhalten, war im Jahre 1973 in Helsinki eine Konferenz über Sicherheit und Zusammenarbeit in Europa (KSZE) eröffnet worden, deren lange Verhandlungen am 31. August / 1. September 1975 zur Unterzeichnung der Schlussakte führten. Diese enthielt außer einem Prinzipienkatalog mit moralisch-politischer Verbindlichkeit für die souveränen Staaten auch Aussagen über einen Gewaltverzicht und den Ausschluss von Einmischung in innere Angelegenheiten. Im »Korb 3« waren dazu Aussagen über die innerstaatliche Wahrung von Menschenrechten getroffen worden; die Vereinbarungen sollten in den 35 beteiligten Staaten veröffentlicht werden und als innerstaatliches Recht gelten.

Gestützt auf diese Entwicklung, fand sich in der Tschechoslowakei im Jahre 1976 eine Gruppe von Intellektuellen und Arbeitern, Kommunisten und Nichtkommunisten zusammen, die am 1. Januar 1977 eine »Charta 77« verkündeten. Mit Blick auf die am 13. Oktober 1976 in Prag verkündeten Bestimmungen über die Freiheiten und Rechte der Menschen stellten die Unterzeichner der Charta fest, dass die Realitäten in der Gesellschaft diesen Bestimmungen nicht genügten. Sie kritisierten das Fehlen der Meinungsfreiheit und des Rechts der Jugend auf Bildung; sie bemängelten die Einschränkung und Unterdrückung einer Reihe von bürgerlichen Rechten durch die Organe der Partei und des Staates. Die Charta wurde zunächst von 208 Personen unterzeichnet, deren Zahl bis Ende 1977 auf über 700 stieg und weiter wuchs. Die

Gruppe, die sich nicht als eine Organisation oder Opposition verstand und als Vertretung der Gemeininteressen der Regierung einen Dialog anbot, wurde durch drei Persönlichkeiten nach außen vertreten, die jährlich wechseln sollten. Hauptverfasser der Erklärung und deren erste Sprecher waren der Dramatiker Václav Havel, der Philosoph Jan Patočka und der ehemalige Außenminister Jiří Hájek, deren internationaler Ruf der Gruppe sofort die Aufmerksamkeit in Europa sicherte.

Die Reaktion von Organen des Staates und der Partei kam prompt und denunzierte die »Schiffbrüchigen und Selbsternannten« als »verkrachte bürgerliche Existenzen«, wobei verschwiegen wurde, dass alle drei bereits unter den staatlichen Repressionen gelitten und ihre bürgerliche Existenz verloren hatten. Es folgten Haft und Verhöre, an deren Folgen Professor Patočka am 13. März 1977 verstarb; seine Beisetzung wurde durch kleinliche Schikanen gestört. Havel wurde in Untersuchungshaft genommen und später zu dreieinhalb Jahren Haft verurteilt, was in den nächsten Jahren eine Fortsetzung finden sollte. Andere Unterzeichner wurden entlassen, verfolgt, ausgebürgert (Pavel Kohout) oder in die Emigration gedrängt (etwa dreihundert Personen). Dennoch vermochte die Partei diese »Charta 77« nicht auszulöschen. Bis zum Jahre 1989 konnte Letztere im Gegenteil eine große Zahl von Experten zur Lage der Gesellschaft, der Wirtschaft, der Kultur und der Umwelt erarbeiten und publizieren; eine eigene Zeitschrift *Informationen über die Charta 77* veröffentlichte bis 1989 insgesamt 572 Dokumente über Verstöße gegen die Menschenrechte, die Unterdrückung der Kirchen und allgemeine Themen zur Geschichtsschreibung, Philosophie und zum Umweltschutz. Wenn die Bewegung angesichts der staatlichen Unterdrückung auch keine Breitenwirkung entfalten konnte, so war sie doch ein lebendiges Zeugnis für das Gewissen der besten Kräfte der tschechoslowakischen Gesellschaft dieser Zeit.

Die »Normalisierung« unter dem Generalsekretär Husák war eine pragmatische Diktatur eigener Art, die an die fünfziger Jahre erinnerte. Es herrschten Polizei und Geheimpolizei mit Bespitzelung, Denunziationen und Verdächtigungen, die bis in die Privatsphäre von »Verdächtigen« reichten. Die äußeren Lebensbedingungen der Menschen waren eigentlich nicht schlecht, allerdings machte sich in den achtziger Jahren immer deutlicher bemerkbar, dass die ČSSR wie die übrigen »sozialistischen Länder« hinter der Entwicklung des Westens zurückblieb. Es fehlten die Anreize zu Modernisierung und Rationalisierung, sei es aus ideologischen Gründen der Planvorgaben von oben, sei es wegen der fehlenden Fachleute mit internationaler Erfahrung oder mangelnder Konkurrenz und fehlender Devisen. Dem System eigentümlich war die »Motivationskrise« der Menschen: die Partei bestimmte die »Kaderpolitik«, wählte die Führungskräfte nach dem Gesichtspunkt der Loyalität und nicht nach Kenntnissen aus; sie benötigte Opportunisten zum Machterhalt, nicht selbstständiges Denken. Die Lohnnivellierung bremste die Innovationsbereitschaft, wie andererseits mangelnde Konsummöglichkeiten den Anreiz zu mehr Leistung behinderten. Die Rücksicht mancher Eltern auf die Karrieremöglichkeit der Kinder erzwang eine Anpassung an die Partei, deren Mitgliedsbuch zum »Gewerbeschein« degeneriert war. Die nur an der Macht interessierte Partei erlaubte lediglich Teilreformen, die dann zurückgenommen wurden, wenn die Macht durch eine Demokratisierung von Entscheidungen von unten oder durch Marktmechanismen bedroht schien. Die allgemein herrschende Angst sollte dem Regime Stabilität bringen, bewirkte aber nur Misserfolge und dadurch weitere Demotivierung und Resignation. Eine eigentümliche Langeweile hatte das Land befallen. Einerseits wuchsen die Verstädterung der Bevölkerung und die Industrialisierung, der Anteil der jungen Menschen nahm zu, und in einem System starker ökonomischer Nivellierung hatte jeder sein Auskommen, der nicht in die Mühlen politischer Verfolgung geraten war. Andererseits vergrößerte sich die Kluft zwischen der ideologischen Verkündung des Fortschritts und der erlebten Stagnation in den achtziger Jahren immer weiter. Man sprach von einem »neuen Gesellschaftsvertrag«, dem zufolge »die Bürger alle ihre individuellen und kollektiven Freiheiten zugunsten des Staates« aufgaben, »der ihnen dafür dauerhafte Beschäftigung bei durchschnittlicher Entlohnung und minimalem Aufwand an Arbeitskraft und persönlicher Initiative garantiert[e]« (Antonín Liehm, 1977).

Das System brauchte die kleine intellektuelle Opposition nicht zu fürchten. Die Menschen hatten sich von der Politik abgewandt und versuchten, ihr kleines Glück im Alltag zu bewahren. Dies war dem Regime einerseits angenehm, da es das Regieren leicht machte, andererseits aber stagnierte das Leben in der Schizophrenie zwischen offizieller Anpassung und privater Abwendung. Konsum und Privatsphäre waren allein wichtig, aber tendierten an den Rändern der Gesellschaft zu Kriminalität und Drogensucht. Die Jugend suchte sich eigene Wege, weil sie sich mit der Flucht in die Datschen nicht zufrieden gab. Im Vergleich mit Polen, wo in den achtziger Jahren die Ausschläge viel dramatischer waren, oder zu Ungarn, wo man in der »fröhlichsten Baracke des realexistierenden Sozialismus« sein eigenes Leben führen konnte, ging es den Menschen in der ČSSR nicht wirklich schlecht, aber auch entschieden nicht gut. Man wusste um die Umweltverschmutzung, die weite Teile Nordböhmens fast unbewohnbar machte, aber die Probleme wurden geleugnet und verdrängt. Die Menschen erinnerten sich daran, was politische Partizipation und freie Presse bedeuteten, aber beides lag in weiter Ferne, und das Streben danach war gefährlich. Dieses Grundmuster der Hoffnungslosigkeit und Stagnation ließ jene moralischen Gegenkräfte wachsen, die sich besonders in der Person von Václav Havel verkörpert haben, die ein »Leben in der Wahrheit« anstrebten. Die Untergrundliteratur und besonders das Theater speisten diese Hoffnung; die privaten Zimmertheater erreichten jedoch nur einen kleinen Kreis von Interessierten. Die Spannung zwischen dem offiziellen Pragmatismus und dem sichtbaren Werteverfall erzeugte einen allgemeinen Zynismus, der die Agonie des Systems in seiner inneren und äußeren Bedeutungslosigkeit widerspiegelte.

Dies zeigt sich in besonderer Weise in der Außenpolitik des Staates, die für die gesamte Zeit der Existenz der »Volksdemokratie« unbedeutend blieb; es gab keine einzige eigene Initiative, die das Land von Moskau oder Ostberlin unterschieden hätte; anders gesagt: deren Interessen bestimmten die Politik Prags. Aus ideologischen Gründen mussten »Imperialismus« und »Revanchismus« der Bundesrepublik Deutschland beschworen werden; politisch stellte sich Prag hinter die DDR und gegen den Alleinvertretungsanspruch Bonns. Eine eigene Hürde gegenüber der Bundesrepublik hielt Prag aufrecht, indem es die Ungültigkeit des Münchner Abkommens von Anfang an (*ex tunc*) postulierte, als ob man einen Teil der erlittenen Geschichte einfach streichen könnte; erst nach mühsamen Verhandlungen stimmte Prag der Auffassung zu, dass es auch reichen könne, dieses Abkommen als ungerecht, »zerrissen« und ungültig anzusehen, aus dem für die Gegenwart keine Folgen abzuleiten seien. Allerdings kam der Prager Politik das jährliche Pfingstritual der Sudetendeutschen Landsmannschaft entgegen, weil die Kombination von bayerischer Wählerpflege und Selbstdarstellung einer kleinen Gruppe von Funktionären der Vertriebenenorganisation ihr genügend Anlass zu einer inszenierten Empörung bot. Die Beziehung zum westlichen Nachbarn kann nur als »eisig« bezeichnet werden, voll von eigenem Misstrauen und verordneter Distanz. Nur mit Mühe war 1967 die Einrichtung von Handelsvertretungen beschlossen worden. Dem Entwurf eines Vertrages »über die gegenseitigen Beziehungen zwischen der Bundesrepublik Deutschland und der Tschechoslowakischen Sozialistischen Republik«, der nach den Verträgen von Moskau und Warschau im Jahre 1973 ausgehandelt worden war, drohte wegen der »Berlinklausel« das Scheitern, ehe auch hier ein Kompromiss gefunden und dieser Vertrag am 11. Dezember 1973 unterzeichnet werden konnte. Dagegen blieb Prag fest in das Geflecht sowjetischer Interessen eingebunden und musste mit seinen bescheidenen Kräften gegenüber den Ländern der Dritten Welt mit Rüstungsexporten einen hohen Beitrag leisten.

Und doch waren es außenpolitische Probleme, die eine Wende einleiteten. Nach Jahren der »Gerontokratie« in der Sowjetunion, wo dem greisen Breschnew 1982 der kranke Andropow und diesem im Februar 1984 der ebenfalls greise Tschernenko gefolgt waren, hatte mit Michail Sergejewitsch Gorbatschow am 15. März 1985 ein Vertreter der jüngeren Generation als Generalsekretär die Führung der KPdSU übernommen. Seine Ankündigung einer Politik der *perestrojka* (»Umbau«) der Gesellschaft und der *glasnost'* (»Offenheit«) vermochte in Prag keine Begeisterung hervorzurufen. Im Gegenteil verblieb man in den alten Gleisen, als dem Papst Johannes Paul II. die Teilnahme an den Feierlichkeiten zum 1100-jährigen Gedenken an den »Slawenapostel« und ersten »Erzbischof von Mähren« Methodios verboten wurde, zu dessen Ehren am 7. Juli 1985 an seinem angeblichen Grab in Velehrad eine Messe mit überwältigender Beteiligung von Gläubigen gefeiert wurde. Gerade angesichts der stagnierenden Wirtschaft forderte die Zeit jedoch eine Anpassung an den neuen Moskauer Kurs, der in dem Beschluss des ZK der KPČ vom 25. Februar 1987 zwar verbal erfolgte, sich bei einem Besuch von Gorbatschow vom 9. April aber noch nicht zeigte. Unter Moskauer Druck musste Husák am 17. Dezember 1987 seinen Posten als Generalsekretär der

KPČ an den unbekannten Miloš Jakeš abtreten, behielt aber die Position des Staatspräsidenten. Jakeš war als Vorsitzender der Revisions- und Kontrollkommission der Partei für die Säuberungen verantwortlich gewesen, und er war ein Mann des zweiten Gliedes, dem sowohl das intellektuelle Format Husáks als auch die Durchsetzungsfähigkeit zum Zwecke des Machterhalts fehlten. Seinen Ankündigungen von weitreichenden Reformen folgte nur eine begrenzte personelle Umbesetzung der Parteiführung, aus der die Reformgegner im Herbst 1988 ausschieden. Es mehrten sich die Anzeichen eines »weicheren« Kurses an der Parteispitze, die es Dubček erlaubte, am 13. November 1988 die Ehrendoktorwürde der Universität Bologna anzunehmen. Jugendgruppen und die »Chartisten« traten mit Demonstrationen an die Öffentlichkeit, wurden dort aber mehrfach von den Polizeikräften niedergeknüppelt. Auch Havel wurde im Frühjahr 1989 erneut wegen »Rowdytums« in Haft genommen, jedoch nach drei Monaten vorzeitig entlassen. Mit kleinen Schritten der inneren Reformen versuchte die Partei der wachsenden Unruhe in der Gesellschaft entgegenzukommen, aber dies blieb nur Stückwerk angesichts der Entwicklung in Polen, wo die herrschende Partei in einem unaufhaltsamen Prozess der Abdankung entgegenging, oder in Ungarn, wo Reformkommunisten den Übergang zur Marktwirtschaft suchten. Auch die DDR als Partner der Reformgegner brach allmählich weg, als Tausende ihrer Bürger zunächst über Ungarn, dann über die Botschaft der Bundesrepublik Deutschland in Prag ihre Ausreise erreichten. Die Berichterstattung einheimischer und ausländischer Medien (über Satellit) ließen hier einen »Dominoeffekt der Erwartungen« wachsen, so dass man von einer schleichenden »Tele-Revolution« gesprochen hat. Grundvoraussetzung für einen Wandel war die Bereitschaft der Sowjetunion, auf ihre imperiale Politik gegenüber den Satelliten zu verzichten und die alten Eliten zum Abtreten zu bewegen, und in jedem Fall vor einer Gewaltanwendung nach chinesischem Beispiel zu warnen.

Angesichts der Verunsicherung in der Parteiführung und der Erosion der kommunistischen Regime in den anderen »sozialistischen« Ländern sahen die Vertreter der Charta auch für ihr Land den Wandel heranreifen, konnten sich aber weder auf die apathische Bevölkerung noch auf die Arbeiterschaft stützen und warteten auf die Rückkehr der Studenten aus den Semesterferien. Diese waren es denn auch, die zum 17. November, dem fünfzigsten Jahrestag der Ermordung des Studenten Opletal durch die Nationalsozialisten, zu einer Demonstration aufriefen, der etwa 40 000 Personen folgten. Das harte Durchgreifen der Polizei löste den Umbruch aus. Die verletzten Studenten trugen ihre Empörung in Theater und Cafés und schürten dort den Unmut der Bevölkerung Prags, ehe sie ihn dann ins Land hinaus verbreiteten. Hunderttausende versammelten sich in den folgenden Tagen auf den Plätzen in Prag und jubelten Václav Havel, der für das neugegründete »Bürgerforum« (*Občanské forum*) sprach, sowie dem alten Reformpolitiker Dubček, der aus der Versenkung aufgetaucht war, begeistert zu. Am Tage der Heiligsprechung der Přemyslidin Agnes kamen nach der Messe im Veitsdom ca. 750 000 Personen auf dem Letná-Hügel zusammen. Ein Aufruf zum Generalstreik wurde am 27. November weitgehend befolgt; die Arbeiter in den Fabriken forderten die Demission der Kommunisten. Nunmehr reichten der Rücktritt des Generalsekretärs Jakeš am 24. November, weitere Umbesetzungen in der Parteispitze und Korrekturen an der Verfassung – u. a. wurde die »führende Rolle« der Partei gestrichen – nicht mehr aus, die Unruhe der Bevölkerung zu beenden; sein Nachfolger Urbánek an der Parteispitze wurde kaum mehr wahrgenommen. Der Ministerpräsident Adamec versuchte durch Gespräche mit dem Bürgerforum eine neue Regierung unter deren Minderheitsbeteiligung einzurichten und schei-

terte; am 10. Dezember vereidigte Präsident Husák als
letzte Amtshandlung ein Kabinett unter dem Slowaken
Čalfa, dem nun eine Mehrheit von Angehörigen des Bürgerforums angehörte (11 von 21), ehe er von seinem Amt
zurücktrat. Dem Kabinett gehörten als Wirtschaftsminis-
ter der Ökonom Václav Klaus und als Außenminister Jiří
Dienstbier an, der nach seiner Vereidigung ein letztes Mal
seine Pflicht als Heizer erfüllen musste. Die Bundesversammlung wählte dann, unter dem Vorsitz des neu eingesetzten Präsidenten Dubček, am 29. Dezember 1989 Václav Havel einstimmig zum neuen Staatspräsidenten.

Der Sturz des kommunistischen Regimes war weitgehend friedlich und erstaunlich gewaltfrei verlaufen, so
dass man von einer »samtenen« oder »sanften« Revolution
(*sametná revoluce*) sprach. Das Ziel der Kommunisten,
eine »sozialistische Gesellschaft aufzubauen, war gründlich gescheitert; diese lässt sich wohl nur mit bedürfnislo-
sen Wesen erreichen, mit Engeln oder Robotern. Stattdessen wollten die Menschen des Landes nach Europa zurückkehren, eine parlamentarische Regierung und eine
freie Marktwirtschaft einleiten, die alten demokratischen
Traditionen wiederbeleben. Der neue Staatspräsident Havel stand mit seiner Person und seinem Lebenslauf für den
friedlichen Wandel. Er war 1936 in einem großbürgerlichen Elternhaus geboren worden, hatte nach schwierigen
Anfängen als Stückeschreiber für das Theater im Lande
Aufsehen erregt und 1989 mit dem Friedenspreis des
deutschen Buchhandels auch internationale Reputation erworben. Für seine Person forderte er in der Tradition von
Jan Hus ein »Leben in der Wahrheit«, und er versprach,
die umfangreichen Rechte als Staatspräsident für den
Wandel von Staat und Gesellschaft einzusetzen. Die
Tschechoslowakei war nach vielen Jahren der Fremdherr-
schaft in den Kreis der freien Nationen Europas zurückgekehrt.

Die Tschechen in der parlamentarischen Demokratie und in der Marktwirtschaft

(1990–2007)

Epochenüberblick

Das Ende der kommunistischen Herrschaft 1989 weckte hohe Erwartungen, dass die Tschechoslowakei an die demokratischen Traditionen der Ersten Republik und an deren wirtschaftlichen Standard anknüpfen könnte. Die Umstellung auf die Demokratie und die Marktwirtschaft brachte indes viele Probleme, denn das Erbe der kommunistischen Zeit lastete schwer: Streit von Personen in der politischen Führung, politische Instabilität, wirtschaftliche Fehlentscheidungen und Belastungen aus der Geschichte haben die Entwicklung verdunkelt. Friedlich verlief die Trennung des Landes in zwei Staaten, die den Weg in die Zukunft allein suchen wollten. Von der ersten Stelle unter den »Transformationsländern« fiel die »Tschechische Republik« allerdings zeitweise weit zurück, ehe sie diese Schwierigkeiten im Wesentlichen überwand und mit dem Beitritt zur Europäischen Union im Jahre 2004 nach Europa zurückkehrte.

1990 1. Januar: Václav Havel Staatspräsident der ČSSR
   8./9. Juni: Parlamentswahlen
   5. Juli: Wahl Havels zum Staatspräsidenten der ČSFR
1992 5./6. Juni: Wahl zum tschechischen und slowakischen Nationalrat

17. Juli: Souveränitätserklärung des Slowakischen Nationalrates, Rücktritt Havels

16. Dezember: Verfassung der Tschechischen Republik

1993   1. Januar: Tschechische Republik und Slowakische Republik

2. Februar: Wahl Havels zum ersten Staatspräsidenten der
Tschechischen Republik

2002   28. Februar: Wahl von Václav Klaus zum Staatspräsidenten
der Tschechischen Republik

2004   1. Mai: Beitritt der ČR zur Europäischen Union

Die Wiederherstellung der Demokratie und der Marktwirtschaft

Die »Rückkehr nach Europa«, die am Ende des Jahres 1989 mit großer Euphorie und viel Hoffnung gefeiert wurde, sollte sich als ein langer und steiniger Weg der Transformation erweisen. Es bedurfte vieler Menschen, die diesen Prozess entwerfen und leiten konnten, der Institutionen des Staates, die die Vorschriften durchsetzten, und schließlich einer Umstellung der Bevölkerung auf ein neues System von Werten und Verhaltensregeln. Alle diese Fragen waren eng miteinander verbunden und mussten in relativ kurzer Zeit gelöst werden. Dazu traten die Fragen der Außenpolitik, die eine Ablösung der bisherigen Strukturen des Moskauer Herrschaftsbereiches und die Neuformulierung der Politik gegenüber den westlichen Nachbarn bedeuteten.

Die den Umwandlungsprozess tragenden Menschen kann man zwei Gruppen zuweisen: zum einen waren dies Mitglieder des Bürgerforums (*Občanské forum*), das sich nach dem 17. November 1989 spontan gebildet hatte und Personen der verschiedensten politischen und wirtschaftlichen Interessen lose zusammenband, zum anderen jene Mitglieder der Kommunistischen Partei und der »Nationalen Front«, die zu einer Zusammenarbeit mit den bisherigen Gegnern ihrer Macht bereit waren. Symbolisch war dies durch den gemeinsamen Auftritt von Václav Havel und Alexander Dubček auf dem Wenzelsplatz zum Ausdruck gekommen, dann mit der Wahl Havels zum Staatspräsidenten und Dubčeks zum Präsidenten des Föderalparlamentes auch institutionalisiert worden. Aus der Verfassung von 1968 wurden noch im Herbst 1989 jene Artikel gestrichen, die die kommunistische Orientierung festgeschrieben hatten; sie blieb bis zur Annahme einer neuen in Kraft, was bedeutete, dass nun der nationale Konflikt von Tschechen und Slowaken in den Vordergrund rückte, andererseits aber ein gleitender Übergang zu einem Rechtsstaat möglich war. Die Einbeziehung der Mitglieder der KPČ in den Wandlungsprozess machte den Verzicht auf eine Aufarbeitung der Vergangenheit (»Lustration«) notwendig, weil man die Umgestaltung ja nur mit den vorhandenen Menschen vornehmen konnte.

Unbestrittener Führer des Bürgerforums war Václav Havel, der am 1. Januar 1990 das Amt des Staatspräsidenten übernahm. Seinem moralischen Antrieb entsprechend, absolvierte er bereits am 2. Januar eine Kurzreise nach München und Ostberlin, um mit seiner Entschuldigung bei den vertriebenen Sudetendeutschen die Beziehungen zum größten Nachbarn zu verbessern. Leider fand dieser großherzige Akt nicht die gebührende Resonanz, ebensowenig wie die offenen Worte des Bundespräsidenten von Weizsäcker und Havels am 15. März 1990 in Prag; in Deutschland war die Reaktion besonders bei den Funktionären der Landsmannschaft nur verhalten, bei seinen Landsleuten erntete er z. T. herbe Kritik und Unverständnis. Mehr Erfolg hatte er in Moskau, wo er die Zusage erhalten hatte, dass die Rote Armee abgezogen und in neuen Beziehungen die Souveränität geachtet würde. Im Juni 1991 verließen die letzten sowjetischen Truppen das Land; Ende desselben Monats beendete der Rat für gegenseitige Wirtschaftshilfe seine Tätigkeit.

In der Innenpolitik wühlten zwei große Problemkomplexe die Bevölkerung auf. Dies betraf zum einen den Namen des Staates und damit generell das Verhältnis von Tschechen und Slowaken. Bestand weitgehend Einigkeit darin, aus dem Staatsnamen das Adjektiv »sozialistisch« zu streichen, so wurde heftig diskutiert, ob man zu der Bezeichnung »Tschechoslowakische Republik« (»ČSR«) zurückkehren könne, was die Slowaken strikt ablehnten. Der leidenschaftliche Streit um den »Bindestrich«, der mit der Erinnerung an das Jahr 1938 die Bezeichnung »Č-SR« für die Tschechen unannehmbar machte, endete schließlich mit dem Kompromiss, den Staat nunmehr »ČSFR« zu nennen, die »Tschechische und Slowakische Föderative Republik«, in unterschiedlicher tschechischer und slowakischer Schreibweise. Damit wollte man die Rechtskontinuität des Staates in den internationalen Beziehungen wahren. Kein anderer Staat in Europa hat im 20. Jahrhundert – freiwillig oder unfreiwillig – so häufig seine Bezeichnung gewechselt.

Das andere innenpolitische Problem war die Verankerung des Rechts auf Eigentum in der Verfassung, das die Grundlage für die anstehenden Wirtschaftsreformen darstellte. Am 20. April 1990 beschloss das Föderalparlament ein umfangreiches Gesetzespaket, mit dem die Planwirtschaft abgeschafft, der Außenhandel liberalisiert und den Bürgern eine freie unternehmerische Tätigkeit ermöglicht werden sollte. Damit war der Weg frei, in weiteren Gesetzen die Privatisierung der Unternehmen in Staatshand vorzubereiten. In einer »kleinen Privatisierung« wurde zunächst die freie Tätigkeit von kleinen und mittelgroßen Unternehmen, z.B. von Handwerksbetrieben, erlaubt, während die großen Unternehmen in Aktiengesellschaften oder Genossenschaften westlichen Typs überführt werden und nur gewisse Bereiche der Wirtschaft (z. B. Bergwerke) in Staatsbesitz verbleiben sollten. Mit dieser Reform war der Name des Wirtschaftsministers Václav Klaus verbun-

den, der mit seiner rigorosen Finanzpolitik und der Befür-
wortung einer »Marktwirtschaft ohne Adjektive« zum
zweiten Mann nach Havel und zu dessen Konkurrenten in
der Innenpolitik aufstieg.

Ein weiteres Problem stellte die Regelung der Verhältnisse zu den christlichen Konfessionen dar, vorrangig zur
katholischen Kirche. Noch im Dezember 1989 hatte sich
die regimetreue Organisation *Pacem in terris* selbst aufgelöst und der Staat sein Amt für Kirchenfragen liquidiert.
Schon im Februar 1990 wurden die Orden restituiert, die
Kirche erhielt wieder die Möglichkeit zur eigenständigen
Regelung der inneren Probleme (Priesterausbildung) und
der Papst konnte im April zu einem kurzen Besuch einrei-
sen. Der 92-jährige Erzbischof von Prag Tomášek durfte
im März 1991 endlich seine Würde an seinen Nachfolger
Miroslav Vlk abtreten. Allerdings blieb die vollständige
Rückgabe früheren Kirchenbesitzes weiterhin ein Streit-
punkt mit den staatlichen Stellen – wie der Besitz des
Veitsdoms in Prag –, ebenso wie die Abgrenzung von Be-
sitzansprüchen zwischen den Glaubensgemeinschaften;
innerkirchlich bedeutete die Forderung an die geweihten
verheirateten Priester, entweder ihr Amt oder ihre Beziehung zu den Ehefrauen aufzugeben, eine Belastung.

Die Verquickung der geplanten Wirtschaftsreformen
und die Neugestaltung der Innenpolitik mit der nationalen Interessenabgrenzung zwischen Tschechen und Slowaken wuchs allmählich zu einer Staatskrise heran. Auch in
Pressburg hatte die Bevölkerung, die sich in einer Bürgerbewegung »Öffentlichkeit gegen Gewalt« (*Verejnosť proti
násiliu*, VPN) organisiert hatte, das kommunistische System stürzen können. Die nunmehr freie Diskussion ließ
die Unterschiede zwischen beiden Nationen deutlich her-
vortreten. Die Verfassungsreform von 1968 war nur in der
Slowakei vollständig umgesetzt worden, während in Prag
die Bundesorgane jeweils die Stelle des geplanten tschechischen Komplementärorgans übernommen hatten. Auch

die Bestimmung, dass im Föderalparlament die Slowaken nicht überstimmt werden dürften (Verbot der »Majorisierung«), war so lange auf dem Papier geblieben, wie die gemeinsame Partei die Abgeordneten gleichgeschaltet hatte. Als man nun im Sinne der Rechtsstaatlichkeit die Verfassung ernst nahm, zerfiel die »Nationenkammer« praktisch in zwei Teile, in denen jeweils eine Mehrheit für die Gesetzgebung gefunden werden musste. Dies gab den Slowaken de facto ein Vetorecht und machte die Zusammenarbeit mit den führenden Kräften der VPN notwendig.

Hinter den sich zuspitzenden Verfassungsproblemen verbargen sich zum einen konkrete wirtschaftliche Interessen der beiden Landesteile, zum anderen ein psychologisches Problem der Entfremdung von Tschechen und Slowaken.

In der Diskussion über die Reform der Wirtschaft standen einander im Frühjahr 1990 zwei Konzeptionen gegenüber: eine »gradualistische« des langsamen Übergangs zur Privatwirtschaft, und eine »radikale« des Finanzministers Klaus mit einer raschen Privatisierung des »Volkseigentums«. Die slowakischen Ökonomen bevorzugten mit Blick auf die sozialen und ökonomischen Folgen für ihr Land die erste Lösung. In der vornehmlich agrarisch strukturierten Slowakei war nämlich in den Jahren des »Sozialismus« an einigen Standorten eine Schwerindustrie aufgebaut worden, die bei hoher Beschäftigungszahl der Arbeiter unproduktiv arbeitete oder deren Produkte, wie die der Rüstungsindustrie, nun unerwünscht oder nicht mehr absetzbar waren; eine schnelle Privatisierung musste hier katastrophale Folgen haben. Unterschiede zwischen den Landesteilen bestanden auch nach dem Wahlgesetz vom 27. Februar 1990, das zwar generell die Verhältniswahl vorsah, aber in den böhmischen Ländern eine Quote von fünf Prozent, in der Slowakei dagegen von drei Prozent der Stimmen für den Einzug einer Partei in das jeweilige Landesparlament vorschrieb. Außerdem war die

Wahlberechtigung unlogisch geregelt, da nicht die Nationszugehörigkeit einer Person, sondern ihr Wohnsitz am Tage der Wahl für die Zuordnung zu den Wählerlisten der jeweiligen nationalen Wahlkörperschaft entscheidend war.

	Präsident Regierung Gesetze der Tschechoslowakei		
tschechische Regierung			slowakische Regierung
	↑		
↑ (Mehrheit)	↑ (Mehrheit)	↑ č ↑ sk (je Mehrheit)	↑ (Mehrheit)
	(Bundesversammlung)		
tschechischer Nationalrat (200 Abg.)	Volkskammer (150 Abg.)*	Nationen- kammer (150 Abg.)	slowakischer Nationalrat (150 Abg.)
↑	↑		↑
Wähler mit Wohnsitz in den böhmischen Ländern	Wähler mit Wohnsitz in der ČSFR		Wähler mit Wohnsitz in der Slowakei

* Geändert aus 200 mit Wahlgesetz vom 27. Februar 1990

Im Vorfeld der anstehenden Wahl hatten sich mehr als hundert Parteien gebildet, darunter solche Sumpfblüten wie eine »Partei der Biertrinker«; zur Wahl stellten sich schließlich 22 Parteien. Einigermaßen konsolidiert waren davon nur die neugegründeten Christlichen Demokraten, die als Wahlkoalition von drei Einzelparteien unter der

Bezeichnung »Tschechoslowakische Volkspartei« im Gesamtstaat antraten. An den Wahlen am 8./9. Juni 1990 beteiligten sich in beiden Republiken mehr als 95 % der Wahlberechtigten. Wahlsieger für die insgesamt vier Wahlgremien waren in beiden Republiken die Bürgerbewegungen, im tschechischen Landesteil das OF mit um die 50 %, im slowakischen Teil die VPN mit knapp 30 und 37 %. In der ČR folgten dann die Kommunisten mit ca. 13 % und die Christlichen Demokraten mit ca. 9 %; in der SR lagen die Christlichen Demokraten, die der katholische Klerus massiv unterstützt hatte, mit ca. 19 % an zweiter Stelle, gefolgt von den Kommunisten mit ca. 13 %. Während im tschechischen Landesteil dazu noch eine mährisch-schlesische Regionalpartei trat (um 9 %), konnten in der Slowakei die »Slowakische Nationalpartei« 11 % und die ungarische Partei »Zusammenleben« ca. 8 % verbuchen, dazu wegen der anderen Sperrklausel die »Demokratische Partei« 4 % und die »Grünen« 3,5 %. Die traditionsreichen Sozialdemokraten, die tschechoslowakischen Sozialisten und die neugegründeten »Grünen« (in der ČR) waren an den Sperrklauseln gescheitert.

Drei Regierungen mussten im Lande für die nächsten zwei Jahre gebildet werden, ehe Neuwahlen stattfinden sollten. Die Bundesregierung unter dem Slowaken Marián Čalfa stützte sich auf die Bürgerbewegungen, die in der Volkskammer zwar insgesamt 170 Sitze von 200 Mandaten erhalten hatten, aber für die Gesetzgebung in der Nationenkammer weitere slowakische Stimmen benötigte. Diese fand sie bei den stärker national gesinnten slowakischen Christlichdemokraten, die dadurch einen überproportional großen Einfluss erlangten. Die Bundesregierung war zuständig für die Außenpolitik, die Sicherheit, die Wirtschaft und die Finanzen des Gesamtstaates. Die tschechische Landesregierung unter dem früheren Dissidenten Petr Pithart hatte mit 127 Abgeordneten der Bürgerbewegungen im Nationalrat eine komfortable Mehrheit, die noch dazu durch die Christlichen Demokraten unterstützt wurde; die slowakische Landesregierung unter dem ehemaligen Innenminister Vladimír Mečiar stützte sich auf eine Koalition der VPN, der Christlichen Demokraten und der Demokratischen Partei, musste aber auf die Opposition der slowakischen Nationalpartei Rücksicht nehmen, die als einzige bereits jetzt eine Auflösung des Staats forderte. Zum Staatspräsidenten für die nächsten zwei Jahre wurde erneut Václav Havel gewählt, diesmal aber nicht einstimmig.

Schwierige Probleme standen in den folgenden beiden Jahren der Legislaturperiode zur Lösung an: Das war zum einen die Schaffung einer neuen Verfassung, die das Verhältnis von Tschechen und Slowaken grundsätzlich regeln sollte, und zum anderen die wirtschaftliche Transformation, d. h. konkret die Privatisierung der Wirtschaft und die Rückerstattung früheren Eigentums. Zu den eigentlichen Gegenspielern wurden zunächst die Bundesregierung und die slowakische Landesregierung.

Die Wirtschaftsreformen waren intensiv vorbereitet worden, denn das Prognose-Institut der Akademie der Wissenschaften in Prag hatte bereits Vorschläge für einen Strukturwandel vorbereitet, ehe die Änderung der politischen Rahmenbedingungen deren Umsetzung erlaubte. Der Leiter Valtr Komárek und sein Mitarbeiter mit internationaler Erfahrung, Václav Klaus, hatten sich im Herbst 1989 sogleich der Bürgerbewegung zur Verfügung gestellt; Klaus war sogar Finanzminister in der Regierung Čalfa geworden. Ihr Konzept zielte auf eine konsequente Einführung der Marktwirtschaft, was bedeutete, dass sich der Staat aus der Wirtschaft zurückziehen solle, die Preise für Energie und Rohstoffe freizugeben waren, ferner, dass die Eigentumsfrage gelöst, die Staatsausgaben reduziert, die Subventionen gestrichen und die Währung abgewertet werden sollten. Kaum Einklang bestand über die Geschwindigkeit der Reformen, denn Wirtschaft und Gesellschaft mussten in der Umstellungsphase geschützt, der mit überflüssigen Arbeitskräften übersetzte Arbeitsmarkt langsam entlastet, die Einführung von Auslandskapital wegen der Gefahr der Überfremdung gesteuert, eine Inflation verhindert und vor allem soziale Unruhen wegen eines zu erwartenden »Schocks« vermieden werden. Mit einer restriktiven Finanzpolitik und drei Abwertungen der Krone im Jahre 1990 wollte der Finanzminister Klaus die Währung stabilisieren, die Binnennachfrage bremsen und den Export erhöhen. Wegen der geringen Auslandsschulden des Landes war zwar die Ausgangslage für die Gewinnung neuer Kredite gut, aber die Orientierung im Außenhandel auf die Wirtschaft der sozialistischen Länder (die Sowjetunion allein hatte 1988 noch 78 % der Produktion abgenommen) musste zugunsten einer Orientierung auf die Staaten des Westens vorsichtig geändert werden.

Mit den Wirtschaftsgesetzen vom April 1990 hatte die »kleine Privatisierung« begonnen, aber erst im August desselben Jahres legte die Föderalregierung ein geschlossenes System der Wirtschaftsreformen vor. Bis 1992 wurden mehr als 100 000 Klein- und Mittelunternehmen den alten Eigentümern zurückgegeben, mit Zusage des späteren Erwerbs an Interessenten verpachtet oder neu zugelassen; während bis Ende 1989 nur 1,2 % der Erwerbstätigen in diesem Zweig beschäftigt gewesen waren, kletterte ihre Zahl bis Ende 1991 auf 16,4 %. Schwieriger war die »große Privatisierung« der etwa fünftausend Großunternehmen, von denen rund tausend im Staatsbesitz verbleiben (Bergwerke, Versorgungsunternehmen) oder sukzessive stillgelegt werden sollten. Für die anderen Unternehmen bot der Staat allen erwachsenen Bürgern gegen eine Bearbeitungsgebühr Anteilscheine (Coupons) an, die in Aktien bestimmter Unternehmen umgewandelt oder in Investitionsfonds eingebracht werden konnten. Wohl 8,5 Millionen Bürger waren an diesen Aktionen beteiligt.

Nur ein kleiner Teil von Betrieben, darunter die traditionsreichen Škoda-Werke, gingen an ausländische Anleger. Mit diesen Maßnahmen, die die Beschäftigung der Arbeitnehmer sichern, den Übergang für die Bevölkerung abfedern und zugleich die Modernisierung ermöglichen sollten, galt die Tschechoslowakei unter den Transformationsstaaten als Musterland, weil sie eine »Schocktherapie« vermied.

In der Slowakei stießen diese Reformen auf Widerstand, weil die Landesregierung sich von der Zentralregierung nichts vorschreiben lassen wollte und weil die dortige Schwerindustrie nach einer Freigabe der Preise ohne staatliche Hilfe nicht überlebensfähig schien. Die Eisenwerke bei Kaschau und die Petroindustrie bei Pressburg waren von sowjetischen Rohstofflieferungen abhängig und beschäftigten viele unproduktive und ungelernte Arbeitskräfte. Die Erhöhung der Rohstoffpreise und der Einbruch des Absatzes (z. B. der Waffenproduktion) verursachten eine hohe Arbeitslosigkeit, die besonders die Roma-Bevölkerung in Armut, Perspektivlosigkeit und Alkoholsucht trieb. Angesichts der engen Verflechtung der tschechischen mit der slowakischen Industrie ließen die sich abzeichnenden unterschiedlichen Wege der Wirtschaftspolitik die Aussichten für die Slowakei ungleich schlechter als für den tschechischen Landesteil erscheinen.

Parallel zu den Diskussionen über die wirtschaftlichen Streitpunkte liefen seit den Wahlen vom Juni 1990 Verhandlungen über eine neue Verfassung zwischen vier Gesprächspartnern: den beiden Landesregierungen, der Zentralregierung und dem Staatspräsidenten Havel; in diese Verhandlungen wirkte die innere Entwicklung in den Teilrepubliken hinein. Während die Tschechen die Föderation als gemeinsamen Staat erhalten und die Kompetenzen der Organe der Teilstaaten klar voneinander abgrenzen wollten, gingen die Slowaken von zwei selbstständigen Republiken aus, die sich untereinander zugunsten eines gemeinsamen Staatswesens einigen müssten. Da beide Positionen miteinander unvereinbar waren, kam es am Staatsgründungstag am 28. Oktober 1990 nur zu einer grundsätzlichen Erklärung über die Fortsetzung der ČSFR. Weitere Verhandlungen führten schließlich am 12. November zu einem gemeinsamen Entwurf für eine schwache Zentralregierung, dessen Annahme Mečiar erzwang, indem er damit drohte, die slowakische Gesetzgebung über die Föderalgesetze zu stellen und damit de facto den gemeinsamen Staat zu zerbrechen. Das am 12. Dezember 1990 angenommene Gesetz war ein brüchiger Kompromiss auf Zeit.

Die Wirtschaftspolitik und der Streit um die Föderation bewirkten in beiden Landesteilen eine Differenzierung des politischen Spektrums, indem sich die Bürgerbewegungen zu »normalen« Parteien umformten. Das OF spaltete sich auf einem Kongress vom Februar 1991 in einen konservativen wirtschaftsliberalen Flügel unter dem Namen »Demokratische Bürgerpartei« (*Občanská demokratická strana, ODS*), deren Führung Václav Klaus übernahm, und eine kleinere Partei der linken Mitte »Bürgerbewegung« (*Občanské hnutí, OH*) unter Jiří Dienstbier. In der Slowakei löste sich im März Mečiar von der VPN durch Gründung einer »Bewegung für eine demokratische Slowakei« (*Hnutie za demokratické Slovensko, HZDS*), was zu seiner Abberufung als Ministerpräsident und Ersetzung durch den Christdemokraten Ján Čarnogurský führte. Damit war aber eine Verschiebung nach rechts verbunden, weil sich die Christdemokraten in der Frage des Fortbestehens der ČSFR der separatistischen Slowakischen Nationalpartei (SNS) angenähert hatten. Weitere Verhandlungen blieben im Sommer 1991 erfolglos. Eine Wende in der Verteilung der politischen Kräfte trat ein, als sich die HZSD für die volle Souveränität der Slowakei einsetzte und behauptete, dass dies mit einer Konföderation beider Staaten zu vereinbaren wäre. Die Verhandlungen wurden schließlich auf die Zeit nach der nächsten Parlamentswahl vom 5./6. Juni 1992 vertagt.

Die Wahl brachte die direkte Konfrontation von Klaus und Mečiar und ihres jeweiligen Anhangs. In der tschechischen Republik gewann die Koalition von ODS und Christdemokraten, die die Vollendung der Reformen, den Übergang zur kapitalistischen Gesellschaft und eine Föderation befürwortete; in der Slowakei siegte die HZSD mit einem populistischen Programm, in dem unter nationaler Rhetorik verschiedene unvereinbare Forderungen sozialer und politischer Art zusammengebunden worden waren. Während die gesamtstaatlich orientierten Parteien eine schwere Niederlage erlitten, gewannen Klaus und Mečiar in beiden Kammern je etwa ein Drittel der Sitze; beide Kontrahenten waren demnach sowohl auf Koalitionspartner innerhalb der eigenen Nation angewiesen wie auf ein gemeinsames Vorgehen verpflichtet worden. Staatspräsident Havel beauftragte den Wahlsieger Klaus mit der Bildung der Föderalregierung und der Gesprächsführung mit den Slowaken. In den folgenden Verhandlungen im Juni und Juli 1992 forderte Mečiar die volle Souveränität der Slowakei als selbstständiges völkerrechtliches Subjekt, wobei mit den Tschechen in paritätisch besetzten Gremien die Außenpolitik, die Verteidigung, die Wirtschaft und die Währung (mit zwei gleichwertigen Emissionsbanken) koordiniert werden sollten; die Tschechen hielten eine solche Konstruktion für unpraktikabel und sahen für die Zukunft voraus, alle Lasten tragen zu müssen und ständig erpresst zu werden. Die Frage spitzte sich auf die Alternative zu, entweder eine funktionstüchtige Föderation beider Nationen zu bilden oder zwei souveräne Staaten zu organisieren.

Vergeblich forderte die Opposition in beiden Republiken ein Referendum, das den Meinungsumfragen zufolge durchaus eine Mehrheit für den Fortbestand des Gesamtstaates ergeben hätte. Angesichts der Machtverteilung, die sich auch durch Neuwahlen nicht geändert hätte, blieb dies aber unrealistisch. Zur Farce gestaltete sich die Präsidentenwahl Anfang Juli 1992; obwohl Havel als einziger Kandidat auftrat, scheiterte er zweimal am Widerstand der HZSD. Das Tischtuch war zerschnitten, als der slowakische Nationalrat am 17. Juli 1992 die Souveränität der Slowakei erklärte. Am selben Tag trat Havel von seinem Amt zurück. Mečiar, der immer noch an die Möglichkeit einer Konföderation von zwei souveränen Staaten glaubte, wurde von Klaus nun aber mit einem Programm für die endgültige Trennung konfrontiert. Nach weiteren vergeblichen Versuchen, dennoch eine Konföderation zu retten, musste Mečiar der Trennung schließlich zustimmen. Die Volkskammer des Föderalparlamentes beschloss am 18. November das Ende der Föderation zum 31. Dezember; die Nationenkammer benötigte zu dem gleichen Beschluss einen zweiten Anlauf am 25. November. An der Jahreswende läuteten die Glocken im ganzen Land, die Totenglocke der Tschechoslowakei, die Freudenglocken der selbstständigen Staaten Tschechien und Slowakei.

Schaut man auf den gesamten Verlauf der Annäherung und dann Entfremdung von Tschechen und Slowaken seit der Staatsgründung, so ergibt sich ein differenziertes Bild von der Idee der Einheit von Tschechen und Slowaken.

Für die Tschechen hatte die Gründung der gemeinsamen Republik 1918 zunächst einmal die Erfüllung einer romantischen Sendungsidee bedeutet, nämlich den unterdrückten »Brüdern« zu helfen und damit dem Gedanken der »slawischen Solidarität« zu dienen. Unausgesprochen halfen aber auch die Slowaken den Tschechen gegen die kulturelle Übermacht der deutschsprachigen Landsleute, denn erst zusammen mit den Slowaken ergab sich ein überzeugendes Gegengewicht; in den Statistiken wurde nämlich nicht zwischen Tschechen und Slowaken unterschieden, und die »tschechoslowakische Sprache« war eine

Fiktion. Dadurch erhielten aber tschechische Intellektuelle die Möglichkeit, freigewordene Stellen in der Slowakei zu besetzen, vom Dorfschullehrer, der sich dort in einer Art Verbannung fühlen mochte, über Verwaltungsfachleute bis zu Hochschullehrern. Die an Zahl wachsende junge slowakische Intelligenz, besonders aber die Eigenwilligkeit und die Opposition der Klerikalen unter dem Pfarrer und Parteiführer Hlinka führten allmählich zu Irritationen, dann zur Verstimmung und schließlich zur Ernüchterung über die Vorstellung einer »tschechoslowakischen Einheit«. Als Hitler 1938 die Abtretung des Sudetenlandes erzwungen hatte, empfanden die meisten Tschechen das Silleiner Abkommen, das den Grundstein zur Č-SR legte, als einen Dolchstoß in den Rücken der verwundeten Republik; die Selbstständigkeitserklärung der Slowakei vom März 1939 galt als offener Verrat. Diesen Staat bedachten die Tschechen nach dem Kriegseintritt der Slowakei mit einer gewissen Häme, den slowakischen Aufstand 1944 gegen die nun offenkundige deutsche Okkupation hingegen als Demütigung, da sie selbst erst in der letzten Minute des Krieges zu einer solchen Aktion fähig gewesen waren.

Nach dem Weltkrieg bekämpfte die KPČ die klerikalen Tendenzen in der Slowakei, wollte damit aber zugleich das gewachsene Selbstbewusstsein der Slowaken zurechtstutzen; das harte Urteil gegen Tiso und dessen Vollzug war nicht frei von der Vorstellung, hier einen unliebsamen Konkurrenten zu beseitigen. Die angeblich eigenständige kommunistische Partei der Slowakei wurde von der tschechischen Vormacht dominiert, die in der Zeit nach 1948 den zurückgebliebenen Landesteil förderte und bis zum Ende der gemeinsamen Staatlichkeit mit erheblichen Mitteln unterstützte und entwickelte. Die Slowaken wurden von Prag aber oft von oben herab behandelt. Slowakische Filme liefen in tschechischen Kinos meist in tschechischer Synchronisation. Das Jahr 1968 erfüllte den tschechischen

Bevölkerungsteil mit dem Hochgefühl, endlich Sozialismus und Freiheit in Übereinstimmung bringen zu können; obwohl der Slowake Dubček diesen Prozess verantwortete, folgten ihm die Slowaken nur zögerlich, denn Freiheit verstanden sie zuerst als Freiheit zur eigenen politischen Entscheidung, also als föderale Gestalt der gemeinsamen Republik. Nach der Intervention siegte der Föderalismus in der Verfassung vom Oktober 1968, die nach 1990 unerwartet zum Hebel des Auseinanderbrechens des gemeinsamen Staates wurde. Die meisten Tschechen empfanden das Beharren der Slowaken auf Gleichrangigkeit als ein Zeugnis von Undankbarkeit und alle Versuche der Slowaken, dem erdrückenden Übergewicht der Tschechen durch komplizierte Verfassungsklauseln zu entgehen, als überzogene Forderungen. Der Streit um den »Bindestrich« galt als Beleidigung der Tradition einer idealisierten Ersten Republik; die Forderung nach einer Konföderation wurde als versteckte Aufforderung verstanden, dass die Tschechen zwar zahlen, dann aber nur folgen sollten. Seit 1990 wuchs die Erbitterung eines großen Teils der Tschechen, während die »tschechoslowakisch« gesinnten Tschechen und vor allem die zahlreichen Slowaken im tschechischen Landesteil verstummten. »Sollen sie doch gehen«, war schon 1990 eine weit verbreitete Meinung nicht nur an den Stammtischen, und insgeheim wurde der Satz vollendet: »sie werden schon sehen, was sie davon haben.« Wie sehr von tschechischer Seite das gemeinsame Erbe in Beschlag genommen wurde, zeigt sich daran, dass entgegen den Absprachen die heutige tschechische Republik die gesamtstaatlichen Symbole bewahrt hat.

In vielem diesen Vorstellungen entgegengesetzt stellte sich die Zeit des »Tschechoslowakismus« aus slowakischer Sicht dar. Die Bevölkerung war 1918 mehrheitlich den Tschechen gefolgt, weil sie wusste, dass ihre zahlenmäßig geringe Intelligenzschicht Hilfe gegen die ungarische Dominanz benötigte, die seit Generationen ihre besten Kräfte abgesogen hatte. »Magyarone« zu sein, also ein magyarisierter Slowake, galt für einen schlimmeren Vorwurf, als ein »Magyare« zu sein, denn dieser hatte ja nicht »sein Volkstum verraten«. Mit dem allmählichen Auftreten einer eigenen Elite erwies sich die Anwesenheit tschechischer Beamter als »Beförderungsstau«. Ein neues eigenes Selbstbewusstsein bildete sich heraus und artikulierte die Andersartigkeit der slowakischen Welt gegenüber der entwickelten tschechischen Moderne, die in Pressburg, und noch weniger auf dem Lande, kaum verstanden und akzeptiert wurde. Hlinka zog ein Gutteil dieser Stimmung auf sich, so dass er mit nur einem Drittel der Wählerstimmen für viele Slowaken zum Wahrer einer christlich definierten Eigenständigkeit wurde. Der eigene Staat von 1939 – der erste seit Svätopluk am Anfang des 10. Jahrhunderts! – galt weniger als unerwartetes Geschenk Hitlers denn als Gleichrangigkeit mit den Tschechen, gegenüber deren Stellung im Protektorat gar als eine Bestrafung für Hoffart. Von den peinlichen Anbiederungen an die nationalsozialistische Ideologie, die Tiso im Vatikan zur Persona non grata gemacht hatten, und von der »Judenpolitik« glaubten sich die Slowaken durch den Aufstand von 1944 gereinigt.

Nach 1945 rutschten die Slowaken wieder in die Rolle des von oben dominierten jüngeren Bruders der Tschechen. Der Aufbau einer eigenen Industrie mit enger Verflechtung mit der tschechischen galt weniger als Leistung in slowakischem Interesse denn als Erfüllung sowjetischer Vorgaben durch Prag. Die materiellen Leistungen der Tschechen wurden hingenommen, die damit einhergehenden Veränderungen der Bevölkerungs- und Arbeiterstruktur aber als Verlust der eigenen Traditionen beklagt. Nach der Zeit des Stalinismus, in der unverhältnismäßig viele Slowaken als »bürgerliche Nationalisten« verfolgt worden waren, brach um 1964 eine Phase der inneren geistigen Befreiung an, die sich dann nach Prag fortsetzte und in der Amtsübernahme durch Dubček ihren Höhepunkt erreichte. Die erstrebte Föderalisierung des Staates wurde eher beiläufig erreicht, zumal die komplizierte Verfassung durch das Diktat der Partei, wenn auch von dem Slowaken Husák geführt, unterlaufen wurde. Überhaupt empfanden die Slowaken weder Husák noch gar den »konservativen« Ukrainer Vasil Biľák als ihre Vertreter in Prag, sondern eher als versteckte Vergeltung für die weitere Missachtung der slowakischen Kultur, obwohl gerade die Slowaken in dieser Hinsicht die meisten Konzessionen gemacht zu haben glaubten und tschechische Filme im Originalton sahen. Dubček und vor allem Husák, die den Tschechen als ungeliebte Zugeständnisse an die Slowaken galten, wurden von ihren engeren Landsleuten meist als Abtrünnige empfunden, kaum als Vermittler zu den Tschechen. Diese galten eher als durch die moderne Zeit verführt, säkular und antikirchlich, ja einigen slowakischen Kirchenführern als das »unchristlichste Volk Europas«, mit dem zusammenzugehen als schwere Belastung empfunden wurde.

Das Jahr 1989 bot unerwartet die Chance zu einer umfassenden Lösung. Die meisten Slowaken wollten wohl die Fortsetzung der Republik, und es ist kein Zufall, dass selbst Mečiar in seinem Lande ein Referendum vermieden hat. Es ging ihnen aber vor allem um das »Sichtbarmachen« der Slowaken auch auf internationaler Bühne, es ging um das Prestige, in einem Staat »Tschechoslowakei« nicht als bedeutungsloses Anhängsel eines tschechischen Staates zu gelten, sondern darum, als eigenes Völkerrechtssubjekt in freier Selbstbestimmung mit den Tschechen gleichauf in der internationalen Politik aufzutreten. Dass die Konstruktion einer »Konföderation« zweier souveräner Staaten dazu kein geeignetes Mittel war, hatte ihnen der Wahlsieger Mečiar hingegen nicht vermittelt. Mit der Trennung erfüllte sich der Wunsch nach Selbstständigkeit, aber ein Gefühl der Angst vor der Zukunft und vor der Eigenständigkeit war weit verbreitet; zu lange waren die Slowaken auf Prag als Gegner und Vermittler fixiert gewesen, als dass sie Zutrauen in die eigenen Politiker hätten entwickeln können. Die Ära Mečiar mit den an Lächerlichkeit grenzenden Erscheinungen von Provinzpolitikern hat den Skeptikern später in vielem recht gegeben, bis die Überwindung dieses Irrweges das Selbstvertrauen der Slowaken wachsen ließ. Dies sollte sich im Verhältnis zu den Tschechen als positiv erweisen, das sich als ein freundschaftlich-nachbarliches gut ausgestalten sollte, in der wirtschaftlichen Entwicklung eine gewisse Rivalität erkennen ließ, aber die Grundsätze einer bevorzugten Partnerschaft erfolgreich einübte. Allerdings mussten auch die Slowaken erfahren, dass mit der Stellung eines »Herrn im eigenen Haus« Probleme mit den »Untermietern« auftauchten, die in den Folgejahren im Verhältnis zu den Ungarn und noch mehr zu den Roma im Lande zu Problemen geführt haben.

Die Frage, ob die »Tschechoslowakei« ein Irrweg war, ist schwer zu beantworten, weil sich in diesem Problem unterschiedliche Ansichten mischen und manchmal hinter öffentlich propagierten hehren Idealen versteckte Interessen lauern. Ohne tschechische Hilfe hätte eine selbstständige Slowakei nach 1918 keine Chance gehabt; ohne tschechische Hilfe hätte sie nicht das Fundament für die am Ende des 20. Jahrhunderts geglückte Selbstständigkeit erworben. Insofern war das Experiment von Erfolg gekrönt. Allerdings waren die beteiligten Kräfte mehr in eigenen Interessen verhaftet als in dem Bewusstsein, den anderen als Partner zu akzeptieren. Was die Tschechen in vielem ihren deutschsprachigen Landsleuten in der Monarchie vorgeworfen haben, haben sie mit Bezug auf den slowakischen Partner selbst wiederholt. Allerdings ist die Trennung in friedlicher Form verlaufen, was den Vorgang von den Ereignissen im früheren Jugoslawien vorteilhaft abhebt.

Die neue Tschechische Republik umfasste eine Fläche von 78 864 km² und besaß 10 339 000 Einwohner; mit 94 % tschechischsprachiger Bevölkerung war sie ein homogener Nationalstaat; die regionalen Unterschiede von Böhmen und Mähren/Schlesien wurden auf gesamtstaatlicher Ebene kaum wirksam. Mit etwa 3 % stellten die Slowaken die größte »Minderheit« im Lande dar, wobei wegen vielfältiger Eheverbindungen und häufiger doppelter Staatsbürgerschaft diese Bezeichnung problematisch ist. Mit 0,6 % spielten polnischsprachige und mit 0,5 % deutschsprachige Staatsbürger statistisch keine Rolle, während die 0,4 % Roma eher ein soziales als ein ethnisches Problem darstellten. In religiöser Hinsicht standen einander Konfessionslose und Katholiken mit je fast 40 % gegenüber; die Protestanten umfassten mit nur 4 % der Bevölkerung zur Hälfte die Brüdergemeinen. Mit einer Geburtenrate von 11,8 Promille stagnierte das Bevölkerungswachstum und sollte in den folgenden Jahren sogar zurückgehen.

Die Verfassung des Staates wurde am 16. Dezember 1992 vom damaligen Tschechischen Nationalrat verabschiedet, der danach als Abgeordnetenkammer des neuen Parlamentes galt; sie umfasste zweihundert Mandatsträger, die für vier Jahre in allgemeinen, gleichen und geheimen Wahlen nach dem Verhältniswahlrecht gewählt wurden, wobei eine Partei mindestens fünf Prozent der Gesamtstimmenzahl erreichen musste, um ihre Mandate zu erhalten. Das Abgeordnetenhaus wählte die Regierung mit der absoluten Mehrheit der Stimmen, also mindestens 101, oder musste ihr mit dieser Quote das Vertrauen aussprechen. Der Senat als zweite Kammer wurde erst im Jahre 1996 eingerichtet und folgte dem gleichen Wahlrecht; er bestand aus 81 Senatoren im Mindestalter von vierzig Jahren, von denen alle zwei Jahre ein Drittel neu zu wählen waren. In diesen Wahlen spiegelte sich daher eher als in den Wahlen zum Abgeordnetenhaus die Stimmung im

Lande wider, was sich in unterschiedlichen Mehrheitsverhältnissen zwischen den Parteien äußern konnte. Da der Senat in Entscheidungen gegen Gesetzesvorschläge vom Abgeordnetenhaus überstimmt werden konnte, besaß er wenig tatsächliche Macht. Wichtig war er aber bei der Wahl des Staatspräsidenten, weil ein Kandidat jeweils im Abgeordnetenhaus und im Senat die absolute Mehrheit der Mandatsträger erreichen musste, ehe für weitere Wahlgänge ein modifiziertes Verfahren greifen sollte. Nach diesen Bestimmungen wurde Václav Havel am 2. Februar 1993 zum ersten Staatspräsidenten der Tschechischen Republik gewählt. Die Übereinstimmung von Gesetzen mit der Verfassung sollte ein Verfassungsgerichtshof kontrollieren, die Verwaltungsentscheidungen ein Oberstes Verwaltungsgericht überwachen; unabhängige Gerichte entschieden über Schuld und Strafen; zentrale Einrichtungen des Staates waren ferner die Nationalbank und eine Oberste Kontrollbehörde, die über die Verwendung staatlichen Eigentums zu wachen hatten. Die Neuordnung der Territorialverwaltung, die erst 1997 abgeschlossen wurde, sah Gemeinden und übergeordnete Organe der Selbstverwaltung (Kreise) vor; da die Wahlen in diese Gremien eher lokalen Interessen folgten, waren sie für den Gesamtstaat selten bedeutsam.

Die politischen Akteure des neuen Staates, dessen Bühne im Wesentlichen wie im alten die Stadt Prag darstellte, ließen sich vier Gruppen zuordnen. Während die alten Führer der Kommunistischen Partei abgetreten waren und als Rentner nur noch anlässlich von Prozessen wegen früherer Verfehlungen in der Öffentlichkeit genannt wurden, stellten ihre Anhänger im Jahre 1990 mit über 900 000 Mitgliedern den größten Anteil der parteipolitisch organisierten Öffentlichkeit. Allerdings verminderte sich diese Zahl bis zum Jahre 1995 auf etwa 200 000, die ihrer Partei jedoch als einziger im Parlament eine solide materielle Basis auf Grund von Mitgliedsbeiträgen sicherten. Umgekehrt proportional war indes ihr politischer Einfluss; obgleich sie in Wahlen meist um die 10 % der Stimmen auf sich vereinigte (2002 gar 18 %), blieb sie, die im neuen Staat den Namen *KSČM* (»Kommunistische Partei von Böhmen und Mähren«) angenommen hatte, von allen politischen Entscheidungen ausgeschlossen, soweit diese öffentlich sichtbar waren. Dies bewirkten zum einen ein Lustrationsgesetz, das alle belasteten früheren Funktionsträger und Mitarbeiter des Sicherheitsdienstes vom Staatsdienst ausschloss, zum anderen ihre neostalinistische, unreformierte und uneinsichtige Politik.

Die neuen tragenden politischen Kräfte stammten zunächst aus der Bürgerbewegung und aus den Kreisen der Dissidenten, die sich im Wesentlichen aus der Intelligenz und der Jugend rekrutierten. Die größte Gruppe des »Bürgerforums« hatte sich im Frühjahr 1991 in zwei politische Lager gespalten, die als »Demokratische Bürgerpartei« unter der Führung von Václav Klaus und der »Bürgerbewegung« unter Jiří Dienstbier tätig wurden. Grund der Spaltung war der programmatische Gegensatz zwischen dem strikten Marktbefürworter Klaus, der auf alle einschränkenden Attribute verzichten wollte, und jener Gruppe, die eine »soziale Marktwirtschaft« und ein gemäßigtes Tempo der Privatisierung anstrebte. Während der letztgenannten Gruppierung nach der Umbenennung in »Demokratische Bürgerallianz« (*Občanská demokratická aliance*, ODA) die Gunst der Wähler versagt blieb und sie nach zahlreichen Austritten 1998 zur Parlamentswahl nicht mehr kandidierte, konnte Klaus für seine Partei, die 1995 mit 65 000 Mitgliedern die zweitstärkste politische Organisation des Landes wurde, die Führung im politischen System gewinnen und zum eigentlichen Gestalter der Politik aufrücken. Andere Parteien, wie die Grünen, die angesichts der ökologisch schwierigen Lage des Landes eigentlich einen Erfolg erhofft hatten, oder die regionalen Parteien der Mährer, blieben erfolglos und gelangten kaum ins Zentralparlament, jedoch in die Kommunal- und späteren Kreisvertretungen. Die dritte Gruppe entstammte den alten »Blockparteien« die neben der KPČ eine Schattenexistenz gefristet hatten (die »Volkspartei« (*Československá Lidová strana, ČLS*), die sich im März 1992 mit der »Christlichen und Demokratischen Union« (*Křešťanská a demokratická unie, KDU*) zusammengetan hatte oder sich aus deren Umarmung gelöst hatten (die Sozialdemokraten, *ČSSD*). Letztere Partei hatte 1992 noch mit 6,5 % enttäuschend abgeschnitten; die Partei konnte sich in den folgenden Jahren aber zur Konkurrentin der ODS aufschwingen und sogar den Regierungschef stellen. Daneben traten als letzte Gruppe extreme Parteien wie die rechtsgerichteten Republikaner (*SPR-RSČ*) unter Miroslav Sládek auf; diese Partei besaß zunächst ein weites Umfeld von Sympathisanten und konnte 1992 etwa 6 %, 1996 gar 8 % der Stimmen erobern, fiel dann aber in der Wählergunst zurück und gelangte ab 1998 nicht mehr ins Parlament. Dasselbe galt von Anfang an für einige exotische Parteien und Sumpfblüten. Das Parteiengefüge, das 1998 noch achtzehn ernsthafte Parteien umfasst hatte, von denen dreizehn zur Wahl zugelassen worden waren, wandelte sich zu einem gut überschaubaren und auf den ersten Blick erstaunlich stabilen System um. Dies wurde im Wesentlichen durch die Fünf-Prozent-Klausel im Wahlgesetz erreicht; viele kleine Parteien hatten somit keine Chance, ins Parlament zu gelangen; ab drei Prozent der Stimmen bei einer Wahl erhielten die Parteien jedoch eine staatliche Unterstützung für ihre Auslagen. Die Klausel, dass Wahlbündnisse von zwei Parteien mindestens elf Prozent der Stimmen erreichen mussten, sollte noch zu Problemen führen.

Im Wesentlichen bestimmten drei Parteien die Periode der Transformation: die ODS unter Václav Klaus, die Sozialdemokraten (ČSSD) unter Vladimír Zeman und die Kommunisten; dazu trat ein Wahlbündnis mit bis zu vier kleineren Parteien. Die Stabilität war indes nur vordergründig, denn die Kommunisten blieben von allen Regierungsbildungen ausgeschlossen; das tragende Spektrum reduzierte sich deswegen auf die ODS und die ČSSD, die sich entweder jeweils einen Bündnispartner suchen oder miteinander koalieren mussten. Das eigentliche Problem der tatsächlichen Instabilität lag in den führenden Persönlichkeiten, in deren Eitelkeit und Unverträglichkeit, sowie in der politischen Kultur der neuen Republik.

Das größte Prestige im Lande besaß zunächst Václav Havel (geb. 1936), der als Dramaturg der politischen Wende als Staatspräsident auf die »Burg« entrückt war. Havel war Moralist, der seinem Wahlspruch »In der Wahrheit leben« folgte, auch wenn er sich damit von der Mehrheit seiner Landsleute zunehmend entfernte. Seine Aktionen, sich bei den vertriebenen Sudetendeutschen zu entschuldigen, für Wahrhaftigkeit in der Politik einzutreten und der jeweiligen Regierung in seinen Reden immer wieder Schranken zu setzen, trugen ihm zwar die Bewunderung des Auslandes, jedoch in zunehmendem Maße die Missbilligung der Parteipolitiker und der Bevölkerung ein. Seine Krankheiten und Einzelheiten seines Privatlebens zogen die Aufmerksamkeit auf sich, wobei Aspekte seiner großbürgerlichen Herkunft im Laufe der Zeit immer deutlicher wurden; da weder Funktionäre der Sudetendeutschen noch Personen der extremen Rechten wie der Linken seine Appelle zur Versöhnung honorierten, wurde er zu einem einsamen »Bürgerkönig«, der die Abwehrinstinkte der tschechischen Gesellschaft gegen »Heroen« weckte. Havel durchkreuzte mit seinen Machtbefugnissen manche Ränke der Parteipolitiker und legte oft sein Veto gegen Gesetzesentwürfe oder Personalentscheidungen ein; seine Kontrahenten rächten sich auf ihre Weise, indem sie seine Wiederwahl jeweils zu einem unwürdigen Schauspiel werden ließen; 1998 wurde er noch mit 109 Stimmen Mehrheit und 2002 mit der geringstmöglichen Stimmenzahl in seinem Amt bestätigt.

Sein Widerpart war Václav Klaus (geb. 1941), ein integrer und persönlich bescheidener Mann kleinbürgerlicher Herkunft, der auf seinem Fachgebiet der Finanzpolitik großes Ansehen gewonnen und sich nie mit der kommunistischen Partei eingelassen hatte. Nach Auslandsaufenthalten und Entlassung aus dem Staatsdienst in der Zeit der »Normalisierung« hatte er mehrere Jahre Erfahrungen im Bankwesen gesammelt, ehe er im Prognoseinstitut der Akademie der Wissenschaften eine Anstellung gefunden hatte. Sein Problem war jedoch die Starrheit, mit der er sein Programm verfolgte und Kompromisse ablehnte, sowie seine Überzeugung, dass die Tschechische Republik ihren Nachbarn in der Bewältigung der Transformationsprobleme voraus sei, so dass er auf die Unterstützung durch andere, wie dies im Februar 1991 in der Konferenz von Visegrád (mit Polen und Ungarn) besprochen worden war, verzichten wollte. Klaus glaubte, mit der raschen Privatisierung ein Allheilmittel gefunden zu haben, das über die Mechanismen des freien Marktes die ökonomischen und dann die sozialen Verhältnisse des Landes bessern würde. Die Vernachlässigung der politischen Rahmenbedingungen des Staates für die ökonomischen Reformen und mangelnde Achtung vor dessen Institutionen führten aufgrund der tatsächlichen Fehlentwicklungen dazu, dass sein Nimbus im Laufe der Jahre verblasste und sich immer mehr Weggefährten von ihm abwandten.

Auf parteipolitischem Gebiet wuchs Vladimír Zeman (geb. 1944), der am 28. Februar 1993 zum Führer der Sozialdemokraten gewählt worden war, zu seinem Gegenspieler heran, als die Partei in den Wahlen von 1996 fast die gleiche Mandatszahl wie die ODS erreicht hatte. Zeman war ein populistischer Politiker, der durch kräftige Sprüche und manche vulgäre Äußerung den Beifall seiner Anhänger aus dem Arbeitermilieu gewann, jedoch bei Intellektuellen und im Ausland manches Stirnrunzeln verursachte. Im Zusammenspiel mit Klaus, mit dem er sich

1998 und 2002 in zwei Vereinbarungen zusammengefunden hatte, sollte er zum Verfall der politischen Sitten des Landes beitragen, die oft einer Vereinbarung im Hinterzimmer den Vorzug vor einem offenen Streit gaben.

Aus der Wahl von 1992 war Klaus im Wahlbündnis der ODS mit den Christdemokraten mit 42 % der Stimmen und 105 Mandaten siegreich hervorgegangen; zusammen mit den 16 Mandaten der ODA (6,5 %) war dies eine komfortable Situation im Parlament, obgleich seine eigene Partei dort nur über ein Drittel der Sitze verfügte. Noch am Wahlabend hatte der Präsident Havel ihn mit der Regierungsbildung beauftragt. Nach der Aufdeckung von Unregelmäßigkeiten im Bankensektor endete die Wahl vom 31. Mai / 1. Juni 1996 mit einer Niederlage der Regierungskoalition, die mit 44 % der Stimmen nur 99 Mandate (von 200 Sitzen im Parlament) erreichte, während die Sozialdemokraten mit 26 % der Stimmen und 61 Mandaten zur zweitstärksten Partei aufgestiegen waren und nur um 7 Sitze hinter der ODS zurücklagen. Da die ODA sich der Unterstützung verweigerte, die KP ohnehin nicht als Partner in Frage kam, war Klaus für seine Wiederwahl auf die Unterstützung der Sozialdemokraten angewiesen, die am 25. Juli durch ihren Auszug aus dem Parlament die Bestellung eines Minderheitskabinetts ermöglichten. Grundlage war ein Duldungsvertrag, der Zeman mit den Stimmen der ODS den Vorsitz im Parlament einbrachte. Damit begann ein Politkrimi, der die Innenpolitik des Staates in den folgenden Jahren aufregend gestaltete, in dem auf der einen Seite die beteiligten Parteichefs ihre Anhänger durch den Fraktionszwang zusammenzuhalten versuchten, auf der anderen Seite durch zahlreiche Austritte und Übertritte von Abgeordneten ihre Kontrolle einbüßten. Eine Krise der Wirtschaft, der Rücktritt mehrerer Minister (z. B. Außenminister Zieleniec) und Regierungsumbildungen, die Folgen des Hochwassers im Sommer 1997 und besonders ein Spendenskandal der ODS hatten die

Unzufriedenheit der Bevölkerung mit der Regierung auf mehr als neunzig Prozent steigen lassen und führten am 30. November 1997 zum Rücktritt von Klaus vom Posten des Ministerpräsidenten. Havel bestellte daraufhin am 16. Dezember den bisher kaum politisch hervorgetretenen Chef der Notenbank, Josef Tošovský (geb. 1950), zum Ministerpräsidenten bis zu vorgezogenen Neuwahlen.

Ausdruck der innenpolitischen Krise war die Art der Wiederwahl von Havel zum Staatspräsidenten, der – obwohl einziger Kandidat – am 29. Januar 1998 erst im zweiten Wahlgang mit nur einer Stimme Mehrheit im Amt bestätigt wurde. Die Parlamentswahl am 19./20. Juni 1998 brachte die ČSSD mit 32 % der Stimmen und 74 Sitzen als stärkste Kraft ins Parlament und ihren Vorsitzenden Zeman in das Amt des Ministerpräsidenten. Dies war möglich geworden, da sich infolge eines Spendenskandals und dessen verschleppter Aufklärung die »Freiheitsunion« (*Unie svobody, US*) als neue Partei von der ODS getrennt hatte und mit ihren fast 9 % der Stimmen und 19 Abgeordneten der ODS, die bei knapp 28 % und 63 Mandatsträgern gelandet war, die Mehrheit genommen hatte. Diesmal schuf ein »Oppositionsvertrag« zwischen Klaus und Zeman (9. Juli 1998) die Grundlage für die Tolerierung einer sozialdemokratischen Minderheitsregierung, was Klaus die Wahl zum Präsidenten der Abgeordnetenkammer einbrachte. Versuche der Parteiführer der beiden großen Kontrahenten, die kleinen Parteien für die Verweigerung ihrer Mitarbeit durch die Einführung des Mehrheitswahlrechtes zu »bestrafen«, scheiterten am Veto des Präsidenten und am Spruch des Verfassungsgerichtes. Während sich die Regierung mühsam an der Macht hielt und bis 2001 von den ursprünglich achtzehn Ministern nur noch neun im Amt waren, wuchs in der Bevölkerung die Missstimmung erneut an. Auch die Sozialdemokraten wurden nun von den Folgen eines eigenen Spendenskandals erreicht; das autoritäre Vorgehen Zemans gegen die Redaktion des kritischen staatlichen Fernsehsenders führte zu öffentlichen Protesten; auf der internationalen Skala der Korruption rutschte die Tschechische Republik auf die drittletzte Stelle der europäischen Staaten; insgesamt viermal siegte Havel vor dem Verfassungsgerichtshof mit seinen Einsprüchen gegen Entscheidungen der Regierung.

Widerstand gegen diesen Verfall an politischer Kultur regte sich an zwei Fronten: In der Öffentlichkeit entstanden zwei neue Bürgerbewegungen: zum einen »Impuls 99« gegen den moralischen und politischen Niedergang, was Klaus als »pubertär« abkanzelte, zum anderen die von ehemaligen Studenten des Jahres 1968 initiierte Bewegung »Danke, tretet ab«, die bald auf 180 000 Unterstützer kam. Der Zusammenschluss der kleinen Oppositionsparteien in einer »Viererkoalition« – die christlichen Parteien KDU und LS (als ursprünglich zwei Parteien), sowie die Liberalen in der »Freiheitsunion« und der »Demokratischen Union« – schien ein Gegengewicht gegen die großen Drei – ODS, ČSSD und KPČM – zu schaffen, das in den Meinungsumfragen bereits an die beiden bürgerlichen Parteien heranreichte, ehe es wegen eines Streites der Führungspersonen über die Schulden der »Freiheitsunion« kurz vor der Wahl von 2002 auseinanderbrach. Zur Wahl zum Abgeordnetenhaus am 14./15. Juni 2002 stellten sich 28 Parteien, von denen bei einer Wahlbeteiligung von 58 % nur vier den Sprung ins Parlament schafften. Stärkste Kraft wurde wieder die ČSSD mit 30 % der Stimmen und 70 Mandaten, gefolgt von der ODS mit 24 % und 58 Sitzen; dann die KPČM mit 18 % und 41 Sitzen und die restlichen drei Parteien der »Viererkoalition« mit 14 % und 31 Sitzen. Nachdem Zeman bereits im Herbst des vorangegangenen Jahres vom Amt des Parteivorsitzenden zurückgetreten war, folgte ihm als Ministerpräsident einer Regierung aus Sozialdemokraten und der »Viererkoalition« mit 101 Stimmen (von 200) am 12. Juli 2002 der neue Vorsitzende Vladimír Špidla (geb. 1951).

Gewissermaßen als Höhepunkt der innenpolitischen Turbulenzen kann die Wahl des Nachfolgers von Havel im Amt des Staatspräsidenten gesehen werden. Angesichts des Wahlverfahrens, in dem ein Kandidat im Abgeordnetenhaus und im Senat jeweils die absolute Mehrheit erringen musste, konnte keiner der von der Regierung vorgeschlagenen Kandidaten diese Hürde überwinden. Dagegen erreichte Václav Klaus am 28. Februar 2002, lange nach dem offiziellen Abschied von Havel, erst im neunten Wahlgang die erforderliche Mehrheit und wurde zum zweiten Staatspräsidenten der Tschechischen Republik bestellt. Dem verabschiedeten Präsidenten wurde der Abgang vergällt, als gegen ein Gesetz über seine Pension und die Aufwandsentschädigungen Einspruch erhoben wurde; erst zu Beginn des Jahres 2004 wurden seine Bezüge mit der Hälfte des ursprünglichen Ansatzes bewilligt.

Mit dem Abtreten von Havel ging für die Tschechische Republik eine Ära zu Ende. Er hatte eine durchaus politische Präsidentschaft geführt; denn gegen Entscheidungen der Regierung und der jeweiligen Parlamentsmehrheit hatte er wiederholt sein Veto eingelegt und dann, wenn dieses mit der dazu notwendigen Mehrheit zurückgewiesen worden war, das Verfassungsgericht angerufen und dort meist gesiegt. Er hatte damit garantiert, dass die politische Macht in einem Dreiecksverhältnis zum Austrag kam und dadurch kontrollierbar blieb; bei vielen Parteipolitikern hatte er sich auch durch seine mahnenden Worte in seinen Ansprachen viel Unmut zugezogen, für die Ausgestaltung der Demokratie im Lande jedoch große Verdienste erworben.

Klaus als neuer Präsident hatte nach seiner Wahl zwar versprochen, keinen solch politischen Einfluss auszuüben, griff aber dann von seinem Standpunkt aus ebenfalls in die Tagespolitik ein. Abgesehen von zögerlichen und problematischen Personalentscheidungen bei der Besetzung hoher Richterstellen im Verfassungsgericht wurde dies in

der Europa-Politik deutlich. Klaus besaß einen Ruf als
»Euroskeptiker«, weil er die Souveränität des Nationalstaates erhalten wollte und übernationale Lösungen von
Problemen ablehnte; insbesondere polemisierte er gern öffentlich gegen eine europäische Sicherheits- und Außenpolitik. Dennoch gehörte zu den ersten herausragenden
Ereignissen seiner Amtsperiode am 31. März 2003 die
Entscheidung des Parlamentes, der Europäischen Union
beizutreten. Nach heftigem innenpolitischen Streit fand
ein Referendum statt, an dem mit einer Beteiligung von
55 % der Stimmberechtigten 77 % mit Ja stimmten. Zum
1. Mai 2004 konnte deshalb die Tschechische Republik,
zusammen mit den anderen mitteleuropäischen Staaten
Slowenien, Polen, Ungarn und der Slowakei, die Aufnahme in die EU feiern – aber auf dem Präsidentenpalast auf
der Burg fehlte die Europaflagge. Die Haltung des Präsidenten zu dieser »Vernunftehe« fand auch Widerhall in
der Bevölkerung, denn die ersten Wahlen zum Europäischen Parlament brachten bei nur 28 % Wahlbeteiligung
eine herbe Niederlage für die europafreundlichen Regierungsparteien; die ODS und die Kommunisten gewannen
zusammen fünfzig Prozent der Stimmen und fünfzehn
Mandate. Als Konsequenz der Niederlage trat der glück-
lose Ministerpräsident Špidla zurück, und ihm folgte am
26. Juli 2004 der erst 34-jährige kommissarische Vorsitzende der ČSSD Stanislav Gross mit derselben knappen
Mehrheit von 101 Stimmen als fünfter Regierungschef der
Tschechischen Republik. Wegen eines Immobilienskandals
musste er jedoch schon am 25. April 2005 das Amt aufgeben und dem Sozialdemokraten Jiří Paroubek (geb. 1952)
Platz machen. Špidla wurde nach Brüssel fortgelobt, wo er
am 18. November 2004 seine Stelle als Europa-Kommissar
für Arbeit, Soziales und Chancengleichheit antrat. Paroubek wurde in der Folge Ziel einer heftigen Polemik, in der
ihm Verbindungen zum Sicherheitsdienst vorgeworfen
wurden. Die Wahl vom 2./3. Juni 2006 ergab wieder ein

Patt, so dass der Vorsitzende der ODS, Mirek Topolánek (geb. 1956), der vom Präsidenten mit der Regierungsbildung beauftragt worden war, bereits im Oktober zurücktrat und erst in einem zweiten Anlauf im Januar 2007 die Vertrauensabstimmung im Parlament überstand, weil zwei Sozialdemokraten sich der Stimme enthalten hatten. Dies beendete eine Regierungskrise von 230 Tagen.

Die ökonomische Krise ging der politischen voraus. Für die Wirtschafts- und Finanzpolitik hatte Klaus nach der Wende zunächst hohes Lob geerntet, denn alle Indikatoren der Wirtschaft schienen sehr positiv: die rasche Privatisierung des Staatseigentums, die feste Währung, die hohen Zuflüsse an Auslandskapital, die niedrige Arbeitslosigkeit, der langsam steigende Lebensstandard und die gering gehaltenen Sozialkosten. Aber schon Mitte der neunziger Jahre entpuppte sich manches in der Wirtschaftspolitik nur als ein Aufschieben der Probleme; was die Polen mit einer »Schocktherapie« hatten heilen wollen, wurde für die Tschechen zu einem langwierigen Genesungsprozess.

Auch ein freier Markt gehorcht Gesetzen: Entweder setzt der Staat den Rahmen, an den die Menschen sich halten müssen, oder die Beteiligten bestimmen die Regeln selbst, und dies zum eigenen Vorteil, was dann einen »Raubtierkapitalismus« oder mafiaähnliche Strukturen in der Wirtschaft zur Folge hat.

Eben solche staatlichen Eingriffe hatte Klaus, den man einen »Marktfetischisten« genannt hat, ausdrücklich abgelehnt und damit unerfreuliche Folgen bewirkt. Die Coupons der Privatisierung waren weit gestreut worden, wurden dann aber von den Privatleuten Banken und eigens gegründeten Fondsgesellschaften anvertraut, die sie z. T. mit Krediten billig aufkauften. Die Folge war eine Konzentration der wirtschaftlichen Macht in den Händen einer kleinen Gruppe, die mit dem alten Management der staatlichen Betriebe zusammenarbeitete. Diese Besitzverschiebung brachte den Betrieben aber weder eine Erhöhung des Kapitals noch Auslandsbeziehungen, die zu einer Modernisierung der Produktion notwendig gewesen wären. Diese Modernisierung wurde nur dort wirksam, wo sich ausländische Firmen einkauften und die Produktion selbst gestalteten, wie etwa Volkswagen, das sich zu einem Muster für ausländisches Know-how und inländische Produktivität der Škoda-Werke entwickeln sollte. Für die meisten der privatisierten Betriebe entstand ein unheilvoller Kreislauf: Die Vertreter der Banken und der Fonds griffen in die Betriebsstrukturen ein, ohne die dafür nötigen Kenntnisse zu besitzen; eine Kontrolle von außen gab es nicht. Stattdessen sorgten mangelnde Transparenz der Entscheidungen, ungleich verteilte Kredite und alte Seilschaften für eine Scheinblüte der Wirtschaft. Die Arbeitslosigkeit blieb 1992 mit ca. 2,5 % auf einem niedrigen Niveau und die Löhne stiegen gar um 7–8 %, ohne dass dies der Produktivität geschuldet war. In Wirklichkeit wurden die Betriebe ausgeplündert, und die hohe Beschäftigtenzahl war nur eine Verschleierung tatsächlicher Unterbeschäftigung. Insiderwissen führte zu »Untertunnelungen« – d. h. Abzweigung von Geldern aus Staatsunternehmen an Private – und Unterschleif zugunsten alter Netzwerke aus der kommunistischen Vergangenheit, so dass ein Beobachter die neue Börse mit »Wallensteins Lager« vergleichen konnte. Nur der wachsende Tourismus, und hierin besonders die Stadt Prag, brachten einen Zustrom von Kapital, aber auch die Durchsetzung mafiaähnlicher Strukturen etwa im Taxigewerbe, im Drogengeschäft und in der Prostitution.

Der Staat hielt sich mit einer Intervention zurück, zumindest was sichtbare Eingriffe betraf. Die Schwerindustrie litt unter dem Absatzeinbruch, besonders unter dem Wegfall der Märkte aus der sozialistischen Zeit und dem Rückgang der Waffenproduktion, in der das Land aber immer noch den neunten Rang in der Welt behauptete. Andererseits musste der Staat bei den Mieten und in der Versorgung von Arbeitslosen tätig werden, um in den nordböhmischen Gebieten und in den alten Industrieorten wegen der dortigen rasch steigenden Arbeitslosigkeit Unruhen zu vermeiden. Es entwickelte sich eine gespaltene Wirtschaft. Die geringe Auslandsverschuldung des Landes erleichterte die Einfuhr von ausländischem Kapital, das 1994 einen Stand von fast 500 Millionen Dollar erreichte, aber selektiv eingesetzt wurde. So stieg der Auslandsanteil an der regionalen Presse auf über fünfzig Prozent, und in den Randgebieten machte sich bereits Unmut der Bevölkerung gegen den wachsenden Einfluss von Ausländern bemerkbar. Die niedrigen Löhne galten als Anreiz für weitere Investitionen, aber die großen Gewinne fuhren Banken und Versicherungen ein. 1995 erreichte die Wirtschaft ein Wachstum von mehr als vier Prozent; die Krone war konvertibel; der Staatshaushalt wies einen stattlichen Überschuss und große Devisenreserven in Höhe von fast neun Milliarden Dollar aus. Der Ministerpräsident Klaus konnte sich in seinem Erfolg sonnen.

Allmählich zeigten sich aber die Schattenseiten eines Aufschwungs auf Kredit. Die geringe Arbeitslosigkeit konnte als Hinweis dafür gelten, dass die eigentliche Modernisierung der Wirtschaft noch gar nicht eingesetzt hatte. Zu viel Geld aus dunklen Quellen fand seinen Weg nach Prag, was die Regierung mit dem Gesetz beantwortete, bei Bareinlagen über 20 000 Dollar eine Registrierung vorzuschreiben. Bei Großaktionären gab es Begünstigungen und Schmiergelder. Im Herbst 1996 wurden die ersten Banken notleidend, weil sie auf faulen Krediten saßen; zwölf kleinere Banken mussten vom Staat gestützt oder unter Aufsicht genommen werden, um den Kleinanlegern ihre Einlagen zurückerstatten zu können; die Konzentration von Couponsaktien bei Banken unter Staatsaufsicht bewirkte einen Rückfluss der Volksaktien in erneuten

Staatsbesitz, was den Kreislauf der Illusion raschen Gewinns vollendete. Die Krise im Bankenwesen wurde entweder mangelnden Gesetzen oder der allgemeinen Unlust zugeschrieben, die vorhandenen auch zu beachten; es fehlten »moralische Gesetze«, die von Organen der Aufsicht und Kontrolle zu mehr Transparenz der Geschäfte und zur Vermeidung fragwürdigen Geschäftsverhaltens geführt hätten. In dieser Hinsicht spiegelte sich in der Krise der Wirtschaft die Situation der gesamten Gesellschaft. Die Eisenbahnen waren im Defizit; das Transportwesen hinkte den modernen Erfordernissen hinterher; das traditionsreiche Hüttenwerk in Kladno stand vor der Insolvenz. Im Gesundheitswesen, in der Energiepolitik, im Wohnungsbau und in der Bildungspolitik zögerte die Regierung mit Reformen und bewirkte einen weiteren Vertrauensverlust. Die Inflationsrate stieg auf über neun Prozent, und das Außenhandelsdefizit war das höchste in den Staaten Ostmitteleuropas, weil die tschechischen Produkte nicht konkurrenzfähig waren. Im Mai 1997 musste die Währung mit drei Milliarden Dollar gegen weitere Einbrüche gestützt werden. Selbst Klaus erkannte an, dass die sieben Jahre Stabilität zu Ende gingen und seine Politik zu einer Fehlentwicklung geführt hatte. Der Rücktritt des Industrie- und des Finanzministers reichten zur Besserung der Lage nicht aus. Ein Streik der Eisenbahner für höhere Löhne und schließlich im Sommer 1997 die Schäden einer Hochwasserflut, weiter ein Steigen der Verbraucherpreise und ein Anwachsen der Arbeitslosigkeit auf fünf Prozent ließen das Wachstum des Bruttoinlandproduktes auf unter ein Prozent sinken und das Haushaltsdefizit auf 42 Milliarden Kronen steigen. Im November war die Regierung am Ende, und Klaus musste dem Chef der Notenbank Tošovský als neuem Ministerpräsidenten weichen.

Die neue Regierung verkaufte Banken an ausländische Interessenten und versuchte, die Korruption durch Transparenz in den Griff zu bekommen. Dennoch stieg die In-

flation auf elf Prozent und die Arbeitslosigkeit zum ersten
Male auf über sechs Prozent. Die Investitionen aus dem
Ausland waren fühlbar zurückgegangen, und der Lebensstandard sank. 1999 stagnierte die Wirtschaft, und die Arbeitslosigkeit erreichte zum ersten Mal die Zehn-Prozent-
Marke im Lande, wobei die nördlichen Randgebiete weit
darüber lagen. Die Tschechische Republik war in der Liste
der Aufnahmekandidaten zur Europäischen Union von einer vorderen Stelle auf die letzte zurückgefallen. Neue
Gesetze der linksgerichteten Regierung ermöglichten ab
2000 den Eingriff des Staates bei drohender Insolvenz der
Banken, was bei Klaus wütende Proteste zur Folge hatte.
Eine Steuerreform brachte eine Entlastung für den Staat,
dessen ökonomische Lage sich langsam besserte. Die In-
flations- und die Arbeitslosenrate konnten gedrückt werden, Hilfsmaßnahmen im sozialen Sektor linderten die
größte Not; die Regierung erreichte eine Verminderung
des Haushaltdefizits und ein höheres Volumen für den
Außenhandel, so dass die Investitionen aus dem Ausland
wieder stiegen. Im Jahre 2000 konnte ein Aufschwung der
Wirtschaft um mehr als zwei Prozent mit steigender und
ein Sinken der Arbeitslosigkeit auf etwa neun Prozent mit
zunächst sinkender Tendenz verzeichnet werden. Obgleich die Touristenzahlen und damit die direkten Einnahmen weiter sanken sowie der »Oppositionspakt« das Regieren erschwerte, fasste die Wirtschaft wieder Fuß, so
dass sie 2002 das beste Jahr seit 1993 verzeichnen konnte.
Diese Tendenz setzte sich in den beiden folgenden Jahren
fort; der Export entwickelte sich positiv, die Importe stiegen, ebenso der Konsum der Privathaushalte. Die Inflationsrate war mit etwa ein Prozent unbedeutend geworden,
und die Erhöhung der Arbeitslosenzahl auf elf Prozent
war paradoxerweise ein weiteres Indiz für die Gesundung,
weil sich darin die erhöhte Produktivität der Betriebe ausdrückte. Mit sieben Prozent Wirtschaftswachstum erreichte die Wirtschaft im Jahre 2004 den höchsten Stand seit

neun Jahren. Wenn die Regierung auch noch nicht die Kriterien für einen Beitritt zur Eurozone erfüllte und mit ihrem Haushaltsdefizit weiter hinter anderen Aspiranten zurückstand, so hatten sich doch die Perspektiven aufgehellt.

Auch die Landwirtschaft in der Tschechischen Republik hatte am kommunistischen Erbe zu tragen; nur etwa fünf Prozent des Ackerlandes waren in privater Hand verblieben, der industrielle Großbetrieb mit Genossenschaften um 2600 Hektar und Staatsbetrieben über 7000 Hektar hatten bislang das Bild bestimmt. Die Neugliederung verlangte, dass die Betriebe umstrukturiert und modernisiert werden mussten; Privatisierung und Rückgabe an frühere Besitzer bereiteten zusätzliche Probleme, die durch die Überalterung der Belegschaften und die Landflucht noch vergrößert wurden. Bis 1994 waren wieder 52 000 Familienbetriebe entstanden, die etwa achtzehn Prozent des Ackerlandes bewirtschafteten und zwischen mühsamer Selbstversorgung und der spezialisierten Produktion für den Markt angesiedelt waren. Mehr als fünfzig Prozent des Landes wurde weiter von Genossenschaften bewirtschaftet, denen aber die Mittel für eine Modernisierung fehlten. Die meisten Staatsbetriebe waren in Kapitalgesellschaften umgewandelt worden, die sich besonders der Tierhaltung widmeten. Ungefähr fünf Prozent der Beschäftigten erwirtschafteten ca. zwei Prozent des Bruttoinlandproduktes, und die Produktivität lag um dreißig Prozent unter dem EU-Durchschnitt. Modernisierung und verbessertes Marketing der Produkte haben in den Folgejahren den Rückstand verringert, und die Hoffnung auf EU-Zuschüsse hat das Misstrauen der Landbevölkerung gegen eine Öffnung der Märkte allmählich zurücktreten lassen.

In der Energiepolitik profitierte das Land von den Investitionen in sozialistischer Zeit und verfolgte eine Politik der gemischten Versorgung, allerdings zu steigenden Preisen. Gas- und Ölpipelines aus Russland führten über tschechisches Gebiet nach Westen und versorgten gleichzeitig das Land. Die Verbrennung von schlechter Braunkohle in den Haushalten, die zur Luftverpestung der Innenstädte geführt hatte, wurde allmählich eingestellt; Industrieanlagen erhielten nach Anwohnerprotesten endlich Filter, die den Ausstoß an Schwefeldioxyd aus der Kohleverbrennung um achtzig Prozent senkten. In der Produktion von Atomstrom in alten Atommeilern sowjetischer Herstellung ließ sich die Regierung aus Prestigegründen nicht durch den Protest von deutschen und österreichischen Anrainern beirren; immerhin wurde die Anlage Temelín im Dreiländereck modernisiert und internationaler Kontrolle unterstellt. Bemerkenswert ist, dass der Atomstrom weniger zur Deckung des eigenen Bedarfs diente als vielmehr zum Export; der Anteil des tschechischen Energieexportes, von dem achtzig Prozent nach Deutschland ging, machte 2004 etwa zwei Drittel der französischen Ausfuhren aus, musste aber im Preis subventioniert werden, um wettbewerbsfähig zu sein. Die Einbindung der Energieversorgung in die europäischen Strukturen hat dazu geführt, dass ausländische Gesellschaften den Markt beherrschen und nur die Stromproduktion eine tschechische Insel geblieben ist.

Der Umbruch von 1989 bedeutete mehr als nur eine Transformation der Wirtschaft; er leitete einen tiefgreifenden Wandel in den Köpfen der Menschen ein. Dies war ein langsamer und mühevoller Prozess, denn die alte Mentalität lebte fort, wie die alte Elite fortlebte, die man nicht umgehen konnte. Das kommunistische Gleichheitsideal war der tschechischen Vorstellung einer homogenen nationalen Gesellschaft entgegengekommen; dies begründete ein tiefes Misstrauen des »kleinen Mannes« (*malý český člověk*) gegen neue Reiche und gegen »Heroen« der Gesellschaft; im Unterschied zum schnellen Reichtum Einzelner blieb die Mehrheit der Menschen arm, denn ihr Lebensstandard stieg nur wenig und langsam. Angesichts der Alltagsprobleme sprach man von einer »Neidgenossenschaft«, und der Umgang mit dem Präsidenten Havel erschien symptomatisch für diese Einstellung. Der Aufbruch von 1968 war von außen gestoppt worden; die damalige Begeisterung für die ursprünglichen sozialistischen Ideale wurde nun geleugnet und diffamiert; die Menschen waren ausgebrannt; Melancholie wurde zum Grundmotiv einer Gesellschaft, die ihre besten Chancen verpasst hatte. Die Rentner fühlten sich zu Recht vernachlässigt und stellten einen hohen Anteil der Anhänger der Kommunistischen Partei, die in Nostalgie vergangenen Träumen nachhingen. Für viele galt die »Lustration«, die Ausschaltung der Kommunisten aus dem öffentlichen Leben, nur als Alibi zur Beseitigung einer unliebsamen Konkurrenz; die Aufhebung dieses Gesetzes wurde immer wieder verschoben, zugleich fanden aber kaum Prozesse statt, so dass Verdächtigungen und öffentliche Verleumdungen überwogen.

Aus Arbeitslosen und sozial abgesunkenen Bürokraten entstand eine neue Schicht von Kleinbürgern sowie eine breite Schicht von Marginalisierten. Das Dilemma zeigte sich besonders in der Schwer- und der Rüstungsindustrie: Zwar wurde die Abrüstung befürwortet, aber was sollte mit den abgerüsteten Arbeitern geschehen? Angst vor Veränderung war ein weit verbreitetes Motiv der tschechischen Gesellschaft; neue Herausforderungen störten die Provinzialität, in die die sozialistische Tschechoslowakei versunken war. Symptomatisch war der Erfolg des Privatfernsehens seit seiner Einführung im Jahre 1993: Seine Berichterstattung bezog sich nur auf das Inland und brachte kaum Hinweise auf die übrige Welt. Diesem Denken entsprach der Versuch einer Einflussnahme auf das Staatsfernsehen, in dem der Streit um den Fernsehrat erst 2004 abgeschlossen wurde. Die Angst vor der steigenden Kriminalität und vor wachsenden Einflüssen von außen vermischte sich mit der Abneigung gegen die selbstherrlichen Bürokraten, die ihre traditionelle Macht auch unter Missachtung der Gesetze ausübten und von Transparenz und Informationspflicht wenig wissen wollten. Vielen neuen Gesetzen fehlten die Ausführungsbestimmungen, was Korruption und willkürliche Auslegung ermöglichte. Die Zeitungen waren voll von Berichten über die Bevorzugung von Bekannten bei staatlichen Aufträgen statt öffentlicher Ausschreibungen, von Spendenskandalen und verschobenen Geldern, denen auch Präsident Havel manche Rede gewidmet hat. Der Filz persönlicher Beziehungen, die oft in die kommunistische Zeit zurückreichte, drosselte die Chancen der Demokratisierung und Modernisierung. Die Schattenseite des alten Österreichs hatte die Tschechische Republik eingeholt, wozu auch die Arabeske gehört, dass einige Abgeordnete wegen falscher Titelführung (»Dr. jur.«) zurücktreten mussten.

Unter diesen Umständen konnte sich eine Zivilgesellschaft nur schwer entwickeln. Die Beteiligung an den Wahlen sank von Mal zu Mal, denn die neue Elite mit ihren persönlichen Querelen weckte kein Vertrauen, weil immer wieder bekannte Persönlichkeiten wegen Skandale abtreten mussten; positiv wirkte sich dagegen aus, dass die Vorfälle an die Öffentlichkeit gelangten und Missstände aufgedeckt wurden. Die Vorstellung von einer »starken Hand« in einem plebiszitären Präsidialsystem verbreitete sich. Andererseits kann man in diesem Prozess auch eine Korrektur der Hoffnungen auf einen raschen Wandel von oben sehen, denn andere Faktoren wiesen in eine positive Zukunft. Die Kommunisten verblieben in ihrem Stimmenghetto und stellten keine Gefahr mehr dar. Auf der extremen Rechten hatten die Republikaner eine Zeit lang mit starken Worten auf sich aufmerksam gemacht, verschwanden dann aber nach 1998 sang- und klanglos. Ein Element des Bodensatzes, aus dem die Republikaner geschöpft hatten, blieb jedoch: die latente Fremdenfeindlichkeit. Diese richtete sich zum einen gegen Ausländer, zum anderen gegen gewisse Gruppen im Innern. An deren Spitze standen die Roma, deren Integration in die Mehrheitsgesellschaft schon in kommunistischer Zeit nur in Einzelfällen gelungen war. Die Ansiedlung der Roma in den Randgebieten der Republik war lange mit einem Tabu belegt. Schon die Ermittlung der Zahl der Roma ist schwierig, weil die in der Volkszählung vom 1. März 2001 ausgewiesenen 12 000 Mitglieder dieser ethnischen und sozialen Gruppe viel zu niedrig ist; viele assimilierte Roma der auf ca. 150 000 Personen geschätzten Gruppe bekannten sich nicht zu ihrer Herkunft, andere verschleierten diese durch ein Bekenntnis zum Ungarntum. Die Öffentlichkeit wurde aufmerksam, als Stadtverwaltungen eine Ausgrenzung von problematischen Stadtteilen, gar den Bau einer Mauer betrieben (Aussig / Ústí nad Labem); für Empörung sorgte schließlich die Bewilligung von Geldzahlungen für eine Auswanderung (Ostrau) und die Anerkennung von Romafamilien als Asylbewerber in Großbritannien und ihre Aufnahme in Kanada. Mahnungen aus dem Ausland wurden als unbequem und demütigend empfunden.

Die Transformation der Gesellschaft erwies sich als steiniger und langer Weg, aber nicht als erfolglos. Straßen und Bahnhöfe erhielten ihre alten Namen zurück; niemand wollte mehr an Gottwald und seine Genossen erinnert werden. Die jüdische Gemeinde in Prag, die 1989 nur noch 700 Mitglieder im Durchschnittsalter von achtzig Jahren gezählt hatte, wuchs allmählich auf ca. 1600 registrierte Mitglieder, nicht zuletzt durch Zuwanderer aus den USA, die zur Verjüngung, zu einer effektiven Binnenorganisation in sozialen und kulturellen Fragen, aber auch zum Wiederaufleben alter Richtungsstreitigkeiten beitrugen. Die Jugend erkannte und nutzte die neuen Möglichkeiten; ihre wachsende Fremdsprachenkenntnis und ihre

Reiselust eröffneten neue Perspektiven. Da die akademische Welt durch Kürzungen der Bildungsetats an Auszehrung litt, suchten viele Absolventen in der Wirtschaft ihre Chance. Trotz teilweise trister Gegenwart war die Jugendkultur im Aufschwung, auch wenn Einzelfälle von Rowdytum und Drogenkonsum das Bild verdunkelten. Die öffentliche Meinung gewann an Bedeutung und bewirkte die Offenlegung von Korruption und Heuchelei. Durch Mitarbeit der Bürger in kommunalen Gremien und auf der Ebene der Kreise (seit 2000) nahm die Verrechtlichung der Gesellschaft zu. Die Entscheidungen der obersten Gerichte schlossen allmählich die Kluft zwischen Verfassungstext und Verfassungswirklichkeit und ebneten damit den Weg in eine demokratisch strukturierte offene Gesellschaft.

Vielen Vertretern der mittleren und besonders der älteren Generation fiel die Umstellung auf die neuen Verhältnisse schwer; insbesondere die kommunistische Partei hat kontinuierlich aus diesem Reservoir zu schöpfen gewusst. Auch in dieser Frage ist der Unterschied zu Polen auffällig. Es ist den Tschechen bisher kaum gelungen, die Chancen der Öffnung des Landes wahrzunehmen und eine gewisse Selbstgenügsamkeit zu überwinden. Der große Trumpf bleibt der Tourismus, der zwar viele Devisen bringt, aber auch Deformationen mit kultureller Verflachung, oberflächlicher Vermarktung der Schätze des Landes und viel Prostitution zur Folge hat. Eine große Chance zur Überwindung der Last der Geschichte und des politischen Erbes der kommunistischen Herrschaft liegt bei der Jugend, die von alten Stereotypen Abstand nimmt und über die Grenzen blickt.

Die »Rückkehr nach Europa« machte auch eine Umorientierung in der Außenpolitik notwendig. Zwar waren bald die alten Strukturen der »sozialistischen Zeit« beseitigt, Warschauer Pakt und Comecon aufgelöst, die Exportorientierung auf die Sowjetunion beendet, aber mit der Umstellung traten auch alte Probleme der Vergangenheit wieder an die Oberfläche. Der Wunsch, der Nato und der Europäischen Gemeinschaft beizutreten, erforderte einen Abschied von alten Denkmustern. Die Tschechoslowakei hatte mit keinem ihrer Nachbarn gute Beziehungen unterhalten; dies setzte sich in der Distanz des neuen Staates zu seiner Umgebung fort. Ein Zusammengehen mit den ehemals »sozialistischen Bruderstaaten« in dem Abkommen von Visegrád scheiterte an der tschechischen Vorstellung, allein den Anforderungen schneller entsprechen zu können. Das Verhältnis zu England und besonders Frankreich blieb durch das Trauma von »München«, den Verrat von 1938, distanziert.

Am schwersten wog die Vergangenheit im Umgang mit den deutschsprachigen Staaten, mit Österreich und dem wiedervereinigten Deutschland, mit dem der Staat die längste gemeinsame Grenze besitzt. Der alten Gleichsetzung des Begriffes »deutsch« mit angeblichen gemeinsamen politischen Interessen aller Deutschsprachigen entsprang die Vorstellung, dass die Bundesrepublik Deutschland die Politik Hitlers mit anderen Mitteln fortsetzen wolle, also territoriale Ansprüche vertrete, die Rückkehr der Sudetendeutschen verlangen oder wenigstens eine Entschädigung für Enteignung und Vertreibung einfordern wolle. 1993 glaubten Umfragen zufolge die Hälfte der tschechischen Bevölkerung, dass die Bundesregierung insgeheim diese Position vertrete und anderslautende öffentliche Erklärungen unaufrichtig seien. Havels Versuche, Brücken zu den Sudetendeutschen zu bauen, wurden als naiv und gefährlich abgelehnt, denn fast siebzig Prozent hielten damals deren »Abschiebung« (*odsun*) für eine gerechte Strafe. Insbesondere die Altkommunisten und die Republikaner heizten die Furcht vor dem deutschen Nachbarn immer wieder an, weil sie selbst die europäische Einigung als eine versteckte Form einer neuen Aggres-

sion auslegten; Äußerungen von Funktionären der Landsmannschaft oder von Vertretern der bayerischen Staatsre-
gierung auf den »Pfingsttreffen«, die ein »Heimatrecht«,
die Rückgabe von enteignetem Vermögen und immer wieder eine Entschuldigung forderten, fanden in der Presse
der extremen Rechten und Linken Widerhall und von dort
ihren Weg in das allgemeine Bewusstsein. Mit geringem
Erfolg geißelte Havel die tschechische Einstellung »den
Deutschen« gegenüber als Mischung von Angst und Servi-
lität und zog sich dafür den Zorn vieler Landsleute zu. In
Wahlkämpfen spielte die »sudetendeutsche Frage« immer
wieder eine wichtige Rolle, sei es in der Tschechischen Republik, sei es in Bayern und Österreich.

Erschwerend für die Lösung von diesem Trauma war
die Tatsache, dass »die Deutschen« nicht nur ein Problem
der Außenpolitik, sondern auch der Bewertung der eigenen Geschichte darstellten; wenn im Schulunterricht die
Beziehung zu den »Deutschen im Lande« nur negativ dargestellt worden war, ja von vielen Jugendlichen deren Ansiedlung erst mit der Herrschaft Hitlers verbunden wurde,
dann bedeutete dies einen Verlust an Geschichtsbewusstsein. Eine gemeinsame Kommission von Historikern beider Länder hat in dieser Frage viel Aufklärung geleistet,
und eine gemeinsame Schulbuchkommission hat die Umsetzung dieser Arbeit in die Schule diskutiert. Die Lage
der Tschechen im Herzen Europas bedeutet, dass sich in
den Beziehungen zur deutschsprachigen Nachbarschaft
die Selbstfindung, Selbstvergewisserung und die eigene
Standortsuche widerspiegelt.

Einzelheiten über die Verhandlungen zu den deutsch-
tschechischen Beziehungen bis etwa 2002 lesen sich wie
der Text eines Trauerspiels. Der Streit um die Formulierung einer »Deutsch-tschechischen Erklärung über die gegenseitigen Beziehungen und deren künftige Entwicklung«, die am 21. Januar 1997 unterzeichnet wurde, dauerte zwanzig Monate, bis sich beide Seiten darauf geeinigt

hatten, dass aus der Vergangenheit keine Ansprüche mehr abzuleiten seien; »Vermögensfragen« blieben von den Vereinbarungen unberührt. Die Bundesregierung musste der Tatsache Rechnung tragen, dass ein offizieller Verzicht auf eventuelle Ansprüche von Einzelpersonen ihr innerstaatlich Regressforderungen der Interessierten eintragen würde; tschechische Beobachter sahen in dieser Rechtsauffassung einen Hinweis, dass sie insgeheim diese Forderungen unterstütze, obgleich alle Bundesregierungen dies immer wieder negiert hatten. Auf der anderen Seite erklärte die tschechische Seite, dass die »Beneš-Dekrete« »erloschen« und nicht mehr »anwendbar« seien; damit kam sie sudetendeutschen Wünschen entgegen. Verschiedene weitere offizielle Aktionen haben diese positive Entwicklung in der Folge verstärkt: die Einrichtung eines Fonds zur Entschädigung von Zwangsarbeitern, ein Zukunftsfonds für gemeinsame Aufgaben in der Wissenschaft und der Kultur, Gesprächsforen auf verschiedenen Ebenen. Inoffizielle Maßnahmen von Bürgern beider Seiten haben wichtige Versöhnungsarbeit geleistet, sei es durch die Hilfe für die Restauration von Gebäuden oder Friedhöfen aus der deutschen Vergangenheit im Lande, in der grenzüberschreitenden Zusammenarbeit in den »Euroregionen« und insbesondere in der Förderung von Begegnungen Jugendlicher, die mit dem Erlernen der Sprache des Nachbarn auch die gegenseitige Achtung entdeckten.

Störungen blieben leider nicht aus und wurden von Interessierten beider Seiten politisch instrumentalisiert: Der unselige Disput über die »Beneš-Dekrete« wurde hochgeschaukelt, indem deren Rücknahme zum Beweis einer »Reife« des Landes für den Beitritt zur Europäischen Union gewertet wurde; nach einem Streit von Gutachtern hat Brüssel diese Frage vom Tisch gewischt. Im Streit um das Atomkraftwerk Temelín spiegelte sich bayerische und österreichische Innenpolitik, wie andererseits Ministerpräsident Zeman 2002 in diesem trüben Wasser nach Wählerstimmen gefischt hat, indem er alle Sudetendeutschen pauschal als »fünfte Kolonne Hitlers« bezeichnete. Wie leicht in den bilateralen Beziehungen die Emotionen hochschlagen konnten, hat der »Fall Gerd Albrecht« gezeigt: Die Tschechische Philharmonie hatte 1991 den deutschen Dirigenten, der für tschechische Musik in besonderem Maße ausgewiesen war, zum Chefdirigenten gewählt; nach einem Streit um Auslandsauftritte des Orchesters, um Aufnahmerechte und nach einer allgemeinen Empörung in der Bevölkerung wurde er schließlich von seinem Posten 1996 abgelöst, weil ein Deutscher tschechische Musik nicht richtig interpretieren könne, wie einige Stimmen in Anlehnung an Äußerungen aus dem 19. Jahrhunderts erklärten.

Der größte Erfolg in der »Rückkehr nach Europa« war der Beitritt zur Europäischen Union zum 1. Mai 2004. Obwohl es angesichts der geographischen Lage des Landes dazu eigentlich keine Alternative gab, war der Prozess zwischen den Parteien nicht unumstritten. Die Regierung der Sozialdemokraten war eindeutig für die Integration in Europa, Klaus als Parteiführer der ODS und später als Präsident eher skeptisch. Weite Teile der Bevölkerung folgten ihm, denn die Zustimmung sank im Krisenjahr 2002 auf 42 % der Befragten. Im Bericht der Europa-Kommission über die Fortschritte der Tschechischen Republik in der Übernahme der gesetzlichen Bestimmungen (*acquis communautaire*) klangen 1997 viele kritische Töne mit, die erst zurücktraten, als die angemahnten Defizite getilgt schienen (Roma-Politik; Verkehrswesen; Beschleunigung der Gerichtsverfahren). Im Streit um Temelín wurde ein Ausgleich mit der EU gesucht und gefunden, so dass die ČR 1998 in die Liste der Aufnahmekandidaten aufgenommen wurde; allerdings war sie vom ersten Rang, den sie einmal eingenommen hatte, weit zurückgefallen. Der Streit um die Vergangenheit konnte durch Rechtsgutachten über die Unwirksamkeit der »Beneš-Dekrete« 2001 beigelegt werden. Nach Zustimmung des tschechischen

Parlamentes am 31. März 2003 fiel auch das Referendum am 13./14. Juni desselben Jahres überraschend deutlich für den Beitritt aus. Der Termin des Beitritts, der 1. Mai 2004, wurde daher von der Bevölkerung begrüßt, aber nicht überschwänglich gefeiert. Die Umstellung des Landes auf europäische Standards war noch nicht abgeschlossen, wie man wohl wusste, aber die größten Befürchtungen, das Land würde nun von Ausländern aufgekauft und majorisiert, erwiesen sich rasch als grundlos.

Zwar erwies sich der Weg der Transformation als mühsam und länger, als dies die Menschen nach der samtenen Revolution erwartet hatten. Die Gründe dafür lagen aber weniger an den Vorgaben von außen, die die Politik innerstaatlich umzusetzen hatte, als an der Einstellung der Bevölkerung, die mehr und schwerer an der Last der nationalen und der kommunistischen Vergangenheit zu tragen hatte, als dies angenommen worden war. Nach dem Ausgleich mit den Nachbarn und mit der Einbettung in europäische Zusammenhänge kehrte die Tschechische Republik als Erbin der Länder der Krone Böhmen nach Europa zurück; wie einst das Königreich Böhmen wird das Land auch in Zukunft ein verlässlicher Partner sein, aber auch selbstbewusst und unbequem bleiben.

Anhang

Abkürzungen

BdL	Bund der Landwirte
ČSFR	*Česko-slovenská federatívná republika* (Tschechisch-Slowakische Föderative Republik)
ČSR	*Československá Republika* (Tschechoslowakische Republik)
Č-SR	*Česko-Slovenská Republika* (Tschechisch-Slowakische Republik; ab 1938);
ČSSD	*Česká strana sociálně demokratická* (Tschechische Sozialdemokratische Partei)
ČSSR	*Československá socialistická republika* (Tschechoslowakische Sozialistische Republik)
DCVP	Deutsche Christlichsoziale Volkspartei
DDR	Deutsche Demokratische Republik
DNP	Deutsche Nationalpartei
DNSAP	Deutsche Nationalsozialistische Arbeiterpartei
DP	Demokratische Partei in der Slowakei
DSAP	Deutsche Sozialdemokratische Arbeiterpartei in der Tschechoslowakei
Gestapo	Geheime Staatspolizei
HSĽS	*Hlinková Slovenská Ľudová strana* (Hlinkas Slowakische Volkspartei)
HZDS	*Hnutie za demokratické Slovensko* (Bewegung für eine demokratische Slowakei)
KAN	*Klub angažovaných nestranitelov* (Klub der engagierten Parteilosen)
KDU-ČSL	*Křesťanská a demokratická unie – Československá strana lidová* (Christliche und demokratische Union – Tschechoslowakische Volkspartei)
KPdSU	Kommunistische Partei der Sowjetunion
KSČ	*Komunistická strana Československa* (Kommunistische Partei der Tschechoslowakei)
KSCM	*Komunistická strana Čech a Moravy* (Kommunistische Partei Böhmens und Mährens)
KSS	*Komunistická strana Slovenska* (Kommunistische Partei der Slowakei)

KSZE	Konferenz über Sicherheit und Zusammenarbeit in Europa
NS	*Národní souručenství* (Nationale Volksgemeinschaft)
NSDAP	Nationalsozialistische Deutsche Arbeiterpartei
ODA	*Občanská demokratická aliance* (Bürgerlich-demokratische Allianz)
ODS	*Občanská demokratická strana* (Demokratische Bürgerpartei)
OF	*Občanské forum* (Bürgerforum)
ON	*Obrana národu* (Volksverteidigung)
PÚ	*Politický ústředí* (Politisches Zentrum)
PVVZ	*Petiční výbor Věrni zůstaneme* (Petitionsausschuss »Wir bleiben treu«)
RGW	Rat für gegenseitige Wirtschaftshilfe
SA	Sturmabteilung
SdP	Sudetendeutsche Partei
SHF	Sudetendeutsche Heimatfront
SNS	*Slovenská národná strana* (Slowakische Nationalpartei)
SPR-RSČ	*Sdružení pro republiku – Republikánská strana Československa* (Vereinigung für die Republik – Republikanische Partei der Tschechoslowakei)
SR	*Slovenská republika* (Slowakische Republik)
SS	Schutzstaffel
SVP	Slowakische Volkspartei
UNO	United Nations Organisation
US	*Unie svobody* (Freiheitsunion)
VPN	*Verejnosť proti násiliu* (Öffentlichkeit gegen Gewalt)
ZK	Zentralkomitee

Literaturhinweise

Hilfsmittel und Gesamtdarstellungen

Bérenger, Jean: Die Geschichte des Habsburgerreiches 1273–1918. Übers. von Marie-Therese Pitner. Wien/Köln/Weimar ²1996.

Československé dějiny v datech. [Die tschechoslowakische Geschichte in Daten.] Praha 1986.

Deutsche und Tschechen. Geschichte. Kultur, Politik. Hrsg. von Walter Koschmal, Marek Nekula und Joachim Rogall. München 2001.

Hamann, Brigitte (Hrsg.): Die Habsburger. Ein biographisches Lexikon. Wien/München 2001.

Handbuch der Geschichte der böhmischen Länder. Hrsg. im Auftrag des Collegium Carolinum von Karl Bosl. 4 Bde. Stuttgart 1967–70.

Handbuch der Historischen Stätten. Böhmen und Mähren. Hrsg. von Joachim Bahlcke, Winfried Eberhard und Miloslav Polívka. Stuttgart 1998.

Hilf, Rudolf: Deutsche und Tschechen. Symbiose – Katastrophe – Neue Wege. Opladen 1995.

Hoensch, Jörg K.: Geschichte Böhmens. Von der slavischen Landnahme bis zur Gegenwart. 3., aktual. und erg. Aufl. München 1997.

Die Juden in den böhmischen Ländern. Hrsg. von Ferdinand Seibt. München/Wien 1983.

Kann, Robert A.: Geschichte des Habsburgerreiches. 1526 bis 1918. Wien/Köln 1990.

Mauritz, Markus: Tschechien. Regensburg 2002.

Prinz, Friedrich: Deutsche Geschichte im Osten Europas. Böhmen und Mähren. Berlin 1993.

Sayer, Derek: The Coasts of Bohemia. A Czech History. Princeton 1988.

Schamschula, Walter: Geschichte der tschechischen Literatur. Bd. 1: Von den Anfängen bis zur Aufklärungszeit. Köln/Wien 1990.

Schönfeld, Roland: Slowakei. Vom Mittelalter bis zur Gegenwart. Regensburg 2000.

Seibt, Ferdinand: Deutschland und die Tschechen. Geschichte einer Nachbarschaft in der Mitte Europas. München 1993.

Wandycz, Piotr S.: The Price of Freedom. A History of East Central Europe from the Middle Ages to the Present. London / New York ²2001.

Wiskemann, Elisabeth: Czechs and Germans. A Study of the Struggle in the Historic Provinces of Bohemia and Moravia. London ²1967.

Mittelalter

Higounet, Charles: Die deutsche Ostsiedlung im Mittelalter. Übers. von Manfred Vasold. München 1990.

Hilsch, Peter: Johannes Hus, Prediger Gottes und Ketzer. Regensburg 1999.

Hoensch, Jörg K.: Přemysl Otakar II. von Böhmen. Der goldene König. Graz/Wien/Köln 1989.

Kaminsky, Howard: A History of the Hussite Revolution. Berkeley / Los Angeles 1967.

Odložilík, Otakar: The Hussite King. Bohemia in European Affairs 1440–1471. New Brunswick (N. J.) 1965.

Seibt, Ferdinand: Karl IV. Ein Kaiser in Europa. 1346–1378. München 1978.

Třeštík, Dušan: Počátky Přemyslovců. Vstup Čechů do dějin (530–935). [Die Anfänge der Přemysliden. Der Eintritt der Tschechen in die Geschichte (530–935).] Praha 1997.

Winter, Eduard: Frühhumanismus. Seine Entwicklung in Böhmen und deren europäische Bedeutung für die Kirchenreformbestrebungen im 14. Jahrhundert. Berlin (O.) 1964.

Ständestaat und Aufklärung

Bahlcke, Joachim: Regionalismus und Staatsintegration im Widerstreit. Die Länder der böhmischen Krone im ersten Jahrhundert der Habsburgerherrschaft. München 1994. (Schriften des Bundesinstituts für ostdeutsche Kultur und Geschichte. 3.)

Der Winterkönig Friedrich von der Pfalz. Bayern und Europa im Zeitalter des dreißigjährigen Krieges. Hrsg. von Peter Wolf [u. a.]. Augsburg 2003.

Evans, Robert J. W.: Das Werden der Habsburger Monarchie. 1550–1700. Gesellschaft, Kultur, Institutionen. Übers. von Marie-Therese Pitner. Wien/Köln 1989.

Weczerka, Hugo (Hrsg.): Stände und Landesherrschaft in Ostmitteleuropa in der frühen Neuzeit. Marburg 1995. (Historische Ostmitteleuropa-Studien. 16.)

Das 19. Jahrhundert

Alexander, Manfred (Hrsg.): Quellen zu den deutsch-tschechischen Beziehungen 1848 bis heute. Darmstadt 2005.

Die Habsburger Monarchie. 1848–1918. Hrsg. von Adam Wandruszka und Peter Urbanitsch. 7 Bde. Wien 1973–2000.

Hroch, Miroslav: Die Vorkämpfer der nationalen Bewegung bei den kleinen Völkern Europas. Eine vergleichende Analyse zur gesellschaftlichen Schichtung der patriotischen Gruppen. Prag 1968.

Kann, Robert A.: Das Nationalitätenproblem der Habsburger Monarchie. Geschichte und Ideengehalt der nationalen Bestrebungen vom Vormärz bis zur Auflösung des Reiches im Jahre 1918. 2 Bde. Graz/Köln [2]1964.

Kořalka, Jiří: Tschechen im Habsburger Reich und in Europa 1815–1914. Sozialgeschichtliche Zusammenhänge der neuzeitlichen Nationsbildung und der Nationalitätenfrage in den böhmischen Ländern. Wien/München 1991.

Křen, Jan: Die Konfliktgemeinschaft. Tschechen und Deutsche. 1780–1918. Übers. von Peter Heumos. München 1996.

Leininger, Věra: Auszug aus dem Ghetto. Rechtsstellung und Emanzipationsbemühungen der Juden in Prag in der ersten Hälfte des 19. Jahrhunderts. Singapur 2006.

Měšťan, Antonín: Geschichte der tschechischen Literatur im 19. und 20. Jahrhundert. Köln/Wien 1984.

Storck, Christopher P.: Kulturnation und Nationalkunst. Strategien und Mechanismen tschechischer Nationsbildung von 1860 bis 1914. Köln 2001.

Urban, Otto: Die tschechische Gesellschaft. 1848–1918. Wien [u. a.] 1994.

Wlaschek, Rudolf M.: Juden in Böhmen. Beiträge zur Geschichte des europäischen Judentums im 19. und 20. Jahrhundert. München [2]1997.

Der Nationalstaat bis 1945

Alexander, Manfred: Der deutsch-tschechoslowakische Schiedsvertrag von 1925 im Rahmen der Locarno-Verträge. München/Wien 1970.

Beneš, Edvard: Der Aufstand der Nationen. Der Weltkrieg und die tschechoslowakische Revolution. Übers. von Camill Hoffmann. Berlin 1928.

Bohmann, Alfred: Das Sudetendeutschtum in Zahlen. Handbuch über den Bestand und die Entwicklung der sudetendeutschen Volksgruppe in den Jahren 1910 bis 1950. Die kulturellen und wirtschaftlichen Verhältnisse im Spiegel der Statistik. München 1959.

Brügel, Johann Wolfgang: Tschechen und Deutsche. Tl. 1: 1918–1938. München 1967. – Tl. 2: 1939–1946. Ebd. 1974.

Deutsche Gesandtschaftsberichte aus Prag. Innenpolitik und Minderheitenprobleme in der Ersten Tschechoslowakischen Republik. Tl. 1–3 hrsg. von Manfred Alexander. Tl. 1: 1918–1921. München/Wien 1983. – Tl. 2: 1921–1926. Ebd. 2004. – Tl. 3: 1926–1932. [In Vorb.] – Tl. 4: 1933–1935. Hrsg. von Heidrun und Stefan Dolezel. Ebd. 1991.

Die Erste Tschechoslowakische Republik als multinationaler Parteienstaat. München/Wien 1979.

Gebel, Ralf: »Heim ins Reich!« Konrad Henlein und der Reichsgau Sudetenland 1938–1945. München 1999.

Kučera, Jaroslav: Minderheit und Nationalstaat. Die Sprachenfrage in den tschechisch-deutschen Beziehungen 1918–1938. München 1999.

Kural, Václav: Konflikt anstatt Gemeinschaft? Tschechen und Deutsche im tschechoslowakischen Staat (1918–1938). Prag 2001.

Lipscher, Ladislav: Verfassung und politische Verwaltung in der Tschechoslowakei. 1918–1939. München/Wien 1979.

Mamatey, Victor S. / Luža, Radomír (Hrsg.): Geschichte der Tschechoslowakischen Republik. 1918–1948. Wien/Köln/Graz 1980.

Masaryk, Tomáš G.: Die Weltrevolution. Erinnerungen und Betrachtungen 1914–1918. Übers. von Camill Hoffmann. Berlin 1927.

Smelser, Ronald M.: Das Sudetenproblem und das Dritte Reich

1933–1938. Von der Volkstumspolitik zur nationalsozialistischen Außenpolitik. München/Wien 1980.

Suppan, Arnold / Vyslonzil, Elisabeth (Hrsg.): Edvard Beneš und die tschechoslowakische Außenpolitik 1918–1948. Wien 2002.

Zimmermann, Volker: Die Sudetendeutschen im NS-Staat. Politik und Stimmung der Bevölkerung im Reichsgau Sudetenland 1938–1945. Essen 1999.

Die Zeit nach dem Zweiten Weltkrieg

Brandes, Detlef: Der Weg zur Vertreibung 1938–1945. Pläne und Entscheidungen zum »Transfer« der Deutschen aus der Tschechoslowakei und aus Polen. 2., überarb. Aufl. München 2005.

Die Vertreibung der deutschen Bevölkerung aus der Tschechoslowakei. Dokumentation der Vertreibung der Deutschen aus Mitteleuropa. Bd. 4/1. Berlin 1957.

Kaplan, Karel: Der kurze Marsch. Kommunistische Machtübernahme in der Tschechoslowakei. 1945–1948. München/Wien 1981.

– Die politischen Prozesse in der Tschechoslowakei. 1948–1954. München/Wien 1986.

– Staat und Kirche in der Tschechoslowakei. 1948–1952. München/Wien 1990.

Pokstefl, Josef: Verfassungs- und Regierungssystem der ČSSR. München/Wien 1982.

Skilling, Harold Gordon: Czechoslovakia's Interrupted Revolution. Princeton (N. J.) 1976.

Die Tschechische Republik

Holy, Ladislav: The Little Czech and the Great Czech Nation. National Identity and the Post-Communist Social Transformation. Cambridge 1996.

Kipke, Rüdiger: Die politischen Systeme Tschechiens und der Slowakei. Eine Einführung. Wiesbaden 2002.

Rychlík, Jan: Rozpad Československa. Česko-slovenské vztahy 1989–1992. [Der Zerfall der Tschechoslowakei. Tschechisch-slowakische Beziehungen 1989-1992.] Bratislava 2002.

Šafaříková, Vlasta [u. a.] (Hrsg.): Transformace české společnosti. 1989–1995. [Die Transformation der tschechischen Gesellschaft. 1989–1995.] Brno 1996.

Shepherd, Robin H. E.: Czechoslovakia: The Velvet Revolution and Beyond. London 2000.

Vodička, Karel: Politisches System Tschechiens. Münster 1996.

Personenregister

Adalbert von St. Maximin in Trier, Erzbischof von Magdeburg (968–981) 36

Adalbert, Bischof von Prag, böhmischer Heiliger (um 956–997) 36, 38, 42, 45, 120

Adalwin, Erzbischof von Salzburg (859–873) 27

Adamec, Ladislav, Ministerpräsident (*1926) 536

Adler, Viktor, Politiker (1852–1918) 357

Adolf von Nassau, deutscher König (1291–1298) 63, 64

Agnes, Äbtissin (1211–1282, heiliggesprochen 1989) 54, 536

Agnes von Böhmen (1269–1296) 61

Agricola, Johann, Naturforscher (1494–1555) 228

Albertus Magnus, Kirchenlehrer (1193/1206–1280) 73

Albrecht von Habsburg, deutscher König (1298–1308) 64, 65, 91, 92, 93

Albrecht von Habsburg (1365–1395) 138

Albrecht II. von Habsburg, Herzog von Österreich, Markgraf von Mähren, König von Böhmen (1437–1439) 158, 165

Albrecht III., Herzog von Bayern (1438–1460) 166

Albrecht, Herzog von Sachsen (1464–1500) 182

Albrecht, Gerd, Dirigent (*1935) 582

Alexander V., Papst, nicht anerkannt (1409–1410) 141

Andrássy, Gyula, Graf, Politiker (1860–1929) 388

Andreas III., König von Ungarn (1290–1301) 64

Andropow (Andropov), Jurij Vladimirovič, Parteisekretär (1914–1984) 534

Äneas Silvius Piccolomini s. Pius II.

Anna von Böhmen und Kärnten (1290–1313) 65, 91

Anna von Luxemburg (1323–1338) 97

Anna von der Pfalz (Gemahlin Karls IV.) (1329–1353) 101, 102

Anna von Schweidnitz (Gemahlin von Karl IV.) (1339–1362) 102, 104

Anna von Luxemburg, Königin von England (1366–1394) 135

Anna von Habsburg, Herzogin von Sachsen († 1442) 170

Anna von Ungarn, Königin von Böhmen (1503–1547) 188, 192, 198, 228

Aragon, Louis, Schriftsteller (1897–1982) 527

Arcimboldo, Giuseppe, Maler (um 1527–1593) 226

Arius, Kirchenlehrer, »Häretiker« († 336) 27

Arnold, Jan, Priester (1785–1872) 310

Arnulf, deutscher König (887–899) und römischer Kaiser (896) 24

Bach, Alexander Frh. von (1813–1893), Innenminister (1849–1859) 327, 330

Badeni, Kazimierz Graf, Ministerpräsident (1846–1909) 346, 347

Bakunin, Michail Aleksandrovič, russischer Revolutionär (1814–1876) 322

Balduin, Erzbischof von Trier (1308–1354) 92, 99, 116

Batthány, Lájos Graf, Ministerpräsident in Ungarn (1806–1849) 319

Beatrix, Königin von Ungarn (1305–1319) 97

Bedřich-Friedrich, Herzog der Böhmen (1172–1173, 1178–1189) 44, 49, 50

Béla IV., König von Ungarn (1206–1270) 55

Benedikt IX., Papst (1032–1045) 42

Beneš von Weitmühl, böhmischer Chronist († 1375) 95

Beneš, Edvard, Politiker, Staatspräsident (1884–1948) 375, 376, 382, 383, 384, 385, 386, 393, 394, 395, 396, 399, 400, 405, 412, 414, 417, 418, 419, 420, 421, 432, 435, 439, 440, 444, 445, 447, 448, 450, 455, 458, 466, 467, 468, 469, 470, 471, 472, 474, 476, 479, 482, 490, 491, 492

Beran, Rudolf, Ministerpräsident (1887–1954) 455

Beran, Josef, Erzbischof von Prag (1888–1969) 496

Bezruč, Petr, Dichter (1867–1958) 366, 427

Biľák, Vasil, Politiker (*1917) 555

Bismarck, Otto Fürst von, Reichskanzler (1815–1898) 370

Blahoslav, Jan, Bischof der Brüdergemeine (1523–1571) 229

Blanca von Valois, Königin von Böhmen (1313–1348) 100, 101

Boccaccio, Giovanni, Schriftsteller (1313–1375) 228

Boleslav I., Herzog der Böhmen (935–967/72) 31, 33, 34, 35, 36, 40

Boleslav II. »der Fromme«, Herzog der Böhmen (967/972–999) 34, 36, 37, 38, 40

Boleslav III., Herzog der Böhmen (999–1002, 1003, † 1037) 34, 40

Bolesław I. »der Tapfere«, Herzog der Polen und Böhmen (1002–1004) 34, 40, 41

Bolesław II. »der Kühne«, Herzog von Polen (1058–1079) 45

Bolzano, Bernhard, Religionsphilosoph (1781–1848) 293

Bonifatius, »Apostel der Deutschen« († 754) 28

Bonifaz VIII., Papst (1294–1303) 64

Bořivoj, Fürst in Böhmen (um 867–888) 30, 31, 33

Bořivoj II., Herzog der Böhmen (1100–1107, 1117–1120) 43, 46, 47

Brahe, Tycho, Astronom (1546–1601) 227

Breschnew (Brežnev), Leonid Il'ič, Parteisekretär (1906–1982) 504, 505, 507, 510, 511, 516, 517, 534

Břetislav I., Herzog der Böhmen (1034–1055) 34, 41, 42, 43, 44

Břetislav II., Herzog der Böhmen (1092–1100) 43, 44, 46, 47

Brod, Max, Schriftsteller (1884–1968) 368, 429

Bruck, Karl Frh. von, Politiker (1798–1860) 329

Brun von Querfurt, Erzbischof und Chronist († 1009) 37

Bruno von Schauenberg, Bischof von Olmütz (1245–1281) 58

Brus von Müglitz, Anton, Erzbischof von Prag (1561–1580) 202

Canisius, Peter, katholischer Theologe (1521–1597) 202

Carvajal, Juan de, päpstlicher Legat (1399–1469) 168

Chamberlain, Neville, Premierminister (1869–1940) 447, 448, 449

Chelčický, Petr, Prediger (um 1390–1460) 178

Chotek, Johann Graf, Oberstburggraf (1748–1824) 268

Christian I., Herzog von Anhalt,

Führer der »Union« (1568–1630)
207, 231

Chruschtschow (Chruščëv), Nikita
Sergeevič, Parteisekretär (1894–
1971) 501, 503, 504

Churchill, Sir Winston, Premierminister (1874–1965) 451, 471,
485

Cilli, Ulrich Graf von (1405–1456)
170

Cisář, Čestmír, Politiker (*1920)
508

Clam-Martinic, Heinrich Jaroslav
Graf, Politiker (1826–1887) 336

Clemens VI., Papst (1342–1352)
100

Clemens VII., Papst, nicht
anerkannt (1378–1394) 134

Clementis, Vladimír, Politiker
(1902–1952) 477, 500

Comenius s. Komenský

Cosmas von Prag, Chronist
(um 1045–1125) 44

Coudenhove, Maximilian Graf,
Statthalter (1865–1928) 329

Czech, Ludwig, Politiker (1870–
1945) 365, 408, 427, 439, 443

Čalfa, Marian, Ministerpräsident
(*1946) 537, 545, 546

Čapek, Josef, Journalist und
Zeichner (1887–1945) 429

Čapek, Karel, Schriftsteller
(1890–1938) 428

Čarnogurský, Ján, Ministerpräsident
(*1944) 549

Čepička, Alexej, Politiker
(1910–1990) 499

Čech, Sagengestalt 14

Černík, Oldřich, Ministerpräsident
(*1921) 508, 515

Cerný, Jan, Ministerpräsident
(1874–1959) 412, 413

Dagobert, fränkischer Herrscher
(623–638) 15

Daladier, Edouard, Ministerpräsident (1884–1970) 448

Dalimil, böhmischer Chronist
(† nach 1314) 85, 93, 110

Daluege, Kurt, »Reichsprotektor«
(1897–1946) 464

Daniel I., Bischof von Prag
(1148–1167) 48, 87

Dante Alighieri, Dichter
(1265–1321) 92

Daun, Leopold Reichsgraf von,
Feldmarschall (1760–1766) 262

Denis, Ernest, Historiker und
Journalist (1849–1921) 374, 375

Desiderius, König der Langobarden
(756–774) 22

Dětmar s. Thietmar

Dienstbier, Jiří, Politiker (*1937)
537, 549, 559

Doblhoff-Dier, Anton von, Ministerpräsident (1800–1872) 320

Dobrovský, Josef, Sprach- und Literaturwissenschaftler (1753–1829)
292, 307

Drahomira, Regentin in Böhmen
(921–925) 30, 31, 33

Drtina, Prokop, Politiker
(1900–1980) 488

Dubček, Alexander, Parteisekretär
(1921–1992) 502, 504, 505, 507,
508, 510, 511, 512, 514, 515, 516,
517, 519, 520, 535, 537, 540, 553,
555

Dubrava, Herzogin von Polen
(† 977) 35, 40

Dürich, Josef, Politiker (1847–1927)
375, 376

Ďuriš, Július, Politiker (1904–1986)
477

Durych, Jaroslav, Schriftsteller
(1886–1962) 429

Dvořák, Antonín, Komponist
(1841–1904) 365

Eck, Johannes, katholischer
Prediger (1486–1543) 191

Eckhart, »Meister«, Mystiker (um 1260–1327/28) 73

Ekkehard, Markgraf von Meißen († 1002) 41

Eliáš, Alois, Ministerpräsident (1890–1942) 459, 463

Elisabeth von Polen, Königin von Böhmen (1286–1335, Gemahlin Václavs II.) 91

Elisabeth, Königin von Böhmen (1292–1330) 65, 91, 92, 93, 95

Elisabeth von Pommern, Gemahlin Karls IV., Königin von Böhmen (1364–1393) 104

Elisabeth, Königin von Ungarn und Böhmen († nach 1189) 165

Elisabeth von Habsburg, Königin von Polen (1438–1503) 170

Elizabeth von der Pfalz, Königin von Böhmen (1596–1662) 211

Elisabeth, Kaiserin von Österreich (»Sissi«) (1837–1898) 326

Emmeram, Bischof von Regensburg, bayrischer Heiliger († um 700) 32

Ernst von Pardubitz (Arnošt z Pardubic), Erzbischof von Prag (1343–1364) 125, 126

Eugen, Prinz von Savoyen, Feldherr (1663–1736) 243, 244

Fabricius, Philipp, Landtafelschreiber († 1631) 210

Falkenstein, Záviš von, böhmischer Prätendent († 1290) 62

Ferdinand I., deutscher und böhmischer König, römischer Kaiser ab 1556 (1526–1564) 188, 192, 193, 196, 197, 198, 199, 200, 201, 202, 216

Ferdinand II., deutscher und böhmischer König, römischer Kaiser (1618–1637) 192, 208, 210, 211, 212, 219, 230, 231, 235, 236, 237, 238

Ferdinand III., deutscher und böhmischer König, römischer Kaiser (1637–1657) 230, 238, 239, 242, 246

Ferdinand I. »der Gütige«, König von Böhmen und Kaiser von Österreich (1835–1848) 279, 297, 298, 319, 325, 341

Ferdinand, Erzherzog von Tirol und Statthalter in Böhmen (1529–1595) 203

Fierlinger, Zdeněk, Ministerpräsident (1891–1976) 477

Foch, Ferdinand, Marschall (1851–1929) 417

Forman, Miloš (Jan Tomáš), Regisseur (*1932) 528

Frank, Karl Hermann, Staatsminister (1898–1946) 439, 441, 442, 459, 464, 465, 466

Franz I. Stefan, Herzog von Lothringen, dann Toskana, römischer Kaiser (1745–1765) 245, 251, 253, 254, 255, 256, 262, 263

Franz II., deutscher und böhmischer König, römischer Kaiser bis 1806, als Franz I. österreichischer Kaiser (1804–1835) 279, 280, 281, 282, 284, 285, 296

Franz Ferdinand, Erzherzog und Thronfolger (1863–1914) 340, 351, 371

Franz Joseph, Kaiser von Österreich, König von Böhmen (1848–1916) 315, 316, 325, 326, 328, 330, 334, 343, 349, 379

Franz Karl, Erzherzog (1802–1878) 297

Fredegar von Tour, Chronist (um 660) 15

Frick, Wilhelm, »Reichsprotektor« (1877–1946) 456

Friedrich I. Barbarossa, deutscher König und römischer Kaiser (1152–1190) 48, 49, 50, 52, 86, 87

Friedrich II., deutscher König und römischer Kaiser (1211/1215–1250) 52, 55, 58, 60, 113, 117

Friedrich III., deutscher König und römischer Kaiser (1440–1493) 166, 168, 171, 172, 173, 174, 183, 184

Friedrich II. »der Streitbare«, Herzog von Österreich (1230–1246) 54

Friedrich von Hohenzollern, Burggraf von Nürnberg, Kurfürst und Markgraf von Brandenburg (1415–1440) 155, 160

Friedrich II. »der Große«, Kurfürst von Brandenburg, König in Preußen (1740–1786) 252, 253, 254, 255, 256, 257, 265, 275

Friedrich V. von der Pfalz, Kurfürst 1610–1620, König von Böhmen (1619–1620) 192, 211, 212, 215, 217, 231, 235, 236, 238

Friedrich August II., Kurfürst von Sachsen 1733, als August III. König von Polen (1736–1763) 252

Friedrich Wilhelm IV., König von Preußen (1840–1858, † 1861) 327

Friedrich, Caspar David, Maler (1774–1840) 294

Fügner, Heinrich (1822–1865) 337

Gabčík, Jozef, Widerstandskämpfer (1912–1942) 463

Gabor Bethlen, Fürst von Siebenbürgen (1580–1629) 211, 231

Gajda, Rudolf, General (1892–1948) 433

Gaudentius, Erzbischof von Gnesen (1000–1006) 37

Gautsch von Frankenthurn, Paul, Ministerpräsident (1851–1918) 349

Gažík, Marek, Politiker (*1887) 423

Gellert, Christian Fürchtegott, Sprachreiniger und Dichter (1715–1769) 275

Goebbels, Joseph, Politiker (1897–1945) 442

Goethe, Johann Wolfgang von, Dichter (1749–1832) 275

Goldstücker, Eduard, Literaturwissenschaftler (1913–2000) 525

Gorbatschow (Gorbačëv), Michail Sergeevič, Parteisekretär (*1931) 534

Gottsched, Sprachreiniger und Dichter (1700–1766) 275

Gottwald, Klement, Staatspräsident (1896–1953) 408, 471, 474, 477, 485, 489, 490, 492, 500, 501, 577

Gregor VII., Papst (1073–1085) 45

Gregor XI., Papst (1370–1378) 134

Gregor/Řehoř, Begründer der Brüdergemeine (um 1460) 178

Grégr, Julius, Politiker (1831–1896) 358

Gross, Stanislav, Ministerpräsident (*1969) 567

Gruša, Jiří, Schriftsteller und Diplomat (*1938) 526

Guido, Legat des Papstes (1043) 48

Gustav II. Adolf, König von Schweden (1611–1632) 237

Guta von Habsburg, Königin von Böhmen (1271–1297) 61

Guta/Bonne, Königin von Frankreich (1315–1349) 97

Hácha, Emil, Staatspräsident (1872–1945) 455, 456, 459

Hacker, Gustav, Politiker (1900–1979) 441

Hadrian II., Papst (867–872) 27

Hájek, Jiří, Politiker (1913–1993) 516, 530

Hallfax, Edward, Politiker (1881–1959) 446

Hanka, Václav, Bibliothekar (1791–1861) 307, 362

Hašek, Jaroslav, Schriftsteller (1883–1923) 366, 427

Haugwitz, Friedrich Wilhelm Graf, österreichischer Kanzler (1749–1761) 258, 260, 262

Havel, Václav, Staatspräsident (*1936) 502, 526, 530, 532, 535, 536, 537, 538, 539, 540, 542, 546, 550, 551, 558, 561, 563, 564, 565, 566, 575, 576, 579, 580

Havlíček-Borovský, Karel, Journalist (1821–1856) 310, 313, 317, 328

Hedwig/Jadwiga von Ungarn und Königin von Polen (1374–1399) 136

Heinrich I., deutscher König (919–936) 31, 32, 34

Heinrich I., Herzog der Bayern (948–955) 36

Heinrich II. »der Zänker«, Herzog der Bayern (955–976, 985–995) 36

Heinrich II., deutscher König und römischer Kaiser (1002–1024) 40, 41

Heinrich III., deutscher König und römischer Kaiser (1039–1056) 42, 44

Heinrich IV., deutscher König und römischer Kaiser (1056–1106) 44, 45, 46

Heinrich V., deutscher König und römischer Kaiser (1106–1125) 47

Heinrich VI., deutscher König und römischer Kaiser (1190–1197) 51, 52, 87

Heinrich VII., deutscher König und römischer Kaiser (1308–1313) 65, 92

Heinrich, Herzog von Kärnten und König von Böhmen (1207–1310) 53, 65, 91, 92

Heinrich Zdik, Bischof von Olmütz (1126–1150) 48

Heinrich der Löwe, Herzog von Sachsen (1139), Herzog von Bay-

ern (1156), 1179 abgesetzt, † 1195 59, 86

Heinrich I., Herzog von Niederbayern (1235–1290) 56

Helbirg, Herzogin von Böhmen († 1142) 46

Hemma, Herzogin von Böhmen († 1005/06) 40

Henlein, Konrad, Politiker (1898–1945) 436, 437, 438, 439, 440, 441, 442, 444, 445, 446, 452

Herder, Johann Gottfried, Philosoph (1744–1803) 290, 291, 308

Hermann, Bischof von Prag (1099–1122) 47

Hermann, Herzog von Österreich († 1250) 55

Hess, Rudolf, Politiker (1894–1987) 442

Heydrich, Reinhard, SS-Führer (1904–1942) 432, 462, 463, 464

Hieronymus von Prag, böhmischer Kirchenkritiker (um 1360–1416) 149, 150

Hilgenreiner, Karl, Politiker (1867–1949) 407

Hilsner, Leopold (1869–1928) 363

Himmler, Heinrich, SS-Führer (1900–1945) 442

Hitler, Adolf, Reichskanzler und »Führer« (1889–1945) 434, 435, 436, 437, 439, 442, 443, 444, 445, 446, 447, 448, 451, 456, 457, 458, 462, 552, 579, 580, 582

Hlinka, Andrej, Geistlicher und Politiker (1864–1938) 399, 406, 425, 427, 439, 454, 552

Hodža, Milan, Ministerpräsident (1878–1944) 439, 442, 448, 454

Hohenwarth, Karl Siegmund Graf, Ministerpräsident (1824–1899) 343

Hrabal, Bohumil, Schriftsteller (1914–1997) 526

Hradec, Menhart von, Oberstburggraf († 1449) 168

Hunyadi, János, Reichsverweser in Ungarn (um 1408–1456) 169, 170, 184, 185

Hus, Jan s. Jan Hus

Husák, Gustáv, Staatspräsident (1913–1991) 502, 504, 508, 520, 521, 524, 531, 534, 535, 537

Ibrahim ibn Ja'qûb, jüdischer Chronist (um 970) 35

Indra, Alois, Politiker (*1921) 517

Innozenz IV., Papst (1243–1254) 555

Jahn, Friedrich Ludwig, »Turnvater« (1778–1852) 337

Jakeš, Miloš (Milouš), Parteisekretär (*1922) 502, 535

Jakob I., König von England (1603–1625) 211

Jaksch, Wenzel, Politiker (1896–1966) 441, 469

Jan Augusta, Bischof der Brüdergemeine (1500–1572) 201

Jan Hus, böhmischer Kirchenkritiker (um 1372–1415) 17, 133, 141, 142, 143, 145, 146, 147, 148, 149, 150, 177, 190, 340, 361, 363, 425, 537

Jan Želivský, Prediger in Prag († 1422) 151, 156

Jan I. Olbracht, König von Polen (1492–1501) 183, 185

Jan III. Sobieski, König von Polen (1674–1696) 242

Janáček, Leoš, Komponist (1854–1928) 432

Jaromír, Herzog der Böhmen (1004–1012, 1033–1034, † 1035) 34, 40, 41, 42

Jesus Christus 27, 144, 177

Ježek, Jaroslav, Komponist (1906–1942) 431

Jindřich/Heinrich-Břetislav,

Bischof von Prag, Herzog der Böhmen (1193–1197) 44, 51, 87

Jirásek, Alois, Schriftsteller (1851–1930) 366

Jiří Kunštát von Poděbrad, Gubernator und König von Böhmen (1420–1471) 16, 165, 167, 168, 169, 170, 171, 172, 173, 174, 175, 176, 177, 179, 180, 182, 215

Joachim von Fiore, Philosoph und Kirchenkritiker (um 1130–1202) 132

Jobst, Markgraf von Mahren (1375–1411) 134, 136, 138, 141, 142

Johann, Graf von Luxemburg und König von Böhmen (1310–1346) 65, 91, 92, 93, 94, 95, 96, 97, 98, 99, 121, 125, 214

Johann-Heinrich von Luxemburg, Herzog in Tirol, Markgraf von Mähren (1322–1375) 96, 133

Johann II., König von Frankreich (1350–1364) 97

Johann von Luxemburg, Herzog von Görlitz (1377–1396) 133, 136, 138

Johann von Draschitz (Jan z Dražic), Bischof von Prag (1301–1343) 110, 125

Johann von Neumarkt, Bischof von Olmütz, böhmischer Kanzler (1364–1380) 118

Johann von Pomuk, Generalvikar, böhmischer Heiliger (um 1350–1393) 137, 139

Johann Očko von Wlaschim (Jan Očko z Vlašímě), Erzbischof von Prag (1364–1378) 125, 127, 135

Johann von Jenstein (Jan z Jenštejna), Erzbischof von Prag (1378–1396) 125, 127, 135, 136

Johann Milič z Kroměříče, Domherr und Kirchenkritiker († 1374) 131

Johann Georg, Kurfürst von Sachsen (1611–1656) 217

Johann, Erzherzog, Feldmarschall (1782–1859) 320, 324

Johanna »die Wahnsinnige«, Königin von Spanien (1479–1555) 193, 204

Johannes VIII., Papst (872–882) 28

Johannes von Capistrano, Prediger (1386–1456) 169, 176

Johannes Paul II., Papst (1920–2005) 534

Joseph I., deutscher und böhmischer König, römischer Kaiser (1705–1711) 242, 243, 252

Joseph II., römischer Kaiser (1765–1790), König von Böhmen (1780) 251, 263, 264, 265, 266, 267, 273, 274, 276, 279, 286, 299, 311, 328, 329

Jungmann, Josef, Sprach- und Literaturwissenschaftler (1773–1847) 292

Kafka, Franz, Schriftsteller (1883–1924) 368, 504

Kaplan, Karel, Historiker (*1928) 483

Karl der Große, fränkischer König und römischer Kaiser (742–814, Kaiser 800) 21, 22, 31, 86

Karl IV., römischer Kaiser, böhmischer und deutscher König (1346/48–1378) 18, 90, 96, 98, 99, 100, 101, 102, 103, 104, 105, 106, 107, 108, 109, 110, 111, 112, 113, 114, 115, 116, 117, 118, 119, 120, 127, 128, 133, 135, 215

Karl V., deutscher König und römischer Kaiser (1519–1556) 188, 193, 196, 201

Karl VI., deutscher und böhmischer König, römischer Kaiser (1711–1740) 242, 243, 244, 247, 250, 251, 252

Karl VII. Albrecht, Kurfürst von Bayern, König von Böhmen (1740), römischer Kaiser (1742–1745) 251, 252, 253, 254, 257

Karl IV., König von Frankreich (1322–1328) 97

Karl VII., König von Frankreich (1422–1461) 170

Karl I., Kaiser von Österreich (1916–1918) 340, 379, 418

Karl II. Robert von Neapel, König von Ungarn (1288–1342) 64, 97

Karl III. Robert, König von Ungarn (1345–1386) 136

Károlyi, Mihaly, Ministerpräsident (1875–1955) 398

Kaunitz-Rietberg, Wenzel Anton Graf, Staatskanzler (1760–1794) 262, 264

Kazimierz I. »der Erneuerer«, Herzog der Polen (1034–1058) 42

Kazimierz III. »der Große«, König von Polen (1333–1370) 98

Kazimierz IV., König von Polen (1444–1492) 170, 172

Kepler, Johannes, Astronom (1571–1630) 227

Kinský, Franz Ulrich Graf, Hofkriegsratspräsident (1683–1699) 245

Kisch, Egon Erwin, Schriftsteller und Journalist (1885–1948) 368, 429

Klaus, Václav, Staatspräsident (*1941) 537, 539, 541, 543, 546, 547, 549, 550, 551, 559, 560, 562, 563, 564, 565, 566, 567, 568, 570, 571, 572, 582

Klement I., Bischof von Rom (88–97?) 26, 27

Klofáč, Václav, Politiker (1868–1942) 413

Kocel, Fürst von Pannonien (861–874) 26

Koerber, Ernest von, Ministerpräsident (1850–1919) 348

Kohout, Pavel, Schriftsteller (*1928) 530

Kokoschka, Oskar, Maler (1886–1980) 431

Kolbenheyer, Erwin Guido, Schriftsteller (1878–1962) 430

Kolowrat-Krakovský, Philipp Graf, Oberstburggraf (1748–1771) 263

Kolowrat-Liebsteinský, Franz Anton Graf, Oberstburggraf und Staatsminister (1809–1826, 1826–1848) 297, 306, 317

Komárek, Valtr, Wirtschaftswissenschaftler (*1930) 546

Komenský, Jan Amoš, Bischof der Brüdergemeine, Pädagoge (1592–1670) 232

Konrad II., deutscher König und römischer Kaiser (1024–1039) 41

Konrad III., deutscher König und römischer Kaiser (1137–1152) 47, 48

Konrad IV., deutscher König und römischer Kaiser (1250–1254) 56

Konrad, Herzog von Böhmen (Brünn) (1061–1092) 43, 46

Konrad-Otto, Markgraf von Mähren, Herzog von Böhmen (1189–1191) 44, 50, 67

Konrad von Waldhausen, Prediger und Kirchenkritiker (1320–1369) 131

Konrad von Vechta, Erzbischof von Prag (1413–1421) 156, 160

Konstantin, »Slawenapostel« (826–869) 21, 25, 26, 27, 28

Konstantin Porphyrogenetos, Kaiser von Byzanz (909–959) 29

Kopecký, Václav, Politiker (1897–1961) 477

Kordač, František, Erzbischof von Prag (1852–1934) 425

Kostka von Postupice, Wilhelm, böhmischer Adeliger († 1436) 160

Kostka Neumann, Stanislav, Schriftsteller (1875–1947) 428

Kramář, Karel, Politiker (1860–1937) 373, 374, 385, 386, 399, 400, 405, 411, 419, 422

Kraus, Karl, Literaturkritiker (1874–1936) 368, 429

Křepek, Franz, Politiker (1855–1936) 407

Kříž, Kaufmann in Prag († 1412/1413) 132

Krofta, Kamil, Diplomat und Politiker (1876–1945) 421, 440

Kubiš, Jan, Widerstandskämpfer (1913–1942) 463

Kudlich, Hans, Politiker, später Arzt in den USA (1823–1917) 324, 327

Kun, Béla, Politiker (1886–1937) 398

Kundera, Milan, Schriftsteller (*1929) 526

Kunigunde von Schwaben, Königin von Böhmen (1228–1248) 54, 62

Kunigunde von Ungarn, Königin von Böhmen (1261–1285) 56, 61

Kuranda, Václav, gewählter Bischof der Utraquisten (1471–1497) 183

Kyrill (Mönchsname) s. Konstantin

Ladislaus, König von Ungarn (*1272) 56

Ladislaus V. s. Václav III.

Ladislaus Posthumus / Vladislav Pohrobek, König von Böhmen und Ungarn (1453–1457) 165, 166, 168, 169, 170

Laub, Gabriel, Schriftsteller (1928–1998) 526

Leo XIII., Papst (1878–1903) 356

Leopold I., deutscher und böhmischer König, römischer Kaiser (1657–1705) 242, 245, 247

Leopold II., deutscher und böhmischer König, römischer Kaiser (1790–1792) 279, 281, 292

Leopold II., Markgraf der Ostmark (1094–1136) 46

Leopold, Erzherzog, Bischof von Passau (1598–1626) 207

Libuše, Sagengestalt 15

Liechtenstein, Prinz Aloys von und zu (1846–1920) 356

Liehm, Antonín, Schriftsteller (*1924) 532

Lobkowitz, Georg Popel von, Obersthofmeister (1551–1607) 205

Lobkowitz, Zdeněk von, Oberstkanzler (1568–1628) 205, 208

Lobkowitz, Wenzel Eusebius Fürst von, Hofkriegsratspräsident (1609–1677) 245

Lodgman von Auen, Rudolf, Politiker (1877–1962) 393, 406, 407, 422

Lothar von Supplinburg, deutscher König und römischer Kaiser (1125–1137) 47

Löhner, Ludwig von, Politiker (1812–1852) 318, 326

Löw, Rabbi in Prag (um 1520–1609) 226, 227

Louis Philipp, König von Frankreich (1830–1848) 296, 316

Ludmila, Fürstin in Böhmen (um 888–894) 30, 33, 35

Ludwig »der Deutsche«, fränkischer König und römischer Kaiser (840–876) 25

Ludwig der Bayer, deutscher König und römischer Kaiser (1314–1347) 93, 94, 96, 97, 99, 101, 214

Ludwig, Markgraf von Brandenburg (1323–1351), ab 1347 Herzog von Bayern 97

Ludwig I. von Ungarn, »der Große« (1326–1382) 97, 104, 105, 133

Ludwig, König von Ungarn und Böhmen (1516–1526) 182, 188, 189

Ludwig XIII., König von Frankreich (1610–1643) 211

Ludwig XIV., König von Frankreich (1643–1715) 242, 243

Ludwig XVIII., König von Frankreich (1815–1824) 282

Ludwig Josef Anton, Erzherzog (1784–1864) 297

Lueger, Dr. Karl, Politiker (1844–1910) 356

Luitgard von Bogen, Herzogin von Böhmen († um 1094) 46

Luther, Martin, deutscher Reformator (1483–1546) 17, 162, 190, 191, 193, 198, 201, 207

Mácha, Karel Hynek, Schriftsteller (1810–1836) 308

Machiavelli, Niccolò, Staatsphilosoph (1469–1527) 96

Malypetr, Jan, Ministerpräsident (1873–1947) 433, 439

Mansfeld, Ernst von, Heerführer (1580–1626) 235

Margarete, Herzogin von Österreich und Königin von Böhmen († 1266) 55, 56

Margarete »Maultasch«, Herzogin von Tirol (1318–1369) 96

Maria von Luxemburg, Königin von Frankreich (1322–1324) 97

Maria von Ungarn (Anjou), Gemahlin von Sigismund (1370–1395) 136

Maria von Habsburg, Regentin der Niederlande (1505–1558) 188

Maria Josepha, Erzherzogin von Österreich (1699–1757), von Sachsen (1719) 252

Maria Amalia, Erzherzogin von Österreich (1701–1756), von Bayern (1722) 252

Maria Theresia, Königin von Ungarn (1740) und Böhmen (1743–1780) 245, 251, 252, 253, 254, 255, 256, 257, 258, 263, 265, 266, 272, 276, 286

Marie Antoinette, Königin von Frankreich (1755–1793) 281

Marie Louise, Kaiserin von Frankreich (1791–1847) 282

Marshall, George C., Politiker (1880–1959) 485

Martin V., Papst (1417–1431) 142, 152, 156

Martinitz, Jaroslav Bořita von, Statthalter des Königs (1582–1649) 205, 210

Martinů, Bohuslav, Komponist (1890–1959) 432

Masaryk, Tomáš Garrigue, Politiker, Staatspräsident (1850–1937) 360, 363, 374, 375, 376, 381, 382, 383, 384, 385, 386, 388, 395, 398, 399, 400, 405, 412, 414, 417, 419, 424, 426, 428, 430, 438, 439, 442, 492

Masaryk, Jan, Politiker (1886–1948) 477, 485, 491

Matthias, deutscher und böhmischer König, römischer Kaiser (1611–1618) 192, 207, 209, 210, 216, 234

Matthias von Janov, Kirchenkritiker (um 1350–1394) 132

Matthias »Corvinus« Hunyadi, König von Ungarn (1458/69–1490) 174, 175, 182, 183, 184, 185

Mauthner, Fritz, Schriftsteller (1849–1923) 367

Mayr-Harting, Robert, Jurist und Politiker (1874–1948) 407, 423

Maximilian I., deutscher und böhmischer König, römischer Kaiser (1493–1519) 173, 184, 185, 188

Maximilian II., deutscher und böhmischer König, römischer Kaiser (1564–1576) 192, 201, 202, 203, 204

Maximilian I., Herzog von Bayern (1597–1651) 207, 211, 236

Maximilian III., Kurfürst von Bayern (1745–1777) 254

Mečiar, Vladimír, Ministerpräsident (*1942) 546, 549, 550, 551, 555, 556

Melantrich von Aretin, Georg, Verleger (1511–1580) 227

Methodios, »Slawenapostel«, Erzbischof von Sirmium/Mähren (um 820–885) 25, 27, 28, 33

Metternich-Winneberg, Graf Clemens, später Fürst, Staatsmann (1773–1859) 284, 285, 295, 296, 297, 316

Michael III., Kaiser von Byzanz (842–867) 25

Mieszko I., Herzog der Polen (um 962–992) 35

Mladá-Maria, Äbtissin (um 950) 35

Mňačko, Ladislav, Schriftsteller (1919–1994) 525

Mojmír I., Herzog der Mährer (830–846) 21, 24, 25

Mojmír II., Herzog der Mährer (894–907) 21, 29

Mommsen, Theodor, Historiker (1817–1903) 366

Montesquieu, Charles de Secondat, Baron von, Staatsphilosoph (1689–1755) 262

Moraw, Peter, Historiker (*1935) 74

Mozart, Wolfgang Amadeus, Komponist (1756–1791) 295

Mucha, Alfons, Maler (1860–1939) 431

Mühlheim, Hans von, Kaufmann in Prag (um 1390) 132

Münsterberg, Herzog Karl von, (1476–1536) 188, 189

Müntzer, Thomas, Prediger (um 1490–1525) 193

Musil, Robert, Schriftsteller (1880–1942) 429

Mussolini, Benito, Politiker (1883–1945) 442, 448

Nadler, Josef, Literaturwissenschaftler (1884–1963)   429

Napoleon I. französischer Kaiser (1804–1814/15)   278, 281, 282, 283, 284, 287, 294, 311, 313

Napoleon Karl Joseph Franz, König von Rom, Herzog von Reichstadt (1811–1832)   284

Nejedlý, Zdeněk, Politiker (1878–·1962)   477

Němcová, Božena, Schriftstellerin (1820–1862)   365, 366

Němec, František, Politiker (1898–1963)   465

Neruda, Jan, Dichter (1834–1891)   366

Neurath, Konstantin von, »Reichsprotektor« (1873–1956)   459, 464

Nezval, Vítězslav, Schriftsteller (1900–1958)   428

Nikolaus I., Papst (858–867)   25, 27

Nikolaus von Pilgram / Mikuláš z Pelhřimova, Bischof der Hussiten († um 1459)   153, 177

Nosek, Václav, Politiker (1892–1955)   477, 488

Nostitz-Rieneck, Franz Anton Graf, Oberstburggraf (1725–1794)   292

Novotný, Antonín, Staatspräsident (1904–1975)   474, 501, 502, 504, 505, 506, 508

Oldřich, Herzog der Böhmen (1012–1033, 1034)   34, 40, 41, 42

Oldřich, Herzog der Böhmen (1092)   46

Opletal, Jan, Student (1915–1939)   460

Osuský, Stefan, Exilpolitiker und Diplomat (1889–1973)   376

Otto I. »der Große«, deutscher König und römischer Kaiser (936–972)   36

Otto II., deutscher König und römischer Kaiser (972–983)   36

Otto III., deutscher König und römischer Kaiser (983–1002)   37, 38

Otto IV., deutscher König und römischer Kaiser (1198/1208–1215)   52

Otto »der Schöne«, Herzog von Mähren/Znaim († 1087)   43, 47

Otto V., Markgraf von Brandenburg, Prätendent in Böhmen (1267–1298/99)   61

Palach, Jan, Student (1948–1969)   519

Palacký, František, Historiker (1798–1876)   299, 308, 317, 319, 320, 321, 322, 326, 327, 331, 333, 334, 336, 337, 339, 341, 343, 357, 361, 362, 366

Paroubek, Jiří, Ministerpräsident (*1952)   567

Patočka, Jan, Philosoph (1907–1977)   526, 530

Patton, George Smith, General (1885–1945)   466

Pekař, Josef, Historiker (1870–1937)   430

Pelzel, Franz Martin, Sprach- und Literaturwissenschaftler (1734–1801)   292

Peroutka, Ferdinand, Publizist (1895–1978)   428

Peter von Aspelt, Erzbischof von Mainz (um 1250–1320)   92, 93, 94

Petrus Rogerii s. Clemens VI.

Pfitzner, Josef, Historiker (1901–1945)   430

Philipp von Schwaben, deutscher König und römischer Kaiser (1198–1208)   52

Philipp »der Schöne«, König von Spanien (um 1504–1506)   193

Philipp V., von Anjou, König von Spanien (1700–1724)   243

Photios, Patriarch in Byzanz (858–867, 877–886) 25

Pius II., Papst (1458–1464) 165, 168, 171, 173, 228

Pillersdorf, Franz Frh. von, Ministerpräsident (1786–1862) 319

Pithart, Petr, Politiker (*1941) 545

Plato, griechischer Philosoph (427–347) 143

Plener, Ernst von, Politiker (1841–1923) 344, 345

Plojhar, Josef, Geistlicher und Politiker (1902–1981) 496

Pražák, Alois Frh. von, Politiker (1820–1901) 344

Přemysl, Sagengestalt 15

Pribina, Fürst von Pannonien († 861) 24, 26

Prokop, Markgraf von Mähren (1375–1405) 134, 138

Prokop »der Große«, der »Kahle«, Priester und Heerführer der Hussiten († 1434) 157, 160

Přemysl I. Otakar, Herzog der Böhmen (1192–1193, 1197–1230), ab 1198/1205 König 44, 52, 53

Přemysl II. Otakar, König von Böhmen (1248/53–1278) 53, 54, 55, 56, 58, 59, 60, 65, 66, 67, 69, 79, 82, 88, 107

Przemysł II., König von Polen (1295–1296) 64

Pufendorf, Samuel, Rechtsgelehrter (1632–1694) 239

Radim s. Gaudentius

Rajk, László, Politiker (1909–1949) 500

Rákóczi, Georg I., Fürst von Siebenbürgen (1630–1648) 239

Rašín, Alois, Politiker (1867–1923) 393, 404, 413

Rastislav, Herzog der Mährer (846–870) 21, 25

Ribbentrop, Joachim, Politiker (1893–1946) 442

Richard von Cornwall, deutscher König (1257–1272) 56

Richard II., König von England (1377–1399) 135

Richsa-Elisabeth von Polen (1286–1335, böhmische Königin (1303) 64

Ried von Piesting, Benedikt, Architekt (1450–1534) 191

Rieger, František Ladislav, Politiker (1818–1903) 334, 343, 357

Riesenberg, Břetislav Švihovský († 1566) 188

Rilke, Rainer Maria, Dichter (1875–1926) 429

Rokycana, Jan, gewählter Erzbischof (vor 1397–1471) 160, 170, 173, 177, 183

Roosevelt, Franklin Delano, Präsident (1882–1945) 470, 471

Rosenberg, Ulrich von, böhmischer Adeliger (1403–1462) 157

Rosenberg, Heinrich von, böhmischer Adeliger († 1457) 169

Rožmitál/Rosenthal, Zdeněk Lev, Oberstburggraf (1470–1535) 188, 193, 197

Rudolf von Habsburg, deutscher König und römischer Kaiser (1273–1291) 56, 58, 59, 60, 61, 62, 63, 88

Rudolf von Habsburg, König von Böhmen (1307) 91

Rudolf II., deutscher und böhmischer König, römischer Kaiser (1567–1611/12) 192, 203, 204, 205, 206, 207, 216, 226, 227, 234, 250

Runciman, Lord Walter, Politiker (1870–1949) 446

Ruprecht II. von der Pfalz (1390–1398) 139

Ruprecht I./III. von der Pfalz, deutscher König (1400–1410) 139, 140, 141

Samo, fränkischer Kaufmann, Herrscher der Slawen (um 660) 15

Schauer, Hubert Gordon, Journalist (1862–1892) 362

Schiller, Friedrich von, Dichter (1759–1805) 275

Schinkel, Karl Friedrich, Architekt und Maler (1781–1841) 294

Schlick, Graf Stephan (*1487) 190

Schmerling, Anton Ritter von, Ministerpräsident (1805–1893) 331

Schönerer, Georg Ritter von, Politiker (1842–1921) 356

Schubert, Franz, Komponist (1797–1828) 295

Schütz, Hans, Politiker (1901–1982) 441

Schumann, Robert, Komponist (1810–1856) 295

Schwarzenberg, Fürst Karl, Feldherr (1771–1820) 282

Schwarzenberg, Felix Fürst (1800–1852), Ministerpräsident (1848–1852) 325, 326, 327, 336

Sedlnitzky, Josef Graf, Leiter der Polizeibehörde (1778–1855) 297

Seibt, Karl Heinrich, Pädagoge (1735–1806) 276

Seifert, Jaroslav, Schriftsteller (1901–1986) 524, 527

Seliger, Josef, Politiker (1870–1920) 393, 408

Seton-Watson, Robert William, Historiker und Journalist (1879–1951) 374

Sigismund, ungarischer, deutscher und böhmischer König, römischer Kaiser (1419–1437) 90, 105, 133, 134, 136, 138, 139, 141, 142, 147, 148, 152, 155, 157, 159, 161, 165, 180

Sixtus, Prinz von Bourbon-Parma (1886–1934) 380

Skácel, Jan, Lyriker (1922–1989) 524

Sládek, Miroslav, Politiker (*1950) 560

Sladkovský, Karel, Politiker (1823–1880) 358

Slánský, Rudolf, Politiker (1901–1952) 500, 504

Slavata z Chlumu, Wilhelm/Vilém von, Statthalter des Königs (1572–1652) 205, 210

Smetana, Bedřich, Komponist (1825–1884) 339, 362, 365

Soběslav I., Herzog der Böhmen (1125–1140) 44, 47

Soběslav II., Herzog der Böhmen (1173–1178) 44, 49

Soběslav von Mähren (1356–1394), Bischof von Olmütz (1387) 133

Sonnenfels, Freiherr Joseph, Verwaltungswissenschaftler (1733–1817) 264

Sophie, Königin von Böhmen, Gemahlin von Wenzel I. († 1425) 132, 152

Spann, Othmar, Ökonom und Philosoph (1878–1950) 436

Spina, Franz, Slavist und Politiker (1868–1938) 407, 422, 426, 439

Spinelli, Filippo, päpstlicher Nuntius (1599) 205

Spitihněv, Herzog in Böhmen (894–915) 30, 31, 33

Spitihněv II., Herzog der Böhmen (1055–1061) 43, 44

Smrkovský, Josef, Politiker (1911–1974) 508

Sorin (Zorin), Valerian Aleksandrovič, Diplomat (1902–1986) 489

Stalin (Džugašvili), Iosif Visarionovič, Parteisekretär und Diktator (1879–1953) 458, 466, 470, 471, 472, 474, 484, 485, 486, 489, 491, 499, 500, 501, 503, 524

Stanisław Leszczyński, (1677–1766), König von Polen (1704–1709, 1733–1736) Herzog von Lothringen 245

Stašek, Antal, Schriftsteller
(1843–1931) 366

Stein, Karl Freiherr vom und zum,
preußischer Politiker (1757–
1831) 284

Stephan V., König von Ungarn
(1270–1272) 56

Sternberg, Zdeněk von, Oberstburggraf (1410–1476) 173

Sternberg, Caspar Graf, Naturforscher (1761–1838) 306

Stifter, Adalbert, Schriftsteller
(1805–1868) 314, 339

Stivín, Josef, Politiker (1879–1941)
413

Stresemann, Gustav, Politiker
(1878–1929) 420, 421, 422

Strobach, Antonín, Politiker
(1814–1856) 324

Stürgkh, Karl Reichsgraf von, Ministerpräsident (1859–1916) 350

Svatopluk, Herzog der Mährer
(871–894) 21, 28, 32, 33, 457, 554

Svatopluk, Herzog der Böhmen
(1107–1109) 44, 47

Svoboda, Ludvík, General und
Staatspräsident (1895–1979) 477,
502, 506, 516, 522

Sychrava, Lev, Journalist (1887–
1958) 376

Syrový, Jan, General und Ministerpräsident (1888–1970) 448, 455,
459

Šebíř/Severus, Bischof von Prag
(1030–1067) 45, 70

Šik, Ota, Ökonom (1919–2004)
503, 508

Široký, Viliam, Politiker (1902–
1971) 477

Škvorecký, Josef, Schriftsteller
(*1924) 524, 526

Šmeral, Bohumír, Politiker (1880–
1941) 406, 408

Šmidke, Karol, Widerstandskämpfer
(1897–1952) 465

Špidla, Vladimír, Ministerpräsident
(*1951) 565, 567

Šrámek, Jan, Geistlicher und Politiker (1870–1956) 406, 413, 425,
469

Šrobár, Vavro, Politiker (1867–1950)
388, 395

Štefánik, Milan Rastislav, Politiker
(1880–1919) 376, 400

Švehla, Antonín, Politiker (1973–
1933) 405, 413, 422, 423, 426

Taaffe, Eduard Graf, Ministerpräsident (1833–1895) 340, 344, 345

Tassilo III., Herzog der Bayern
(748–788, † nach 794) 22

Teige, Karel, Schriftsteller
(1900–1951) 428

Thiddag, Bischof von Prag
(998–1017) 40

Thietmar, Bischof von Prag
(975–982) 35, 37

Thomas von Kempen, Mystiker
(1379/80–1471) 129

Thun, Josef Matthias Graf,
Schriftsteller (1794–1868) 310

Thun, Leo Graf, 1848 Oberstburggraf, 1849–1860 Unterrichtsminis-
ter (1811–1888) 323, 356

Tilly, Johann Frh. von, Heerführer
(1559–1632) 237

Tiso, Geistlicher und Politiker
(1887–1947) 423, 454, 456, 458,
466, 487, 552, 554

Tito (Josip Broz), Staatspräsident
(1892–1980) 500

Tobias, Bischof von Prag
(1279–1296) 61, 62

Tomášek, Václav Jan, Komponist
(1774–1850) 295

Tomášek, František, Erzbischof von
Prag (1899–1992) 506, 523, 542

Topolánek, Mirek, Ministerpräsident (*1956) 568

Tošovský, Josef, Ministerpräsident
(*1950) 564, 571

Trnka, Jiří, Regisseur (1912–1969) 528

Truman, Harry S., Präsident (1884–1972) 485

Tschernenko (Černenko), Konstantin Ustinovič, Parteisekretär (1911–1985) 534

Tuka, Vojtech, Jurist und Politiker (1880–1946) 427

Tusar, Vlastimil, Politiker (1880–1924) 411, 412

Tyl, Josef Kajetán, Schriftsteller (1808–1856) 308

Tyrš, Miroslav (1832–1884) 337

Udalrich *s.* Oldřich

Udržal, František, Ministerpräsident (1866–1938) 426, 433

Urban IV., Papst (1261–1264) 55

Urban VI., Papst (1378–1389) 104, 134, 135

Urbánek, Karel, Parteisekretär (*1941) 502, 536

Urzidil, Johannes, Schriftsteller (1896–1970) 430

Václav I., Herzog in Böhmen, böhmischer Heiliger (925–935) 31, 32, 33, 34, 35, 108, 361

Václav II., Herzog der Böhmen (1191–1192) 44

Václav I., König von Böhmen (1228/30–1253) 53, 54, 55, 74

Václav II., König von Böhmen und Polen (1283–1305) 53, 61, 62, 63, 64, 65, 81, 82

Václav III., König von Böhmen und Ungarn (1305–1306) 53, 64, 65

Václav IV. *s.* Wenzel

Vaculík, Ludvík, Schriftsteller (*1926) 509, 526

Veit (Vitus), sächsischer Heiliger († um 303 in Sizilien) 32, 35

Viola von Teschen, Königin von Böhmen († 1317) 65

Vladislav I., Herzog der Böhmen (1109–1117, 1120–1125) 44, 47

Vladislav II., Herzog der Böhmen (1140–1172, ab 1158 König) 44, 48, 49, 87

Vladislav Heinrich, Herzog der Böhmen (1191) 51, 52

Vladislav II., König von Ungarn und Böhmen (1471–1516) 182, 183, 184, 185, 186, 187, 188

Vladivoj, Herzog der Böhmen (1002–1003) 34, 40

Vlk, Miroslav, Erzbischof von Prag (*1932) 542

Vojtěch *s.* Adalbert

Voskovec, Jiří, Kabarettist (1905–1981) 431

Vratislav, Herzog in Böhmen (915–921) 30, 33

Vratislav II, Herzog der Böhmen (Olmütz) (1061–1092), König ab 1085) 43, 44, 45, 46

Wallenstein, Albrecht, Herzog von Friedland (1625), Heerführer (1583–1634) 232, 237, 238

Weizsäcker, Richard Karl Frh. von, Bundespräsident (*1920) 540

Wenzel I., böhmischer und deutscher König, römischer Kaiser (1378–1419) 104, 112, 121, 127, 133, 134, 135, 136, 137, 138, 139, 140, 141, 142, 147, 151

Wenzel, Herzog von Luxemburg (1354–1383) 133, 135

Wenzel (Wacław), Herzog von Masowien-Płock (1313–1336) 97

Wenzig, Josef, Schriftsteller (1807–1876) 339

Werfel, Franz, Schriftsteller (1890–1945) 368, 429

Werich, Jan, Kabarettist (1905–1980) 431

Wiching, Bischof von Neutra († nach 899) 28

Widukind von Corvey, sächsischer Chronist (um 925–nach 973)   31

Wilhelm von Ockham, englischer Philosoph (um 1300–1349)   144

Wilhelm II. (1859–1941), deutscher Kaiser (1888–1918)   367, 370

Willigis, Erzbischof von Mainz (975–1011)   37

Wilson, Woodrow, Präsident der USA (1856–1924)   383, 384, 388

Windischgraetz, Alfred Fürst zu, Feldmarschall (1787–1862)   323, 393

Windischgraetz, Alfred Fürst zu, Ministerpräsident (1851–1927)   345

Winter, Eduard, Historiker (1896–1982)   129, 430

Witold/Vytautas, litauischer Fürst (1398/1401–1430)   154, 155, 156

Wladimir (Vladimir) »der Heilige«, Großfürst von Kiew (960–1015)   38

Władysław I., Herzog der Polen (1079–1102)   46

Władysław I. Łokietek, Herzog (1306) und König von Polen (1320–1333)   65, 97

Władysław Jagiełło, König von Polen (1386–1434)   154, 155

Władysław von Polen   s. Vladislav

Wlassow (Vlasov), Andrej Andreevič, General (1901–1946)   467

Wolfram von Škvorec (Olbram ze Škvorce), Erzbischof von Prag (1396–1402)   127

Wolker, Jiří, Schriftsteller (1900–1924)   428

Wycliff, John, englischer Kirchenkritiker (um 1320–1384)   131, 135, 140, 143, 144, 145, 146, 147, 149

Zajíček, Erwin, Politiker (*1890)   440

Zápolya, János, ungarischer Prätendent (1526–1540)   197

Zápotocký, Antonín, Staatspräsident (1884–1957)   474, 490, 492, 501

Zátopek, Emil, Sportler (1922–2000)   528

Zbinko von Hasenburg (Zbyněk Zajíc z Hazmburku), Erzbischof von Prag (1403–1411)   127

Zeman, Karel, Regisseur (1910–1989)   528

Zeman, Vladimír, Politiker (*1944)   560, 562, 563, 564, 565, 581

Zieleniec, Josef, Politiker (*1946)   563

Zygmunt Korybut, Thronprätendent († 1435)   154, 156

Žerotín, Karl von (1564–1636), Landeshauptmann von Mähren (1608–1615)   205

Žižka z Trocnova, Jan, Heerführer (um 1360–1424)   152, 153, 154, 155

Zum Autor

Manfred Alexander, Jahrgang 1939, studierte in Köln Germanistik, Geschichte, osteuropäische Geschichte, Philosophie und vergleichende Sprachwissenschaft. Nach dem Staatsexamen (1964) folgten 1968 die Promotion zum Dr. phil., 1976 die Habilitation und 1983 die Ernennung zum Professor für osteuropäische Geschichte an der Universität zu Köln; 2005 die Versetzung in den Ruhestand.
Buchveröffentlichungen: *Der deutsch-tschechoslowakische Schiedsvertrag von 1925 im Rahmen der Locarno-Verträge* (1970); *Der Petraševskij-Prozeß. Eine »Verschwörung der Ideen« und ihre Verfolgung im Rußland von Nikolaus I.* (1979); *Deutsche Gesandtschaftsberichte aus Prag. Innenpolitik und Minderheitenprobleme in der Ersten Tschechoslowakischen Republik. 1918–1932.* (Bd. 1, 1983, ²2003; Bd. 2, 2004; Bd. 3 in Vorb.); *Kleine Geschichte Polens* (2003); *Quellen zu den deutsch-tschechischen Beziehungen. 1848 bis heute* (2005). Bearbeitung und Fortführung von: Hans Roos, *Geschichte der Polnischen Nation. 1918–1985* (⁴1986); Günther Stökl, *Russische Geschichte von den Anfängen bis zur Gegenwart* (⁶1998).